Chaika Grossman

Die Untergrundarmee

Der jüdische Widerstand in Białystok

Ein autobiographischer Bericht

Aus dem Amerikanischen und mit einem Vorwort von Ingrid Strobl

Fischer Taschenbuch Verlag

Die Frau in der Gesellschaft
Herausgegeben von Ingeborg Mues

Deutsche Erstausgabe
Veröffentlicht im Fischer Taschenbuch Verlag GmbH,
Frankfurt am Main, Mai 1993

Titel der hebräischen Originalausgabe:
»Anshei Hamahteret«

Die hebräische Originalausgabe erschien 1965
bei Moreshet, Tel Aviv
Für diese Ausgabe:

Umschlaggestaltung: Ingrid Hensinger, Hamburg
Gesamtherstellung: Clausen & Bosse, Leck
Printed in Germany
ISBN 3-596-11598-1

Gedruckt auf chlor- und säurefreiem Papier

Inhalt

Vorwort

Dieses Buch handelt von einer wahren Geschichte, die streckenweise wie ein Märchen klingt, obwohl sie von einem Alptraum erzählt. Chaika Grossman, eine der Anführerinnen des jüdischen Widerstandes in dem von den Deutschen besetzten Polen, berichtet in diesem Buch vom Kampf, den junge jüdische Frauen und Männer gegen die Vollstrecker der »Endlösung« führten. Sie erzählt von der deutschen Besatzung in ihrer Heimatstadt Białystok, vom Ghetto in diesem ehemals blühenden Zentrum jüdischen Lebens in Ostpolen, von der Organisierung des Widerstandes, vom Ghettoaufstand und dessen Niederschlagung durch die Deutschen, von den jüdischen Partisanen und den sechs »Mädchen«, die deren Kampfgefährtinnen im städtischen Untergrund waren.

»Wir haben nie gedacht, daß wir überleben werden. Darum ging es uns auch gar nicht. Es ging uns darum, etwas zu tun.« Wenn Chaika Grossman das sagt, klingt das Unglaubliche glaubhaft: 17-, 18-, 19jährige Mädchen und Jungen lassen sich nicht von ihrem Überlebensinstinkt leiten, der doch in der Jugend besonders ausgeprägt ist, sondern von ihrer Überzeugung, daß es richtig und wichtig ist, auch in einer hoffnungslosen Situation Widerstand zu leisten.

Die Situation, in der sich diese jungen Frauen befanden, ist für heutige Leserinnen und Leser nicht nachvollziehbar. Die deutsche Wehrmacht marschiert in Polen ein, die Besatzungsmacht zwängt alle jüdischen Bewohner der einzelnen Städte in Ghettos und beginnt nach einiger Zeit, sie aus diesen Ghettos abzutransportieren – angeblich in Arbeitslager, aber nach einer Weile steht fest: Die Reise endet in den Gaskammern von Treblinka, Chelmno, Majdanek, Auschwitz.

Die jungen Widerstandskämpferinnen und Widerstandskämpfer in Białystok erfuhren im Januar 1943, was in Treblinka geschah: Die Menschen wurden hier in 13 Gaskammern langsam und qualvoll mit Motorabgasen erstickt. Dann wurden sie in eine große Grube geworfen, in der ständig ein Feuer brannte. Bina Kaszalska, die junge Frau, die den Bericht darüber abtippte, beging anschließend Selbstmord.

Doch das Grauen begann schon vorher. Kurz nachdem die Wehrmacht in Ostpolen und der Sowjetunion einmarschierte, trieben SS-Männer und örtliche Kollaborateure die jüdischen Männer und Knaben auf offener Straße zusammen, sperrten sie in die Synagoge und verbrannten sie darin lebendigen Leibes. Oder sie trieben die Menschen, wie in Wilna, zu Tausenden in einen Wald vor der Stadt, befahlen ihnen, eine Grube auszugraben, und schossen sie dann in diese Grube. Im Gegensatz zur normalen Bevölkerung hatten die Widerstandskämpferinnen und Widerstandskämpfer, dank der falschen Papiere, die sie sich besorgt hatten, die Möglichkeit, die Ghettos zu verlassen und zu erfahren, was vor den Mauern geschah. Sie wußten so relativ früh, daß die Deutschen massenhaft jüdische Menschen erschossen, und sie schlossen daraus: Das sind keine Willkürakte, da steckt ein Plan dahinter. Sie selbst hatten daraufhin nur noch zwei Möglichkeiten: sich diesem Schicksal zu ergeben oder sich dagegen zu wehren.

Chaika Grossman erzählt in diesem Buch, warum sie beschlossen, sich zu wehren, warum nur wenige diesen Beschluß fassen und ausführen konnten, und was das ganz konkret hieß: Widerstand leisten.

Chaika Grossman wurde 1920 in Białystok geboren. Ihr Vater war Lederfabrikant, die Familie gehörte dem Bürgertum an. Białystok war vor dem Krieg das größte Textilzentrum Polens und zugleich ein Zentrum jüdischer Kultur. In der nahe der sowjetischen Grenze im Nordosten Polens gelegenen Stadt lebten 1939 120000 Einwohner, die Hälfte von ihnen Juden. Die andere Hälfte bestand aus Polen und Belorussen. Białystok war keine rein polnische Stadt, die Beziehungen zu Grodno etwa, der belorussischen Nachbarstadt, waren zum Teil enger als die nach Warschau, der weit entfernten Hauptstadt.

Die jüdische Gemeinschaft in Białystok war so gemischt wie typisch für das Vorkriegspolen: Es gab hier alle Schichten und Berufe, von den Handwerkern über die kleinen Händler, vom Proletariat und den Armen bis zu den Fabrikbesitzern und Intellektuellen. Zamenhof, der Erfinder des Esperanto, lebte und lehrte in Białystok, es gab zahlreiche jüdische Zeitungen und Zeitschriften, jiddischsprachige, aber auch polnische, politisch reichten sie von konservativ bis links außen. Während der Pogrome in den 20er Jahren hatten die Białystoker Juden, angeführt von den Fuhrleuten, einen sehr effektiven Selbstschutz organisiert. Viele der jungen Leute, Mädchen und Jungen, waren politisiert, sie gehörten zu den verschiedenen Organisationen, vom Bund über die Zionisten bis zur Kommunistischen Partei.

Eine wichtige Rolle unter den Schülerinnen und Schülern spielte der Hechalutz, die linkszionistische Jugendbewegung. Chaika Grossman gehörte wie viele ihrer späteren Kampfgefährtinnen und Kampfgefährten zu Haschomer Hatzair, dem »Jungen Wächter«, einer Organisation des Hechalutz, die sich als marxistisch und zionistisch zugleich begriff. Diese jungen Menschen arbeiteten darauf hin, in Palästina eine jüdische Gemeinschaft zu schaffen, in der Gleichheit, Gerechtigkeit und Brüderlichkeit/Schwesterlichkeit verwirklicht werden sollten. Sie träumten von einer sozialistischen jüdischen Gesellschaft, in der es keine Klassenunterschiede mehr geben sollte und in der Antisemitismus per se nicht mehr möglich wäre. Die jungen Halutzim träumten auch davon, diese Gesellschaft in freundschaftlichem Kontakt zu den palästinensischen Bauern aufzubauen, ihre Vorstellung von Gleichberechtigung und Sozialismus galt auch für die arabischen Bewohner des Landes.

Im Gegensatz zu den Kommunisten, aber auch zum Bund, der größten jüdischen Arbeiterpartei in Polen, glaubten sie nicht daran, daß eine von Antisemitismus freie Gesellschaft in Europa möglich wäre. Während ihre Genossinnen und Genossen in den anderen linken Organisationen darauf hofften, eines Tages ein sozialistisches Polen zu errichten, in dem es nicht nur keine Klassen, sondern auch keinen Antisemitismus mehr geben würde, konzentrierten sich die Halutzim auf eine jüdische sozialistische Gesellschaft in Palästina. Die sollte in den Kibbuzim entstehen, in denen jede und jeder in einer überschaubaren Gemeinschaft die gemeinsamen Ideale verwirklichen sollte.

Doch sie wollten damit nicht warten bis zur Alija, der Einwanderung in Palästina. Sie begannen damit schon an Ort und Stelle, in Polen, in ihren Gruppen. Mädchen und Jungen waren in diesen Gruppen zusammen, zu ihren Idealen gehörte auch die Abschaffung der klassischen Geschlechtertrennung und Rollenverteilung.

Chaika Grossman schloß sich bereits mit zehn Jahren Haschomer Hatzair an. Sie besuchte das hebräische Gymnasium in Białystok und bewarb sich kurz vor ihrem Abitur um einen Studienplatz an der hebräischen Universität von Jerusalem. Sie hatte nicht vor, wirklich zu studieren, es ging ihr vor allem darum, ein Zertifikat zu bekommen. Großbritannien, die Mandatarmacht über Palästina, hatte die Einreisequoten für Juden drastisch gesenkt, und so wurde die Alija – auf legalem Weg – fast unmöglich. Chaika Grossman bekam ihr heißersehntes Zertifikat – doch sie sollte es nie verwenden.

1939 marschierte die deutsche Wehrmacht in Białystok ein. Aufgrund des sogenannten »Hitler-Stalin-Paktes« mußte sie sich jedoch wenig später hinter die zwischen dem deutschen Außenminister von Ribbentrop und dem sowjetischen Außenminister Molotow vereinbarte Grenze am Bug zurückziehen. In dem nunmehr geteilten Polen regierten im Westen die deutschen Besatzer, im Osten die Sowjets. Die Rote Armee besetzte Białystok. Chaika Grossman beschreibt in den ersten Kapiteln ihres Buches, wie sie und ihre Kameradinnen und Kameraden diese Tage erlebten. Sie konnten sich das, was noch kommen sollte, nicht ausmalen. Unter Krieg stellten sie sich in etwa vor, was ihre Eltern vom Ersten Weltkrieg erzählt hatten. An so etwas wie Gaskammern konnten sie gar nicht denken, weil es so etwas in der Geschichte der Menschheit noch nicht gegeben hatte. »Ahnungslos«, wie Chaika Grossman später sagt, beschlossen sie, auch unter Kriegsbedingungen weiterzumachen, das heißt, ihre Organisation, Haschomer Hatzair, und, im kleinen, ihren Ken, ihre Jugendgruppe, aufrechtzuerhalten.

Das war unter der sowjetischen Besatzung legal nicht mehr möglich, denn die Sowjets verboten generell alle politischen Parteien und Organisationen und alle zionistischen im besonderen. Die Halutzim gingen in den Untergrund. Die Lage änderte sich jedoch schlagartig, als mit dem Beginn des »Unternehmens Barbarossa«, des Überfalls auf die Sowjetunion, die Deutschen erneut in Białystok einzogen. Am 27. Juli 1941 morgens, zwei Stunden nach dem Einmarsch, verbrannten die SS-Truppen 2000 (andere Zahlen sprechen von 3000) jüdische Männer und Knaben in der großen Synagoge. Das jüdische Viertel um die große Synagoge machten sie dem Erdboden gleich. In dem großen Zerstörungswerk verbrannte auch Chaika Grossmans Elternhaus in der Suraska-Straße, direkt neben der Synagoge. Chaikas Vater war, als »Bourgeois«, von den Sowjets nach Pińks, einem kleinen jüdischen Städtchen in Belorußland, ausgesiedelt worden. Die Deutschen ermordeten ihn direkt nach der Eroberung der Stadt. Chaikas Mutter und Schwester mußten sich eine neue Wohnung suchen, sie waren von einem Tag auf den anderen verarmt, all ihr Hab und Gut war mit dem Haus verbrannt.

Chaika Grossman war, anstatt wie geplant und erträumt nach Palästina zu gehen, als sie ihr Zertifikat bekam, erst einmal nach Warschau gefahren, zu einem Treffen der Untergrundführung von Haschomer Hatzair. Sie wird in die nationale Führung berufen. 1941 befindet sich die Mehrheit der nationalen Untergrundführung von Haschomer Hatzair in Wilna, der litauischen Hauptstadt, dem beinahe einzigen Ort, von dem aus ein Entkommen aus dem brennenden Osteuropa noch möglich ist. Doch die jungen Leute beschließen zu bleiben. Sie wollen ihr Volk nicht im Stich lassen. Palästina wird zu einem Traum, die Realität bedeutet: Widerstand organisieren, hier, in Litauen, in Polen, in Belorußland, wo Krieg herrscht, wo die deutsche Besatzungsmacht regiert, wo bald die ersten Ghettos eingerichtet werden, wo bereits zu erahnen ist, daß der jüdischen Bevölkerung Schreckliches bevorsteht. In Wilna wird das Signal für diesen Widerstand gegeben. Die Gruppe der Widerstandskämpferinnen und Widerstandskämpfer, zu der Chaika Grossman nun gehört, erfährt von den Massenmorden in Ponar, wo Tausende Wilnaer Juden in die von ihnen selbst ausgehobenen Gruben geschossen werden. In der Silvesternacht 1941/42 verfaßt Abba Kovner, der spätere Kommandant der Wilnaer Partisanen, einen Aufruf an die jüdische Jugend: Werft die Illusionen ab. Ponar bedeutet Tod. Laßt uns als Kämpfer sterben, als freie Menschen. Organisieren wir den Widerstand!

Die jungen Frauen in den Untergrundorganisationen von Warschau bis Grodno reisen nun, mit falschen Papieren ausgestattet, von einem Ghetto in das nächste, um den Wilnaer Aufruf zu verbreiten, um den Widerstand in den einzelnen Städten zu organisieren, um Nachrichten zu übermitteln, die Untergrundzeitschriften zu verbreiten, um die Kontaktsperre, die über alle Juden verhängt ist, zu durchbrechen. Später werden sie Waffen transportieren, Sprengstoff, Anschlagspläne. Viele von ihnen werden gestellt, zu Tode gefoltert und ermordet.

Chaika Grossman ist die Kurierin der Untergrundleitung. Sie transportiert nicht »nur« den Aufruf und diverses Material, sie führt in den jeweiligen Städten die Verhandlungen mit den dortigen Kameradinnen und Kameraden, aber auch mit den offiziellen Vertretern der jüdischen Gemeinden und Organisationen. Sie sammelt Geld und wichtige Informationen, und sie diskutiert mit den unterschiedlichen Gruppierungen darüber, warum Widerstand nötig ist und warum Widerstand nur möglich ist, wenn alle ihre bisherige Politik der Abgrenzung aufgeben und sich zusammentun. Welch ein zähes und manchmal aussichtsloses Unterfangen das ist, beschreibt sie in ihrem Buch sehr plastisch.

Schließlich wird sie von der nationalen Führung von Haschomer Hatzair zurück in ihre Heimatstadt Białystok geschickt, um dort eine Widerstandsorganisation aufzubauen.

Białystok nahm unter der deutschen Besatzung eine Sonderstellung ein. Es gehörte nicht zum Generalgouvernement (also dem größten Teil des besetzten Polen), sondern unterstand der Verwaltung durch Ostpreußen. So war Ostpreußens Oberpräsident und Gauleiter Koch formal für den »Bezirk Białystok«, wie die Woiwodschaft Białystok nun genannt wurde, zuständig. Faktisch regierte den »Bezirk« Kochs Stellvertreter (erst der Führer der Deutschen Arbeitsfront in Ostpreußen, Waldemar Magunia, dann Landrat Dr. Brix aus Tilsit), der im Białystoker Schloß, dem Branicki-Palais, residierte. Für die jungen Frauen aus Białystok, die als Kurierinnen des jüdischen Widerstandes arbeiteten, bedeutete das, daß sie nicht nur den üblichen Kontrollen ausgesetzt waren, sondern auch noch ständig – scharf überwachte – Grenzen überschreiten mußten. Wollten sie nach Wilna, mußten sie die Grenze zwischen dem Bezirk Białystok und Litauen passieren, wollten sie nach Warschau oder Częstochowa oder in irgendeine andere Stadt des Generalgouvernements, mußten sie die Grenze in Małkinia überwinden, ein fast unmögliches Unterfangen, denn Małkinia gehörte zu den berüchtigtsten Grenzstationen im ganzen ehemaligen Polen. Eine Reise nach Grodno wiederum bedeutete, sich über die belorussische Grenze schmuggeln zu müssen. Juden war die Benutzung der öffentlichen Verkehrsmittel gänzlich untersagt, Polen durften nur mit einer besonderen Genehmigung Zug fahren. Das wiederum hieß, die Widerstandskämpferinnen und Widerstandskämpfer brauchten nicht nur die »üblichen« falschen Papiere – Personalausweis und Arbeitskarte –, sondern auch die jeweils nötige

Reisegenehmigung, die immer wieder geändert und mit anderen Stempeln ausgestellt wurde.

Am 26. Juli 1941 wurde den jüdischen Bewohnerinnen und Bewohnern Białystoks befohlen, in ein bestimmtes Stadtviertel umzuziehen. Um dieses Ghetto wurde ein mit Stacheldraht bewehrter Zaun gezogen. Anfangs gab es zwei Tore, später nur noch eines, das streng bewacht wurde. Wer aus dem Ghetto auf die »arische Seite«, das heißt in den außerhalb des Ghettos gelegenen Teil der Stadt wollte, mußte eine Spezialgenehmigung vorlegen. Wer das Ghetto betreten wollte oder, wie die außerhalb des Ghettos eingesetzten jüdischen Zwangsarbeiterinnen und Zwangsarbeiter, abends zurück »nach Hause« kam, wurde genau kontrolliert. So bestand die Hauptarbeit der Kurierinnen – neben ihrer eigentlichen Aufgabe – darin, all diese zahllosen Kontrollen zu passieren, ohne entdeckt und festgenommen zu werden. Welchen Mut und welche Nerven das erforderte, ist wohl kaum nachvollziehbar. Emanuel Ringelblum, der Chronist des Warschauer Ghettos, schreibt über diese Frauen, die kaum älter als 18, 19 Jahre waren: »Diese heroischen Mädchen, Chaika und Frumka – sie sind ein Thema, das nach der Feder eines großen Dichters verlangt. (...) Tag für Tag waren sie in Todesgefahr. (...) Die Geschichte der jüdischen Frau ist eine glorreiche Seite in der Geschichte des jüdischen Volkes in diesem Krieg. Und die Chaikas und Frumkas nehmen den ersten Platz in dieser Geschichte ein.«

Das Białystoker Ghetto war, im Vergleich zu Warschau etwa oder Łodz, relativ »privilegiert«. Das heißt, die Menschen mußten zwar eng zusammengepfercht in kleinen, ärmlichen Holzhäusern leben, oft bis zu 15 Leute in einem Raum, sie mußten für die Besatzer hart arbeiten, und sie mußten ständig damit rechnen, bei der nächsten »aktzia« (Liquidierungsaktion) abtransportiert zu werden. Aber es gab in Białystok keine Typhusepidemien, die Menschen starben nicht zu Tausenden vor Hunger und Kälte auf der Straße, die hygienischen Bedingungen waren zwar prekär, aber nicht lebensgefährlich. Der Grund dafür lag in der Bedeutung, die Białystok als größtes Textilzentrum Ostpolens für die Besatzer, vor allem aber für die Wehrmacht einnahm. Fast alle Textilarbeiter waren Jüdinnen und Juden, ihre Arbeit war bekannt für ihre Qualität und unersetzlich. So ließen die deutschen Verwaltungsbeamten, die deutschen Industriellen und die für die Ausrüstung Zuständigen in der Wehrmacht im Ghetto weiter produzieren – und profitierten dabei auch privat ganz ordentlich.

Auf diesen »Vorteil« des Białystoker Ghettos, die Unersetzlichkeit der Textilarbeiterinnen und Textilarbeiter und die Habgier der Besatzer, setzte der Białystoker Judenrat. Die Deutschen etablierten in jedem Ghetto einen Judenrat, eine – scheinbare – jüdische Selbstverwaltung. Der Judenrat regelte die inneren Angelegenheiten des Ghettos, vom Gesundheitswesen über die Armenküchen bis hin zu »Ruhe und Ordnung«. Dem Judenrat unterstand die Ghettopolizei, die, ob sie wollte oder nicht, in den meisten Fällen der SS und Gestapo direkt zuarbeitete.

Es wäre falsch, alle Judenräte als Kollaborateure zu bezeichnen. Einige machten das Spiel der Besatzer nicht mit, sie wurden jedoch bald aufgelöst und ihre Mitglieder ermordet. Andere handelten in dem guten Glauben, sie könnten das Ghetto retten, indem sie seine Bewohner ständig zu Zucht und Ordnung und harter Arbeit mahnten. Ephraim Barasz, der faktische Chef des Białystoker Judenrates (dessen offizieller Leiter, Rabbi Rosman, kaum in Erscheinung trat), gehörte eher zu letzteren. Chaika Grossman erzählt in diesem Buch sehr differenziert und ohne zu diffamieren die komplizierten Beziehungen zwischen dem Widerstand und dem Judenrat und von Baraszs zunehmend illusionistischer Politik, die ihn letztlich objektiv zu einem gefährlichen Widersacher der Aufständischen machte.

Anfang Januar 1942 kommt Chaika Grossman in ihrer Heimatstadt an. Sie macht sich auf die Suche nach dem, was einmal ihr Wohnviertel war, nach ihrem Elternhaus, nach den Orten ihrer glücklichen Kindheit und Jugend. Mit großer Trauer erzählt sie, wie sie dieses Białystok wiederfand: Alles, was ihr lieb und vertraut war, ist zerstört, Mutter und Schwester leben in bitterer Armut. Aber ihre Jugendgruppe, ihre »Kinder«, sind noch zusammen und bereit, etwas zu unternehmen.

Chaika Grossman schreibt genau, persönlich, aus ihrer Sicht und doch historisch korrekt. Im ersten Teil des Buches berichtet sie von der mühsamen Vorbereitung des Aufstands und schließlich vom Aufstand selbst, von seiner blutigen Niederschlagung und der anschließenden Liquidierung des Ghettos. Im zweiten Teil erzählt sie die unfaßbare Geschichte der »Mejdalach«, der Mädchen: Sechs junge Frauen blieben nach dem Abtransport aller Ghettobewohner allein in der Stadt zurück, in der verzweifelten Hoffnung, Genossinnen und Genossen, die den Deutschen entkommen waren, retten und den Kontakt zu den jüdischen Partisanen in den umliegenden Wäldern wieder aufnehmen zu können. Wie ihnen letzteres gelingt und wie sie unter den Augen von SS und Gestapo mit den Partisanen zusammen auf die Befreiung Białystoks hinarbeiten, das liest sich spannender als jeder Kriminalroman. Chaika Grossman spielt dabei ihre eigene Bedeutung herunter, sie spricht lieber über andere, aus ihrem Buch geht nicht hervor, daß sie eine der führenden Persönlichkeiten des jüdischen Widerstandes in Polen war. Auch heute noch muß man ihr »die Würmer aus der Nase ziehen«, wo es um sie selbst geht. Diese Bescheidenheit verbindet sie mit vielen anderen Widerstandskämpferinnen und Widerstandskämpfern, die ständig wiederholen: »Aber was wir getan haben, das war doch ganz normal, selbstverständlich« und »Wir haben ja gar nicht viel gemacht«.

Sie haben, im Gegenteil, das Unmögliche möglich gemacht. Sie haben gegen einen Gegner angekämpft, vor dem selbst die Rote Armee fast zwei Jahre lang zurückweichen mußte. Sie haben diesen Kampf organisiert und geführt, während ihre Eltern, Geschwister, Schulkameradinnen, Freunde, Nachbarn in die Gaskammern verschleppt wurden. Während die Älteren sagten, Widerstand ist zwecklos, ihr gefährdet mit euren Aktionen nur das Ghetto. Während sie selbst manchmal lieber mit ihren Liebsten in den Tod gegangen wären, anstatt Tag für Tag aufs neue die Kraft zu sammeln, die für ein Leben im Untergrund nötig war. Sie waren bereit zu sterben, aber sie wollten vorher »etwas tun«.

Die bitterste Erkenntnis stand ihnen erst bevor, als sie den Aufstand bereits vorbereitet hatten: Die Masse der Menschen würde nicht kämpfen. Sie konnte nicht kämpfen. Es waren ganz normale Menschen, die Kinder, Familie hatten, die aus ihrem Alltag gerissen wurden, in ein erniedrigendes brutales Leben im Ghetto gezwungen wurden, in Armut, Zwangsarbeit, Elend, mit der heimlichen Hoffnung, daß »das Schlimmste« vielleicht doch nicht eintreffen würde. Und die schließlich so zermürbt waren von all den Schrecklichkeiten, der Angst und der vergeblichen Hoffnung, daß sie keine Kraft mehr hatten, zur Waffe zu greifen. Und selbst wenn sie hätten flüchten können, während eines Aufstands etwa, wohin hätten sie gehen sollen? Wo hätten sich dreieinhalb Millionen Menschen vor den Deutschen verstecken sollen? Noch dazu in einem Land, dessen Bevölkerung in der Mehrheit antisemitisch war und zu einem Teil sogar der Meinung, das einzig Gute an den Deutschen sei, daß sie ihnen die Juden vom Hals schafften.

Die dreieinhalb Millionen polnischer Juden waren während der deutschen Besatzung ganz auf sich gestellt, von »außen«, das heißt von den nichtjüdischen Polen, erfuhren sie nur wenig Hilfe und häufig Verrat und Verfolgung. Es gab durchaus Polinnen und Polen, die, ohne Unsummen dafür zu verlangen, Juden versteckten, eine Reihe von jüdischen Kindern haben so den Krieg überlebt. Es gab auch polnische Menschen, die selbstlos den jüdischen Widerständlern halfen, obwohl sie damit ihr eigenes Leben riskierten. Auch die polnische Bevölkerung wurde von den deutschen Besatzern nicht nur geknebelt und bedroht, unzählige Menschen wurden ermordet oder zur Zwangsarbeit verschleppt, Kinder wurden ihren Eltern geraubt und »arisiert«, das Land wurde ausgeblutet, und ganze Städte wurden dem Erdboden gleichgemacht. Warschau war nach dem Krieg ein einziger großer Trümmerhaufen.

Doch der polnische Antisemitismus gründete auf einer langen Tradition, und er wurde während der Schreckensjahre nicht weniger. Die Kurierinnen des jüdischen Untergrundes fürchteten die Polen oft mehr als die Deutschen, die, in ihrem von Streicher geprägten Antisemitismus, sich nicht vorstellen konnten, daß eine großgewachsene blonde Frau eine Jüdin sein könnte. Während eine Polin oder ein Pole das viel eher erkannte, und es kam oft genug vor, daß sie oder er die »Entlarvte« an die Polizei verriet. Chaika Grossman verweist in diesem Buch immer wieder auf die einfachen Menschen, seien es Arbeiterinnen in der Stadt, seien es Bauern, die ihr ohne zu fragen geholfen hatten, sie bei sich hatten übernachten lassen, obwohl ihnen möglicherweise bewußt war, daß sie eine Jüdin beherbergten. Doch sie schildert auch, notgedrungen, die zahlreichen Beispiele für den für sie lebensgefährlichen polnischen Antisemitismus.

Vor allem der polnische Widerstand, die Armia Krajowa (Heimatarmee), zeichnete sich nicht gerade durch Solidarität mit dem jüdischen Widerstand aus. Auch in ihr gab es einzelne Personen und

Gruppen, die den jüdischen Kämpferinnen und Kämpfern beistanden, doch die offizielle (und mehrheitlich auch praktizierte) Linie der Armia Krajowa war es, die Juden nicht zu unterstützen. Und es gab bestimmte Einheiten der Heimatarmee, wie etwa die extrem rechte ONR (National-Radikales Lager), die sich an der Verfolgung und Ermordung jüdischer (und auch nichtjüdischer kommunistischer) Partisanen beteiligten. Die unkomplizierteste Unterstützung erhielten die jüdischen Widerständler durch Teile der polnischen Pfadfinder. Mitglieder des Hechalutz, der linkszionistischen Jugendbewegung, waren aus Vorkriegszeiten mit linken Mitgliedern der Pfadfinder befreundet, und diese Bande hielten teilweise auch während des Krieges. Diese Ausnahmen sind um so höher zu bewerten, als sie eben Ausnahmen darstellen und auf das Verstecken von Juden, und erst recht auf Waffen- und Informationsbeschaffung, die Todesstrafe stand. Doch von diesen wenigen Unterstützern abgesehen, standen die jüdischen Kämpferinnen und Kämpfer allein und mußten sich fast alles, von den einfachsten Informationen über falsche Papiere bis zu den Waffen, selbst besorgen. Ihre einzigen Verbündeten in dem ungleichen Kampf waren die polnischen Kommunisten. Doch die wurden selbst gnadenlos verfolgt, ein großer Teil ihrer Mitglieder waren Jüdinnen und Juden, die auch im Ghetto festsaßen und dort zusammen mit Haschomer Hatzair und den anderen Gruppen den Widerstand organisierten, ein weiterer Teil von ihnen war bereits von den Deutschen ermordet worden.

Es stellt sich angesichts der realen Situation im besetzten Polen nicht die Frage: Warum haben die Juden nicht gekämpft?, sondern umgekehrt die Frage: Warum fanden einige von ihnen die Kraft und die Möglichkeit, überhaupt zu kämpfen? Das vorliegende Buch ist eine Antwort auch auf diese Frage.

Frauen spielten im jüdischen Widerstand (nicht nur) in Polen eine große und entscheidende Rolle. (Chaika Grossman fragt nicht, warum das so ist, es erschien ihr selbstverständlich.) Die Gründe für diese auffallende Tatsache sind mannigfaltig und miteinander verflochten. Von Bedeutung ist sicher, daß in den politischen Jugendorganisationen, sowohl den kommunistischen als auch den linkszionistischen, Mädchen und Jungen zusammen waren und – relativ – gleichberechtigt miteinander umgingen. Sie wurden gemeinsam politisch erzogen, sie blieben auch unter Untergrundbedingungen zusammen, und so ist es quasi logisch, daß sie auch zusammen den Widerstand organisierten und zusammen kämpften. Vor allem in der kommunistischen Partei spielten auch erwachsene Frauen eine große Rolle, einige der Mädchen waren es bereits von ihrer Mutter her gewöhnt, daß eine Frau Revolutionärin sein und sogar im Gefängnis landen kann. Die hebräischen Gymnasien in den größeren Städten waren koedukativ, sie verfügten häufig über pädagogisch wie fachlich ausgezeichnete Lehrerinnen und Lehrer, die ihren Schülerinnen ein ebenso großes Wissen wie Selbstbewußtsein beibrachten.

Und die jungen Frauen fühlten sich verantwortlich: für die Familie wie für die Gemeinschaft. Sie nahmen die schwierigsten Aufgaben, die lebensgefährlichsten Missionen auf sich, ohne auch nur darüber nachzudenken. Es mußte getan werden, und sie waren in der Lage, es zu tun. Punktum. Tatsächlich konnten einige ganz entscheidende Aufgaben, wie etwa die Kurierdienste, fast nur von Frauen übernommen werden. Sie konnten sich besser verkleiden, sie konnten besser Theater spielen, und sie wurden vor allem, zumindest zu Anfang, weniger verdächtigt. Frauen trauten die deutschen und auch polnischen Polizisten zwar jederzeit zu, daß sie schmuggelten – was sie ja auch taten. Aber die Schmuggelware bestand gemeinhin aus Lebensmitteln. Wenn die Untergrundkurierin nun in ihrem Korb – über den Waffen oder illegalen Zeitschriften – ein paar Eier und ein Pfund Schmalz »versteckt« hatte, konnte sie, mit einigem Glück, darauf rechnen, daß sie, so sie erwischt wurde, »nur« die Eßwaren loswurde und die obligate Strafe bezahlen mußte.

Die Bedingung für diese Arbeit war allerdings, daß die junge Frau »arisch« aussah und daß sie fast übermenschlich gute Nerven hatte. Chaika Grossman beschreibt sehr eindringlich, wie quälend es war, sich vor jeder Kirche zu bekreuzigen, die Mörder freundlich anzulächeln, mit deutschen Soldaten zu flirten, sich in der Eisenbahn, ohne mit der Wimper zu zucken, antisemitische Reden anzuhören. Als es ihr, nach der Niederschlagung des Ghettoaufstandes, gelingt, den Kontakt zu den jüdischen Partisanen in den Wäldern um Białystok wiederaufzunehmen, träumt sie davon, bei ihnen bleiben zu können, im Wald, unter ihresgleichen, wo sie sich nicht mehr verstellen muß, wo sie sie selbst sein kann. Doch die Genossen schicken sie zurück in die Stadt, in die Höhle des Löwen, denn dort wird sie viel dringender gebraucht.

Wie ist es diesen jungen Menschen gelungen, zu überleben und selbst nach der Niederschlagung des Aufstands und der Liquidierung des Ghettos ihren Kampf fortzusetzen? »Die wichtigsten Entscheidungen«, sagte mir Chaika Grossman bei einem Gespräch im Kibbuz Evron, »traf man, ohne groß nachzudenken. Sozusagen aus dem Instinkt. War eine Tür verschlossen, bemühte man sich sofort, eine andere zu öffnen. Wenn wir dauernd daran gedacht hätten, wie gefährlich das alles war, wären wir gelähmt gewesen, dann hätten wir nichts mehr tun können. Eine allgemeine Regel gab es dabei nicht. Vitka Kempner zum Beispiel war scheinbar ganz sorglos, sie machte sich die gelben Flecken (die alle Juden an der Kleidung tragen mußten; Anm. I. S.) mitten auf der Straße an. Ich war das reine Gegenteil, ich war extrem vorsichtig. Nun, und wir haben beide überlebt. Jede hat eben nach ihrem Gefühl gehandelt. Und andere wieder, die sich genauso verhalten haben wie sie oder umgekehrt wie ich, sind erwischt und ermordet worden.«

Wichtig, um die Strapazen und die permanente Anspannung auszuhalten, war, so Chaika Grossman, das Zugehörigkeitsgefühl – zum eigenen, verfolgten, gequälten und erniedrigten Volk und zur Gruppe: »Du wußtest, da sind Leute, zu denen du gehörst, die auf dich zählen, du kannst vielleicht etwas, das andere nicht können, und dann mußt du das tun. Wenn ich immer wieder gezweifelt hätte, ob der Kampf das Richtige für mich selbst ist, hätte ich nicht überlebt.«

Chaika und ihre Kampfgefährtinnen, die, wie sie, »arisch« aussahen und fließend polnisch sprachen (viele der jiddischsprachigen polnischen Juden sprachen kaum polnisch oder mit einem hörbaren Akzent), hätten sich verstecken und in ihrer Tarnung überleben können. Doch das kam für sie nicht in Frage. Chaika Grossman: »Wenn ich ausgestiegen wäre, um am Leben zu bleiben, dann hätte ich das vermutlich gar nicht geschafft, ich hätte dann nicht die Kraft gehabt, den Willen zu überleben.« Denn, so unfaßbar das heute klingen mag, es ging ihnen eben nicht um das Überleben. Es ging ihnen darum, den Deutschen nicht kampflos in die Hände zu fallen, die Maschinerie des Krieges und der »Endlösung« zumindest zu sabotieren. »Wenn wir schon sterben mußten«, sagte mir Chaika Grossman, »dann nicht in Treblinka, sondern an Ort und Stelle, im Ghetto, und im Kampf.«

Dieser Kampf erforderte von den jungen Widerständlern nicht »nur« Mut und Zähigkeit, sondern auch die Entwicklung einer differenzierten und hohen Moral. Sie wollten die Nazis nicht mit deren Methoden bekämpfen. Mit Waffengewalt ja, aber nicht mit deren Unmenschlichkeit. Eine Geschichte, die Chaika Grossman mir in Israel erzählte, ist dafür typisch: »In einem bestimmten Viertel von Białystok wohnte nur die SS. In den letzten Jahren holten die ihre ausgebombten Familien aus Deutschland zu sich, und sie hatten ja auch eigene Familie. Es wäre für uns einfach gewesen, in diesem Viertel eine Bombe zu legen. Aber wir haben nicht einmal daran gedacht. Wegen der Familien, aber auch wegen der SSler selbst. Es gab sogar unter ihnen einzelne, die sich anständig benommen haben. Einer zum Beispiel, aus der SS-Werkszentrale, hat Juden geholfen. Und der wäre ja dann bei so einer Aktion mit ums Leben gekommen.«

Als der Alptraum schließlich zu Ende ist, löst Trauer die Freude über die Befreiung ab. »Ich habe zwar überlebt«, sagte mir Chaika Grossman, »aber ich wußte nicht, wozu. Ich war traurig und leer. Mein ganzer Körper, meine Seele waren leer.« Die wenigen Überlebenden kehren aus den Wäldern, aus dem Untergrund, aus den Lagern in Städte und Dörfer zurück, die nicht mehr die ihren sind: Alle jüdischen Bewohnerinnen und Bewohner sind ermordet worden, sie werden nie mehr zurückkommen.

Chaika Grossman organisiert nun die Auswanderung der überlebenden Kinder nach Palästina. »Indem ich mich um die Rettung dieser halbverhungerten, traumatisierten Waisen gekümmert habe, habe ich auch mich selbst gerettet«, sagte sie mir. Im Mai 1948 endlich macht sie ihren Jugendtraum wahr, sie verläßt Polen Richtung Palästina. Als sie ankommt, wird gerade der Staat Israel ausgerufen. Ihr Verlobter, der die langen Jahre über auf sie gewartet hatte (er war schon vor dem Krieg emigriert), holt sie vom Schiff ab und fährt sie in seinen, und nun auch ihren, Kibbuz, Evron, im Norden Israels. Kaum angekommen, beginnt sie, ihr Buch zu schreiben über den Ghettoaufstand und die jüdischen Partisanen von Białystok, über ihre Kampfgefährtinnen und -gefährten in Warschau, Wilna, Grodno und in ihrer Heimatstadt. Als sie die letzte Seite getippt hat, steht sie vom Schreibtisch auf, um ins Krankenhaus zu fahren: Ihre Tochter, ihr erstes Kind, wird geboren.

Das Buch erscheint 1949 in hebräischer Sprache in Israel und wird zu einem Bestseller. Erst 40 Jahre später erscheint eine Übersetzung ins Amerikanische, kurz darauf eine spanische Ausgabe. Nun liegt »Die Untergrundarmee« endlich auch auf Deutsch vor. Dank Jan Philipp Reemtsma, der die Kosten für die Übersetzung übernommen hat. Und dank meiner Lektorin, Ingeborg Mues, die sich spontan für dieses Buch eingesetzt hat.

Chaika Grossman arbeitet nach der Fertigstellung des Buches als Gebietsleiterin ihrer Region, als Sekretärin ihres Kibbuz und schließlich, seit Ende der 60er Jahre, als Abgeordnete ihrer Partei, der linkszionistischen Mapam, in der Knesset. Zuletzt war sie Alterspräsidentin des Parlaments. Heute ist sie – theoretisch – im Ruhestand. Praktisch hat sie »Moreshet« mit aufgebaut, eine Studien- und Gedenkstätte für den jüdischen Widerstand. Sie ist die Präsidentin dieser Einrichtung, in der Seminare abgehalten, Studien publiziert, Lehrveranstaltungen geboten werden, in der sich ein umfangreiches Archiv zur Geschichte von Haschomer Hatzair und des jüdischen Widerstandes befindet und in der nun auch ein Museum errichtet werden soll.

Anstatt sich endlich auszuruhen, reist Chaika Grossman jede Woche von Evron nach Tel Aviv, von Tel Aviv nach Moreshet und wieder zurück in ihren Kibbuz. Auf die Frage, ob sie nicht manchmal das Bedürfnis hatte, einfach alles zu vergessen, antwortete sie mir: »Es ist nicht so, daß ich die Erinnerung künstlich in mir wachhalten muß oder daß ich ständig in der Vergangenheit lebe. Ich habe mich sehr aktiv in die Politik meines Landes eingemischt, ich war in der Knesset Vorsitzende des Sozialausschusses, ich habe mich mit den aktuellen und sehr großen Problemen der Menschen in diesem Land beschäftigt. Aber das, was geschehen ist, ist immer da, im Hintergrund, es ist unauslöschlich. Es hätte keinen Sinn, es zu verdrängen – und ich will das auch gar nicht.«

Ingrid Strobl

1
Ideen der Kindheit

»Wir stehen kurz vor einem Krieg. Es ist schwer zu sagen, was der morgige Tag bringen wird, aber wir wissen, wie wir leben wollen, egal was passiert. Alle verstecken sich in den Kellern, haben Angst vor dem, was uns bevorsteht, wir aber fürchten uns nicht. Wir werden trotz des Krieges weitermachen.«

Diese Worte wurden auf dem letzten Treffen der »Tel-Amal«-Gruppe[1] gesprochen, von 15-, 16jährigen, die die Gefahren des Krieges gar nicht erfassen konnten.

Flugzeuge warfen ihre Bomben ab. Nach dem Treffen trennten wir uns und gingen nach Hause. Passanten, die sich beeilten, noch einen Unterschlupf zu finden, sahen uns neugierig an: Verrückte, die ruhig und fröhlich über die Straße spazierten!

Ich ging zu Rachel. In ihrer Wohnung im fünften Stock war niemand. Die Angst vor den Bomben hatte alle in die unteren Stockwerke getrieben. Rachel und ich waren die Führerinnen der Gruppe. Wir waren 18, 19 Jahre alt, und es fiel uns schwer, uns vorzustellen, daß die Welt auf eine Katastrophe zusteuerte. Wir redeten über die Mitglieder unserer Gruppe, mutige intelligente Schülerinnen und Schüler des polnischen Gymnasiums, die schon lange zu unserer Bewegung gehörten und in ihr so etwas wie einen sozialen und intellektuellen Kern bildeten.

An diesem Tag litt ich das erste Mal unter der Qual der Verantwortung und der Angst davor, eine individuelle Entscheidung treffen zu müssen. Der »Hanhaga Raschit/B« (die Untergrund-Leitung), dessen erste – und letzte – Sitzung am 20. August 1939 in Warschau abgehalten worden war, wenige Tage vor Kriegsbeginn, hatte mich dazu bestimmt, die Gruppen in der Region von Białystok auf den Untergrund vorzubereiten. Zehn Tage später kehrte ich –

1 *Jugendgruppe der linkszionistischen Pionier-Bewegung Haschomer Hatzair* (Anmerkung der Übersetzerin. Sämtliche kursiv gesetzten Fußnoten stammen von der Übersetzerin.)

mit Schwierigkeiten – aus Warschau zurück. Ich war die einzige junge Frau unter den paar Zivilisten, die meisten von ihnen Bauern, in einem Zug voller Rekruten. Eine Woche später war es mir noch immer nicht gelungen, die Region zu besuchen. Ein-, zweimal schon hatte ich meinen Rucksack gepackt und mich auf die Suche nach einem Bus gemacht. Aber es gab keine Busse, und die Züge waren von der Armee beschlagnahmt worden, um die Rekruten zu befördern. Ich hatte meine erste Aufgabe als Mitglied des Notstands-Hanhaga-Raschit nicht erfüllt, und mein Versagen belastete mich. Rachel heiterte mich ein wenig auf.

Mir wurde bewußt, daß es niemanden gab, an den ich mich um Unterstützung wenden konnte. Ich war von jeder Verbindung abgeschnitten. Zum ersten Mal gab es niemanden, der mir Anweisungen geben konnte, niemanden außer meinem eigenen Gewissen. Ich war knapp 19 Jahre alt, die Bewegung hatte mich erzogen. Nun waren ihre Führer alle ihren eigenen Weg gegangen, einige als Vorkämpfer, andere auf der Suche nach einem neuen Leben. Ich hatte nur mein Bewußtsein und meine Stärke.

Am 8. September erreichten die Schreckensnachrichten die tote Stadt und ihre leeren Straßen: Die Deutschen standen vor der Tür! Fast alle Türen, Gatter und Fensterläden waren verriegelt, die letzten Passanten rannten um ihr Leben in das erstbeste Haus, das sie noch finden konnten. In unserem Haus flüchteten sich alle in die Räume, deren Fenster auf den Hinterhof der Großen Synagoge hinausgingen. Man hörte das Dröhnen von Fahrzeugen, dann Schüsse, und schließlich nur noch vereinzelte Seufzer. Vater lief zum Eingang und sah durch einen Spalt hinaus. Ich sah zum ersten Mal jemanden sterben. Ein jüdischer Junge, dem es nicht gelungen war, in das Haus zu kommen, war angeschossen worden. Wir verbanden seine Wunden und riefen das Rote Kreuz und das städtische Krankenhaus an. Die Antwort war immer dieselbe: Es ist unmöglich, rauszukommen. In der Zwischenzeit kämpfte der junge Mann um sein Leben. Wir sahen schweigend zu, unfähig, ihm zu helfen. Erst am Abend konnte er in das Krankenhaus gebracht werden, wo er starb. Am nächsten Tag erfuhren wir, daß es noch mehr Opfer gab; viele Menschen waren grundlos auf der Straße erschossen worden.

Die meisten jüdischen Häuser waren versperrt. Niemand ging vor die Tür, um nicht auf deutsche Soldaten zu treffen. Den ganzen Tag über hörten wir ihre Stimmen, das Klacken ihrer genagelten Stiefel. Am Abend lautes Klopfen und den Lärm von Autos, die vor den jüdischen Läden hielten. Sie brachen die verschlossenen Türen auf und plünderten. Niemand wagte es, in sein Geschäft zu gehen und sein Eigentum zu schützen. Die Männer hielten sich versteckt, um nicht zwangsverpflichtet zu werden für alle möglichen seltsamen Arbeiten, wie zum Beispiel die Bürgersteige zu waschen oder Schmutz von einer Stelle zur anderen zu schleppen. Nur die Frauen gingen in die Stadt. Sie standen um vier Uhr morgens auf, um sich in die Schlange vor der Bäckerei zu stellen, aber das Brot behielt der Bäcker für sich und seine Familie und Freunde.

Die Stadt schien den Atem anzuhalten. Natürlich gab es Geschichten von einheimischen Mädchen, die Zigaretten, Streichhölzer und andere Sachen an die Deutschen verkauften. Und es gab auch Juden, die sich an »die Deutschen« aus dem Ersten Weltkrieg erinnerten: Die waren mit Brot und Salz empfangen worden, da sie die jüdische Bevölkerung vor der Unterdrückung durch die zaristische Armee und vor den Angriffen der einheimischen Bevölkerung gerettet hatten. Aber das hier waren andere Deutsche, und die Stadt, halb proletarisch, halb provinziell, fürchtete sich und wartete auf ein Wunder. Die Diebstähle und Räubereien gingen weiter, aber – wie seltsam – die Deutschen führten diese Taten nicht im hellen Tageslicht aus, wie Leute, die über Macht und Gesetz verfügen. Wie Diebe in der Nacht beraubten sie die Einwohner ihres Besitzes, plünderten sie Waren und Lebensmittel.

Ich ging mit Rachel hinaus auf die Straße, wir waren fast allein unterwegs. Die Stadt war voll mit Deutschen. Es war schwer, ihre beleidigenden Blicke und ihre groben Manieren zu ertragen. Wo waren die Textilarbeiter, die Mitglieder der PPS und der kommunistische Untergrund? Aber die Arbeiter waren nicht bewaffnet in diesem Land der arroganten Offiziere und der falschen Ritterlichkeit, unter einem Polizeiregime, das korrupt, antisemitisch und antisozialistisch war. Hätten die Arbeiter über Waffen verfügt, dann hätten die Deutschen jetzt vielleicht nicht gesungen: »Es klingt wie eine Sage – Polen in achtzehn Tagen!«

Am dritten Tag der deutschen Besatzung kam im Radio die Meldung, daß die Rote Armee den Befehl erhalten hatte, die sowjetische Westgrenze zu überschreiten und Richtung Westen zu marschieren.[1] Die Juden hingen am Radio. Alle paar Stunden wurde eine neue Stadt gemeldet, die von der Roten Armee eingenommen wurde.

Am Abend kamen die Nachbarn, und alle versammelten sich um das Radio. Einer zog eine Landkarte hervor, ein anderer markierte die vermutliche Grenzlinie, und sie beschlossen einmütig, daß die Rote Armee auf eine Industriestadt wie unsere nicht verzichten würde. Sie war zweifellos schon im Anmarsch. Die Juden vergaßen ihre Klassenunterschiede. Ladeninhaber und Handwerker, Arbeiter und Unternehmer, alle waren vereint in dem Wunsch, die Deutschen loszuwerden. Und allen war klar, daß nur die Rote Armee die Juden vor dem schrecklichen Schicksal retten konnte, das sie unter den Deutschen erwartete. Alle Hoffnungen, die wir noch auf die polnische Armee gesetzt hatten, verschwanden, trotz ihres heldenhaften Widerstandes vor Kutno, Warschau und anderen Orten. Die Juden von Białystok wie alle Juden im besetzten Polen des Jahres 1939 sehnten nur noch eines herbei: daß die Rote Armee kommen und sie retten möge.

Am achten Tag der deutschen Besatzung tauchten die ersten Panzer der Roten Armee auf der östlichen Landstraße von Volkovysk her auf. Die Deutschen waren noch immer im Westteil der Stadt, auf der Warschauer Straße und der Hauptstraße, die früher Piłsudski-Allee hieß. Hier erhoben sich jüdische Kinder plötzlich zum Angriff und warfen Steine auf die deutschen Autos. Sie fühlten sich stark, als die Massen auf dem Kościuszko-Platz demonstrierten und ihre Befreier hochleben ließen.

Die Stadt war in Feststimmung. Die Angst der letzten zwei Wochen war vollkommen verschwunden. Mitten auf der Straße versammelten sich Menschengruppen um Offiziere oder Soldaten der Roten Armee. »Werdet ihr bleiben?« »Werdet ihr weitermarschieren?« »Warum könnt ihr nicht alle Juden vor den Deutschen retten?« »Habt ihr Hunger?« »Seid ihr jüdische Offiziere?« »Habt ihr genug zu essen?« »Wann wird der Krieg zwischen euch und den

1 *Nach diesem ersten Einmarsch zog sich die Wehrmacht aufgrund des geheimen Zusatzprotokolls über die Aufteilung Polens im Molotow-Ribbentrop-Abkommen (»Hitler-Stalin-Pakt«) – vorläufig – wieder zurück, und die Rote Armee marschierte in Ostpolen ein.*

Deutschen beginnen?« Fragen über Fragen. Und die Antworten waren zugleich unschuldig und verschmitzt, sie entsprachen ganz der freundlichen Art und der legendären Geduld, die den Russen zugeschrieben werden. Sie machten den Juden Mut: »Bei uns sind alle gleich.« »Bei uns zu Hause gibt es alles reichlich«, sagten sie. Aber wenn man genauer hinsah, konnte man einen Hauch von hartnäckigem Mißtrauen bemerken. Sie sagten nicht, wohin sie marschieren würden, sie sprachen nicht über die Deutschen, und schließlich sagten sie: Ja, ja, nicht alles gibt es bei uns so reichlich... wir haben auch gelitten, aber genau deswegen werden wir triumphieren.«

In ihren Antworten steckte mehr, als sie laut sagten. Die Juden verstanden und dachten an ihre Familien und Freunde, die auf der anderen Seite des Bug geblieben waren.[1]

Die Tel-Amal-Gruppe traf sich nun wieder unter neuen Bedingungen. Ich erinnere mich an alle von ihnen, und daran, wie sie sich bemühten, zu verstehen, was um sie herum vorging: Avraham, groß, blond und blauäugig – aufmerksam und gründlich. Yentele, schwarzhaarig, hübsch, eine ausgezeichnete Organisatorin, mit klarem, hellem Verstand, die begabteste unter den jungen Frauen. Israelke, die kleinste und schelmischste von allen, klug und spöttisch. Fast über Nacht wurde sie erwachsen, ernsthaft und zurückhaltend. Die schwerfällige Roszka, schlau, gewissenhaft und mutig. Und Sender und Chava. Dutzende von Kindern, die im Angesicht des Todes zu reifen Menschen wurden, die gegen die Spießigkeit der Erwachsenen und ihrer Eltern revoltierten und die jüdischen Straßen liebten, in denen sie aufgewachsen waren.

Das Treffen war schwierig. Sie hatten gelernt, die Oktoberrevolution zu ehren, sie hatten ihren Jahrestag gefeiert und die Revolutionslieder gesungen. Jetzt standen sie plötzlich vor einem sehr realen Problem: Wie konnten sie die Revolution weiterhin lieben, nachdem ihre eigene Bewegung verboten worden war?[2] Wie die Kluft überbrücken, die sich für sie aufgetan hatte? Unschuldig und

1 *Der Bug bildete die Grenze zwischen den beiden Teilen des geteilten Polen, wie im Molotow-Ribbentrop-Abkommen festgeschrieben.*

2 *Unter der sowjetischen Besatzung wurden alle zionistischen (und anderen nichtkommunistischen) Organisationen aufgelöst.*

gläubig wiederholten wir die alten Lehren, daß die Wahrheit schließlich triumphieren würde in einem Regime der sozialen und nationalen Gerechtigkeit und daß der Tag kommen würde, an dem auch dieser Konflikt nicht mehr existierte. Da sie das aus ganzem Herzen glaubten, beschlossen sie, fest zu bleiben, sich nicht aufzulösen, sondern das Leben als Schomrim[1] weiterzuführen, zusammen und – im Untergrund.

Zehntausende Flüchtlinge aus dem westlichen Polen, die aus der deutschen Hölle geflüchtet waren, ausgebombt, hungrig, erschöpft und vollkommen verarmt, strömten in die Stadt. Bald würde der Winter kommen, und es gab so viele Menschen, die kein Dach über dem Kopf hatten.

Viele Mitglieder der Bewegung waren Teil dieses Flüchtlingsstromes – komplette Ausbildungsgruppen der Pioniere und aktive Mitglieder, die einen funktionierenden Bewegungszusammenhang suchten und Routen nach Palästina. Die meisten von ihnen kamen mit leeren Händen an, sie brachten nur ihre Geschichten mit: von Städten, die abgebrannt, von Menschen, die von Gewehren und Maschinengewehren niedergemäht wurden, von Flüchtlingen, die hilflos und ohne Zuflucht die zerbombten Straßen überfüllten, erbarmungslos verfolgt von den motorisierten deutschen Bataillonen. Es gab Geschichten darüber, was den Juden in den galizischen Städtchen angetan wurde, Geschichten über Brände und Morde, über gefolterte Frauen und Kinder. Genossinnen und Genossen zogen von Stadt zu Stadt auf der Suche nach Freunden, die sie unterwegs verloren hatten, auf der Suche nach der Bewegung und ihren Einrichtungen. Die Bewegung selbst zog umher, auf der Suche nach Möglichkeiten, sich zu reorganisieren, wieder aktiv zu werden und die Alija[2] doch noch zu schaffen.

Im Spätherbst kam das Gerücht auf, Wilna sei den Litauern übergeben worden.[3] Wenn das stimmte, würde sich ein kleines Fenster zur Welt öffnen, und der Weg nach Palästina könnte in Litauen ge-

1 *»Hüter«, »Wächter« – Angehörige der linkszionistischen Jugendbewegung*

2 *Die Einwanderung in Palästina*

3 *Laut Zusatzbestimmung des Molotow-Ribbentrop-Abkommens wurde die alte litauische Hauptstadt Wilna, die bislang zu Polen gehört hatte, Litauen zugesprochen.*

funden werden. Viele hatten bisher versucht, nach Rumänien zu kommen, waren aber fast alle an der Grenze festgenommen worden. Die Straße nach Wilna dagegen war die einfachere und offenere Route. Massen brachen nun nach Wilna auf, und viele Genossinnen und Genossen gingen regelmäßig über die Grenze, um Nachrichten zu übermitteln, Gruppen zu organisieren und sich für die Emigration vorzubereiten.

Die von uns allgemein anerkannte Lösung für das kollektive Problem der Juden war die Alija, obwohl auch einige dachten, sie könnten innerhalb des sowjetischen Regimes eine persönliche Lösung für sich finden. Jetzt strömte die Pionier-Bewegung auf die Straße zur Alija. Bestimmte Genossinnen und Genossen wurden dazu bestimmt hierzubleiben, um die Flamme am Brennen zu halten, um das Ideal einer nationalen Lösung in einen organisierten jüdischen Willen zu verwandeln.

Ich war 19, als ich meine Heimatstadt verließ, um zusammen mit acht anderen Genossinnen und Genossen den Zug nach Norden zu nehmen, nach Lida.

Ich erinnere mich immer noch an Tosia in diesem Winter 1939. Tosia war aus Wilna in das von den Deutschen besetzte Warschau zurückgekehrt. Sie war zurückgekehrt in Hunger und Kälte, um die Jugend der Bewegung zu sammeln. In Eiseskälte überquerte sie zwei Grenzen. Sie reiste durch das sowjetische Besatzungsgebiet und sah, wie die Juden dort aufrecht gingen, furchtlos lebten und arbeiteten, sich sicher fühlten. Zwei Tage lang war sie Gast im Hause meines Vaters, dann verschwand sie, begleitet von unseren guten Wünschen, in der Dunkelheit und Kälte. Nach ihr gingen Mordechai (Anielewicz), Jozef (Kaplan) und Szmul Breslau. Wir setzten unser Leben aufs Spiel, weil wir ein anderes und besseres Leben liebten.

2

Ein neuer Name

Es war ein heißer Sonntag im Hochsommer. Die Sonne ließ die Stadt mit ihren Kirchen und ihrer berühmten Kathedrale erstrahlen. Der Wald war überfüllt mit Radfahrern. Die Typhusepidemie, die zwei Wochen lang gewütet hatte, ging zurück. Erst gestern hatten die Sowjets die letzten »Unzuverlässigen« in die Tiefen Rußlands verschickt. (Viele Mitglieder des Bürgertums und Kleinbürgertums, Beamte und polnische Offiziere waren exiliert worden.)

»Die Reichen haben Glück.« Mein Vermieter, der berühmte Jiddisch-Wissenschaftler Turbowicz, stand wütend auf meiner Türschwelle. Zuerst verstand ich nicht, was er meinte. Dann bekam ich heraus, daß die Deutschen eine Offensive an der Grenze zur Sowjetunion gestartet hatten. Der Krieg war in eine neue Phase eingetreten. »Und warum haben die Reichen Glück?« fragte ich unschuldig. »Weil die Reichen nach Sibirien geschickt werden, und da kommen die Deutschen nie hin, nicht einmal mit Flugzeugen«, erklärte mir mein Vermieter.

Ich zog mich schnell an und machte mich auf die Suche nach den anderen Mitgliedern der Untergrund-Führung. Wir waren sechs: Pinchas und Mordechai[1] wohnten zusammen eine Straße weiter; Edek[2] lebte mit ein paar Mitgliedern seines Kibbuz zusammen; Abba[3] wohnte mit seiner Familie am anderen Ende der Stadt, und Mosche Balosch wohnte in unserer Nachbarschaft. Die bisherige Führung war nach Palästina abgereist, und unser vorrangiges Ziel war es nun, die damit zusammenhängenden Probleme zu lösen. Es gab keine Aussichten mehr auf eine erneute Alija. Wir hielten den Kontakt zur Führung in Lvov und Warschau aufrecht, aber die Verbindungen nach Warschau waren in letzter Zeit spärlicher geworden.

1 *Pinchas Stern und Mordechai Rosman*
2 *Edek Boraks*
3 *Abba Kovner*

Wir gaben die gewohnten Aktivitäten der Bewegung auf und schufen statt dessen neue. Wir begriffen, daß die Übereinstimmung zwischen Deutschland und der UdSSR nur temporär war, ein Vorspiel zum Krieg. Die meisten »Experten« prophezeiten Krieg, und zwar sollte er im Herbst beginnen, nach der Getreideernte.

Der Krieg kam dann überraschend. Eine Flugzeugstaffel tauchte am Himmel auf, flog über uns hinweg und verschwand. Nichts geschah. Wir trafen uns mit Pinchas und Mordechai in einem Gasthaus. Es fiel uns schwer, zu entscheiden, was wir nun zu tun hatten. Wir spekulierten darüber, ob unsere Mitglieder sich der Armee anschließen sollten oder nicht, und beschlossen letztendlich abzuwarten, was passieren würde.

Wir kauften, was in den Geschäften zu bekommen war, vor allem Konservenbüchsen mit Tomaten, und gingen nach Hause. Gegen Abend hörten wir eine gewaltige Explosion. Rivka und ich standen am Fenster und sahen uns die Luftschlacht an. Als das Bombardement stärker wurde, gingen wir in den Keller. Unsere Nachbarn waren alle schon da. Straschun unterhielt die Leute mit seinen populären Witzen im Wilnaer Jiddisch. Ein alter Mann wurde auf einer Bahre hereingebracht. Wir verbrachten diese Nacht im Keller. In der ganzen Stadt brannten Feuer, die Flammen erleuchteten die Dunkelheit. Zwischen den Bombenabwürfen gingen die Leute in ihre Wohnungen, um Kleider und Nahrungsmittel zu retten.

Am folgenden Tag hörten wir die traurige Nachricht, daß die Deutschen Kowno eingenommen hatten und sich Wilna näherten. Ich lief in die Piłsudski-Straße, um mich mit den Genossen zu beraten, die schon auf dem Weg zu mir waren. Massen von Menschen hasteten zum Bahnhof, beladen mit Säcken und Koffern. Die Gerüchte besagten, der letzte Zug würde in zwei Stunden abfahren.

»Ich gehe nicht. Ihr Männer macht euch in den Osten auf. Nicht alle Juden verlassen die Stadt, die meisten bleiben. Ich bin eine Frau, und ich sehe arisch aus. Für mich wird es einfacher sein.«

Mordechai unterstützte mich: »Wir müssen unsere Kräfte aufteilen. Abba, Chaika und vielleicht noch Mosche Balosch bleiben. Wenn ihr bleibt, fällt mir die Entscheidung zu gehen leichter.«

Die Diskussion war beendet. Pinchas war angespannt, und als sehr gewissenhafter Mensch fragte er sich sicher: Ist das in Ordnung? Haben wir dafür die Alija aufgegeben, haben wir dafür auf unsere Zertifikate[1] verzichtet? Können wir das mit unserem politischen Gewissen vereinbaren? Unser politisches Gewissen befiehlt uns, den jüdischen Massen in ihrer schwierigen Lage beizustehen und sie anzuführen.

Als sie gegangen sind, da hast du dich tapfer verhalten, nicht wahr? Was ist dann jetzt mit dir los? Was heulst du denn, du dumme Gans? Fremden gegenüber verhältst du dich wie eine standhafte, unbezwingliche Person, die ihren Weg genau kennt. Sind diese vier Wände so furchterregend? Ist es so schwer, allein zu sein? Der Krieg hat sie alle mit sich fortgenommen. Die Genossen, die nach Palästina gegangen sind, bauen dort jetzt »deine Heimat« auf. Sie bauen ein Nest für sie selbst und für die Kinder, die noch geboren werden. Und du bist allein in einer brutalen Welt. Vor zwei Tagen, am letzten Friedenstag, bekamst du einen Brief von einem Genossen in Palästina. Er vermißt dich, wartet noch immer auf dich... Schalom, Friede sei mit dir! Von diesem Tag an bin ich im Untergrund, verschwunden für alles und jeden, für die deutsche Bestie und für das weitentfernte Heimatland. Betrachtet mich als gestorben... Ab morgen werden die beschlagenen Stiefel der blonden Soldaten wieder auf meinem Judentum, meiner Freiheit, meinem jugendlichen Traum von Palästina herumtrampeln... Aber... Vielleicht werden wir uns wiedersehen. Vielleicht ist es besser so... Vielleicht wird das Eisen so härter geschmiedet? Es ist gut, daß du dort bist, daß ihr alle dort seid. An meiner Stelle würdet ihr so handeln wie ich jetzt, nicht wahr?

Während der ersten Tage der Besatzung gab es nichts zu essen. Ich stellte mich in der Schlange vor der Bäckerei und vor dem Gemischtwarenladen an. Aber überall gab es einen, der schrie: »Arier als erste, Juden als letzte!« Ich ging. Die Einheimischen[2] sahen mich erstaunt an. Worüber wunderten sie sich? Können sie nicht verstehen, daß die paar Krumen es nicht wert sind, daß ich mein Jüdischsein verleugne? Die Tomaten retteten uns, Rivka und mich. Wir schnitten die Brotenden (die normalerweise weggeworfen oder den Bettlern gegeben wurden) in kleine Stücke, so daß sie ein bißchen

1 *Einwanderungsgenehmigungen*
2 *Gemeint ist die nichtjüdische Bevölkerung*

länger hielten. Gestern war Rivka in die Fabrik gegangen, in der sie fast ein halbes Jahr lang gearbeitet hatte. Man sagte ihr, sie solle nicht wiederkommen. Juden würden nicht länger beschäftigt. Ein paar polnische Arbeiterinnen, ihre früheren Kolleginnen in der Fabrik, gaben ihr ein wenig zu essen. Sie hatten einen kleinen Vorrat. Rivka war eine hervorragende Hausfrau: Sie – und die Tomaten – retteten uns vor dem Verhungern.

Ich besuchte täglich Mosche Balosch. Er hatte noch ein Radio, so konnten wir Nachrichten hören. Edek war zurückgekommen, und auch Roszka und Vitka waren hier. Ich war nicht mehr allein.

Juden dürfen sich nur bis sechs Uhr abends auf der Straße aufhalten; sie dürfen nur von zwölf bis ein Uhr mittags auf dem Markt einkaufen. Sie müssen – im Gänsemarsch – auf der rechten Straßenseite gehen, und auch das »dürfen« sie nur in bestimmten Straßen. Auf dem linken Ärmel haben sie ein weißes Band mit dem gelben Davidstern zu tragen. Bis sechs Uhr abends trug ich das Band, danach wurde ich zur Arierin. Der Pförtner sah mir jeden Tag wütend und erstaunt dabei zu: »Eine Jüdin, die es wagt, nach sechs Uhr das Haus zu verlassen!« Bis ich beschloß, solche Begegnungen in Zukunft zu vermeiden, und mich ungesehen aus dem Haus schlich. Einheimische Jungen lachten mich auf der Straße aus: »Schaut, eine von uns, eine Christin, und sie trägt die Armbinde – verrückt!« Rivka und ich kamen überein, daß ich das Haus als Jüdin verlassen und erst eine Straße weiter meine Jacke ausziehen und über den Arm hängen sollte, als wäre mir zu heiß. Es war für eine Jüdin schwierig, sich in den Straßen zu bewegen, aber da die Genossinnen und Genossen über die ganze Stadt verteilt wohnten, war es unvermeidlich. Wir mußten in Verbindung bleiben.

Jeder Tag brachte neue Sorgen. Zuerst die Massenfestnahme der Männer. Tag und Nacht wurden jüdische Männer »zur Arbeit« weggeführt und kamen nie wieder. Ein paar Juden arbeiteten in den Heeresbasen rund um die Stadt. Sie hatten Papiere, in denen die Behörden darum ersucht wurden, den jüdischen Inhaber des Dokumentes zu keiner anderen Arbeit abzuziehen. In weniger als einer Woche hatten wir aufgehört, Menschen zu sein, und waren zu Waren geworden, jedem Deutschen verfügbar. Manche respektierten die von den Kommandanten der Heereseinheiten ausgestellten Papiere, andere schnappten sich die »Ware«, ohne Rücksicht auf ihren bisherigen Besitzer. In den Einheiten, die die Verschleppungen durchführten, waren viele Litauer. Die litauischen Mädchen, mit denen ich an der Universität Wilna studiert hatte (als Tarnung für meine Untergrundaktivitäten während der sowjetischen Besatzung), meine Bekannten von gestern, schmückten ihre Mäntel mit den litauischen Nationalfarben. Die Kameradschaft unter Studenten existierte nicht mehr. Wann hatten sich die Litauer in die Listen der deutschen Polizei eingetragen? Reisende berichteten von Juden, die auf der Ausfallstraße nach Minsk Kriegsopfer begruben. Eines Tages erzählte ein Bauer aus der Gegend von Ponar, einer sieben Kilometer entfernten Eisenbahnstation, daß nahe der Stadt der Lärm von Gewehrfeuer und unmenschliche Schreie zu hören waren. Sie töteten dort Juden. Aber niemand glaubte diese Geschichten. War das möglich? Leute einfach so zu töten?

Edek streunte durch die Straßen auf der Suche nach Informationen. »Mich kriegen sie nicht«, versprach er uns, »ich schaffe es immer wegzukommen.« Edek war uns ein Hort der Zuversicht. Ständig schmiedete er Pläne: »Es gibt kein Problem, das nicht zu lösen wäre.« Das war seine Art, dem Schicksal zu begegnen.

Jandzia[1] wohnte im Stadtzentrum bei seinen Eltern, in einem Künstlerhaushalt. Ich weiß nicht mehr, wer die Idee hatte, Arbeitsbescheinigungen zu fälschen, aber Jandzia führte sie aus. Mit diesen Papieren könnten wir uns, ohne wirklich für die Deutschen arbeiten zu müssen, frei auf den Straßen bewegen und wären vor allem nicht mehr in die Keller und auf die Dachböden verbannt. Mordechai Tenenbaum brachte ein Muster mit. Er war vor dem Krieg Mitglied des Hechaluz-Zentralkomitees[2] gewesen und einer von denen, die geblieben waren. Ich weiß nicht, woher er das Originaldokument hatte. Er fand immer eine Gelegenheit, etwas mitgehen zu lassen und es dann ebenso unauffällig wieder zurückzubringen. Das Labor begann mit der Arbeit. Wir statteten die meisten Genossinnen und Genossen mit diesen Bescheinigungen aus, aber das half nicht immer. Die Bescheinigung allein reichte nicht, ihr Inhaber mußte auch noch schnell und gewitzt sein, um eine Kontrolle zu überleben.

1 *Jandzia Lebied aus Wilna, ein altes Mitglied der Bewegung, im Kulturbereich tätig*
2 *Linkszionistische Pionier-Bewegung*

Wie üblich ging ich zu Mosche, um Nachrichten zu hören. Ich fühlte mich mutiger. Der Kontakt zwischen den Genossen funktionierte, und wir waren nicht länger reines Spielzeug in den Händen der Besatzer.

Die Tür war eingetreten. Das ganze Haus war auf den Kopf gestellt, die Betten ungemacht, auf dem Tisch stand eine halbgegessene Mahlzeit. Es war nur zu klar: Die Männer waren verhaftet worden, und die Frauen hatten das verwüstete Haus verlassen. Mosche, der liebe alte Genosse, der immer so ruhig und besonnen war, war unser erstes Opfer. Ich mußte die Mieter finden und sie nach den Details fragen. Vielleicht brauchten die Frauen Hilfe und Ermutigung.

»Ich hab dir etwas mitgebracht«, sagte Jadwiga, öffnete ihre Tasche und legte eine Identitätskarte auf den Tisch. Sie atmete immer noch heftig vom Treppensteigen. Wie üblich redete sie kurz und bündig, im Stil des Untergrundes. Sie war klein und kräftig und hatte ein rundes Gesicht mit einer Stupsnase. Sie war immer beschäftigt, platzte vor Aktivität und Energie. Sie kam mich oft mit ihrer großen Tasche in der Hand besuchen. Ich erinnere mich gut an sie, Jadwiga Dudziec, die »Schickse«, Jadwiga von der polnischen Pfadfinderbewegung. Sie war eine Freundin von Irene und der Bewegung gut gesonnen. Als Polin glaubte sie an Gott und an soziale Gerechtigkeit, an die Muttergottes und an kollektive Erziehung und – vor allem anderen – an die Menschen. Es war ganz offensichtlich ihr Humanismus, der sie in diesen schwierigen Tagen zu mir brachte. Vor den Augen des Pförtners und der Nachbarn kam sie in mein Haus mit Neuigkeiten von Genossen, die sie auch besucht hatte, und mit Informationen über die Pläne der Invasoren.

Sie legte die Identitätskarte – sie stammte von einem staatenlosen Flüchtling – auf den Tisch, zusammen mit einer katholischen Geburtsurkunde, die von der Warschauer Sankt-Andreas-Kirche ausgestellt war. Ich weigerte mich, das anzunehmen. »Ich will mein Jüdischsein nicht verstecken; ich will keine Privilegien, über die andere Juden nicht verfügen«, erklärte ich ihr.

»Du kannst nicht ohne die entsprechenden Papiere als Arierin herumlaufen. Das ist ein unnötiges Risiko. Du mußt sie nehmen. Ich habe gehört, daß sie unsere Bewegungsfreiheit noch mehr einschränken wollen. Wer soll dann den Kontakt zu den Genossen aufrechthalten? Wer soll ihnen helfen?« Sie sagte, sie würde sich nicht vom Fleck rühren, ehe ich die Urkunde nicht versteckt und ihr ein Photo für die Identitätskarte gegeben hätte.

»Wie kann ich meinen jüdischen Namen ablegen? Würdest du deine Herkunft verleugnen?«

»Wenn meine Bewegung es verlangte, würde ich es tun. Wie auch immer, rede mit deinen Genossen darüber. Ich komme morgen wieder, um dir genauere Anweisungen für die Anmeldung zu geben und um das Photo abzustempeln.«

Sie wandte sich zur Tür. Bevor sie ging, sagte sie: »Ich wollte noch was zum Davidstern sagen, den ihr jetzt alle tragen müßt. Sie... Ich möchte dir sagen... daß ich und alle meine Kameraden finden, ihr dürft euch dafür nicht schämen. Im Gegenteil, die Juden sollten ihr Symbol hocherhobenen Hauptes tragen.« Sie ging.

Edek war derselben Meinung wie Jadwiga. »Wir dürfen nicht die einfachsten Dinge kompliziert machen.« Wir beschlossen trotzdem, mit Abba darüber zu reden. Solche Sachen sollten nicht ohne einen Führungsbeschluß entschieden werden.

Abba hatte sich in seine Wohnung eingeschlossen und hing mit den Ohren am Radio. Seit Mosche uns entrissen wurde, waren alle unsere Informationsquellen versiegt, auch unsere Kontakte mit der Außenwelt und zur Front waren schwächer geworden. Abba reagierte sehr sensibel auf die Geschehnisse. Jede Stadt, jedes Fleckchen Boden, das dem Feind in die Hände fiel, schien ihm unter die Haut zu gehen. Er stimmte Edek zu. Mehr noch, er zog praktische Konsequenzen aus Jadwigas Plan: »Du mußt sofort deine Adresse ändern. Du mußt dich in einem anderen Stadtteil anmelden.«

Ich verließ Abba deprimiert. Die Neuigkeiten waren schrecklich. Die Front rollte gegen Osten. Wir konnten auf keine positive Veränderung hoffen. Wir mußten langfristige Pläne schmieden. Das Problem war, daß, bevor wir überhaupt zur Tat schreiten konnten, alle unsere Leute verschleppt werden würden. Daher mußten wir als allererstes unsere Leute beschützen. Mordechai und ich sollten herausfinden, was von der gegenwärtigen jüdischen Gemeinde zu erwarten war, dem ersten Judenrat[1]. Aus Sicherheitsgründen wollten wir den Vorsitzenden, Herrn Werblinsky, bei sich zu Hause besu-

1 *Jüdische »Selbstverwaltung« in den Ghettos, von den Deutschen eingerichtet und den Deutschen verantwortlich*

chen. Wir stellten uns als Vertreter der Wilnaer Jugendbewegung vor und sagten, wir seien auf der Suche nach Arbeitsmöglichkeiten für unsere Mitglieder, die außerhalb der Stadt lebten, weil wir fürchteten, daß sie sonst verschleppt würden. Herr Werblinsky, ein altgedienter Zionist, empfing uns herzlich. In seinem müden, faltigen Gesicht lag ein besorgter Ausdruck. Mit erstickter Stimme sagte er:

»Was seid ihr doch ahnungslos! Ihr denkt, ihr wäret in Warschau, aber das ist ein Fehler. Der Vernichtungsprozeß hat schon begonnen. Kein Jude außerhalb der Stadt wird zur Arbeit gebracht. Sie wollen uns alle vernichten, alle Juden im östlichen Polen. Denkt daran, daß ich es bin, der euch das sagt. Hoffen wir, daß ihr gerettet werdet.«

»Aber schicken Sie nicht manchmal auf Anfrage der Deutschen Juden von außerhalb in die Stadt zur Arbeit?« fragte Mordechai.

»Richtig, manchmal verlangen die Deutschen jüdische Arbeiter für ihre ›Einheiten‹. Aber ich schicke sie immer mit einem unguten Gefühl, ich habe Angst, daß sie nicht zurückkommen. Um mich habe ich keine Angst«, fuhr er fort, »aber sagt allen, die ihr seht, und vor allem euren Kameraden, in meinem Namen: Alle, die verschleppt wurden, werden hingerichtet.«

Damit war unser Gespräch beendet. Wir glaubten ihm. Wir hatten das schon vorher angenommen. Nur – würden die anderen Juden es glauben? Ein paar Tage nach unserem Treffen wurde Werblinsky von den Deutschen erschossen.

Gemäß Jadwigas Anweisungen mußte ich auf die Identitätskarte eine Adresse schreiben, die im selben Bezirk lag wie das Kommissariat 111. Ich suchte in der entsprechenden Gegend nach einem ausgebombten Haus, in dem die Meldebücher garantiert zerstört waren. Zumindest würde es in diesem Fall schwieriger sein, nachzuprüfen, ob ich da auch wirklich gelebt hatte. Ich fand ein passendes Haus in der Kozla-Straße 7. Mordechai taufte mich auf den Namen Halina Woronowiez, Tochter des Mieczyslaw und der Jozefa. Von da an war ich zu Hause Chaika und außer Haus Halina.

Die Verschleppungen gingen weiter, und es folgten noch härtere Verordnungen. Zu meiner großen Überraschung bot Jadwiga an, einige unserer Männer in einem sieben Kilometer von der Stadt entfernten Kloster unterzubringen, bis sich die Lage beruhigt hatte und wir die neue Situation besser einschätzen konnten. Es brauchte eine

Menge gutes Zureden und Überzeugungsarbeit, bis die Genossen einsahen, daß dieser Plan der Bewegung und nicht ihrem persönlichen Vorteil diente. Aryeh Wilner und Abba gingen als erste, und in der Folge zog eine Gruppe von 15 Leuten in das Kloster. Von da an spielte das Kloster eine wichtige Rolle in unserem Leben.

Auf einem Hügel, umgeben von einer hohen Steinmauer, von der Welt abgeschnitten durch dicke kalte Mauern, die den Lebenswillen und jede menschliche Begierde unterdrückten, im Geläute der Glocken, die zum Gebet riefen und als einziges Lebensrecht verkündeten, man müsse sein Schicksal dankbar annehmen, wurde der Plan für den bewaffneten Kampf und für die blutige Rache an den Eroberern geschmiedet.

In der Zwischenzeit nahmen die Angst und die Bedrückung der Juden in der Stadt zu. Bewaffnete Litauer, begleitet von Deutschen, stürmten die Nowogrodzka-Straße und liefen Amok gegen die Juden, denen kein Mensch zu Hilfe kam. Juden waren vogelfrei. Sie sehnten sich nur noch nach einem: aus der nichtjüdischen Welt zu fliehen, sich unter ihresgleichen abzuschließen, damit die Mörder nicht mehr in ihre vier Wände einbrachen. Es gab Gerüchte, daß die jüdische Bevölkerung demnächst in ein Ghetto gesperrt werden sollte. Manchen machte das Angst, andere sahen darin ihre Rettung.

Der Sommer war nun am heißesten. In den ruhigen Vororten war vom Krieg nichts zu spüren. Ich suchte nach einer »arischen« Wohnung. Auf der Schenna-Straße fand ich einen Raum bei zwei alten Jungfern. Sie waren bereit, mir das Zimmer zu geben, verlangten aber eine Genehmigung des Wohnungsamtes. Ohne Spezialerlaubnis durfte nach deutschem Recht einem Polen nicht einmal eine Schlafecke vermietet werden. Der litauische Beamte auf dem Wohnungsamt teilte mir mit, er dürfe keine Genehmigungen ausstellen.

»Aber verstehen Sie doch, mein Haus ist ausgebombt. Wochenlang habe ich in allen möglichen Notunterkünften übernachtet.« Ich gab ihm meine Papiere. »Hier bitte, sehen Sie doch nach, ob in der Kozla-Straße Nummer 7 ein Haus bombardiert wurde oder nicht.« Er besah meine Papiere und überprüfte die Adresse. Ich beobachtete ihn genau. Er grinste mich verschlagen an. Ich dachte, gleich sagt er, die Papiere sind gefälscht. Aber er faltete sie zusammen, gab sie mir zurück und schrie dann fast in plumpem Polnisch: »Such dir selber ein Loch, und ich geb dir die Genehmigung.« Ich gab ihm stumm die

Adresse. Ich dachte, gleich explodiert er vor Wut, denn er hatte ja offensichtlich damit gerechnet, daß ich so leicht keine Wohnung finden würde und er mich damit los wäre.

Aber ich bekam die Genehmigung noch am selben Tag und wurde somit zur korrekten Arierin. Überzeugt davon, daß mich in der neuen Umgebung niemand erkennen würde, und erstaunt über meinen leichten Erfolg, legte ich den Umzugstermin fest.

In diesen Tagen führten die Deutschen ihre erste *aktzia*[1] durch. Eine Zeitlang hatte es weder Pogrome noch Verschleppungen gegeben. Jetzt zeigten die Deutschen ihre Krallen: Angeblich hatten sie in der Lidska-Straße einen ermordeten Deutschen gefunden. Diese und die umliegenden Straßen wurden von Juden bewohnt. Also unterstellten sie, der Mord sei logischerweise von Juden begangen worden, holten die jüdischen Bewohner der Lidska-Straße und der umliegenden Straßen ab und sperrten sie in das Lukiszki-Gefängnis.

Um nicht zuviel Aufmerksamkeit bei den Nachbarn zu erregen, nahm ich mir einen Gepäckträger, der meine Sachen zur neuen Wohnung brachte. Ich ging mit einigem Abstand hinter ihm her. Ich hatte zusätzlich zu meinem eigenen Gepäck noch mehrere Säcke auf den Handwagen geladen, um auf meine künftigen Vermieterinnen Eindruck zu machen. Anschließend ging ich zu Roszka und Vitka. Ihr kleines Zimmer in einem ärmlichen Haus in der Stepfanska-Straße im Judenviertel war in diesen Tagen meine Zuflucht. Alle hungrigen Mitglieder der Schomer-Familie kamen hierher. Hier wurde das Essen geteilt, die letzte Scheibe Brot, der letzte Teller aufgewärmte Hafergrütze gehörten allen, die kamen, um ein wenig Trost zu finden. Während die Straße einen leeren und ruhigen Eindruck machte, herrschte in der Wohnung meiner Freundinnen großer Lärm. Nachbarn liefen herum und drängten sich in Roszkas und Vitkas Zimmer. Ich erfuhr, daß schon aus mehreren Straßen Juden abgeholt worden waren. Den Gerüchten zufolge hatte man sie in das Ghetto gebracht. Es war klar, daß die Provokation auf der Lidska-Straße nur ein Zwischenfall im Rahmen eines heimtückischen Gesamtprogramms war. Die für das

1 *Aktion – (teilweise) Liquidierung der jüdischen Bevölkerung durch Verschleppung in die Vernichtungslager*

Ghetto vorgesehenen Straßen wurden von ihren jüdischen Bewohnern gereinigt, um Platz für andere Juden zu schaffen.

Vor zwei Tagen waren die Bewohner der Straszuna-Straße geräumt und nach Ponar gebracht worden. Überall wurden jetzt die Juden aufgefordert, zu packen, was sie schleppen konnten, und auszuziehen. All das geschah überraschend schnell und mit vielen Hieben, um den Vorgang zu beschleunigen.

Ganze Viertel waren auf diese Art evakuiert worden, die Menschen standen mit leeren Händen da. Diejenigen, die nicht sofort an der Reihe waren, hatten mehr Glück: Es blieb ihnen Zeit, um die wichtigsten Sachen zu packen.

In chaotischen Zeiten verlieren Leute ihren gesunden Menschenverstand, Erwachsene benehmen sich wie Kinder. Sie kamen zu uns, zu den Jungen, um zu fragen, was sie mitnehmen sollten und wie sie ihre Wertsachen vor der Polizei verstecken könnten. Das Zimmer unserer Genossinnen wurde eine Art Beratungszentrum, die Menschen in ihrer Hilflosigkeit fanden hier Unterstützung, ein Licht in der Dunkelheit. Ich saß da und sah zu wie eine Besucherin aus einer fernen Welt. Sie gingen in das Ghetto, in die Enge, in den Hunger, und ich hatte mich unter den Polen niedergelassen. Ich würde ihre Sorgen nicht miterleben, ihr Leben nicht teilen.

Wie sehr wollte ich in diesem Augenblick ein Teil der Menge werden, den Genossinnen und Genossen nahe sein und ihr Schicksal zu meinem machen. Aber das war keine vernünftige Lösung. Wir hatten nicht die Wahl, mit der Menge zu fliehen.

Auch im Ghetto war die Parole unserer Genossen nicht »Wir wollen mit den Massen sterben«, sondern »Wir wollen mit unserem Volk leben«. Aufgesogen zu werden schien der einfachere Weg, weil frei von Verantwortung. Aber wer sagte denn, daß uns, als Juden und als Mitglieder der Bewegung, ein einfaches Leben erwartete?

Lange streifte ich durch das halb geleerte Viertel. Hier und da, an den Straßenecken traf ich auf Gruppen von Juden, die sich mit ihrem Gepäck abmühten, manche von ihnen schoben Kinderwagen. Sie bewegten sich langsam, müde und erschöpft schleppten sie sich dahin. Die Deutschen und Litauer trieben sie zur Eile an, brüllten herum und bedrohten die Menschen mit Fäusten und Knüppeln.

Bei Sonnenuntergang kam ich in meiner neuen Wohnung an. Das Haus stand an der Böschung des Vilija-Flusses. Nur das Plätschern des Wassers durchbrach die vorstädtische Ruhe. Kleine Kinder spielten mitten auf der Straße.

Draußen ging die Sonne rot und flammend unter, im Haus herrschte das Schweigen der Dämmerung. Die alten Möbel strahlten eine deprimierende Düsternis aus, ihr vornehmer Glanz war schon lange verblaßt, nur noch der abgewetzte dunkle Samt war davon übriggeblieben.

Am anderen Morgen suchte ich nach Spuren der Leute, die ich kannte. Die traurigen Menschenzüge gingen den ganzen Tag weiter, allerdings nicht in die Richtung, in der das Ghetto vermutet wurde (soweit ich weiß, das mittelalterliche Ghetto im Stadtzentrum). Vor den Mauern des Lukiszki-Gefängnisses stand eine Barriere aus Soldaten. Arische Passanten wurden an dieser Stelle aufgehalten und in die benachbarten Straßen umgeleitet. Mir wurde klar, daß nicht alle Juden in das Ghetto gebracht wurden. Es war zu klein, um sie alle aufzunehmen. Die Bewohner ganzer Straßenzüge hatten nicht das »Privileg«, das Ghetto zu sehen: Sie wurden sofort liquidiert.

Im Haus in der Stepfanska-Straße war niemand mehr. Die polnischen Nachbarn sagten, die Juden wären schon am Vortag evakuiert worden, vermutlich in das Ghetto. Auch Mordechai fand ich nicht mehr in seinem Zimmer in der Kijowska-Straße.

Hinter dem rechten Gatter des Hauses Kijowska-Straße 6 lag ein Keller mit zwei Eingängen, einem von der Straße und einem vom Hof her. Eine polnische Wäscherin, 40 bis 50 Jahre alt, lebte in diesem Keller. Ihr ganzes Leben lang hatte sie Wäsche gewaschen und in diesem jüdischen Hinterhof gewohnt. Manchmal, wenn der Pförtner schon früh die Haustür abgeschlossen hatte und ich Mordechai dringend sehen mußte, war ich durch ihre Kellerwohnung gegangen. Egal wie oft ich sie dabei aus dem Schlaf gerissen hatte, mit der Herzensvornehmheit der einfachen Arbeiterin hatte sie sich nie beschwert und mich immer mit ihrer Kerosinlampe durch den engen Gang, der zum Hof führte, geleitet. Als sie mich jetzt sah, winkte sie mir. Ich ging in ihre Wohnung, und sie flüsterte mir zu: »Pani[1], es ist alles in Ordnung, Mordechais Frau war hier. Er und seine Genossen sind schon dort. Sie hat sie bis zum Ghettotor begleitet.« Dann senkte sie ihre Stimme: »Heute nacht kommt sie, um

1 *Frau, liebe Frau*

bei mir zu schlafen.« Das war mein erster Kontakt zu meinen Leuten, die bereits »dort« eingesperrt waren.

Ich streifte weiter durch die Stadt, ohne einen genauen Plan zu haben. Die Zeit verging langsam. Viele Stunden würden noch vergehen, bevor Tema[1] zur Wäscherin kam. Wie konnte sie ohne Papiere durch die Stadt laufen? Sie war Krankenschwester im städtischen Krankenhaus, viele Menschen kannten sie. Ich konnte nichts tun, als die Zeit totschlagen. Auf dem Ostrobramska-Markt kaufte ich ein halbes Kilo Tomaten, um meinen Hunger zu stillen. Auf den Straßen lagen Reste von verstreuten Paketen, es war einfach, dem Weg zu folgen, auf dem die Juden in die Sklaverei des Ghettos getrieben worden waren und in den Tod von Ponar.

Es wurde Abend. Tema wartete schon auf mich in der Wohnung der Wäscherin. Ihre Genossinnen und Genossen hatten beschlossen, daß auch sie auf der arischen Seite bleiben sollte. Ich war sehr glücklich, nun war ich nicht länger allein. Tema war eine hübsche junge Frau, sie sah nicht wie eine typische »Schickse«[2] aus, aber auch nicht wie eine typische Jüdin. Ihr Kopf war von goldenen Locken gekrönt, ihre Augen waren von klarem Blau, sie sprach fließend Polnisch. Trotzdem war meine Freude nicht frei von Sorgen: Tema mußte noch all die ermüdenden Schritte hinter sich bringen, die für eine »legale« Existenz nötig waren.

Nachdem ich Jadwiga davon überzeugt hatte, daß Tema eine von »uns« war, ein Mitglied des Hechalutz, und daß sie arisch aussah, besorgte sie uns ein Blankoformular mit dem Anmeldungsstempel. Nur eine arische Geburtsurkunde fehlte, und diesmal konnte Jadwiga keine organisieren. Von diesem Tag an steckten Tema und ich dauernd zusammen. Wir meldeten uns beide in der Schenna-Straße an, bei den altjüngferlichen Vermieterinnen. Beide suchten wir nach einem Weg in das Ghetto. Fast schon verzweifelt liefen wir die Straßen ab, ohne Erfolg.

Eines Morgens wachten wir von einem Klopfen am Fenster auf. Ich spähte ängstlich hinaus, es war Mosche Kopito. Er war blond und groß, mit einem offenen Gesicht und voller Energie. Auch er gab sich als Arier aus. Er brachte uns die ersten Nachrichten aus dem

1 *Tamara (Tema) Sznajderman, Mordechai Tenenbaums Freundin*
2 *Nichtjüdin*

Ghetto. Er sprach schnell und wenig, um uns nicht zu gefährden. Er hatte das Ghetto am Morgen mit der ersten Arbeitsbrigade verlassen und sich dann aus dem Staub gemacht, um Milch für sein Kind aufzutreiben. Er sagte, auch Edek wäre raus zur Arbeit gegangen, um mit uns Kontakt aufzunehmen. Er gab uns eine Adresse in einem Vorort, wo Edek mich in der Mittagspause, zwischen zwölf und ein Uhr, erwartete. Wie war doch Edek geschickt! Wir waren überglücklich. Die Verbindung würde wiederhergestellt. Ein erster, notwendiger Schritt war getan. Andernfalls hätten wir untätig bei den alten Jungfern herumsitzen müssen.

Ich ging allein zu dem Treffen, und ich ging nicht mit leeren Händen. Ich hatte frisches Brot und Tomaten in der Tasche. Ich war noch unerfahren in Sachen Ghetto. Mein Herz raste, als wäre ich 16 Jahre alt und auf dem Weg zu meinem ersten Rendezvous. Ich mußte nicht lange Ausschau halten, Edek sah mich sofort und bedeutete mir mit einer Geste, weiterzugehen bis zu dem bewachsenen Hügel, auf dem ein paar vereinzelte Bäume standen. Ohne zu zögern, kletterte ich auf den Hügel. Edek kam wenige Minuten später. Ein paar Juden, die hier arbeiteten, gingen an uns vorbei und auch ein paar neugierige Einheimische, die in der Umgebung wohnten. Sie sahen uns erstaunt an. Wir mußten unsere Gefühle beherrschen, um sachlich zu bleiben. Edek erzählte mir kurz, was passiert war. »Es ist überfüllt«, sagte er, »sogar jetzt noch. Manche hausen auf ihren Bündeln auf der offenen Straße. Die Leute leben so zusammengepfercht, daß man keine Nadel zwischen sie schieben könnte. Schmutz und Hunger nehmen überhand. Viele sind allein, weil ihre Familien nicht in das Ghetto gebracht wurden. Von denen, die im Lukiszki-Gefängnis waren, kamen nur wenige zurück, und sie erzählen Horrorgeschichten, die wir bis vor kurzem noch nicht geglaubt hätten. Die Leute werden da vor Hunger und Durst ohnmächtig, Zehntausende wurden in den Gefängnishof gequetscht. Viele sterben; andere benehmen sich wie die Tiere, sie reißen an sich, was sie einander abnehmen können, und die Stärkeren gewinnen. Jedermann nimmt an, daß sie alle getötet werden.«

Wir vereinbarten ein neues Treffen am nächsten Tag zur selben Zeit. Bis dahin mußte ich Essen auftreiben, vor allem Brot. Im Laufe der nächsten Tage mußte ich auch einen Kontakt zum Kloster herstellen. »Versuche herauszufinden, wie wir ein richtiges Kontaktnetz in der Stadt aufbauen können,« sagte Edek und fügte hinzu: »Wir sind eingeschlossen, und wir können vermutlich unsere Aktivitäten nur dann fortsetzen, wenn wir sowohl in der Stadt als auch außerhalb wenigstens über ein bißchen Bewegungsspielraum verfügen. Laß dich nicht entmutigen. Schalom.«

Ich kletterte den Hügel auf der anderen Seite hinunter, strich mir das Haar und die Kleider glatt und trat in eine der vorstädtischen Hütten ein, die einen Bauernhof darstellen sollten. Ich bestellte eine große Menge Brot für morgen um dieselbe Zeit. Die Frau verstand sofort: »Schwarzhandel mit den Juden«, und machte mir einen erhöhten Preis. Um einen guten Eindruck zu machen, feilschte ich mit ihr um die Wette.

Am Nachmittag gingen Tema und ich in die Gaststätte der Nonnen, wo man eine billige Mahlzeit bekam und auch Essen mitnehmen konnte. Die Gäste waren orthodoxe Katholiken, Rentner, philanthropische Damen und alle Arten von deklassierten Personen, die sich bemühten, ihren respektablen gesellschaftlichen Status zumindest scheinbar aufrechtzuerhalten. Temas Tarnname war Wanda Majewska. Ich erzählte ihr, daß Mordechai mit Edek, Roszka, Vitka und Vitkas Bruder zusammenlebte und mit noch ein paar anderen Genossinnen und Genossen, die weder eine Familie noch eine Wohnung hatten. Tema beschloß, in das Ghetto zu gehen. Sie bestand darauf, ich konnte sie nicht davon abbringen. Ich hatte mich kaum an diese wunderbare junge Frau gewöhnt. Zuerst hatte ich gedacht, sie sei ein verwöhntes Kind, das nicht durchhalten würde. Ich weiß nicht, warum ich dachte, sie wäre geeigneter für das Blumenpflükken als für den Untergrund. Nach ein paar Tagen schämte ich mich für diese Vorstellungen. Ich stellte fest, daß sie unbeugsam, tapfer und unbeirrbar in ihrer Haltung war. Je größer die Schwierigkeiten, desto größer ihre Tapferkeit. Plötzlich sah ich in ihren unschuldigen und freundlichen weitgeöffneten Augen eine Flamme aufleuchten, das Gravitationszentrum ihres mutigen Charakters. An dem Tag, an dem ich ihr berichtete, was Edek aus dem Ghetto erzählt hatte, erkannte ich, daß vor mir eine Erwachsene stand, die fähig war, aus ganzem Herzen zu lieben und aus ganzem Herzen zu hassen. Sie liebte ihr Volk und ihre Bewegung, Hechalutz Hatzair, aus tiefster Seele. Und es gab in ihrem Herzen einen eigenen Platz für Mordechai, ihren Anführer, Lehrer und Freund.

Am selben Abend noch ging sie in das Ghetto, und ich machte mich auf die Suche nach Jadwiga. Sie weigerte sich zuerst, mich zum Kloster zu bringen. »Warte ein wenig, hab Geduld! Das Ghetto steht noch nicht lange, und die gesamte Bevölkerung ist sich der Juden bewußt.« Als ich ihr erklärte, daß die Angelegenheit dringend war, daß wir zu spät kommen könnten, versprach sie, die Sache zu klären und mir binnen zwei Tagen Bescheid zu geben. Ich drängte sie, ihre Freunde zu fragen, ob es möglich wäre, noch ein paar Leute in der Stadt zu etablieren, vor allem junge Frauen. Jadwiga nahm großen Anteil an meiner Situation. Sie wollte wissen, wie sich meine Nachbarn zu mir verhielten, und sie wollte mich besuchen kommen: »Es ist wichtig, daß sie jemanden wie mich bei dir sehen.«

Die Tage vergingen schnell. Mosche ging inzwischen in meiner Wohnung ein und aus, ich stellte ihn als meinen »Heniek« vor. Manchmal brachte er Informationen und Anweisungen, manchmal kam er nur, um mich zu besuchen. Er streunte durch die Hinterhöfe auf der Suche nach Milch für seine kleine Tochter. Ich mahnte ihn zur Vorsicht und bot ihm mehr als einmal an, Tema oder ich könnten doch beschaffen, was er brauchte. Er war dagegen. Er sah doch schließlich wie ein Einheimischer aus, warum sollte er nicht unser Kontaktmann zum Ghetto sein? Edek konnte nicht als Arier herumlaufen. Edek war verantwortlich für das ganze »Geschäft«, er konnte nicht die Verantwortung für ein einzelnes Baby übernehmen, erklärte uns Mosche. Eines Tages erzählte er mir, daß Edek seinen Arbeitsplatz gewechselt hatte, weil die Leute angefangen hatten, über ihn zu reden. »Ihr seht, ich werde hier gebraucht. Ihr wäret in eine Falle gelaufen, wenn ihr an den alten Ort gegangen wäret.« »Wenn das so ist, brauchst du Papiere«, sagte ich. Er nahm das nicht ernst und ging. Ich sah ihn nie wieder. Mosche war ein Mitglied des Warschauer Haschomer Ken[1], er gehörte zu Mordechai Anielewiczs Gruppe und war einer seiner besten Freunde. Die Jugendbewegung und die Warschauer Arbeiterklasse hatten ihn erzogen. Als in Spanien der Bürgerkrieg begonnen hatte, war Mosche hingefahren, um den Kampf gegen Franco zu unterstützen. Auf dem Weg zurück nach Warschau mußte er alle Grenzen illegal passieren. Er war der Bewegung treu ergeben, seiner Sehnsucht nach Palästina

1 *Jugendgruppe von Haschomer Hatzair*

auszuwandern, und seinen proletarischen Ansichten. Während der sowjetischen Besatzung hatte er in einer Fabrik gearbeitet, hochgeachtet für seine Fähigkeit und seine Schlichtheit. Einer der Fabrikarbeiter erkannte ihn wieder und verriet ihn an die Deutschen, nicht als Juden, so gut kannte er ihn nicht, sondern als Kommunisten. An diesem Morgen hatte Mosche das Ghetto verlassen, mir Informationen überbracht, seine Pflichten als Schomer und als Vater erfüllt, und war dann auf dem Markt festgenommen worden. Die Milch, die er gekauft hatte, würde nun nicht mehr an Sarenka und ihre gemeinsame Tochter gehen. Der Mann, der wie ein heller Stern geleuchtet, der erste, der an mein Fenster geklopft hatte, verschwand und würde nie wiederkommen. Ich erfuhr erst ein paar Tage später durch Zufall, daß er gefaßt worden war. Einer unserer besten Genossen war uns geraubt worden.

Die Tage verstrichen, dunkel und traurig. Die Deutschen füllten die Straßen, Parks und Gaststätten. Sie schütteten Bier in sich hinein und sagten einen raschen Sieg voraus. Je mehr ihnen der Alkohol zu Kopfe stieg, desto weniger Tage brauchten sie, um nach Moskau zu gelangen.

Das Ende dieses Sommers war schön, aber die Bewohner der Stadt beklagten sich über die Lebensmittelknappheit, über die Brotrationen, die gerade für eine Mahlzeit reichten, über die langen Schlangen vor den Geschäften und vor allem über die Litauer, die sich jetzt gegenüber den früher beherrschenden Polen als die Herren aufspielten. Auf diese Weise wurden die Polen zu den natürlichen Verbündeten der vollkommen entrechteten Juden.

»Verzeihung, gnädige Frau, sagen Sie mir doch bitte, ist Ihre Freundin katholisch?« fragte mich meine Vermieterin eines Tages, als ich an ihrem Zimmer vorbeiging. Mein Herz schlug schnell, ich durfte bloß nicht erröten! Der Teufel soll sie holen, diese alte Jungfer, die so genau unseren wunden Punkt traf.

»Was denn sonst? Meinen Sie, sie wäre orthodox?« Ich tat so, als verstünde ich ihre Frage falsch.

»Bitte verstehen Sie mich recht, ich wollte sie nicht verletzen, aber sie sieht ein bißchen jüdisch aus.«

Das war es. Ich weiß bis heute nicht, ob ein Lachen aus meiner Kehle kam oder nur ein hysterisches Kreischen. Jedenfalls war die Angelegenheit damit erledigt.

Am selben Tag noch erzählte ich Tema davon. »Wir müssen die Schwachstelle in meinem Verhalten herausfinden«, sagte sie. »Wie kommt die Alte darauf, daß ich Jüdin bin?« Wir beschlossen, Tema solle noch ein paar Tage bei mir bleiben, um den Verdacht nicht zu verstärken. In der Zwischenzeit würden wir nach einer anderen Wohnung für sie suchen.

Jadwiga besuchte uns und setzte uns dadurch auf der Stelle in ein besseres Licht. Eines Tages, als ich nicht da war, kam sie eigens, um mit den beiden Vermieterinnen zu plaudern. Sie war so reich an wunderbaren Einfällen!

3
Der Emissär aus Warschau

Ich traf mich alle paar Tage mit Edek. Er wohnte am Fuße des sonnigen und romantischen »Dreikreuzehügels«. Hier trafen sich die Liebespaare, und die Arbeiterfamilien kamen sonntags, nach einer harten Arbeitswoche, hierher zum Picknick. Und hier hatte vermutlich auch der kommunistische Untergrund seine Pläne geschmiedet.

Wir hielten unsere Treffen oben auf der Kuppe des Hügels ab, unter ein paar vereinzelten Bäumen, in einer Umgebung, die so gar nicht zu den Umständen paßte. Hier wurden die Fäden zwischen dem Ghetto und der Außenwelt gesponnen, hier wurden die Untergrundaktivitäten gegen das Besatzungsregime entwickelt, hier wurde der Aufstand der Jugendbewegung vorbereitet.

Der Grundstock unseres Lebens war nicht über Nacht gelegt worden. Jahrelang hatten wir unsere Charaktere geformt und nach und nach in unseren Herzen die Vision von einer anderen Welt entwickelt, einer, die mutig und frei sein würde, befreit von den grauenhaften Überresten der Vergangenheit. Von frühester Jugend an hatten wir gelernt, an die Macht der Geschichte zu glauben, an den Tag des Gerichts, an dem Gewalt, Unterdrückung und Diskriminierung verschwinden würden; an den Tag, an dem die selbstlosen Kämpfer ihre Erfüllung finden würden. Ich kann mich noch gut an die Dutzende von Büchern erinnern, die wir so begierig lasen, die Bücher über Kämpfer und Kämpferinnen für Freiheit und Gerechtigkeit, die im Gefängnis oder auf dem Schafott für ihre Prinzipien gestorben waren.

Ich machte mich auf, um die Genossen im Kloster zu besuchen. Ein schmaler Pfad führte den Bahndamm entlang, an manchen Stellen dachte man, man würde gleich ausrutschen und in den tiefen Schacht der Geleise fallen. Aber man mußte unbeirrt mit festem Schritt weitergehen, so als wäre man auf dem Weg in den Nachbarort. Nur wer aus dem Ghetto kam, ging mit unsicheren Schritten und versagenden Beinen.

Der Pfad führte direkt in die sieben Kilometer von der Stadt entfernte Wilna-Kolonie. Dort angekommen, wandte man sich nach rechts. Die Kolonie selbst, ursprünglich ein der Stadt benachbartes Dorf, war eine Eisenbahnersiedlung. Die Bewohner standen vor den Häusern und registrierten jedes unbekannte Gesicht. Man mußte so tun, als wäre man gekommen, um irgend etwas zu kaufen, Hühner, Eier, Schmalz oder so. Und wenn dann gerade keiner hinsah, ging man schnell auf den Hügel. Schon von weitem konnte man hinter den Sträuchern die Mauer sehen, die sich über der Böschung erhob. Man ging sie entlang bis zum Tor, schellte an der Glocke rechts zweimal und dann noch einmal. Daraufhin öffnete sich ein kleines Fenster in der Mauer, und ein weißbedeckter Kopf tauchte auf. Man fragte nach Schwester Ada, und da man erwartet wurde, wurde man sofort eingelassen. Grüne Felder, zerfallene Gebäude, eine Kirche, eine Kapelle, ein Wohnhaus, eine Scheune, ein paar Kälber, ein bellender Hund, die Mauer darum herum – das war das Kloster.

Die Nonnen nahmen mich gastfreundlich auf, gaben mir zu essen und ließen dann Abba und mich allein. Wir hatten nicht viel Zeit für das Treffen, denn ich mußte am selben Tag noch in der Stadt zurück sein. Abba trug einen Nonnen-Habit. Es ging ihm gut, er arbeitete auf den Feldern und das entspannte ihn und gab ihm Zuversicht. Hier konnte er in aller Ruhe nachdenken über das, was draußen geschah. Er war sich der Situation derer, die in das Ghetto gesperrt waren, bewußt. Wir legten die Reihenfolge unserer Treffen fest und einen Termin für eine allgemeine Beratungssitzung. Abba war tief in Gedanken versunken. Ich wußte, worüber er nachdachte. Wir schlugen uns ja alle mit demselben Problem herum. Bis jetzt hatte er mir noch nicht mitgeteilt, zu welchem Ergebnis er gekommen war. Niemand traute sich, seine Gedanken auszusprechen. Bis zur gemeinsamen Sitzung würden wir versuchen, die legale und ökonomische Existenz unserer Genossinnen und Genossen genauer zu planen, wir hatten die erste Phase noch nicht abgeschlossen. Ich kehrte in die Stadt zurück; morgen würde ich Edek den Termin für die allgemeine Sitzung weitergeben.

Meine Situation in der Stadt verschlechterte sich. Erstens hatte ich kein Geld. Zweitens hatten die Deutschen angeordnet, daß sich alle arbeitsfähigen jungen Leute beim Arbeitsamt melden mußten. Es ging das Gerücht um, daß diejenigen, die sich meldeten und keine feste Stelle hatten, nach Deutschland geschickt wurden. Und drittens beobachteten mich meine Vermieterinnen und spekulierten darüber, wie eine alleinstehende junge Frau es schaffte, sich selbst zu erhalten. Der Boden bröckelte mir unter den Füßen. Jedermann hatte Bekannte, und manche hatten einen festen Freundeskreis. Die Haltung, die die Stadtbewohner im allgemeinen gegen dich einnahmen, wurde nicht von deinem Aussehen bestimmt, sondern von deinem sozialen Status. Als Fremde, die keine achtbaren Personen kannte, hattest du kein Existenzrecht unter dem Besatzungsregime. Du wurdest den Leuten verdächtig, vielleicht warst du Jüdin oder womöglich ein Mitglied des Untergrundes.

Meine Schwierigkeiten wurden noch größer. Der Meldebefehl wurde wiederholt, und von kommendem Montag an würden nicht nur die Pässe kontrolliert, sondern auch die Arbeitsbestätigungen oder die Registrierungen für Deutschland. Zuerst versuchte ich, an eine gefälschte Arbeitsbestätigung zu kommen, aber das allein hätte meine Position in diesem Vorort nicht verbessert. Wieder einmal rettete mich Jadwiga. Diesmal stellte sie mich einer etwa 50jährigen Polin vor, Frau Skarzinska, die die zehn Waisenhäuser in der Stadt leitete. Sie staunte über mein arisches Aussehen und erklärte, sie nehme das Risiko nur wegen ihrer Sympathie für die jüdische Pfadfinderbewegung auf sich. »Ich bin sicher«, fügte sie hinzu, »du wirst gut arbeiten. Die Pfadfinder haben arbeiten gelernt, nicht wahr?« Ich war nicht allzu glücklich über ihren Vorschlag, in der Küche eines ihrer Billigrestaurants zu arbeiten. Ich würde stundenlang arbeiten müssen und nicht frei sein. Andererseits eröffnete mir diese Anstellung auch viele Möglichkeiten. Das Restaurant lag mitten in der Stadt, in der Zawalna-Straße, drei Minuten von der Rudnicka-Straße entfernt, der Hauptstraße des Ghettos, an der sich auch das Ghettotor befand. Und den ganzen Tag über kamen Gäste in das Lokal, das machte es zu einem guten Treffpunkt.

Frau Skarzinska war eine interessante Person: polnische Patriotin, Rechtsanwältin, eine berufstätige Frau, die ihre Familie ernährte. Ich spekulierte über ihre politischen Ansichten. Auf Grund ihrer Haltung mir gegenüber hielt ich sie für eine liberale Demokratin, jedenfalls gehörte sie zu der Art Menschen, die gegen jede Form von Unterdrückung opponieren.

Frau Skarzinska verfügte über viel Energie und Initiative, und sie war eine sehr aktive Sozialarbeiterin. Vermutlich ist es ihr zu verdanken, daß die Billigrestaurants, in denen weite Kreise der unter der Okkupation entwurzelten und arbeitslosen polnischen Intellektuellen durchgefüttert wurden, so lange bestehen konnten. Oft kam sie in das Lokal, in dem ich arbeitete, und fragte mich, wie es mir ging. Ihr Verhalten mir gegenüber verschaffte mir mehr Achtung unter den anderen Arbeiterinnen und festigte meinen Status als Polin. Aber trotz ihrer Sympathien und trotz der Risiken, die sie auf sich nahm, war Frau Skarzinska nicht frei von gewissen Ansichten, die in der provinziellen Mittelschicht weit verbreitet waren. Ganz offensichtlich war ihr auch polnischer Chauvinismus nicht fremd. Als sie zum Beispiel einmal ihre Zufriedenheit mit meiner Arbeit ausdrücken wollte, fiel ihr kein besseres Kompliment ein als: »Du bist beim besten Willen keine Jüdin, sondern eine richtige Slawin. Jüdische Frauen können nicht so arbeiten.« Frau Skarzinska war allerdings nicht schlimmer als viele andere gebildete Polinnen, die sich erst ein Stück weit von den alten Traditionen gelöst hatten.

Die Arbeiterinnen in dem Restaurant waren ziemlich unterschiedlich, aber in drei Punkten waren sie sich alle gleich: in ihrem Katholizismus, ihren kleinbürgerlichen Anschauungen und in ihrem Haß auf Deutsche und Litauer. Der Grad ihrer antisemitischen Gefühle war nicht einheitlich. Die Geschäftsführerin, Frau Pardu, Lehrerin am staatlichen Gymnasium, wurde später berühmt im Untergrund. Sie war eine berufstätige Frau, die für sich selbst und ihre kleine Tochter sorgte. Sie hatte große Achtung vor der Religion, war aber nicht allzu eifrig in ihrer Ausübung. Sie war klug und gebildet, eine Frau, die mit offenen Augen durch die Welt ging. Sie war die erste, die sich über meinen seltsamen Status zu wundern begann.

»Warum suchst du dir nicht eine saubere und bessere Arbeit?« fragte sie mich eines Tages. »Du kommst mir viel gebildeter vor, als du uns weismachen willst«, fügte sie flüsternd hinzu. Als ich ihr nicht antwortete, fragte sie mich noch einmal. Zuerst dachte ich, sie hätte alles durchschaut. Erst als auch Vitka anfing, als Arierin zu arbeiten, stellte sich heraus, daß ich mich getäuscht hatte.

Die Chefköchin war eine primitive Nonne, antisemitisch und durch und durch abergläubisch. Sie bekreuzigte sich ständig und bedachte jedermann, egal ob sie gerade kam oder ging, mit einem »Gepriesen sei der Name des Herrn«. Dann antworteten alle unisono »in Ewigkeit, Amen«. Ich hatte es sehr schwer, wenn sie morgens in die Küche kam und mich allein vorfand. Mir blieb nichts übrig, als ihren Gruß laut und deutlich und gefühlvoll zu erwidern. Zu meiner größten Überraschung fand ich heraus, daß sie überhaupt nicht ehrlich war und daß diese Lippen, die ständig fromme Worte vor sich hin murmelten, auch wunderbar lügen konnten. Ich haßte sie. Jeden Sonntag fragte sie mich, in welcher Kirche ich die Messe besucht hatte. Mit der Zeit lernte ich, gute Miene zum bösen Spiel zu machen und ihr gelassen zu antworten. Wenn sie mit etwas unzufrieden war, pflegte sie zu sagen: »Typisch jüdisch.« Die Küche sah aus »wie eine jüdische Küche«, der Topf war schmutzig »wie ein jüdischer Topf«, es war laut »wie in einer jüdischen Synagoge«...

Alle anderen Arbeiterinnen und Kellnerinnen kamen aus der Mittelschicht und waren mehr oder weniger gebildet. Eine kam sogar aus einer Baronatsfamilie.

Zawalna-Straße 10. Das war einst eine Gaststätte für jüdische Flüchtlinge. Hunderte Juden hatten sich hier täglich getroffen, um zu diskutieren, um etwas zu organisieren, um Auswanderungsangelegenheiten zu regeln. Viele von ihnen waren nach Erez Israel gegangen, andere in das Ghetto, wieder andere waren offensichtlich von deutschen Kugeln getötet worden. Die Fenster des Hauses gingen hinaus auf die Zawalna-Straße, eine der Hauptverkehrsadern der Stadt. Jetzt konnte man jeden Abend durch diese Fenster den langen traurigen Zug der Juden sehen, die nach einem harten Arbeitstag in das Ghetto zurückkehrten. Sie krümmten sich unter der Last von Holzscheiten, von Kartoffeln und anderen Nahrungsmitteln. An manchen Tagen aber sah man sie nicht. Jeden Morgen, wenn ich zur Arbeit ging, sorgte ich mich: Würde ich sie sehen oder nicht? Wenn ich sie nicht sah, war das ein böses Omen, ein sehr böses. Als die Regentage anbrachen, schwankte ich ständig zwischen Hoffnung und Verzweiflung: Würden sie kommen oder nicht?

Oft hatte ich Besucher in der Zawalna-Straße 10. Mittags, wenn das Restaurant voll war, konnten wir, ohne beachtet zu werden, ein paar Worte wechseln. Auf diese Weise hielten wir den Kontakt zwischen dem Ghetto und der arischen Welt aufrecht. Hierher wurden die Neuigkeiten aus dem Ghetto und gefälschte Papiere gebracht, von hier aus wurden sie weitergegeben. Hier wurden flüsternd Treffen im Ghetto und in der Stadt vereinbart.

Abends, nach Arbeitsschluß ging ich alle paar Tage in die entgegengesetzte Richtung – auf das Ghetto zu. In der Tasche hatte ich einen Passierschein, der nur für ein großes Arbeitsbataillon ausgestellt war und nie zu der Arbeitsgruppe paßte, mit der ich mich gerade in das Ghetto schmuggelte. Es war schwer, herauszufinden, wann eine geeignete Arbeitsgruppe kam, mit der man in das Ghetto hinein oder es verlassen konnte. Daher hoffte man ständig, daß sie am Tor die Papiere nicht allzu genau kontrollierten. Man versuchte, so unscheinbar wie möglich zu wirken. Den Fleck, den man sich auf deutsche Anweisung hin vorne und hinten an die Kleider nähen mußte (die Flecken hatten das weiße Band am Ärmel ersetzt), hielt man bereit, man mischte sich unter die graue, müde, sich dahinschleppende Masse, schubste ein wenig und steckte sich in dem Durcheinander vor dem Tor schnell den Fleck für vorne an. Wenn man Zeit hatte, auch noch den für hinten. Langsam, vorsichtig, nicht mit Gewalt. Wenn es nicht gelang, riskierte man es, mit nur einem Fleck hineinzugehen. Im schlimmsten Fall bekam man einen Hieb ab, aber dann war man ein freier Jude im Ghetto...

Der Herbst kam und mit ihm die hohen Feiertage. Seltsame Gerüchte gingen im Ghetto um. Jeden Morgen erwachten die Menschen mit der Frage: Würde der Tag ruhig werden? Und wenn der Tag dann zu Ende war und keines der bösen Gerüchte sich bewahrheitet hatte, ließ die Spannung nach.

Die allgemeine Sitzung des Hanhaga Raschit und der Kader war für den Abend von Yom Kippur vereinbart. Wir versorgten Abba mit einem Paß, so daß er in das Ghetto konnte. Das war gefährlich, aber wir wollten, daß er auf diesem Treffen anwesend war. Alle Kader sollten an der Sitzung teilnehmen, und im Kloster konnten wir sie nicht abhalten.

Abba sollte sich den Juden anschließen, die hinter der Wilna-Kolonie an der Eisenbahnstrecke arbeiteten. Er mußte genau berechnen, wann sie mit der Arbeit aufhörten, die deutsche Wache überlisten und erzählen, er würde zwar alleine arbeiten, müßte aber mit der Gruppe zurück. Mein Eintritt in das Ghetto war einfacher und weniger gefährlich, mit meiner Karte konnte ich direkt von der arischen Seite der Rudnicka-Straße her kommen. Edek sollte uns am Tor abholen. Die jüdische Polizei kannte ihn, und es war auf jeden Fall besser, wenn jemand da war.

Edek war nicht da. Es ist ihm wohl nicht gelungen herauszukommen, dachte ich, und drängelte vorwärts. Ich kam problemlos hinein. Sie sahen sich die Bündel und Papiere kaum an. Als ich drin war, traf ich auf eine Gruppe wütender und besorgter Leute. »Warum bist du hier? Edek hat dich nicht geholt, und es war abgemacht, daß du ohne ihn nicht kommen sollst.« Kurz darauf tauchte Abba am Tor auf. Die Genossen überlegten, wie sie uns wieder hinausbekommen könnten. Sie wußten, daß heute nacht eine *aktzia* stattfinden sollte: »Die Deutschen verlangen 900 Personen, aber die Juden weigern sich, freiwillig in den Tod zu gehen. Sie werden Razzien veranstalten, und ihr, ohne Arbeitskarten, würdet ihnen garantiert in die Falle gehen.« Die Papiere in unseren Taschen waren geliehen, wir mußten sie zurückgeben. Edek war nicht gekommen, uns zu holen, weil nicht einmal die Polizei sich auch nur einen Schritt vom Tor weg bewegen durfte. Wir beschlossen zu bleiben. Was allen Juden widerfuhr, das sollte auch unser Schicksal sein.

Etwa zehn Menschen lebten in dem kleinen Zimmer in der Straszuna-Straße. Sie schliefen auf herausgerissenen Türen, auf dem Tisch und auf dem Boden. Die Luft war schwer, fast erstickend. In diesem Zimmer diskutierten wir unsere Lage. »Hinter uns liegt eine kurze Periode der Organisierung, der Einrichtung von Kontakten außerhalb des Ghettos. Vor uns liegt – die Vernichtung der polnischen Juden.« Der zentrale Punkt in unserer Diskussion war die Einschätzung der Lage und die Klärung unserer Rolle als Bewegung.

Bei Ausbruch des Krieges hatten wir gewußt, daß wir gegen die Invasoren kämpfen mußten. Nach der Niederlage waren wir hinter den feindlichen Linien zurückgeblieben, während die Front sich immer weiter weg bewegte. Sechzigtausend Juden waren hier in den Gassen des mittelalterlichen Ghettos eingesperrt. Sie starben an Hunger und Kälte, ohne ein Dach über dem Kopf, elende, zu Schwerstarbeit gezwungene Sklaven. Ihre Leben hatten keinen Sinn mehr.

Im Ghetto rannten die Leute hilflos umher. Das »Schema Israel« erklang aus den Höfen der Straszuna-Straße, das Klagen, die gläubige Begleitung des Kol-Nidre-Gebetes. Es war Yom Kippur[1] des Jahres 1941. Die umliegenden Wohnungen wurden geräumt. Wir drängten

1 *Yom Kippur, der Versöhnungstag (der letzte der zehn Bußtage, die mit dem*

uns im letzten Zimmer des Hauses zusammen. Roszka und Vitka rückten einen Wandschrank vor die Tür.

In dieser Nacht wurden die ersten 3000 Juden aus dem Ghetto verschleppt. Alle wußten, daß sie in Ponar ermordet wurden. Die Überlebenden konnten, fürs erste, ruhig bleiben, da die Quote erfüllt und damit das Übel für sie vorläufig abgewendet war. In dieser Nacht verschwand eine unserer sanften, anmutigen Genossinnen aus dem Ghetto. Sie war zusammen mit ihrer Mutter gefaßt worden. Auch zwei andere junge Genossen wurden abgeführt, ohne daß das Ghetto einen Laut des Widerstandes vernommen hätte. Sie waren nicht in den Straßen gefallen, sondern heimlich und leise in die Hügel von Ponar verschleppt worden.

Abba war der erste, der unsere Bitterkeit zum Ausdruck brachte: »Wir befinden uns in einer Situation, die jenseits des menschlichen Vorstellungsvermögens liegt.« Wir waren keine überzeugten Pessimisten, sondern lebendige junge Menschen, die auch weiter am Leben bleiben wollten. Aber wir sahen den Nazi in jedem Soldaten und Offizier, in jedem Beamten, in jedem Biersäufer, der sich hier unter der herbstlichen Sonne amüsierte. Wir hörten seinen Stiefeltritt und seine donnernde Stimme, wir sahen die weiß behandschuhten Hände des Offiziers, das arrogante Lächeln des Soldaten, wir sahen ihre Gewehre und Pistolen auf jeden von uns gerichtet. Einige von ihnen töteten aus schierem Vergnügen.

Wir hielten es für richtig, jetzt besonnen zu bleiben und aus all den Tagen, Stunden und Minuten des Wahnsinns den richtigen Moment zu wählen, um den gesammelten Mut unseres Kollektivs in die Waagschale zu werfen. Wir brauchten exakte Berechnungen, um jeden Schritt, jeden Augenblick durchzuplanen, um einen effektiven Untergrund aufzubauen, eine richtige Organisation. Unser Verantwortungsbewußtsein hatte sich vertieft. Wir fühlten uns nicht mehr nur für unsere eigenen Aktionen verantwortlich, sondern für die ganze Bewegung und für unser Volk. Das Schicksal unseres Volkes lastete auf unseren Schultern.

Wir verließen das Ghetto. Abba ging in das Kloster zurück, ich – in die arische Welt.

ersten Neujahrstag beginnen), ist der wichtigste jüdische Feiertag. Die Gläubigen beten um Vergebung der Sünden gegenüber Gott und den Mitmenschen.

Jeden Tag zogen nun die traurigen Reihen von der Zawalna-Straße Richtung Lukizki und von dort nach Ponar. Tag für Tag stand ich am Fenster und sah hinaus auf die Straße. Alle paar Tage wurde das Ghetto geschlossen, und nur aus der Menge der Abgeführten konnte ich entnehmen, wie viele in den Tod getrieben wurden.

Den ganzen Herbst über, im Dunst der regnerischen Morgen, marschierten diese langen Menschenzüge vorbei. Ruhig und teilnahmslos tauchten sie aus dem grauen Nebel auf. Man fragte sich, warum nicht einmal die Säuglinge weinten. Manchmal, wenn die Wachen wegsahen, schaute sich jemand um, als ob er nach Hilfe suchte. Sie wollten noch immer leben!

Und ich? Wie seltsam fühlte ich mich. Ich ging in die Gaststätte, um die großen Öfen anzumachen, um die Böden zu wischen und das Geschirr zu waschen für friedliche Bürger, die darauf vertrauten, daß sie jeden Tag ihre Mahlzeit bekamen.

Ich stehle mich von den Töpfen weg zum großen Fenster, das auf die Zawalna-Straße geht, und dränge den Schrei zurück, der aus meinem Herzen brechen will: »Geht nicht!« Ich beherrsche mich und beiße mir so heftig auf die Lippen, daß sie bluten. Werde ich die Ruhe bewahren können? Ich muß. Ich habe keine andere Wahl. Mein Schrei würde ihnen nicht helfen. Ich liebe sie, diese Masse, die da ihren letzten Weg geht. Ich glaube an ihre Stärke und an ihren Lebenswillen. Aber ein Aufstand? Der kann nur von einer organisierten Kraft ausgehen. Ich glaube an mein Volk, aber ich vertraue nur auf seine organisierten und disziplinierten Kräfte. Die Genossinnen und Genossen bauen die Organisation auf, Schritt für Schritt, innerhalb der engen Grenzen eines versklavten Ghettos, das in seinem Blute liegt. Auf sie können wir uns verlassen.

Ich bin eine Arbeiterin, eine lachende, fröhliche Arierin. Ich muß in den Keller gehen und die Holzscheite heraufholen. Wenn es Edek heute abend gelingt, aus dem Ghetto herauszukommen, werde ich mit ihm zu Abba gehen. Wir werden uns beraten und in der Morgendämmerung zurückkehren. Er zu seinem Arbeitstrupp, ich in meine Küche zum schmutzigen Geschirr und den ungeschälten Kartoffeln. Und bis zum nächsten Abend werden wir wieder die Felder vergessen müssen, durch die wir »getollt« sind, die Entscheidungen, die wir getroffen, die Pläne, die wir entwickelt haben.

Unsere Beratungen im Kloster liefen gut. Abba hatte das Programm vorbereitet:

1. Wir schaffen eine Kampforganisation, bestehend aus einzelnen Zellen. Alle, die vom Sekretariat als Mitglieder der Bewegung beglaubigt sind, werden in einer Kampfeinheit mobilisiert. Jeder einzelne kennt nur die Mitglieder der eigenen Zelle.

2. Wir suchen nach Verbündeten in den anderen Jugendbewegungen und unter den Kommunisten. Die Kampforganisation muß alle organisierten antifaschistischen Kräfte innerhalb des Ghettos vereinen.

3. Das bereits bestehende Netz auf der arischen Seite wird verstärkt und erweitert. Die Aufgabe seiner Mitglieder besteht darin, nach Verbündeten außerhalb des Ghettos zu suchen, Kontakte zu ihnen herzustellen und mit ihrer Hilfe Waffen zu beschaffen. Das grundlegende Problem der Bewaffnung verlangt nach der Ausarbeitung eines exakten Planes, um alle Möglichkeiten zu überprüfen, die sich einerseits aus den Werkstätten der Deutschen ergeben und anderseits aus Kontakten zu Polen, um die wir nun unser Netz erweitern müssen.

4. Wir verbreiten unter den Juden und vor allem unter den jungen Menschen die harte Wahrheit über die Pläne der Deutschen zur totalen Vernichtung der Juden in Osteuropa, und wir rufen sie auf, sich zu verteidigen, mit Waffen, Stöcken, Werkzeugen und, wenn sie gar nichts anderes haben, mit bloßen Fäusten.

Auf diesem Treffen diskutierten wir sehr diszipliniert und besprachen wir unsere Probleme zum ersten Mal offen, klar und praktisch. Wir mußten der Arbeit, die in Zukunft vor uns lag, gerecht werden. Auf Abbas Drängen hin beschlossen wir auch, daß er in das Ghetto zurückkehren sollte, um die Verantwortung für die Organisation selbst in die Hand zu nehmen. Die praktische Durchführung des »arischen Programms« war meine Aufgabe.

Frau Pardu, die Geschäftsführerin des Restaurants, lobte mich. »In normalen Zeiten«, sagte sie zu meiner großen Verwunderung, »wären du und deinesgleichen die Zukunft des polnischen Volkes.« Ich weiß nicht, was sie in mir sah, das ihr als Zukunft ihres Volkes erschien. Ich beteiligte mich nie an den Diskussionen über Geister, über die Strafen Gottes und über Jesus und seine Heiligkeit. Ich äußerte mich nie zu meinen Ansichten. Vielleicht erkannte ihr sechster Sinn als Lehrerin und Erzieherin gerade darin, wie niedergeschlagen und ernsthaft ich auf die deutsche Besatzung reagierte. Wie auch immer, jedes Mißtrauen erübrigte sich, als sie plötzlich sagte, sie kenne meine wahre Lage. Vermutlich schloß sie aus meiner ungewöhnlichen Erscheinung in der beschränkten Gesellschaft der Zawalna-Straße 10, daß ich nur eine polnische Patriotin sein konnte.

Als ich mir sicher war, daß mein Status als Arierin nicht angezweifelt wurde, schlug ich Frau Pardu vor, eine Freundin von mir, »eine Studentin aus Warschau« (Vitka), als Erzieherin für ihre kleine Tochter zu engagieren. Ich wußte, daß sie nach einem Privatlehrer für das Kind suchte.

Vitka färbte sich die Haare. Jandzia besorgte ihr ein gefälschtes Zeugnis, und dann richtete sie sich in Frau Pardus Wohnung ein und kümmerte sich um deren Tochter.

Wir hatten inzwischen eine regelrechte Fälschungsindustrie aufgebaut. Jandzia hatte sein Handwerk gründlich gelernt, und Rivkele, seine Freundin, half ihm. Sie war darauf spezialisiert, den Namen und andere Daten vom Original abzukratzen und den Stempel auf dem Photo des »Neugeborenen« anzubringen. Diese Arbeit war schwierig, anstrengend und nervenaufreibend. Eine Linie, die nicht gerade war, ein Punkt, der nicht exakt saß, und das kostbare, unter solchen Mühen beschaffte Dokument war ruiniert und unbrauchbar. Die komplizierteste Aufgabe war das Umfälschen eines jüdischen Papiers in ein arisches. Dafür mußte man sehr viel radieren und neu schreiben. Ganz etwas anderes waren die Papiere von jungen verstorbenen Polen, die wir von unseren polnischen Kontakten bekamen. Wir fanden immer einen Genossen, dessen Augen, Haarfarbe, Größe und Alter denen des früheren Besitzers entsprachen. Diese Papiere hatten einen doppelten Vorteil. Jandzias Arbeit daran war reine Routine, er mußte nur den Stempel auf dem neuen Photo anbringen. Und es war einfach, eine solche tote Person in ausreichender Entfernung von ihrem Herkunftsort »wiederzubeleben«.

Nachdem Vitka untergebracht war, holten wir Liza Magun auf die arische Seite. Jadwiga nahm sie in ihre Wohnung auf. Zusätzlich stellten wir Papiere her für alle, die das Ghetto im Rahmen ihrer Untergrundarbeit entweder für einen ganzen Tag oder für mehrere Stunden verlassen mußten. Edek wurde als erster berücksichtigt, er pendelte regelmäßig zwischen der Stadt und dem Ghetto.

Edek begleitete mich zu den Treffen mit polnischen Kontakten, die erst noch genauer überprüft werden mußten. Unsere ersten Verbindungen zu Polen hatten Jadwiga und die Äbtissin des Klosters hergestellt, die uns auch einem Mann vorstellte, der Menschen über die Grenze schmuggelte. Das war für uns von großer Bedeutung. Unsere Kontakte zur Welt waren mit dem Beginn des Zweiten Weltkrieges abgebrochen. Wenn wir sie nun wieder herstellen könnten, bekämen wir selbst einen neuen Zugang zu Informationen, und vor allem könnten wir endlich die Welt über die Greueltaten der Deutschen und die geplante Vernichtung unseres Volkes informieren. Auch unsere finanzielle Situation verlangte nach Kontakten zur Außenwelt. Unsere Ersparnisse waren erschöpft und neue Einkünfte nicht in Sicht.

Die Wohnung, in der das Treffen mit diesem Mann stattfinden sollte, lag am Ende eines langen Flures. In der Dunkelheit war das Gesicht unseres Gesprächspartners nicht zu erkennen. Sein Plan war so einfach wie gewagt: »Wir müssen zum Hafen von Libau in Lettland reisen. Ich kann euch mit den Papieren helfen, aber die Verantwortung für die Reise liegt bei euch. Die Leute (nicht viele) werden im Hafen in Empfang genommen und mit Fährbooten nach Schweden übergesetzt. Die Seereise übernehme ich selbst.« Er hielt einen Moment lang inne, als ob er nachdenken müßte und fuhr dann fort: »Das kostet natürlich Geld, reales Geld – Goldmünzen.«

Das war nur eines unserer zahlreichen Treffen mit Vertretern des bürgerlichen polnischen Untergrundes, der, nach unseren Informationen, schon vor dem Krieg zwischen Deutschland und der Sowjetunion existiert hatte. Einige erklärten sich bereit, uns bei der Beschaffung von Dokumenten und beim »Etablieren« von Leuten zu helfen, andere suchten wir auf in der Hoffnung, sie könnten uns helfen, an Waffen zu kommen.

Unsere Gespräche mit der Äbtissin führten wir noch lange fort. Sie kam gewöhnlich auf dem Fahrrad, und im Winter auf Schiern. Über Jadwiga informierte sie uns im voraus über ihr Kommen. Ihre Gespräche mit Abba hatten sie soweit gebracht, daß sie einige der Grundsätze unserer Weltanschauung akzeptierte. Sie hatte einen scharfen Verstand und ein offenes Herz und verstand sofort unser nationales Problem. Sie konnte auch unsere sozialistischen und kollektivistischen Anschauungen nachvollziehen und versuchte uns davon zu überzeugen, daß die Kluft zwischen unserer Haltung und ihrer Vorstellung von Gott durchaus überbrückbar war. Sie und Jadwiga halfen uns, Kontakte, Informationen und andere Arten von Unterstützung zu finden. Mit ihrer Hilfe gelang es uns, viele jüdische Kinder zu retten und noch ein paar junge Frauen in der Stadt zu etablieren. Alle Verhandlungen und Aktivitäten scheiterten jedoch immer wieder an unserem schwächsten Punkt: den Waffen.

Der geplante Kontakt zum Ausland kam nicht zustande, da der Mann, der ihn ermöglichen sollte, gerade als wir einen kleinen Teil des erforderlichen Geldes zusammenhatten, spurlos verschwand. Trotzdem war unsere Lage nicht hoffnungslos. Nach zehn vergeblichen Treffen eröffnete sich plötzlich, zur unwahrscheinlichsten Zeit, am unwahrscheinlichsten Ort und unter den unwahrscheinlichsten Umständen eine ungeahnte Möglichkeit.

Eines Tages besuchte mich Jadwiga in der Zawalna-Straße 10 und bestellte mich für den Abend in die Worobelewski-Bibliothek: »Sei um Punkt zehn Uhr vor dem großen Gebäude auf der Vilia-Seite.«

»Was ist passiert? Ein Unglück?«

Sie schwieg wie jemand, der ein großes Geheimnis zu verbergen hat.

»Komm, dann wirst du schon sehen. Ich hab jetzt keine Zeit mehr.« Und dann, schon im Gehen: »Jemand von Jozef[1] ist da.»

Wer, sagte sie nicht. Die verbleibende Zeit verbrachte ich voll Ungeduld. Was für eine Neuigkeit, und ich konnte sie niemandem erzählen! Wie gerne hätte ich jetzt eine Genossin hier gehabt, um mit ihr mein Geheimnis zu teilen.

In der Küche ging alles seinen gewohnten Gang. »Halina, gib mir den Topf«, »Halina, die Kartoffeln reichen nicht für das Abendessen«, »Halina, der Herd brennt wie jüdischer Herd, nennst du das ein Feuer?«, und so weiter, pausenlos. Gut, daß Edek heute kam; wir hatten zwar eine Menge zu besprechen, aber das konnte nun alles warten. Kontakt mit Warschau! Jozef hatte es geschafft, uns einen Kurier zu schicken. Aber ich hatte Jadwiga nicht gesagt, daß ich mit Edek kam, ich hatte es einfach vergessen.

Nach der Arbeit ließ ich Edek in meinem Zimmer zurück und

1 *Jozef Kaplan – gleichzeitig Deckname für den Warschauer jüdischen Untergrund*

ging aufgeregt zum Treffpunkt. Zu meiner Verwunderung stand da ein nichtjüdischer Warschauer. Jadwiga stellte ihn mir vor: »Das ist Heniek, einer meiner Jungen aus der Pfadfinder-Bewegung.« Heniek war sehr geradeaus, und man brauchte ihm nicht viel zu erklären, damit er verstand. »Ich hab euch ein Briefchen von Jozef mitgebracht«, sagte er, »bei uns ist alles in Ordnung.« »Wer ist ›uns‹«, fragte ich mich insgeheim, aber das war bald klar: Mit »uns« meinte Heniek das Ghetto. An dieser Stelle unterbrach ich ihn und sagte, ich wollte bei diesem Treffen noch einen Genossen dabeihaben. Zuerst wirkte er unwillig, aber als ich ihm sagte, daß Edek dieser Genosse war, freute er sich: »Den kenne ich aus Jozefs Geschichten. Bring ihn her.«

Edek und Heniek mochten sich sofort. Sie waren sich so ähnlich, in ihrem Verhalten, in ihrem Polnisch mit dem Warschauer Vorstadt-Akzent, ihrem natürlichen proletarischen Humor und ihrer direkten und couragierten Art, an Aktionen und Menschen heranzugehen. Ich staunte über sie. Heniek erzählte uns, warum er gekommen war:

»Dort, ihr versteht schon, im Ghetto, sind sie sehr besorgt um euch, vor allem Jozef. Wir haben keine Ahnung, was hier los ist, versteht ihr, und das ist hart. Wir sitzen da und überlegen, wie wir an euch herankommen könnten. Also mach ich mich auf die Socken. Ich wollte nicht so viel dabei haben, versteht ihr, nur dieses Briefchen, aber Jozef hat mich ein paar Abende lang über die Bewegung in Warschau instruiert, und ich kann euch Wort für Wort wiedergeben, was er gesagt hat, über Leute, die einzelnen Gruppen der Bewegung, die Schulen der Bewegung und so weiter. Ich weiß alles. Ich selber kenne mich da ja nicht so genau aus, aber Jozef hat mir alles langsam und geduldig erklärt. Ich war zwei Wochen unterwegs, zu Fuß und mit dem Fahrrad. Ich mußte mir alle möglichen Geschichten ausdenken, um Schlafplätze zu finden. So, und jetzt bin ich hier, heil und unversehrt, ihr versteht schon. Auf dem Weg habe ich von der Katastrophe erfahren, die diese Mörder für euch vorbereiten. Ich bin durch Troki gekommen, mein Gott – was für ein Anblick! Zum Teufel, wem sag ich das. Ihr wißt es ja, was guckt ihr mich an? Es fällt einem schwer, darüber zu reden. Wenn ich nicht mit meinen eigenen Augen gesehen hätte, wie sie zu Tode gebracht wurden, dann hätte auch ich es nicht geglaubt. Aber was schwätze ich hier herum? Ich muß von euch etwas erfahren. Schreibt Jozef, schreibt ihm, was ihr wollt, beschreibt die Situation hier.«

Er hatte ein ganz eigenes Talent, die tragischsten Dinge zu relativieren, und über seine eigenen Schwierigkeiten und Leiden nur ganz wenig und scherzhaft zu sprechen. Kurz gesagt, ein »Schejgez«[1] von der Czerniakówska-Straße.[2]

Wir beschlossen, ihm das Ghetto zu zeigen, damit er in Warschau davon erzählen konnte. Edek übernahm die Aufgabe, ihn über die Lage der Juden in Wilna aufzuklären und, soweit wir darüber informiert waren, auch über die Situation einiger Gemeinden in den umliegenden Orten, wie Kovno, wo die Situation vergleichbar war. Er wollte ihm einen guten Gesamteindruck vermitteln. Das war in einem Brief nicht möglich, und da Jozef uns Heniek geschickt hatte, konnten wir ihm vertrauen. Wir versorgten ihn mit gefälschten Papieren, damit er sich auf litauischem Gebiet bewegen konnte. Wir trafen uns noch ein paarmal und nahmen dann im Kloster von ihm Abschied. Heniek schwieg. Er hatte das Ghetto gesehen, das, was von der großen Wilnaer jüdischen Gemeinde noch an Menschen übrig war, er hatte in unserem kalten Zimmer gesessen, und er hatte die Reihen derer gesehen, die in den Tod getrieben wurden. »Ihr seid richtige Männer«, sagte er schließlich. »Versteht das nicht falsch, als Schmeichelei oder als Mitleid. Man kann die Wahrheit einfach sehen, versteht ihr?«

Heniek Grabowski, Mitglied der polnischen Pfadfinder-Bewegung, weit entfernt von jeder Ideologie, betrachtete uns als Menschen und Freunde. Arbeiter seit seiner frühen Jugend – er war Schlosser –, war er mit einer natürlichen Intelligenz begabt und erkannte sofort den Unterschied zwischen Gut und Böse, Wahrheit und Lüge, zwischen Feigheit und Mut, Sklaverei und Freiheit. Wir mochten ihn für sein gutes Herz und seinen klaren Verstand, für seinen Mut und seine Weisheit. Wir hatten ihn liebgewonnen. Schweren Herzens nahmen wir von ihm Abschied und wagten kaum auf ein Wiedersehen zu hoffen.

Mein altes Zimmer wurde mir zu eng. Um in meinen eigenen Wohnbereich zu gelangen, mußte ich jedesmal durch das große Gä-

1 *Gassenjunge, Schlawiner*
2 *Straße in einem Arbeiterbezirk Warschaus*

stezimmer meiner Vermieterinnen gehen. Außerdem wohnte auf der anderen Straßenseite eine Polin, die mich aus der Zeit der sowjetischen Besatzung gut kannte; wir hatten damals beide Vorlesungen an der Universität besucht. Doch ich hatte Glück. Ich fand ein Zimmer mit separatem Eingang in der Mickiewicza-Straße 59, der Hauptstraße von Wilna. Hier mußte man nur an die Hauswand klopfen, um mich zu verständigen. Die Vermieterin war eine schwerhörige alte Dame, die sich kaum bewegen konnte. Der Raum war teilmöbliert und die Miete nicht allzu hoch. Am selben Tag noch zog ich um, und schon tags darauf bestätigte ein zweiter Stempel in meiner Identitätskarte, daß ich in der Mickiewicza-Straße Nummer 59 rechtmäßig zur Miete wohnte.

Von nun an wurde mein Zimmer eine zentrale Zuflucht. Wer auch immer das Ghetto abends verließ und es nicht schaffte, vor der Ausgangssperre zurückzukommen, fand hier Aufnahme, einen warmen Ofen und manchmal sogar ein Nachtmahl, das ich in der Gaststätte gestohlen hatte. Das war nicht wenig. Es herrschte bereits tiefster Winter, der Schnee schmolz in unseren abgetragenen Schuhen, und unsere Zehen waren Eisklumpen. Wie konnte man in solch einer Winternacht draußen herumlaufen? Wenn man unter der großen Brücke schlief, erfror man entweder oder man wurde von der Polizei aufgegriffen. Ich hatte ein Sofa, dessen breite Rückenlehne man abmontieren und quer über zwei Stühle legen konnte – das ergab ein fürstliches Bett. Auch ein sauberes Laken gab es, und wenn man darüber einen oder zwei Mäntel breitete und die Füße zum Ofen hin ausstreckte, konnte man tief und fest schlafen. Brauchte jemand tagsüber eine Zuflucht, bis abends die Arbeitstrupps in das Ghetto zurückkehrten, konnte er einen Schlüssel bekommen. Man mußte sich dann nur ruhig verhalten, am besten war es, zu schlafen. Sogar dann mußte man aber darauf achten, nicht zu seufzen oder im Schlaf zu sprechen, oder sich von einer Seite zur anderen zu wälzen. Die alte Dame war wirklich schwerhörig, aber es heißt, Wände haben Ohren, und es gab in der Wohnung noch eine Untermieterin. Sie war zwar selten zu Hause, aber man konnte nicht vorsichtig genug sein.

Eines Abends sollte Edek kommen, um mich zu einem wichtigen Treffen abzuholen. Ich wartete in meinem Zimmer bis neun Uhr, aber er kam nicht. In meiner Verzweiflung war ich mir sicher, daß sie ihn verhaftet hatten. Ich konnte mir nicht vorstellen, daß ihm einmal etwas mißlingen könnte, aber an diesem Abend war genau das der Fall. Nach neun Uhr, als bereits Ausgangssperre herrschte, hörte ich sein Klopfzeichen. Er war weder aufgeregt noch verängstigt und erzählte mir mit seinem spöttischen Lächeln, daß die Polizei ihn am Tor erwischt hatte. Sie hatten ihn sorgfältig durchsucht, aber nicht gefunden, was sie wollten: das Geld.

Wir verkauften einen Teil der falschen Papiere, die Abba und Jandzia herstellten, über Mittelsmänner, die wir gut kannten, weiter. Uns waren damals wegen unserer Mittellosigkeit die Hände gebunden, wir konnten die Bewegung und unseren organisatorischen Apparat kaum aufrechterhalten und keine Waffen beschaffen. Daher hatten wir beschlossen, dieses schmutzige Geld für Waffen zu verwenden. Unsere Genossinnen und Genossen im Ghetto hungerten und froren, wir hatten kein Geld für Kleider oder Heizung, aber dafür nahmen wir keinen Pfennig von diesem Geld. Ich weiß noch gut, wie wir unser Brot Stück für Stück aufteilten, wie wir bemüht waren, einander am Leben zu erhalten. Roszka, Vitka, Abba und Edek belogen sich gegenseitig über das Gewicht des Brotes, um den anderen ein schwereres Stück zu geben als sich selbst. Wir waren in diesem Winter bis auf die Knochen ausgefroren. Der Schnee lag meterhoch vor den Häusern, wir schippten ihn mit einem Besen weg, aber sofort türmte er sich von neuem auf. Abba saß die ganze Nacht im Mantel über den Tisch gebeugt und malte makellose Stempel auf Photos, um Geld für Waffen zu beschaffen.

Dieses Geld hatte Edek auf die arische Seite bringen wollen. Die Polizisten hatten Lösegeld von ihm verlangt, aber nach einem langen scharfen Verhör war er ihnen entkommen. Er hatte sich in das Ghetto zurückgezogen, jedoch das Geld mußte an seinen Bestimmungsort. Also verließ Edek das Ghetto abermals. Diesmal versuchte er es an dem gesperrten Tor und kam durch.

Er hatte mir seine Geschichte noch nicht zu Ende erzählt, als es laut schellte. Ich war sicher, daß die Polizei vor der Tür stand. Wer sonst würde während der Ausgangssperre so laut klingeln und herumschreien? Ich öffnete die Tür, bevor die Vermieterin aus dem Bett gelangt war, und wurde von zwei Taschenlampen geblendet.

»Wer wohnt hier?«

Ich wies nach rechts: »Bitte, das hier ist das Zimmer der Hausherrin.« Vielleicht reichte es ihnen, sie zu sehen. Ich wollte Edek helfen, wegzukommen. Aber nur einer ging in das Zimmer, der andere blieb an der Tür stehen. Beide waren in Zivil und sprachen Polnisch mit litauischem Akzent. Ich ging zurück in mein Zimmer, als ginge mich das alles nichts an, und schloß die Tür hinter mir. Wenig später klopfte es. Diesmal etwas leiser und ohne Gebrüll.

»Bitte.«

»Wer wohnt hier?«

»Ich.«

»Wie heißen Sie?«

»Woronowicz Halina.«

»Zeigen Sie uns Ihre Papiere.«

Ich reichte ihnen meine Identitätskarte und meine Arbeitsbestätigung. Edek saß dabei und sah ihnen schweigend zu, ohne den Blick zu senken.

»Wer ist das?« Sie wiesen auf Edek.

»Das... das ist mein Verlobter.«

»Kann ich Ihre Papiere sehen?«

Edek beeilte sich nicht, er zog langsam seine Brieftasche hervor, kramte ein wenig darin und sagte dann:

»Meine Papiere? Gerne. Aber vielleicht dürfte ich wissen, wem ich sie zeige?«

Ich spürte, daß er mit dieser Frage ihr Vertrauen gewonnen hatte. Einer von ihnen überreichte ihm seinen Gestapo-Ausweis.

»Bitte«, er gab ihm seine gefälschten Papiere. Sie sahen sie oberflächlich durch, baten um Entschuldigung und gingen. Edeks Verhalten hatte uns gerettet.

Sarah Silber zog auf die arische Seite. Nun hatten wir noch eine Adresse, noch eine Wohnung und, was das wichtigste war, noch jemanden für die Arbeit. Ihr Gesicht war geeignet, ihr Polnisch perfekt; sie war besonnen und von schneller Auffassungsgabe. Wir beschlossen, sie allein zu lassen, bis sie sich völlig in ihrer neuen Umgebung eingelebt hatte. Vorerst fungierte sie als Kontaktperson zu den polnischen Einrichtungen, in denen wir jüdische Kinder untergebracht hatten.

Eines Tages, als ich von der Arbeit zurückkam, fand ich eine Postkarte mit Edeks Unterschrift, auf der stand, daß er selbst und noch zwei andere Männer zu Jozef gingen – das heißt, sie reisten zu Jozef nach Warschau. Sie waren kurzfristig aufgebrochen und hatten daher nicht mehr persönlich mit mir darüber reden können. Edek hatte die Postkarte auf dem Weg aus der Stadt eingeworfen. Edek mit seinem jüdischen Gesicht. Er mußte Grenzen überqueren, und Grenzen waren etwas anderes als der Wechsel auf die arische Seite. An der Grenze wurde jeder Pole genau überprüft, sie mußten dabei entdecken, daß Edek Jude war. Am nächsten Tag kam Vitka und erzählte mir die Geschichte.

»Weißt du noch, dieses jüdische Paar aus Deutschland oder Österreich – die Frau war früher Sängerin oder so in Wien gewesen. Stell dir vor, die trifft eines Tages einen alten Bekannten aus Wien, der hier Offizier in der Besatzungsarmee ist. Schmidt heißt er. Ein anständiger Mensch, Wiener, er kommt mit Leuten gut zurecht und ist intelligent. Er leitet eine Sammelstelle für Soldaten, die ihre Einheiten verloren haben. Er verfügt über Autos, Papiere, alles was du willst. Kurzum, dieser Offizier hat eine Rettungsaktion gestartet. Wir mußten mit ihm in Verbindung treten. Mordechai Tenenbaum hat jetzt Kontakt zu ihm, er wird dich mit ihm bekannt machen. Jedenfalls hieß es plötzlich, er könne mehrere Leute, das heißt Polen, nach Warschau mitnehmen. Auf welchem Weg, war noch nicht klar. Er meinte, wenn er sie sicher bis Grodno brächte, würde er sich das weitere überlegen. Die Sache war nicht hundertprozentig, aber Edek wollte diese Chance nutzen. Sein Argument war kurz und überzeugend: Wir können es Heniek, auch wenn er noch so in Ordnung ist, nicht allein überlassen, die Informationen über die Vernichtung und über unseren Widerstand zu verbreiten. Wir müssen nicht nur unsere Genossen überzeugen, sondern die ganze Öffentlichkeit. Und die verhält sich immer noch sehr selbstgefällig und weiß nichts über die Vernichtungspläne. Einem Polen werden sie kein Wort davon glauben.«

Edek hatte die Genossen überzeugen können, aber warum mußte er selbst gehen? Er hat das ganz allein entschieden, und die anderen haben den Mund gehalten. Mit ihm gingen mein Bruder Juzio, der Revisionist[1], und Solomon Entin von der Zionistischen Jugend, der einzige, der wie ein Einheimischer aussah. Wenn er es schaffte, die

1 *Rechtszionist*

ganze Strecke über kein einziges Wort in seinem jüdischen Akzent zu sagen, würde er vielleicht heil nach Warschau kommen.

Besorgt warteten wir auf eine Nachricht von ihnen. Mittlerweile flohen immer mehr Menschen aus dem Wilnaer Ghetto. Wer Geld in der Tasche hatte oder sonst eine Möglichkeit fand, zog los, um in einem stabileren, sichereren Ghetto Zuflucht zu suchen. Die Juden brauchten einen Moment lang Ruhe, sie wollten nicht dauernd an morgen denken müssen. Manche gingen nach Grodno, andere nach Białystok, einige sogar nach Warschau. Schmidt, der deutsche Offizier, stellte keine Fragen. Nur mit Hilfe seiner zwei jüdischen Freunde, ohne sich je mit einer verantwortlichen Stelle zu beraten, stellte er Gruppen zusammen, die in die unterschiedlichsten Ghettos geschickt wurden. Seine Wohnung gegenüber dem Bahnhof diente als Auffanglager für diese Leute, die oft ein, zwei Tage warten mußten, bis alle Flüchtlinge mit ihren Familien und ihrem Gepäck hier versammelt waren. Diese Methode, Leute unorganisiert und planlos zu verschicken, war der Geheimhaltung seiner Aktivitäten nicht gerade förderlich.

Unwillentlich brachte Schmidt die Leute vom Regen in die Traufe. Diese eingebildete Rettung unterhöhlte die jüdische Entschlossenheit, schuf Illusionen und schläferte den Widerstandsgeist ein.

Der Sabbat ging gerade zu Ende. Nach der Arbeit ging ich wie üblich in das Ghetto. An Samstagen fielen die Kontrollen immer strenger aus. Ich hatte an diesem Tag mehr Lebensmittel als sonst aufgetrieben: Bratkartoffeln, die, wenn man sie aufwärmte, wie ein Festschmaus schmeckten, eine Menge verfallener Frikadellen, gekochte Rüben und Karotten, alles in allem ein königliches Mahl. Am Ende der Rudnicka-Straße, rechts vor dem Ghettotor, stand eine katholische Kirche. Ihr Hinterausgang ging auf die Zawalna-Straße. Wenn man die Kirche von hier aus betrat, kam man vorne genau an der Stelle heraus, an der die Arbeitsgruppen sich vor dem Ghettotor anstellten. Hier mußte man sich dann im richtigen Tempo, um nicht aufzufallen, unter die heimkehrenden Arbeiter mischen. So gelangte ich in das Ghetto. Die Genossinnen und Genossen freuten sich immer wieder, daß ich heil angekommen war. Und ich selbst konnte mich entspannen, der Druck, unter dem ich als »Arierin« immer stand, fiel ein wenig von mir ab. Hier war ich unter Freunden.

An jenem Sabbat-Abend gingen Mordechai, Esther von den Revisionisten und ich zu Schmidt. Wir meldeten uns mit dem vereinbarten Klopfzeichen, und schon standen wir in Schmidts Wohnung. Sie bestand aus drei nicht allzu großen Räumen, einer davon war sein Schlafzimmer. Ein Bett, ein Schrank, ein Tisch. In den anderen Räumen herrschte ein heilloses Durcheinander. An den Wänden standen Betten, auf den bloßen Matratzen lagen dünne Decken. Der Boden war mit Essensresten beschmutzt. Hier hielten sich offensichtlich die Flüchtlinge auf. Schmidt war hochgewachsen, hübsch, und hatte ein nettes Gesicht. Er durchbohrte mich mit seinem Blick:

»Ihr seid von Haschomer Hatzair, nicht wahr? Mordechai hat es mir erzählt. Ja, ich kann mich gut an die Zionisten in Wien erinnern.«

Schmidt war über die verschiedenen jüdischen Parteien informiert. Das war meine erste Überraschung. Rund um den Tisch saßen viele andere Gäste aus dem Ghetto. Schmidt, der Hausherr, füllte die Gläser, und die Unterhaltung, die an diesem Tisch geführt wurde, war die zweite Überraschung für mich. Die hier saßen, hatten schon länger Kontakt zu Schmidt, aber welcher Art diese Verbindung war und welchen Zwecken sie diente, das war mir ein Rätsel. Im Ghetto waren zwischen uns und den unterschiedlichen Gremien bindende Vereinbarungen getroffen worden. Mordechai koordinierte die dazugehörigen Leute, zusammen mit dem Revisionisten Glazman und Mordechai von Hechaluz.

Wie war es möglich, daß hier Geschäfte gemacht wurden, bei denen es sogar um Pelze und Juwelen ging? Wo kamen die her, und warum wurden sie bei Schmidt deponiert?

Von unseren Genossen konnten diese Kostbarkeiten nicht stammen. Die einzigen, die so etwas besaßen, waren die Polizisten, die das Geld und die Schmuckstücke der Juden, die in den Tod verschleppt wurden, einkassierten. Ich wußte, daß mehrere Revisionisten bei den *aktzias* als Polizisten eingesetzt waren. Konnte es sein, daß Glazman und seine Leute, die einzige revisionistische Gruppe, die sich mit uns zur Organisierung des bewaffneten Aufstandes zusammengetan hatte, an diesen Beutezügen teilnahmen? Ich wußte, daß Glazman von mehreren seiner Leute hintergangen wurde, aber ich ging davon aus, daß Esther zu seinen loyalen Kameraden gehörte. Niemand der an diesem Tisch Anwesenden lenkte Schmidts

Aufmerksamkeit auf Waffen. Sie redeten alle nur über das Wegkommen, über Transfermöglichkeiten und Flüge. Dafür waren die Mittel aufgetrieben worden, dafür hielt man Verbindung zu Schmidt.

All das stand in scharfem Kontrast zu unserem eigenen Vorgehen. Wir beschlossen, jede noch verbliebene Möglichkeit in bezug auf Schmidt im Interesse des Widerstandes zu nutzen. Hier gingen unsere Ansichten leider auseinander, sogar mit den Mitgliedern von Dror[1], allen voran Mordechai. Wir waren ziemlich verblüfft, als Mordechai uns erklärte, daß seiner Meinung nach die Verbindung zu Schmidt dazu dienen sollte, alle unsere Leute nach Białystok zu bringen.

»Wie bitte? So denkst du jetzt noch, nach dem Beschluß, uns bewaffnet zu verteidigen? Und wohin gehst du, wenn das Białystoker in Gefahr ist?«

Aber Mordechai blieb stur:

»In Wilna leben alles in allem nur noch an die 18000 hilflose, müde und gebrochene Juden. Wir müssen dahin gehen, wo wir über die erforderliche Stärke zum Kämpfen verfügen. Wir sollten unsere beschränkten Kräfte konzentrieren, nicht aufteilen. Und hier sehe ich keine Chance für uns, wieder zu Kräften zu kommen.«

»Wir müssen uns da verteidigen, wo wir uns befinden«: Das war unser Gesetz, unser wichtigstes Prinzip. Auf genau dieser Grundlage wollten wir unser Aktionsprogramm entwickeln. Wilna war der Inbegriff des polnischen Judentums. Sollten wir dieses Symbol aufgeben? Wer konnte denn garantieren, daß wir anderswo bessere Möglichkeiten fänden? Hier war die erste Entscheidung für den bewaffneten Widerstand getroffen worden. Wilna aufzugeben hätte bedeutet, sich von einem sinkenden Schiff abzusetzen.

Die Situation der Dror-Mitglieder war schwieriger als unsere. Die meisten ihrer Genossen lebten über ganz Litauen verstreut in Provinzstädten. Im Wilnaer Ghetto waren sie nur wenige. Sie verfügten weder über eine Zentrale noch über zuverlässige Unterstützung, sie hatten nicht einmal eine verantwortliche Leitung, bis auf Mordechai, der ehemals zur Warschauer Führung gehört hatte und sich ihr verbunden fühlte. Vielleicht lag es an dieser speziellen Situation, daß

1 *Gemäßigte linkszionistische Jugendorganisation*

sie das Lebenszentrum ihrer Bewegung nach Groß-Białystok verlegen wollten, das damals noch ruhig war.

Mordechai, der sich so lebhaft an allem beteiligte, war ein äußerst aktiver und tapferer Mensch. Für jeden Mißerfolg gab er sich selbst die Schuld. Er schmiedete große Pläne, und in seiner Unschuld glaubte er, er könne sie allein mit seinem starken Willen und seiner ungeheuren Energie durchsetzen. Aber die harte Realität belehrte ihn eines Besseren.

Ich weiß noch, wie er sich weigerte, zum Gefangenen des Ghettos zu werden. Er mußte frei sein, jenseits der hohen Mauern, wo man ihn lebendig begraben wollte. Ich sehe noch seine lange Nase vor mir, seine brennenden schwarzen Augen, seine dicken schwarzen Brauen. Um den Feind irrezuführen, gab er sich als Karaite oder Tatare aus. Als Tatare nannte er sich Tamarof, und diesen Namen gab er auch seiner sanften Tema. Er erlitt viele Fehlschläge, gab aber nie auf. Er schickte seine Genossen mit Schmidts Auto nach Białystok, er selbst nahm den Zug.

Auch wir entsandten eine kleine Aufbau-Gruppe nach Białystok, bestehend aus Jandzia, seiner Freundin Rivka Madeiska und Sarah Dabeltoff. Im Białystoker Ghetto lebten 60000 Juden. Es war wichtig, in dieser Stadt eine Kampforganisation aufzubauen. Da wir unser Geld nicht für die Reise vergeuden wollten, schickten wir alle, die halbwegs arisch aussahen, mit der Bahn. Aber woher sollten wir die passende Vorlage bekommen, um die Spezialerlaubnis zu fälschen, die man brauchte, um die litauische Grenze zu passieren? Białystok war vom Dritten Reich annektiert worden.[1]

Genau zu dieser Zeit kam Tema aus Warschau zurück und brachte eine typische hellblonde »Schickse« namens Lonka mit. Drei Tage später kam auch Tosia.

1 *Białystok gehörte nicht zum »Generalgouvernement«. Der »Bezirk Białystok« wurde als Verwaltungsbezirk dem Oberpräsidenten von Ostpreußen unterstellt, mit der Absicht, das Gebiet später der Provinz Ostpreußen einzugliedern.*

4
Tosia und die Freuden des Lebens

Tosia war mit der Bahn gefahren, mit falschen Papieren, von denen nicht einmal die Warschauer wußten, ob sie für die Strecke zwischen Warschau und Białystok und zwischen Białystok und Wilna brauchbar waren.

Sie war so verfroren und müde von den Anstrengungen der Reise, daß ich sie kaum wiedererkannte. Wie war sie in den zwei Jahren, die wir uns nicht gesehen hatten, gealtert. Das war nicht mehr die schelmische kleine Tosia, die mit den jüngeren Kindern in der Bewegung gearbeitet hatte. Nur ihr Haar war noch immer wirr wie früher, und ihre Augen funkelten wie damals. Aber sie bewegte sich jetzt langsamer und bedächtiger. Als sie in meine Wohnung kam, an meinen warmen Ofen, erkannte ich die frühere Tosia einen Moment lang wieder. Sie blieb nur für eine Nacht, es war ihr erster Halt in Wilna, und er war ruhiger, wärmer und gemütlicher als alle anderen. Nachdem sie ihre schmerzenden Glieder ausgestreckt und sich mit heißem Wasser gewaschen hatte, kehrten für einen Augenblick ihr Übermut und ihre Lebenslust zurück.

Tosia konnte gut reden, und wenn sie über Warschau sprach, verschwand alles andere um einen herum. Die angenehme Wärme verschwand und ebenso die Ruhe, die das Haus umgab. Anstelle des weißen Bettes sah ich plötzlich eine Straße im Warschauer Ghetto vor mir und die hungrigen Juden, die darin herumliefen, bis sie starben. Einer von ihnen und ein anderer, den der Hunger schon aufgebläht hatte, streckten ihre Hände aus und schrien: »Hab Mitleid, gib mir einen Groschen, nur einen Groschen!« Man konnte fast ihre Stimmen hören. Die Tür zu meinem Zimmer war verschwunden, an ihrer Stelle stand nun das große Ghettotor, an dem gespielt und geschossen wurde. Tosias Blick wurde sanft, als sie von den Kindern erzählte, den jüdischen Kindern. Sie krochen durch irgendeine Öffnung im Stacheldraht, sie liefen über den Friedhof, beladen mit Kartoffeln, Brot und Gemüse. Ich konnte das Weinen des geschlagenen Kindes hören, die Seufzer des Elenden, der von einer Nazikugel getroffen wurde. Tosia ging in all dem völlig auf. Sie erzählte viele Geschichten: die von dem Geiger und dem Schriftsteller, die Bettler geworden waren und nun mit ihren Tellern in der langen Schlange vor der Wohlfahrtsküche anstanden, um ihre wäßrige Suppe zu bekommen; Geschichten von illegalen Spekulanten, die unglaublich reich geworden waren und geröstete Ente in teuren Restaurants verschlangen. Einer von ihnen war aus dem Lokal gekommen mit einem Paket voll Kuchen und anderen Leckereien unter dem Arm, als ein fünfjähriger Junge auf ihn zulief, ihm das Paket entriß und seine Zähne hineinschlug. Der Besitzer rief nach der Polizei – aber was waren schon die Schläge, die nun auf die dünnen Schultern des Kindes prasselten, gegen die Köstlichkeiten, die es schon im Mund hatte? Ein paar Hiebe als Preis für Kuchen und Süßigkeiten – das war es durchaus wert.

Am nächsten Abend gingen Tosia, Vitka und ich in das Ghetto. Als Tosia über Warschau und das Generalgouvernement sprach, herrschte tödliches Schweigen im Raum. Die Schomrim saßen auf dem Fußboden, auf den Betten und den kaputten Stühlen, die sie von einem Nachbarn geliehen hatten, und lauschten atemlos. Wir waren durchaus nicht gierig auf Horrorgeschichten, wir hatten selber genug Sorgen. Aber als Tosia berichtete, wie die Warschauer Juden in den letzten zwei Jahren gelebt hatten, bekamen die Dinge wieder ihre richtigen Relationen. Wie hatte unsere Bewegung all das überstanden?

Immerhin, sie erneuerte ihr Leben soweit wie möglich. Wir klopften heimlich an Türen und hielten Ausschau nach jungen Leuten, und wir waren die ersten, die sie dazu aufriefen, sich zu erheben, sich zusammenzuschließen, das zu erhalten, was schon vorhanden war. Auf diese Art organisierten wir unsere Abteilungen und Trainingsgruppen. Wir erlaubten der Jugend nicht, in Verzweiflung zu versinken. Wir bewahrten unsere Leute vor den Übeln, die den Lebenswillen aushöhlten und zu erniedrigender Armut, Bettelei und schließlich in den Hungertod führten. Wir waren entschlossen, den Halunken und Verrätern keine Ruhe zu lassen. Die Pionier-Jugend und speziell unsere Bewegung verwandten ihre ganze Begeisterung und moralische Kraft darauf, das jüdische öffentliche Leben mit all seinen Parteien und Einrichtungen wieder auf die Beine zu bringen. Wir hatten zwei landwirtschaftliche Kibbuz-Trainingsgruppen in den Ghettos von Warschau und Częstochowa. Unsere Zeitung forderte die Erneuerung der Jugendrevolte, veröffentlichte die Wahrheit über die Front und die Naziaktionen und über den Widerstand der immer noch schwachen Kampfeinheiten. Unsere Zeitung brachte unseren festen Glauben an die deutsche Niederlage und den Sieg der Sowjetunion zum Ausdruck. Tosia zog eine Ausgabe unserer Jugendzeitschrift »El-Al« aus ihrer Tasche. Sie handelte von ganz normalen Tätigkeiten der verschiedenen Sektionen und Gruppen, von Seminaren, in denen die Lehren von Marx und Borochov vermittelt wurden. Es war kaum zu glauben.

Tosia fuhr fort: »Wenn du im Ghetto auf junge lebenssprühende Leute triffst, die zur Verwunderung der ausgeraubten Menschen ihre Lieder singen vom Leben und dem Sich-nicht-Unterwerfen, dann weißt du, das ist unsere Jugend. Es gibt viele junge Menschen, die sich uns angeschlossen haben, sogar im Ghetto. Sie werden von unserer Lebendigkeit angezogen.«

Tosia hielt einen Moment inne und sprach dann weiter: »Aryeh Wilner (der vor kurzem Wilna als Arier verlassen hatte) arbeitet jetzt in dem Kibbuz im Warschauer Ghetto. Er bereitet die jungen Leute darauf vor, selbständige Aktionen durchzuführen.« Tosias Worte blieben im Raum hängen, ihre Geschichte blieb unvollendet, der Höhepunkt stand erst bevor. Alle verstanden, was Tosia meinte: Was wir zu tun hatten, war noch nicht beendet, es hatte gerade erst angefangen.

Die Leute gingen. An der Tür stand eine unserer Wachen, eine andere im Hof und eine dritte nahe der Treppe. Sie zeigten denen, die gingen, den Weg. Nur eine kleine Gruppe war zurückgeblieben. Tosia schwieg jetzt und hörte sich aufmerksam an, was wir erzählten.

»Paß auf, Tosia«, sagten wir, »du sagst, ihr seid darauf eingestellt, uns alle mit offenen Armen in Warschau zu empfangen, ihr würdet euch freuen, mit uns zusammen zu sein und eure Truppe durch uns zu verstärken. Du und Jozef und die anderen Genossen, ihr seid bereit, euch um uns zu kümmern, uns aufzunehmen. Das ist gut. Besonders ermutigend ist, daß ihr versteht, daß man einen Ort nicht aufgibt, ohne diesen Schritt als Gruppe ganz bewußt zu überdenken. Es ist gut, daß ihr die Entscheidung uns überlaßt, gut, daß ihr das Grundprinzip unserer Bewegung begriffen habt. Wir hier sind bereits am Grunde des Abgrunds, während ihr euch noch auf dem abfallenden Hang befindet. Das Schlimmste steht uns noch bevor: die totale Vernichtung. Einen Vorgeschmack darauf haben wir bereits bekommen. Eure Situation ist noch besser, aber gleichzeitig auch gefährlicher. Besser deshalb, weil ihr euch auf die entscheidende Prüfung noch Schritt für Schritt vorbereiten könnt. Wir müssen alles auf einmal schaffen. Aber sie können auch alles auseinanderreißen, was ihr in zwei Jahren Untergrundarbeit zusammengebracht habt. Ihr könnt euch auf einen langen Weg vorbereiten und denken, eure Pläne führten zu einer Lösung – während sie euch in Wirklichkeit gar nicht die Zeit lassen, eure langfristigen Pläne auszuführen. Ihr könnt, wie auch wir, schon morgen der Tatsache der Vernichtung ins Auge sehen müssen.«

Das war es im wesentlichen, was wir vorbrachten, und Tosia hörte intensiv zu, mit einem sehr ernsten Ausdruck im Gesicht.

»Ich bin nicht autorisiert, und ich habe auch nicht das Recht, euch vorzuschreiben, was ihr zu tun habt. Ihr habt mit dem Tod gelebt, ihn mit eigenen Augen gesehen. Ihr habt das Recht, zu entscheiden. Wir befinden uns in einer anderen Situation. Ich werde in Warschau über alles Bericht erstatten, einschließlich eurer Einschätzung von Warschau und den Umständen da. Ich gebe zu, ihr habt eine Frage aufgeworfen, die wir uns so direkt noch nie gestellt haben. Ich möchte dazu etwas sagen – aber ausschließlich in meinem eigenen Namen...« Tosia dachte kurz nach. »Ich denke, wir würden handeln wie ihr. Ich glaube, auch wir würden unsere Stadt nicht aufgeben.«

Tosia berichtete uns, daß Edek in Warschau angekommen war: »Es ist gut, daß er gekommen ist. Wir haben ihn mit den Repräsentanten der jüdischen Öffentlichkeit zusammengebracht, mit den Leuten vom Joint[1] und den Vertretern der Parteien. Seine Worte haben einen gewaltigen Eindruck gemacht. Schließlich war er der erste Abgesandte, der uns die schlichte Wahrheit übermittelt hat. In seiner einfachen Sprache hat er geschildert, was geschehen ist. Natürlich haben ihm die meisten nicht geglaubt, oder sie haben ihm geglaubt und dann erklärt, in Warschau könne das nicht passieren, die Deutschen hätten Angst vor Europa. Er wartet jetzt in Warschau

1 *American Joint Distribution Committee, Hilfsorganisation*

noch auf zwei Sachen: auf das Geld, das ihm vom Joint versprochen wurde, und auf irgendein Reisedokument.»

Beim Abendessen – diesmal war es ein Festessen, mit Kartoffelpfannkuchen – erzählte uns Tosia Edeks Geschichte. »Seine Reise war lang und ermüdend mit ihren Abenteuern, Hindernissen und Fehlschlägen. Aber ich will sie euch kurz schildern. Er und zwei Mitreisende gelangten sicher nach Grodno. In Grodno wurden sie von der Polizei erwischt, die sie für Juden hielt. Aber als sie durch eine zerbombte Straße geführt wurden, befreiten sie sich und flohen in der Dunkelheit durch die Ruinen. Das war eine der kleineren Schwierigkeiten. Sie fanden den Wagen, mit dem sie gekommen waren, und gelangten sicher bis Warschau. Da aber wurden sie, als sie gerade nach einem Weg in das Ghetto suchten, wieder festgenommen. Diesmal glaube ich nur Edek und Yuzio. Glücklicherweise hatte Yuzio ein wenig Geld bei sich. Der polnische Polizist ließ sie laufen, aber dann fielen sie den Deutschen in die Hände, die erklärten, sie seien Juden. Was Edek natürlich leugnete. Sie versuchten zu fliehen, wurden aber wieder eingefangen und an den Händen gefesselt. Was dann genau passierte, weiß ich nicht. Es ist wirklich kaum zu verstehen, wie sie schließlich doch in das Ghetto gelangten. Jedenfalls kamen sie an, in ihren Handfesseln, ohne Hüte und Mäntel, nachts bei frierender Kälte. Jetzt ist Edek bei uns. Man kann es kaum glauben, daß er den ganzen Weg mit seinem jüdischen Gesicht geschafft hat. Aber ihr wißt ja, er ist flink und gewitzt. Und nun hat er es wieder eilig, zurückzufahren, aber wie? Wir versuchen, ihn festzuhalten, bis er irgendwelche Papiere bekommt.«

Wir verbrachten diese Nacht mit Tosia. Unser Zusammensein war zugleich aufmunternd und traurig. Sie brachte uns Botschaften aus Orten und Regionen, die wir zu der Zeit wegen all der Schwierigkeiten völlig aus den Augen verloren hatten. Durch ihr Kommen durchbrach sie den Belagerungszustand, in dem wir lebten. Wir bemühten uns, die Aktivitäten der zerstreuten Bewegung zu koordinieren, sie zu vereinheitlichen, und jeweils aus den Erfahrungen der anderen zu lernen. Abba erzählte seine tragisch-komischen Geschichten vom Judenrat und der verräterischen Polizei. Riszka sprach über die Wilnaer Jugend, die Kleinen, die erst gestern noch Kinder innerhalb der Bewegung gewesen waren und heute nach Antworten suchten auf das, was geschah. Vitka fügte Geschichten über ihre Arbeitgeberin, Frau Pardu, hinzu und über ihre Nachbarinnen, die Nonnen, die wissen wollten, wie ein Mädchen lebte, das keine Nonne war.

Tosia verbrachte noch ein paar Tage in Wilna. Zwischen ihren Ghetto-Besuchen wohnte sie bei mir, und ich lernte viel von ihr. Ich lernte, empfänglich zu werden für Sachen, die nicht direkt mit unserer Arbeit zusammenhingen: schönes Wetter, weichen weißen Schnee, ein gutes Gespräch mit einer Genossin, einen gemütlichen warmen Raum und manchmal sogar für den Geschmack von Süßigkeiten.

Sie ermahnte mich, nicht nur die häßlichen Seiten des Lebens wahrzunehmen, die Deutschen, die Besatzung. »Wenn du nur diese Dinge siehst, kommst du als Kämpferin nicht voran«, sagte sie mir. »Du bist seltsam... Warum verstehst du nicht, daß wir privilegiert sind wie nur wenige, privilegiert, das Leben zu genießen und zu leiden, endlos zu leiden. Wir sind auch im Vorteil, wenn wir hungern. Normale Bürger beklagen sich bitterlich, wenn sie hungrig sind. Unser Privileg ist es, hungrig zu sein, zu leiden, und uns nicht zu beklagen; das ist ein großes Privileg. Also, mach dir keine Sorgen. Das Leben liegt vor dir, nimm dir reichlich davon. Im Untergrund läuft man immer Gefahr, daß man anfängt, Leute als solche zu hassen. Du schaust so düster aus, so angespannt und ausgetrocknet. Hör auf damit, Chaika! So machst du es dir nur schwerer, das laugt dich aus.«

Sie gab mir die ersten Lektionen in der Kunst zu leben. Ich revoltierte gegen diese Lehren, weil ich sie nicht verstand. Wie dumm war ich damals.

Das waren große Tage in unserem »arischen« Leben. Tosia, Lonka, Tema und ich versammelten uns abends bei Vitka und unterhielten uns. Vitkas Zimmer war klein, die Küche durch einen Vorhang abgeteilt. Das Haus lag zwischen Kirchen und Klöstern. Wohin man sich auch wandte, überall stieß man auf Kruzifixe. Wenn man von der Universitäts-Straße über den Napoleon-Platz kam, hatte man den Eindruck, hier wohnten nur die ganz Frommen. Es war nicht sehr klug, daß wir uns ausgerechnet in dieser religiösen Umgebung trafen, aber das Bedürfnis, zusammen zu sein, war stärker als Verstand und Einsicht. Wir waren noch nicht ausreichend immunisiert gegen die Angst vor der Einsamkeit. Diese Treffen waren einer der Gründe, warum die Nachbarn anfingen, über Vitka zu tuscheln, bis es eines Tages zu einer offenen Auseinandersetzung zwischen ihr und einer Nachbarin kam, die sie heftig beschimpfte. Wie auch immer, in dieser ersten Zeit war uns noch nicht genügend bewußt, daß wir, wenn wir uns zu sehr auf eine Adresse konzentrierten, die wir für sicher hielten, gerade diese Adresse unnötig aufs Spiel setzten.

Vitkas Chefin, Frau Pardu, nahm die »Arierinnen aus Warschau«, als die Vitka unsere Genossinnen vorstellte, problemlos hin. Nach den ersten Gesprächen mit ihnen sagte sie zu Vitka: »Es ist schon interessant, in all den Jahren, die ich polnische Jugendliche erzogen und unterrichtet habe, bin ich nie auf junge Leute getroffen, die so intelligent und tapfer waren. Vor allem bin ich nie auf solche Mädchen gestoßen.« Sie pflegte abends viel mit Vitka zu reden. Sie sprachen über Literatur und Kunst und das schöne, besetzte Polen. »Weißt du, deine Freundin ist sehr klug und intelligent«, sagte sie einmal zu mir in der Küche des Restaurants. Sie sagte jeder von uns etwas Ähnliches über die jeweils andere, und wir fingen an, uns darüber Gedanken zu machen. Uns war klar, daß sie etwas vermutete, aber wir wußten nicht, was.

Vitka war beeindruckt von ihrem Charakter, ihrer Geduld und ihrer Sensibilität. In einem dieser Gespräche konnte sie sich nicht mehr beherrschen und erzählte Frau Pardu, daß wir Jüdinnen waren. Wir warfen ihr wütend vor, daß sie unvorsichtig gehandelt hatte, aber Vitka verteidigte sich: »Ich konnte sie nicht länger zum Narren halten.« Und es erwies sich, daß sie das Richtige getan hatte. Seither wurde Frau Pardu nicht müde, uns zu helfen. Sie suchte nach jeder Möglichkeit, uns mit ihren geringen Mitteln zu unterstützen. »Ihr seid in meinen Augen eher noch gewachsen«, sagte sie zu Vitka. »Die jüdische Jugend ist in das Ghetto eingesperrt und trotzdem fähig, sich in diesen Zeiten handlungsfähig zu organisieren, heimlich Grenzen zu überqueren... Nein, erzähl mir bloß nichts, Vitka, ihr nehmt das Risiko, nach Warschau und Wilna zu reisen nicht zum Vergnügen auf euch, sondern weil ihr damit irgendwelche Zwecke verfolgt. Wo ist bloß unsere Jugend, die polnische Jugend, die ich erzogen habe?« Interessanterweise machte Frau Pardu, nachdem Vitka ihr verraten hatte, wer wir waren, mir gegenüber nie die geringste Andeutung, daß sie mein Geheimnis kannte. Sie vermied es, allein mit mir zu sein, offensichtlich, um uns beide nicht in Verlegenheit zu bringen.

Tosia und Lonka hatten gefälschte Transit-Papiere mitgebracht, mit denen sie die Grenzen passiert hatten. Nun stellte Jandzia ähnliche Dokumente für ihre Rückreise her, obwohl wir wußten, daß diese Papiere den Ansprüchen nicht genügten, sie waren nicht in gotischer Schrift abgefaßt. Aber wo sollten wir gotische Schrifttypen herbekommen? Wir tippten die Dokumente auf einer einfachen Schreibmaschine in lateinischen Buchstaben. Die Inhaber dieser Papiere liefen Gefahr, auf dem nächstbesten Bahnhof gestellt zu werden. Auf dem Wilnaer Bahnhof wurden alle Genehmigungen überprüft, man konnte die Stadt ohne entsprechende Dokumente nicht verlassen. Polen durften ohne eine spezielle Befugnis nicht einmal bis zur nächsten Station fahren, von Grenzübertritten ganz zu schweigen.

Eines Morgens brachte mir die kleine Rivkele die Dokumente, die Jandzia fabriziert hatte. Ich entschuldigte mich für eine halbe Stunde auf der Arbeit, angeblich um eine kranke Freundin zu besuchen, und wir gingen beide auf den Bahnhof. Es war sehr kalt, der Schnee knirschte unter den Füßen, und die Sonne strahlte. An einem Tag wie diesem hatte man gar keine Lust, in das Gefängnis zu kommen, in das Lukiszki-Gefängnis, das niemand lebend verließ. Im Ghetto war man der Ansicht, man sollte auf eine gefährliche Mission nie eine Person allein schicken. Aber wir sprachen uns ab: Ich war legal gemeldet, und ich hatte einen Arbeitsausweis in der Tasche, deshalb würde ich gehen. Rivkele sollte am Eingang stehen bleiben, so tun, als kenne sie mich nicht, und dabei genau aufpassen. Ein alter Plan. »Warte«, sagte Rivkele, als ich mich am Bahnhof von ihr trennte, und wurde blaß. Ich ging mit raschen Schritten auf die Wache zu. In diesem Augenblick war alles um mich herum still, als läge der Bahnhof verlassen da, und ich hörte nur meine eigenen Schritte auf dem Steinboden des langen Wartesaales.

»Ich habe von meinem Chef die Erlaubnis bekommen, am Feiertag meine Familie in Warschau zu besuchen. Könnten Sie bitte schauen, ob ich mit dieser Genehmigung fahren kann?«

Er las das Dokument und sagte:

»Natürlich, natürlich, aber ich frage zur Sicherheit den Aufsichtsbeamten.«

Er übergab meine Papiere einem Offizier, der gerade vorbeiging, und deutete auf mich. Ich sah, wie Rivkele an ihrem langen Zopf hantierte. Sie mußte sehr nervös sein. Die Wache kam zurück und gab mir die Papiere: »Alles in Ordnung. Wenn Sie jetzt fahren wollen – bitte.«

Ich bedankte mich und ging zurück zu Rivkele, die sich schrecklich freute. In Hochstimmung verließen wir den Bahnhof. »Diese Dummköpfe«, flüsterte ich meiner Freundin ins Ohr, »aber der Test beweist leider nichts. Das war ein Soldat, kein Kriminalbeamter. Jeder runde Stempel mit einem Hakenkreuz reicht ihm. Den kann man leicht überlisten.« Trotzdem, zu der Zeit stand die Eisenbahn unter militärischer Aufsicht, und das vereinfachte unsere Bewegungen und Reisen.

Wir waren gleichzeitig glücklich und traurig. Wir wußten, daß unsere Probleme damit noch nicht gelöst waren. Wir konnten unsere Feinde nicht besiegen, indem wir sie betrogen, Dokumente fälschten und »Arierinnen« spielten. Auch unsere Genossen und Genossinnen lachten, als sie die Geschichte erfuhren. Wir amüsierten uns darüber, aber wir wußten, der Feind war noch immer anwesend. Wir hatten noch einen langen Weg vor uns, bis wir die sein würden, die zuletzt lachten.

Mit diesem Papier mit dem runden Stempel, das besagte, daß seine Inhaberin in Wilna in einer deutschen Einheit arbeitete, verließ uns Tosia. Sie wollte auf dem Rückweg noch Grodno und Białystok besuchen. Sarah Dabeltoff und Rivkele Madeiska folgten ihr nach Białystok und schließlich auch Jandzia. Er war der letzte von Schmidts Passagieren.

Eines Tages fanden wir Schmidts Tür verschlossen vor. Niemand öffnete auf das Klopfzeichen hin. Auch am nächsten Abend reagierte niemand. Das Haus sah aus wie immer. Es war ruhig im Treppenhaus, die Vorhänge waren nicht zugezogen, die Tür nicht von außen abgesperrt. Uns war klar, daß etwas passiert war. Aber warum hatten sie uns dann nicht festgenommen, als wir angeklopft hatten? Warum standen keine Wachen vor dem Haus? An der Vorderseite des Hauses, dem Bahnhof zugewandt, hing im zweiten Stock ein großes Schild: »Sammelstelle für Soldaten, die ihre Einheiten verloren haben.« Das Haus stand unter Schmidts Aufsicht, hier war er der Herr und Meister. Vielleicht sollten wir einfach nach ihm fragen? Zwei Tage später erklärte uns einer seiner Fahrer, der ihm geholfen hatte, Juden wegzubringen, daß es gut war, daß wir nicht nach ihm gesucht und uns länger in der Nähe des Hauses herumgetrieben hatten. Ein, zwei Stunden bevor wir gekommen waren, war Schmidt verhaftet worden. Zum Glück hatten wir ihn in letzter Zeit ohnehin nicht besucht, denn sein Haus hatte unter Beobachtung gestanden. Nachdem sie Schmidt verhaftet hatten, waren sie erst einmal weggegangen, in der Absicht, nachts für eine Hausdurchsuchung wiederzukommen. Wir waren offensichtlich genau in den Stunden zwischen der Verhaftung und der Durchsuchung dagewesen. Schmidt war verloren. In seiner Wohnung und in der militärischen Sammelstelle, die er geleitet hatte, waren gefälschte Papiere, Benzinrechnungen und Wertsachen gefunden worden. Und vor allem gefälschte Genehmigungen, die es Arbeitern erlaubten, lange Reisen in Orte zu unternehmen, die nichts mit ihrer Arbeit zu tun hatten.

Zwei Tage später rief Gens, der Vorsitzende des Judenrates, Glazman zu sich und erklärte ihm: »Du hast Glück, Schmidt wurde erwischt und erschossen. Er wurde euretwegen getötet, wegen der Geschäfte, die ihr mit ihm betrieben habt, ohne mich darüber zu informieren. Du hast Glück, daß er euch nicht verraten hat. Ich hätte euch für so ein kindisches Verhalten bestraft.« Glazman reagierte natürlich nicht auf diesen Angriff. Unser Stab aber untersuchte die Angelegenheit sehr sorgfältig. Ein guter Deutscher war gefallen, weil er Juden geholfen hatte und weil er nicht mit dem organisierten Untergrund zusammengearbeitet hatte, sondern mit Privatpersonen. Es gelang uns nicht, herauszufinden, wer ihn verraten hatte. Wir wußten nicht, zu wem er Verbindung gehabt und wer ihn bei der Arbeit beraten hatte. Ein erster Fehlschlag in einer Aktion ohne Planung und Disziplin. Aber auch: ein deutscher Retter – ein Zeichen dafür, daß nicht alle Lichter erloschen waren.

Die Massen-*aktzias* im Ghetto hörten auf. Die Deutschen plakatierten ihre täglichen Frontberichte, die in drei Sprachen, Deutsch, Polnisch und Litauisch, mit den Städten prahlten, die sie im Inneren Rußlands erobert hatten. »Gestern nahmen wir Oriol im Sturm.« Zehn Tage später verkündeten sie in großen Schlagzeilen: »Wir haben Odessa eingenommen« und davor Kiew, Taganrog,

Charkow. Sie würden jetzt bereits in Rostow am Don stehen und die Schlacht um Moskau eröffnen.

Zwischen den Zeilen las man von Städten, die sich selbst verteidigten, von Bürgern, die sich im nordrussischen Frost erhoben, um ihre Häuser, ihr Hab und Gut und ihre Heimat zu verteidigen.

Es war Ende 1941. Der Kampf um Leben und Tod wirkte sich auf unsere Nerven aus. »Wir stehen in den Vororten von Moskau«, plärrte der Lautsprecher, aber die Schlacht ging weiter, ohne daß die Hauptstadt erobert wurde.

Es gab keine wirklichen Neuigkeiten in diesem Winter. »Gestern eroberten wir...«, »Vorgestern fiel...«, jeden Tag dasselbe, dieselben Ausdrücke, dieselben Worte. Die ständigen Verlautbarungen wurden den Leuten gleichgültig. Die Berichte des O.K.W.[1] kamen in der ganzen Stadt dreimal täglich über Lautsprecher. Zusätzlich gab es täglich furchterregende Verbote und Warnungen, die jedes Bedürfnis, sich gegen die Deutschen zu erheben, dämpften. »Wer Juden hilft, sie versteckt oder mit Nahrung versorgt, ist des Todes.« »Aufgrund ihres Widerstandes gegen die neue deutsche Regierung wurden die folgenden (25 polnischen Bürger) auf Anordnung des Militärgouverneurs der Stadt hingerichtet.« – »Aufgrund von Sabotageakten...«, und so weiter, und so fort. Die Bewohner der Stadt erfuhren aber nie, welche Widerstandshandlungen oder Sabotageakte die armen Hingerichteten begangen hatten.

Eines Tages war wieder eine neue Verfügung zu lesen: Um die Einwohner Recht und Ordnung zu lehren und um weiterem Ungehorsam vorzubeugen, waren drei Bürger, die Juden geholfen und damit gegen das Gesetz verstoßen hatten, auf dem Domplatz gehenkt worden. »Geht hin, Bürger, und seht euch diese Verbrecher an. Dasselbe geschieht mit jedem, der das Gesetz bricht, einem Juden Unterschlupf gewährt oder gegen Ruhe und Ordnung verstößt.«

Die Gehenkten schwangen im Winterwind hin und her. Ich wußte nicht, wer sie waren oder wer nun um sie trauerte. Ich wollte vor diesem Ort des Terrors flüchten, aber die Beine versagten mir, und mein ganzer Körper war wie gelähmt. Als ich mich mühsam durch die Straßen schleppte, kam mir plötzlich ein neuer, seltsamer

1 *Oberkommando der Wehrmacht*

Gedanke: Morgen konnte ich hier hängen. Was sollte ich tun? Statt an den Tod dachte ich an die Kälte, die Feuchtigkeit und den Wind, die auch mit mir kein Mitleid hätten, wenn das mein Ende wäre. Unbewußt ging ich schneller, und als ich in der Zawalna-Straße 10 ankam, wurde mir bewußt, daß ich gerannt war, als würde ich verfolgt. Vielleicht sollte ich mich in das Ghetto zurückziehen und alles aufgeben, in der Gemeinschaft der Genossinnen und Genossen würde ich Zuflucht finden. Sollte ich mich in ihrem kalten Zimmer in der Straszuna-Straße verstecken?

Ich war an diesem Tag nicht die erste im Restaurant. Ein paar von den Arbeiterinnen spürten offenbar meine Aufregung.

»Was ist denn mit dir los, Halina?« fragten sie.

»Nichts, ich habe die Gehenkten vor der Kathedrale gesehen.«

»Warum bist du da hingegangen, du dummes Mädchen? Das hättest du dir nicht ansehen dürfen.« Das war ihre Antwort. Sie waren alle gute Polinnen, aber sie konnten sich nicht wie ich mit den Gehenkten identifizieren.

Inzwischen wurde der Bewegungsspielraum für unsere Aktivitäten auf der arischen Seite immer geringer. Es war ein Irrtum gewesen, auf einen bewaffneten Untergrund außerhalb des Ghettos zu vertrauen, und zu glauben, er würde uns organisatorisch und materiell unterstützen. Wir hatten noch immer nicht eingesehen, daß wir in Wilna den Widerstand gegen den faschistischen Terror nur mit unseren eigenen Kräften und unserem eigenen Mut aufbauen konnten. Die Wilnaer Kommunisten übertrafen womöglich noch ihre Genossen in anderen Städten in der Tendenz, nur auf Anweisung von oben zu handeln. Sobald wir aber unseren Irrtum erkannten, entfaltete die Kampforganisation ihre Flügel mit größerem Schwung und Mut.

Am Ende dieses Winters hatten wir noch immer keine einzige Pistole von außerhalb des Ghettos erhalten, von schwereren Waffen ganz zu schweigen. Wir hatten keine einzige Gruppe gefunden, die sich hinter den Linien auf den bewaffneten Kampf vorbereitete und bereit war, mit uns auf dieses Ziel hin zusammenzuarbeiten. Doch die Verbindungen, die wir hergestellt hatten, halfen uns eine Menge. Wir hatten es geschafft, einige Kader auf der arischen Seite unterzubringen, die bereits aktiv waren und Papiere und Wohnungen für die Organisation beschafften, und Deckadressen für sichere Leute, die uns in den bevorstehenden Aktionen helfen würden. Am wichtigsten war: Wir stellten Kontakte zu den anderen Ghettos her. All diese Aktivitäten gingen jedoch nicht über die Ebene von Unterstützung hinaus. Sie hatten letztlich nicht zur Zusammenarbeit des Ghettos mit den einheimischen Kräften auf der arischen Seite geführt. Eingesperrt in das Ghetto konnten wir uns nicht vorstellen, wie wir ohne die Hilfe einer polnischen Kampforganisation, ohne Zugang zu den Dörfern, zum Wald, zur Außenwelt, an Waffen kommen sollten. Es gab damals durchaus freiheitsliebende polnische Kreise, aber sie wurden nicht aktiv. Wir stellten die Kontakte zu ihnen vor allem über Jadwiga und die Mutter Oberin her. Diese Kreise waren liberal-demokratisch, aber mit der Zeit tendierten sie mehr und mehr zu Sikorskis Untergrundorganisation[1], und die liberale Haltung derer, mit denen wir Kontakt hatten, hatte keinerlei Wirkung mehr. Entscheidend war die grundsätzliche Haltung der Organisation, und die war unserem Ziel, die Nazis zu bekämpfen, feindlich gesonnen. Es ist interessant, festzuhalten, daß diese Kreise, gerade, als wir mit ihnen in Kontakt traten, sich als feste Glieder in die Kette des bürgerlichen polnischen Untergrundes einfügten und wir mit unserer Forderung zu kämpfen auf Granit stießen.

Unsere Organisation vergrub sich in sich selber. Nachdem wir unsere Beziehungen zur Außenwelt analysiert hatten, stellten wir fest, daß unser Hauptziel nicht erreicht worden war und nicht zu erreichen war. Die ersten Waffen brachten unsere eigenen Jungen in das Ghetto. Sie stahlen sie aus den deutschen Betrieben, in denen sie arbeiteten, mit großer Vorsicht und noch größerem Mut, und ohne, daß ihnen irgend jemand geholfen hätte. Wir hatten auch eine Art Geheimdienst, dessen Mitglieder an ihren zivilen Arbeitsplätzen Augen und Ohren offenhielten, um uns mit Informationen zu versorgen. Wir produzierten erfolgreich Papiere und Dokumente, die besser waren als jene ersten, die wir auf der Schreibmaschine getippt hatten, die Glazman für ein Weilchen aus dem Judenrat »entliehen« hatte. Wir wurden handwerklich immer geschickter. Jetzt konnten wir sogar schon Dokumente drucken, und zwar in gotischen Lettern. Und wir mußten die Stempel nicht mehr per Hand fabrizieren,

1 *Die Armia Krajowa (Heimatarmee), der offizielle, von der polnischen Exilregierung in London geführte Widerstand*

weil uns jemand einen »echten« gefälschten Stempel hergestellt hatte. Natürlich standen all diese Fähigkeiten nur dem Hauptquartier zur Verfügung, und kein Dokument wurde produziert, ohne daß wir gemeinsam darüber entschieden. Wir verbesserten unsere primitiven Werkzeuge, aber unsere Arbeit kam nur langsam voran und wurde immer gefährlicher.

Zu dieser Zeit beschloß das Hauptquartier, mir eine andere Arbeit zuzuweisen. Das Hauptquartier bestand aus drei Leuten: Jitzhak Witenberg, dem Repräsentanten der Kommunisten im Ghetto, der zum Kommandanten gewählt worden war, Glazman von den Revisionisten und Abba. Wir beschlossen, andere Ghettos, die noch nicht akut gefährdet waren, gemäß den Wilnaer Richtlinien zu organisieren. Das Hauptquartier beauftragte mich damit, ein Kampfzentrum in Białystok aufzubauen, da ich die Stadt und ihre Bedingungen kannte und dort selbst auch nicht ganz unbekannt war. Da Białystok genau zwischen Wilna und Warschau liegt, wurde ich auch gebeten, ein Verbindungszentrum zwischen den beiden Regionen einzurichten, die bisher getrennt verwaltet wurden.

Ich regelte meine Angelegenheiten in Wilna so schnell wie möglich. Meine Kontakte zu den Polen hatte Vitka bereits mit übernommen. Zum Glück wurde das Restaurant auf der Zawalna-Straße wie auch andere polnische Lokale zu der Zeit auf deutschen Befehl hin geschlossen. Die Lebensmittel, die mir anläßlich der Schließung zugeteilt wurden, brachte ich in das Ghetto. Vitka und ich ergriffen die Gelegenheit beim Schopf und boten der Geschäftsführerin an, die Kartoffeln zu kaufen, die im Keller gelagert waren. Es gab nicht viele Bewerber um diese gefrorenen, verfaulten Kartoffeln, und so bekamen wir sie für ein paar Groschen. Vitka arrangierte ihren Transport in das Ghetto.

Weihnachten stand vor der Tür, und Hunger und Kälte nahmen zu. Wir verbrachten Weihnachten beide im Ghetto. Die Kartoffeln aßen wir in allen möglichen Variationen: gebraten, mit Öl und ohne, in kleine Stücke geschnitten und im Ofen gebacken. Sie hinterließen einen seltsamen süßen Geschmack im Mund und ließen uns den Hunger gerade einen Moment lang vergessen. So verbrachten wir unsere letzten Tage in Wilna. Damals kam auch Frumka und brachte einen Teil des Geldes mit, das der Joint Edek versprochen hatte. Das Geld war an die Pionier-Bewegung in Wilna adressiert und offiziell als Hilfe für die Bedürftigen, Hungrigen und Kranken gedacht. Die Leute vom Joint hatten beschlossen, die Tatsache, daß das Geld in Wirklichkeit an den bewaffneten Untergrund ging, zu ignorieren. Frumka und Edek hatten ihnen versichert, sie wüßten nicht, wie das Geld verwendet würde. Das wüßte nur Gitterman (einer der Direktoren des Joint).

Ich erinnere mich an die Frumka dieser Tage, an ihr dunkelblondes Haar und ihre schönen Augen. Sie liebte ihr Volk und nahm großen Anteil an seinem Leiden. Ich sehe sie vor mir, wie sie in dem dunklen Zimmer der Armenküche von Nissim Resnick sitzt, raucht, aufmerksam zuhört und über das Gehörte nachdenkt. Die Debatte ging um die Verwendung des Geldes, das Frumka mitgebracht hatte, doch das war keine Diskussion über Geld, sondern über die Grundwahrheiten unseres Lebens. Frumka stieß auf ein Problem, das sie aus Warschau nicht kannte, unsere neue Parole: Das ganze Geld, alles, was wir haben, für Waffen. Jeder Schritt, den die Bewegung macht, darf nur noch in Richtung Selbstverteidigung gehen.

Frumka liebte die Bewegung und sorgte wie eine Mutter für sie. Das Geld war knapp, der Joint war nicht gerade großzügig gewesen. Wie konnte man da den Genossen nicht in ihrer Not beistehen? Trotzdem, Frumka widersprach uns nicht. Sie war deprimiert und erschöpft. Wilna so zerstört zu sehen, hatte neue Falten in ihr Gesicht gegraben, hatte sie traurig und nachdenklich gemacht.

5
Białystok, meine Stadt

Ausgerüstet mit einem Transitpaß, der mich berechtigte, von Litauen nach Białystok, aus dem Bezirk Białystok nach Kongreß-Polen[1] und wieder zurück zu reisen, und mit vier ähnlichen Blankoformularen, die ich in meinen Gürtel eingenäht hatte, verließ ich das Wilnaer Ghetto. Von Witenberg hatte ich einen Brief an einen Białystoker Kommunisten, einen Flickschuster namens Lolek Minc, mitbekommen. Ich sollte erst sein Verhalten im Ghetto überprüfen und ihn dann darum bitten, mir zusammen mit seinen kommunistischen Genossen beim Aufbau einer vereinigten Kampforganisation zu helfen.

Und so saß ich nun, Anfang Januar 1942, im Zug, der mich nach Białystok, in meine Heimatstadt, bringen sollte. Ich trug einen bestickten Bauernpelz, unter den Arm hatte ich eine dicke Tasche geklemmt, und in meiner Unterwäsche steckten diverse Dokumente und der erste Aufruf zum bewaffneten Widerstand, den die Kampforganisation an die Wilnaer Jugend gerichtet hatte. Es schneite, der Zug kroch dahin, hielt an jedem Bahnhof, und bei jedem Halt wurden die Reisepapiere kontrolliert. Wenn es so weiter schneite, würden wir Verspätung haben, weil der Schnee von den Schienen geräumt werden mußte. Ich hatte eine Fahrt von mindestens einem Tag vor mir und eine gründliche Kontrolle an der litauischen Grenze. Ich durfte nicht dauernd an diese Durchsuchung denken, es wäre viel vernünftiger, jetzt ein wenig zu schlafen.

Der Wagen war fast leer, und es war sehr kalt. In dem Abteil saßen zwei Eisenbahner, ein Bauer mit seiner Frau und noch drei andere Polen, deren Beruf ich nicht erriet. Alle, außer den Eisenbahnern, fuhren in grenznahe Orte. Sie unterhielten sich über die hohen Preise, über die Menge Schnee, die diesen Winter gefallen war und die Straßen unpassierbar gemacht hatte, und über das Brennmaterial, das nicht verteilt worden war. Die Dörfler stritten sich mit den

1 *Unter der deutschen Besatzung als »Generalgouvernement« bezeichnet*

Städtern. Letztere bestanden darauf, daß die Bauern den Menschen in den Städten das Blut aussaugten: »Ihr bereichert euch an unserem Hunger«, riefen sie. Als der deutsche Polizist kam, um die Reisegenehmigungen zu kontrollieren, hörten sie auf zu streiten, nur, um gleich wieder fortzufahren, nachdem er gegangen war. Die Debatte erreichte ihren Höhepunkt, als einer der Reisenden das Judenproblem ansprach:

»Genau das haben sie verdient! Sie haben uns ausgeblutet. Sie haben uns zusammen mit den Bolschewiken beherrscht«, sagte der am elegantesten gekleidete von ihnen.

»Nein, was die mit ihnen machen, geht wirklich zu weit«, sagte ein anderer. »Ich kann verstehen, daß man sie bestraft, aber sie bringen sie alle um.«

Niemand äußerte sich dagegen, aber nicht alle Passagiere nahmen an dem Gespräch über die Juden teil. Einer schwieg, ein anderer schüttelte den Kopf, aber es war nicht klar, ob dieses Kopfschütteln Zustimmung oder Mitleid bedeutete.

Dann stiegen die Reisenden aus, und ich mußte ihnen nicht länger zuhören. Ich wollte mich konzentrieren, aber meine Gedanken sprangen von einer Sache zur anderen. Das erinnerte mich an meine Kindheit, als ich an der Hand meiner Mutter oder des Kindermädchens über jedes Loch und jeden Riß im Asphalt des Bürgersteiges gehüpft war.

Es wurde dunkel, und noch immer sprang ich in Gedanken von einem Gegenstand zum anderen. Das Herannahen der Grenze und die einsame Nacht, die mich erwartete, machten es mir schwer, mich zu konzentrieren. Bald würde ich in der Stadt ankommen, über die bekannten Straßen gehen, meine Lieben treffen, deren Gesichter ich zwei Jahre lang nicht mehr gesehen hatte. Jedesmal, wenn ich zurückkam, selbst wenn ich nur kurz weggefahren war, füllte sich mein Herz mit großer Freude. Natürlich benahm ich mich ein wenig seltsam zu Hause, war immer mit Angelegenheiten beschäftigt, die mein Vater und meine Mutter nicht verstanden, aber ich wurde immer wieder angezogen von der Wärme, die nur eine Mutter geben kann.

Dieses Mal war ich von Ängsten erfüllt. Unser Haus war niedergebrannt worden, mein Vater war den Nazis in die Hände gefallen und seither verschwunden, und mein Bruder war nicht aus dem Militärdienst zurückgekehrt. Wie würde es sein, meine Mutter und meine Schwester wiederzusehen, die nun keinen Pfennig mehr besaßen? Würde es mir gelingen, die Selbstbeherrschung nicht zu verlieren und mit allem, was auch immer es sei, fertigzuwerden?

Aber erst einmal stand mir eine neuerliche Kontrolle bevor. In Merkine, der letzten Station vor der Grenze, umringten Grünuniformierte den Waggon. Man konnte weder zu- noch aussteigen. Schließlich kamen zwei Mann von der Grenzpolizei in das Abteil. Sie nahmen mir alle Papiere ab und gingen ohne etwas zu sagen damit fort. Ich hatte keine Ahnung, was das bedeutete, und es blieb mir nichts anderes übrig, als geduldig zu warten. Womöglich wollten sie telefonisch klären, ob mir die Papiere wirklich von der Wilnaer Sicherheitspolizei ausgestellt worden waren. Vielleicht hatte ich noch eine Chance, zu verschwinden? Sie waren in das Bahnhofsgebäude gegangen, im Moment war keine Polizei bei den Waggons zu sehen. War das die letzte Möglichkeit, ohne Aufsehen zu entkommen?

Während ich so überlegte, saß ich ruhig da und wartete. Die Zeit verging schnell, die Gendarmen kamen zurück. Sie gaben mir die Papiere. Ein Stempel auf der Rückseite der Reisegenehmigung besagte, daß ich zu einem bestimmten Zeitpunkt die Grenze zwischen Litauen und dem Bezirk Białystok passiert hatte. Dieser Stempel würde mir den Grenzübertritt nach Warschau erleichtern, denn er bewies, daß meine Papiere schon einmal von der deutschen Grenzpolizei überprüft worden waren. Dieses Erfolgserlebnis machte mir Mut. Es zeigte, daß sie eben doch nicht allwissend waren.

Nachdem wir stundenlang in verlassenen Bahnhöfen mitten im Schneegestöber herumgestanden hatten, erreichten wir Białystok. Es war ein Uhr mittags, als ich den Bahnhof verließ und mich auf den Weg in die Stadt machte. Wieder einmal trotteten meine Füße über das vertraute Kopfsteinpflaster. Diesmal würde ich mich vergeblich nach den Juden umsehen, die früher in Scharen die Kartenschalter und den Warteraum belagert hatten. Umsonst würde ich nach dem Leben suchen, das ich im ersten Kriegswinter aufgegeben hatte. Jetzt kam ich als Fremde. Ich würde nicht zum Haus meines Vaters gehen. Ich würde weder das Haus noch seine Bewohner finden.

Dem Bahnhof gegenüber stand ein großes Gebäude, das die Sowjets für die Eisenbahnarbeiter gebaut hatten. Jetzt überwachten hier deutsche Offiziere die Arbeit jüdischer Mädchen, die Holzbretter schleppten, den Fußboden wischten und haufenweise Abfall heraustrugen. Hier traf ich Rivka, meine Freundin und Zimmergenossin aus Wilna. Sie hatte Wilna verlassen, um ihren alten Eltern in Białystok zu helfen, als ich gerade meine erste arische Wohnung in Wilna bezogen hatte. Wir umarmten uns innig, sie drückte mir ihre Arbeitskarte in die Hand und half mir, die zwei gelben Stoffetzen vorne und hinten an meiner Kleidung zu befestigen. Ich mußte ihr aber die Arbeitspapiere bald zurückgeben, denn sonst konnte sie selbst nicht in das Ghetto zurückkehren. In Białystok durften die Juden noch Pelze tragen, ein Privileg, das den Wilnaer Juden schon vor langem entzogen worden war. In Wilna hatten die Deutschen sogar billige Kragen beschlagnahmt, auf denen nur ein Hauch von Pelzbesatz zu ahnen war. Ich steckte meine arischen Papiere in den Pelz und machte mich auf den Weg in das Ghetto. Es war schwer, so ganz alleine durch die Straßen zu laufen, während mich alle Vorübergehenden anstarrten. Um diese Zeit waren normalerweise keine jüdischen Gesichter in der Stadt zu sehen. Um diese Zeit wurde gearbeitet, und jeder Jude, der sich nicht innerhalb einer Gruppe bewegte, war verdächtig. Ich überquerte die hohe Brücke über die Eisenbahnschienen und ging über die Sankt-Rochus-Straße weiter. Gegenüber der Pfarrkirche stand eine deutsche Wache. Hier befand sich offensichtlich eine ihrer Institutionen. Wenn ich das gewußt hätte, dann hätte ich diese Straße vermieden. Ich hatte Papiere bei mir, die nicht in ihre Hände fallen durften. Sollte ich umkehren? Ich zögerte noch, als ein schreckliches Gebrüll mich stoppte:

»Halt!«

Ich blieb stehen.

»Woher kommen Sie?«

Ich gab ihm Rivkas Arbeitskarte.

»Was haben Sie in der Tasche?«

Ich antwortete schnell: »Mein Chef hat mir Wäsche zum Waschen gegeben.«

»Öffnen Sie die Tasche!« Offensichtlich paßten meine Kleidung und meine Tasche nicht zu den gelben Flecken

Ich öffnete die Tasche. Er sah Wäsche und suchte nicht genauer nach. Jetzt musterte er mich von oben bis unten. Ich kann mich nicht an sein Gesicht erinnern, nur an seine zornigen mißtrauischen Augen. Vielleicht war er enttäuscht. Vielleicht hatte er schon mit der Belohnung für die Verhaftung einer Kriminellen gerechnet. Hier schien aber alles in Ordnung zu sein. Trotzdem nahm er seine Augen nicht von mir. Er starrte auf meine Kleider, unter denen die gefälschten Reisedokumente versteckt waren, die Edek aus seinem Gefängnis befreien sollten. Noch einmal schaute er in die Tasche. Gleich würde er die Seitentasche durchsuchen und die arischen Papiere entdecken. Plötzlich faßte er mich an die Brust. Er hatte entdeckt, daß die Enden des Davidsterns nicht ordentlich angenäht waren. Er schlug mich hart auf die Wange. Der Fleck auf der Rückseite war noch schlechter angenäht, und wieder bekam ich eine Ohrfeige, und dann noch eine. Als er sah, daß ich immer noch aufrecht da stand, ließ er mich gehen.

»Weg hier! Hau ab!«

Mein Blut kochte. Das hatte ich nicht erwartet. In meinen Alpträumen hatten die Deutschen mich gejagt und auf mich geschossen. Aber daß sie mir ins Gesicht schlugen, damit hatte ich nicht gerechnet. Ich fühlte mich beleidigt, meine Wangen brannten. Ich schämte mich. Zum ersten Mal wünschte ich, ich hätte eine Pistole.

Auf diese Art empfing mich meine Heimatstadt.

Ich kam ohne weitere Schwierigkeiten im Ghetto an. Am Tor wurde ich nicht aufgehalten. Mit beschleunigtem Schritt erreichte ich die Straße, in der meine Genossen lebten. Das war die einzige Adresse, die ich hatte. Wo meine Mutter lebte, wußte ich noch immer nicht.

Die Straße lag nicht weit vom Tor entfernt. Das Haus war ein Schomer-Zentrum, hier hatte sich unser Ausbildungs-Kibbuz befunden, und hier wohnte Malka Schapira, ein altes Mitglied der Bewegung. Im Dachboden lag eine kleine Wohnung mit einem winzigen Raum gleich hinter dem Eingang, einem zweiten, größeren Zimmer und einer kleinen Küche. Ich kam genau zum Mittagessen an. Es war seltsam, aber dieses Ghetto kam mir wärmer und heller vor als das in Wilna. Ich atmete hier freier unter meinen Genossinnen und Genossen. Ich fand sie alle bei Tisch, sie unterhielten sich laut und scherzten. Als ich eintrat, umringten sie mich alle mit großer Anteilnahme und vielen Fragen, bis schließlich eine von ihnen die anderen verscheuchte, mir die Tasche und den Pelz abnahm und mich mit einem Teller heißer Suppe auf das alte Sofa plazierte. Das war Chaika Ribak. Außerdem waren da noch Jandzia, Rivkele, Sarah Dabeltoff und drei Mitglieder des Schomer-Zentrums in Wilna, die auf der Flucht vor den Deutschen hierher gekommen waren, weil die Armee die Straßen gesperrt hatte. Die Aktivisten und Veteranen der Bewegung waren hier, Mitglieder des Kibbuz »Lamivhan«[1]; Zerah Ziskind-Zilberberg, Gedalya Szajak und Ephraim Strikowski. Sie lebten als Schomer-Familie und hielten das Kollektiv aufrecht. Meine Befürchtung, ich würde keine aktiven Mitglieder antreffen, schwand. Die Anwesenheit dieser Gruppe war eine erfreuliche Überraschung.

»Wie war die Reise?«

»Gut.«

»Wie bist du in das Ghetto gelangt?«

Ich berichtete ihnen von Rivkas Hilfe, und daß ich ihr gleich die Papiere zurückgeben mußte.

Es gab zwei Treffen im Białystoker Ghetto, vor denen ich mich fürchtete. Das eine war das mit meiner Mutter. Wie würde ich sie vorfinden? Ich hatte Angst, ich könnte es nicht ertragen, sie hungrig und frierend zu sehen. Ich hatte Angst, sie zu enttäuschen. Sie hielt mich vermutlich für allmächtig. Und wie konnte ich meine gefährliche Arbeit fortsetzen unter ihren Augen, denen nichts entging?

Ich fürchtete mich auch vor dem Treffen mit meinen Kindern, den Mitgliedern der Tel-Amal-Gruppe. Auf diese Jungen und Mädchen, die ich in einer hoffnungsvollen Situation unter den Sowjets zurückgelassen hatte, setzte ich meine Hoffnung; ich baute auf ihre Unterstützung. Was war mit ihnen geschehen?

Meine Mutter fand ich gealtert und schwach, sie war kaum wiederzuerkennen. Wie sehr hatte sie sich verändert in diesen nur zwei Jahren. Ihr Haar war ganz weiß geworden, ihre Wangen waren eingesunken. Mitten im harten Winter trug sie einen Sommermantel. Sie lebte in der Wohnung von irgendwelchen Leuten, ohne warme Kleidung und ohne Decken. Alles war in dieser Katastrophennacht verbrannt. Aber ich stellte staunend fest, daß ihr Geist nicht gebrochen war. Und meine Schwester war wie sie. Beide arbeiteten hart für ihren Unterhalt. Meine Schwester schmuggelte Sachen aus dem

1 *»Zur Prüfung!«*

Ghetto und verkaufte sie an ihre polnischen Freunde. Von dem Geld kaufte sie ein halbes Kilo Butter, einen kleinen Käse und vor allem Gemüse. Sie versteckte die Sachen in ihrem Korb und verkaufte sie dann wieder im Ghetto. Das war ein ehrenhaftes, wenn auch etwas riskantes Einkommen. Sie konnten sich davon Brot leisten und manchmal sogar etwas Butter und Käse. Wie dankbar war ich, daß sie nicht einmal andeutungsweise Hilfe von mir erwarteten. Ohne ganz zu verstehen, warum ich außerhalb des Ghettos lebte, nahmen sie an, meine Arbeit diene einem höheren Zweck, den sie nicht in Zweifel zogen. Weder stellten sie mir Fragen noch hinterfragten sie meine Arbeit. Nur ihr tiefes und verständnisvolles Schweigen ließ mich die schlaflosen Nächte ahnen, in denen sie sich um mich sorgten, wenn ich tage- oder wochenlang dem Ghetto fernblieb.

Liebe Mutter, wie lauter bist du geworden. Du warst immer eine einfache Frau, die Mann und Kinder liebte und nur an deren Glück und Wohlergehen dachte. Du hast nicht viel verstanden vom Geist des neuen Zeitalters, von den neuen Entwicklungen in der Arbeitswelt, in Literatur, Kunst und Wissenschaft. Die große Welt hast du Vater überlassen, hast dich ganz auf seine Intelligenz und sein Urteil verlassen. Aber du hast mit mütterlicher Intuition aus der Entwicklung, die unsere Bewegung nahm, die Veränderungen im kulturellen und gesellschaftlichen Bereich erahnt. Du hast nicht in Büchern darüber gelesen, sondern in unseren Herzen. Ich habe dir nie gesagt, wohin ich ging, wenn ich das Haus verließ. Aber ich habe mich immer bemüht, dir und mir den Schmerz der langen Stunden zwischen Entscheidung und Tat zu ersparen.

Nein, das Wiedersehen mit meiner Mutter hat mich nicht enttäuscht. Ich war schockiert beim Anblick ihres schwachen und verwelkten Körpers, aber ihr Mutterherz war tapfer wie eh und je.

Ich sollte ein, zwei Wochen in Białystok bleiben und dann, nach einem kurzen Abstecher nach Warschau, zurückkehren. An jenem Abend, meinem ersten im Ghetto, saßen wir zusammen, um uns gegenseitig Bericht zu erstatten. Ich über Wilna, die anderen über Białystok.

Während ihrer kurzen Aufenthalte in Białystok hatten die Mitglieder der Wilnaer Gruppe ein Bewegungszentrum im Ghetto eingerichtet. Das war eine nicht zu unterschätzende Tatsache. Es gab nun eine Adresse für die Genossinnen und Genossen, einen Treffpunkt, an dem sie abends auch ohne offiziellen Termin zusammenkommen konnten. Hierher kamen sie, um Mut zu schöpfen, um sich in Arbeits- und Bewegungsangelegenheiten zu beraten, um zu erzählen, um Antworten auf ihre vielen Fragen zu suchen, und etwas über die Front zu hören, um Informationen über die Ghetto-Institutionen auszutauschen, über die Polizei und deren bezahlte Spitzel. Vor allem aber kamen sie hierher, wenn sie Sorgen hatten. Das Haus war für sie wie Mutter und Vater. Hierher kam, wer Hunger hatte, wer Schuhe für die Arbeit brauchte und wer etwas abzugeben hatte, es aber einem hungrigen Freund nicht direkt geben wollte. Hier wurden die moralischen Grundsätze unserer Bewegung in Praxis umgesetzt. Es gab hier nicht arm oder reich, alle waren gleich. Hier wurde über Ansichten und Visionen diskutiert, immer mit dem Ziel, sich besser zu organisieren. All das war nicht von selbst entstanden. Man hatte in dem völlig überfüllten Ghetto eine Wohnung finden, das Geld für die Kollektivküche auftreiben und nicht zuletzt »legale« Legenden für die Anwesenheit der »Immigranten« erfinden müssen. Jandzia und andere waren vor den Ghetto-Institutionen als Vertreter einer organisierten Gruppe aufgetreten, und bisher hatten sie unsere Forderungen erfüllt. Entweder wußten sie noch immer nicht, wem sie das Geld eigentlich gaben, oder sie dachten, es könnte sich lohnen, mit diesen Leuten in Verbindung zu stehen. Natürlich machten sie auch Schwierigkeiten und unterstützten uns nur teilweise, aber immerhin waren sie die ersten, die – unwissentlich – dabei halfen, die Grundlagen für den bewaffneten Widerstand zu schaffen.

Unsere Arbeit hatte erst angefangen. Die jungen Menschen wurden von der Bewegung angezogen, aber es hatte ihnen noch niemand in aller Deutlichkeit gesagt, welche neuen Aufgaben die Zeiten von ihnen verlangten. Vor allem waren auch unsere eigenen Genossen noch nicht in der disziplinierten Form organisiert, die ein militanter Untergrund erforderte.

In der Zwischenzeit ließ ich die Sehenswürdigkeiten der Stadt vor meinem Auge Revue passieren. Da war das Zentrum, wo der Stadtturm gestanden hatte – das Herz einer Bevölkerung von 120000 Menschen, die Hälfte von ihnen Juden. Hier hatte es einen kleinen Kurzwarenladen gegeben, in dem meine Mutter den Stoff für meine Pfadfinderuniformen gekauft hatte. Ganz in der Nähe hatte Reb

Sender, der »Schmied«, gelebt. Schon seine Vorfahren waren Schmiede gewesen, und er selbst hatte eine bescheidene Werkstatt mit ein paar Arbeitern geführt. Er hatte sich sogar ein Haus gebaut. Oben an der Suraska-Straße stand das schöne Gebäude, in dem ich gewohnt hatte. In dieser Wohnung, im zweiten Stock, hatte ich die Träume meiner Jugend geträumt. Hierher waren die Mitglieder meiner Jugendgruppe gekommen, hatten mich um Rat gefragt und mir ihre Herzen ausgeschüttet.

In diesen gewundenen, engen und schmutzigen Straßen hatten die unterdrückten und armen Juden gelebt. In diesen Straßen war der jüdische Widerstand geboren worden, hier hatte 1905 das Herz der jüdischen Selbstverteidigung geschlagen. Hier waren der Bund[1] und die russischen sozialdemokratischen Parteien entstanden. Als sich die sozialistische zionistische Bewegung entwickelte, hatte auch sie in diesen Straßen Einzug gehalten. Mitten in diesem Gassengewirr lag ein kleiner Platz, und auf diesem Platz stand eine Synagoge, die dem ganzen seltsamen Labyrinth den Namen gegeben hatte: »Der Schulhoif«. Etwas weiter entfernt gab es eine Straße, die »Szmul Schmidts Gessel« hieß und die ich immer unbewußt mit Reb Sender in Verbindung brachte, der hier seine Werkstatt gehabt hatte. Hier hatte es einfach alles gegeben: große und kleine Läden, Hausierer, Fuhrleute, Handwerker, »Cheder Melameds«[2], Gelehrte, Chassidim und Misnagdim[3], Revolutionäre und Kleinbürger. In diesen kleinen Gassen hatte es schon einen jüdischen Markt gegeben, bevor die Stadt überhaupt gebaut worden war.

Es war eine schwerfällige jüdische Gemeinde gewesen, mannigfaltig, zusammengepfercht und unterdrückt. Verstrickt in die eigenen internen Konflikte hatte sie ihr Schicksal und die Last des Antisemitismus ergeben hingenommen. Alles hatte sich hier abgespielt, das ganze Leben einer Generation, die zwischen zwei Zeitaltern lebte und unter zwei politischen Regimes. Nun waren diese Leben

1 *Die größte sozialistische Organisation der jüdischen polnischen Arbeiter. 1896 von jüdischen Mitgliedern der russischen Sozialdemokratischen Partei gegründet, 1903 aus der Partei ausgetreten und von da an selbständige Organisation. Aus den letzten polnischen Wahlen vor der deutschen Besatzung ging der Bund als stärkste Partei unter der jüdischen Bevölkerung hervor.*

2 *Schullehrer*

3 *Die orthodoxen Gegner der Chassidim*

ausgelöscht, als hätte es sie nie gegeben. Schneefelder erstreckten sich vom Stadtturm bis zum Wald hin. Wo waren die Häuser, die Läden und ihre Erbauer? Wo waren die Hausierer und die Fuhrleute? Wo war die Große Synagoge? Eine Gemeinde war ausradiert und in das Ghetto gezwängt worden. Trampelpfade führten vom Kościuszko-Platz, dem Zentrum des jüdischen Białystok, wo der Stadtturm gestanden hatte, über die Felder direkt in den Wald. Die Hauptstraße hatten sie verkürzt, die kleinen Straßen gab es gar nicht mehr. Nur das rostige Skelett der Großen Synagoge lag da wie ein riesiger gefällter Baum. Die Ruine war zerbröckelt, und die Eisensäulen, zarte Umrahmungen eines Lebens, das es einst gegeben hatte, waren alle verbogen.

Am 27. Juni 1941 war die Stadt zum zweiten Mal von den Deutschen besetzt, diesmal im Rahmen ihres Einmarsches in die Sowjetunion[1]. Ihr vorrangiges Ziel war es, Juden zu töten und bei lebendigem Leibe zu verbrennen. Sie setzten die Synagoge in Brand und warfen jeden Mann, dessen sie habhaft werden konnten, in das Feuer. Sie griffen jeden auf, der ihrer Meinung nach eine jüdische Nase hatte. Wer zu fliehen versuchte, wurde erschossen. Etwa tausend jüdische Männer wurden so getötet. Das Feuer sprang von der Synagoge auf das jüdische Viertel über. Die kleinen Holzhäuser in den »Schulhoif«-Gassen gingen in Flammen auf wie Streichholzschachteln. Die Deutschen warfen Handgranaten in die Häuser. Ein paar Menschen konnten entkommen, die anderen verbrannten bei lebendigem Leibe. Die Deutschen gingen von Haus zu Haus, nur die polnischen Gebäude ließen sie aus. Ein polnischer »Führer« zeigte ihnen den Weg. Er irrte sich nicht ein einziges Mal. Sie vollendeten ihr Zerstörungswerk bis zur letzten Mauer, bis zum letzten Stein. An die zweitausend Menschen, die meisten Männer, jung und alt, wurden erschossen, zu Tode gequält oder verbrannt. Die Überlebenden dieser Schlächterei sagten später – Frauen über ihre Männer, Kinder über ihre Väter – »Er war einer von den Freitagsleuten«.

1 Am Freitag, 27. Juni, fanden unter dem Schutz der Wehrmacht und unter Beteiligung der Waffen-SS Pogrome gegen Juden statt. Die Juden nannten diesen Tag »der roite Freitag« (den roten Freitag). Auch am 3. Juli und Samstag, 12. Juli 1941, wurden Juden verschleppt. *(Weitere Tötungsaktionen folgten am 13. und 30. Juli 1941.)*

Die Deutschen hatten schon am Donnerstag aus diesen Straßen 300 Juden verschleppt, die nie wieder zurückkamen. Am Samstag holten sie noch einmal an die 4000 Juden. Auch sie wurden nie wieder gesehen. In Pietrasze, am Stadtrand, wohin ich früher mit meiner Kindergruppe Ausflüge gemacht hatte, wurden sie alle erschossen. Obwohl sie entführt und ermordet worden waren, mußten sie auch noch ihre »Schulden« bezahlen. Die Deutschen verhängten über die übriggebliebenen Juden eine Steuer, die in Gold und Silber entrichtet werden mußte: fünf Kilo Gold und 20 Kilo Silber. Die Menschen holten ihre alten silbernen Kerzenleuchter hervor, ihre goldenen Ohrringe und Sabbat-Gefäße und bezahlten die geforderte Summe. Dann kehrte in der Stadt Ruhe ein, die Dinge gingen wieder ihren »normalen« Gang. Die Juden wurden in das Ghetto gesperrt und mußten vorne und hinten gelbe Flecken tragen. Der Judenrat wurde installiert, und es war »alles in Ordnung mit Israel«.[1]

Das Ghetto war geschäftig, lärmend und lebhaft. Es lebte, so gut es konnte. Die jungen Menschen waren hier die übriggebliebenen Symbole eines anderen Lebens. Diese Jugendlichen waren nicht abgestumpft, sie hatten sich nicht in das Vergessen geflüchtet. Zu ihnen ging ich heute abend. Zu ihnen kam ich mit meinen Forderungen, mit meiner Ermutigung, mit militantem Bewußtsein und warmem Herzen. Ich erinnerte mich daran, wie ich sie in der sowjetischen Periode verlassen hatte, um auf Wanderschaft zu gehen. Ich dachte an unser letztes Treffen, an meine letzten Sätze: »Wir wissen nicht, was morgen sein wird. Aber wir wissen, wie wir leben wollen, egal was kommt.« In meiner Naivität und Unwissenheit hatte ich hinzugefügt: »Sie werden uns keine Angst machen. Wir werden weitermachen, auch unter Kriegsbedingungen.« Dann hatte ich sie ihrem Schicksal überlassen. Hatte ich etwa gehofft, sie würden sich selbst organisieren? Weiß ich denn, wo sie heute stehen, was mit ihnen passiert ist? Schließlich hatte das Leben ihnen seine häßliche,

1 Nur der Vorsitzende des Judenrates, Rabbi Dr. Rosman, war von den Autoritäten ernannt worden. Die anderen Mitglieder des Judenrates waren Freiwillige. Rabbi Rosman wandte sich an Barasz, Barasz wandte sich an Sobotnik, und so weiter. Das Präsidium des Judenrates bestand aus Rosman, Barasz, Goldberg, Glikson und Sobotnik. Im Rat saßen 24 Mitglieder. (Nachman Blumenthal: The Path of the Judenrat, Yad Vashem 1975)

brutale Seite gezeigt. Waren sie die guten, klarsichtigen Kinder von vor zwei Jahren geblieben? Vielleicht waren sie verzweifelt und hatten sich abgewandt? Erst vor fünf Tagen waren 5000 Juden aus dem Ghetto nach Pruzany[1] gebracht worden. Die Schwachen, die Armen, die Flüchtlinge waren abgeholt worden, alle, die keine Protektion beim Judenrat genossen. Vielleicht waren auch meine »Kinder« zu dem Schluß gekommen, daß es besser war, zum »Establishment« zu gehören, zur Polizei oder zum Judenrat? Das Leben war hart und grausam. Man mußte für seine Existenz kämpfen. Unter diesen Bedingungen konnten junge Menschen leicht zur Verzweiflung getrieben, konnte ihr Kampfgeist mit einem einzigen Schlag gebrochen werden. Aber das sind alles Worte. Das Leben ist kein Buch. Ich sollte besser ein Programm für das Treffen ausarbeiten, es genauestens vorbereiten, mit einem klaren Ziel im Kopf.

Ich traf dann letztendlich doch keine Entscheidung. Schließlich hatte ich es hier mit lebendigen Menschen zu tun. Als ich sie verlassen hatte, waren sie noch halbe Kinder gewesen. Nun hatten die Zeiten sie erwachsen gemacht. Ich würde abwarten, sie beobachten und dann entscheiden.

An diesem Abend fand ein reguläres Tel-Amal-Treffen statt. Nur die, die nicht nur übrig-, sondern auch zusammengeblieben waren, wurden eingeladen. Es war schon dunkel im Ghetto. In der Białostoczańska-Straße 10, wo wir uns trafen, wohnte der große, blonde, helläugige Avraham mit seiner Familie. Er hatte ein winziges Zimmer mit separatem Eingang. Die Vorhänge waren zugezogen, die Türen verschlossen, nur wer das Klopfzeichen kannte, wurde einge-

1 Zwischen dem 18. September und dem 21. Oktober 1941 wurden vier- bis fünftausend Juden deportiert. Protektionismus in bezug auf die Deportation nach Pruzany und ebenso der Einsatz von Bestechungsgeldern sind durch den Bericht (Nr. 13) des Judenrates vom 3. Oktober 1941 belegt. Nach diesen Eintragungen wurden »Niederrangige« deportiert, die Alten, Armen und Sozialhilfefälle. Der Judenrat schützte vor allem die Intellektuellen. Die alphabetisch geordneten Listen, die der Judenrat für die Deportationen erstellte, enthielten keine Arbeiter des Judenrates, Fachleute und deren Familien, Reiche etc. (siehe 9, 10 vom 12. September 1941, S. 34, The Path of the Judenrat). Das Eigentum der nach Pruzany Deportierten fiel dem Judenrat zu.

Der Judenrat hatte 2000 Angestellte, 100 Prozent mehr als erforderlich. Diese Arbeiter erhielten keine Löhne, sondern Zuwendungen und vermutlich eine »Lebensgarantie«. Der Judenrat hatte 200 Polizisten zur Verfügung.

lassen. Sie hatten ihre Arbeit gut gemacht. Die Jungen hatten im Ghetto noch relativ viele Freiheiten. Sie durften noch ein bißchen herumtoben und reden, worüber sie wollten. Die Deutschen achteten nicht weiter auf derartige Belanglosigkeiten. Was die Juden redeten, beunruhigte sie nicht. Trotzdem mußte man vorsichtig sein. Das hier war kein normales Treffen: eine geheime Abgesandte war zu ihnen gekommen. Sie hatten sich daher sorgfältig vorbereitet. Als Zerah und ich eintrafen, saßen sie bereits alle da, auf dem Bett, auf dem Fußboden, auf dem kleinen Tisch. Welche Freude stand in ihren Gesichtern! Sie waren glücklich über das Treffen und sahen der Zukunft, was auch immer sie bringen mochte, ins Auge.

Dieses Treffen war eine unserer tiefsten Erfahrungen. Es störte unsere Ruhe, erinnerte uns daran, daß wir immer noch nicht genug getan hatten, daß wir viel mehr tun konnten. Hier waren junge Menschen, die nicht bereit waren, Kompromisse zu schließen. Bisher hatten wir sie Theorie gelehrt – jetzt ging es um Praxis.

Ich übersprang die üblichen Eröffnungsreden und zog sofort Abbas Aufruf an die Wilnaer Jugend aus der Tasche. Als ich zu Ende gelesen hatte, fügte ich hinzu: »Unsere Jugend in Wilna hat beschlossen, diesen Aufruf in die Tat umzusetzen.«

Es war sehr still im Zimmer. 35 Jungen und Mädchen drängten sich erwartungsvoll um mich. Sie hatten geduldig darauf gewartet, daß ihnen jemand sagen würde, was sie zu tun hatten, heute, morgen, übermorgen, in Zukunft.

»Also, was sollen wir tun?« Avremeles Augen leuchteten auf. Seine langen Arme, die aus den zu kurzen Ärmeln herauswuchsen, fuchtelten in der Luft herum, als suchten sie einen Anhaltspunkt.

Nur Yentel war ganz in Gedanken versunken. Plötzlich ergriff sie das Wort:

»Warte! Ich will genauer nachdenken. Wir haben so viel gelesen über Heldentum, Opfermut und Tapferkeit. Die Bewegung hat uns zu einem Leben erzogen, in dem es keinen Egoismus geben soll, sondern Kollektivität, Pioniergeist und große soziale Ziele. Was also sollen wir jetzt tun? Die Gruppe auflösen? Wir können unsere Leute nicht länger auf ein kollektives Schomer-Leben hin erziehen, das ist nicht mehr das entscheidende Ziel. Wir werden nicht mehr nach Eretz Yisrael kommen oder in einem Kibbuz leben dürfen. Wir müßten also all diese wunderbaren Vorstellungen, die heute so kindisch erscheinen, aufgeben, uns statt dessen auf Kampf ausrichten und wie Soldaten leben. Wie wir uns künftig organisieren, hängt doch davon ab, wofür wir uns entscheiden.«

»Die Bewegung hat Vorrang«, sagte Chava, immer extrem, manchmal bis zur Blindheit.

»Was meinst du mit Bewegung? Bewegung bedeutet gar nichts, wenn sie uns nicht auf den richtigen Weg führt. Sie ist kein abstraktes starres Prinzip.«

»Du verleugnest die grundlegende Idee«, rief Chava.

Sender, der bisher in einer Ecke gesessen hatte, wo ich ihn nicht sehen konnte, stand auf einmal auf. Wie groß war er geworden.

»Die Diskussion ist so nicht korrekt. Wenn ich morgen sterben muß, dann will ich so sterben, wie ich gelebt habe, als Schomer, mit allem, was das heißt.«

Roszka stimmte ihm zu: »Genau.«

Dann redete ich. Ich sprach ziemlich viel. Über das, was uns bevorstand, über die Katastrophe, die über die litauischen Juden gekommen war, über den Faschismus, dessen wahre Natur sich uns erst jetzt offenbart hatte. Ich sprach über das Ghetto als einen Baustein im Programm der Nazis, das die Zerstörung aller Errungenschaften des 20. Jahrhunderts und damit auch der marxistischen Lehre von der Menschlichkeit, Ehrlichkeit und Gerechtigkeit zum Ziel hatte. Das Ghetto war nicht eine Art jüdischer Autonomie, wie viele glaubten, sondern ein Instrument, um zuerst unsere Seelen auszulöschen und dann unsere Körper. Das Ghetto diente dazu, unser Volk zu vernichten, es von der Erdoberfläche zu fegen.

Ich sprach über die großen Illusionen, über die »Scheine«[1], die die Deutschen im Wilnaer Ghetto eingeführt hatten, um neue soziale Klassen zu schaffen und die Menschen zu spalten. Am Ende standen immer Tod und Vernichtung, aber der einzelne Jude konnte sich der Illusion hingeben, er gehöre zu einer besonderen Kategorie, er sei unverwundbar, weil die Deutschen ihn mit einem »Schein« ausge-

1 *Papiere, die bestätigten, daß der Inhaber einen Arbeitsplatz hatte. Wer einen Schein besaß, konnte eine bestimmte Zeitlang davon ausgehen, daß er selbst und seine Familie nicht »abgeholt« wurden. Es gab eine – farblich gekennzeichnete – Hierarchie dieser »Scheine« und dieser entsprechend ein abgestuftes (und in jedem Fall illusionäres) Sicherheitsgefühl ihrer Inhaber.*

stattet hatten. Auf diese Weise zerstörten sie die Seelen der Menschen, beraubten sie ihres gesunden Menschenverstandes und jeglicher Logik und korrumpierten die Instinkte der politisch Organisierten.

Ich zeigte ihnen auf, daß genau das auch hier passieren würde, sonst hätten die Deutschen nicht das Ghetto errichtet und den Judenrat und die jüdische Polizei geschaffen. Die Deutschen wollten den Juden nicht helfen, sondern ihnen schaden. Warum hatten sie ihnen denn diese Scheinautonomie zugestanden? Doch nur, damit sie einander bekämpften, um die einfache menschliche Solidarität der Leidenden zu unterminieren.

Angespannt sogen sie jedes Wort auf. Dann sagte einer von ihnen:

»Ich dachte, es wäre besser, einen Judenrat zu haben als eine deutsche Aufsicht im Ghetto. Besser eine jüdische Polizei, als daß die Gestapo am Tor steht und im Ghetto Ordnung schafft.«

»Ja, Genossen, wir werden auf diese Probleme noch zurückkommen. Wir werden uns in unserer Arbeit gegen diejenigen richten, deren Handlungsweisen und Konzepte den unseren widersprechen. Wir müssen wissen, was genau wir ihnen zu erwidern haben. Zuerst aber müssen wir selber Klarheit finden, damit wir unsere Handlungen auf das entscheidende Ziel hin ausrichten können. Wir dürfen keine Fehler machen – weder als einzelne noch als Gruppe.«

Die Debatte war beendet. »Denkt daran, Genossen, der erste Schritt auf dem Weg zu unserem Ziel heißt: Versiegelt eure Lippen!«

Zerah und ich verließen das Treffen in heiterer Stimmung. Wir waren glücklich und erleichtert. Die Hauptsache, die Grundlage für alles Weitere war vorhanden: wir hatten Leute!

Das Białystoker Ghetto war anders als die Ghettos, die wir kannten oder von denen wir gehört hatten. Es war vergleichsweise ruhig und komfortabel. Es verfügte über viele Straßen, das Gedränge war nicht lebensgefährlich, der Schmutz nicht überwältigend, und man fühlte sich hier freier als in jedem anderen Ghetto. Im Zentrum des Ghettos gab es Parks und große leere Parzellen. Der viele Platz und die Grünflächen gaben ihm ein besonderes Aussehen. Die Aufsicht war nicht so streng, und man konnte Genehmigungen zum Betreten oder Verlassen des Ghettos bekommen. Das heißt, Juden konnten auch ohne Arbeitsgruppe oder deutsche Bewachung kommen und gehen. Gelegentlich bekamen sogar einige wenige Glückliche eine Genehmigung, mit dem Zug zu reisen.

Die interne Verwaltung lag ganz in den Händen des zweiten Vorsitzenden des Judenrates, Ingenieur Barasz, und seiner Assistenten. Wenn die Deutschen das Ghetto betraten, dann nur, um das Gesundheits-, Arbeits-, Beschäftigungs- und Wirtschaftssystem, die Sauberkeit etc. zu inspizieren. Sie bekamen nur zu Gesicht, was Barasz ihnen zeigte. Die Juden im Ghetto waren damals ruhig, sie vertrauten ihrem Führer und hielten ihn für allmächtig. Barasz fand für jedes Problem eine Lösung. Im ganzen Ghetto wurde darüber getuschelt, wie Barasz bei den deutschen Ämtern anklopfte, den Deutschen Großes versprach und auf der Klaviatur ihrer Gier nach Wertsachen sein Spiel spielte.[1] Er machte den Deutschen Versprechungen und rettete die Juden vor neuen schädlichen Anordnungen. Die Menschen hatten Baraszs Karosse hier und dort erspäht, er war in den Palästen gesehen worden, in denen die Zivilverwaltung residierte, man hatte ihn freimütig mit dem »Chef« persönlich reden hören. Barasz hatte keine Angst vor den hohen Beamten. Jeder Jude konnte die wundersamsten Geschichten über Barasz erzählen. Er war weise und intelligent, er war ein guter Jude, und, vor allem, die Juden waren friedlich mit ihrer Arbeit beschäftigt.

Im Ghetto arbeiteten alle, ob alt oder jung, Mann oder Frau. Die Fabriken summten wie Bienenstöcke, sie produzierten Schuhe und Winterstiefel für die Soldaten, Uniformmützen, warme Kleidung und Wäsche für die Front. Frauen strickten mit der Hand oder an der Maschine Handschuhe und Ohrenschützer aus warmer Wolle. Die Lagerhäuser waren gefüllt mit Rohmaterialien, jeden Tag wurden sie geleert und aufs neue gefüllt. Barasz mochte keine faulen Leute: »Wir brauchen Menschen, die arbeiten können. Wir werden unser Überleben mit Arbeit erkaufen.«[2]

1 Die Judenrat-Berichte und die Plakate, die der Judenrat im Ghetto aufhängte, enthalten alle Details der deutschen Forderungen: diverse Haushaltsartikel, Möbel etc. Eine derartige Verlautbarung erscheint am 10. September 1941 (item 92, S. 330–332, Path...).

2 Am 23. November 1941 hielt er eine öffentliche Versammlung im »Linat-Zedek« ab (item 21): »Wir müssen gnadenlos vorgehen gegen diejenigen Arbeiter, die ihren Arbeitsplatz verlassen oder selbständig wechseln. Hierin liegt eine Gefahr für das Ghetto...«

Jeden Tag sah man seine Kutsche, die von einem schwarzen Pferd gezogen wurde, das Ghetto verlassen und wieder zurückkehren. Sein grauer Kopf, der ständig hin und her wackelte, verschwand und tauchte eine Stunde später wieder auf. Barasz ging in das Judenratgebäude und verließ dann das Ghetto erneut. Sein Büro stand nicht allen offen. Nur seine Assistenten und Sekretäre und Leute, die etwas mit dem Arbeitsprogramm zu tun hatten, wie die Leiter der Abteilungen des Judenrates und die Fabrikvorsteher, drangen bis zu ihm vor. Andere sahen ihn nur in Bewegung. Manchmal hörte man ihn lachen, und dann verbreitete sich im ganzen Ghetto das Gerücht: Unsere Situation wendet sich zum Besseren. Barasz war immer geschäftig, es war schwierig, auch nur im Vorbeigehen einen Blick von ihm zu erhaschen. Die Leute in seiner nächsten Umgebung waren daher zu Halbgöttern avanciert, an sie richteten die Juden ihre Bitten. Es war wichtig, diese Situation genau zu kennen.

Die Menschen lebten mit ihren Illusionen, und es gab niemanden, der sie davon befreite. Das Ghetto war produktiv, also gab es keinen Grund, sich zu ängstigen. Und doch... Sie fühlten sich nicht wirklich sicher. Jeden Tag suchten sie nach Beweisen dafür, daß ihnen tatsächlich keine Gefahr drohte, und sie brauchten täglich neue Beweise, um ihren Glauben zu stärken. Aus Slonim waren ein paar Flüchtlinge gekommen. Dort waren im November 1941 alle Juden ermordet worden, nur wenige waren in die Wälder geflüchtet und hatten gekämpft. Die meisten von ihnen waren getötet worden, die

Auf der Versammlung des Judenrates am 29. November 1942 sagte er (item 22): »In den Augen der Behörde *(gemeint ist der stellvertretende Chef der Zivilverwaltung, Waldemar Magunia und später dessen Nachfolger, Landrat Dr. Brix)* hat sich unser Status so verbessert, daß die Produkte des Ghettos unter Glas im Büro ausgestellt werden...«

Auf derselben Versammlung warnte Barasz vor bestimmten Dingen, die geschehen waren, vor Sabotageakten, die »zur Katastrophe führen könnten«, wie zum Beispiel, »wenn ein Lastwagen repariert wurde und dann keine Lampen, keine Bremsen, keine Räder hatte... wenn Matratzen nicht in die Betten paßten...«.

Die Berichte sind voller solcher Warnungen, die belegen, daß der Judenrat gut und verläßlich produzieren lassen wollte, die Massen aber Sabotage begingen.

In den Büros der Ghettoverwaltung in der Warszawska-Straße wurden 500 Ghetto-Produkte ausgestellt. Diese Ausstellung war Baraszs ganzer Stolz. (Judenrats-Versammlung vom 22. März 1942)

paar Überlebenden waren nach Białystok gelangt. Und was war mit Belorußland und Litauen? Ein seltsames Dokument ging von Hand zu Hand, das Zeugnis einer Frau, die der Exekution in Ponar entkommen war. Die es nicht selber lasen, hörten Ausschnitte davon. Aber auch hier, in Białystok, stand nicht alles zum Besten. Was war denn mit denen, die an jenem Freitag in der Synagoge verbrannt waren? Und wo waren diejenigen, die an jenem Samstag und Donnerstag verschleppt worden waren? Keiner von ihnen war zurückgekehrt. Als eine Art Hymne auf ihr Leiden sangen die Juden das traurige Lied von »Rivkele, der Schabbasdike«, von Rivkele, die am Samstag Witwe geworden war. Und warum kamen jeden Tag hochrangige Deutsche, um mehr und noch mehr zu verlangen? Die Juden wurden gezwungen, ihre letzten Ersparnisse abzugeben, ihre Mäntel, Pelze, Möbel, die sie aufbewahrt hatten, um sie in größter Not gegen Brot zu tauschen. Angesichts ihrer schwindenden Kräfte und ihrer zerbröckelnden Sicherheit sahen viele in Barasz, in seinem Lächeln, seinem Selbstbewußtsein, den letzten Rest jüdischen Stolzes, der sonst Tag für Tag mit Füßen getreten wurde. Ja, hier war doch alles anders, sagten viele und hielten Barasz für ihren allmächtigen Retter.

Wir diskutierten, ob ich mit Barasz sprechen sollte. Und wenn ja, worüber? Die Sache war nicht einfach. Barasz war ein loyaler Jude, er würde mich nicht an die Gestapo verraten. Er war kein Informant, aber er glaubte, er könne das Ghetto durch seine Vermittlertätigkeiten oder seine Bestechungen retten, wenn wir uns nur als »gute Juden« benahmen und fleißig arbeiteten. Ohne es zu wissen, führte er eine hoffnungslose Mission aus. Und er würde uns unvermeidlich verraten, wenn er sich nicht rechtzeitig auf eine radikale Veränderung einließ. Aber was könnte er verändern? Sein Pfad war schlüpfrig, man konnte leicht darauf ausrutschen. Er lullte die Juden mit Illusionen ein. Lohnte der Versuch, Barasz auf unsere Seite zu ziehen? Lohnte, bei so düsteren Aussichten und vermutlich gegen alle Logik, der Versuch, ihn davon zu überzeugen, daß er seine Linie ändern mußte? Konnten wir es uns leisten, uns ihm auszuliefern?

Wir beschlossen, ich sollte zu ihm gehen, allerdings nicht, um ihm von der Bewegung zu erzählen. Ich sollte ihn nur die Wahrheit über die Vernichtung wissen lassen. Wir mußten jede Möglichkeit nutzen, ohne unsere wirklichen Ziele zu verraten. Außerdem war es wichtig, einen Eindruck von ihm zu gewinnen. Vielleicht gelang es uns auch, ein paar administrative Lockerungen für unsere Arbeit zu erreichen. Wir gingen davon aus, daß er in mir nur einen harmlosen Flüchtling sah. Aus dem freundlichen Gespräch, das ich dann mit ihm führte, schloß ich aber, daß er mich für eine Abgesandte der Wilnaer Zionisten hielt.[1] Das paßte mir gut. Barasz war ein altgedienter General-Zionist, und er hatte auch im Ghetto seine Ansichten nie verleugnet. Er lud mich für acht Uhr abends zu sich nach Hause ein, damit wir ungestört reden konnten.

»Aber wie komme ich nach der Sperrstunde zurück?«

»Keine Sorge«, er lächelte mir zu, brachte mich zur Tür und drückte mir fest die Hand. Als ich aus seinem Büro kam, starrten mich alle, die im Vorzimmer warteten, an. Wer von Barasz empfangen wurde, war kein Niemand mehr im Ghetto. Die Blicke der Wartenden brachten mich wieder zu mir: Schau in ihre Augen, und du wirst sehen, wie sehr sich Barasz irrt und wie sehr er sie in die Irre führt. Der Tag wird kommen, an dem sie sich gegen ihren Führer wenden und ihm nicht länger ihr Vertrauen schenken. Du und deine Genossen (es ist ja nicht schwierig im Ghetto herauszufinden, wer sie sind) werden dann für seine Verbündeten gehalten werden, und man wird auch uns nicht länger trauen.

Ich ging wie vereinbart zu Barasz. Seine Frau empfing mich. Sie war eine einfache, liebenswürdige Frau, die gar nicht wußte, wie sie ihrer Überraschung über mein arisches Aussehen Ausdruck verleihen sollte. Sie wurde noch aufgeregter, als sie erfuhr, daß ich »den ganzen Weg von Wilna her« gekommen war. Sie war Dentistin, ihrem Gatten ergeben und übertrieben besorgt um ihn. Die Wohnung war angenehm warm. Barasz kam ein paar Minuten später in das Zimmer gestürzt, wie immer in Eile. Er bewohnte ein Zimmer in einer weitläufigen Wohnung, in deren anderen Räumen Rabbi Rosman, der offizielle Vorstand des Judenrates, lebte. Der ließ sich,

1 Am 18. Januar 1942 (item 27) erklärte Barasz auf der Versammlung des Judenrates: »Uns wurden jüngst große Probleme bereitet durch die Aktionen verantwortungsloser Personen, Białystoker Bürger, die aus Wilna zurückgekehrt sind.« Ich war exakt zu diesem Zeitpunkt »aus Wilna zurückgekehrt«. Was meinte Barasz damit? Wir können davon ausgehen, daß es sich um eine seiner ständig wiederholten Warnungen vor Untergrundaktivitäten handelte. Was Barasz mir damals sagte, steht in diesem Buch.

außer für Höflichkeitsbesuche und offizielle Treffen, im Judenrat nicht sehen, mit den öffentlichen Angelegenheiten hatte er nichts zu tun. Barasz, sein Stellvertreter, war der eigentliche Vorstand.

Nachdem die Hausfrau den Tee serviert hatte, sprach Barasz mit mir, als wären wir alte Bekannte. Er erzählte mir von tausenden Erlassen, die er der Öffentlichkeit verheimlicht hatte. Statt dessen hatte er einsam darum gekämpft, daß die Deutschen sie wieder zurücknahmen. Er erzählte mir auch von dem Lob und den Komplimenten, die er von hochrangigen Deutschen für seine beispielhafte Organisierung des Ghettos erhielt.

»Wissen Sie, daß wir täglich 300 vollständige Uniformen produzieren?« fragte er mich stolz.[1]

»Das heißt, Sie rüsten täglich 300 Soldaten für die Front aus«, blaffte ich ihn an und bedauerte sofort meine Unvorsichtigkeit.

Baraszs Gesicht verdüsterte sich. Ich sah, daß ich seinen wunden Punkt getroffen hatte, was auch die weitere Diskussion bewies. Ich versuchte, meinen Fehler wiedergutzumachen, was mir aber nicht gelang. Von da riß der Gesprächsfaden immer wieder ab, und ich konnte es nicht ändern. Ich erzählte ihm alles über Wilna, über die Vernichtung und die Vernichtungsmethoden, über die Zwangsarbeit, den Hunger, die Krankheiten. Zum Schluß erzählte ich ihm vom Verrat des Judenrates, der bei der Liquidierung des kleinen Ghettos mitgeholfen hatte, und von der jüdischen Polizei, die von Haus zu Haus ging, um Juden aus ihren Verstecken zu treiben.

»Wir sind sicher, daß es sich hier nicht um eine Wilnaer oder litauische oder belorussische Besonderheit handelt. Wir Wilnaer denken, daß wir es nicht mit einem regionalen, sondern mit einem nationalen Problem zu tun haben, und daß die Vernichtung, die in unserer Stadt begonnen hat, vermutlich allgemein und total sein wird. Was meinen Sie?«

»Es fällt mir schwer zu antworten. Sie erschüttern meine Gewiß-

1 In den Berichten des Judenrates vom 18. Januar 1942 steht, daß Barasz auf einer Versammlung erklärt hatte: »Der Judenrat hat der Wehrmacht für den Winter geschenkt: 3500 Stück Kleidung, 500 Wintermäntel, 500 Pullover, 500 Paar Handschuhe, 500 Hüte und Socken. Zusätzlich werden unsere Betriebe Leinenstiefel, Lederstiefel, Schuhe... herstellen... 500 Schneider werden arbeiten.«

heit. Trotzdem, hier wird nichts dergleichen geschehen, ohne daß ich es nicht lange vorher erfahre.«

»Und dann?«

»Dann werde ich schleunigst alle Juden warnen, damit sie ihr Leben retten können.«

»Aber sie töten nicht alle auf einmal.«

»Ich glaube nicht, daß das, was in Wilna passiert ist, in Białystok geschehen wird. Die Deutschen, die ich kenne, werden es nicht wagen. Nur wenn sie Tötungskommandos aus Berlin schicken... Dann...« Er schwieg einen Moment lang. »Sie werden mich informieren. Nein! Nein! Sie werden hier nicht die Wilnaer Methoden anwenden. Sie brauchen uns. Jedenfalls können wir vorerst in Frieden hier leben. Ich würde gerne Ihren Leuten erzählen, was hier im Ghetto geschieht. Ihr solltet das wissen. Aber ich habe Angst um die jungen Leute, sie neigen dazu, Dummheiten zu begehen. Ihr dürft auf keinen Fall die Verantwortung an euch reißen. Sollte etwas passieren, werde ich immer rechtzeitig vorher Bescheid wissen. Macht ihr nur nichts Eigenmächtiges.«

Danach erzählte Barasz mir einiges, das im Ghetto noch nicht öffentlich bekannt war. Es gab da einen Juden namens Zelikowicz, der für die Gestapo arbeitete.[1] Das wußten wir zwar, nicht aber, wer seine potentiellen Opfer waren. Zelikowicz war eher ein Geschäftsmann als ein Verräter. Wenn man ihn in die Enge triebe, würde er alles zugeben. Er hatte offensichtlich mehr Angst vor den politischen Leuten als vor den Wohlhabenden und den Schmugglern. Wenn ein Jude zum Beispiel Vieh schmuggelte, zeigte Zelikowicz ihn an, um dann Geld von ihm zu erpressen, das er mit seinen deut-

1 Die Affäre Zelikowicz wird in The Path of the Judenrat detailliert dargestellt (S. 186–188, 196). Danach war er ein Polizist, der zusammen mit fünf seiner Kollegen Razzien durchführte, in eigener Initiative und in Absprache mit den Behörden. Sie stahlen, raubten und bedienten sich sogar aus der Finanzabteilung des Judenrates selbst. Zelikowiczs treuer Spießgeselle war Fenigstein, der Kommandeur der 1. Polizeiwache des Ghettos. Zelikowicz vermittelte auch zwischen Juden und Gestapo und war Informant. Barasz griff ihn auf einer Versammlung im »Linat-Zedek« am 21. Juni 1942 öffentlich an.

Es folgte eine Reorganisierung innerhalb der Polizei unter dem Kommandeur Marcus, der sich, trotz ihrer vormals guten Beziehungen, von Zelikowicz abgewandt hatte.

schen Kumpanen teilte. Er lebte von Wucher und Erpressung, sein Haus war bis oben hin mit Wertsachen angefüllt. Zelikowicz war nicht der einzige seiner Art. Er hatte ein paar dunkle Gestalten um sich geschart, die ihm dienten und sich seiner Großzügigkeit erfreuten. Er arbeitete gegen Barasz, bespitzelte ihn und vereitelte manchen seiner Pläne. Wenn Barasz einen Deutschen in dem einen Amt bestach, informierte Zelikowicz ein anderes Amt darüber. Er schuf Schwierigkeiten und diente sich dann an, sie zu lösen. »Illegale Flüchtlinge«[1], die, wenn es nach den Besatzern ging, zum Tode verurteilt waren wie ihre Brüder in Wilna, Slonim oder Volkovysk, verriet er an die Deutschen. Er trieb sich auch außerhalb des Ghettos ohne die gelben Flecken herum, um Juden ausfindig zu machen, die es wagten, als Arier herumzulaufen. Barasz warnte uns, als Zelikowicz anfing, sich für uns zu interessieren.

1 Das Flüchtlingsproblem war dem Judenrat Anlaß zu ständiger Sorge, da er davon ausging, daß das Anwachsen des Ghettos seine Existenz gefährde. In Bericht Nr. 37 vom 4. April 1942 wird Barasz wie folgt zitiert: »Wir haben uns gegen ein Anwachsen der Ghetto-Bevölkerung ausgesprochen. Jetzt werden wir von der Gestapo gewarnt, die Lage ist gefährlich. Aufgrund der zusätzlichen Flüchtlinge aus Wilna und anderen Orten sind in Lida schreckliche Dinge geschehen (Warum waren die auch in Wilna geschehen? Barasz kannte die Antwort von uns, aber er ignorierte sie. – C. G.). Wir tun alles, um eine schreckliche Anweisung für das Białystoker Ghetto zu verhindern, aber bekanntlich hat es eine relativ große Bevölkerung, und die Sache kann tragisch enden. Hier müssen Maßnahmen ergriffen werden.«

Das Morden in Lida wird hier als Bestrafung für den Flüchtlingsstrom dargestellt. Zu dieser Zeit wußte Barasz genau über Ponar Bescheid. Er war auch Zeuge der Liquidierung von Ghettos gewesen, die kleiner als das von Białystok waren. Die Behörden verlangten eine Liste der Juden, die erst nach dem 1. September 1942 gemeldet waren. Auf Grund dessen beschloß der Judenrat Sanktionen gegen die Flüchtlinge und nicht nur schwere Strafen für sie, sondern für alle, die ihnen Unterkunft gewährten. (Verlautbarungen Nr. 237, 248, 249)

»Die Namensliste der nicht registrierten Juden wurde... der Polizei und Gestapo übergeben«, sagt Barasz in dem Bericht vom 2. Mai 1942 (item 39). Die Entscheidung war am 4. April 1942 getroffen worden (item 37).

Am 5. April 1942 erzählt Barasz auf einer öffentlichen Versammlung in der »Linat-Zedek-Halle« von den Morden in Baranovici: »2500 wurden in den Tod geführt, weil sie nicht arbeiten wollten.« Das stimmte natürlich nicht. Am 4. März 1942 waren dort auch 1500 »nützliche« Juden getötet worden, und es erscheint unwahrscheinlich, daß Barasz das nicht wußte. Wir versorgten ihn mit authentischen Informationen.

Barasz informierte uns über alle Fragen, die ihm die Deutschen in bezug auf das Ghetto stellten, und vor allem darüber, was sie über diejenigen von uns wissen wollten, die aus Wilna gekommen waren. Er gab uns die Namen von Verrätern, die im Ghetto noch nicht publik waren. Bei unserem ersten Treffen hatte ich Barasz um eine Menge gebeten: um die Legalisierung unserer Genossinnen und Genossen, ihre offizielle Registrierung auf dem Einwohnermeldeamt und dem Arbeitsamt, um Papiere, die einigen von uns erlaubten, sich sowohl während der Sperrstunde im Ghetto zu bewegen, als auch das Ghetto zu verlassen, und schließlich um die Legalisierung des Kibbuz als Armenküche.

Barasz versprach, alle unsere Forderungen zu erfüllen. Da ein paar Angelegenheiten in der Entscheidungsgewalt anderer Judenrats-Beamter lagen, bat er mich, anderntags wiederzukommen. Er würde entsprechende Anweisungen erlassen. Ich spürte, daß Barasz unbedingt in Verbindung mit uns bleiben wollte, um herauszufinden, was wir taten. Er war zu klug, um direkte Fragen zu stellen. Auf dieser Grundlage entwickelten sich unsere Beziehungen. Er wollte wissen, was wir trieben, und wir nutzten seine Möglichkeiten aus. Keine von beiden Seiten wurde je wirklich zufriedengestellt.

Später lief nicht immer alles so, wie wir es erhofft und geplant hatten. Wir waren nicht die einzigen, die mit ihm in Verbindung standen. Unsere Verbindung zu ihm war nicht langfristig organisiert, so wie ja auch die Untergrundbewegung nicht ausreichend organisiert war.

Am nächsten Tag hatte ich die vierundzwanzigstündige Ausgangserlaubnis in der Tasche. Barasz wußte, daß ich mich in der Stadt bewegte, aber er hatte keine Angst, daß ich ihn, falls man mich erwischte, verraten würde. Ich fragte mich, warum er sich, ohne zu zögern, so verhielt. Ich wunderte mich noch lange Zeit über den Mut, mit dem er auch große Risiken einging, wenn er dachte, es wäre wichtig. Er gab mir auch Ausgangsgenehmigungen für andere Genossen. Er fragte nicht, wofür wir sie brauchten, und sein Schweigen sprach für sich. Es provozierte auch die Frage: Warum? Tat er es nur aus Wertschätzung für uns? Nein, er war zu klug, um sich Sentimentalitäten hinzugeben. Auch die Sache mit der Küche würde er regeln, sagte er. Er mußte nur mit Goldberg, dem Chef der Wirtschaftsabteilung, darüber reden und seine Zustimmung erlangen.

Goldberg war ein prominenter Zionist in Białystok. Seine Tochter, ein Mitglied von Haschomer Hatzair, hatte während der sowjetischen Besatzung in Moskau studiert und war dort geblieben. Ich kannte Goldberg, und er kannte mich. Er war nicht gerade ein Anhänger von Haschomer Hatzair, aber er hielt uns für nette Kinder, die schon eines Tages aus ihren jugendlichen Träumereien erwachen würden. So dachte er auch über seine wunderbare Tochter. Er empfing mich gastfreundlich. Ich kam gleich zur Sache und dachte, damit wäre die Angelegenheit erledigt. Zu meiner großen Überraschung fing er aber an, ganz ernsthaft mit mir zu reden.

»Du weißt, daß ich dich und deine Familie kenne und daß ich dir vertraue. Ich werde daher offen sprechen. Ich war immer Zionist und werde immer Zionist bleiben. Die Pionier-Bewegungen sind mir sehr teuer. Ich denke, wir müssen den Pionieren dabei helfen, ihre Arbeit fortzuführen. Ja, ich war nie sonderlich begeistert über die kommunistischen Ideen und diese ganzen Dummheiten, die ihr meiner Estuscha beigebracht habt. Trotzdem halte ich euch für gute Juden. Aber mir sind alle möglichen Gerüchte zu Ohren gekommen, wonach ihr Falschmeldungen verbreitet und die Juden zu dummen und unverantwortlichen Aktionen aufruft, zum bewaffneten Widerstand. Stimmt das? Seid ihr Kommunisten und Partisanen geworden? Wartet ihr auf die Rote Armee, he?«

Das Blut stieg mir ins Gesicht. Ich wollte ihm offen antworten, ihm nachweisen, daß er mit Blindheit geschlagen war, daß er nicht sah, was auf uns zukam. Da saß er in seinem eingebildeten Königreich, verteilte Lebensmittelrationen an die Juden und dachte, die Regierungsgeschäfte lägen in seiner Hand. Seine Engstirnigkeit, seine Sturheit und sein blinder Kommunistenhaß führten ihn total in die Irre. Offensichtlich glaubte er, die Deutschen seien gar nicht so schlimm. Am liebsten hätte ich ihm seine deutschen Rationen, die Hungerrationen, die er an die Juden verteilte, vor die Füße geschmissen. Er war selbstgefällig. Zu selbstgefällig. Ich riß mich zusammen, um nicht die Selbstbeherrschung zu verlieren. Laß diesen kleinen Mann, der sich selbst so wichtig nimmt, und der sich auch noch etwas auf seinen Zionismus einbildet, doch ruhig glauben, wir seien »nur« Haluzim. Wußte er denn, was das war, ein Pionier? Er war zwar Zionist, aber er hatte nie begriffen, was es hieß, Pionier zu sein. Er hatte nicht einmal seine eigene Tochter verstanden. Ich konnte ihn nicht ändern. Bis zuletzt würde er sich für einen Auserwählten halten und vergessen, daß es die Nazis waren, die ihn ausgewählt und mit seiner eingebildeten Macht versehen hatten. Dabei war er nur ihr kleiner, verächtlicher Diener. Bis zum Ende seiner Tage und bis zum letzten Juden würde er glauben, es könnte sich jemand der jüdischen Tragödie entziehen und nach der großen Vernichtung einfach weiterleben. Leute wie ihn mußte man ausbeuten. Sie sollten, ohne es zu ahnen, dem Widerstand gegen die Nazis dienen. Es war richtig, solche Leute auszunutzen. Er war nicht wie Barasz oder die anderen, mit denen wir in unserem Kampf um Wohnmöglichkeiten, Verstecke, Geld und Lebensmittel zusammentrafen.

»Wer hat Ihnen denn solchen Blödsinn erzählt?« fragte ich ihn. »Sehe ich aus wie eine Partisanin?«

»Natürlich traue ich dir. Du bist schließlich die Tochter von Nachum Grossman.«

Ich bekam alle Dokumente, Genehmigungen und sonstigen Papiere, und von nun an wirtschafteten wir auf seine Kosten. Die Adressen, die wir später im Ghetto bezogen, die Treffen, die wir abhielten, all das geschah mit Hilfe der Dokumente, die er mit eigener Hand abgezeichnet hatte, und die besagten, daß unser Haus eine Armenküche war.

Es gab im Ghetto nicht wenig Arme. Es gab allerdings auch eine ganze neue Geldaristokratie – Spekulanten, professionelle Schmuggler, Hehler, Schmuck- und Devisenhändler. Die Mehrzahl der Bewohner aber waren hart arbeitende Menschen, die täglich um ihr Überleben kämpften. Am untersten Ende der Pyramide standen die Bettler, die »Kunden« der Armenküchen, die Obdachlosen. Sie bildeten eine bunt zusammengewürfelte Gruppe, jeder mit seiner eigenen Krankheit und seinem eigenen Wahnsinn, und sie schmolzen langsam dahin wie Wachskerzen.

Der berühmteste unter den Verrückten war Feingold. Er durfte alles sagen, was ihm gerade in den Sinn kam. Er lief durch die Straßen und erzählte den Vorübergehenden mit lauter Stimme, daß der Judenrat korrupt war. Er machte Späßchen über das Luxusleben, das die Mitglieder des Judenrates auf Kosten der hungernden Juden führten, über ihren Wein und ihre Frauen. Plötzlich schrie er laut auf. Wenn man ihn fragte, warum er so schrie, sagte er: »Alle behaupten, Sobotnik hätte zwei Geliebte. Und ich muß alle davon überzeugen, daß er nur eine hat.« Sobotnik war der »Finanzminister« des Ghettos, und auch wir nahmen ihn uns einige Zeit später vor. Im Verlauf seines scheinbar sinnlosen Redeflusses nannte Feingold die Namen der Orte an der Ostfront, an denen die Rote Armee heldenhaft den Deutschen widerstand, Tausende von Kilometern entfernte Orte, von denen die in das Ghetto gesperrten Juden nichts wußten. Das war die Zeit, in der die Rote Armee ihre ersten Siege errang, als sie das erste Mal General Kleists Truppen umzingelte und später die von Schmidt.

Das Ghetto lebte vor sich hin, mühte sich, suchte nach jedem kleinen Lichtstrahl in der Dunkelheit. Von außen gesehen war es friedlich, arbeitsam und ergeben.

Eines Tages wurden Zerah, Gedalya und Jandzia zur Zwangsarbeit rekrutiert. Die Arbeit war unerträglich hart. Sie mußten kilometerlang Wagen mit Torf ziehen, und wenn sie vor Müdigkeit umfielen, wurden sie blutig geschlagen. Wenn die Deutschen sahen, daß unsere Genossen ihre Köpfe nicht beugten, schlugen sie sie noch mehr.

An einem jener Abende waren wir sehr deprimiert. Vor allem Jandzia konnte man die Erfahrungen des Tages ansehen. Mehrmals hob er an, um etwas zu sagen und schwieg dann doch. Am nächsten Tag fanden wir heraus, was passiert war. Jandzia hatte nicht standgehalten und um Gnade gebeten. Das war ganz offensichtlich der Grund für seine Niedergeschlagenheit.

6
Warschau – Wir suchen nach Verbündeten

Ich hatte einen Brief an den Kommunisten Lolek Minc dabei. Wie sollte ich den Mann unter 50000 Juden finden? In der Tel-Amal-Gruppe gab es ein Mädchen, das sich ihr erst im Ghetto angeschlossen hatte. Sie hieß Hanka. Ihre Mutter stammte aus der bekannten Patt-Familie, sie war die Schwester von Jacob Patt und hatte enge Beziehungen zu linken und kommunistischen Kreisen. Vor dem Krieg hatte sie in Warschau gelebt und in der sowjetischen Gesandtschaft als Lehrerin für die Kinder der Botschaftsangehörigen gearbeitet. Nach meinen Informationen war es nützlich, diese Frau zu kennen. Sie war eine angesehene Erzieherin, Mitglied der linken Poale Zion[1] und Leiterin des großen Waisenhauses in Białystok. Als ich Hanka sagte, daß ich ihre Mutter sehen wollte, stellte sie keine Fragen und arrangierte sofort ein Treffen.

Scheine Patt-Levine war eine zarte Frau mit grauen Strähnen im schwarzen Haar. Ihre tiefliegenden dunklen Augen waren von dichten Wimpern umkränzt, ihre Wangen eingefallen und ihre Lippen fest zusammengepreßt. In Diskussionen war sie sehr interessant, aber auf der Straße bemerkte man sie kaum, sie sah aus wie eine normale Arbeiterin. Ich sagte ihr, daß ich einen Mann namens Lolek Minc suchte, der Schuster war und Mitglied der Kommunistischen Partei.

»Ihn kenne ich nicht. Aber vielleicht möchtest du jemanden von den Kommunisten treffen?«

»Das würde ich sehr gerne. Vielleicht können sie Minc für mich finden.«

Scheine lachte. Ihr Lächeln spiegelte sich in ihren lebendigen Augen. Sie lud mich in das Waisenhaus ein. »Bei dieser Gelegenheit werde ich dich mit jemandem bekannt machen, der, glaube ich, eine ihrer führenden Persönlichkeiten ist.« Später fand ich heraus, daß

1 *»Arbeiter Zions«, in den ersten Jahren des Jahrhunderts gegründete zionistische Arbeiterpartei, es gab einen linken und einen rechten Flügel von Poale Zion.*

Scheine im Waisenhaus mehrere Frauen, die von der Gestapo gesucht wurden, als Lehrerinnen untergebracht hatte. Eine von ihnen war Czaja.

Das Waisenhaus lag im zweiten Stock eines großen Gebäudes gegenüber dem Ghetto-Hospital auf der Fabryczna-Straße. Als ich kam, ging Scheine in einem weißen Kittel die Reihe der kleinen Betten entlang, in denen die lachenden, weinenden, schreienden Kinder lagen. Wieviel Liebe und Mut strahlte ihr müdes Gesicht aus. Scheine war als Leiterin des Waisenhauses die Mutter und Erzieherin von mehr als 100 Kindern. Sie wanderte zwischen den Bettchen umher, sagte hier und da ein gutes Wort, lächelte oder summte ein Lied, das die Kinder liebten. Es war Nachmittag, die Kinder waren wach. Ich gewöhnte mich nur langsam an den Anblick ihrer großen traurigen, erwachsenen Augen, die mich ängstlich anstarrten. Nicht einmal Scheine konnte diese Angst vertreiben. Auch die verzweifelten Anstrengungen der Angestellten nützten kaum etwas. Es herrschte Mangel an Wäsche, an Kleidung, an Windeln. Vor allem die mangelnden Nahrungsmittel konnten durch keine Zärtlichkeit ersetzt werden. Scheine wußte Dutzende Geschichten über jedes Kind zu erzählen.

Sie führte mich in die Vorratskammer. Wenig später kam Czaja.

»Ich suche Lolek Minc. Kannst du mir helfen?«

»Ja. Komm auf Nummer zwei in dieser Straße. Im Zimmer von Frida Feld können wir reden. Frida wird dasein und Minc auch.« Czaja war nicht mehr jung. Ich weiß nicht mehr, wie sie aussah, wir haben uns nur zweimal gesehen. Sie war damals kein offizieller Kader der Organisation. Vielleicht hatte sie irgendeine parteiinterne Funktion. Das dritte und letzte Mal, daß ich sie sah, war am 16. August 1943 im Kampfgetümmel auf der Smolna-Straße.

Auch Frida war Lehrerin im Waisenhaus. Sie arbeiteten in verschiedenen Schichten, um nicht zusammen gesehen zu werden. Das Treffen an diesem Abend war gut vorbereitet. Frida hatte Tee gekocht, keine ungeladene Person betrat den Raum. Ihre Vorsicht erschien mir übertrieben. Offenbar konnten sie sich nicht von den Verhaltensmustern trennen, die sie sich aufgrund der Erfahrungen in der Vergangenheit angeeignet hatten, die aber nicht mehr auf die neue Situation paßten.

Als ich Lolek den Brief übergab, löste sich die Spannung, und wir konnten offen miteinander reden. Ich erzählte ihnen von Wilna. Manches klang für sie unverständlich: »Witenberg hat sich mit den zionistischen Parteien zusammengetan? Sogar mit den Revisionisten?«

»Ja, um gemeinsam den Feind zu bekämpfen. Ihr habt von den Methoden der totalen Vernichtung gehört. Wenn wir nicht kämpfen, werden wir nicht überleben, nicht als Juden und schon gar nicht als Revolutionäre.«

»Gut, wir haben von Haschomer Hatzair gehört, ihr seid fortschrittlicher. Aber die anderen?«

»Genossen, begraben wir doch unsere politischen Differenzen! Wollen wir eine vereinigte Front schaffen, um gemeinsam gegen die Besatzer zu kämpfen oder nicht? Seid ihr bereit, grundsätzlich und praktisch darüber zu reden? Auf der Grundlage der Erklärung von Wilna natürlich.«

Bevor wir auseinandergingen, sprachen wir bereits als Freunde miteinander. Lolek Minc konnte seine Erschütterung über den Brief und die Grüße, die ich ihm übermittelt hatte, kaum verbergen, und er war tief bewegt von allem, was ich erzählt hatte: Wie ich mich über die Grenzen geschmuggelt hatte, um hier herzukommen, wie ich den ganzen Weg von Wilna nach Białystok bewältigt hatte, um ihn zu suchen, als Verbindungsglied zwischen uns und seinen Genossen. Er war ein einfacher Arbeiter, der sich danach sehnte, zu handeln. Er war bescheiden, überzeugt und energisch.

»Um ganz ehrlich zu sein«, sagte Frida, »ich muß dich beglückwünschen zu deiner mutigen und militanten Initiative. Wir bewundern euch für eure radikale Haltung. Aber wir hier sind nicht das Gremium, das die Entscheidungen trifft. Wir werden uns mit anderen beraten und nach einem Weg suchen. Können wir uns morgen wiedersehen?«

»Ja, aber ihr müßt euch beeilen. Ich habe fast zwei Wochen lang nach euch gesucht. Ich werde in Kürze nach Warschau aufbrechen, und bis dahin wüßte ich gerne Genaueres von euch.«

»Da tust du uns jetzt unrecht, Chaika«, erwiderte Frida. »Schau, wir waren in der sowjetischen Periode keine unabhängige jüdische Partei, sondern Teil der großen sowjetischen Partei. Die meisten unserer Kader sind Richtung Osten geflüchtet, und auf den Rest hat sich die Gestapo gestürzt. Wir waren die ersten und die einzigen, nach denen die Gestapo namentlich gefahndet hat. Ist dir klar, was das heißt, namentlich gesucht zu werden? Also, wenn wir einander besser kennengelernt haben, werden wir euch in unsere gegenwärtigen Aktivitäten einweihen.«

Ich verstand, was sie meinte. Doch die Schlüsse, die ich daraus zog, waren bedrückend. Sie hatten sich noch immer nicht als Partei organisiert, sondern agierten als Gruppen von Mitgliedern und Sympathisanten. Sie stellten im Ghetto noch keine kommunistische Partei im Untergrund dar, wie ihre Genossen in Wilna, Witenberg, Hiena Barowski, Szerszawski und die anderen.

Daß ich nach Warschau fuhr, eröffnete ihnen neue Möglichkeiten. Einer ihrer Genossen war neulich nach Warschau beordert worden und war noch immer dort. Am nächsten Tag bekam ich folgende Antwort: Das Programm, eine vereinigte Kampffront gegen die Besatzer zu bilden, war für sie annehmbar. Sie begrüßten unsere Initiative, aber ohne Anweisung von oben konnten sie sich nicht auf eine Zusammenarbeit mit Bewegungen einlassen, die sie immer bekämpft hatten. Ich würde eine äußerst wichtige Aufgabe erfüllen, wenn ich einen Brief an Jozef Lewartowski in Warschau mitnahm, in dem sie das Programm, das ich ihnen vorgeschlagen hatte, darstellten, und ihnen eine schriftliche Antwort zurückbrachte. Ich war einverstanden. Scheine erzählte mir von Lewartowski, und von da an besprachen wir alle wichtigen Angelegenheiten mit ihr. Sie war uns eine erfahrene Ratgeberin, und sie kannte die Kommunisten. Ich berichtete ihr von meinem ersten Gespräch mit Frida, worauf sie meinte:

»Wenn Jozef hier wäre, brauchte es keine langen Verhandlungen. Er würde einen Entschluß fassen und dann seine Genossen davon überzeugen.« Als ich den Brief hatte, fragte ich Scheine noch einmal nach Lewartowski aus. »Er wurde von der Partei nach Warschau beordert«, sagte sie. »Wir wissen nicht genau, wo er steckt und was er macht. Wir haben keine Verbindung nach Warschau. Wenn du es schaffst, sie in Kontakt mit der Hauptstadt zu bringen, gelingt es ihnen vielleicht, sich aus ihrer Isolierung zu befreien und sich der neuen Lage entsprechend zu verhalten. Viele von ihnen begreifen nicht, daß ihre alten Erfahrungen der neuen Situation nicht mehr angemessen sind.«

Ich konnte mir damals kaum vorstellen, woher Scheine, eingeschlossen in ihr Waisenhaus, soviel wußte über die aktuellen Erfahrungen und Komplikationen. Später verriet sie Edek ihr Geheimnis. Auf jeden Fall bauten wir auf sie, auf ihr Verständnis und ihren Einfallsreichtum.

Ich machte mich auf nach Warschau. Auf halber Strecke, in Małkinia, wurde der Zug umstellt, alle Passagiere mußten aussteigen, die Abteile wurden durchsucht, unsere Papiere und Habseligkeiten kontrolliert. Die Frau vor mir wurde in einen Nebenraum abgeführt. Offenbar wurde sie verdächtigt. Man würde sie zwingen, sich auszuziehen und sie von Kopf bis Fuß untersuchen. Ich näherte mich dem Schalter. Vor mir stand jetzt ein Bauer. Als er seine Papiere vorzeigte, schaute ich ihm über die Schulter, um den Stempel zu sehen. Er war länglich.

Nun, dachte ich, damit wird er nicht durchkommen. Die Bahnpolizei hat eine Vorliebe für runde Stempel. Tatsächlich wurde er zur Seite geführt, und ich war an der Reihe. Die Polizisten waren nicht gerade höflich. Ich reichte ihnen meinen Transitpaß und drehte ihn dabei um, damit der Stempel von der litauischen Grenze zu sehen war.

»Da, schau«, sagte der Polizist zu dem Bauern, »so einen Ausweis brauchst du. Verstehst du?«

Offenbar verstand er nicht, er starrte nur neidisch auf meine Papiere. Ich aber verstand sehr wohl und grinste über die Dummheit des Polizisten. Der dachte, das Lächeln gelte ihm, lächelte zurück und durchsuchte mich nicht weiter.

Nun mußte ich eine ganze Nacht lang auf dem Bahnhof von Małkinia warten. Die Stadt selbst lag in Trümmern und war ziemlich weit entfernt. Ich kannte hier keinen und wußte nicht, wo ich mich aufwärmen könnte. Der Bahnhof befand sich jenseits der Grenze von Kongreß-Polen, und man brauchte keine Spezialerlaubnis, um von hier aus nach Warschau zu fahren. Innerhalb des Generalgouvernements konnten sich die Polen frei bewegen. Das Gedränge war unvorstellbar. Kartoffeln, Milch, Butter, Schinken wurden aus dem Dörfern in die Stadt geschmuggelt, obwohl an allen Ecken Polizeikontrollen drohten. Es war hier ziemlich einfach, in eine Falle zu laufen. Die Deutschen führten ihre Razzien überfallartig durch. Sie umstellten plötzlich den Zug und brachten die Fahrgäste zur nächsten Polizeiwache. Um solche unerfreulichen Zusammenstöße zu vermeiden, war es ratsam, sich in sicherer Entfernung von der Menschenmenge, vom Markt, vom Zug, von der Straßenbahn zu halten. Das hatte Tosia mir empfohlen. Aber wie bloß?

Auf dem Bahnhof lagen Massen von Menschen auf ihren Bündeln, Koffern und Säcken, man konnte sich nirgends mehr hinsetzen. Manchmal traf man auf einen freundlichen Reisenden, der einen auf einem Sack Kartoffeln sitzen ließ. Normalerweise aber verlangten die Leute Geld für einen solchen Sitzplatz. Und man mußte versprechen, daß man, sollte polnische oder deutsche Polizei auftauchen, die Kartoffeln als seine eigenen ausgab. Ein Sack pro Person war erlaubt. »Sie sehen doch, wie viele ich noch habe«, wollte ein Mann mich überzeugen. Die meisten, die auf ihren Säcken ausgestreckt lagen, waren schmutzig von der Reise, von der Schlepperei, vom Krieg an sich. Sie sahen sich ängstlich um und versuchten, es sich so bequem wie möglich zu machen, der eine auf dem Bauch, der andere auf dem Rücken, der dritte auf dem Hintern. Sie waren bis unter die Kleider vollgepackt. Es gab da die nervösen Typen, die Selbstsicheren, die Frauen, die immer geschickter darin wurden, Sachen zu »arrangieren«. Der Bahnhof von Małkinia war ein Alptraum für Leute wie uns, die gezwungen waren, unter der Besatzung zu reisen.

Ich kam morgens in Warschau an, zerzaust, zitternd vor Kälte und Müdigkeit, und erschöpft vom langen Stehen in dem Zug »für Polen«. Warschau erschien mir fremd und kalt, ich kannte die Straßen und Häuser nicht. Der Verkehr war normal, die Ruinen fielen nicht zu sehr ins Auge, elektrische Straßenbahnen fuhren hierhin und dahin.

Wohin sollte ich mich wenden? Ich hatte nur die Adresse des Pioniere-Hauses in Czerniaków. Um nach Czerniaków zu kommen, mußte ich mit der Straßenbahn bis zur letzten Haltestelle fahren und dann noch bis ans Ende der Dorfstraße laufen. Es war die einzige jüdische Zuflucht in der Stadt, die man ohne Papiere erreichen konnte.

Ich kann den Hof nicht wirklich beschreiben. Wie in einem fernen und unscharfen Traumbild sah ich junge Frauen und Männer, die glücklich und singend in der Winterkälte auf den Feldern arbeiteten. Ich sehe das baufällige Steinhaus vor mir, dessen Dach von hölzernen Säulen gestützt wurde. Drinnen standen die Betten in engen Zweierreihen, und es gab einen langen groben Tisch.

In einem der Betten fand ich Lonka. Sie war am Morgen von einer langen Reise zurückgekehrt und hiergeblieben, um sich zu erholen und aufzuwärmen, um ein wenig unter Freunden zu sitzen und ihnen zu erzählen, was sie unterwegs gesehen hatte. Morgen wollte sie wieder in das Ghetto. Leah, die Leiterin des Hofes, kümmerte sich um alles, auch um die Gäste. Ich war gerührt von der Armut, die nur durch die Großzügigkeit dieser Menschen gemildert wurde. Der elegante Mantel meiner Schwester wirkte hier unangemessen. Leah half mir, den Pelzkragen (der in Warschau für Juden verboten war) unter einem Stück Stoff zu verbergen. Sie riet mir, bis halb vier Uhr zu warten und dann an einen bestimmten Ort zu kommen, an dem ich Juden treffen würde, die von ihrer Arbeit zurück ins Ghetto gingen. Ich mußte dem Führer der Gruppe zehn Gulden geben, dann regelte er die Sache mit dem polnischen Polizisten.

Entsprechend Leahs Instruktionen fand ich die jüdische Arbeitsbrigade in der Czerniakówska-Straße. Es waren insgesamt etwa zehn bis 15 Personen. Jeder hatte irgend etwas unter den Kleidern versteckt, ein paar Kartoffeln, Brot oder ein bißchen Milch. Sie waren alle hungrig, aber sie schmuggelten nicht für sich selbst. Ich gab dem Führer die zehn Gulden und bekam von ihm eine weiße Armbinde mit dem blauen Davidstern. Nachdem er zusammen mit dem »blauen« polnischen Polizisten zur Seite getreten war, schloß ich mich der Gruppe an. Ich war sehr aufgeregt. Gleich würde ich die Hauptstadt aller Ghettos sehen. Ich dachte an meine Begegnung mit Edek auf dem Hügel bei Wilna, auf der ich meine ersten Fäden zum Wilnaer Ghetto geknüpft hatte. Daß ich nun auf dem Weg war in das Ghetto, von dem alles abhing – die Zukunft unserer Bewegung und der Ausgang des Kampfes –, ließ mein Herz wie verrückt schlagen. Gleich würde ich das Heiligtum der Heiligtümer betreten.

Der Weg von der Czerniakówska-Straße in das Ghetto war endlos. Ich dachte an das Treffen mit Jozef, mit Mordechai und Tosia, mit Edek und den anderen, während ich in der traurigen Prozession mitmarschierte. Ich wußte aus all den anderen Ghettos, woran die Leute um mich herum dachten: an die hungrigen Familien, die zu Hause auf sie warteten, an diejenigen, die darauf warteten, ihre geschmuggelten Lebensmittel zu kaufen, vor allem aber an den Deutschen am Ghettotor. Würde er böse oder gut sein? Würde er in die Taschen und unter die Mäntel schauen oder nicht?

Plötzlich blieb ich abrupt stehen. Eine Semmel rollte mir vor die Füße. Ein Passant hatte sie in unsere Gruppe geworfen, und ich war sicher, er hatte es aus Hohn und Verachtung getan: Hier, nimm sie und verschluck dich dran! Unsere Gruppe war in heller Aufregung, alle stürzten sich auf die kleine Semmel. Einige der Passanten lachten, andere schüttelten mitleidig den Kopf.

Wir erreichten das Ghetto und passierten das Tor ohne Schwierigkeiten. An der Ecke Żelazna-Leszno-Straße hing ein seltsamer Geruch in der Luft, wie ich ihn aus anderen Ghettos nicht kannte: eine Mischung aus Kälte, Überfüllung, Armut und vor allem Karbid. Ein Geruch von Körpern, die lebendigen Leibes verfaulen. Dazu kamen seltsame Geräusche, so als wäre ein Tauber gestorben, und seine ganze Familie klagte laut zum Himmel und flehte um Erlösung und ein Wunder. Ich hatte noch ein paar Minuten bis zur Ausgangssperre. Der Lärm und der Verkehr steigerten sich zu einem Crescendo. Bettler schrien, so laut sie konnten, als hätten sie Angst, diese letzten Minuten zu verschwenden. Ihr Gestank und das Geschrei drangen mir unter die Haut. Allmählich ließ meine Anspannung nach, und ich fühlte nur noch ein Bedürfnis, ohnmächtig zu werden, nichts mehr zu hören und zu empfinden, all dies nicht mehr miterleben zu müssen.

Nur mit Mühe fand ich die Nalewki-Straße 23. Ich hatte diese Straßen zuletzt lange vor dem Krieg gesehen. Ich hatte nur einen Anhaltspunkt: Leszno-Straße 6, wo die Hanhaga Raschit (die nationale Führung) residiert hatte. Von da aus kannte ich den Weg in das jüdische Viertel.

An der Haustür traf ich Mordechai Anielewicz. Er war in großer Eile. Der Tag ging zu Ende, und es gab immer noch eine Menge zu tun. Er erkannte mich sofort. Das Tor fiel hinter uns zu, und ich wußte nicht, was sagen. Ich war sehr aufgeregt, und wie immer in solchen Situationen sagte ich nur: »Was gibt es Neues?« Mordechai nahm mich mit in den Kibbuz.

Die Wohnung des Kibbuz war zweigeteilt. In den zwei Räumen auf der rechten Seite fand ein Gruppentreffen statt. In den zwei Räumen linkerhand wohnten die Kibbuz-Mitglieder, in der Mitte befand sich eine verräucherte Küche. Auf einem Schild stand: »Flüchtlingsheim«. Aryeh Wilner brachte das Treffen rasch zu Ende. Ich bekam nur ein paar Fetzen der Diskussion mit, es ging um ein Seminar und eine Wandzeitung, der Rest ging im Lärm des Aufbruchs unter.

Jozef war nicht in Warschau, aber Tosia und Edek waren hier, Tosia war gerade aus Częstochowa zurückgekommen, wo sie den Kibbuz besucht hatte. Auch Szmul war da. Er hatte sich überhaupt nicht verändert seit dem Führungsseminar im Sommer vor dem Krieg. Wir hatten damals beide Literatur und Erziehung unterrichtet.

An diesem Abend gingen die Genossinnen und Genossen nicht nach Hause. Wir setzten uns in Jozefs Zimmer. Alle stellten sich vor und waren bemüht, mich gut willkommen zu heißen. In der Mitte des Zimmers, zwischen dem Sofa und dem Bücherschrank, stand ein Eisenofen. Tosia warf ein paar Scheite Holz hinein, die sie auf Kilopreis gekauft hatten.

Ich sprach über Wilna. Seit Edek weggegangen war, hatte sich die Bewegung beachtlich entwickelt. Eine vereinigte und gefestigte Untergrundbewegung war organisiert worden, und wir hatten bereits die Grundlagen für Fünferzellen gelegt. Das größte Problem war der Mangel an Waffen und Geld. Es gab schlicht und einfach keinen Groschen. Der Hauptzweck meines Kommens im Auftrag der F.P.O.[1] war, neben der Beschaffung von Informationen, der, Geld aufzutreiben. In Wilna gab es keinen Joint, keine großen Institutionen, keine Verbindung zur Außenwelt. Außerdem sollte ich Edek zurückbringen. Abba beschwerte sich schon über seine Abwesenheit.

Die Situation in Białystok war viel trauriger. Hier wurden erst die allerersten Schritte unternommen, es gab noch keine Einheit. Wir hatten einen Weg zu Einzelpersonen und organisierten Gruppen gefunden, aber noch keinen zu den Parteien und Bewegungen. Die Aussichten waren hier allerdings besser als anderswo. Ich erzählte vom Judenrat und den Vorteilen, die wir vielleicht aus ihm ziehen konnten. Auch hier gab es kein Geld, aber auch keine so extreme Armut wie in Wilna. Ich hatte einen ersten Kontakt zu den Kommunisten aufgenommen – und da brauchten wir nun die Hilfe eines ihrer Repräsentanten in Warschau. Unsere Verbindung zu Dror

1 *Vereinigte Partisanen Organisation, die Widerstandsorganisation im Wilnaer Ghetto*

mußte erst gefestigt werden. Trotz unserer gelegentlichen Zusammenarbeit verstanden wir einander nicht. Auch hier mußte Warschau seinen Einfluß geltend machen.

Es stellte sich heraus, daß es in Warschau noch keinen definitiven Beschluß über die Organisierung einer vereinigten Kampforganisation gab, die aus allen Parteien bestehen sollte. Meine Geschichten über die F.P.O. machten hier einen großen, aber auch befremdlichen Eindruck. Das politische Leben in Warschau verlief in den gewohnten Bahnen, eine Radikalisierung wäre schwierig. Andererseits war ich tief beeindruckt von den Untergrundzeitschriften, einem Netz von Publikationen, die die Positionen aller politischen Schattierungen wiedergaben. Diese Zeitschriften diskutierten ihre jeweilige politische Haltung und veränderten sie auch, sie veröffentlichten exakte Informationen über die Front, den weltweiten Kampf gegen Deutschland und die weit entfernten Orte in ganz Europa, die sich den Nazis nicht unterworfen hatten.

Das Warschauer Ghetto war nicht von der Welt abgeschnitten. Es führte ein aktives politisches, kulturelles und erzieherisches Leben. Das waren die Kräfte, die das Ghetto tiefer prägten als die Schmuggler, Spekulanten, Hausierer und Bettler. In den Tiefen des Ghettos halfen die Menschen einander, nahmen Risiken auf sich und bewahrten ihre jüdische Würde. Gedichte wurden verfaßt, eine Dichtung der Revolte. Die Kinder wurden in Geschichte und den anderen Wissenschaften unterrichtet und gelehrt, Schönheit, Mut, Gerechtigkeit zu lieben und den Feind und seine Büttel zu hassen. Die Untergrundbewegung in Warschau hatte sich während des zweijährigen Kampfes gegen Hunger und Verzweiflung Schritt für Schritt formiert. Dennoch gab es kein wirkliches revolutionäres Erwachen, keine grundsätzliche Erneuerung der Werte. Verglichen mit Litauen oder Belorußland kamen die Dinge in Warschau nur schleppend voran, ohne einen zentralen Inhalt, und das würde sich bitter rächen, wenn nicht noch der letzte Stein in das Gebäude des Untergrundes eingefügt wurde: die Vereinigung der Kräfte und die Vorbereitung auf den bewaffneten Aufstand. Damals konnten wir noch nicht entscheiden, wann wir mit der bewaffneten Selbstverteidigung beginnen würden, ob sie in einem einziger Aufstand zum Zeitpunkt der Liquidierung des Ghettos bestehen oder schon früher einsetzen sollte. Wir dachten immer noch darüber nach, aber im Laufe der

Zeit ergab sich die Antwort von selbst unter dem Druck der Erfahrung und der Ungeheuerlichkeit unserer Opfer während der Nazibesatzung.

Eine halbe Million Juden war in das Warschauer Ghetto eingesperrt. In den zwei Jahren der Besatzung hatte es, bis auf gelegentliche Brutalitäten gegen einzelne, keine organisierte Aktion gegeben, die auf die Liquidierung des Ghettos zielte. Es gab allerdings Berechnungen, wonach täglich 300 bis 400 Juden an Krankheiten, Hunger und Kälte starben. Auf diese Art brauchte es nur ein paar Jahre, um Warschaus 500000 Juden »friedlich« zu liquidieren. Aber diese Kalkulationen waren müßig. Was in Wilna begonnen hatte, würde in Warschau zur Vollendung kommen. Ich mußte meine Genossinnen und Genossen nicht überzeugen, sie verstanden sehr gut. Ich bewunderte die analytischen und praktischen Fähigkeiten, die unsere nationale Führung auch auf ideologischem Gebiet bewies. Ich erlebte, wie Mordechai Anielewicz, als Planer und Aktivist, an die Frage heranging: »Was müssen wir jetzt tun, um die Dinge voranzutreiben?«

»Ich schlage vor«, sagte Mordechai, »ein Treffen bei Kirschenbaum zu organisieren und alle Parteien dazu einzuladen. Du wirst über die Situation in Wilna, Białystok und Belorußland sprechen. Drück sie an die Wand, damit sie selber zu einer Entscheidung kommen. Szmul, du bereitest ein Treffen mit dem Joint vor. Beschreibe die sozialen und hygienischen Bedingungen in Wilna, damit sie sofort Geld spenden. Aber wir müssen vorsichtig sein. Ich bin dafür, daß Tosia zuerst Gitterman sieht und ein Treffen in seinem Haus vereinbart. Mit ihm, denke ich, können wir über alles reden, auch über Waffen. Was meinst du, Chaika? Ich werde dich den Kommunisten vorstellen. Übrigens, ich würde gerne nach Wilna und Białystok kommen. Ich habe die Situation dort schon verstanden, aber man entdeckt immer neue Aspekte, wenn man etwas persönlich sieht. Es würde sich auch lohnen, politisch miteinander zu diskutieren. Wir stehen hier mit allen Parteien, die Untergrundzeitschriften herausgeben, in Diskussion. Aber außer den Dror-Leuten und denen von der linken Poale Zion haben wir keine Partner. Bis zum heutigen Tag blockieren sie alles wegen ihrer Angst und ihrem Haß auf die Sowjetunion. Morgen wird Szmul dir ein paar von ihnen vorführen.« Er lachte. »Vielleicht kommt es dir dumm vor, sich mit solchen Sachen herumzuschlagen. Aber ganz offensichtlich sind sie doch wichtig.«

Szmul war lebhaft und gesprächig wie immer. Er gab die Zeitschriften heraus und hörte die Radiosendungen ab. »Morgen bringe ich dich wohin, wo du selber ein bißchen mithören kannst«, prahlte er. Szmul und Mordechai waren sich ähnlich und doch ganz verschieden. Szmul liebte klassische Musik, Literatur und schöne Bilder. Er hatte eine ästhetische Herangehensweise sowohl an kulturelle Dinge als auch an Menschen. Sein Denken war klar und schnell, manchmal ein bißchen zu schnell. Er kannte sich in der reinen marxistischen Lehre aus, aber sein Wissen stammte mehr aus Büchern als aus praktischer Erfahrung. Wir waren nicht immer einverstanden mit der politischen Linie, die er in der Presse forcierte, wenn wir uns auch alle einig waren über die enge Verbundenheit unserer Bewegung mit der Sowjetunion. Die Genossinnen und Genossen stritten sich mit Szmul vor allem über seine extremen Formulierungen und politischen Definitionen. Ich hörte einige Kommentare dazu von Tosia und Aryeh Wilner.

Mordechai dagegen vereinte in sich die zwei für den Führer einer Kampforganisation notwendigen Charakteristika: ein klares und unzweideutiges Denken, das sich seinem theoretischen Wissen verdankte, und einen entschiedenen, mutigen und besonnenen proletarischen Charakter. Praktisches Denken und Denken in Praxis umgesetzt – das war Mordechai.

Nach dem Treffen gingen alle in den Kibbuz zurück, nur Tosia, Edek und ich blieben. Wir waren müde, und entsprechend verlief unser Gespräch. Nur Edek war hellwach. Er scherzte pausenlos und entwickelte dabei gleichzeitig seine Ideen. Begeistert und phantasievoll schilderte er uns, wie er aus dem Ghetto herauskommen, wohin er gehen, wann er den Zug besteigen und wie er nach Białystok und Wilna kommen wollte. »Ein Verrückter«, dachte ich bei mir, »weiß er nicht, auf wie viele Schwierigkeiten er stoßen wird?« Er hatte ein »typisch jüdisches« Gesicht. Von Edek sagte man, nicht er sähe aus wie ein Jude, sondern alle Juden sähen aus wie er.

Edek verließ Warschau ein paar Tage später. Er wollte unter keinen Umständen auf mich warten. »Es ist für uns beide Verschwendung, gleichzeitig dasselbe zu tun«, sagte er. In Wirklichkeit wollte er mich nicht durch sein Aussehen in Gefahr bringen. An der

Grenze fiel er Erpressern in die Hände. Als er auf ihre Forderungen nicht einging, holten sie die »blaue« Polizei.

»Woher hast du den Transitpaß? Vom Judenrat?« fragte der Polizist ihn sarkastisch.

Edek, der nie seinen Mutterwitz verlor, schrie ihn in seinem Gassenpolnisch an: »Pani, was für ein ›Rat‹, wo ist dieses ›Rat‹, gibt es so eine Stadt in Polen? Ich hab ihn in keinem von deinen ›Rats‹ gekriegt, sondern in Grodno!« Sie ließen ihn gehen.

Am nächsten Morgen besah ich mir das Ghetto bei Tageslicht. Der Hof der Nalewki-Straße 23 war wie alle Höfe in diesen Straßen. Den ganzen Tag waren sie voll von Bettlern und zerlumpten Straßensängern, die alle dasselbe Lied sangen: »Gute Leute, werft mir ein Stück Brot herunter, wenigstens eine Brotkruste...« Langsam gewöhnte ich mich an den Singsang. Am Eingang war ein kleiner Laden. Hier konnte man ein paar Gramm Weißbrot, Hering, Marmelade (ohne Marken) und einzeln abgewogene Holzscheite bekommen. Rechts befand sich die Armenküche. Hier kochten sie jeden Tag die gleiche dünne Brühe, die sie Suppe nannten. Vor der Armenküche standen immer Menschenschlangen. Oben im Kibbuz trafen sich abends junge Menschen und sangen ihre Lieder. Und hier hatte auch der Untergrund Quartier bezogen, hier wurden die verschiedenen Fäden zwischen den Ghettos verknüpft. Hinter diesen dünnen Wänden wurden die Informations-Bulletins gedruckt. Tagsüber wurden hier neue Hoffnungen in jüdischen Herzen erweckt und Erklärungen vorbereitet, die die Illusion zerstören sollten, ein Überleben ohne Kampf wäre möglich.

Jozef kam von seiner Tour durch das Generalgouvernement zurück. Er war nun mein Führer, mit seiner Hilfe lernte ich die Passanten und Bettler kennen. Er konnte Geschichten über ein einsames Straßenkind erzählen, und über die Sänger und ihre Familien, über ihren Absturz aus einem »ordentlichen Zuhause« in die Bettelei. Er erzählte, wie sie ihre Toten im Massengrab beisetzten. Täglich starben Hunderte der zahllosen Bettler einsam und verlassen auf offener Straße, ohne daß noch jemand hinsah.

Jozef war müde und abgemagert, er sah tuberkulös aus. Aber in diesem dünnen Körper brannte ein Feuer. War es das Feuer der Liebe zu Israel? Er teilte das Leben dieser Elenden auf der Straße, die von Krankheit und Hunger aufgequollen waren. Alle kannten

Jozef, politische Führer und Obdachlose, die Bewegung und ihre Freunde, Gegner und Sympathisanten. Alle achteten ihn, als Menschen und als Kämpfer, und alle bewunderten sein großes Herz und seinen Mut.

Meine Besuche bei den Institutionen begannen. Das Treffen mit den politischen Repräsentanten wurde im Haus von Kirschenbaum abgehalten, einem General-Zionisten, der dem Jüdischen National-Fonds vorstand. Es war ein kalter, regnerischer Januartag. Im Haus unseres Gastgebers war es warm und gemütlich. Um den Tisch saßen Vertreter aller zionistischen Parteien und auch Nicht-Zionisten. Sie waren bereits durch Edek über die Lage in Wilna informiert worden, und so berichtete ich vor allem über die jüngsten Entwicklungen und über Białystok.

Ich hatte keine guten Nachrichten mitgebracht, und meine Geschichten klangen etwas seltsam an dem langen Tisch mit den Polstersesseln. Nur wenige versuchten, logische Schlüsse aus meinen Worten zu ziehen. Ich war erstaunt über die Position der Bundleute. Ihr Vertreter, Ozecz, erklärte vertrauensselig, so etwas würde in Warschau nie passieren:

»Du mußt verstehen, Warschau ist schließlich Warschau, eine Metropole mitten in Europa, mit einer halben Million Juden. Die Welt wäre schockiert und würde Protest erheben. Warschau ist nicht Wilna, und es liegt auch nicht so abseits und isoliert wie Białystok. Die Deutschen werden die westliche Welt nicht wegen der Juden gegen sich aufbringen wollen...«

Ich hätte mich über dieses Gerede nicht so sehr gewundert, wenn es nachdenklicher geklungen hätte und wenn öfter die Worte »vielleicht« und »möglicherweise« darin vorgekommen wären. Aber dieses Bedürfnis, die anderen mit blindem Vertrauen zu überzeugen, erfüllte mich mit Sorge um das wachsame, gärende und konservative Warschau.

Sie waren nicht alle einer Meinung, aber es geschah nicht, was ich erhofft hatte: Die nötigen Schlußfolgerungen wurden nicht gezogen, auch nicht von den Vertretern der Poale Zion und den anderen Zionisten.

Zusätzliche Treffen fanden in dem großen Gebäude auf der Tłomackie-Straße statt und wurden später außerhalb des Ghettos abgehalten. Zivia nahm an einem davon teil und unterstützte mich, zusammen mit einem anderen Genossen. Wir bildeten eine natürliche Front, vereint durch unsere Entscheidungen und unseren Willen, überhaupt Entscheidungen zu treffen.

Das Treffen mit den Dror-Mitgliedern erschien uns überflüssig. Sie hatten dieselbe Entwicklung wie wir durchgemacht. Allerdings waren noch nicht alle Barrieren zwischen uns beseitigt, und wir mußten immer noch eine gemeinsame Sprache finden, die alle Zweifel ausschloß. Zu der Zeit fürchtete noch jeder, seine Bündnispartner wären nicht ganz offen. Jede Seite dachte, die andere hielte noch etwas zurück und würde heimlich konspirieren. Es war ein Rennen gegen die Zeit, und jeder wollte es gewinnen.

Ich lernte einiges über die tiefe Krise, in der die Dror-Mitglieder wegen der Ereignisse in Litauen und Belorußland steckten. Sie bildeten wie wir eine einheitliche und organisierte Bewegung mit ihren eigenen Einrichtungen. Ich glaube, ich kann, ohne die Geschichte zu verfälschen, sagen, daß Haschomer Hatzair und Dror die beiden einzigen großen Pionier-Bewegungen waren, die ihre Integrität bewahrten, aus den Erfahrungen ihrer inzwischen isolierten und über das Land verstreuten Gruppen lernten, und weiterhin aktiv waren. Wir waren die einzigen, die sich an das oberste Gebot einer Untergrundbewegung hielten: Aktionen zu planen und zu koordinieren. Und wir waren als einzige fähig, wenn es nötig war, den Kurs zu ändern.

Warum gaben sich so viele politische Menschen, Mitglieder der Parteien und Institutionen, der Illusion hin, unter der Besatzung gebe es »Möglichkeiten«? Warum fanden sie stets aufs neue eine Hoffnung, diese dunklen Zeiten bis zum Ende durchzustehen? Warum gaben sich vor allem die Vertreter bestimmter Parteien so ganz und gar dieser Verblendung hin? Der Bund, die bürgerlichen Zionisten und der rechte Flügel der zionistischen Arbeiterpartei? Wer die Geschichte der Parteien erforschen will, ihre Erfolge und Fehler, muß bis auf diese Tage zurückgehen, muß in das Ghetto zurückgehen. Nur hier ist die Antwort zu finden. Man muß nachlesen, was damals geschrieben wurde, von Szmul und seinen Kollegen. Ideologische Grundlagen werden in Zeiten des Friedens gelegt. Erprobt werden sie in Kriegszeiten.

Diejenigen, die vor dem Krieg glaubten, der Sozialismus wäre auf friedlichem Weg zu erreichen, man könnte in den Sozialismus hineinwachsen, man könnte die Arbeiter durch indirekte Mittel an die Macht bringen, ohne direkten Zusammenstoß, und auch diejenigen, die meinten, die vollständige nationale Befreiung wäre ohne Opfer zu erreichen, ohne Aktionen, die ihr den Weg bereiteten, ohne eine tiefgehende innere Revolution, sie führten unser Volk in die Irre, indem sie ihm einredeten, es könnte sich der Nazibesatzung, dem Morden und der Unterdrückung entziehen. Sie waren es, die, während eine verzweifelte Schlacht zwischen zwei unvereinbaren Welten tobte, ihre eigenen Aktivitäten und die der anderen Menschen darauf ausrichteten, zu schmuggeln und der Realität auszuweichen. So als könnte ein ganzes Volk durch eine Lücke in der Geschichte flüchten. Das konnte einzelnen gelingen, aber einem ganzen Volk? Wir konnten und wollten die nationalen und politischen Führer nicht verstehen. Wir waren nicht bereit, es ihnen einfacher zu machen. Wir weigerten uns, Kompromisse zu schließen. Diese Treffen waren sehr bitter, für sie wie für uns. Unsere Differenzen waren nicht psychologischer Natur, das war hier kein Generationenkonflikt und auch keiner zwischen Pessimisten wie uns, die die Schoa kommen sahen und ihre Angst nicht vor der Öffentlichkeit verbergen wollten, und Optimisten wie ihnen, die daran glaubten, daß die Menschlichkeit schließlich siegen und uns aus dieser Düsternis befreien würde. Wir verlangten damals nicht, daß die schrecklichen Informationen über Ponar kommentarlos veröffentlicht würden, weil das nur zu allgemeiner Apathie und Verzweiflung geführt hätte. Wir sagten nicht: »Die SS wird uns unter allen Umständen töten.« Wenn wir das gemacht hätten, wären wir Verbrecher gewesen. Wir verlangten nur, daß die Wahrheit über das, was uns erwartete, bekanntgemacht wurde, damit wir beizeiten lernten, uns zu verteidigen. Wir verlangten Organisierung, und daß wir unsere Waffen rechtzeitig schmiedeten, um dem bevorstehenden Angriff standhalten zu können.

Unsere Opponenten waren dafür offensichtlich nicht stark genug. Sie hatten Angst davor, zu handeln. Sie weigerten sich, zu sehen. In ihren Gesichtern spiegelte sich die Furcht, die aus ihren Ansichten sprach. Sie hatten Angst vor der Geschichte.

Unser Treffen mit Gitterman, einem der Direktoren des Joint, verlief unerwartet ermutigend. Er tat sein bestes, damit ich Warschau nicht mit leeren Händen verließ. Er sicherte uns eine feste finanzielle Unterstützung zu, ich weiß nicht mehr, wieviel, aber es war keine geringe Summe. Das Geld mußte aber erst gesammelt werden, und das war nicht gerade einfach. Es mußte ein Jude gefunden werden, der bereit war, sein Geld beim Joint zu hinterlegen, bis... bis nach dem Krieg. Ich bekam allerdings sofort einen Vorschuß, und das war ein großer Tag in unserem Leben. Nicht nur wegen des Geldes, sondern weil Gitterman es uns wissentlich für Waffenkäufe gegeben hatte. Die anderen Direktoren des Joint dachten, das Geld wäre für »soziale Zwecke« in Wilna bestimmt. Seine wahre Bestimmung kannten nur Gitterman und Gozik, ein anderer Joint-Direktor.

Die politischen Führer begründeten ihre zögerliche Haltung zur bewaffneten Selbstverteidigung mit der »Kollektivverantwortung«. Das Problem war schon in Wilna aufgetaucht. Wir maßten uns nicht im geringsten das Recht an, selbst den Zeitpunkt der Vernichtung tausender Menschen zu bestimmen. Obwohl wir wußten, daß die Masse der Juden dazu verdammt war, hilflos zu sterben, wollten wir dieses Ende nicht beschleunigen. Wir wußten, daß Hitlers Bataillone noch fünf Minuten vor ihrem eigenen Ende die totale Vernichtung der Juden durchführen würden. Wir wußten auch, daß trotz aller Gerüchte über ein rasches Kriegsende die Rote Armee noch Jahre brauchte, um die letzte Schlacht zu gewinnen. Deshalb hing Szmul, in sein Zimmer eingesperrt, Tag und Nacht am Radio. Wir waren begierig nach jeder Neuigkeit von der Front. Wir wußten, daß die zweite Front nur langsam eröffnet wurde, daß die Rettung nicht so bald kam, und wir wußten vor allem, daß das Ende des Ghettos die Vernichtung war. Aber wir wollten dieses Ereignis nicht provozieren. Schon in Wilna war unsere wichtigste Sorge die Frage nach dem richtigen Zeitpunkt für den bewaffneten Aufstand gewesen. Mehr noch, wenn wir in Wilna kämpften, würde sich das nicht auch auf die Juden in Warschau auswirken? Andererseits war uns klar, daß wir, wenn wir uns nicht rechtzeitig verteidigten, überhaupt keinen Widerstand mehr leisten konnten. Wir wußten, daß die Deutschen nach der Devise »teile und herrsche« handelten: Schneide immer nur ein Stück vom Ganzen ab, verstärke in denen, die jeweils übrigbleiben, den Wunsch, zu überleben, zerstöre ihre Seelen und ihre natürlichen Instinkte, brich ihren Willen, und du hast ihre Widerstandskraft zerbrochen. So werden die Massen zur

Schlachtbank gehen und bis ans bittere Ende an ein Wunder glauben.

Wir wußten, daß wir der Verantwortung nicht entgehen konnten. Wir lebten mit dieser Verantwortung für die Menschen, über deren Schicksal wir stritten. Wir hatten uns entschieden, das Ghetto nicht zu verlassen, und diese Entscheidung gab uns Kraft an Körper und Seele. Mehr noch, wir hatten erkannt, daß diese »Kollektivverantwortung«, auf der die Deutschen bestanden, nur ein kleines Detail in einem großen Programm war. Sie war ein Mittel, Angst zu verbreiten, das Denken zu lähmen. Sie nährte die Illusion, daß sich, wenn du nicht kämpfst und nicht revoltierst, deine Lage verbessert und du in Sicherheit bist. Das angebliche Heilmittel, diese »Kollektivverantwortung« zu akzeptieren, erwies sich als Fehler, es wurde offensichtlich, daß sich damit nichts zum Besseren wendete, aber da war es bereits zu spät. Es war dasselbe, wie wenn man einem politischen Gefangenen die Freiheit versprach, wenn er seine Genossen verriet. Kein politischer Gefangener hatte je für einen Verrat die Freiheit errungen. Entweder er wurde getötet, wie seine Freunde, oder er wurde zum Sklaven der Gestapo.

Wir bemühten uns, so zu handeln, daß wir das Ghetto nicht vorzeitig in Gefahr brachten. Wir beschlossen, unsere Kräfte nicht in ständigen kleineren Zusammenstößen zu verzetteln, sondern im entscheidenden Moment eine zentrale Aktion, den Aufstand, durchzuführen.

Wir befanden uns an der Ecke Nalewki- und Hovolipki-Straße. Hier war der Durchgang gegenüber der Ghettomauer und dem großen Ghettotor sehr eng. Wir liefen über die langen, gewundenen Plätze des jüdischen Warschau, bis wir in die Dluga-Straße kamen. Plötzlich hörten wir einen Tumult. Bevor ich wußte, was los war, zog mich Mordechai am Ärmel in einen Hof, schob mich die Treppe hinauf und zerrte mich wortlos in das oberste Stockwerk. Erst jetzt erklärte er mir, was passiert war: »Hast du die Schüsse nicht gehört? Direkt neben uns? Eine SS-Patrouille ist im Ghetto. Wenn du wieder einmal hörst, daß Leute schreien und davonlaufen, dann läufst du auch weg, verstanden?«

Das Ghetto kannte schon die berüchtigten SS-Patrouillen, die ab und zu kamen, um sich mit den Juden »einen Spaß zu machen«. Sie schossen blindlings um sich. Sie hatten spitze Stöcke dabei und schlugen auf jeden ein, der ihnen über den Weg lief. Meistens gelang es den Menschen, in die Höfe und Häuser zu flüchten, und dann ließen die SSler sie laufen. Sie waren nicht gekommen, um Juden zu fangen, sondern um sich auf ihre Kosten zu amüsieren. Die Deutschen liebten es, Schrecken zu verbreiten.

Als wir uns wieder auf die Straße wagten, fanden wir am Tor eine Frau, die sie erschossen hatten. Die Leiche der Unglücklichen wurde rasch entfernt, und das Leben ging weiter, geräuschvoll wie immer.

In einem versteckten Zimmer in der Dluga-Straße stellte Mordechai mich Jozef Lewartowski vor. Das Treffen war vorab arrangiert worden. Mordechai verhielt sich still, er war keiner, der die Dinge forcierte. Das war ein weiterer tröstlicher und hilfreicher Zug an ihm.

Jozef war älter als wir, um die Vierzig. Er trug dunkelgerandete Brillen. Ich erinnere mich nicht mehr genau an sein Gesicht, aber es strahlte Ernsthaftigkeit aus. Er empfing mich ohne große Formalitäten als Genossin. Er freute sich über die Grüße, die ich ihm überbrachte, und schuf eine ruhige, angenehme Atmosphäre für die Diskussion. Weder in seinem Verhalten noch in der leisesten Andeutung eines Lächelns spürte ich die Herablassung eines Mannes, der »revolutionäre Erfahrung« für sich beanspruchte wie seine Genossen in Białystok. Da war keine Spur von den alten Vorurteilen oder dem Mißtrauen gegen Leute, die selber keine Kommunisten waren.

Nachdem ich ihm die Situation in Białystok geschildert und ihm den Brief gegeben hatte, sagte Jozef: »Ich frage mich, warum sie von mir Anweisungen erwarten. Ich kann ihnen weder schriftlich noch mündlich welche geben. Ich bin nicht autorisiert, Instruktionen zu erteilen in einem Gebiet, das früher sowjetisch war. Ich arbeite im Bereich von Kongreß-Polen. Es gibt doch sicher in ihrer Region Gremien mit Weisungsbefugnis. Aber ich kann erklären, daß ihr meiner persönlichen Meinung nach das Richtige tut. Die Errichtung einer vereinigten jüdischen Front zur Bekämpfung der Invasoren ist das Gebot der Stunde. Es geht nicht an, jetzt über Differenzen aus der Vergangenheit zu hadern. Jeder Schritt, der sich nicht an den Erfordernissen unserer Zeit orientiert, ist wertlos und muß fehlschlagen. Ich bin zuversichtlich, daß unsere Kader in Białystok, die zahlreich und stark sind, den richtigen Weg finden werden. Ich verstehe ihr Zögern, und ich kenne seine Hintergründe, aber sie dürfen nicht auf Anweisungen warten. Sie müssen sich ihrem kommunistischen Selbstverständnis gemäß verhalten, dann tun sie auch das Richtige.«

»Bist du bereit, mir das schriftlich zu geben?«

»Ich wüßte nicht, warum ich ein Geheimnis daraus machen sollte. Ich werde mich kurz fassen, aber die richtigen Andeutungen machen. Also, drück ihnen für mich die Hände, ich habe sehr enge Freunde dort.« Am nächsten Tag bekam ich über Mordechai den Brief, zusammen mit guten Wünschen.

Wir trafen uns mit den Kommunisten. Mordechai ergriff das Wort: »Ich sehe, ihr habt die harten Tatsachen noch immer nicht voll erfaßt. Die Gesellschaft ist ein kranker Mann, der auf dem Operationstisch liegt. Es gibt heute keinen Bedarf nach dem scharfen, geschichtstheoretischen Skalpell. Heute kann uns der Kranke selbst einiges über die Gesellschaft lehren, die jüdische wie die nichtjüdische.« Mordechai erklärte die Unterschiede zwischen unseren Ansichten und denen der Kommunisten. Das war keine Frage von größerer Offenheit oder schärferem Denken oder der moralischen Bewertung der Menschheit. Die Differenzen resultierten aus unserer unterschiedlichen Einschätzung der Lage. Wir zweifelten nicht daran, daß Jozef Lewartowski und seine Genossen ernsthaft gegen die Nazis kämpfen wollten. Das war offensichtlich, im Gegensatz zu anderen Fällen, die nicht so klar waren. Sie würdigten auch die Bedeutung eines jüdischen Krieges gegen die Nazis, immerhin hatten die Kommunisten offizielle Emissäre in das Ghetto geschickt. Jozef war einer von ihnen. Ein anderer war sogar mit dem Fallschirm abgesprungen. Aber das Ghetto war für sie nur ein Stadtbezirk unter anderen, eine geographische Einheit. Das heißt, sie sahen im Ghetto nicht eine Gruppe von Menschen, die ein ganz eigenes Leben und unter sehr spezifischen Bedingungen einen ganz bestimmten Kampf führten, der nicht unter die allgemeine Parole »Kampf den Invasoren« subsumiert werden konnte. Die hohe Mauer, die das Ghetto umgab, war für sie lediglich ein materielles Hindernis, das die Untergrundarbeit erschwerte.

Nach dem Treffen sagte Mordechai zu uns: »Seid ihr euch über die historischen Implikationen dieser Sichtweise im klaren? Seht ihr den Zusammenhang mit der jüngsten Geschichte der jüdischen

Kommunisten? Das ist nur ein kleines Detail, das aber das große Ganze enthüllt. Seit die Juden in Warschau sind, der Hauptstadt Polens, muß der jüdische antifaschistische Untergrund sich angeblich keine speziellen Kampfmethoden aneignen, und es gibt angeblich keine Umstände, die ihn dazu verpflichteten. Sie wollen nicht, daß wir einen nationalen Krieg führen, als ein Volk, das von den Nazis vernichtet wird, sondern daß wir in die Wälder zu den Partisanen gehen und uns den anderen antifaschistischen Kräften anschließen. Ihr werdet noch herausfinden«, schloß Mordechai, »daß das nicht nur ein Białystoker Problem ist.«

Sein Gerechtigkeitssinn ließ jedoch nicht zu, daß er nur die Kommunisten kritisierte. Und grundsätzlich maß er unserer Zusammenarbeit mit ihnen historische Bedeutung zu. Er bezog sich auf sie auch in seiner Analyse der fernen Zukunft, die wir selbst nicht mehr erleben würden. Ich erinnere mich noch gut an die Artikel unserer Warschauer Genossen in der Untergrundpresse, in der sie eine zionistische Lösung des jüdischen Problems nach dem Krieg immer in Partnerschaft mit der Sowjetunion entwarfen. Auch von diesem Standpunkt her befürwortete Mordechai eine vereinigte antifaschistische Front mit den Kommunisten.

Szmul zeigte mir einmal eine Pistole: »Das ist die einzige jüdische Pistole im Ghetto«, sagte er lachend. Ich weiß nicht, ob er traurig war, weil es nicht mehr Pistolen gab, oder sich freute, weil die einzige vorhandene ihm gehörte. Trotz seiner Sorge um das Allgemeinwohl verfügte Szmul über ein etwas kindliches Gebaren, das jedoch nicht ohne Charme war. Auf diese Art brachte er seine Kritik an den Parteien und Bewegungen zum Ausdruck. Szmul war aber auch fähig, seine Meinung zu ändern. Seine leichtherzige Prahlerei mit unserer Bewegung entsprang seiner Begeisterung für ihre großen Werte. Manchmal schien es, als würde er von seinem Gedankenflug getrieben, statt daß er selbst ihn lenkte und kanalisierte. Gelegentlich konnte er sich einfach nicht kontrollieren. Dennoch, er war ein guter Verleger, Publizist, Drucker, Rechercheur und Autor einer reichen, mutigen und inspirierten Prosa.

Szmul machte auch Fehler. Fast alle von uns kritisierten ihn, außer Mordechai, der seinen besten Freund quasi »historisch« betrachtete. Wir nahmen Anstoß an seinem Mangel an Selbstkritik, seiner übereilten, unreifen Einschätzung von Parteien und Bewegungen und seiner wählerischen Art, Menschen und Organisationen zu klassifizieren. In seiner Jugendlichkeit wußte er nicht, daß man versuchen mußte, die Seelen der Menschen zu gewinnen, ehe man voreilig an ihnen verzweifelte, und daß das auch für Parteien oder ganze Gemeinden galt. Szmul mußte noch lernen, Menschen und Gruppen zu überzeugen, und er mußte auch lernen, daß, was die Vernunft nicht erreichte, die Zeit heranreifen ließ. »In einem Kampf wie dem unseren können wir auf niemanden verzichten«, sagte Jozef Kaplan. »Wir dürfen nicht nur die anderen, sondern wir müssen auch uns selbst hinterfragen. Vielleicht kennen wir die Dror-Leute nicht gut genug. Vielleicht ist unsere Kritik übertrieben, vielleicht sind wir zu blind, um die reale und moralische Stärke von anderen zu erkennen.« Jozef war der älteste von ihnen. Er hatte die reifsten Vorstellungen von den Erfordernissen der Stunde und der Angemessenheit der Mittel. Die Z.O.B.[1], die Kampffront des Volkes in Warschau, wurde, wie der breite antifaschistische Untergrund in Białystok, aus internen Konflikten geboren, aber in diesen Konflikten auch gestählt.

1 *Zydowska Organizacja Bojowa, die Jüdische Kampforganisation im Warschauer Ghetto*

7
Frumka

Ich fuhr ermutigt nach Białystok zurück. Ich brachte sowohl Geld mit als auch gute Nachrichten über das Entstehen einer Volksfront.

Ich traf Edek im Ghetto an. Er sollte in ein paar Tagen nach Wilna weiterreisen. Obwohl er nur auf Zwischenstation hier war, konnte Edek nicht stillsitzen und engagierte sich in unserer Arbeit. Die ging immer noch schleppend voran, wir liefen tagelang herum, ohne auch nur einen Anfang in Sichtweite. Die Stunden verflossen auf Treffen, in Diskussionen und auf erneuten Treffen. Am Abend, wenn wir den Tag rekapitulierten, hatten wir eine Menge Gesprächsstoff, aber nichts Handfestes vorzuweisen.

Edek traf sich mit Zerah und Gedalyahu und auch mit Franek und Yoschko, seinen Kibbuz-Genossen aus Volkovysk. Zerah stand ihm am nächsten. Sie waren in derselben Jugendgruppe groß geworden, hatten zusammen gespielt, Bücher gelesen, waren zusammen erwachsen geworden. Edek war schon so verstrickt in unsere Angelegenheiten, daß er plötzlich fand, er könne Białystok nicht mehr verlassen. In Białystok fehlte ein militärischer Kommandant, und Edek war der einzige, der über eine richtige militärische Ausbildung verfügte. Ich war ganz seiner Meinung. Es gab hier niemanden, der Edek ersetzen konnte. Aber was war mit Wilna? Edek fiel es schwer, sich zu entscheiden. Wir alle fanden, er sollte hier bleiben, denn in Wilna gab es schon einen organisierten Untergrund und sogar eine breite Einheitsfront. Die Vorbereitungen für den praktischen Kampf waren dort schon im Gange, einschließlich der Bewaffnung der Aktivistinnen und Aktivisten. Hier in Białystok befanden wir uns noch am Nullpunkt. Andererseits, Edek hatte eine ganz bestimmte Mission zu erfüllen und wurde zurückerwartet. Er war nur auf Grund von objektiven Schwierigkeiten in Warschau aufgehalten worden, und er fühlte sich nicht berechtigt, seine Aufgabe abzugeben.

Ich schlug ihm vor, zu bleiben. Da ich ohnehin bald nach Wilna fuhr, konnte ich die Angelegenheit dort klären. Edek aber blieb unerbittlich. Er wollte keinen Präzedenzfall dafür schaffen, daß andere nun auch machten, was sie wollten. Das gäbe kein gutes Vorbild ab, meinte er, wenn ein Mitglied der nationalen Führung gegen die Disziplin verstieß. Aber er würde nicht mit leeren Händen gehen: »Wenn wir uns ohnehin schon mit gefälschten Papieren über die Grenzen schmuggeln, dann können wir das auch gleich ausnutzen.« Wieder versuchten wir vergeblich, ihn davon abzubringen.

Edek hatte einen Juden aufgetrieben, der vor kurzem als Flüchtling aus Wilna gekommen war. Er fragte ihn nach den Preisen für Dollars, Gold und Goldrubel in Wilna aus. Wenn seine Angaben stimmten, zahlte es sich aus, Goldmünzen nach Wilna mitzunehmen und sie dort zu verkaufen. Edek wollte es versuchen, vielleicht konnte er für das Geld Waffen kaufen. Er setzte einen Teil des Geldes, das ich aus Warschau mitgebracht hatte, in Goldmünzen um. Wenn es ihm gelang, sie profitabel zu verkaufen, würde er ein kodiertes Telegramm schicken. Ich würde dann dasselbe machen. Wir nähten ihm die Münzen in die Schulterpolster ein und warteten ängstlich auf seine Botschaft.

Meine Schwester hatte Freundinnen außerhalb des Ghettos, polnische Arbeitskolleginnen aus der sowjetischen Periode. Stefa, eine von ihnen, eine junge Frau, die mit ihrer Mutter am oberen Ende der Sienkiewicza-Straße wohnte, war bereit, Post für uns in Empfang zu nehmen. Ich besuchte sie täglich. Ich verließ das Ghetto mit der Erlaubnis, die Barasz mir verschafft hatte, nahm heimlich die gelben Flecken ab und zog los. Der Frühling hatte bereits begonnen, aber morgens war es neblig wie im Herbst. Stefa hieß mich freundlich willkommen, sah mich durch ihre gesenkten Wimpern an, und aus der Art ihres Grußes entnahm ich schon, ob Post gekommen war oder nicht. Ihre Mutter versuchte mich zu trösten: »Es kommt schon, vielleicht morgen.« Ich fragte mich, warum sie das tat. Vermutlich aus reiner Menschlichkeit, sie wußte ja, wie wichtig mir der Brief war.

Währenddessen ging das Leben im Ghetto ohne besondere Aufregungen weiter wie bisher. Nachdem sie sich von den Anspannungen der ersten Zeit erholt hatten, interessierten sich die Menschen wieder für das, was in den Zeitungen stand. In Białystok gab es keine einzige polnische Zeitung. Die deutschsprachige Lokalzeitung, die »Białystoker Zeitung«, war ein dünnes, schäbiges Blättchen, in dem kaum etwas stand. Wenn man gelernt hatte, zwischen den Zeilen zu lesen, konnte man der »Allgemeinen Zeitung« und dem »Völkischen Beobachter« mehr entnehmen. Juden durften keine deutschen Zeitungen lesen, dieses Verbot war sowohl von der Stadtpolizei als auch von der SS verkündet worden. Aber man konnte die Zeitungen auf der Hauptstraße des Ghettos kaufen. Nicht nur Kartoffeln, Fleisch und Brot wurden in das Ghetto geschmuggelt, sondern auch Zeitungen, und der Zeitungsverkäufer hatte zahlreiche Kunden. Manchmal verfiel er in Galgenhumor:

»Gib mir ›Das Reich‹.«

»Es gibt kein ›Reich‹.«

»Aber du hältst es in der Hand.«

»Und ich sage dir, ›Das Reich‹ gibt es nicht mehr.« Der Kunde gab es auf, kam dann aber hastig wieder zurück: Der Verkäufer hatte sich einen Spaß erlaubt.

Zwischen den Zeilen lasen die Juden, daß Moskau nicht gefallen war, und daß die Sowjetunion durchhielt. Wenn die deutschen Blätter das OKW zitierten und schrieben: »Wir haben Staraja Russa (oder irgendeinen anderen Ort) in einem Gegenangriff genommen«, wußten wir, daß die Sowjets angegriffen und die Deutschen diesen Angriff hatten zurückschlagen müssen. Das war ein gutes Zeichen. In diesem Frühjahr wurde klar, daß die Sowjetunion durchhalten würde. Die Rote Armee hatte die 16. Armee in der Nähe von Staraja Russa abgeschnitten und begann damit, mehrere Städte im Gebiet von Smolensk zu befreien. Diese Nachrichten waren wie eine erfrischende Quelle, die die Hoffnung wiederbelebte.

Gleich nach meiner Rückkehr trat ich mit Frumka in Kontakt. Sie organisierte den Białystoker Dror. Ich traf sie auf der Brücke über die schlammige Biała, die durch das Ghetto floß. Ich erkannte Frumka schon von weitem an ihrer Haltung: Ihr Rücken war leicht gebeugt, und sie hatte den Kopf zwischen den Schultern vergraben. Frumka leistete hier wichtige Arbeit, indem sie eine Hechaluz-Organisation an einem neuen Ort wiederaufbaute. Wir kamen in unserem hastigen Gespräch gleich zum Kern der Sache:

»Frumka, wie wird es weitergehen? Ihr allein und wir allein?«

»Was sagen unsere Genossen in Warschau über die Selbstverteidigung?«

»Ich habe das mit euren Genossen nicht geklärt, das wollen unsere Leute in Warschau machen. Aber soweit ich weiß, treibt Yizhak die Sache voran.«

»Glaub mir, Chaika, es geht mir nicht aus dem Kopf. Ich arbeite dauernd an Dingen, die mit Selbstverteidigung wenig zu tun haben. Ich schlage mich mit der Beschaffung von Räumen, Arbeitsplätzen und all so was herum. Aber mein Herz ist nicht bei der Sache. Es ist schwierig, die Größe der Revolution, die vor uns liegt, ganz zu begreifen, und die Verantwortung, die sie beinhaltet. Glaub mir, diese täglichen Aufgaben fressen mich auf. Ich traue mich nicht, selbst eine Entscheidung zu treffen, obwohl ich weiß, daß unsere Leute in Wilna recht haben. Ich kann nicht, es liegt nicht in meiner Macht. Chaika, ich rackere mich ab, und ich kann das, was ich tue, nicht aufgeben, um mit dem anderen anzufangen. In ein paar Tagen fahre ich nach Warschau.«

Die Verhandlungen mit den Kommunisten waren ermüdend, sie verliefen ganz anders, als ich es angesichts von Jozefs Brief erwartet hatte. Ich hatte große Hoffnungen auf Edeks Rückkehr gesetzt, ich dachte, er könnte sie in die Enge treiben. Er hatte auch mehr Zeit, er mußte nicht dauernd herumreisen und konnte sich ganz auf die Organisierung des Widerstandes konzentrieren. Aber wo war Edek jetzt?

Eine Woche nach seiner Abreise kam ein Brief bei Stefa an: »Ich habe einen Posten erhalten, würde mich gerne mit dir beraten, Eduard.«

Meine Freude war grenzenlos. Edek war heil angekommen. Wir konnten Geld für Waffen beschaffen. Ich packte meine Taschen. Diesmal konnten wir die Sache in größerem Rahmen angehen. Jandzia kannte viele Leute im Ghetto. Er sammelte Goldmünzen bei ihnen ein, und ich nähte sie in die Knöpfe meines Mantels. Das war nicht allzu schwierig. Man nahm die Holzknöpfe unter dem wollenen Bezug heraus und ersetzte sie durch die Goldstücke. Es war viel Gold, und entsprechend groß war die Gefahr, wenn ich entdeckt wurde. Aber das Risiko lohnte sich. Wir wußten, daß die Mark mehr wert war als der Rubel und außerdem die allgemeine Währung. Deshalb mußte ich Mark aus Białystok mitbringen. Aber die gab es nicht als Goldmünzen, sondern nur in Scheinen, und es war schwer, große Bündel von Scheinen zu verstecken. Wir nähten sie in meinen Gürtel und hofften, daß sie nicht gefunden wurden.

An der Grenze wurden meine Papiere nur oberflächlich überprüft, nachdem sie schon von der Grenzpolizei in Merkine abgestempelt worden waren.

»Wieviel Geld haben Sie dabei?«

»Bitte«, erwiderte ich und öffnete meine Geldbörse. Der Polizeibeamte zählte das Geld und schüttelte verärgert den Kopf, als wollte er sagen, was, das nennen Sie Geld?

Ich hatte etwa 15 Mark im Portemonnaie.

In Wilna traf ich Jadwiga nicht zu Hause an und mußte mir deshalb einen anderen Platz suchen, um die Zeit bis zwei Uhr herumzubringen. Ich traf sie am darauffolgenden Tag. Als sie hörte, daß ich die Frau war, die nach ihr gesucht hatte, staunte sie:

»Die Vermieterin hat mir ausdrücklich gesagt, daß eine Schwangere nach mir gefragt hat.«

Ich erzählte ihr, daß ich gestern schwanger gewesen war, aber nicht damit gerechnet hatte, daß es jemandem auffallen würde. Die Grenzpolizei hatte zum Glück meinen verdächtigen Bauch nicht durchsuchen wollen. Wir lachten beide.

Die Beratungen im Ghetto waren zäh und bitter. Edek und ich versuchten Abba davon zu überzeugen, daß Edeks Platz in Białystok war, aber Abba blieb hart, er wollte, daß Edek in Wilna blieb. Wilna war ein Symbol – das erste Opfer, das bereit war, sich vor seinem Tod zu erheben. Konnten wir riskieren, daß die Kampforganisation gerade hier versagte?

Ich sehe immer noch das Zwielicht dieses erschöpfenden Tages vor mir. Wir verloren fast die Selbstkontrolle, wir hätten einander beinahe Dinge gesagt, die wir später bereut hätten. Aber wir entschieden, daß Edek nach Białystok zurückkam, um dort das militärische Kommando zu übernehmen.

Mir wurde die Aufgabe zugewiesen, die politische Arbeit zu leiten und die Verbindung zwischen den drei großen Zentren – Wilna, Białystok, Warschau – aufrechtzuerhalten.

8
Die Debatte

Ich verbrachte damals die meiste Zeit in Zügen, reiste von einer Grenze zur anderen, schlüpfte aus dem Stacheldraht des einen Ghettos durch den des nächsten. Zwischen den Reisen beteiligte ich mich an der Organisierung des jüdischen Untergrundes in Białystok. Nur im Białystoker Ghetto beschäftigte ich mich mit lokalpolitischen und organisatorischen Angelegenheiten. Ich klärte Grundsatzfragen mit den Genossen, tauschte Informationen und Erfahrungen mit ihnen aus und kümmerte mich um die finanziellen Probleme. Die Methode, die wir entwickelten, um den Informationsaustausch und die kontinuierliche Beratung zwischen den Untergrundführungen der verschiedenen Ghettos und Regionen zu ermöglichen, barg große Gefahren, aber die Sache war so wichtig, daß wir übereinkamen, das Risiko unter allen Umständen auf uns zu nehmen. Wir beschlossen, unseren Kommunikationsapparat auszubauen. Anfangs waren wir sehr vorsichtig, übervorsichtig, weil wir noch an den Fähigkeiten der einfachen Mitglieder zweifelten. Wir wußten, daß jeder Fehler, und sei er noch so gering, zu einer Katastrophe führen konnte. Weil wir den Preis kannten, hatten wir Angst, unsere Leute der Prüfung auszusetzen. Das Leben im Untergrund ist eine ernste und schwierige Angelegenheit. Wenn man nicht fähig ist, Vorsicht und Mut zu kombinieren, führt ein Fehler zum nächsten. Viele revolutionäre Bewegungen und Parteien schwankten zwischen diesen beiden Polen. Aus Vorsicht zögerten revolutionäre Führungskader oft, neuen Leuten Aufgaben anzuvertrauen. Diese Furcht behielten sie oft auch bei, wenn sie schon an die Macht gelangt waren, oder in Friedenszeiten, wenn Fehler, die aus Unerfahrenheit gemacht wurden, korrigiert werden konnten. Um wie vieles vorsichtiger waren wir erst recht damals, in diesen Zeiten. Wen die Gestapo einmal in der Hand hatte, der konnte ihr nicht mehr entkommen. Aus diesen Gründen übernahmen die Führungsgenossinnen und -genossen, Stellungs- wie Frontkommandanten, oft selbst eine Menge gefährlicher Arbeiten, die oft rein technischer

Natur waren und weder eine besondere Ausbildung noch besondere Fähigkeiten erforderten, anstatt sie an die einfachen Mitglieder zu delegieren, die sich danach sehnten, etwas tun zu dürfen. Heute weiß ich, daß es ein Fehler war, daß Edek sich damit aufhielt, Geld zu schmuggeln, und daß ich selbst herumreiste, um Material zu transportieren. Man konnte den Neulingen durchaus beibringen, wie man reisen mußte und Kontakte herstellte. Etwas anderes war es gewesen, als Tosia ihr Leben riskiert hatte, um nach Wilna zu kommen, denn damals hatte sie unsere erste Verbindung zueinander hergestellt, und es war hier um entscheidende, schicksalhafte Gespräche gegangen.

Als wir unseren Fehler einsahen, schickten wir Rivkele nach Wilna und beauftragten Sarah und Roszka, gedrucktes Material, Geld und Informationen zu transportieren. Wir staunten über Rivkeles Klugheit, ihre Begabung, harmlos zu wirken, und ihre professionelle Genauigkeit. Und ebenso überraschte uns Sarahs Besonnenheit, die Ruhe, die in ihren Bewegungen und Handlungen lag, ihre erwachsene Ernsthaftigkeit bei der Arbeit. In ihrer Kleidung versteckte sie die Informationen über die Ponar-Massaker, die Dokumente über die Greuel von Kovno, die Zeugnisse und handschriftlichen Berichte aus Minsk und anderen belorussischen und litauischen Städten. Im doppelten Futter ihrer Tasche verbarg sie den Aufruf der F.P.O., das Geld und die Codes. Wir waren von all dem überwältigt, und neue Überraschungen standen uns bevor.

Eine andere Art der Kontaktaufnahme waren kurze Mitteilungen auf Postkarten. Edek hatte den Code ausgearbeitet. Eine Fünferzelle war ein »Geschäft«, Waffen hießen »Möbel«: lange Gewehre nannten wir »Schränke«, Pistolen »Stühle«, schwere Waffen »Tische«. Dollars bezeichneten wir als »Stephans« (zu Ehren von Stephan Wise), und falsche Papiere hießen nach allen möglichen Werkzeugen. Eine Verhaftung bezeichneten wir natürlich als »Krankheit« und so weiter. Ich kann mich noch an jedes einzelne Codewort erinnern. Der Spezialcode, den Edek, Jozef Kaplan, Roszka Korczak und ich für kurze Briefe auf dünnem, kariertem Papier benutzten, ist nicht mehr erhalten. Die Spezialisten für codierte Postkarten waren Edek und Roszka. Edek schaffte es, eine Fülle von Informationen auf eine einzige Karte zu packen, und das ersparte uns oft gefährliche Reisen.

Im Frühling kam Edek nach Białystok zurück. Es erwartete ihn eine Menge Arbeit, aber er mußte sich in Geduld fassen. Edek, Zerah, Gedalyahu und ich bildeten die lokale Führung in der Stadt. Die Verhandlungen mit den Parteien, die Organisierung unserer eigenen Zellen und die Beschaffung von Waffen erforderten Sorgfalt und Hartnäckigkeit. Man ging ständig davon aus, daß morgen eine Entscheidung fallen, daß morgen ein Bündnispartner sagen würde »es kann losgehen!«, aber wenn es dann morgen war, wurde die Entscheidung auf den nächsten Tag verschoben und dann auf den übernächsten Tag und so weiter, ad infinitum. Dasselbe galt für die Waffenbeschaffung. Jemand versprach, uns mit jemandem bekannt zu machen, der jemanden kannte, der Waffen verkaufte. Und plötzlich war der Faden gerissen. Einer dieser »jemande« tauchte nicht auf, verschwand oder wurde verhaftet. Wieder einmal war alles umsonst gewesen.

Den ersten Fortschritt machten wir in der Organisierung der Zellen. Sie bestanden aus je fünf Leuten und waren nach Geschlecht und Alter gemischt. Edek, Zerah und Yoschko hatten den Plan dafür ausgearbeitet. Wir banden nur jeweils eine neue Person in eine Zelle ein. Nach zwei, drei, manchmal auch mehreren Gesprächen unter vier Augen durfte die Kandidatin oder der Kandidat sich das erste Mal mit ihrer oder seiner künftigen Zelle treffen. Die Zellenstruktur hatte nichts mit dem organisatorischen Rahmen der Bewegung zu tun. In den Bewegungsgruppen wurde nicht über die Zellen gesprochen. Es war, als gäbe es sie gar nicht. Diese Trennung zwischen Bewegungsgruppen und Zellen war damals unvermeidlich. Die Jugendgruppen, ihre Mitglieder und Führerinnen und Führer waren allgemein bekannt. Die Gruppen lebten zusammen, auch noch im Ghetto, ihre Existenz war sozusagen halblegal. Die Feste, die Sozialarbeit und die regelmäßigen Treffen der Bewegung im Kibbuz in der Kupiecka-Straße 11 konnten nicht geheimgehalten werden, und die Gruppen aufzulösen hätte keinen Sinn gemacht. Wir wollten das auch gar nicht. Sie setzten ihre erzieherische Arbeit fort, eine Aufgabe, die von den Zellen nicht übernommen werden konnte. Ihre offene Existenz diente zum Teil auch als Tarnung gegenüber dem Judenrat und gewissen Elementen, die sich im Ghetto herumtrieben. Die Mitglieder des Judenrates hielten eine sozialistische Pionier-Bewegung wie Haschomer Hatzair in ihrer ehemaligen

Form für ungefährlich, vor allem wenn sie quasi legal und öffentlich auftrat.

So erhielten wir unseren Kibbuz und unseren öffentlichen Status. Es war uns auch wichtig, den Menschen zu zeigen, daß im Ghetto noch eine Kraft existierte, die nicht zerfallen war wie alles andere. Tatsächlich wußten die Juden, daß es uns gab, und sie betrachteten uns als eine organisierte Kraft.

Die Arbeit in den Gruppen und unter uns Erwachsenen hatte sowohl erzieherischen wie politischen Charakter. Hier diskutierten wir unsere Grundsätze. Wir hofften, damit auch die interne Demokratie aufrechtzuerhalten, die so wichtig ist für eine Untergrundbewegung. Um diese Demokratie zu stabilisieren und die kollektive Verantwortlichkeit zu stärken, schufen wir einen Kaderkreis, in dem die entscheidenden Grundlinien diskutiert wurden. Auf diese Art nahm die kollektive Führung unserer Bewegung Gestalt an. Aber unsere Probleme waren nicht durch vorgefertigte Richtlinien zu lösen. Manchmal war es nötig, die Demokratie zu beschränken, um zu verhindern, daß mit ihr Mißbrauch getrieben wurde. Es gab Zeiten, in denen wir dafür büßten, daß wir die Zügel lockergelassen und selbst bei den besten Genossen Schwächen zugelassen hatten.

Nicht alle Mitglieder durften sich den Zellen anschließen, und einige von ihnen protestierten dagegen auf sehr unerfreuliche Weise. Sie wollten unbedingt wissen, warum sie nicht in die Aktionen einbezogen wurden. Wir sprachen auch auf den normalen Treffen über die Gesetze des Untergrundes. Die Genossinnen und Genossen wußten daher, daß man eine solche Frage nicht stellte, daß sie eben geduldig warten mußten. Es gab welche, die sich daran hielten, aber es gab auch viele, die unter der scheinbaren Zurückweisung litten. Das führte zu sehr gefährlichen Verhaltensweisen: Sie versuchten Geheimnisse aufzuspüren, sie warfen der Führung blindlings vor, sich diktatorisch aufzuführen, das Individuum zu unterdrücken und das Recht zu handeln zu mißachten. Und es gab persönliche Angriffe auf einzelne Kader, denen vorgeworfen wurde, sie würden selbst nichts tun und andere daran hindern, etwas zu tun. Diese Kritik innerhalb der Bewegung war aber trotz allem nur eine Randerscheinung. Das Positive dominierte.

Es gab ein erwachsenes Mitglied, Aryeh Weinstein, den wir aus

Wilna kannten.[1] Er hatte Judaismus studiert und war bekannt für sein literarisches Talent. Er war allerdings unvorsichtig und neigte dazu, immer auszusprechen, was ihm gerade in den Sinn kam. Edek beschloß, seine Rekrutierung aufzuschieben. Aryeh verlieh unserem Zeitalter, dem Ghetto, unserer Zukunftsvision Ausdruck. Ich erinnere mich noch an eines seiner Gedichte, das wir uns in der Kupiecka-Straße oft vorsagten. Es ist nicht aufbewahrt worden, aber ich weiß noch sein Thema: Die Stimme eines weinenden Kindes im Chaos der Judenschlächterei. Ich höre noch immer die sanfte weinende Stimme des Kindes, die Stimme eines lebendigen Kindes inmitten Ruinen. Es war eine nüchterne Reflexion unseres harten Lebens. In Weinsteins Gedichten lagen gleichzeitig lyrische Zartheit und ein kämpferischer Geist. Trotzdem konnten wir ihn nicht in eine Zelle rekrutieren.

Aryeh hatte einen jüngeren Bruder, Koppel. Er war Pianist mit einem Talent für das Komponieren und Mitglied in einer der Tel-Amal-Gruppen. In seiner Musik drückte er die Gedanken und Gefühle aus, die sein Bruder in die Lyrik legte. Ich habe immer noch den »Stalingrad-Marsch« im Ohr, den er anläßlich der Schlacht um Stalingrad komponiert hatte. Er drückte nicht nur den tragischen, verzweifelten Kampf aus, der in diesen Tagen ausgefochten wurde, sondern auch den erhofften Sieg. Koppel wurde in eine Zelle aufgenommen. Er war anders als sein Bruder, verschwiegener, bescheidener und besonnener, aber kämpferisch im entscheidenden Moment. Aryeh war der Ältere, aber Koppel wurde Mitglied einer Zelle.

Auf einem der Treffen der erwachsenen Bewegungsmitglieder, auf dem es um die Methoden der Verteidigung ging, verlangte Aryeh, daß wir unsere Kriterien für den Aufbau des Untergrundes offenlegten. Edek beharrte darauf, daß es auf diesem Treffen nur um die Klärung des allgemeinen Systems ging. Die interne Zusammensetzung des Untergrundes konnte vor einem so breiten Publikum

1 Einer Verlautbarung des Judenrates vom 3. Dezember 1941 ist zu entnehmen, daß Leib Weinstein und acht andere sich nicht zur Arbeit gemeldet hatten und dafür mit Schwerstarbeit bestraft wurden (Nr. 173 der Verlautbarungen des Judenrates). Wir nehmen an, daß sich unter ihnen Aryeh Weinstein befand, ein Mitglied von Haschomer Hatzair. Wir wußten, daß er seine Auflehnung häufig auf eine Art und Weise ausdrückte, die zu persönlichem Leid führte.

nicht diskutiert werden. Für diesen Zweck waren eigene Institutionen eingerichtet worden, die, so Edek, »entscheiden müssen, aus welchen Elementen die Einheit bestehen soll, wer dazugehören und welche Funktion er übernehmen soll«.

Aryeh verlor die Beherrschung und schrie: »Aber wer hat euch dazu autorisiert?«

Wir wußten, daß das ein Ausrutscher war. Allen Anwesenden war klar, daß er einen Fehler begangen, aber nicht den Mut hatte, seine Schwäche einzugestehen. Aryeh gehörte auch später nie einer Untergrundzelle an, aber wir betrauten ihn mit der wichtigen Aufgabe, historisches Material zu sammeln, gemeinsam mit Jandzia die Ghetto-Tageszeitung herauszugeben und die Archive der Bewegung zu verwalten. Die Auseinandersetzungen mit Aryeh dauerten an, und er fand immer etwas zu kommentieren, selbst in den schwierigsten Tagen und in den Stunden der Niederlage.

Aryeh war ein Mann der Extreme. Er wies viele der Schwächen einer Untergrundbewegung auf, und er lieh den Zögernden, die selber nicht wagten, zu sagen, was sie dachten, eine Stimme.

Jandzia war anders, aber auch mit ihm mußten wir ein paar schwierige Diskussionen führen. Es ging dabei um den Wald, die Partisanen und den Kampf im Ghetto. Nachdem wir diesen Streit unter uns endlich beigelegt hatten, brach er mit erbitterter Heftigkeit zwischen uns und unseren Opponenten aus.

Alles hatte in Wilna angefangen. Jandzia hatte sich dem Beschluß, im Ghetto Widerstand zu leisten, nicht widersetzt, aber länger als andere gezögert. Er war der letzte, der diesen Beschluß als Bewegungsdoktrin akzeptierte. Er hatte dagegengehalten, der Aufstand im Ghetto bedeutete Selbstmord. »Wir müssen unsere Leute retten, und zwar so viele wir nur können.« Die Debatte in Wilna hatte sich erübrigt, als der Widerstand dort zu handeln begann. In Białystok tauchte sie wieder auf, und auch hier wieder auf einem der offenen und entscheidenden Treffen der erwachsenen Mitglieder.

Franek argumentierte, daß es darauf ankäme, was den Deutschen mehr Schaden zufügte – der Krieg im Ghetto oder in den Wäldern. Seiner Meinung nach gab es in den Wäldern mehr Möglichkeiten, weil wir den Feind dort aus dem Hinterhalt angreifen konnten. Würden wir stark genug sein, das auch im Ghetto zu ermöglichen? Als Jandzia damit anfing, daß wir Juden retten müßten, explodierte

Franek: »Ich kümmere mich einen Dreck um deine Rettung!« (Das polnische Wort war etwas obszöner, und er entschuldigte sich sofort dafür.) »Wen willst du eigentlich retten? Sklaven?« Dann bemühte er sich, seine Rede in einem gemäßigteren Ton zu beenden, ohne dauernd Obszönitäten zwischen den Zähnen hervorzuzischen.

Nach dieser Explosion verlief die Diskussion ruhiger. Alle ergriffen das Wort: Sarah Dabeltoff und Chaika Rybak, die sonst nicht dazu neigten, ihre Meinung öffentlich zu verkünden, aber als gute Genossinnen geschätzt wurden. Auch Zippora Kruglak sprach, von der wir so wenig wußten, ein Mädchen aus Białystok, das nie Forderungen stellte. Alle waren sich einig: »Edek hat recht. Unsere Genossen in Wilna haben recht. Wenn wir kämpfen, dann als Juden.«

Zerahs besonnene Art schuf immer eine ruhige Atmosphäre. Warum die Genossinnen und Genossen ihn so respektierten und immer aufmerksam zuhörten, wenn er sprach, weiß ich nicht. Zerah pflegte laut nachzudenken. Mit ständiger Betonung auf dem »Ich« fügte er die Worte sorgfältig und ohne jede sichtbare Erregung aneinander. »Franek hat recht. Wir müssen das Problem unter dem Gesichtspunkt des Krieges gegen die Deutschen abwägen. Jede andere Betrachtungsweise, egal wie sehr man sie mit Theorien über die Rettung der Juden oder auch nur der eigenen Haut ausschmückt, ist Verrat. Wer behauptet, wir könnten Massen von Juden retten, indem wir sie in die Wälder bringen, täuscht sich selbst und andere. Wie wollt ihr das denn anstellen? Könnt ihr auf diesem Weg die Alten, die Frauen und die Kinder schützen? Wollt ihr den Krieg gegen die Nazis ohne die Juden führen? Es gibt hier offenbar Leute, die uns eine Diskussion aufzwingen wollen, die wir längst entschieden haben. Erstens: es gibt keine Möglichkeit, Massen zu retten. Das ist Utopie, eine gefährliche Illusion, die uns dazu verführt, unser Schicksal hinzunehmen. Man kann nur einzelne retten. Und selbst die, die dauernd die Rettung von Massen propagieren, wollen im Grunde nur einzelne retten, sei es bewußt oder unbewußt. Und vielleicht soll ja unter diesen einzelnen der Betreffende selbst sein?«

Jandzia war verletzt und ließ den Kopf hängen. Wir alle spürten, daß Zerah zu weit gegangen war, aber er fuhr bedächtig fort:

»Es spielt nicht die geringste Rolle, ob hier jemand von meinen Bemerkungen verletzt wurde. Vielleicht habe ich unabsichtlich jemanden gekränkt, aber das ist hier keine persönliche Angelegenheit. Unter uns kommen wir vielleicht zu einer Einigung. Aber wir müssen darüber entscheiden, wie wir die Massen und die Bewegung erziehen, welche Forderungen wir aufstellen, und wie. Wir liegen mit vielen in erbittertem Streit. Laßt uns daher zumindest untereinander einig sein. Wir müssen als allererstes sicherstellen, daß in unseren eigenen Reihen alles in Ordnung ist. Und was die Frage Ghetto oder Partisanen betrifft, schließe ich mich Edek und Chaika und unseren Genossen in Wilna an.«

Nun ergriff Edek das Wort:

»Genossen, ich möchte noch einmal unsere Position in bezug auf das Ghetto klären. Möglicherweise stehen im Wald die Chancen, einen Krieg zu führen, besser. Aber wollen wir uns damit begnügen? Wollen wir die Massen ihrem Schicksal überlassen, wollen wir zulassen, daß sie auch hier, wie in Wilna, wie Lämmer zur Schlachtbank gehen, damit wir im Wald effektiver kämpfen können? Ich unterschätze den Wert von Sabotageaktionen durchaus nicht. Es ist gut, wenn viele Brücken zerstört, Munitionszüge in die Luft gesprengt, Telefonleitungen gekappt werden. All das ist sehr wichtig, aber es beantwortet nicht unsere entscheidende Frage: Wie organisieren wir einen Volksaufstand, wie bringen wir ein ganzes Volk dazu, sich zu erheben, wie führen wir die in das Ghetto gesperrten jüdischen Kräfte ihrer Bestimmung zu? Wollen wir in die Wälder gehen und uns jeder Verantwortung entledigen? Werden wir dann unsere Pflicht erfüllt haben? Der Wald ist eine Lösung für einzelne, die den Krieg gegen den Faschismus unterstützen wollen. Aber worin liegt die kollektive, die nationale Lösung? Sollen wir das unorganisierte Ghetto im Stich lassen, die Alten, Frauen und Kinder und erklären: Wir haben unser eigenes Leben gerettet? Ich sehe unsere Bewegung als Avantgarde, die den aufständischen Massen voranschreitet. Der Krieg muß im Ghetto geführt werden, und wir müssen ihn anführen, zusammen mit denen, die sich uns anschließen. Wir werden getötet, weil wir Juden sind, und als Juden müssen wir zurückschlagen, nicht als Individuen, sondern als organisierte Gemeinschaft.«

Jandzia zögerte noch immer. Wir wußten, daß er aus Liebe und Sorge um sein Volk litt. Was brachte das am Ende, fragte er, sollen wir uns damit begnügen, unseren Mut zu demonstrieren?

Jandzia hatte angefangen, Geschichte zu studieren. Er schloß sich auf dem Dachboden des Judenrates ein, wo es viele alte und kostbare historische Werke gab, die Reste der Białystoker Gemeindebibliothek. Er fügte die Zeugnisse eines zerstörten Judentums zusammen, und dann brach plötzlich der ganze unterdrückte Aufruhr seines Herzens aus ihm hervor. An diesem Tag sprach Jandzia für den gesamten Untergrund.

Folgendes war geschehen. Im Ghetto gab es eine offiziell zugelassene Schule, deren Leiter der frühere Direktor des hebräischen Gymnasiums war. Es gab sechs Klassen mit etwa hundert Schülern, aber diese Schule diente eher sozialen Zwecken als solchen der Lehre. Jandzia wurde gebeten, ein Fest für die Kinder zu veranstalten, ein ganz normales Fest, um die düstere Atmosphäre in dem großen Gebäude am Ende der Fabryczna-Straße ein wenig aufzuheitern. Jandzia verschwand für ganze Tage. Wir wußten, daß er ein Fest organisierte. War er denn verrückt geworden, ein Fest im Ghetto? Gab es nicht Wichtigeres und Nützlicheres zu tun? Jandzia sagte kein Wort. Dann lud er uns auf das Fest ein, und wir gingen aus reiner Neugierde hin. Die große Halle war voll. Es war fünf Uhr nachmittags, und das ganze Ghetto war gespannt: ein Kinderfest! Viele Leute kamen, auch solche, die keine Kinder unter den Schülern hatten. Sie drängten sich in den engen Fluren und standen in den Türen.

Was wir an diesem Nachmittag zu hören und zu sehen bekamen, ist schwer zu beschreiben. Die Erwachsenen saßen wie erstarrt. Niemand klatschte, als das Stück zu Ende war. Niemand tuschelte mit seinem Nachbarn. Auf dieser Bühne hatte Jandzia seine Seele offenbart. Wir sahen eine Dramatisierung von Białiks »A Freilichs« (Eine fröhliche Melodie), und wir hörten nicht die jungen, etwas heiseren Stimmen der Kinder, sondern das Schlagen unserer eigenen Herzen. Wie sehr gaben die Worte unsere eigene Lage wieder!

»Nicht genascht fun olam-hazeh, olam habah oich noch veit,
Vus ze schwaigt ihr?«

(Ihr habt noch nicht von dieser Welt gekostet, und eine andere Welt ist noch so fern. Warum schweigt ihr?)

Und dann der Refrain:

»Zoll akrenk der soneh vissen, vos in hartzen brott und brennt,

A kappuro hundert veltn, far ein schoh fun dreist und mut.«

(Der Feind soll nicht wissen, was in unseren Herzen brennt / Wir geben hundert Welten für eine Stunde des Mutes und der Kraft.)

Darauf folgte der starke hassidische Tanz des Mutes, der Verzweiflung und der Revolte. Das Fest ging zu Ende, und wir verließen stumm die Schule, die Erwachsenen aufgewühlt und nachdenklich, die Kinder erstaunt über ihren Ernst und ihr Schweigen. Jandzia hatte sein Innerstes offenbart...

Weil es so schwierig war, Feuerwaffen zu beschaffen, beschlossen wir, alle möglichen Arten von Waffen zu sammeln und selber welche herzustellen, und seien es auch nur primitive. Hieb- und Stichwaffen waren leichter zu bekommen. Wir wußten, daß jeden Moment eine deutsche *aktzia* beginnen konnte, und wir wollten ihr nicht nur mit geballten Fäusten begegnen.

Die »nationale« Waffe war damals eine mit Schwefelsäure und anderen Säuren gefüllte elektrische Glühbirne. Die Zellen waren damit beschäftigt, ausgebrannte Glühbirnen zu sammeln, sie mit der Säure zu füllen und dann zu versiegeln. Das Präparieren der Glühbirnen war eine heikle Aufgabe, die große Genauigkeit erforderte. Man mußte sowohl auf die Säure als auch auf das dünne Glas achtgeben. Jede unvorsichtige Bewegung konnte sich auf die Arbeitenden und den ganzen Untergrund katastrophal auswirken. Wenn sie fertig waren, wurden die Glühbirnen in Stroh verpackt und in Kisten gelagert. Die Lagerräume mußten trocken sein und, da sie über das ganze Ghetto verstreut lagen, bewacht werden. Sie wurden bei Genossinnen und Genossen auf Dachböden, hinter Wänden und in den Zimmerdecken versteckt. Das jeweilige Versteck kannten nur derjenige, der es beschafft hatte, und sein Zellenleiter. Diese Glühbirnen sollten den Feind blenden und ihm Brandwunden zufügen. Man mußte auf die empfindlichen Stellen des Körpers zielen, dann war die Säure ganz effektiv.

Eine andere Waffe waren lange Messer, auch sie »Marke Eigenbau«. Sie wurden nicht von den Zellen hergestellt, sondern von Fachleuten, meist Metallarbeitern. Das Sammeln des Materials, verrostete Eisenstangen, die in den Höfen herumlagen, war allerdings Aufgabe der Zellenmitglieder. Im Laufe der Zeit gelang es uns auch, Sprengstoff und andere Chemikalien zu beschaffen, die als Waffen dienen konnten.

Die Waffenherstellung wurde von Franek geleitet. Er war bekannt für seine »goldenen Hände«. Er mischte die verschiedenen Materialien, und er fand immer eine Möglichkeit, das Produkt zu verbessern, noch schneller zu arbeiten und die vorhandenen Lager auszubeuten. Franek machte nie eine Pause. Wenn er auf der Straße ein Stück rostigen Draht entdeckte, hob er es sofort auf und musterte es sorgfältig. Ständig suchte er nach Helfern. Er sah sich jeden Vorübergehenden an, begutachtete seine Hände, seine Art, sich zu bewegen, stellte ihm Fragen über seinen Beruf, wo er gearbeitet hatte, bei wem er gelernt hatte. Er beriet sich auch mit Edek, stellte ihm Fragen über den Charakter und die Vertrauenswürdigkeit von Genossen und mobilisierte so seine Mitarbeiter. Nach dem Treffen in der Neue-Welt-Straße schwor Franek, er wolle nichts mehr mit »Politik« zu tun haben, seine Aufgabe läge woanders. So fühlte er sich wohler. Wenn sich seine Stimmung verdüsterte, was selten vorkam, wußten wir, daß Franek mit größeren Schwierigkeiten zu kämpfen hatte, oder daß es einen Fehler gegeben hatte. Wenn er nicht sang, war das ein schlechtes Zeichen. Normalerweise wippte er auf seinen leicht gebogenen Beinen, pfiff und sang laut vor sich hin. Er hatte eine gute Stimme.

Später arbeitete Franek außerhalb des Ghettos als Zimmermann. Abends kam er dann immer mit Schrott beladen zurück, und die deutsche Wache am Ghettotor wunderte sich über diesen »dreckigen Juden«, der Abfall mit sich herumschleppte. Aber Franek wußte schon, was er tat. Müde und ausgelaugt begann er abends einen neuen Arbeitstag, der bis Mitternacht dauerte. Am nächsten Morgen stand er um fünf Uhr auf, um das Ghetto mit dem Arbeitskommando zu verlassen und abends, wieder mit Schrott beladen, pfeifend und singend zurückzukehren. So war Franek. Er überlegte, ob es nicht sinnvoller wäre, mit der Glühbirnenproduktion aufzuhören und statt dessen Handgranaten herzustellen. Ein paar Monate später fing er tatsächlich damit an.

Zu der Zeit brachte einer der Jungen, ich glaube, es war Sender, das erste Gewehr ins Ghetto. Es war nicht gerade das neueste Modell, aber gut genug, um damit zu üben. Es ersetzte nun den Holzstock, mit dem wir bisher trainiert hatten. Wir nannten dieses Gewehr »otryez«, Krüppel. Edek transportierte es eigenhändig von einer Zelle zur anderen, denn das war für uns eine Untergrundoperation ersten Ranges, wir hätten diese Aufgabe nicht irgendeinem beliebigen Genossen anvertrauen können.

Termin und Ort der Zellentreffen wurden den Mitgliedern am Tag des Treffens übermittelt und immer zu einem anderen Zeitpunkt. Wir hatten eine feste Kommunikationskette geschaffen, die auch für Alarm und Mobilisierung gedacht war. Edek war damals verantwortlich für die Zellen (einschließlich der Leitungszelle, zu der unter anderen Zerah, Yoschko und Franek gehörten). Nach kurzer Zeit schon führten auch die anderen Mitglieder der Leitungszelle je eine eigene Zelle an: Yentel, Avremele, Srulik und Sender aus der jungen Tel-Amal-Gruppe und Yaakov aus der Erwachsenengruppe. Sie waren 19 Jahre alt und bildeten die junge Garde unserer Bewegung im Untergrund. Die Veteranen waren 21 bis 23 Jahre alt, der Älteste von uns war Jandzia.

Wir wußten, daß Messer und dergleichen lediglich zur Selbstverteidigung taugten. Nur mit Feuerwaffen konnten wir die Deutschen zu einem Rückzug zwingen, und zwar nicht mit Pistolen, sondern mit Waffen mit längerer Reichweite, wie Gewehren zum Beispiel.

Die Ausbildung der Zellen fand auf Dachböden und in gut verschlossenen Räumen statt. Sie begann mit den Regeln des Untergrundes und wurde mit Judo-Übungen fortgesetzt. Dann wurde die Karte des Ghettos studiert, die Lage der Höfe, Passagen, Parks und leeren Flächen, und vor allem der Verlauf der Ghettomauer mit ihren Toren und Durchgängen. Schließlich übten wir das Auseinandernehmen und Zusammensetzen und den Gebrauch des Gewehres. Im Garten des Judenrates, den Genossen von uns gegen Diebe bewachten, lernten wir mit Steinen das Werfen von Handgranaten. Edek entwarf den jeweiligen strategischen Plan, der dann von den Zellenleitern umgesetzt wurde. Jeder Zelle wurde zu einer bestimmten Zeit eine bestimmte Übung zugewiesen. Auf diese Art lernten auch die Zellenleiter zu planen.

Langsam, ganz langsam kam der Sommer, heiß und schön. In den Parks leuchtete das junge Grün, und sogar im Ghetto blühten die Bäume. Der Sommer erfüllte uns mit neuer Hoffnung, trotz der verzweifelten Situation an der Front. Die Deutschen nahmen die Krim, die Halbinsel Kerc lag unter Beschuß. Der Terror der Deutschen intensivierte sich. Es gab nun Erschießungen und Entführungen in den Reihen der arischen Bevölkerung. In Warschau und

Minsk, Lvov und Krakau wurden Menschen öffentlich gehängt. Die Nazis verstärkten ihre Rache an denen, die sich nicht unterwarfen. Zur selben Zeit kamen die ersten Gerüchte über Chelmno auf, aber nur die wenigsten schenkten ihnen Glauben. Aus Warschau kam die Zeugenaussage eines Mannes, der an den Verbrennungsöfen gearbeitet hatte und dem die Flucht gelungen war. In Chelmno wurden die ersten Menschen vergast, in versiegelten Bussen. Die Beschreibung war präzise und ließ keinen Raum für Zweifel. Und die Front rückte immer noch weiter auf russisches Gebiet vor.

Im Mai ergab sich Kerc, im Juni wurde Sebastopol belagert, und erbitterte Schlachten tobten an der Charkow- und der Kursker-Front. Dennoch machten sich die Juden im Ghetto Hoffnungen. Sie verbesserten ihre Lage und versuchten, das Leid, die Armut und die Verzweiflung zu verringern. Die Parole von der »Konstruktivität« grassierte überall, im Alltag, bei der Arbeit, im Denken. »Mit eigenen Händen, mit dem Schweiß unseres Fleißes werden wir uns selbst retten.«[1] Diese Parole, die vom Judenrat ausging, wurde von

1 »Wohlstand und Sicherheit des Ghettos hängen von jedem einzelnen ab«, erklärte Rabbi Rosman auf einer Versammlung im »Linat Zedek« (item 44 vom 21. Juni 1942). »Wenn ihr euren Verpflichtungen nachkommt, wenn ihr den Befehlen der Obrigkeit gehorcht, dann wird alles in Ordnung kommen«, sagte Barasz auf derselben Versammlung.

Dann listete er die Gefahren auf, die das Ghetto bedrohten: 1. (die größte Gefahr) das Ghetto war groß und zählte 35 000 Einwohner (es waren in Wirklichkeit mehr, aber sie fürchteten, in den Augen des Feindes zu »groß« zu erscheinen. – C. G.); 2. die Gefahr der illegalen Migration von Pruzany; 3. viele arbeiteten nicht. Dieser Liste fügte er hinzu:

»Unsere Sicherheit steht in direktem Zusammenhang zu den Erträgen unserer Arbeit. Wir haben schon 20 Fabriken. Neulich haben wir dem noch eine Drillich-Fabrik, eine Bürsten-Fabrik und eine Walzen-Fabrik, an der Gauleiter Koch persönliches Interesse demonstriert hat, hinzugefügt. Es warten noch Fabriken zur Herstellung von Seilen, Hufeisen, Waggon-Rädern und Kleidung, in denen bis zu 2000 Arbeiterinnen beschäftigt werden können, auf ihre Eröffnung.«

Das Ghetto wurde von militärischen Delegationen besichtigt, von Gestapo-Chefs aus Königsberg und Berlin, Leitern des Handelsbüros und von Gauleiter Koch, der für Ostpreußen zuständig war und Reichskommissar der Ukraine. Der Bezirk Białystok war Ostpreußen als Regierungsbezirk zugeordnet worden, Kochs Titel lautete Oberpräsident.

Zu den Gefahren für das Ghetto zählte Barasz auch das Schmuggeln, den Genuß von Luxus, Geldwechsel und anderes mehr. Nach den Berichten über die Versammlung des Judenrates am 1. August 1942 (Nr. 48) hatte Barasz erklärt:

der breiten Bevölkerung aufgenommen, und, es ist wichtig, darauf hinzuweisen, auch von den sozialen und politischen Institutionen. In diesem friedlichen Sommer 1942, in diesem Sommer des »konstruktiven Aufbaus« und der verstärkten Produktion im Ghetto, waren wir Don Quijotes, die nach Windmühlen suchten. Natürlich brauchten wir keine Windmühlen, es gab schließlich Chelmno und Ponar, Volkovysk und Slonim und den »Hafen 9« in Kovno[1], es gab die vollständige Vernichtung von Minsk und Kiew, aber in Białystok herrschte noch immer Frieden. Die Fabrik für Wollkleider unter der Leitung des jüdischen Direktors Wachs fuhr drei Schichten. Die großen Stefan-Werkstätten[2] eröffneten neben der bestehenden Uniformenmanufaktur neue Abteilungen, in denen chemische Produkte und Präzisionsteile für Waffen hergestellt wurden. Und auch die Schuhfabrik steigerte die Produktion. Dabei war es schwieriger geworden, das Ghetto zu verlassen, das Haupttor an der Kupiecka-Straße war geschlossen[3], die Essensrationen waren gekürzt worden[4]. Aber dann kam wieder gute Nachricht: die Brotrationen für

»Ich weiß, daß in den Fabriken politisiert wird. Ich will hier nicht über Ideen sprechen. Wenn jemand es richtig findet, seinen eigenen Kopf für seine Ideen zu riskieren, bitte. Aber das Leben von 35 000 Juden zu gefährden, das ist eine Form von Vandalismus, die zu sehr bösen Ergebnissen führen kann.«

Die Białystoker Ghetto-Verwaltung, eine Behörde der Stadtverwaltung, sandte am 1. Oktober 1942 ein Schreiben an den Judenrat »Betrifft: Produktion von gefütterter Kleidung und Winterbekleidung in den Ghetto-Fabriken«. Darin hieß es, die zuständige Stelle in Königsberg habe in ihrem Bericht vom 21. September 1942 über den Erhalt von im Ghetto hergestellten Kleidungsartikeln darauf hingewiesen, daß diese so schwere Fehler aufwiesen, daß dies als Sabotageakt gegen die Kriegsproduktion betrachtet werden müsse. Die Muster seien befriedigend ausgefallen, doch die Produktion selbst sei so mangelhaft, daß, sollte sich dies wiederholen, die Militärbehörden sich gezwungen sehen würden, von weiteren Bestellungen Abstand zu nehmen. Man habe daraufhin den Judenrat ernsthaft verwarnt und mache ihn für alle derartigen Fälle in Zukunft allein verantwortlich. Sollten sich ähnliche Vorfälle wiederholen, würde dies sehr harte Strafen zur Folge haben, die die Juden aufgrund ihrer unverantwortlichen Handlungen selbst zu verantworten hätten.«

1 Eine Festungsanlage, in der die Deutschen die ersten Kovnoer Juden ermordeten.

2 Stefan war ein deutscher Industrieller, einer seiner Aktionäre war Göring.

3 Das Tor an der Kupiecka-Straße wurde am 2. Juli 1942 auf Anweisung der Behörden gesperrt (Verlautbarungen des Judenrates Nr. 295).

4 Am 16. März 1942 wurde die Brotration um 25 Prozent gekürzt. Anfangs hatte

Arbeiter wurden erhöht. Das war ein gutes Omen, und alle freuten sich. In Wirklichkeit wurden die Essensrationen ständig weiter beschnitten, wenn auch verdeckt: Erst gab es ein bißchen mehr, dann ein bißchen weniger, dann wurde wieder ein bißchen hinzugefügt und schließlich wieder enorm reduziert. Wer allein auf die Rationen angewiesen war, endete als Bettler, aber die zählten nicht. Die Mehrheit rackerte sich ab, bestritt mit großer Mühe den eigenen Unterhalt und versuchte, am Leben zu bleiben.

Die Menschen pflanzten in den Parks Gemüse an. Es würde im Ghetto bleiben und ein paar Vitamine abgeben. Wenn man den Boden bearbeitet und Früchte von ihm erntet, gewinnt man auch Selbstvertrauen. Die Leute bauten Gurken, Rüben und Karotten an, sie hielten sich sogar Milchkühe. All das unterstand der Aufsicht der Wirtschaftsabteilung des Judenrates[1]. Wir arbeiteten lieber in den Gärten des Judenrates, um die Juden mit Nahrungsmitteln zu versorgen, als in den Fabriken, wo wir notgedrungen die deutsche Front unterstützten.

Im Judenrat gab es Zionisten, vor allem von der rechten Poale Zion, die – wie übrigens auch viele Dror-Mitglieder – von der Idee begeistert waren, die Jugend landwirtschaftlich auszubilden. Diese Ausbildung wurde von Mersik geleitet, einem freundlichen und bescheidenen Mann. Er erhob nie die Stimme und beschwerte sich auch nie. Er hörte einem zu, verstand aber nie ganz, was man sagte. Er verstand nicht, warum wir die Pionier-Bewegung nicht erhalten sollten. Seiner Meinung nach mußte die Jugend vor den Gefahren der Degeneration beschützt werden, die überall lauerten, in der Arbeitslosigkeit, in der Sehnsucht nach einem unbeschwerten Leben, im Spekulantentum und so weiter. Die Pionier-Bewegung hatte doch noch eine Zukunft vor sich, sie durfte nicht untergehen, sondern mußte vor den Übeln dieser verrückten Zeiten geschützt werden, vor den Deutschen und den Bütteln der Gestapo.

»Mersik, du darfst Goldberg nicht alles erzählen. Du darfst weder

die Ration 250 Gramm pro Person für zwei Tage betragen. Ende 1941, Anfang 1942 bestand die Zweitagesration aus 200 Gramm zum Preis von 15 Pfennig (später 30 Pfennig) das Kilo. Im Frühling 1942 wurde die Ration auf 150 Gramm für zwei Tage reduziert. Arbeiter erhielten eine zusätzliche Tagesration.

1 Barasz stand der Wirtschaftsabteilung vor, Melnicki war sein Stellvertreter.

ihm noch den anderen Abteilungen des Judenrates Leute zur Arbeit schicken. So geht es nicht!« Er gab keine Antwort.

Seit den ersten Tagen des Ghettos hatten wir mit den Dror-Mitgliedern in den Bereichen Geld, Arbeit, Wohnungen und Bescheinigungen zusammengearbeitet, und auch was die Erneuerung von Kontakten und den Austausch von Adressen betraf. Wir halfen einander. Diese zweitrangigen Aktivitäten waren unverzichtbar, um das eigentliche Ziel zu erreichen. In diesem Frühling und Sommer 1942 waren sie aber immer noch das einzige, womit sich die Dror-Mitglieder beschäftigten. Wir wußten, daß unsere Genossen aus Warschau hier eine Veränderung durchsetzen würden. Mordechai und Frumka, Tema und Lonka waren seit Frühlingsbeginn in Warschau. Mordechai Tenenbaum kam erst gegen Ende des Sommers wieder nach Białystok. Gleich nach seiner Ankunft scharte er die Aktiven unter seinen Genossen um sich und lenkte ihre zerstreuten und unorganisierten Aktivitäten auf den Aufbau des Widerstandes und die Zusammenarbeit mit uns.

Ich hatte bei meiner Rückkehr aus Warschau Jozef Lewartowskis Brief an seine kommunistischen Genossen weitergeleitet. Edek konzentrierte sich darauf, alle Bewegungen, die zum Kämpfen tendierten, für die Errichtung der vereinigten Front zu gewinnen. Der einfachste Weg führte zu den Kommunisten. Mit Scheines Hilfe wurden die ersten Treffen zwischen Edek und ihren Repräsentanten vereinbart.

Nach einiger Zeit kam es auch zu einem Gespräch mit Vertretern des Bund. Sie konnten nicht für alle Bundmitglieder im Ghetto sprechen. Ein paar Bundisten saßen im Judenrat und waren an allen seinen Aktivitäten beteiligt. Schlomo Proporc vertrat die radikalste Sektion unter den Anwesenden. Er, Edek und Leibusch Mandelblit, der Vertreter der Kommunisten (der später durch Yoschko Kawe ersetzt wurde), bildeten die Führung der Schomer-Kommunisten-Bundisten-Einheit. Sie war die Grundlage für die größere Front, die wir erst später errichteten.

Ganz langsam realisierten die Kommunisten, daß wir dabei waren, einen bewaffneten Untergrund aufzubauen, eine nationale Front, um die hilflosen jüdischen Massen gegen die totale Vernichtung zu verteidigen, eine vereinigte Front mit dem Zweck, die Invasoren im Hinterland zu bekämpfen.

Es ist unmöglich, unser Verhältnis zu den Kommunisten in den vereinfachenden Begriffen positiv oder negativ zu beschreiben. Sie waren die konsolidierteste und am besten organisierte Gruppe von allen, aber sie waren belastet von inneren Konflikten über ideologische Fragen, es gab auch unter ihnen unterschiedliche Haltungen zu den aktuellen Problemen. Sie hatten mit den üblichen Schwierigkeiten einer politischen Untergrundbewegung zu kämpfen, vor allem aber mit ihren Vorurteilen und ihrem alten Mißtrauen, das immer noch akut war. Manchmal schien es, als wären alle Barrieren beseitigt, als hätten wir ein vollständiges gegenseitiges Verständnis erreicht, und dann plötzlich, ohne daß wir den Grund erkennen konnten, nach Tagen der Zusammenarbeit, tauchten wieder die alten Verdächtigungen auf und brachten uns auseinander.

Haschomer Hatzair war eine Jugendbewegung und deshalb dynamischer. Neben der positiven Grundeinstellung, zu der die Bewegung uns erzogen hatte, hatten wir auch gelernt, uns körperlich und geistig beweglich zu halten. Die Kommunisten dagegen zogen sich oft zurück, nachdem sie zuvor einen großen Schritt voran gemacht hatten. An manchen Tagen schienen sie sich ganz in ihr Schneckenhaus verkrochen zu haben, nur um am nächsten Tag wieder herauszukommen und mit uns zu marschieren. Zwei Schritte vorwärts, einer zurück. Wir fragten uns ängstlich, ob wir uns das zeitlich leisten konnten. Edek war immer besorgt und nachdenklich, wenn er mit Scheine verhandelt hatte, aber er trieb die Sache voran.

Zwei Probleme, die eigentlich eines waren, fehlten nie auf dem Terminkalender unserer Vereinigungsbestrebungen. Zwei Probleme, die uns bis zum Ende begleiteten, bis zu jenem 16. August, an dem wir alle zur Ghettomauer gingen, um kämpfend durchzubrechen. Das erste betraf das Ziel der antifaschistischen Organisation im Ghetto, das zweite lag in der Identität unserer Partner. Wir stießen bei den Kommunisten auf dieselben Konzeptionen, die schon in Warschau aufgetaucht waren, obwohl sie in Białystok aufgrund der etwas anderen Bedingungen eine etwas andere Form annahmen. Sie sagten, ja, wir müssen uns verteidigen, aber sie schickten die besten Kämpfer in den Wald zu den Partisanen. Und das bedeutete, daß die Verteidigung der 60000 Białystoker Juden[1], einschließlich der

1 Diese Zahl stimmt nicht mit der von Barasz offiziell verlautbarten, 35000,

Kranken, der Alten, der Frauen und der Kinder, daß diese Verteidigung, die doch Ausdruck der Seele und der Ehre unseres Volkes sein sollte, den unorganisierten Massen überlassen bliebe. Für sie war das Ghetto eine Leidensperiode, die ertragen werden mußte, und eine geographische Konstellation. Sie sahen nicht, daß die Menschen bald nicht mehr leben würden. Sie sahen nicht, daß im Ghetto die nationale Schaffenskraft über Jahre eingekerkert war, daß eine ganze Geschichte vom Antlitz der Erde gefegt werden sollte. Für sie war die Mauer, die die Deutschen errichtet hatten, nichts anderes als die Etablierung des Antisemitismus durch den Kapitalismus oder nun eben den Faschismus. Auf dieser Doktrin basierte ihre Methode. Und es fiel ihnen auch schwer zu verstehen, wie Leute, die nie Kommunisten gewesen waren, auf einmal entschlossene Antifaschisten sein konnten. War es möglich, daß jemand, den nicht die Partei geformt hatte, loyal war und der Versuchung zum Verrat nicht erlag? Sie waren blind für Veränderungen, und sie sahen nicht, daß sie ihre eigenen Positionen im Lichte der neuen Situation kritisch überprüfen mußten. »Euch glauben wir ja«, sagten sie zu uns, »ihr habt sicher gute Absichten. Wir glauben euch, daß ihr Antifaschisten seid, aber wie können wir bei den anderen sicher sein?«

Wir forderten nicht die sofortige Vereinigung mit Dror innerhalb eines Untergrundes. Wir stritten uns heftig über ihr Verhalten in der frühen Białystoker Periode und verlangten, daß sie sich ein klares Ziel setzten, nämlich eine wirkliche Volksfront aus all den Kräften, die fähig und bereit waren, sich dem Kampf gegen die Besatzer und für die Verteidigung der Juden anzuschließen. Während wir diese Debatten mit den Kommunisten austrugen, bauten wir mit ihnen zusammen unsere Zellen auf und tauschten Arbeitsmaterial aus, entwickelten Pläne im Rahmen unserer vereinigten Führung und koordinierten unsere Bemühungen, an Waffen zu kommen. Edek wurde in ihre militärische Zentrale entsandt. Ihr militärischer Berater war Alexander, ein älterer Mann mit einschlägigen Kenntnissen. Franek, der Leiter unserer Waffenproduktion, und Hanoh Farber,

überein. Erstens wollte Barasz die Wahrheit nicht enthüllen, aus Angst vor dem »bösen Blick« der Deutschen. Zweitens hatte die Ghettobevölkerung zugenommen durch die vielen Flüchtlinge aus der umliegenden Region, die ab Oktober/November 1942 von Juden »gereinigt« worden war.

einer ihrer Ingenieure, trafen sich, um ihre jeweiligen Kenntnisse auszutauschen. Im Laufe der Zeit koordinierten wir unsere Waffenherstellung so erfolgreich, daß wir schließlich unsere Werkzeuge und Lager zusammenlegen konnten.

In diesem Sommer faßte die Vereinigte Organisation den Beschluß, einen unserer Männer in die Polizei einzuschleusen. Die Beziehungen zu Barasz reichten uns nicht, jedenfalls konnten wir ihm nicht ganz trauen. Wir wählten Gedalyahu. In meinem ganzen Leben habe ich Gedalyahu nicht so elend und unwillig erlebt wie damals. Barasz regelte die Sache noch am selben Tag, und schon am anderen Morgen trug Gedalyahu die blaue Mütze mit der Aufschrift »Jüdischer Ordnungsdienst«. Er akzeptierte diese Aufgabe ganz und gar nicht, gehorchte aber. Von da an erfuhren wir eine Menge über die jüdische Polizei, über jüdische Kriminelle, über die Forderungen der Deutschen und vor allem über das Verhalten der offiziellen jüdischen Repräsentanten und ihre Beziehungen zu den Deutschen. Diese Informationen waren für uns sehr wichtig. Wir wollten wissen, wer die Spitzel, die Verräter und die Spekulanten waren. Außerdem war es für einen Polizisten einfach, sich nachts auf der Straße zu bewegen, Material zu transportieren, während der Ausgangssperre Termine wahrzunehmen und gelegentlich anderen beim Verlassen oder Betreten des Ghettos behilflich zu sein. Die Mütze und der Knüppel befähigten ihren Träger zu jeder Schlechtigkeit, aber Gedalyahu war der einzige – oder einer der wenigen Polizisten, die nie einen Juden mit ihrem Knüppel schlugen.

9
Lublin

Wieder einmal war ich unterwegs. Das Reisen wurde immer schwieriger, die Kontrollen wurden immer strenger, vor allem im »Generalgouvernement«, wo viele Menschen hin und her fuhren. Die meisten Reisenden waren Schmuggler und Hausiererinnen, die verbotene Waren mit sich führten. Kinder spielten eine besondere Rolle im Überlebenskampf unter der Besatzung. Sie waren geschickte Schmuggler, manchmal besser als die Erwachsenen. Sie hingen auf den Trittbrettern und sprangen, wenn eine Kontrolle drohte, vom noch fahrenden Zug ab. Sie sangen und bettelten. Die meisten ihrer Lieder waren patriotisch, sie hatten keinen großen künstlerischen Wert, sprachen aber zu den Herzen der Zuhörer. Gelegentlich hörte man sogar Spottlieder auf die Deutschen.

Es war für mich einfacher, mir einen Platz im Zug zu erkämpfen, weil ich nicht mit Bündeln und Körben belastet war, ich schmuggelte ja nicht. Der Handel, den wir betrieben, war unsichtbar und nahm nicht viel Raum ein. Es gab nur eine Sache, der niemand entging, und die auch wir ständig schmuggelten: die Läuse.

Ich war diesmal nicht alleine unterwegs, ich hatte Sarenka mitgebracht. Nach der Tragödie ihres Freundes Mosche Kopito hatten wir beschlossen, sie zu ihrer Familie in Warschau zurückzubringen und sie hier in unsere Reihen einzugliedern. Sarenka war klein und dünn. Sie hatte ein schmales blasses Gesicht mit einer zarten Nase, das Gesicht eines Kindes. Ihr Haar war hell. Aber wir konnten ihre dunklen, brennenden Augen nicht verbergen, die Augen eines jüdischen Kindes. Wir verkleideten sie als kleines Mädchen, flochten ihr wildes Kraushaar zu Zöpfen und banden sie mit roten Bändern zusammen. In meinen gefälschten Transitpaß trugen wir ein, daß Halina Woronowicz »und Kind« nach Warschau reisten. Wir kamen gut durch die Grenzkontrollen, Sarenka, die ein Jahr älter war als ich, passierte anstandslos als Kind (wir hatten sie nicht als meine Tochter ausgegeben!). Jedenfalls beachteten uns die Deutschen nicht weiter. Meine Schwester hatte mich ordentlich eingekleidet.

Ich trug einen großen Hut, der mich mindestens fünf Jahre älter aussehen ließ, einen eleganten Mantel und eine teure Tasche (die eine Freundin von ihrer Mutter geborgt hatte). Außerdem hatte ich mir die Lippen geschminkt. Trotzdem bekamen wir an der Grenze Ärger. In Małkinia mußte man die ganze Nacht auf dem Bahnhof verbringen. Hier stand man ständig unter Beobachtung. Sowohl polnische Polizei als auch deutsche Grenzpolizei waren hier stationiert, und man konnte leicht Verdacht erregen. Wurde man dann festgenommen, gab es kein Entkommen mehr.

Die Nacht war regnerisch, und im Bahnhof zog es, wir zitterten beide vor Kälte. Sarenka erwies sich als ausgesprochen tapfer. Sie ließ sich durch seltsame Blicke nicht einschüchtern und hatte auch keine Angst, daß jemand sie belästigen könnte. Trotzdem, unsere Lage war prekär. Wir beschlossen, einen Unterschlupf zu suchen. Ein paar Eisenbahner, die am Ausgang standen, boten Passagieren Quartier für eine Nacht an. Ich verhandelte gerade mit ihnen über den Preis, als ein kräftiger Deutscher in der Uniform des Deutschen Transportdienstes auftauchte und mir vorschlug: »Ich habe genau gegenüber eine Wohnung. Ich bin jetzt im Dienst, Sie können da übernachten.« Die Wohnung des Deutschen schien mir geheurer als die der Polen, die ich nicht einschätzen konnte. Ich rief Sarenka, und wir folgten dem Deutschen. Die Wohnung war klein, ein Zimmer mit Küche, und angenehm warm.

»Ihr könnt hier schlafen«, er zeigte auf zwei Betten, die an der Wand standen.

»Wir werden zusammen schlafen, Sie müssen sich keine Mühe mit dem zweiten Bett machen«, sagte ich in fließendem Deutsch (ich konnte ein paar Sätze akzentfrei sprechen).

»Aber das Kind kann dort schlafen, das ist bequemer für uns. Du schläfst hier, mit mir, verstanden?« flüsterte er mir ins Ohr.

»Verzeihung mein Herr, Sie irren sich. Wir werden für dieses Quartier mit Geld bezahlen und mit nichts sonst. Sie sagten, Sie wären im Dienst.«

»Hmmm... du bist komisch. Wieso willst du denn nicht?«

»Sie haben sich geirrt, mein Herr.« Zu Sarenka sagte ich laut auf polnisch: »Komm, Kind, zieh deinen Mantel an, wir gehen.« Sarenka hatte unsere Unterhaltung nicht verstanden.

Der fette Deutsche sah mich verwundert an:

»Aber warum gehst du?« Ich erklärte ihm noch einmal, daß wir Unterkunft für eine Nacht gesucht hatten und nichts anderes. Ich hoffte, er würde es sich überlegen und doch noch zur Arbeit gehen. Aber er blieb stur: »Na und?« fragte er noch immer erstaunt, »sei doch nicht so verstockt!«

Wir gingen. Schweigend verkrochen wir uns in einer Ecke des kalten, stinkenden Bahnhofs. Sarenka vergrub ihr Gesicht im Kragen, schloß die Augen und versuchte zu schlafen.

Als wir in Warschau ankamen, war ich erschöpft vom mangelnden Schlaf, dem Gedränge und der Anspannung. Ich hatte zwei Adressen auf der arischen Seite. Die Situation auf dem Hof in Czerniaków war gespannt, er war keine gute Zuflucht mehr. Jeder Durchreisende wurde kontrolliert, die Nachbarn erkannten Leute wieder, man ging da also nur noch hin, wenn man gar keine andere Wahl hatte. Meine erste Anlaufstelle war die Familie Zajaczkowski in der Żelazna-Straße 33. Von hier aus konnte ich Heniek und Irena kontaktieren und die Lage an den Ghettotoren und rund um die Mauer inspizieren. Die Zajaczkowskis waren eine Art proletarisierte Intellektuelle. Er war vor dem Krieg Lehrer gewesen und lebte jetzt mit seiner Familie von bescheidenem Schmuggel. Ihre Freizeit widmeten sie der polnischen Befreiungsbewegung (vermutlich Sikorskis »Heimatarmee«). Vor allem aber halfen sie Juden. Ihre Wohnung war eine unserer Kontaktadressen auf der arischen Seite.

Meine zweite Adresse war die von Heniek. Er lebte mit Frau und Tochter und der alten Mutter seiner Frau in einem ländlichen Holzhaus. Im Garten zog er Gemüse und hielt ein paar Hühner. Wenn man ihn nicht zu Hause antraf, war er in der Kolonialwarenhandlung seines Vaters, ganz in der Nähe, in der Czerniakówska-Straße, zu finden. Man konnte den Laden nicht wirklich als Geschäft bezeichnen, denn es gab kaum etwas zu kaufen. Am interessantesten war der Besitzer: ein typischer Pole mit einem langen Schnurrbart. Die Deutschen verfluchte er lauthals, mich empfing er immer sehr höflich.

Ich ließ Sarenka bei den Zajaczkowskis und machte mich auf die Suche nach Heniek. Er brachte uns dann am Abend zum Stacheldrahtzaun auf der Schenna-Straße. (Nur auf der Schenna-Straße und der Żelazna-Straße gab es anstelle der dicken Ghettomauer noch Drahtzaun.) Er ging auf den polnischen Polizisten zu (von dem ich nicht sagen könnte, ob er hier Wache stand gegen den Schmuggel im allgemeinen oder nur gegen den Schmuggel, der ihm selbst nichts einbrachte), flüsterte ihm etwas zu und gab ihm zehn Zloty pro Person. (Der Preis für Juden war höher als der für Polen.) Der Polizist drehte sich um, Heniek hob den Zaun an, und Sarenka kroch darunter durch. Sie war klein und schaffte es schnell. Ich folgte ihr. Heniek winkte uns und verschwand in der Dunkelheit.

Die Deutschen patrouillierten auf Motorrädern rund um das Ghetto. Sie rasten die Mauern entlang und schossen auf alles, was sich näherte. Sie tauchten ganz plötzlich mit großer Geschwindigkeit auf, und wehe dem, den sie antrafen. Fast täglich wurden Leichen, meistens Kinder, in diesem Grenzbereich des Ghettos gefunden.

Wir betraten das Ghetto und wurden von jüdischen Polizisten umringt. Hier betrug der Preis fünf Zloty pro Person. War man die Polizisten los, ging man zum ersten Bandverkäufer und erstand für 50 Groschen die vorgeschriebene Armbinde. Nun war man zu Hause. Wieder einmal waren meine Tage angefüllt mit Rennereien zu den Institutionen, den Verantwortlichen und den Parteien. Sarenka wurde von der Masse verschluckt, ich sah sie nicht wieder.

Ich wurde gebeten, unseren Kibbuz in Częstochowa und den Hof in Żarki zu besuchen. Tosia und ich verließen das Ghetto durch das Loch in der Orla-Straße. Die Mauer war ziemlich hoch, aber mit ein wenig Mühe konnte man hinaufklettern. Man gab dem jüdischen Polizisten fünf Zloty und konnte dann direkt auf die arische Seite hinüberspringen. Man mußte allerdings wegkommen, ohne von den Nachbarhäusern aus gesehen zu werden. Dann drehte man ein paar Zusatzrunden, um die Zeit totzuschlagen, bis der Zug abfuhr.

Auf dem Bahnhof war es unmöglich, sich von den Leuten fernzuhalten. Sie ließen einen nicht in Ruhe, flüsterten »Ich kaufe und verkaufe Dollars, Gold... Ich kaufe... Ich verkaufe...« Nicht alle dieser An- und Verkäufer taten wirklich das, was sie sagten. Viele waren Regierungsspitzel. Es war also besser, erst kurz vor Abfahrt des Zuges auf den Bahnhof zu gehen. Man bekam dann zwar keinen Sitzplatz mehr und manchmal nicht einmal einen Stehplatz, aber es war sicherer. Es war besser, die Wartezeit in einem Kaffeehaus zu verbringen, und wenn man den Verdacht hatte, beobachtet zu werden, in ein anderes Kaffeehaus zu wechseln. In jedem trank man einen Kaffee und aß ein Stück Kuchen. Das Sacharin in den Kuchen hinterließ einen bitteren Nachgeschmack, der lange anhielt.

Wieder einmal die überfüllten Züge und die antisemitischen Witze. Die widerlichen Blicke der Polizisten: Halte sie aus, ohne wegzusehen oder den Blick zu senken. Auf dem Weg nach Częstochowa mußte man durch Koluszki, einen Verkehrsknotenpunkt, der besonders gefürchtet war. Hier schlugen sie die Leute, zerbrachen ihre Milchkrüge, kippten die Eierkörbe um, sahen den Frauen unter die Kleider, entführten Leute und brachten sie nach Auschwitz.

Das Ghetto von Częstochowa war nicht eingezäunt. Polen durften durch das Judenviertel gehen, während die Juden es nicht ohne Erlaubnis verlassen durften. Trotzdem war hier alles einfacher. Wir betraten das Viertel als Arierinnen und kauften uns dann eine Armbinde. Im Kibbuz umringten uns die Genossinnen und Genossen. Sie fragten uns begierig nach Neuigkeiten aus der Welt, aus den anderen Ghettos und nach ihren Freunden und Bekannten in Warschau.

Tosia fühlte sich hier zu Hause. Sie kannte alle beim Namen und wußte, was die Leute früher gemacht hatten. Die eine hatte einen Verwandten im Pawiak-Gefängnis, der andere eine Schwester im Ghetto, die dritte eine Familie, die aus einer Kleinstadt bei Warschau deportiert worden war. Alle warteten auf Nachrichten, und Tosia brachte gewöhnlich verläßliche Informationen mit. Genau diese wunderbare Verbindung aus Verantwortungsgefühl für die Sache und Interesse an den persönlichen Sorgen der Genossen waren charakteristisch für die Menschen, die in unserer Bewegung eine führende Rolle spielten. Sie sagten sich: Sollen wir denn die Rosen nicht beweinen, weil der Wald brennt?

Im Kibbuz von Częstochowa waren viele krank. Die Genossinnen und Genossen arbeiteten in den deutschen Betrieben oder wo immer sonst sie Arbeit fanden. Die Gefahr, in ein Arbeitslager deportiert zu werden, war sehr real, die Schlacht um das reine Überleben ermüdend. Von einem landwirtschaftlichen Betrieb, in dem einige Kibbuz-Mitglieder arbeiteten, bekamen sie ein wenig Unterstützung. Tosia war gekommen, um die Kibbuz-Mitglieder auf die Gründung von Kampfzellen vorzubereiten. Sie erfüllte ihren Auftrag, doch das bedeutete, daß sie sich immer wieder mit den Genossinnen und Genossen treffen und mit ihnen sprechen mußte. Als wir weiterfuhren, war ich müde und deprimiert. Im Zug von Częstochowa nach Żarki schalt ich mich für meine Niedergeschlagenheit, daß ich es zuließ, daß Hunger und Krankheit meine Urteilsfähigkeit und meine Konzentration beeinträchtigten. Tosia war nicht deprimiert, dabei war sie es, die sich mit den Sorgen der Leute in Częstochowa herumgeschlagen hatte .

Der Zug war nicht so überfüllt wie sonst. Wir fuhren an silbrigen Feldern vorbei, die in der Sonne schimmerten. Tosia steckte den Kopf aus dem Fenster, ihr eleganter Hut fiel zur Seite, ihre Locken wehten im Wind, ihre klaren Augen glänzten. Wir fuhren zu einem Nebenbahnhof namens Zloty Potok. Von da aus setzten wir unsere Reise auf einem Bauernwagen fort. Der Weg wand sich durch bewaldete Hügel, Wasserfälle funkelten in der Sonne, Tosia sang die ganze Zeit vor sich hin.

Der Anblick des Hofes machte einen seltsamen Eindruck auf mich. Es wirkte alles so absurd, wenn man wußte, was uns bevorstand. Ich schaute, ohne etwas zu sagen. Tosia meinte beruhigend: »Mach dir keine Sorgen. Sie werden hier rechtzeitig weggehen, um ihre ›Pflugscharen zu Schwertern zu machen‹.«

Zum erstenmal sah ich einen Ort ohne Ghetto und ohne die entsprechenden Verbote. Die Juden bewegten sich hier frei im ganzen Dorf, die jüdischen Geschäfte waren geöffnet, und die polnischen Bauern handelten mit den Ladenbesitzern. Aber vor zwei Wochen waren die Häuser der Juden mit dem Davidstern gekennzeichnet worden, und das war ein schlechtes Zeichen. Die Bewohner hatten keine Ahnung, was in der jüdischen Welt vorging, in Wilna, Belorußland oder Chelmno. Die einzigen Kontakte zur Außenwelt liefen über die Schomrim auf dem Hof, die gelegentlich Besuch aus Warschau bekamen.

Hier konnte man alles, einschließlich falscher Papiere, billig bekommen. Die berüchtigte »Kennkarte« wurde zu Schleuderpreisen verkauft. Im Gegensatz zu Warschau, wo für das Formular und das Austauschen des Photos zwischen 50 und 100 Zloty verlangt wurden, bezahlte man hier nur 20. Auch wir hatten von hier die ersten »Kennkarten« für unsere »arischen« Aktivistinnen und Aktivisten bezogen.

Ein paar Tage später kehrten wir nach Warschau zurück. Tosia verständigte das Ghetto telefonisch. Sie dachte, der sicherste Weg, hineinzukommen, wäre, ein »Arrangement« mit der Polizei am Eingang zu treffen und ein »Geschäft« mit der jüdischen Polizei abzumachen. Dieser Weg mußte vorab mit unserem Genossen bei der Polizei, Aryeh Grabowski, oder seinem Kameraden Engelman abgeklärt werden. Die Polizei betrieb einen blühenden Handel. Und eine Schmuggelware unter anderen, die täglich die Ghettogrenze passierte, waren Menschen.

Im Ghetto herrschte Panik. In der letzten Nacht waren 60 Leute aus ihren Betten geholt und nicht weit von ihren Häusern erschossen worden. Die Aktion war eindeutig im voraus geplant gewesen. Die Erschossenen kamen aus dem gesamten Spektrum der Ghettobevölkerung: vom Spekulanten bis zum Gemeindearbeiter, dazu Drucker, Herausgeber und Unterstützer der Untergrundpresse. Einer der Ermordeten war ein junger Wissenschaftler und Statistiker namens Linder, der Dokumente und statistisches Material über die polnischen Juden unter der Besatzung gesammelt hatte und ein enger Mitarbeiter der Untergrundorganisationen gewesen war. Er hatte als Wissenschaftler und Person des öffentlichen Lebens den bewaffneten Widerstand unterstützt. Linder war auch einer der zentralen Mitarbeiter der Archivgruppe um Ringelblum gewesen.[1] Am Morgen wurde bekannt, daß sie auch Yitzhak Zuckerman suchten. Die Aktion basierte also auf detaillierten Informationen. Die Liquidierung dieser 60 Juden, die aus allen Sektionen des Untergrundes stammten, machte deutlich, daß die Gestapo wußte, was im Ghetto vorging. Und sie war eine der nun zunehmenden Methoden, im Ghetto Angst zu verbreiten. Vielleicht hofften sie, uns zu demoralisieren, indem sie uns signalisierten, daß jedem, der es wagte, den Gehorsam zu verweigern oder sich dem Untergrund anzuschließen, künftig dasselbe passieren konnte.

Als ich Linders Witwe besuchte, war ich beeindruckt von der ruhigen und gefaßten Atmosphäre in ihrem Haus. Sie ging auf Zehenspitzen umher, in ihrem schwarzen Kleid, sprach nur flüsternd und weinte nicht. Sie freute sich über die Grüße, die ich ihr überbrachte, bedankte sich und sagte nachdenklich:

1 *Emanuel Ringelblum, der Chronist des Warschauer Ghettos, leitete auch das Archiv des Widerstandes.*

»Werdet ihr auch die richtigen Schlüsse aus dem Tod meines Mannes ziehen?« Ich konnte nur schweigen angesichts ihrer Selbstbeherrschung und moralischen Stärke. Drückte sich darin nicht die ganze Beharrlichkeit der Warschauer Juden aus? Es gab hier nicht nur Kleinkrämer, Hausierer und Schmuggler, es gab auch dieses andere Warschau: die vereinigte Kraft des jüdischen Widerstandes. Damals wurde gerade das »Antifaschistische Komitee« gegründet, die erste Organisation der militanten fortschrittlichen Kräfte im Ghetto.

Die Sache in Warschau kam voran, aber nicht im nötigen Ausmaß. Wir standen unter extremem Druck, der Boden brannte uns unter den Füßen. Und trotzdem verschwendete ich Tage damit, zwischen dem ZTOS (der jüdischen Sozialhilfe-Einrichtung) und dem Joint hin und her zu rennen. Ich kann mich nicht mehr an die Reihenfolge dieser letzten Besuche erinnern, und vielleicht bringe ich sie auch durcheinander. Die Treffen fanden nun häufiger statt, wurden aber oft mittendrin unterbrochen. Sarah Silbers Fahrten nahmen mir allerdings eine Menge Arbeit ab. Sie transportierte Material, Zeitungen und Geld. Die Geldverhandlungen waren meine Aufgabe. Die Institutionen wollten keine neuen Gesichter, sie wollten nicht dauernd mit anderen Leuten verhandeln, und vermutlich hatten sie recht. Wäre unsere Zusammenarbeit mit Dror enger gewesen, hätten wir vielleicht überflüssige Reisen und Risiken vermeiden können. Einen Zustand der vollkommenen Koordinierung aller Untergrundaktivitäten, in dem es keine »überflüssigen Schritte« mehr gab, erreichten wir natürlich nie. Aber wir machten Fortschritte, und wir lernten aus unseren Fehlern.

Ich glaube, es war meine letzte Reise nach Warschau: Diesmal dauerte die Fahrt nur dreieinhalb Stunden. Ich fuhr mit einem Zug, der für Polen verboten war, einem Expreßzug, der ausschließlich hochrangigen Deutschen vorbehalten war, sogar einfache deutsche Soldaten waren ausgeschlossen. Ich stieg ganz zufällig ein. Der Zug, der mit einem großen »D« markiert war, verließ den Bahnhof ein paar Minuten nach dem regulären Zug, der 24 Stunden nach Warschau brauchte und diesen langen Aufenthalt in Małkinia einlegte. Als ich einen Bahnhofsbeamten auf deutsch fragte, welcher Zug nach Warschau fuhr, deutete er auf den Expreßzug, da er mich offenbar für eine Deutsche hielt. Als ich einstieg, erkannte ich den

Irrtum, ließ es aber darauf ankommen. Die Abteile waren fast leer, höfliche Deutsche saßen gemütlich zurückgelehnt auf den gepolsterten Sitzen und rauchten dicke Zigarren: höhere Beamte, Geschäftsleute, Offiziere, ein paar dicke Damen in modischen deutschen Kleidern – und ich, mitten unter ihnen. Ich überlegte, ob ich diese »angenehme Gesellschaft« nicht doch besser verließe, aber aus irgendeinem Grund zögerte ich. Eine Art Trotz befahl mir zu bleiben.

Die Reise war wunderbar. Die Kontrolle in Małkinia wurde oberflächlich von zuvorkommenden, lächelnden Beamten durchgeführt. Sie sahen sich meine Reiseerlaubnis kaum an. Ich zog sie gleichgültig aus meiner schicken Tasche (lang lebe Sonka, die sie ihrer Mutter abgenommen hatte!) und blaffte ein knappes »Bitte«. Der Beamte fragte nicht einmal nach meiner Identitätskarte. Der Zug fuhr sofort weiter. Das hier war nicht »unser« Małkinia, hier lag man nicht auf dem Steinboden, hier gab es kein Gedränge, und niemand schmuggelte Milch und Kartoffeln. Das Abteil war sauber und gut belüftet, und es gab hier auch keine Läuse. Ich sprach nur wenig mit dem Deutschen, der mir gegenübersaß, stellte ihn aber mit abwechselnden »Jawohls« und »Neins« zufrieden. Ich wollte meine Deutschkenntnisse lieber keiner genaueren Prüfung aussetzen.

Erfolg macht manchmal noch mutiger. Ich beschloß, ohne Führer in das Ghetto zu gehen. Mußte ich denn immer Heniek belästigen? Ich ging zum Zaun und schlug den typischen Tonfall der Warschauer aus den Vorstädten an:

»Pani«, sagte ich zum »Blauen«, »ich möchte in dieses Judenparadies.«

»Was hast du denn in der Tasche? He? Feine Sachen, was?«

»Nun, Pani, der Mensch muß leben!«

»Na gut, kriech durch! Gib mir einen Gural (zehn Zloty).«

»Was, einen Gural! Die Juden zahlen einen Gural!« Ich gab ihm fünf Zloty und kroch durch.

Im Ghetto gab es Neuigkeiten: Staatsangehörige neutraler Länder, die sich im Ghetto aufhielten, konnten in ihre Heimat zurückkehren. Gitterman vom Joint, unser eingeschworener Freund, bot mir an, mich mitzunehmen. In seinen argentinischer Paß war auch seine Tochter eingetragen, die schon in Amerika lebte. Die Situation war kritisch, und da die Welt nicht wußte, was in Polen geschah, mußten wir jemanden ins Ausland schicken, um die Weltöffentlichkeit zu mobilisieren: sie sollte Maßnahmen ergreifen, die Hitler zwangen, die Judenvernichtung zu stoppen.

Auf dem Hanhaga-Treffen in Warschau wurde beschlossen, Gitterman meine Papiere zu geben. Ich wollte diese Angelegenheit aber erst mit meinen Genossen in Białystok und Wilna besprechen. In der Zwischenzeit wartete ich auf das Geld, das uns Gitterman vor seiner Abreise versprochen hatte. Ich konnte kaum glauben, daß es immer noch welche gab, die dachten, man könnte dieser Hölle heil entkommen, und ausgerechnet die Deutschen böten die Gelegenheit dazu.

Zu der Zeit gab es schon ein paar Waffen im Ghetto, und die Zellen wurden militärisch ausgebildet. Auch hier in Warschau waren es, glaube ich, Fünfergruppen, und auch sie versuchten, außerhalb des Ghettos an Waffen zu kommen. Morgen sollte eine Beratung mit Irena, Heniek und Walter stattfinden. Walter war ein Deutscher, der mit seiner Familie in Polen lebte. Er war hier aufgewachsen und zur Schule gegangen. Er war Mitglied in Irenas polnischer Pfadfindergruppe gewesen und nach dem Einmarsch der Deutschen gegen seinen Willen zur Wehrmacht eingezogen worden. Er hatte an der Leningrad-Front gekämpft und war vor zwei Tagen auf Urlaub nach Hause gekommen. Walter war groß, breitschultrig und blond, ein typischer Deutscher. Die Armbinde mit dem Davidstern sah seltsam an ihm aus.

Das Ghetto hatte sich nicht verändert. Im Sommer bekam man in den stinkenden Gassen kaum Luft zum Atmen. Auf der Leschno-Straße war einiges los. Alle paar Minuten wurde eine Öffnung in die Mauer gezaubert (ein paar Ziegel wurden herausgenommen), und volle Säcke plumpsten auf den Bürgersteig. Die Arbeit ging mit großer Geschwindigkeit vonstatten, das Loch wurde sofort geschlossen und dann wieder ebenso schnell geöffnet. Hände griffen nach den Säcken, die auf der Stelle verschwanden. Das war einer der Wege, auf denen die Schmuggelware in das Ghetto gelangte, von der hunderte Schmuggler, Mittelsmänner und Ladenbesitzer lebten. Auch die nichtrationierten Lebensmittel wurden auf diese Weise hereingeschafft. Plötzlich entstand um uns herum ein Tumult. Wir gingen gerade an der Kirche für konvertierte Juden vorbei und konnten nicht sehen, wo der Lärm herkam. Ein paar kleine Jungen zogen uns zur Seite.

»Lauft, sie suchen nach Polen im Ghetto!«

Wir waren kaum in einen nahen Hof gelangt, als zwei zerlumpte Jungen anfingen, uns hin und her zu schubsen. Als wir am Tor waren, stellten wir fest, daß Henieks Geldbörse verschwunden war. Das also war der Grund für die »Aufregung« gewesen.

Die Lage war ernst. Außer fünfzehn Zloty waren in der Geldbörse auch Henieks Papiere, einschließlich seiner Identitätskarte. Ohne Papiere konnte man sich keinen Schritt weit bewegen. Jozef Kaplan ging auf den Markt der Diebe auf der Nowolipie-Straße. Wenn man über die »richtigen Verbindungen« verfügte, konnte man dort sein gestohlenes Hab und Gut für einen erträglichen Preis zurückkaufen. Es gab da eine »Gesellschaft«, deren Agenten kleine Kinder waren. Fand man den »Bankier«, mußte man nicht mehr nach den Dieben selber suchen. Ein Geschäft wie jedes andere. Wenn man versuchte, die Polizei zu rufen, sah man seine Sachen nie wieder. Jozef handelte den ganzen Tag lang mit ihnen herum. Er blieb stur und sie auch. Sie dachten, sie hätten einen großen Fang gemacht und verlangten die unmögliche Summe von »nur 50 Zloty«. Heniek dagegen erklärte, für das Geld könnte er neue und besser gefälschte Papiere bekommen. Damit war die Angelegenheit erledigt.

Walter war bereit, uns, solange er in Warschau war, zu helfen, wo er konnte: bei den gefährlichen Reisen und bei der Waffenbeschaffung außerhalb des Ghettos. Zu der Zeit wurde »einiges« hereingebracht, nicht zuviel und nichts Allzuschweres, aber ein guter Anfang war gemacht. Wenn ich mich nicht irre, kamen damals die Granaten in das Ghetto.

Plötzlich tauchte das Gerücht auf, daß in Lublin eine *aktzia* stattfand, in der das gesamte Ghetto mit seinen 40000 Bewohnern liquidiert werden sollte. Später wurde bekannt, daß Himmler persönlich dagewesen war, um letzte Anweisungen zu geben. Es war die erste vollständige Vernichtung einer jüdischen Gemeinde im Generalgouvernement.

Da ich noch ein paar Tage auf das Geld warten mußte, wurde ich gebeten, nach Lublin zu fahren, um zu sehen, was passiert war, welche Methoden sie angewandt hatten und nach welchem Plan sie vorgegangen waren und, wenn es dazu noch Gelegenheit gab, den bestehenden Organisationen so weit wie möglich mit Geld auszuhelfen. An Widerstand war offensichtlich nicht zu denken. Er war nicht vorbereitet worden, es gab keine Zellen, keine Waffen, und die *aktzia* war fast schon zu Ende.

Ich war noch nie in Lublin gewesen. Die Reise war lang und ermüdend. Wieder einmal Gedränge, Kartoffelsäcke, Schreie, Gebrüll, Polizei, Kontrollen und Durchsuchungen mit Spürhunden. Diesmal gab es noch ein zusätzliches Problem. Seit einem Tag wurden von allen, die von Warschau aus egal wohin reisen wollten, besondere Genehmigungen verlangt. An den Schaltern standen lange Schlangen, Fragen über Fragen: Warum? Wohin? Aber nicht einmal diese Schwierigkeiten verminderten das Gedränge in den Zügen und den Schmuggel. Dieses dickköpfige Volk wollte einfach leben, sogar unter diesem harten Regime. Mit gutem Grund hieß es, es gäbe einige Ähnlichkeiten zwischen den Polen und den Juden. Das Leid verstärkt offenbar den Lebenswillen.

Als ich in Lublin ankam, suchte ich mir als erstes eine Unterkunft: einen Ort, an dem ich mich ausruhen und waschen, essen und wieder wie ein Mensch fühlen konnte. Wenn irgendwo eine *aktzia* stattfand, ging das alle an, und jedes neue Gesicht war verdächtig. Ich fragte eine Polin auf der Straße nach einem Hotel. Sie sagte, daß es für Polen keine gab, aber ich könnte mich in ihrer Wohnung ausruhen, waschen und etwas essen. Ich nahm ihre Einladung an. Sie wohnte in der Nähe des Bahnhofs, das kam mir gelegen. Auf dem Weg erzählte sie mir, was im Ghetto vor sich ging. Ich hatte sie nicht danach gefragt, sie fing von selber damit an. Es war nun schon der fünfte Tag, an dem sie nun pausenlos Juden aus dem Ghetto abtransportieren. Es gab auch Juden, die außerhalb des Viertels lebten (Lublin hatte bis vor kurzem kein abgeschlossenes Ghetto gehabt), aber heute wurden auch sie abgeführt. Nur einer war noch da. Er war Ingenieur oder Arzt und wohnte ganz in der Nähe. Im Ghetto geschahen abscheuliche Dinge. Wer nicht sofort aufstehen oder nicht mehr laufen konnte, wurde auf der Stelle erschossen, und es gab genug Kranke und Alte, die dazu nicht mehr in der Lage waren. Die Stadt war voll von Litauern, Ukrainern und Letten, die den Stacheldrahtzaun bewachten. Manchmal versuchten Polen, Essen über den Zaun zu werfen, aber die Wachen ließen es nicht zu. Seit fünf oder sechs Tagen hatte niemand mehr das Ghetto betreten können. Drinnen starben sie, wurden zu Tausenden getötet, man konnte es trotz des Stacheldrahts von außen mit ansehen.

Die Wohnung der Polin war klein, warm und strahlend sauber. Ihr Mann, ein Eisenbahner, verdiente gut. Seit drei Tagen hatte sie nicht mehr gekocht, sie war unfähig, irgend etwas zu tun. Sie redete und redete und weinte. Ich weiß nicht, warum sie mir vertraute, in Zeiten wie diesen verbarg jeder seine Gefühle vor dem Nachbarn. Ich hörte ihr zu und speicherte die Details in meinem Gedächtnis.

Dann ging ich in die Stadt. Wo auch immer ich auf der arischen Seite nach einer jüdischen Adresse Ausschau hielt, landete ich vor einem verriegelten Tor. Ich beschloß, in das Ghetto zu gehen, egal was geschah. Ich konnte unmöglich mit leeren Händen zurückfahren. Ich traute mich nicht, nach der Richtung zu fragen und folgte einfach meinem Instinkt und den Bewegungen der SS-Einheiten. Als ich die Straße erreichte, die zum Ghetto führte, eröffnete sich mir ein schrecklicher Anblick. Auf der anderen Seite des Zaunes herrschte tödliches Schweigen, kein Lebewesen war zu sehen oder zu hören, nicht einmal ein Hund. Hauseingänge, deren Türen zertrümmert worden waren, klafften wie dunkle Höhlen. Nichts bewegte sich. Hier und da lehnten Polen gegen den Zaun und warteten auf eine lebende Seele, der sie ein Päckchen zuwerfen könnten. Dann tauchte aus diesem Tal des Todes eine Kreatur auf, griff danach und floh wieder. Dem einen gelang es, der nächste kam nicht mehr rechtzeitig weg und wurde auf der Stelle erschossen. Dann herrschte wieder Schweigen.

Außerhalb des Zaunes lag ein großes Gebäude, in dem die Büros des Judenrates, die sozialen Institutionen und die Wohltätigkeitsküche untergebracht waren. Jemand sagte zu mir: »Pani, da sind noch immer ein paar Juden. Und die jüdische Frau, die die Unterstützung für die Alten und Armen geleitet hat.«

Genau diese Frau hatte ich gesucht. In Warschau hatte man mir gesagt, wenn es mir gelänge, sie zu finden, hätte ich einen Kontakt. Es war verboten, das Gebäude zu betreten oder zu verlassen. Die Polizei drehte Runden um das Haus. Als die Wache am Tor sich umdrehte, flitzte ich hinein und raste in das oberste Stockwerk. Ich fand die Frau sofort. Sie konnte ihr Staunen nicht verbergen, als sie hörte, daß ich als Botschafterin der Warschauer Bevölkerung und

Institutionen kam, um Hilfe zu bringen. Ich bat sie, mir einen Kontakt im Ghetto zu verschaffen. Aber mir wurde gleich klar, daß das unmöglich war. Auch sie war isoliert und durfte das Gebäude nicht verlassen. Die 7000 Juden, die noch übrig waren, würden als Zwangsarbeiter in einem Arbeitslager bleiben. Das hatte sie zumindest gehört. Aber es war durchaus möglich, daß auch sie aus der Stadt entfernt wurden. Alle, die außer diesen 7000 »Legalen« noch da waren, in irgendwelchen Verstecken, konnte man ohnehin nicht finden. Von den Organisationen war keine übriggeblieben, und jeder, der versucht hatte zu fliehen, war erschossen worden. Rundum war nur offenes Gelände.

»Wohin haben sie die 33 000 Juden gebracht? Und wie haben sie sie abtransportiert?«

Offenbar hatten sie genau wie an allen anderen Orten zuerst 12 000 verlangt, dann noch mal 3000 und dann noch mehr. Der Judenrat war nicht konsultiert worden. Die jüdische Polizei war nicht eingeschritten und hätte auch nichts ausrichten können. Alles war von den Letten durchgeführt worden, und die hatten sich ihre Arbeit leicht gemacht: Sie hatten die Leute entweder abgeführt oder erschossen. Für diesen Zweck waren spezielle Einheiten von außerhalb eingetroffen. Es hieß, daß Himmler eine Woche vorher dagewesen war und Anweisungen erteilt hatte. Aber vor der *aktzia* hatte niemand auch nur das geringste geahnt, weder Juden noch Nichtjuden. Es passierte ganz plötzlich. Wohin sie gebracht wurden? Zur Exekution natürlich. Richtung Südosten, in entsetzlich überfüllten, versiegelten Güterzügen, ohne Brot und Wasser. Später erfuhren wir, daß die Juden aus Lublin nach Majdanek und Belzec gebracht worden waren.

»Jetzt ist nichts mehr zu machen. Das ist das Ende. Warum haben sie keine Vorbereitungen getroffen für eine Rettung, für Widerstand oder einen Aufstand?« Sie sprach ohne Bitterkeit, wie zu sich selbst. Auch ich hatte mir diese Frage gestellt. Ich gab ihr das Geld und sagte, sie könne damit tun, was sie wolle. Vielleicht könnte sie noch jemanden retten oder versuchen, selbst zu entkommen. Ich würde ihr dabei helfen.

»Ich werde nicht weglaufen. Ich werde bis zuletzt hier bleiben. Erstens werde ich überwacht, und zweitens gibt es noch ein paar Juden hier, ich bin für sie verantwortlich. Jedenfalls werde ich jetzt nicht gehen. Vielleicht ganz zum Schluß.«

Ich blieb noch ein paar Stunden bei ihr, wissend, daß ich hier jemanden zurückließ, der zum Tode verurteilt war. Sie gab mir die Adressen von ein paar Juden außerhalb des Ghettos. Vielleicht brauchten sie Beistand. Ich verließ das Gebäude, ohne erwischt zu werden. Nun lief ich wieder durch die Stadt auf der Suche nach den Adressen, aber ich fand nur noch einen Juden. Er dankte mir für mein gutes Herz, meinte aber, er habe polnische Freunde, die ihm halfen, und es fehle ihm an nichts. Spät abends kam ich zurück in die Wohnung der Polin und verließ Lublin mit dem Nachtzug.

Als ich in Warschau meine bittere Geschichte erzählte und genau berichtete, was ich in Lublin erfahren hatte, schwiegen die politischen und die Gemeindeführer, die sich versammelt hatten, um mich zu hören. Gitterman gab mir einen Teil des Geldes und versprach, daß ich den Rest in ein paar Tagen bekommen würde. Ich beschloß, nach Białystok zurückzukehren und später wiederzukommen, um den Fonds auszugleichen.

Ich verließ das Ghetto durch die Muranowska-Straße, indem ich der Wache das Codewort zuflüsterte. Ich wußte, daß Aryeh später für mich zahlen würde. Ich wollte die Straßenbahn Nummer 3 nehmen, die direkt zum Hauptbahnhof fuhr. Im Umkreis des Ghettos trieben sich suspekte Figuren herum. Fünfzehn-, sechzehnjährige Jungen, die Hände in den Hosentaschen, die Hüte tief ins Gesicht gezogen, spähten in alle Richtungen. Zum ersten Mal sah ich diese sogenannten »Schmalkowniks«, das heißt Erpresser. Ihr Lebensunterhalt bestand darin, daß sie den Juden auflauerten, die sich aus dem Ghetto stahlen, und ihnen Geld oder Wertsachen abpreßten, indem sie drohten, sie sonst an die Gestapo zu verraten.

»Sie wollen sicher in das Ghetto, ich kann Ihnen den Weg zeigen«, sagte ein Mann zu mir und tat so, als kenne er mein Geheimnis. Er war älter als die anderen Gauner, und er war sich seiner Sache offenbar nicht ganz sicher. Ein echter »Schmalkownik« hatte einen sechsten Sinn für das Aufspüren von Juden. Der hier hatte mich zwar aus dem Ghetto kommen sehen, wußte aber nicht hundertprozentig, ob ich Jüdin war. Deshalb wollte er sehen, wie ich auf sein Angebot reagierte. Ich bemerkte sein Zögern und beschloß, ihn nicht zu beachten. Die Nummer 3 kam, und ich dachte, ich wäre gerettet, aber am Fahrkartenschalter sah ich, daß der Kerl hinter mir stand und mich anstarrte. Ich wurde rot. Als die Straßenbahn ihr

Tempo verlangsamte, sprang ich auf der Marszałkowska-Straße ab und ging langsam weiter. Es war Nachmittag, die Straße war fast leer. Da hörte ich Schritte hinter mir. Ich überquerte die Straße und blieb vor einem Schaufenster stehen. Ganz langsam beruhigten sich meine Nerven. Am meisten regte ich mich über die vielen Konservenbüchsen auf, die ich in meinem Beutel hatte. Die Warschauer hatten sie mir für unsere Genossen in Białystok mitgegeben. In der Tasche hatte ich Dokumente und Photos von den Lagern, in denen die Juden durch Folter und Prügel umkamen, und von Chelmno, wo sie vergast wurden. Doktor Ringelblum hatte sie mir gegeben, damit ich sie den Leuten in Białystok, vor allem Barasz, zeigen konnte. Und die kostbaren Konserven waren in Warschau nur für den Verkauf bestimmt, um Geld für die Bewegung zu bekommen. Warum hatte ich sie nach Białystok mitgenommen? War ich verrückt geworden? Hatte mich mein jüngster Erfolg, die Reise mit dem Deutschen-Zug verblendet? Nicht jeder Tag ist ein Feiertag!

Der Kerl folgte mir, Schritt für Schritt. Blieb ich stehen, blieb auch er stehen. Ich ging in einen Hof, so als wollte ich mir die Schuhe schnüren. Er wartete, bis ich wieder herauskam. Er hatte es offensichtlich nicht eilig. Er hatte Zeit und war sicher, daß ihm sein Opfer nicht entwischen konnte. Vielleicht sollte ich ihm Geld geben? Blödsinn. Das Geld, das ich von Gitterman bekommen hatte, war für die Bewegung heilig, außerdem hatte ich es gut versteckt. Mein Beutel wurde immer schwerer, und ich spürte die Dokumente und Photos in meiner Manteltasche. Meine Hände waren schweißnaß. Ich wurde wütend.

»Psia krew![1] Was kriechst du hinter mir her, du stinkender Köter?«

Er straffte sich und erwiderte mir zuerst höflich und ruhig:

»Entschuldigen Sie, gnädige Frau, aber Sie werden nicht zum Bahnhof kommen...«

»Und warum nicht?«

»Weil du eine Jüdin bist!« Jetzt war er nicht mehr höflich. Seine Stimme wurde laut und drohend.

»Wirst du wohl verschwinden, du stinkender Köter?«

1 *Verdammt noch mal!*

»Oh, was sind wir nervös! Schau, da ist ein polnischer Polizist. Na, dann werden wir ja sehen...«

»So... was für ein Polizist? Na warte, da vorne steht ein Deutscher. Siehst du die SS-Uniform? Zu dem gehen wir jetzt...«

Er sah sich um, die deutsche Uniform glänzte grünlich in der Ferne. Langsam, ganz langsam wandte er sich von mir ab und ging.

Es war vorbei. Diesmal war ich heil davongekommen. Ich war am Rande meiner Nerven und tobte innerlich vor Wut, auf mich selbst, auf diesen Geier in Menschengestalt, auf den Polizisten, den Gendarmen, die ganze Welt.

Die Wache, die an der Grenze meine Papiere kontrollierte, fragte mich, ob ich Lehrerin sei und Ferien machte. Ich nickte und lächelte unbewußt. Gut, dann war ich eben eine Lehrerin auf Ferien, alles besser, als mit diesem Idioten hier in Małkinia herumzustehen. Gott sei gepriesen! Man mußte nur auf den Knopf drücken, und das Lächeln kam. Wo war dieser Knopf? Egal, irgendwo im Kopf, im Körper oder im Nervenkostüm. So fuhr ich das letzte Mal während der Besatzung von Warschau zurück nach Białystok.

Im Białystoker Ghetto traf ich Solomon Entin, der gerade auf dem Weg nach Warschau war. Ich bat ihn zu warten, weil ich selber in ein paar Tagen wieder los wollte.

»Ich hab keine Zeit, sie warten auf mich in Warschau.«

Solomon war das, was man einen »tollen Kerl« nannte. Er kam aus Pińks und war Mitglied der zionistischen Noar Hatzioni Jugendbewegung. Man sagte von ihm, er sei nicht wie die anderen Mitglieder des Noar, sondern »zu revolutionär«. In Wirklichkeit war es anders. Die meisten Mitglieder von Noar Hatzioni waren wie Solomon, vielleicht weil sie zu einer Jugendbewegung gehörten und vermutlich auch, weil sie nach den Erfahrungen und dem Vorbild einer anderen, revolutionären, Jugendbewegung erzogen worden waren. Solomon war groß, ein athletischer Typ mit breiten Schultern. Er war blond und blauäugig und hatte sich für seine Aufgabe einen Schnurrbart wachsen lassen. Alles in allem ein hübscher und kräftiger »Schejgetz«. Auch er bereiste die Strecke von Warschau nach Białystok und Wilna. Da er aus Pińks stammte, sprach er nicht fließend polnisch, wozu brauchte man auch polnisch im jüdischen Pińks? Wenn er unterwegs war, redete er möglichst gar nicht. Sein arisches Aussehen sprach für ihn, und es hätte auch gereicht, wären da nicht die jungen Polinnen gewesen, die sich im Zug mit diesem hübschen Jungen amüsieren wollten.

Solomon reiste ab. Zwei Tage später machten sich Sarah Silber und ihre Schwester Roszka auf denselben Weg, beladen mit Papieren und Berichten. Am dritten Tag, ein, zwei Tage vor meiner geplanten Warschau-Fahrt, ging ich zu meiner Freundin Stefa, die ein Telegramm für mich erhalten hatte: »Komm nicht, Lonia und Solomon sind krank.« Eine Erklärung war nicht nötig. Sie waren an der Grenze in eine Falle geraten, und da Sarah und Roszka kurz nach ihnen kamen, würden sie in dieselbe Falle laufen.

Gerade bevor ich dieses Telegramm bekam, hatten uns die Kommunisten gebeten, ihnen eine Reiseerlaubnis zu geben, damit Jakubowski sich in Warschau mit seinen Genossen beraten könnte. Wir taten es gerne. Antoni Jakubowski war einer ihrer altgedienten Genossen und, soviel wir gehört hatten, ein kämpferischer und integrer Mensch, einer ihrer Besten. Er hatte lange Zeit mit seinen jüdischen Genossen im Ghetto gelebt, wo er sich selbst vor der Gestapo versteckt und am jüdischen Kampf beteiligt hatte.

Auch er fuhr ab und kam nie wieder.

Was war los? Solomon und Lonia waren zwar zusammen, aber in getrennten Zügen gereist. Warum hatte sie dasselbe Schicksal getroffen?

»Sind Sie Lehrerin, fahren Sie in die Ferien?« Ich erinnerte mich an diese Frage, die mir der Wachbeamte vor fünf Tagen gestellt hatte. Damals waren die Genehmigungen gültig gewesen. Wir wußten allerdings schon seit ein paar Wochen, daß die alten Genehmigungen durch neue ersetzt wurden. Die waren grün, auf feinem kariertem Papier, in gotischer Schrift. Diese Genehmigungen waren für uns kaum zu bekommen. Wir hatten die Wahl gehabt, entweder die Reisen einzustellen oder das Risiko einzugehen. Da wir so oft durchgekommen waren, dachten wir, es bestände keine Gefahr. Nach den Regeln des gesunden Menschenverstandes hätten wir unsere letzten Überbleibsel sammeln und aufhören müssen.

Die Belagerung war erdrückend, die Isolation und das Abgeschnittensein trieben einen zur Verzweiflung. Und die Welt schwieg. Ich würde nicht mit Gitterman gehen, um den selbstzufriedenen Westen aufzurütteln... Es war das Ende!

Stimmt nicht. Wir versuchten es weiter.

10
Die ersten Waffen

Es war im Sommer 1942. Edek steckte bis über beide Ohren in Arbeit. Die Gruppen hatten sich zusammengeschlossen, und die Anspannung hielt uns zusammen. Die jungen Leute arbeiteten, manche draußen, andere innerhalb des Ghettos, in den Gärten des Judenrates und in den Fabriken der Deutschen. Jeder Handgriff für die Deutschen und die Front hatte nur ein Ziel: er war ein Übel, das in etwas Gutes verwandelt werden mußte. Viele Juden und auch Nichtjuden arbeiteten in den Fabriken. Wir mußten diese Massen direkt und indirekt beeinflussen, wir mußten sie für den internen Widerstand organisieren, für die Sabotage der Produktion. Mehr noch, wir mußten diese Arbeitsplätze nicht nur moralisch, sondern auch praktisch ausnutzen. Hier konnten wir Material für unsere eigene Waffenproduktion »mitnehmen«. Hier konnten wir Menschen organisieren, begeistern, ermutigen und erziehen. Die Mitglieder des Untergrundes dienten in der Kriegsproduktion der Nazis nur für einen einzigen Zweck: Sabotage. Jedem, der das auch nur einen Moment lang vergaß, würde nie vergeben werden. Auf diese Art arbeitete Franek und wechselte den Arbeitsplatz, sobald auf dem alten Sabotage nicht mehr möglich war. So arbeiteten Avremele und Sender außerhalb und Yentel und Roszka in der Strickwarenfabrik innerhalb des Ghettos, wo Zerah schwere Säcke mit Ziegeln und Steinen schleppte. Abends trafen wir uns in der Kupiecka-Straße oder in der Neue-Welt-Straße 6.

In der Neue-Welt-Straße 6 gab es einen Raum in einer ehemals vornehmen Wohnung, in dem jetzt die Ärmsten der Armen lebten. Kinder in Lumpen liefen uns zwischen den Füßen herum in den dunklen, feuchten Fluren, die rußgeschwärzt waren vom Rauch des Behelfsofens, der mitten im Zimmer stand. Es gab hier kaum Männer, nur Frauen und Kinder. Die Kinder bettelten auf der Straße, und die Frauen verkauften Gemüse auf dem Markt. Jedenfalls kümmerten sie sich nicht darum, was wir nebenan trieben. Dieses Zimmer war unser Versteck. Hier wohnten die Mitglieder des Organisationssekretariats, Franek, Zerah, Gedalyahu, Edek und ich. Nachts zogen wir noch zwei Klappbetten hervor, so daß der ganze Raum zum Schlafzimmer wurde. Tagsüber herrschten Ordnung und Sauberkeit. Chaika Rybak, unsere Kommunemutter, war dafür verantwortlich. Nur ihrem Verständnis und der Tatsache, daß sie nachts arbeitete, ist es zu verdanken, daß sie es schaffte, diesen Raum sauberzuhalten. Die Neue-Welt-Straße 6 war ein Hafen der Ruhe und eine Quelle der Inspiration in dieser verrückten Welt. Wenn wir hier beisammen saßen, konnten wir uns entspannen und neue Kraft schöpfen. Die Experten darin waren Franek und Gedalyahu. Der gutherzige und freundliche Franek mit seinen fröhlichen Liedern und Gedalyahu mit seinen obszönen russischen Flüchen und seinem haßerfüllten Spott über seine Arbeit als Ghettopolizist. Edek und Zerah waren Herzensfreunde, die nichts voreinander verbargen. Ich sah sie nie zusammen diskutieren und fragte mich, wie sie diese Freundschaft aufrechterhielten. »Mit einem ruhigen Blick«, erklärte mir Edek. Wieviel habe ich selbst von dieser reifen Männerfreundschaft profitiert, die zugleich besorgt und zurückhaltend war, und wie sehr sehnte ich mich danach, selbst so etwas zu haben.

»Zerah, was passiert, wenn ich eines natürlichen Todes sterbe, hä? Nicht durch eine Kugel und nicht im Kampf? Durch Krankheit zum Beispiel?« Edek liebte es, solche Scherzfragen zu stellen.

»Dann stirbst du gleich zweimal«, erwiderte Zerah.

»Warum?«

»Erst durch die Krankheit und dann aus Trauer über einen so gewöhnlichen Tod.«

Manchmal gingen ihnen die Witze aus, und an ihre Stelle traten düstere Überlegungen. Diese Abende waren schmerzhaft, und wir gingen dann früh zu Bett. Ich kann mich an so einen Abend erinnern.

»Werden wir es je erleben? Werden wir je nach Palästina kommen? Was meint ihr, werde ich je in einem Kibbuz leben?« fragte Edek.

»Warum fragst du nicht, ob du überhaupt am Leben bleibst?«

»Ist das nicht dasselbe?«

Ich weiß nicht mehr, wie wir darauf kamen, über die Zukunft zu sprechen. Nicht über die Zukunft unseres Volkes, sondern unsere eigene. Wir versuchten ruhig und objektiv zu sprechen, so als redeten wir nicht über uns, sondern über andere, deren Tod eine natürliche historische Notwendigkeit war.

»Mir ist es egal, ob sie mir einen Nachruf schreiben oder nicht. Was künftige Generationen über mich denken, interessiert mich nicht.«

»Red keinen Blödsinn. Jeder wünscht sich, daß man ihn für einen Helden hält.«

Gedalyahu sagte immer, was er meinte. Seine Ehrlichkeit und seine Fähigkeit, offen auszusprechen, was seine Freunde, aber auch er selbst, lieber für sich behalten hätten, gewann ihm ernsthafte Freundschaften und Beziehungen bei den Kommunisten. Gedalyahu durfte alles sagen, niemand war deswegen je verletzt, weder seine engsten Freunde noch politische Verbündete.

»Und ich sag's dir, Gedalyahu, meinetwegen können sie meine Leiche in kleine Stücke schneiden und in alle Winde streuen. Das ist mir egal. Wichtig ist doch nur, daß wir jetzt hier sind und bis zum letzten Atemzug kämpfen. Danach kann kommen, was mag.« Zerah versuchte Gedalyahu zu überzeugen, der zwar skeptisch blieb, aber auch verstand, was er meinte. Wir sprachen nicht oft über den Tod. Wir hielten ihn einfach für unvermeidlich.

Diese beherrschte Männerfreundschaft schloß nicht aus, daß sie sich umeinander sorgten. Gedalyahu war in diesem Winter an einer Lungenentzündung erkrankt, jetzt im Sommer hustete er immer noch. Er versteckte seine Taschentücher vor uns, damit wir nicht sahen, daß der Auswurf dunkel war. Wir flehten ihn an, zum Arzt zu gehen, aber er weigerte sich. Wenn wir darauf bestanden, wanderte er herum wie ein dunkler, wütender Schatten, ging aber erst recht nicht. Zerah beschloß, ihn zu überlisten. Er informierte den Doktor und machte einen Termin mit ihm aus. Ich tat so, als brächte ich Gedalyahu zu einer Verabredung mit dem Vertreter der Kommunisten. Als er sah, daß wir in das Haus des Doktors gingen, war er gekränkt, willigte aber in eine Untersuchung ein. Er erklärte sich sogar bereit, die verschriebene Medizin zu nehmen. Wir kamen dann nie mehr auf diese Geschichte zurück. Gedalyahu wußte Freundschaft zu würdigen, aber er redete nicht darüber.

Die Jüngeren fanden Erleichterung, indem sie handelten. Und in ihren Phantasien von Heldentum und Selbstaufopferung. Sie unterrichteten und stählten einander gegenseitig. Ihre Aufgabe spornte sie an, sich zugleich stark und menschlich zu verhalten. Wir hielten ein Seminar für Bewegungsaktivisten ab, in dem es vor allem um charakterliche Bildung ging – nicht die der Jugendlichen, sondern unsere eigene. Wir wollten alte Lehren angemessen neu beleben, indem wir sie in bezug auf die neue Situation überprüften und aktualisierten. Es bestand ja die große Gefahr, daß fundamentale Wahrheiten plötzlich auf dem Misthaufen der Geschichte landeten. In dieser Zeit blickten wir zuerst und vor allem auf die Sowjetunion. Wir mußten an dieses Land glauben, um es zu stärken, um die Arbeiter auf der ganzen Welt zu mobilisieren im Kampf gegen den Faschismus. Unsere Aufgabe war es, dem Nationalsozialismus und seinen Verbündeten als jüdische Massen den Krieg zu erklären. Wir klammerten uns auch an die Lehren von Marx und Borochow.[1] Wir luden Scheine Levine ein, mitzumachen, da sie sich mit Erziehungsproblemen in Kriegszeiten praktisch auseinandersetzte. Was sie mit den Kindern begann, setzten wir mit den Massen fort.

Das waren die Tage von El-Alamein. Hitlers Armeen näherten sich Palästina. Wir waren wie gelähmt vor Schrecken. Diese Tage waren düster und verzweifelt. Edek fragte sich nicht mehr, ob er je nach Palästina kommen würde. Wir fragten uns statt dessen, ob es Rommel gelingen würde, unsere letzte Hoffnung zu vernichten. Tagelang klopften unsere Herzen wie verrückt. Nervös lasen wir die Zeitungen und hörten Radio, halb erstickt von Angst und Schmerz.

Eine Gewißheit allerdings tröstete uns: Dort würde es kein Ponar geben, kein Chelmno. Und dann, endlich, die freudige Nachricht: Die Briten hatten Rommel zurückgeschlagen. Aber schon ein paar Tage später wurden wir durch ein neues Gerücht aufgeschreckt:

Aktzias im Warschauer Ghetto! Dieses lebendige und brodelnde Ghetto, das Zentrum jüdischen Lebens in Europa, mit seiner halben Million Juden, die nun seit zwei Jahren in der Vorhölle lebten, war nicht länger sicher. Wenn das Übel losbrach, das wußten wir aus den Erfahrungen mit Litauen und Belorußland, dann gab es kein Zurück mehr. Es würde wie eine Sturmflut anschwellen und alles hinwegfegen. Wenn die Deutschen ihre Vernichtungsmaschinerie in Gang setzten, dann machten sie ihre Arbeit gründlich. Wir hatten große

1 *Beer Borochow, 1881–1917: Linkszionistischer Theoretiker und Politiker, Gründer des »Arbeiterzionismus« und der Poale-Zion-Partei in Rußland.*

Angst, was nun geschehen würde. Wir sorgten uns um den Widerstand, beteten, daß unsere Warschauer Genossen Rache nahmen, daß sie rechtzeitig zuschlugen und daß dabei deutsches Blut floß.

Warschau, werde ich dich je wiedersehen? Werde ich je wieder deine kämpfenden, standhaften Juden sehen, deine Bettler, die sich mit den Nägeln an das Leben klammern, deine Kämpferinnen und Kämpfer, die Mitglieder unseres wunderbaren Untergrundes? Werden wir nie mehr den »Kalendarz Rolniczy« oder den »Jutrznia« (»Aufwärts«) lesen können, die Untergrundzeitschrift, die wir über die Grenzen geschmuggelt haben, um die so originellen und dabei vernünftigen Ansichten eines Jozef, eines Mordechai, Josya oder Szmul zu lesen? Soll nichts übrigbleiben vom kostbaren reifenden Wein deiner Jugendbewegung, die so erwachsen an ihren Werten festhielt?

Was würde mit dieser halben Million Juden geschehen, die für ihr Überleben kämpften? Was hatten doch die Wahnsinnigen auf den lärmenden Straßen des Ghettos gesungen? Was hatte der verrückte Rubinstein, der Poet und vielleicht auch Prophet, gesagt? »Ich will meine Essens-Karte nicht aufgeben! Ich will nicht sterben!« sang er, und: »Alle gleich!« Du hast dich geirrt, Rubinstein, nicht alle sterben gleich. Es gibt keine Gleichheit im Sterben. Das war unsere Sorge, wir beteten, daß Naziblut floß in den Straßen des Ghettos, der Zamenhof-, Nalewki-, Gensia- und Muranowski-Straße. Aber es war erst der Anfang. Das blutige Ende kam später.

In der Zwischenzeit hatten die Deutschen Flüchtlinge aus den Kleinstädten rund um Warschau in das Ghetto gebracht. Monatelang hatte man sie von einem Ort zum anderen getrieben, bis sie schließlich in diesen brodelnden Kessel Warschau gesteckt wurden, wo sie hungrig auf den Straßen dahinvegetierten. Nun waren sie die ersten, die zur Vernichtung abgeholt wurden.

Die *aktzia* in Warschau begann am 22. Juli. Am 27. Juli fielen Rostov und Novocerkarsk. Wieder ein Rückzug auf dem Schlachtfeld, wieder alle Hoffnung vergangen.

Im Białystoker Ghetto ging das Leben weiter. Der Sommerhimmel war wolkenlos. Außer der Zwangsrekrutierung von hunderten 17- bis 20jährigen jüdischen Mädchen für das Arbeitslager in Volkovysk passierte nichts Bemerkenswertes. Der Abtransport der Mädchen in das Arbeitslager erschütterte nicht die Grundfesten des

Ghettos. Man hatte an einem hellichten Mittag alle Mädchen im entsprechenden Alter, die keine gültigen Arbeitspapiere hatten, aus ihren Häusern oder Verstecken geholt und nach Volkovysk geschafft. Das war nicht das schlimmste Lager, und es gab von dort enge Verbindungen nach Białystok. Wer familiäre oder offizielle Beziehungen hatte, war nach ein paar Monaten schon wieder zurück in der Stadt. Aber einige blieben da, bis die Liquidierungsaktionen in den Provinzstädten, einschließlich Volkovysk, begannen.

Auch ich arbeitete weder in einer Fabrik noch für die Deutschen. Ich war eine der wenigen Glücklichen in der Bewegung, deren Aufgabenbereich sich nicht auf die üblichen Arbeitsplätze der Ghettobewohner bezog. Als die Jagd auf die Mädchen stattfand, konnte ich allerdings nicht einmal die Straße überqueren, um Barasz um den nötigen »Schein« zu bitten. Es herrschte strikte Ausgangssperre. Jetzt bewies Barasz seine Großzügigkeit. Er hatte nie wissen wollen, warum ich nicht arbeitete, und ich hatte ihn nie um gefälschte Arbeitspapiere gebeten. Ich habe keine Ahnung, woher er wußte, daß ich in der Wohnung meiner Mutter festsaß. Schon eine Stunde nach Verhängung des Ausgangsverbotes kam Engelman und brachte mir eine Bescheinigung von Barasz, die besagte: »Jiddischer Ordenungsdienst: Bitte nischt nemen Froi Grossman zu kein andere Arbeit. Sie ist zu Ferfihgung fur des Presidium.« Wieder einmal verblüffte uns Barasz und ließ uns über seinen Charakter spekulieren. Nachdem die Mädchen abgeführt worden waren, versanken die Menschen im Ghetto wieder in ihre Illusionen, litten unter der harten Arbeit und steigerten die Produktion für ihre Henker.

Das Problem der Waffenbeschaffung wurde immer dringlicher. Unsere Eigenproduktion war primitiv, wir brauchten unbedingt Feuerwaffen. Naiverweise dachten wir, es müßte welche bei den Polen in der Umgebung geben. Wir dachten, die Bauern wären die einzige Quelle. Wer sonst sollte die Waffen der sowjetischen Soldaten eingesammelt haben, die in der Kesselschlacht vor Białystok gefallen waren? Juden hatten mir damals erzählt, sie hätten gesehen, daß in der Gegend Feuerwaffen herumlagen. Sie hatten sie allerdings nicht mitgenommen, denn viele Juden hatten vor Schußwaffen noch mehr Angst als vor den Deutschen. Sie hielten das Gewehr für ihren größten Feind, denn es könnte sie bei einer Hausdurchsuchung das Leben kosten. Wenn diese Juden eine Waffe in die Hand bekamen, hatten sie nichts Eiligeres zu tun, als sie in kleine Teile zu hacken und in die Toilette zu werfen. Man mußte die Nazis sehr gut kennen, man mußte den Gegner richtig hassen, um ein Gewehr oder eine Pistole lieben zu lernen und ihren Wert richtig einzuschätzen.

Wie auch immer, die ersten Waffen gelangten in das Ghetto. Wir hatten gehört, daß es Deutsche gab, die mit Waffen handelten. Aber wir hatten weder das Glück, einen dieser Händler, noch das, deutsche Kommunisten zu kennen. So stahlen unsere jungen Genossen, Sender und Israel, unter Franeks Aufsicht, den Deutschen die Waffen stückweise. Auf der Częstochowska-Straße gab es einen Hof, der, durch einen Zaun geteilt, halb innerhalb, halb außerhalb des Ghettos lag. Wenn man den Moment abwartete, in dem die Wache sich umdrehte, konnte man ein Paket über den Zaun werfen und selber schnell hinterherspringen. Ein zweiter Genosse nahm das Paket an sich und verschwand damit in die eine Richtung, man selbst in die andere.

Trotzdem, was auf diesem Wege hereinkam, war dürftig, nur mit Mühe und Not brachten wir es in diesem ganzen Sommer 1942 auf ein Gewehr und zwei Pistolen. Den Kommunisten ging es genauso. Unsere Vereinigte Front wurde stabiler, aber ganz war das Mißtrauen noch nicht beseitigt. Leibusch Mandelblit wurde durch Yoschko Kawe ersetzt, der nun ihr Verantwortlicher für die Organisation wurde, die wir später Block A, beziehungsweise Vereinigte Antifaschistische Front nannten (im Frühherbst entstand der Block B, die Zweite Front mit Dror und Hanoar Hatzioni). Mandelblit war ein altgedienter Kader der Kommunisten, und es fiel ihm schwer, mit Leuten zusammenzuarbeiten, die sich auf Palästina hin orientierten. Er war Arbeiter, seine politische und ideologische Bildung hatte er ausschließlich im Rahmen der Partei erlangt. Sein Horizont war zu eng für die nötigen Veränderungen. Wir spürten auf den Treffen die große psychische Anstrengung, die es ihn kostete, mit Leuten wie uns als seinesgleichen umzugehen. Aus diesem Grund organisierten wir die Waffenbeschaffung immer noch separat. Aber wir machten auch große Fortschritte in der gemeinsamen Arbeit. Die Zellen setzten sich zwar aus den Mitgliedern einer Gruppierung zusammen, aber die Zellen-Leiter trafen sich regelmäßig, um Erfahrungen und Waffen auszutauschen. Zum Beispiel hatten wir ein Gewehr und sie Handgranaten. Wir liehen sie uns gegenseitig, damit alle Zellenmitglieder den Umgang mit beiden Waffenarten lernen konnten. Unsere und ihre Kommandanten taten sich zusammen, um unsere Pläne zu koordinieren. Wir führten auch viele Aktionen gemeinsam durch. Es gab regelmäßig falschen Alarm im Ghetto, wenn zum Beispiel ein Deutscher in der Fabrik seinem jüdischen Arbeitskollegen erzählte, noch am selben Abend würden die Juden aus dem Ghetto geschafft. Solche Gerüchte über bevorstehende *aktzia*s gab es öfter. Aber nicht alle Andeutungen waren grundlos. Es war durchaus möglich, daß eine deutsche Dienststelle, zum Beispiel der Sicherheitsdienst, vorhatte, eine kleinere *aktzia* durchzuführen, und eine andere, etwa die Schutzpolizei oder die Zivilverwaltung, sich querstellte. Wir vereinigten daher unseren Informationsdienst mit dem der Kommunisten. Jedes kleinste Bruchstück von Information, das Gedalyahu von der Polizei oder ich von Barasz mitbrachte, übermittelten wir ihnen, und sie taten dasselbe. Sie hielten immer noch Kontakt zu ihren Genossen außerhalb des Ghettos, die öfters Neuigkeiten in Erfahrung brachten. Auch die Mobilisierung wurde in solchen Fällen gemeinsam durchgeführt. Wir sammelten uns dann in den Stellungen, die wir schon vorher in unseren Plänen festgelegt hatten. Diese wechselnden Tests für den kommenden Ernstfall verliefen immer erfolgreich und stärkten unsere gegenseitige Solidarität.

11
Unter deutschen Soldaten

Nach den Fehlschlägen an der Grenze in Małkinia versuchten wir unseren Kontakt zu Wilna über die Post zu halten. Natürlich konnten Karten keine Treffen ersetzen. Unsere Fäden nach Warschau waren abgeschnitten, und immer wieder tauchten Berichte über »Aktionen« auf. Eine Reise lag jenseits unserer Möglichkeiten, und auch die postalische Verbindung war unterbrochen. Die Korrespondenz mit Wilna war unser einziger Zugang zu anderen Gebieten. Die Umzingelung wurde immer dichter. Wir mußten unsere Aktivitäten auf das eigene Gebiet beschränken, wobei sie sich gleichzeitig ihrem Höhepunkt näherten und wir auch deshalb gezwungen waren, uns auf die eigenen Bedingungen zu konzentrieren.

Damals gelang es uns zum letzten Mal, die Umzingelung zu durchbrechen. Ich bekam eine Postkarte aus Wilna, auf der stand, ich solle um jeden Preis kommen. Der Text irritierte mich etwas, denn unsere Leute in Wilna wußten, was eine solche Reise bedeutete. Offenbar handelte es sich um eine Sache von außergewöhnlicher Wichtigkeit. Als ich meinen Genossinnen und Genossen die Karte zeigte, schüttelten sie den Kopf, äußerten sich aber nicht dazu. Das bedeutete, daß sie die Entscheidung mir überließen. Nur Edek sah, daß man von keinem Menschen verlangen konnte, eine so schwere Verantwortung ganz alleine zu tragen, daß es in solchen Fällen einfacher war, eine Entscheidung auszuführen, als sie treffen zu müssen.

Bis Grodno waren die Kontrollen relativ harmlos. Diese Strecke war ohnehin weniger gefährlich als die nach Warschau. Aber man brauchte eine Genehmigung der deutschen Polizei in Białystok, und die wiederum erhielt man nur auf Empfehlung eines deutschen Arbeitgebers. Also setzte ich mich in einen Waggon, der für Deutsche reserviert war, und wartete ab. Die Abteile waren groß und mit Bänken ausgestattet. Auf beiden Seiten gab es Fenster, aber nur auf einer Seite eine Tür. Am Ende des Waggons befand sich eine Toilette. In den Abteilen saßen jeweils sieben, acht deutsche Soldaten. Sie musterten mich von Kopf bis Fuß. Ich lachte und fragte, ob ich reinkommen könnte. Sie lachten zurück: »Warum nicht, Kleine?«

Das Spiel begann. Die Soldaten waren guter Laune, sie kamen aus dem Urlaub zurück, mußten aber nicht an die Front. Sie gehörten zu einer Staffel, die in Litauen stationiert war. »Wir kommen alle aus Wien«, sagte einer und lachte dabei. Was freute ihn so? Daß er Österreicher war, also kein »Boche«? Oder daß er nicht an die Front mußte? Wie auch immer, ich war in gute Gesellschaft geraten. Sie boten mir von dem Kuchen an, den sie von zu Hause mitgebracht hatten. Ich nahm gerne an. Und dann sagte ich: »Wißt ihr, ich reise ohne Genehmigung.«

»Na und? Wir sind Soldaten, nicht die Polizei«, erwiderte einer von ihnen. Trotzdem versetzte sie meine Mitteilung in Aufregung. Einer wies auf einen Uniformmantel, der am Haken hing und sagte: »Komm, wir verstecken dich darin.« Ein anderer wollte ihn noch übertreffen und rief: »Nein, unter der Bank!« Für sie war das Ganze ein spannendes Spiel. Aber ich sah mich wirklich nach einem Loch um, in das ich mich notfalls verkriechen könnte. Die Soldaten übertrafen sich gegenseitig an Großzügigkeit und Hilfsbereitschaft. Als der Zug in Grodno hielt, hatte ich allerdings immer noch keine Ahnung, was ich tun sollte. Schon hörte man aus den polnischen Waggons das Brüllen der Deutschen:

»Raus! Raus! Ausweis!«

Vielleicht kamen sie gar nicht zu uns? Ich konnte mich nicht bekreuzigen, wie die polnischen Bäuerinnen, ich konnte nicht einmal beten. Ich konnte nur die Luft anhalten, versuchen, mich zu entspannen und lächeln.

Zum Glück war ich eine junge Frau. Die Soldaten drängten sich um mich, einer kam mir sogar ein wenig zu nahe, aber diesmal machte mir das nichts aus. Hauptsache, ich kam heil durch die Kontrolle. Die Tür wurde geöffnet und wieder geschlossen. Als die Kontrolleure die Soldaten eng beieinander auf der Bank sitzen sahen, dachten sie wohl, sie wären mit irgendeinem Spiel beschäftigt.

Als der Zug weiterfuhr, war ich wieder frei. Ich sah aus dem Fenster und wartete auf Merkine. Hier, an der Grenze, würde die Kontrolle schärfer ausfallen. Sie würden alle Abteile durchsuchen, auch die der deutschen Soldaten. Hier würde sich mein Schicksal entscheiden. Die Soldaten lachten, und ich lächelte zurück.

Wir kamen an die Grenze. Der Bahnsteig war leer, bis auf die Männer in den dunkelgrünen Uniformen und schweren Stiefeln. Deutschen Stiefeln. Glänzenden, gut polierten Stiefeln. Ich hörte ihre Schritte auf dem Bahnsteig. Sie näherten sich dem Waggon. Die Soldaten sahen mich ein wenig ängstlich an. Offenbar ging es ihnen an die Ehre, daß acht österreichische Ritter nicht in der Lage sein sollten, eine junge, charmante, deutschsprachige polnische Frau zu schützen. Ich rannte zur Toilette. Kaum hatte ich die Tür hinter mir geschlossen, als ich den mir wohlbekannten Befehlston hörte: »Keine Zivilisten da?«

Schweigen. Das war ein gutes Zeichen. Ich hörte den Deutschen in meinem Abteil herumgehen. Er kontrollierte offenbar jede Ecke.

Die Toilettentür ging auf. Sie wurde so schwungvoll aufgestoßen, daß ich mich perfekt dahinter verstecken konnte. Sie wurde wieder geschlossen, dann war einen Moment lang nichts zu hören. Und schließlich schallendes Gelächter und »Hurra«-Rufe. Ich öffnete die Tür, und sechzehn Hände griffen nach mir. Die Soldaten nahmen mich lachend in die Mitte, offenbar machte ihnen das Spiel Vergnügen. Die Reise aus Wien war lang und langweilig, und mit einer so unterhaltsamen Abwechslung hatten sie nicht gerechnet. Und, wer weiß, vielleicht haßten auch diese jungen Österreicher die deutsche Polizei? Ich genoß die Süßigkeiten, die sie mir anboten, und war erleichtert, als wir endlich weiterfuhren.

Hinter der Grenze mußten wir in einen anderen Zug umsteigen. Ich stieg aus, um mir eine neue Fahrkarte zu kaufen, und als ich zurückkam, fand ich meine Mitreisenden nicht mehr. Es wurde langsam dunkel, und ich fühlte mich besser. Das Tageslicht war für unsereinen kein Verbündeter. Ich fand ein Abteil voller Soldaten und drängte mich in eine Ecke am Fenster. Ich überprüfte alles genau: Auf der Ablage stapelte sich das Gepäck, darunter hingen kurze und lange Uniformmäntel, hinter denen ich mich verstecken konnte, falls eine Kontrolle kam. Die Abteile waren nicht beleuchtet, wegen der Bombenangriffe war Verdunkelung vorgeschrieben. Auf jeden Fall war es für mich immer noch besser, wenn ich auf einem normalen Bahnhof erwischt wurde als an der Grenze, und die hatte ich ja gerade heil überquert. Man brauchte natürlich auch für diese Strecke eine Reisegenehmigung, aber ich hatte eine Identitätskarte aus Wilna in der Tasche, und wenn ich nicht gerade von der Gestapo durchsucht wurde, konnte ich mich damit herausreden, daß ich nach Hause fuhr.

Die meisten Soldaten schliefen. Einer war allerdings hellwach und hörte nicht auf, mit seinen Heldentaten und den Schönheiten Deutschlands zu prahlen. Immer, wenn ich zusammen mit Deutschen reiste, hörte ich diese Geschichten über die Schönheiten Deutschlands, offenbar war das für sie das einzige unverfängliche Gesprächsthema. Oder sie hatten ganz einfach sonst nichts zu sagen.

Ich erinnerte mich an eine Geschichte, die mir Lonka erzählt hatte. Sie war mit dem Zug gefahren, und ihr gegenüber hatte ein deutscher Unteroffizier gesessen. Er hatte nicht über Deutschlands Sehenswürdigkeiten geredet, sondern nur über sich selbst. Er war hübsch gewesen, groß und blond, mit einem nordischen Gesicht und Körper – ganz nach Hitlers Standards. Sein Gesicht war ohne jeden Ausdruck, ohne einen Hauch von Intelligenz, aber klassisch geschnitten. Um Lonka zu beeindrucken, erzählte er ihr, er sei eine wichtige Persönlichkeit. Er habe einen Brief dabei, in dem der Reichsgesundheitsminister ihn berechtigte, 15 von Deutschlands schönsten jungen Frauen zu befruchten. Wenn es ihm gelang, sie alle zu schwängern, sollte er eine Prämie von 600 Mark bekommen, und der Vertrag würde verlängert und auf eine größere Anzahl Frauen erweitert. Seit ich diese Geschichte gehört hatte, mußte ich bei jedem jungen Deutschen an einen Zuchtbullen denken. Ich fürchtete sie und verachtete sie aus tiefstem Herzen.

Bevor wir Wilna erreichten, wurden die Reisegenehmigungen der Zivilisten noch mehrmals kontrolliert. Ich verkroch mich die ganze Fahrt über hinter einem der langen Uniformmäntel. Vor drei Monaten war ich das letzte Mal in Wilna gewesen. Womöglich galten die damaligen Bestimmungen schon längst nicht mehr. Auf dem Bahnhof sah ich, wie eine Polin mit einem großen schweren Korb auf einen Eisenbahnarbeiter zuging. Der Arbeiter nahm ihr den Korb ab, und sie gingen los, allerdings nicht in Richtung des Hauptausgangs.

»Mein Herr, ich habe keine Reisegenehmigung, können Sie mir helfen? Ich würde mich natürlich erkenntlich zeigen...«

»Folgen Sie uns.«

Ich lief mit etwas Abstand hinter ihnen her, schließlich konnte ich diesen Fremden nicht blind vertrauen. Rechts vom Passagierbahnhof lag ein Frachtbahnhof, wo der Mann offenbar arbeitete. Er führte uns durch gewundene Seitenwege. Wir gingen vorbei an Frachtzügen, überquerten die Schienen und atmeten schließlich die frische Herbstluft auf einer breiten Wilnaer Straße.

»Was machen Sie jetzt«, fragte mich der Pole, »es ist schon Sperrstunde.«

Mir fiel keine Antwort ein.

»Kommen Sie!« Ich folgte ihm schweigend, was blieb mir schon anderes übrig.

Ein kalter blasser Herbstmond beleuchtete die Straße. Wir kamen zu einem verriegelten Tor. Der Mann schloß auf und führte uns in seine warme, saubere Eisenbahnerwohnung. Er machte den Ofen an und brachte uns Tee. Er stellte mir keine Fragen. Vermutlich hielt er mich für eine Schmugglerin. Er breitete eine Matratze für mich auf dem Boden aus und legte eine Decke dazu. So verbrachte ich die Nacht. Als ich aufwachte, war mein Gastgeber nicht mehr da. Seine Frau beachtete mich nicht weiter, sondern kümmerte sich um den Haushalt. Sie wünschte mir nicht einmal einen guten Morgen. Ich kramte zehn Mark hervor, um sie zu bezahlen. Sie sah mich mit ihren ausdruckslosen Augen an und arbeitete weiter.

»Pani, bist du vom Himmel gefallen oder was? Geh doch einfach. Warum willst du dich über uns lustig machen?« Ich fragte mich, ob sie genauso gehandelt hätten, wenn sie gewußt hätten, daß ich Jüdin bin.

Ich dankte ihr und ging. Ihr Haus stand dem Bahnhof gegenüber, ganz in der Nähe des Hauses, in dem Schmidt gewohnt hatte, der Deutsche, der sein Leben für uns geopfert hatte. Auf dem Weg ins Ghetto wollte ich bei Vitka vorbeischauen. Im Hof der katholischen Nonnen suchte ich nach Frau Pardu, die einst die Wohlfahrtsküche in der Zawalna-Straße geleitet hatte. Die Nachbarn sahen mich erstaunt an: »Die sind nicht mehr hier.«

Ich ging zu Jadwiga. Ihre ehemalige Vermieterin erkannte mich wieder und gab mir Jadwigas neue Adresse. Sie bewohnte ein Zimmer in der Wohnung von Bekannten. Sie war da und hieß mich willkommen, ich konnte mich waschen und ausruhen. Ihre neue Unterkunft lag auf der Makowa-Straße. Hier hatte ich mich mit Rivka getroffen, bevor wir uns getrennt hatten. Rivka war damals nach Białystok gegangen und ich in mein arisches Untermietzimmer in diesem Viertel, in der Schenna-Straße.

12
Gesandte nach Moskau

Ein Jahr und drei Monate waren seither vergangen. Wie viele Zimmer hatte ich seither bewohnt, wie oft die Wohnung, den Zug und meinen Namen gewechselt? Wieviel hatte sich verändert seit jenem Sommer 1941! Und auch wir selbst hatten uns gewaltig verändert. Wir waren um Jahrzehnte gealtert. Wir hatten an Erfahrung gewonnen und waren ernsthafter geworden. Wir hatten unzählige Enttäuschungen erlitten und waren noch überzeugter, hartnäckiger und geduldiger geworden.

Jadwiga befand sich in einer schwierigen Situation. Gestern war ihr Vermieter verhaftet worden, jetzt waren nur noch sie und dessen Frau in der Wohnung. Die Gestapo konnte jeden Moment wiederkommen, und ihr Zimmer war mit illegalem Material vollgestopft. Sie mußte es sofort säubern und die Sachen woanders verstecken, aber sie hatte den Eindruck, das Haus stünde unter Beobachtung. Sobald sie es verließ, konnte sie kontrolliert und durchsucht werden.

»Du hast dir ja eine gute Zeit ausgesucht!« Jadwiga packte gerade all die falschen Papiere und Genehmigungen, Briefe und Adressen und ein paar Pistolenkugeln zusammen. Sie war wütend. »Mein Vermieter hat auf dem Schwarzmarkt gehandelt. Er wollte sich am Schwarzmarkt bereichern, und seinetwegen muß jetzt womöglich die Bewegung leiden.« Sie drängte mich, sofort zu gehen. Sie hatte sich für mittags mit Vitka im Café auf der Mickiewicz-Straße verabredet, hielt es jetzt aber für unklug, selbst hinzugehen. »Du gehst«, sagte sie.

Vitka begrüßte mich mit ihrer üblichen aggressiven Begeisterung. Ich ging mit ihr in das Ghetto. Wir nahmen das Tor auf der Rudnika-Straße, das die meisten Arbeitskolonnen benutzten. Vitka kannte alle, die Arbeiter und ihre Kolonnenführer. Sie war es gewohnt, im Ghetto aus und ein zu gehen, Tage in der Stadt zu verbringen, mit Laufereien und Treffen, und dann abends wieder zurückzukehren. Die Armbinde steckte in ihrer Tasche. Ihre Hände waren schnell und ihre Füße leicht. Nur ihr blondes Kraushaar konnte Verdacht erregen. Vitka hatte nicht mein flächsernes Haar, dafür aber unbändigen Mut. Sie ging voran, ich hinterher. Ich sah mich um, ob mir jemand folgte, verschwand dann kurz in einem Innenhof und steckte mir die Flecken an, die Vitka bei sich trug. Ich hatte nie welche bei mir, ich bevorzugte gelbes Papier und eine Schere. Bei einer Durchsuchung war das nicht so verdächtig wie richtige Stoffflecken. Ich hatte auch Vitka dazu geraten – vergeblich. Vitka tat, was sie wollte. »Sie werden sie schon nicht finden, laß mich in Ruhe!« Meine in ihren Augen übertriebene Vorsicht machte sie immer wütend. Vitka weigerte sich, einen Hinterhof zu benutzen, sie achtete auch nicht darauf, ob jemand sie beobachtete, sie sprang einfach in die Reihe der Arbeiterinnen und Arbeiter, heftete sich die Flecken an und ging mit ihnen weiter. Vitka übernahm immer die Offensive, ich die Vorsichtsmaßnahmen.

Die Genossinnen und Genossen im Ghetto waren aufgeregt: aus dem Osten war ein Lichtstrahl zu ihnen gedrungen. Ihre Herzen waren erfüllt von neuer Hoffnung, Begeisterung und Energie. Es gab einen Kontakt zu der Welt, die gegen den Faschismus kämpfte. Von jetzt an war der antifaschistische Kampf der Juden im Ghetto Teil der sowjetischen Front. Die wenigen Genossinnen und Genossen, die das Geheimnis kannten, maßen ihm größte Bedeutung zu.

Sie hatten sich mit einer Gruppe sowjetischer Fallschirmspringer getroffen, die in der Umgebung von Wilna gelandet waren. Sie waren von den Sowjets autorisiert, den bewaffneten Widerstand hinter den deutschen Linien zu organisieren. Es wird noch viel gesprochen werden über den Heldenmut dieser Soldaten-Kommissare, Söhne des sowjetischen Volkes, die ihr Leben, fern ihrer eigenen Heimat, ihrer Dörfer und Familien, tief hinter den feindlichen Linien, geopfert hatten im Kampf gegen den Feind. Kontakt mit ihnen hieß, daß die Belagerung durchbrochen war. Mit ihnen reden zu können, bedeutete für den isolierten Untergrund auch Ermutigung und neue Kraft. Mit ihnen zusammenzuarbeiten, bedeutete, das Schlachtfeld Ghetto in eine große Front einzugliedern, die vom eisigen Nordmeer bis in die Krim und nach Nordafrika reichte. Die nun erreichte Eingliederung unserer Kämpferinnen und Kämpfer in diese Front war keine Kleinigkeit. Es ging hier nicht um abstrakte Moral oder um Gefühle, sondern um die Suche nach militärischer Zusammenarbeit und um praktische Unterstützung mit Waffen und Material. Als unsere Genossen mit den Fallschirmspringern in der Gegend von Białevaka, nahe Wilna, zusammentrafen, stellten sie einen organisierten und ideologischen Zusammenhang her. Die Fallschirmspringer waren vom Generalkommando der Partisanen in Moskau autorisiert, das die P.P.S.[1] als integralen Teil der sowjetischen Partisanenbewegung anerkannte. In diesen Diskussionen kam auch die Frage auf nach der Effizienz der Ghettoorganisation, die das Ghetto zu ihrer ersten und Hauptfront erklärt hatte.

Als ich von dieser Diskussion hörte, mußte ich an die ganz ähnlichen Gespräche denken, die wir mit den polnischen Kommunisten in Warschau, den jüdischen Kommunisten in Białystok und mit der sowjetischen Spionagegruppe geführt hatten, die wir durch Scheine kannten. Immer wieder dieser Mangel an Verständnis, derselbe Vorwurf der Kräfteverschwendung, dieselbe Unfähigkeit, die Entwicklungen zu verstehen, die nur in den Ghettos stattfinden konnten, die von der totalen Vernichtung bedroht waren. Dennoch, wenn das Ziel das gleiche war, mußten auch die Methoden koordiniert werden.

Auf einem dieser Treffen hatten die Fallschirmspringer vorgeschlagen, uns in direkten Kontakt mit Moskau zu bringen. Das Angebot war so vielversprechend, daß Begeisterung über die Logik siegte. Das war der Grund für die Postkarte gewesen, die sie mir nach Białystok geschickt hatten: »Komme um jeden Preis!« Als wir aber die Details besprachen, erschienen uns die Aussichten nicht mehr ganz so vielversprechend. Die Funkverbindung war abgebrochen, entweder weil der Sender versagt hatte, oder weil der Code entdeckt worden war. Unsere Genossen hatten gehofft, daß sie aus der Luft unterstützt würden (da ja die Fallschirmspringer aus Moskau mit dem Flugzeug gekommen waren), daß es einen versteckten Landeplatz irgendwo im tiefsten Wald gäbe, den ein wunderbarer Stahlvogel anfliegen würde, um Waffen abzuwerfen und Informationen und Menschen aufzunehmen. Es dauerte eine Weile, bis wir begriffen, daß kein Untergrund, selbst der mit einer riesigen sozialistischen Gesellschaft im Hintergrund, vor Schwierigkeiten gefeit war. Wir kämpften aus einer entsetzlichen Isolierung heraus, aber

1 *Polnische Sozialistische Partei*

auch sie, die Fallschirmspringer, waren darauf eingestellt, sich, von einem Moment auf den anderen von allem abgeschnitten, völlig allein durchschlagen zu müssen. Der wunderbare Traum von einer schnellen Botschaft an die Welt zerrann. Wir sahen ein, daß der Weg nach Moskau lang, schwierig und gefährlich war. Wenn er überhaupt zu bewältigen war, dann würde er Monate beanspruchen.

Der Plan der Fallschirmspringer sah so aus: Wir sollten über Polock an die Front in der Gegend von Velikije Luki reisen, also über Grenzen, durch Wälder und Dörfer, auf gewundenen, ungepflasterten Wegen. Ihres Wissens nach gab es dort eine durchlässige Stelle in der Front, durch die wir auf die andere Seite gelangen konnten. Obwohl sie uns auch alle Schwierigkeiten in ihrem Plan erläuterten, beschlossen wir, ihn auszuführen. Die Überlegung, Unterstützung zu suchen in der Welt, von der wir abgeschnitten waren, und die unsere Schreie nicht hörte, gab es nicht nur von seiten des bewaffneten Untergrundes in Wilna. Auch die Warschauer hatten versucht, Botschafter loszuschicken, die die Welt vor der bevorstehenden Vernichtung der polnischen Juden warnen sollten, der Vernichtung, die in Wilna, Kovno, Minsk und Kovel bereits begonnen hatte und die sich nun auf Zentral-Polen, das ruhige Generalgouvernement, auf Lublin und Warschau ausbreitete. Zu der Zeit erhielten wir auch die ersten Informationen über Treblinka.

Wir sagten uns damals: »Sie müssen damit anfangen, alle Deutschen, die in Europa und Amerika leben, zu töten, sie müssen die totale Liquidierung der Kriegsgefangenen ankündigen, sie müssen damit drohen, daß sie mit den Deutschen, wenn sie nicht sofort mit der Judenschlächterei aufhören, genau dasselbe machen werden wie die mit uns.« Naiv, wie wir waren, dachten wir damals, England und Amerika würden auf die Vernichtung, auf Ponar, Chelmno, Belzec, Sobibor und Treblinka nicht reagieren, weil sie nichts davon wußten. Deshalb wollten wir den Vorschlag der Fallschirmspringer, trotz all seiner unendlichen Schwierigkeiten und Gefahren, ausführen. Was hatten wir schon zu verlieren? Wenn unsere Mission gelang, war sie von unschätzbarem Wert. Wenn sie mißlang – nun, dieses Risiko nahmen wir täglich und stündlich auf uns. Die Aussichten auf Erfolg waren gering, aber wir hatten keine andere Chance. Wir mußten tun, was wir konnten, auch wenn es kaum Hoffnung gab. Wir mußten aber auch darauf achten, daß diese Mission nicht unsere ganze Arbeit gefährdete. So beschlossen wir, Tzesia Rosenberg von unserer Bewegung und Sonja Madeiska von den Kommunisten zu schicken. Ich sollte nach Białystok zurückkehren.

Die zwei Frauen mußten an eine Front reisen, die tausende Kilometer entfernt war, aber wir hatten nicht einmal die Genehmigung für die nächstgelegene Stadt, und ohne Genehmigung kam man schon nicht in den Bahnhof von Wilna, der nur 200 Meter vom Ghetto entfernt lag. Wir mußten die Genehmigungen fälschen, wußten aber nicht, wie sie aussahen. Auch Jadwiga konnte uns nicht helfen.

Im Ghetto gab es eine hübsche junge Frau, von der es hieß, sie würde mit den Deutschen trinken und wäre mit den Litauern in der Zivilverwaltung befreundet. Sie war nicht dumm, sie wußte, was im Ghetto los war. Durch einen Bekannten, der Verbindungen zum Untergrund hatte, bot sie uns ihre Dienste an. Ich weiß nicht, wie sie direkt an die F.P.O. gelangte und warum die ihr traute. Ich verließ mich auf Abba, zog selber ein paar Erkundigungen ein und beschloß, man könne ihr tatsächlich trauen. Sie verwies uns an einen bestimmten Beamten in der litauischen Zivilverwaltung. Am anderen Morgen sollte ich mit Sonja zu ihm gehen. Ich wollte ihm erzählen, daß meine Mutter, die an der Grenze wohnte, mir ein Telegramm geschickt hatte, daß sie im Sterben lag. Und daß ich, wenn ich keine Genehmigung bekam, auch ohne fahren würde. Sonja verkleidete sich und malte sich die Lippen so rot, daß ihr ganzes Gesicht verändert aussah. Sie war keine typische »Schickse«, aber sie hatte helle Augen, eine kleine Nase und einen blassen Teint. Sie bewegte sich mit Eleganz und ging mit kurzen, aber energischen Schritten. Vor allem aber war sie auf eine zurückhaltende Art sehr tapfer.

Vor dem großen Gebäude der litauischen Zivilverwaltung stand ein Wachposten. Ich fragte ihn auf Deutsch nach dem Litauer. Da ich ihn auf deutsch ansprach, fragte er mich nicht nach dem Ausweis, den man brauchte, um dieses Gebäude, das der Öffentlichkeit verschlossen war, zu betreten. Leider trafen wir den Mann, den wir aufsuchen sollten und der uns angeblich erwartete, nicht an. Entweder war er absichtlich weggegangen, oder das Treffen war schlampig vereinbart worden. Das Gebäude war früher ein gutes Restaurant gewesen, wir hatten hier unsere Gäste von auswärts, aus Lemberg oder Kovel ausgeführt (während unsere Freunde mindestens zwei

Tage dafür hungern mußten). Der Beamte, zu dem wir schließlich geführt wurden, erklärte, die Angelegenheit liege außerhalb seines Kompetenzbereiches. Er könne uns allenfalls eine Reisegenehmigung für eine nähere Station geben, aber nicht für Velikije, das jenseits der Grenze lag. Dafür müßten wir uns schon in das große Gebäude gegenüber bemühen, wo der Sicherheitsdienst seine Büros hatte.

»Sie sind Volksdeutsche, nicht wahr?« fragte er.

»Wenn dem so ist, können Sie uns doch die Genehmigung für den Grenzübertritt geben, nicht wahr?« fragte Sonja lächelnd zurück.

»Wenn Ihnen die Deutschen eine Berechtigung für den Grenzübertritt ausstellen, bekommen Sie von mir eine Reisegenehmigung bis zur Grenze.«

»Aber dann helfen Sie uns ja gar nicht.«

Er bot uns lächelnd Zigaretten an. »Ich darf nicht ohne deren Erlaubnis, verstehen Sie?« Aber seine »Wichtigkeit« ließ nicht zu, daß er seine Unterlegenheit vor einer anderen Behörde eingestand:

»Ich gebe Ihnen das Papier, wenn die Ihnen versprechen, daß Sie die Genehmigung zum Grenzübertritt bekommen. Ich werde hier auf einen Anruf warten. Gehen Sie nur, keine Angst, es gibt da einen alten Herren namens...«

Wir wußten nicht, ob wir seinem Vorschlag folgen sollten. Der Sicherheitsdienst war der schlimmste Greuel des Besatzungsregimes. Er war die wahre Kraft der Gestapo, ihr ausführendes Werkzeug, und er überwachte gleichzeitig die Gestapo selbst. Die Entscheidung fiel uns nicht gerade leicht.

Auch hier fragten wir nach jemand Bestimmtem. Der Beamte am Eingang rief den von uns genannten Offizier an, und nachdem wir erklärt hatten, daß uns der Litauer aus der Zivilverwaltung schickte, durften wir eintreten. Der Wachposten musterte uns von Kopf bis Fuß, die Offiziere, die uns auf der großen Treppe entgegenkamen, lächelten uns zu und zeigten uns den Weg. Wir fanden schließlich den gesuchten Deutschen und erzählten nun ihm unsere Geschichte. Meine Bekanntschaft mit dem Litauer aus der Zivilverwaltung betonten wir besonders. Ich tat so, als wären wir gute Bekannte, wenn nicht Freunde.

»Aber was machen Sie hier? Wir stellen solche Genehmigungen nicht aus.«

»Wer denn?«

»Die Polizei vermutlich.« Er versuchte, uns loszuwerden.

Aber wir setzten uns, zündeten uns eine Zigarette an und machten keine Anstalten, zu gehen. Als er sah, daß wir es nicht eilig hatten, fing er an, uns auszufragen.

»Ich arbeite als Übersetzerin in einem Büro. Ich bin Volksdeutsche. Die Zivilverwaltung kennt uns«, versuchte ich mein Glück aufs neue.

Das Eis schmolz. Der Deutsche lächelte.

»Wir wollen nicht zwei Genehmigungen, nur eine. Wissen Sie, wenn Ihr Büro (mit Betonung auf ›Büro‹) sie nicht ausstellt, werde ich Sie natürlich nicht darum bitten. Mir würde die von der Zivilverwaltung reichen, ich möchte nur, daß sie mir bis Velikije verlängert wird.«

Das war eine gute Taktik. Er verließ kurz das Zimmer, und als er zurückkam, sagte er, wir sollten die litauische Genehmigung bringen. Wieder gingen wir mit leeren Händen. Der Litauer empfing uns freundlich, er ging davon aus, daß wir die nötigen Papiere von den Deutschen dabei hatten. Als wir ihm erzählten, was passiert war, dachte er einen Augenblick nach und befahl dann einer Sekretärin, uns eine Reisegenehmigung für das litauische Gebiet bis zur Grenze auszuschreiben. Wir rannten zurück zum SD. Der Wachposten erkannte uns wieder und hielt uns nicht auf. Jetzt fühlten wir uns schon ein wenig wohler in diesem schrecklichen Gebäude. Wir trafen den fetten Offizier auf der Treppe. Und dann saßen wir wieder auf den Polstersesseln in dem kleinen Büro.

Und wieder lächelten wir. Ich zwinkerte dem Fettwanst zu, Sonja sah mich an, als wäre ich verrückt geworden. Er ging abermals in das Nebenzimmer, und als er zurückkam, war unsere Genehmigung auf der Rückseite für eine Reise bestätigt. Über dem Stempel prangte seine Unterschrift, darunter der rote Hakenkreuzstempel des Sicherheitsdienstes.

Wir bedankten uns sehr höflich, blieben noch einen Moment, gaben ihm dann sehr graziös die Hand und verließen schließlich das prächtige und schreckliche Gebäude. Wir waren nur etwas beunruhigt über den großen Stempel mit den vielen Worten darin, er würde schwer zu fälschen sein. Als wir, zurück im Ghetto, die ganze Geschichte erzählten, sahen sie uns an, als wären wir verrückt geworden.

»Habt ihr je erlebt, daß jemand freiwillig das SD-Gebäude betreten hat?«

Abba saß die ganze Nacht an dem riesigen Stempel mit den gotischen Buchstaben. Tagsüber ging er seinen regulären Aufgaben nach, und nachts arbeitete er als Fälscher. Er stellte eine zweite Genehmigung für Tzesia her, die exakt wie das Original aussah. Man konnte die beiden kaum voneinander unterscheiden.

Zwei Tage später nahmen wir von den beiden Frauen Abschied. Wir hofften aus ganzem Herzen, daß es ihnen gelang, nach Moskau zu kommen.

13
Scheine Patt

Ich verließ Wilna zum letzten Mal an einem kalten, bewölkten Herbsttag, in einem Güterzug, ohne Reisegenehmigung.

Der Zug war lang, die Waggons waren mit Fahrzeugen und schweren Waffen beladen, die von dicken Planen verdeckt wurden. Kaputte Ausrüstung offenbar, die in die Werkstätten im Hinterland gebracht wurde. Auf jedem Waggon befand sich hinten ein »Storchennest«, ein kleiner erhöhter Unterstand für die Eskorte. Der Zug kroch von Halt zu Halt und blieb immer wieder stehen, um die Expreßzüge durchzulassen, die militärisches Personal oder deutsche Zivilisten beförderten. Zwischen den Güterwaggons gab es einen für Passagiere, in dem ein paar polnische Eisenbahnarbeiter und zwei Soldaten auf Urlaub saßen. An beiden Seiten gab es Ausgänge. Die Fahrt war nicht unangenehm, das Abteil war geräumig, und bis zur Grenze gab es keine Kontrollen, denn der Zug war ein Armeetransporter, den Zivilisten nicht benutzen durften. Das Personenabteil zwischen den Güterwagen fiel nicht auf. Auf jedem Bahnhof wurde der Zug auf ein Nebengleis gefahren, weitab vom Passagierbahnhof. Der stellvertretende Zugführer hatte mir für fünfzig Mark den Weg in das Personenabteil gezeigt. Die Eisenbahnarbeiter wunderten sich nicht sonderlich und fragten mich nicht, wie ich hierher gelangt war. Polnische Eisenbahner konnten ein Geheimnis für sich behalten. Auch sie schmuggelten von Zeit zu Zeit, Waren wie Menschen. Es gab eine Solidarität des Schweigens unter der deutschen Besatzung. Die beiden deutschen Soldaten auf Fronturlaub kannten sich mit den Reise- und Beförderungsvorschriften nicht aus, sie waren nur im Prahlen Experten. Während der ganzen Fahrt redeten sie nur über sich. Von der Front hatten sie offenbar auch nicht viel Ahnung.

Kurz vor der Grenze fuhren wir wieder auf ein Nebengleis. Plötzlich hörte ich das Geräusch von genagelten Stiefeln. Die Tür zum nächsten Abteil, das von unserem nur durch eine hohe Bank getrennt war, wurde geöffnet. Ich hörte die Stimme eines Deutschen, der jemandes Papiere kontrollierte, und sah mich nach einem Fluchtweg um. Es gab nur eine Möglichkeit: Aus dem Abteil springen und unter die Räder kriechen. Der Zug hatte nicht an einem Bahnsteig gehalten, es war also Platz genug, um sich darunter zu verstecken. Es gelang mir nicht, die Tür zu öffnen. Die Minuten verstrichen, gleich würden die Deutschen hier sein. Mit einer verzweifelten Bewegung zog ich das Fenster in der Tür herunter und sprang hinaus. Die dummen deutschen Soldaten glotzten nur, die Eisenbahnarbeiter sahen weg. Als ich sprang, hörte, ich, wie die Tür im Abteil nebenan geschlossen wurde. Ich verkroch mich unter den Rädern, und von unten sah ich die wohlbekannten polierten Stiefel. Ich bewegte mich in Richtung der Waggons, von denen ich annahm, daß sie schon kontrolliert worden waren und kam hinten wieder zum Vorschein. Die Wachsoldaten winkten mir zu, sie wußten nicht, daß ich gerade aus ihrem Zug geflüchtet war. Ich ging ein bißchen herum und kehrte dann in mein Abteil zurück. Die Soldaten bedrängten mich: »Warum bist du weggelaufen, du hast keine Genehmigung, stimmt's?« Ich wußte nicht, ob sie mich verraten hatten oder nicht.

Aber offensichtlich hatten sie es nicht getan, denn ich wurde nicht gesucht.

»Man braucht keine Genehmigung für einen Güterzug«, sagte ich mit unschuldiger Miene.

»Und warum bist du dann abgehauen?«

»Weil Zivilisten nicht mit Güterzügen fahren dürfen.«

Einer von ihnen gab nicht auf: »Warum tust du es dann?«

»Weil ich den richtigen Zug verpaßt habe.« Nur ein völliger Idiot würde diese Erklärung glauben.

Einer der Eisenbahner schmunzelte unter seinem Schnurrbart. Er verstand offenbar deutsch und mußte über die Dummheit von Europas »Elite« grinsen. Jetzt kümmerten mich die Soldaten nicht mehr, meine ganze Sorge galt der Grenze. Und schließlich lag sie hinter uns.

Spät in der Nacht kam der Zug in Grodno an. Kurz vor der Stadt verlangsamte er das Tempo und blieb stehen. Das war eine gute Chance, wegzukommen. In Grodno mußte ich ohnehin umsteigen, und auf dem Bahnhof würden garantiert alle Passagiere überprüft. Ich ging also zu Fuß nach Grodno und kam spät dort an, müde und schmutzig. Auch hier herrschte Ausgangssperre, aber es gab ein paar verfallene Häuser, durch die man ungesehen auf den Bahnhof gelangte. Dort konnte man sich in eine Ecke verkriechen und ein Nickerchen machen. Natürlich war auch das gefährlich, aber ich konnte doch nicht die ganze Nacht im Freien verbringen? Es war feucht. Ich hatte mich noch nicht entschieden, als ich eine Frau sah, die heimlich durch die Höfe schlich. Sie erschrak, als sie mich bemerkte, aber als sie sah, daß ich auch eine Frau war, fragte sie mich, wen ich suchte. Ich sagte ihr, daß ich auf den Morgenzug wartete und eine Unterkunft für die Nacht brauchte. Sie fragte nicht nach meinen Papieren, meinem Namen oder meiner Adresse. Sie nahm mich zu sich nach Hause mit, gab mir ein warmes, sauberes Bett und verschwand. Im Dunkeln sah ich eine Nähmaschine und ein paar halbfertige Kleider. Sie war allem Anschein nach Näherin. Warum hatte sie keine Angst vor mir? Ich könnte etwas stehlen, ich könnte auf der Flucht vor der Polizei sein, ich könnte... Jüdin sein. In der Wohnung dieser unbekannten Schneiderin wusch ich mich, kämmte mir das Haar und ruhte mich aus. Ich wußte, daß der Zug nach Białystok zwischen sechs und sieben Uhr morgens abfuhr, und stand daher vor Tagesanbruch auf. Wieder wollte ich bezahlen, wieder mußte ich mein Geld behalten, die Frau war einfach nicht mehr da. Eine mehr in der langen Reihe der stillen, einfachen Menschen, die halfen, ohne Fragen zu stellen.

Ich wühlte mich durch das Gedränge im Bahnhof von Grodno. Glücklicherweise waren eine Menge Leute unterwegs. Ich nahm die alte Genehmigung, die vor ewigen Zeiten in Merkine und Małkinia abgestempelt und längst abgelaufen war. Sie hatte Solomon, Lonka, Sarah, Tosia und Jakubowski verraten. Ich schwenkte sie über den Köpfen der Passagiere, drängte mich vor und kam fast unkontrolliert durch. Ich kannte inzwischen den deutschen Apparat, der so berühmt war für seine Gründlichkeit, und ich wußte, daß das eine Legende war. Die Bahnhofspolizei in Grodno mußte nicht unbedingt wissen, was die Grenzpolizei wußte.

Ich kam heil in Białystok an.

Auf einem kleinen Treffen, an dem auch Scheine Patt-Levine teilnahm, berichtete ich von meiner Reise. Ich erzählte ihnen von Gens'[1] Theorien, von den Lehren, die er im Wilnaer Ghetto verbrei-

1 *Jakob Gens, Vorsitzender des Judenrates in Wilna*

tete, um jede Sehnsucht nach Widerstand zu zerstören. Er kultivierte die Illusion eines autonomen jüdischen Lebens, in dem Kultur und geistige Betätigung die Allheilmittel für alle Übel seien. Er predigte Passivität. Die Genossinnen und Genossen fanden, ich müßte Barasz davon berichten.

Ein paar Tage später sah ich ihn. Ich erzählte ihm vom Theater im Wilnaer Ghetto, von den Konzerten, den Bemühungen um kulturelle und erzieherische Autonomie. Barasz hörte aufmerksam zu, ohne den Blick von mir zu wenden. Er wußte, daß wir ihm nicht ganz trauten. Ich entwarf ihm ein Bild von Gens und seinen Lehren und fügte hinzu: »Er fördert Passivität und Unterwerfung unter dem Deckmantel eines geistigen Widerstandes des ›ewigen Israel‹. Er glaubt, er könne die Geschichte überlisten.« Ich spürte, daß Barasz verwirrt war, und hielt deshalb inne. »Gens ist ein totaler Idiot!« blaffte er schließlich. Aber warum war er so irritiert? Sah er in Gens seine eigene Karikatur? Diesmal war mein Besuch ein Erfolg. Natürlich gab es große Unterschiede zwischen ihnen, in ihrer Herangehensweise und möglicherweise auch in ihren Grundsätzen. Gens war ein Gegner, ein Werkzeug der Gestapo. Barasz war ein loyaler Jude, der naiv versuchte, Juden zu retten, und seien es nur ganz wenige. Sie hatten nichts gemeinsam in ihrer Lebensgeschichte oder ihrem Charakter, aber sie nahmen in der blutgetränkten Geschichte der polnischen Juden schließlich dieselbe Stelle ein.

Ich erzählte Barasz auch von der berüchtigten *aktzia* in Osjmany, in der die jüdische Polizei des Wilnaer Ghettos in litauischen Uniformen, mit dem gelben Davidstern auf ihren Mützen die Juden dem Schlächter zugeführt hatte. Barasz wurde zornig, als ich ihm anschaulich die Reihe der Polizisten beschrieb, die, mit Stöcken bewaffnet, in gebügelten Uniformen am Ghettotor standen.[2] Weiss, der deutsche Kommissar, hatte sie mit Autos nach Svenkani gefah-

2 *Barasz kannte das Problem aus Białystok.* »Das ist ein schrecklicher Anblick, diese 7000 Personen, die nach einem harten Arbeitstag versuchen, Lebensmittel hereinzubringen, die ihnen dann beschlagnahmt werden. Freunde der jüdischen Polizisten, die am Tor stehen, kaufen sie denen ab und verkaufen die geraubten Waren in den Geschäften, die sie hier eröffnet haben. Sie haben daher ein Interesse daran, daß die Sachen entdeckt werden, damit sie stehlen können, was die armen Arbeiter mit ihrem Blut gekauft haben.«

ren, um auch die Juden dort zu täuschen. Jüdische Polizei hatte die Arbeit des SD und der SS verrichtet.

»Feiglinge!« rief Barasz wütend.

Drei Monate später stand er vor demselben Problem, wenn auch in etwas einfacherer Form, denn weder er selbst noch die von ihm geleitete Institution hatten eine vergleichbar große Verantwortung zu tragen. Trotzdem, es war ein ähnliches Problem, und es erforderte eine andere Lösung als die, die Barasz fand. Es ging um die teilweise Auflösung des Ghettos, an der er sich unwillentlich beteiligte, um die momentane Mehrheit der Bewohner zu retten, deren Schicksal doch gleichfalls bereits besiegelt war, wie das aller Juden im besetzten Polen.

Auch in Białystok gab es inzwischen Kontakte mit einer Gruppe, die die sowjetischen Streitkräfte hinter den feindlichen Linien repräsentierte. Vom Prinzip her ging es um dieselben Ziele wie in Wilna, aber es gab Unterschiede im Detail.

Scheine hatte klug und geduldig den Kontakt hergestellt. Sie kam fast täglich zu uns, und sei es nur für ein paar Minuten. Sie hielt ständig Verbindung mit uns, auch wenn sie nicht dazu beauftragt war.

»Ich bin nur mal kurz nachschauen gekommen«, sagte sie mit einem Lächeln in den dunklen Augen. Sie war viel älter als wir. Ihre Tochter war Mitglied unserer Bewegung, sie hatte sich schon auf dem Gymnasium einer Tel-Amal-Gruppe angeschlossen und war während der Besatzung dabei geblieben. Sie war drei Jahre jünger als wir. Wir nahmen allerdings nie den Altersunterschied zwischen ihr, Scheine und uns selbst wahr. Scheine war, egal ob sie nur redete oder ernsthaft diskutierte, gleichzeitig jung und alt. Wie sehr konnte sie

Diese Anmerkungen Baraszs auf einer Versammlung der jüdischen Polizei am 20. Juni 1942 machen das moralische Niveau der Polizei deutlich. Andere Aspekte der Polizeiarbeit allerdings ignorierte Barasz, da sie auch seine eigene Arbeit betrafen. Es ist also nicht erstaunlich, daß Mitglieder der Kampforganisation gegen ihren Willen die Aufgabe des Polizeidienstes übernahmen. Um die Polizisten zu ihren harten Pflichten zu ermutigen, wurde ihnen erzählt, sie erfüllten eine nationale Mission. »Sollte je ein Buch über das Ghetto geschrieben werden, dann werden wir darin ehrenvoll erwähnt werden«, wurde ihnen von Berman, dem stellvertretenden Kommandeur der jüdischen Polizei von Białystok, erzählt.

sich mit uns freuen, wie begeistert war sie über jeden Fortschritt, den wir erreichten. Und wie ernst und entschlossen wurde sie, wenn wir ein schwieriges und fast unlösbares Problem besprachen. Sie war eben Erzieherin, nicht nur im Waisenhaus, dem sie vorstand. Sie war immer Lehrerin gewesen und hatte unabhängig davon in der linken Poale Zion politisch gearbeitet.

Als wir, erst ganz allgemein, dann genauer erfuhren, was sie neben ihrer Arbeit im Waisenhaus noch alles machte, waren wir nicht sonderlich erstaunt. Es schien uns nur logisch, daß Scheine in ein antideutsches Spionagenetz involviert war. Während der sowjetischen Periode hatte sie in der Zentrale für Erziehung und Psychologie gearbeitet, die von einer Russin geleitet wurde, die gleichfalls ausgebildete Erzieherin war. Als die Sowjets abzogen, setzte sie ihre Aktivitäten fort und rekrutierte Scheine. Die beiden Frauen kooperierten mit Kommandogruppen, die in Funkkontakt mit Partisanengruppen in Białowieza standen, und über sie wiederum hielten sie Verbindung mit den Kommandozentralen der Partisanen und des Untergrundes. Im Laufe der Zeit fanden wir heraus, daß die Kommandos schon die ganze Zeit über arbeiteten, mit all ihren Zellen und Abteilungen. Scheine und ihre Gruppe waren auf Spionage spezialisiert.

Scheine war von ihrer russischen Bekannten als Individuum rekrutiert worden, nicht als Vertreterin einer Bewegung, einer Partei oder des Ghettos schlechthin. Spionage ist eine individuelle Tätigkeit ohne Zusammenhang mit einer Massenbewegung. Aber Scheine sah in ihr auch einen möglichen Zugang der Untergrundbewegung zur größeren Anti-Nazi-Front. Sie arbeitete erfolgreich und führte die verschiedensten Aufgaben aus. Und ganz langsam begann sie, unsere Haltung zu verstehen.

Ihre Bekannte, die die Gruppe leitete, hatte bemerkt, daß sie beschattet wurde. Das war gegen Ende des Sommers 1942. Sie hatte daraufhin einiges von dem, was sie bei sich hatte, Scheine übergeben. Ein paar Tage später sah sie die Gestapo kommen. Schnell verbrannte sie alle übrigen Dokumente und Papiere, und als sie durch das Fenster sah, daß das Haus umstellt war, erschoß sie sich selbst.

Seither hatte Scheine noch mehr zu tun. Unter anderem mußte sie den »Palast« ausforschen, das große Palais, in dem die Behörden für den »Bezirk Białystok« untergebracht waren. Das Schild am Eingang wies das Gebäude als »Zivilverwaltung« aus, aber Scheine kannte die Wahrheit. Uns war nicht ganz klar, woher sie ihre Informationen bekam, aber Edek und ich wußten, daß sie gelegentlich von einem Deutschen in SS-Uniform abgeholt wurde. Am anderen Morgen war sie dann wieder in ihrem Waisenhaus, mit glühenden Backen und einem jugendlichen Lachen in den Augen. Eines Tages erzählte sie uns, daß sie durch einen Tunnel, der von einem Hof in der Aleya-Straße in die Kellerräume führte, in den »Palast« eindrangen. Drinnen gab es jemanden, der ihnen Zugang zu den geheimsten Dokumenten verschaffte. Deshalb wußten wir schon vor Barasz, was die Deutschen im Ghetto vorhatten. Auf diesem Weg erhielten wir Informationen über Spitzel und Verräter. Der Hauptzweck dieser nächtlichen Aktionen war aber, herauszufinden, was die Deutschen über die Partisanenarmee wußten, über ihre Größe, ihre Stellungen, Kommandanten und Aktivitäten. Wenn die Partisanen wußten, was den Deutschen schon bekannt war, war es für sie leichter, sie in die Irre zu führen.

Scheine verrichtete ihre Arbeit mit einer wunderbaren jugendlichen Kraft, deren Quelle schwer festzumachen war. Wenn sie wichtige Informationen für uns hatte, beeilte sie sich, sie uns zu übermitteln. Vor allem aber tat sie ihr Bestes, um den Kontakt zwischen uns und der Gruppe herzustellen. Damit war unsere persönliche Beziehung zu Scheine natürlich nicht beendet. Wir brauchten aber eine autorisierte Verbindung zur Kommandozentrale, also de jure Anerkennung. Scheine arbeitete methodisch und geduldig auf dieses Ziel hin. Anfangs weigerte sich die Gruppe, derartige Vorschläge überhaupt anzuhören: »Das liegt nicht im Bereich unserer Aktivitäten und Befugnisse.« Scheine erzählte uns von einem gewissen Wanja, einer wundervollen Person, sehr menschlich, gutherzig und tolerant, ein typischer Belorusse, aber auch sehr strikt. Und sie gab nicht nach, bis sie sich bereit erklärten, ein Memorandum, in dem wir unsere Arbeit erklärten, entgegenzunehmen und an das Hauptquartier weiterzuleiten. Edek arbeitete tagelang an dem Memorandum, um es möglichst exakt und verständlich zu formulieren. Unsere Probleme waren diesen Leuten völlig fremd, wir konnten uns daher keiner allegorischen Sprache und keiner ungenauen Begriffe bedienen. Der Text enthielt schließlich alle Aktivitäten des

Untergrundes, seinen politischen Charakter, seine praktischen Ziele und die Hintergründe seiner Entstehung. Und er hob vor allem hervor, warum wir uns dafür entschieden hatten, im Ghetto zu kämpfen. Als wir es ihnen schließlich übergaben, fanden sie, es sei nicht vollständig und verlangten einen detaillierten Bericht über die Bewegung, die den Untergrund organisiert hatte. Wieder plagten wir uns mit der Abfassung. Wir waren uns der Größe unserer Verantwortung bewußt. Wir waren wohl gerade dabei, Geschichte zu machen. Ein Memorandum über unsere Bewegung, über Haschomer Hatzair, für den sowjetischen Generalstab! Wir mußten aufpassen, daß wir nicht versehentlich auch nur ein Detail verdarben. Jahrelang hatten wir einen solchen Kontakt herbeigesehnt. Das waren Festtage für uns! Nur wenige wußten Bescheid, aber unsere Fröhlichkeit griff auch auf die Zellen über. Unsere Genossinnen und Genossen spürten, daß etwas Wichtiges geschah.

Zwei Wochen später kam die Antwort. Sie war ermutigend. Abschließend hieß es: »Wir finden, daß junge Menschen wie ihr, junge Menschen mit eurer Organisations- und Handlungsfähigkeit, die derart von der Bedeutung ihrer Aufgabe überzeugt sind, sich den allgemeinen Streitkräften anschließen sollten. Ihr würdet zweifellos einen großen Beitrag zur Sache leisten. Da ihr jedoch beschlossen habt, den jüdischen Widerstand im Ghetto zu organisieren, können wir euch nur dazu beglückwünschen und euch Unterstützung zusagen.« Unterzeichnet war das Dokument vom Oberkommando der Sowjetischen Partisanen Bewegung. Gleichzeitig wurde Scheine der Lenin-Orden verliehen. In diesen Tagen lief Edek strahlend durch die Straßen, und Scheine drängte ihre Genossen, uns zu helfen.

Das war allerdings gar nicht so einfach. Sie unterstützten uns, wo sie konnten, mit geheimen Informationen, aber Waffen hatten sie selbst keine. Die nächste Partisaneneinheit, mit der sie in Kontakt standen, lag 80 Kilometer entfernt im Wald von Białowieza. Zwei Treffen zwischen Edek und Wanja brachten uns einander näher. Und obwohl er sich grundsätzlich nicht in »zivile Angelegenheiten«, wie er es nannte, einmischte, erklärte Wanja sich bereit, dieses eine Mal seine eigene Arbeit zu unterbrechen. Wanja war von Edek begeistert. Scheine kam von diesem Treffen ganz aufgeregt zurück, sie lachte und strahlte über das ganze Gesicht. Mich erinnerte das an Edek und Heniek. Ich wußte, daß Wanja und Heniek aus zwei verschiedenen Welten stammten. Wanja war ein Produkt der sozialistischen Gesellschaft, des Komsomol und der Partei; Heniek war in einer politisch neutralen Jugendbewegung groß geworden. Ihre gegensätzliche politische Herkunft machte aber letztlich keinen großen Unterschied. Heniek war ein einfacher junger Mann, der sein Leben lang gearbeitet hatte und über gesunden Menschenverstand verfügte. Seine unpolitische Erziehung hatte seinen Charakter nicht beeinflußt und hatte vor allem seine Freiheitsliebe und seinen Gerechtigkeitssinn nicht vermindert. Edek, der aus der sozialistischen zionistischen Jugendbewegung hervorgegangen war, entdeckte sofort, was die beiden verband. Ich bin sicher, wenn Heniek Wanja in Edeks Gegenwart getroffen hätte, hätten die drei zur gemeinsamen Sprache einer Jugend gefunden, die ihr Leben aufs Spiel setzte, weil sie das für ihre Pflicht hielt.

14
Der Judenrat

Während die Spionagegruppe sich um die Waffenbeschaffung kümmerte, fand im Ghetto die erste *aktzia* statt. Am 1. November wurde das Białystoker Ghetto abgeriegelt. Am 2. November wurden die Juden, die außerhalb des Ghettos arbeiteten, nicht hinausgelassen. Angst machte sich breit. Eine Woche zuvor hatte Scheine uns darüber informiert, daß geplant war, 12 000 Juden aus dem Ghetto zu entfernen. Einem Gerücht zufolge sollten nur die bleiben, die in den Fabriken arbeiteten. Baraszs Karosse fuhr hin und her, das ganze Ghetto war in Bewegung, alle versuchten Arbeit zu finden. Die Menschen behielten Barasz im Auge, sie registrierten genau, wie oft er das Ghetto verließ und spekulierten darüber, welche Deutschen und deutschen Behörden er jetzt wohl aufsuchte – die Gestapo, die Wehrmacht, Canaris[1] von der Gestapo oder Klein[2] von der Ghettoverwaltung[3]. Die Stimmung schwankte ständig zwischen Hoffnung und Verzweiflung. Als das Gerücht aufkam, die Deut-

1 SS-Standartenführer Constantin Canaris, Inspekteur der Sicherheitspolizei und des Sicherheitsdienstes für Ostpreußen. Sein Büro befand sich in Königsberg, er besuchte Białystok häufig.

2 *Gerhard Klein leitete die Wirtschaftsabteilung der Ghettoverwaltung.*

3 a) Am 30. September 1941 wurde Magunia zum Regierungspräsidenten für den Bezirk Białystok ernannt. Ihm folgte Landrat Brix. Die Stadt wurde von einem Bürgermeister regiert, erst Riegert, später Dr. Schwendowius. Sein Titel war Stadtkommissar.

b) Das Ghetto wurde von der Ghettoverwaltung verwaltet. Nach dem 1. März 1942 lag die Verwaltung in den Händen der städtischen Behörden. Ab November 1942 stand ihr Kriminalinspektor Fritz Gustav Friedel vor, der zuvor das Judenreferat geleitet hatte, die Gestapo-Abteilung für jüdische Angelegenheiten: Zwangsarbeit, Gesundheit, Versorgung etc. Er war theoretisch alleinverantwortlich für das Ghetto, aber andere Institutionen mischten sich ein. Manchmal stießen die Interessen der verschiedenen Körperschaften zusammen, wobei die Gestapo einmal den Preis für den Konflikt zu bezahlen hatte und ein andermal davon profitierte. Barasz tat sein bestes, um diese Konflikte zugunsten des Ghettos auszunutzen. Nach Fritz Friedels Zeugenaussage, die er am 12. Juni 1949 im Białystoker Gefängnis zu Protokoll gab, hatte er das Judenreferat IV B am 1. Ok-

schen hätten tatsächlich vor, das Ghetto zu reduzieren, wollten es aber nicht auf einmal auflösen, wie sie es in den Provinzstädten und in Grodno getan hatten, atmeten die Leute auf, als sei die Gefahr damit vorüber.

Barasz hetzte von einer deutschen Behörde zur nächsten, traf sich mit den »guten« Deutschen (denen, die sich bestechen ließen), machte Versprechungen, führte Belege an und schleppte nacheinander Prüfungskommissionen aus jeder einzelnen Institution an. Die Menschen arbeiteten fleißig und taten so, als wäre alles normal. Sobald aber die Kommissionen gegangen waren, versammelten sie sich und fragten nach Neuigkeiten. Diese Kommissionen waren so zahlreich wie die deutschen Einrichtungen in den besetzten Gebieten, und die waren so zahlreich, weil es keinen Mangel gab an Deutschen, die sich vor der Front drücken und im sicheren Hinterland Geld machen wollten. Für das OKW, das Rüstungskommando[1], die Gestapo, die Zivilverwaltung und für die Repräsentanten der Konzerne war das Ghetto eine Profitquelle (Arbeitskraft wie Maschinen kosteten sie nichts). Für andere war es eine Quelle der Bereicherung (sie nahmen Bestechungsgelder), und für wieder andere war es eine einmalige Beförderungschance. Letztere waren die schlimmsten, die Fanatischsten. Diejenigen, denen ihre Position wichtiger war als Geld, waren unverbesserlich. Barasz jedoch arbeitete hart, und das OKW und das Rüstungskommando standen auf seiner Seite. Für den Augenblick begnügten sie sich mit der totalen Liquidierung der Ghettos in den Provinzstädten des Bezirks Białystok. Von hier zogen nun lange Reihen zu Fuß, per Bahn oder auf Lastwagen in die über den ganzen Distrikt verstreuten Konzentrationslager: Volkovysk, Kolbasino, die »10. Polk« (Division) nahe Białystok.[2] Von dort wurden die Juden dann in versiegelten Güterwagen weiter nach

tober 1942 übernommen und war dafür von Allenstein nach Białystok gekommen. Friedel wurde zum Tode verurteilt.

1 Das Wirtschafts- und Rüstungsamt war ein Organ des OKW (Oberkommando der Wehrmacht). Sein Kommandeur war Krieger. Inspekteur für die Region Białystok war Froese. Die *aktzias*, Verhaftungen und Verhöre im Ghetto wurden von Fritz Friedel geleitet.

2 Am 2. November 1942 wurden alle jüdischen Gemeinden in der Region Białystok, mit Ausnahme Białystoks selbst, liquidiert. Die Städte Jasinowka, Sokołka, Pruzana, Krynki und ein Teil der jüdischen Gemeinde von Grodno wurden aus-

Treblinka transportiert. Das war kein Geheimnis mehr. Man erzählte sich von jungen Männern, die aus den Fenstern gesprungen und erschossen worden waren; von dem Rabbi, der alle Juden seiner Stadt aufgefordert hatte, singend, wie Märtyrer zu sterben; von den Juden aus Krynki, die ihre Wächter getötet hatten und in die Wälder geflohen waren. Insgesamt wurden 150000 Juden aus dem Distrikt in den Tod verschleppt. Dieser November in Białystok, der mit Seufzern der Erleichterung und vorläufig relativ harmlosen Verordnungen begonnen hatte, brachte uns die Horrorgeschichten der Überlebenden, die aus Treblinka geflohen waren. Ihre Augenzeugenberichte konnte niemand in Zweifel ziehen.

Ein Zittern durchlief das Ghetto. Zum erstenmal wußten die 50000 Juden hier, daß die Geschichten von der Massenvernichtung stimmten. Das Ghetto wurde um eine Fläche von 25000 Quadratmetern verkleinert, und durch die Flüchtlinge aus der Provinz wurde das Gedränge nur noch schlimmer. Aber eine solche Belanglosigkeit kümmerte niemanden. Einst war das die größte Sorge gewesen, jetzt war es unwichtig.[1]

Barasz teilte uns mit, daß er vorhatte, das ganze Ghetto in eine Art Arbeitslager zu verwandeln. Bis zu 25000 Juden würden in den Fabriken beschäftigt, und da die Deutschen nur 35000 registriert hatten (in Wirklichkeit lebten hier aufgrund der Flüchtlinge 50000–55000 Menschen), würde der größte Teil des Ghettos arbeiten. Der Rest würde auf alle möglichen Arbeitsplätze außerhalb des Ghettos verteilt. Sowohl die Ausgangsgenehmigungen als auch die Anzahl derer, die außerhalb beschäftigt waren, sollten beschränkt werden. Die Industrie sollte weiterentwickelt werden. »Wir müssen aus nichts etwas produzieren«, schloß Barasz, »aber wir werden es schaffen. Sie brauchen uns noch, und sie haben mir daher versprochen, nicht einen einzigen Juden aus dem Ghetto zu entfernen.«

radiert. Insgesamt wurden 150000 Juden vernichtet. (Deutsche Archive nannten später die Zahl 400000.)

1 Das Ghetto wurde verkleinert. Die Zamenhof- und Zydowska-Straße und Teile der Biała- und der Branska-Straße wurden ausgegliedert. Hier wurden 5000 Polen angesiedelt; Bauern aus dem Partisanen-Gebiet von Białowieska sollten die Juden, die zum Tode oder zur Arbeit in den Ghetto-Fabriken verdammt waren, ersetzen. Der Plan konnte nicht realisiert werden, da die meisten Fabriken während des Aufstandes zerstört wurden. Die Polen wurden zur Arbeit in die Fabriken in der Stadt geschickt.

Edek und ich hörten ihm zu, fassungslos und niedergeschlagen. Als er das bemerkte, fügte Barasz hinzu: »Ich bin natürlich nicht unfehlbar. Und ich kann nicht ewig Versprechungen machen. Aber für den Moment gibt es keinen Grund zur Besorgnis. Die Hauptsache«, er zögerte etwas, »die Hauptsache ist, den Prozeß nicht zu beschleunigen. Keine Provokationen! Wir müssen arbeiten, arbeiten! Wenn wir keine Chance mehr haben, werde ich euch informieren und euch nichts verheimlichen. Jetzt jedenfalls ist Königsberg (in Königsberg, Ostpreußen, befand sich der Sitz der höchsten Verwaltung für die besetzten Ostgebiete) auf unserer Seite. Seid vorsichtig. Seid vorsichtig!«

Wir baten ihn um Geld und versprachen, vorsichtig zu sein. Worauf sich diese Vorsicht beziehen sollte, darüber sprachen wir nicht. Wir hatten eine Art gentlemen's agreement. Als wir das Geld erwähnten, wurde Barasz ärgerlich. Geld zu geben bedeutete Verantwortung übernehmen. Es bedeutete, an etwas Bestimmtem teilzuhaben, und er wußte nicht einmal, was das war. Er lehnte ab mit Hinweis auf zu viele Schwierigkeiten.

»Ihr wißt, der ›Finanzminister‹, wie wir ihn nennen, Sobotnik, ist ein harter Mensch und will nichts hören von eurer ›Partisanerei‹. Er darf auch nichts davon erfahren. Er und Goldberg haben nichts aus der Realität gelernt. Vielleicht fällt mir eine Ausrede ein, dann bitte ich ihn um das Geld für einen anderen Zweck und gebe es euch. Das ist allerdings eine heikle Angelegenheit, und ich möchte auf keinen Fall, daß ihr euch an Sobotnik wendet.«

Wir wußten, daß die Truhen des Judenrates randvoll waren und daß Sobotnik so manches Geschenk an seine Freunde verteilte. Dieser fromme Jude, der vor dem Krieg eine führende Persönlichkeit der Kehilla[1] und für einen »guten Juden« gehalten worden war, verteilte nun Edelsteine, Wein und öffentliches Eigentum an seine Leute, Mädchen eingeschlossen. Wir wußten, daß Barasz, wenn er nur wollte, auch ohne Sobotnik an Geld herankam. Er war es, der mit den Deutschen verhandelte, und niemand hätte es gewagt, seine Ausgaben zu kontrollieren.

Wir erhielten schließlich eine lächerliche Summe von ihm, und auch die nur, weil er sich um seinen guten Ruf sorgte und seine

1 *Gemeinde*

»Beziehung« zu uns aufrechterhalten wollte. Und wir wunderten uns gar nicht, als wir später erfuhren, daß Barasz in diesem Winter 1942/43 eine typische und unmißverständliche Rede gehalten hatte. Er hatte auf Plakaten zu einer öffentlichen Versammlung in der Linat-Zedek-Halle aufgerufen, auf der er dann in etwa folgendes sagte:[1]

1 Die Adresse, die ich aus dem Gedächtnis angegeben habe, stimmt überein mit dem Judenrat-Bericht Nr. 30 vom 10. Oktober 1942. Danach hatte Barasz erklärt: »Es gibt mehrere Anzeichen dafür und auch geheime Informationen, daß die *aktzia* gegen die Juden in der Region Białystok und in Białystok selbst beginnen wird...« Der Kommandeur der jüdischen Polizei, Marcus, sagte: »Der Schwerpunkt ist das Arbeitsproblem.« Lifschitz sagte: »Die Ghettobewohner verstehen die Situation überhaupt nicht. Unsere Verlautbarungen und Forderungen überzeugen sie alle nicht. Das gilt auch für die Arbeiter.«

Wir wissen, daß zu dieser Zeit viel Fleiß gepredigt wurde. Angesichts der Gefahr wurden die Leute gedrängt zu arbeiten, statt Widerstand zu leisten. Sie verstanden nicht, daß die Juden eben aufgrund der Gefahr, und weil sie wußten, wie prekär ihre Lage war, mehr und mehr der Arbeit fernblieben. Das erwies sich als ineffektiv und garantierte keine Sicherheit.

Am 11. Oktober, einen Tag nach der Sitzung des Judenrates, wurde eine öffentliche Versammlung im »Linat Zedek« einberufen (item Nr. 50), auf der Rabbi Rosman erklärte: »Wir haben diese Versammlung einberufen, um euch über die ›Bacchanalien‹ zu informieren, die anfangen, sich hier im Ghetto auszubreiten: Befehlen wird nicht mehr gehorcht, die Arbeitspflicht nicht mehr erfüllt, die Drückeberger werden versteckt.« (Diese Dinge gefielen den Behörden gar nicht, und da Białystok bis jetzt ein Modell war, auf das wir stolz sein sollten, hatte er beschlossen, zu den Leuten zu sprechen. – C. G.)

Barasz ergänzte: »Es sind ernsthafte Gefahren für die Region und die Stadt Białystok aufgetaucht. Wir müssen einen Weg finden, um diese Gefahr zu verhindern oder hinauszuschieben, und *zumindest ihr Ausmaß zu begrenzen* (das heißt, einige Juden für das Wohl anderer zu opfern – C. G.). Zu unserem Kummer ist Białystok inzwischen das größte Ghetto nach Łodz geworden, und das ist äußerst gefährlich.« Barasz wußte, daß die kleineren Ghettos genau zu der Zeit zerstört worden waren:

»Das Feuer frißt sich durch den Osten bis Derecin und Merkine. Um zu verhindern, daß die Feuersbrunst sich noch weiter ausdehnt, muß jeder, vor allem in Białystok selbst, besondere Maßnahmen ergreifen. Die Leute in unserem Ghetto verhalten sich aber genau entgegengesetzt, so als wären sie entschlossen, eine Katastrophe zu provozieren. In jüngster Zeit ist unser Ghetto wild und ungezügelt geworden. Wenn von den 25000 Bewohnern nur 14000 arbeiten, werden selbst diejenigen Behörden, die uns günstig gesonnen wären, gezwungen sein (?–C. G.), sich unvermeidlich zu fragen, wo denn der Rest der Leute steckt.« Das war Barasz.

Schon im August 1942, nach Beginn der *aktzia* in Warschau, und nachdem

»Juden, nur mit größten Schwierigkeiten konnte ich unser Ghetto vor der Katastrophe bewahren, die über unsere Brüder in den benachbarten Städten hereingebrochen ist. Was uns half, war unsere erfolgreiche produktive Arbeit. Was wir heute haben, das haben wir mit unseren eigenen Händen geschaffen. Seht euch die Fabriken an, seht unser ordentliches und planvolles Leben. Jedermann lebt und arbeitet. Bei uns verhungern die Menschen nicht wie anderswo. Mit unserer eigenen Energie und Initiative haben wir aus nichts etwas geschaffen, und nur das hat uns geholfen und wird uns weiterhin helfen in dieser schwierigen Kriegszeit. Aber es gibt welche unter

Barasz über Slonim und Wilna informiert worden war, hatte er folgende Rede gehalten (item 48): »... Wir wollen leben. Wir haben Frau und Kind. Es gibt keine Gnade; es gibt nur einen Weg: Taten! Wir müssen das Ghetto zu einem Faktor machen, dessen Zerstörung ihnen leid täte, weil er nützlich ist. Genau das werden wir tun.«

Am 11. Oktober 1942 las Barasz laut den Brief der städtischen Behörde vor, in dem es um die jüdischen Sabotageakte gegen »die Produktion von Lieferungen für die Militärbehörden« ging. Das bezog sich auf die Uniformenfabrik (siehe S. 151, Fußnote 1). Barasz fügte hinzu: »Wenn es wirklich Sabotage gibt, werden die Arbeiter als erste erschossen. Ich fordere die Brigadenführer auf, das den Arbeitern, vor allem den Schuhmachern, mitzuteilen.« Wir sahen, daß die Ghettoinstitutionen wollten, daß gut gearbeitet wurde, daß aber die Leute sich weigerten.

Auf der Feier zum Jahrestag des Judenrates am 2. Juni 1942 hatte Barasz gesagt (The Path of the Judenrat, S. 216):

»Wenn schwache Menschen starken Menschen Komplimente machen, nennt man das Schmeichelei. Wir dagegen, die Schwächsten der Schwachen, hören Komplimente von den Stärksten (den Nazis – C. G.) und den Behörden. Dieser Wandel ist das Ergebnis unserer schöpferischen Arbeit... Es gibt im Ghetto keinen Platz für Optimismus, aber wenn ich mir den Weg ansehe, den wir schon hinter uns haben und unsere Ressourcen, dann bin ich sicher, daß wir das Białystoker Ghetto zu einem guten Ende bringen...«. Barasz jammerte ständig darüber, daß die Juden undankbar wären, Saboteure, wo doch die Naziobrigkeit uns Komplimente für unsere Arbeit machte. Die Klagen über »solche« Juden wiederholten die Judenrat-Mitglieder bei jedem Anlaß.

»Wenn ihr eure Pflichten erfüllt, wenn ihr den Befehlen der Obrigkeit gehorcht, dann wird, so Gott will, alles gut gehen«, sagte Rabbi Rosman am 21. Juni 1942. »Redet nicht über politische Angelegenheiten, handelt nicht mit russischer Währung, schmuggelt keine Annehmlichkeiten in das Ghetto. Wenn wir uns ernsthaft um unsere Häuser kümmern und die Plätze und Straßen sauberhalten, wenn wir unsere Steuern bezahlen und die Arbeiter gehorsam sind, dann, so Gott will, wird Friede mit Israel sein.«

uns, die wollen mit dieser Arbeit aufhören, die verlangen nach Sabotage und wollen den Deutschen den Krieg erklären. Sie betreiben ihre Propaganda in den Fabriken, in den Werkstätten und auf der Straße. Hiermit erkläre ich: diese Leute sind Verräter und Provokateure. Sie gehören nicht zu uns. Wir werden sie ausfindig machen und ihnen sagen: ›Laßt eure Hände vom Ghetto. Wenn ihr die Deutschen bekämpfen wollt, dann tut das, wo immer es euch gefällt, aber nicht im Ghetto. Verschwindet von hier, bevor wir alle für eure Taten zur Verantwortung gezogen werden. Wir sorgen uns um die Zehntausende Ghettobewohner, und ihr – ihr wollt Helden sein? Wenn ihr denn Brücken sprengen und Telegraphendrähte zerschneiden müßt, dann tut, was ihr nicht lassen könnt. Mit uns aber hat das nichts zu tun. Wagt es bloß nicht, die Fabriken anzurühren, die wir im Schweiße unseres Angesichtes errichtet haben, und in denen unsere einzige Rettung liegt. Was wir brauchen, ist Geduld, nicht Provokationen.«

Nachdem er seine Rede beendet hatte, verließ Barasz den Saal. Er ließ sich auf keine Diskussion oder Kritik ein.

Währenddessen wuchs der Widerstand. In den Fabriken suchten die Arbeiter nach einer Berechtigung von Baraszs Worten, aber sie fanden keine. Und die Vertreibungen in die Lager gingen weiter. Auf den Bahnhöfen in der Umgebung des »10. Regiment«-Lagers konnten wir dieselben traurigen Menschenprozessionen sehen, die wir schon aus Wilna kannten. Und falls jemand nach Wochen und Monaten im Lager noch lebte und fliehen konnte – wohin sollte er sich wenden? Wo gab es ein Haus, das ihn aufnehmen würde? Im Herbstregen und in der Winterkälte verrotteten die Menschen in den Lagern lebendigen Leibes. Alle Wege führten nach Treblinka.

Darüber redeten die Arbeiter heimlich in den Fabriken des Białystoker Ghettos, das für den Moment gerettet war, weil es sich als so produktiv erwies. Die Illusionen brachen zusammen, die Quellen der Hoffnung versiegten. Barasz ging seinen Geschäften nach, das Leben verlief weiter »normal«. Aber wenn man Augen hatte, zu sehen, und wenn man sehen konnte, ohne gesehen zu werden, dann entgingen einem die winzigen Zettel nicht, die von einer geschwollenen, zitternden Hand zur anderen wanderten. Man las sie und dachte über das Gelesene nach. Auf diesen Zetteln standen Informationen über Treblinka, die Aussagen von Augenzeugen. Und sie riefen dazu auf, den Deutschen oder den Illusionen des Judenrates nicht zu glauben, sondern sich immer daran zu erinnern, wer der Feind war, und ihm nach Möglichkeit zu schaden. Diese Aufrufe waren seltsam unterzeichnet, so als stammten sie nicht aus Białystok oder den umliegenden Städten. Sie schienen heimlich von Hand zu Hand gegangen zu sein, von Warschau aus, bis sie nun Białystok erreicht hatten.

In Wirklichkeit waren sie gleich neben der Fabrik gedruckt worden. Wir steckten nicht allzuviel Arbeit in Massenaktionen. Die würden am entscheidenden Tag den Höhepunkt bilden. Bis dahin wollten wir nur den Boden bereiten und die Unterstützung vertrauenswürdiger Personen gewinnen, die sich uns eines Tages anschließen würden. Deshalb organisierten wir die Verteilung des Propagandamaterials so, als hätte man es zufällig in die Hand bekommen. Ein vertrauenswürdiger Kollege schlug einen weiteren vor, man ging auf ihn zu und sagte: »Schau, das hat mir ein Freund zu lesen gegeben. Er hat mich gebeten, es niemandem zu zeigen. Lies es, und gib es mir dann zurück. Nein, nicht jetzt, während der Pause.« Und so, ohne es zu bemerken, hatte er schon eine erste Lektion in Untergrundtaktik erhalten. Man studierte dann aufmerksam sein Gesicht beim Lesen und achtete vor allem auf die Augen. Wenn man den Eindruck gewann, er wäre bereit, etwas zu tun, sprach man offener mit ihm und rekrutierte ihn für eine der Fabrikzellen.

Die Zellen erfüllten unterschiedliche Funktionen. An oberster Stelle standen die Kampfzellen, in der Mitte die Propagandazellen, und darunter gab es eine Peripherie von Leuten, die aus den Zellen heraus bestimmte Aufgaben erfüllten, aber auch innerhalb der Zellen Funktionen ausübten. Der Sinn und Zweck dieser Zellen war folgender: Wir wollten damit erstens über den Rahmen der bestehenden Bewegungen, unserer und der Kommunisten, hinausgehen und Einfluß auf eine breitere Öffentlichkeit nehmen; zweitens Unterstützung gewinnen für unsere Aktivitäten im Produktionsbereich mit dem Ziel, die deutsche Kriegsproduktion zu sabotieren; drittens, zur Zeit der entscheidenden Schlacht nicht von einer spontanen Massenerhebung abhängig sein, sondern jetzt schon durch Organisierung darauf hinarbeiten; und viertens unsere Pläne mit einem Minimum an Risiken ausführen können.

Die peripheren Zellen arbeiteten ohne zu wissen, daß sie zu einer organisierten Untergrundbewegung gehörten. Organisierung in den Fabriken war die passende Antwort des Oberkommandos auf den Alarmzustand gewesen, in den alle Kampfeinheiten in jener schwarzen Novembernacht versetzt worden waren. Das Zeichen, daß das Ghetto sich wieder entspannen konnte, hatte nicht uns gegolten. Die in jener Nacht in Kellern und Dachböden in Stellung gegangen waren, konnten nicht nach Hause gehen, als wäre nichts geschehen. Etwas Schockierendes war passiert, wir erlebten eine neue Stufe unserer Versklavung.

Die Straßen im Ghetto waren trostlos, der Winter war kalt und naß. Der Schnee verwandelte sich in Matsch, und die Feuchtigkeit drang uns in die Knochen. Sogar die Bettler sahen sich nach einem besseren Unterschlupf um. »Warft arein, die krom is offen fun acht bis nein!« (Werft etwas herein, das Geschäft ist von acht bis neun geöffnet...) Die Stimme kam aus einem der Höfe, der Rufer stand wohl unter einem Treppenvorsprung. Es war hart, in diesem Wechselbad aus Schnee und Regen in den Pfützen zu stehen. Sogar der Invalide aus dem Ersten Weltkrieg, der sich statt auf Krücken auf Rädern fortbewegte, war in den nebligen Straßen nicht mehr zu sehen.

In den Häusern wirkte die Dunkelheit noch stärker. Die Behelfsöfen rauchten und rußten, man konnte seine Sachen kaum sauberhalten. Die Gesundheitskomitees, die im Auftrag des Judenrates die Häuser und Höfe inspizierten, konnten auch nicht helfen. Sie konnten weder trockenes Holz noch Kohle besorgen für die großen Öfen, die früher eine so angenehme Wärme abgegeben hatten. Wir starrten allerdings nicht auf die ausgestorbenen Straßen, die Armut und Dunkelheit. Wir flüchteten uns in die Zellen, und da leuchteten unsere Augen auf. Wenn man gelernt hatte, zu sehen, was vor der Wehrmacht, dem SD, dem Rüstungskommando und der Zivilverwaltung verborgen wurde, dann konnte man die wunderbarsten Dinge entdecken.

Eines Tages erzählte mir Barasz, daß das Ghetto den Auftrag bekommen hatte, 600 komplette sowjetische Soldaten- und Offiziersuniformen herzustellen.[1] Die Anordnung war vom SD gekommen,

1 Auf allen Sitzungen des Judenrates sprach Barasz von den »Bestellungen«, den deutschen Warenbestellungen als dem Schlüssel zum Fortbestand des Ghettos.

und zwar mit der Bemerkung, es sei nicht erforderlich, dafür neuwertiges Material zu verwenden. Barasz hatte gefragt, woher die Juden das Material für sowjetische Uniformen denn nehmen sollten? »Sie müssen es schaffen! Wenn Sie diesen Auftrag erfüllen, werden Sie weitere erhalten. Und wir werden Ihre Essensrationen erhöhen. Wir verlassen uns auf Sie, Barasz!« Dazu, wie immer, ein freundschaftlicher Schlag auf die Schulter. Nun lag der Ball bei den Juden. Barasz erzählte mir das alles unter dem Siegel der Verschwiegenheit und fügte hinzu: »Du kannst dir sicher vorstellen, welchem Zweck diese Uniformen dienen sollen. Mich wundert, daß die Deutschen uns trauen.«

»Aber sie trauen uns ja gar nicht. Sie können sich einfach nicht vorstellen, daß Juden ihre raffinierten Pläne durchschauen oder sich gegen sie erheben könnten. Sie beurteilen uns nach dem, was sie auf ihren Lehrgängen über das jüdische Problem gehört haben. Vielleicht denken sie, weil sie uns in das Ghetto gesperrt haben, werden wir ihre Gesetze nicht brechen, keinen Weg aus der Sklaverei finden und diejenigen, die über ihre Tricks Bescheid wissen müssen, nicht informieren.«

Unsere Mitglieder, die in der großen Hutfabrik arbeiteten, bekamen die Anweisung, unter jeden Mützenschirm der sowjetischen Uniformkappen ein quadratisches Stück gelber Pappe zu kleben. Das war eines von mehreren Zeichen. Es gab noch andere, und auch kleine Papierzettel, auf denen stand »Dieser Mann hat sein Vaterland verraten« und ähnliches. Wir informierten Scheines Gruppe und die Kommandos der Kommunisten über unsere Warnzeichen. Sie gaben sie an die Partisanengruppen weiter, mit denen sie in Kontakt standen, und die wieder an die Partisanen in Białowieza. In den Archiven des »Palastes« gab es ein Dokument zu dieser Operation, das sie eindeutig als Infiltrierungsaktion auswies. Deserteure der Roten Armee oder Verräter, die für die Deutschen arbeiteten, sollten sich in die Partisaneneinheiten in Białowieza einschmuggeln. Sie sollten dort als geflohene sowjetische Kriegsgefangene auftreten, sich in das Partisanenleben integrieren, mit der Zeit führende Stellungen einnehmen und ständigen Kontakt zur Gestapo oder dem SD halten. Sechshundert Verräter – das war eine gewaltige Zahl. Die Operation durfte nicht zu kostspielig werden. Wenn einige von ihnen entdeckt wurden, störte das den SD nicht sonderlich.

Der Plan scheiterte dank unserer »Operation Mützen«. Hunderte Verräter wurden gefangengenommen. Möglicherweise haben wir damit verhindert, daß die Partisanenbewegung von innen her zersetzt wurde.

Die Fabrikarbeiter führten auch noch andere Operationen durch. Wenn Hitlers Soldaten irgendwo im kalten Norden sich weigerten, weiter »für den Sieg« zu marschieren, dann lag das nicht zuletzt an unseren Arbeitern in der Schuhfabrik.[1] Sie stellten gute, glänzend polierte Stiefel her, mit Wolle gefütterte Stiefel, nach denen sich im Winter jeder sehnte. Wer konnte ahnen, daß die Sohlen der starken, genagelten Stiefel einfach abfallen würden? Und wer konnte sich vorstellen, daß die wattierten Stiefel nach spätestens einem Monat in ihre Bestandteile zerfallen würden? Geschickte Hände hatten sie so gefertigt. Dafür brauchte man einen bestimmten Klebstoff, der in der großen Fabrik in der Jurowiecka-Straße in das Leder gegossen wurde. Einen Monat später, an der Front, wo die Temperaturen bis auf minus 60 Grad sanken, wärmte der Offizier seine frierenden Füße am Feuer. Dabei erwärmte sich auch das Leder seiner Stiefel und löste sich vollständig auf. Der Offizier oder Soldat, dem das passierte, wollte nicht länger Teil der Front sein und konnte nicht mehr an den sicheren deutschen Sieg glauben.

Das war schöne und bescheidene Arbeit. Niemand wußte davon, die Untergrundzeitschriften schrieben nicht darüber. Die Untergrundkader arbeiteten wie Maulwürfe, und immer mehr Arbeiter schlossen sich der Sabotage an. Die Hände, die sie anlernten und leiteten, waren jung und mutig. Yentel zum Beispiel bildete Mitglieder der Betriebszellen aus. Wer würde schon eine Verbindung herstellen zwischen den Mützen- und Stiefelaktionen und Yentels stiller Arbeit an der Nähmaschine? Zerah wurde zum inoffiziellen und unsichtbaren Leiter der Schuhfabrik, obwohl er kein Schuster war. Die alten, erfahrenen Handwerker hörten auf Zerah und verstanden ihn. Unter den Jüngeren gab es ein paar altgediente Revolutionäre

1 Die Drillichfabrik produzierte 100 Paar Stiefel täglich. Nach Baraszs Plan, der aus dem Bericht vom 2. Mai 1942 (item 39) hervorgeht, sollte die Produktion auf 250 Paar gesteigert werden. Wir fanden auch eine Warnung an die Schuhmacher, die Produktion nicht zu sabotieren (item Nr. 49). Derlei Warnungen vor Sabotage und fehlerhaften Werkstücken waren auch schon zuvor notiert worden.

und Revolutionärinnen, die schon Gefängniserfahrung hatten. Lilka zum Beispiel, Lilka Malerewitsch. Zusammen mit Yentel war sie verantwortlich für die Näherei an der Ecke Kupiecka- und Jurowiecka-Straße, deren Lärm die umliegenden Straßen Tag und Nacht wachhielt. Mit Zerah arbeitete Daniel Moszkowicz, ein Schuster, der die meiste Zeit seines Lebens nicht über seinem Leisten, sondern hinter den Eisengittern des Piłsudski-Regimes verbracht hatte, bis er an Tuberkulose erkrankte. Daniel, ausgemergelt, jung und intelligent, war einer der Führer des Untergrundes. Er und Zerah waren verantwortlich für die Untergrundarbeit in der Schuhfabrik auf der Różana-Straße.

Damals kam Mordechai Tenenbaum zu uns, als Abgesandter der Jüdischen Kampforganisation in Warschau. Er kam nach Białystok, um die Bewegung auf den bewaffneten Widerstand vorzubereiten. Er hatte sich als Tatare verkleidet über die Grenze geschmuggelt, war angehalten worden, aber schließlich heil davongekommen. Sein Kommen machte die Vereinigung von Hechalutz und allen linken Parteien zu einer gemeinsamen Front noch dringlicher. Hechalutz bestand vor allem aus Mitgliedern von Mordechais eigener Bewegung Dror. Die Mitglieder von Hanoar Hatzioni konnten sich, wie die anderen zionistischen Bewegungen, der Front als einzelne oder als Gruppe anschließen, aber sie konnten nicht ihren Kern bilden. Einige Zeit später kamen tatsächlich eine Gruppe von Hanoar Hatzioni und sogar eine revisionistische[1] Gruppe zu uns. Die Front als solche aber entstand erst nach der Vereinigung des Pionier-Lagers.

Wieder einmal war Mordechai Tag und Nacht beschäftigt. Er kämpfte gegen die Schwäche seiner eigenen Genossen an, gegen ihre falschen Konzepte, die nur Illusionen förderten, er bekämpfte Kompromisse und Zögerlichkeit und all diejenigen, die sich vor dem Kampf drückten und nur auf ihre momentane Ruhe und Bequemlichkeit bedacht waren. Vor allem aber sammelte er einen Kern von Bewegungsmitgliedern um sich, die sich ihrer Aufgabe als Pioniere bewußt waren. Er brach alle Barrieren nieder. Mordechai war gleichzeitig naiv und intelligent. Er konnte sich für Menschen begeistern, sobald er an ihnen auch nur einen Funken von Hingabe und

1 *rechtszionistische*

Entschlossenheit entdeckte. Er glaubte an das Gute im Menschen. Manchmal glaubte er zuviel, ließ die Zügel der Disziplin locker und mußte dafür büßen. In seiner fiebrigen Aktivität, getrieben von der Erkenntnis, daß die Zeit verflog, daß die Shoa immer näher rückte (eine Verzweiflung, die ihn seit Wilna, Grodno und Warschau ergriffen hatte), wurde er manchmal zum Tyrannen. Er zwang dann allen seine Autorität auf, seinem Kibbuz, Dror, seinen Kampfgenossen und sogar seinen engsten Freunden. Wenn er sich darum bemühte, Menschen als Waffengefährten zu gewinnen, dann war er ganz Lächeln, strahlte vor gutem Willen und freute sich, wenn man in sein Zimmer kam. War er aber von jemandem enttäuscht, stieß er auf Ausflüchte oder traf auf frühere Mitglieder seiner Partei, die selbstzufrieden dachten, das Übel würde sie nicht betreffen, dann spuckte er Feuer. Wir kannten Mordechai und liebten ihn für seine Schwächen ebenso wie für seinen Mut, für seinen übertriebenen Glauben an Menschen, die sein Vertrauen nicht verdienten, ebenso, wie für seinen stürmischen Geist und seinen scharfen Verstand. Im Winter 1942/43, als Mordechai zu uns kam, verwandelte sich die rein pragmatische Zusammenarbeit zwischen den Bewegungen in eine ideologische und militante Partnerschaft, und von da an forderten wir die Errichtung einer gemeinsamen Kampffront unter einem gemeinsamen Kommando.

Hier bissen wir allerdings auf Granit. Die Kommunisten wiesen jeden Gedanken an Vereinigung mit den üblichen Ausreden, den alten ideologischen und praktischen Argumenten zurück. Ideologisch argumentierten sie, die neuen Leute wären nicht fähig, sich effektiv am antifaschistischen Krieg zu beteiligen, weil sie »gegen die Sowjetunion eingestellt« seien. Und auch unter praktischen Gesichtspunkten wären sie für eine Vereinigung nicht geeignet. Schließlich gehörten sie zur rechten Poale Zion, dem reformistischen Flügel des Sozialismus.

Wir sagten ihnen, daß sie fälschlicherweise eine Jugendbewegung von Pionieren mit überholten Konzepten identifizierten. Dieses Beharren auf »richtigen« Einschätzungen aus der Vergangenheit deprimierte uns und hinderte uns am Kämpfen. Es ist schwer, etwas zu diskutieren, wenn es an Wissen mangelt. Die Kommunisten wußten etwas über Poale Zion, aber sie hatten keine Ahnung von den großen Veränderungen, die in der Jugendbewegung stattgefunden hatten. Wie konnten wir sie von ihren Vorurteilen und ihrer Unbeweglichkeit befreien? Die Zeit, unsere Reihen zu schließen, war gekommen. Die Verbündeten von gestern waren zurückgetreten, die von morgen näher gekommen. Nur eine Kampffront, die wußte, wofür sie kämpfte, konnte die zerstreuten Gruppen von Hanoar Hatzioni, des Bund, von Poale Zion und sogar der Revisionisten zusammenziehen.

Unsere Bündnispartnerschaft mit Dror wurde sofort nach Mordechais Ankunft etabliert. Wir wählten eine gemeinsame Führung und vereinigte Komitees für militärische Ausbildung, Organisierung, Produktion, Bewaffnung, Finanzen und politische Angelegenheiten (für die ich delegiert wurde). Nach einiger Zeit wurden Vertreter von Hanoar Hatzioni und den Revisionisten in die Führung aufgenommen, deren Aufgaben aber nie wirklich festgelegt wurden und auf deren Sitzungen es sowohl an Inhalten als auch an Handlungsbereitschaft mangelte. Es gab dafür eine Menge Gründe. Der wichtigste war ihre Zusammensetzung: eine Ansammlung von Bewegungsrepräsentanten, die weder eine quantitative noch qualitative Kraft hinter sich hatten. Mordechai mußte ihnen immer wieder auseinandersetzen, daß bewaffneter Widerstand innerhalb des Ghettos der richtige Weg für eine Pionier-Bewegung war. Nicht immer hatte er dabei Erfolg. Wir hatten die Verhandlungen mit Hanoar, Dror und den Teilen des Bund, die nicht schon mit uns und den Kommunisten im Vereinigten Antifaschistischen Block zusammengeschlossen waren, Mordechai überlassen. Diese »Front A« war schon organisiert. Wir versuchten also Mordechai davon zu überzeugen, daß es innerhalb des Ghettos bereits eine organisierte und teilweise bewaffnete Kraft gab. Wir gaben uns alle Mühe, ihm klarzumachen, daß er das Ghetto nicht als Neuland sehen konnte, das erst nach seiner Ankunft erste Zeichen einer Revolte aufwies. Mordechai aber wollte nichts davon hören, die Kommunisten einzubeziehen. Auch er hatte seine Vorurteile gegenüber Bewegungen und Parteien.

Auf Grund seines großen Vertrauens in Menschen erlitt er oft bittere Enttäuschungen, und das hatte ihn zu der Überzeugung gebracht, daß andere nur im Reden groß waren: »Was ich nicht selber mache, wird nicht getan.« Mordechais Instabilität wurde sehr störend. Natürlich waren es verrückte Zeiten, und die Verantwortung, die jeder zu tragen hatte, ging über das Menschenmögliche hinaus. Aber wir ärgerten uns zum Beispiel über Mordechais Begeisterung für das kindische Benehmen der Revisionisten: Sie spielten Verschwörer und prahlten mit ihrer Stärke und ihren Waffen.

Einmal hatte Mordechai mit jemandem ein Treffen auf der Biała-Straße vereinbart. Das Erkennungszeichen sollte ein kurzer Stock sein. Mordechai sah weit und breit niemanden mit einem Stock, außer einem alten Mann. Nachdem er sich vergeblich nach einem jungen umgesehen hatte, schloß er, daß es sich hier um eine Verkleidung handeln mußte. Er gab dem alten Mann das Codewort, und seine Annahme erwies sich als richtig. Als wir Mordechai fragten, warum der andere sich verkleidet hatte, schüttelte er den Kopf und lachte, er hatte das Spiel interessant gefunden. Wir warnten ihn, daß dieses Spiel nur Unfähigkeit und einen Mangel an wirklicher Handlungsbereitschaft kaschieren sollte. Eines Tages brachte einer von ihnen Sprengstoff mit. Mordechai freute sich und sagte: »Seht ihr, ich habe es euch ja gesagt, sie sind in Ordnung!«

Es war Zeit, die Zellen zu koordinieren. Die Liste der Sektionskommandanten mußte auf dem Treffen des militärischen Komitees eingebracht werden, um ein Treffen aller Kommandanten vorzubereiten. Die Revisionisten schoben es vom einen auf das andere Mal hinaus, bis sogar Mordechai es aufgab und sie mit einem russischen Fluch hinauswarf.

Die Sache mit Hanoar Hatzioni war ernster, aber auch weniger ermüdend. Sie waren gute und loyale Leute, jedoch ohne organisatorische und politische Ausbildung. Sie diskutierten über Palästina, über ihre Kommune und studierten die Geographie Israels. Manchmal besuchte ich Sonja, ihre Führerin. Eine meiner Genossinnen wohnte ihr gegenüber, wir hielten gelegentlich eilige Treffen bei ihr zu Hause ab. Sonja hielt mich dann auf und forderte meine Aufmerksamkeit. Sie wollte wirklich wissen, was an der Front und in der jüdischen Welt vorging.

»Chaika, was ist zu tun? Ihr tut doch etwas und wollt uns nicht dabeihaben.«

Sonjas Fragen waren immer positiv. Wir halfen ihr, für ein paar ihrer Leute Arbeit in den Gemüsegärten des Judenrates zu finden. Später redeten wir mit ihnen und deuteten an, welche Entscheidungen vor uns lagen.

»Aber wie, und womit fangen wir an?« fragten dann Sonja und ihre Kameraden. Wir staunten immer wieder über die Ergebenheit dieser kleinen Gruppe und fragten uns, warum sie so hilflos waren. Aber wir schätzten ihre Aufrichtigkeit und Unschuld und ihre guten Absichten. Mordechai beschloß, sie »in die Hand« zu nehmen. Sie erfüllten alle Aufgaben, die er ihnen stellte, brachten ihm die geforderten Listen und führten eine eigene Zählung durch. Sie machten keine Versprechungen und verkleideten sich nicht, wie die Revisionisten. Aber sie unternahmen nie etwas aus eigenem Antrieb. Mordechai verhehlte nicht seine Abneigung gegen den passiven Gehorsam der Hanoar-Hatzioni-Leute und seine Begeisterung für den militärischen Glanz von Betar. Seine Enttäuschungen kamen ihn teuer zu stehen.

Ein eigener Fall waren der Bund und die Poale-Zion-Parteien. Die Bundleute in Białystok, mit Ausnahme derer, die sich dem Vereinigten Antifaschistischen Block angeschlossen hatten, waren wie ihre Genossen in Warschau. Die Verbindungen zwischen ihnen waren schwach, ihre Ängste groß, und ihre kompromißlerische Art zerstörte die letzten Reste ihrer eigenen Arbeitertradition.

»Lohnt es? Ist es durchführbar? Wäre es nicht besser, Juden zu retten? Darf man für eine einzige Heldentat das ganze Ghetto in Gefahr bringen?« Das waren die Fragen, die sie immer wieder stellten, wenn wir sie mit unseren Forderungen konfrontierten.

Rubinstein, eines ihrer Mitglieder, der einem Judenrat-Komitee vorstand, half gelegentlich einem bedürftigen Kameraden, war aber unter keinen Umständen bereit, sich persönlich zu etwas zu verpflichten. Das war typisch für ihre ausweichende Art. Chmelnik und seine Genossen von Poale Zion waren genauso. Es war, als würden sie alle zu ein und derselben Familie gehören, und wir, die Mitglieder des Hechalutz, Haschomer Hatzair und Dror, zu einer ganz anderen. Ihr schlechtes Gewissen drückte sich nur darin aus, daß sie unbedingt wissen wollten, was wir taten. Als wir unsere Beziehungen zu ihnen endgültig beendeten, waren sie gekränkt und fühlten sich benachteiligt. Wenn wir Scheine von unseren Treffen mit ihnen erzählten, sagte sie lächelnd:

»Was wollt ihr von Rubinstein, diesem jüdischen Hausvater?« Rubinstein war ihr Schwager.

Wir forderten Mordechai auf, sie in Ruhe zu lassen, aber er suchte weiter nach Unterstützung. Wir fanden, er suchte sie manchmal nicht an der rechten Stelle. Auch unsere Beziehung zu Barasz war schwierig und schmerzvoll, und die Kommunisten hielten uns vor:

»Wir haben euch doch gesagt, sie sind Komplizen von Barasz, und da verlangt ihr, daß wir mit ihnen zusammen eine gemeinsame Front bilden?«

Wir wußten, daß die Kommunisten von den Alpträumen der Vergangenheit verfolgt wurden. Sie hatten Verrat erlebt und trauten nun niemandem mehr, der nicht zu ihnen gehörte. Der Judenrat war ein ständiger Zankapfel zwischen uns, einschließlich Mordechai. Wir wurden hin und her geworfen zwischen Mordechais Fehleinschätzungen und der Unbeweglichkeit der Kommunisten. Mordechai wußte, was vom Judenrat zu halten war. Er hatte auch die Judenräte in anderen Städten erlebt und war ein konsequenter Gegner ihrer Illusionen und ihrer erbärmlichen Dienste für die Deutschen. Wie für uns waren auch für ihn die Mitglieder des Judenrates Verräter. Aber Barasz half uns, gab uns Informationen weiter und stellte gelegentlich sogar Geld zur Verfügung.

»Versteht ihr denn nicht, wir müssen ihn ausnutzen!« war Mordechais ständiges Argument.

Dagegen hatten wir auch nichts. Aber Barasz war zu klug, um sich ohne jede Gegenleistung ausnutzen zu lassen. Wir fürchteten, Mordechai mit seinem Glauben an die Menschen könnte Barasz, als Dank für dessen »großes Verständnis«, etwas verraten, wovon er nichts wissen durfte. Wir fürchteten, daß Barasz, wenn je der Tag kam, an dem er zwischen dem bewaffneten jüdischen Widerstand und den Deutschen wählen mußte, sich für die Deutschen entscheiden und uns verraten würde.

»Mordechai, glaubst du wirklich, daß Barasz sich, wenn es darauf ankommt, auf unsere Seite schlagen wird?«

»Ja, im letzten Moment wird er wissen, daß er zu uns gehört.«

»Und wann soll dieser letzte Moment sein? Wenn der erste Jude abgeholt wird oder wenn alle Juden vernichtet sind, bis auf einen – ihn selber?«

Wir wußten, daß Mordechai das schwierige Problem der kollektiven Verantwortung sehr belastete. Sollten wir losschlagen, wenn sie die ersten holten, oder erst, wenn klar war, daß sie das ganze Ghetto liquidieren würden? Das war für uns alle eine wichtige Frage. Und wir hatten beschlossen, ihre Lösung nicht Barasz und seinen Kollegen vom Judenrat zu überlassen. Wenn wir zu den Waffen griffen, würden wir auch die Verantwortung dafür übernehmen. Wir warnten davor, sich auf den Judenrat zu verlassen, der wie Schilfrohr hin und her schwankte. Das, was er uns bieten konnte, wie Arbeitsplätze, Geld und Lagerhäuser, mußten wir nutzen, aber man durfte gegenüber den Leuten vom Judenrat nicht ein überflüssiges Wort verlieren, nicht die kleinste Andeutung machen über die Struktur des Untergrundes, seine wahren Ziele und Aktivitäten. Sie sollten ihren Weg gehen, wir gingen den unseren. Wir konnten Barasz nicht auf unsere Seite ziehen. Ein Mann wie Barasz, der den Deutschen eine ganze Industrie aufbaute und deren Produktion auch noch ständig steigerte, der zwischen den Juden und den Deutschen den Vermittler spielte, der, statt den Juden die Wahrheit zu sagen, sie und auch sich selbst betrog, wurde nicht plötzlich zum Kämpfer. Er konnte uns helfen, wenn er meinte, das sei auch zu seinem Nutzen, und wir würden diese Hilfe bereitwillig annehmen. Aber ihm vertrauen? Nie. Er konnte helfen, er konnte aber ebensogut verraten.

Es gelang Mordechai weiterhin, von Barasz mehr zu bekommen, als er mir oder anderen Genossen je gegeben hatte. Später mußte er bitter dafür bezahlen. Es kam die Zeit, als Mordechai sich vor der jüdischen Polizei verstecken mußte – die Barasz auf ihn gehetzt hatte. Doch vorläufig hielten sie ihre Beziehungen aufrecht.

Der zweite Block entstand – Haschomer Hatzair, Dror, Hanoar Hatzioni, die Revisionisten und Teile des Bund. Fünfergruppen wurden eingerichtet, Kampfsektionen mit ihren Kommandanten und Komitees, und eine gemeinsame Führung. Es gab allerdings zahlreiche Probleme. Die Einheit war schwach, und die Zusammenarbeit bei der Beschaffung von Geld und Waffen unvollständig.

Jeden Abend vor dem Einschlafen und jeden Morgen nach dem Aufwachen sagten wir uns Edeks Parole vor: »Die Vereinigung der zwei Blocks zu einer einheitlichen Kampffront schaffen!«

Wir suchten nach Waffen, jede Bewegung für sich und alle zusammen. Reuven und Herschel, zwei starke und vertrauenswürdige Kameraden Mordechais, beschlossen, Handgranaten herzustellen. Sie wußten, daß wir schon einige Waffen produzierten, daß es uns aber noch nicht gelungen war, Handgranaten herzustellen. Wir waren damit einverstanden, daß Franek seine Arbeit mit ihnen koordinierte. Gemeinsame Beratungen würden nicht schaden, und jede Seite bemühte sich weiterhin, ihre eigene Formel zu finden. Franek verbrachte ganze Tage mit den unterschiedlichsten Experten. Er wollte eine Handgranate mit größtmöglicher Wirkung entwickeln.

Dann machten wir die ersten Versuche. Das erste Modell sah perfekt aus, war aber nichts wert. Es bestand aus einem hermetisch verschlossenen runden Behälter aus Eisen oder Zinn, der sieben bis acht Zentimeter breit und zehn bis dreizehn Zentimeter lang und mit Dynamit und Metallsplittern gefüllt war. Damit uns das Dynamit bei der Zündung nicht in der Hand explodierte, hatten wir noch eine lange Zündschnur aus einem Spezialstoff genäht und mit Dynamit gefüllt. Diese Zündschnur war primitiv und nicht gleichmäßig. An manchen Stellen brannte sie zu schnell ab, an anderen zu langsam. Das Dynamit war feucht und kaum zu gebrauchen. Also bauten wir auch noch einen elektrischen Trockner und lebten in ständiger Angst vor einer Explosion.

Diese Experimente erübrigten nicht die fortgesetzte Suche nach Waffen, von denen wir bisher nur sehr wenige aufgetrieben hatten. Wir hätten so gerne von einem gutmeinenden Verkäufer oder Vermittler eine große Ladung bekommen, mit der wir tausende Menschen hätten bewaffnen können, ohne ein Vermögen dafür ausgeben zu müssen.

Von Ende Dezember bis Anfang Januar 1943 wurden die Gemeinden des Distrikts vor unseren Augen vom Erdboden gefegt. Die letzten jüdischen Städte waren ausgestorben, die Arbeitslager aufgelöst. Bald würden wir an der Reihe sein, und wir hatten noch immer keine Waffen. Wenn das Ende morgen bevorstand, konnte man nicht sagen, »das ist mir zu früh«. Aber wie sollten wir diesem Ende begegnen? Mit ein paar Pistolen und einer Handvoll Gewehre? Oder etwa mit den Handgranaten, die immer noch nicht richtig funktionierten? Die Juden aus Jasinowka, Krynki und Sokołka flohen in die Wälder und in das Ghetto von Białystok, aber die meisten von ihnen wurden direkt nach Treblinka geschafft. In unserer »Textilindustrie« kamen Wagenladungen voller Kleiderstücke an, deren jüdische Besitzer nie mehr aus Treblinka zurückkommen sollten. Barasz zeigte uns die Aufnäher und Papiere, die man in den Taschen gefunden hatte. Gelbe Aufnäher mit dem Davidstern. Aus Krynki, aus Wasilków, aus Bielsk oder aus Volkovysk? Wer wußte das schon? Die Aufnäher sahen alle gleich aus, die Namen hatte man herausgetrennt, nur wenige Identitätskarten und Arbeitsscheine waren von den Schlächtern übersehen worden. Diese Papiere waren alles, was von den 150000 Juden des »Bezirk Białystok« zurückblieb. Barasz verhielt sich anständig, er rief uns zu sich, um uns all das zu zeigen. Sah er ein, daß wir recht hatten? Er sagte nichts, aber er wirkte schweigsam und düster in diesen letzten Tagen. Und wie er gingen alle im Ghetto bedrückt herum, alle, die zu dieser Zeit überhaupt noch herumgehen konnten.

15
Der Pyrotechniker in der Höhle des Löwen

Wir erfuhren, daß unser Genosse Kuba sich im Konzentrationslager Volkovysk befand. Er war Mitglied von Edeks Kibbuz Bamivhan, ein Bewegungsveteran. Es wurde ihm nachgesagt, er habe »goldene Hände«, und vor allem war er Sprengstoffexperte. Ihm würde es gelingen, die richtige Formel für unsere Handgranaten zu finden.

»Wir müssen Kuba herausholen, koste es, was es wolle.«

Eine unserer Genossinnen arbeitete bei einem geldgierigen Deutschen, der ein Taxi hatte und bereit war, für 1000 Mark nach Volkovysk zu fahren. Wer seine Fahrgäste waren, interessierte ihn nicht. Wir trieben das Geld auf, das wir brauchten, um Kuba und seine Freundin freizukaufen, und Zerah fuhr nach Volkovysk.

Er kam allein und deprimiert zurück. Das Lager war hermetisch abgeriegelt. Der Mann, der versprochen hatte, Kuba herauszuholen, ein Jude, der sich noch frei in der Stadt bewegen konnte, war gescheitert.

»Ich fahre noch einmal hin, ohne Taxi, wir müssen ihn freibekommen!« rief Zerah verzweifelt.

»Nein, ich werde gehen.«

Alle sahen mich verwundert an. Wie? Womit? Wir konnten unmöglich noch mehr Geld für diesen Zweck ausgeben.

»Ihr werdet schon sehen. Ich kann es zumindest versuchen.«

Am nächsten Tag besorgte ich mir drei gefälschte Reisegenehmigungen, die vom »Bürgermeister« einer Stadt bei Grodno ausgestellt waren. Den »Bürgermeister« hat es vermutlich nie gegeben. Die eine lautete auf meinen Namen, die anderen beiden auf Jan Rogozinski und Frau. Ein Jude, der aus Volkovysk geflohen war, gab uns die Adresse einer Polin, deren Wohnung auf einen Hof ging, in dem Juden in deutschen Garagen arbeiteten. Er meinte, die Juden kämen oft zu ihr, und sie helfe ihnen, Lebensmittel zu besorgen.

Es war wieder Winter, als ich das Ghetto verließ, um diesmal nach Volkovysk zu reisen. Ich kam schon vor Mittag an. Die Straßen dieser schönen und geschäftigen Stadt waren beinahe leer. War die Kälte daran schuld oder die Angst? Ein kleines Mädchen zeigte mir den Weg und lief dann weg. Die Polin war zu Hause. Sie war jung, groß und kräftig, sie sah ziemlich gesund aus und hatte etwas Strahlendes an sich. Sie hatte ein schönes Gesicht, helle Augen, die Zöpfe trug sie um den Kopf geschlungen. Sie saß in einem kleinen Zimmer vor dem Spiegel und manikürte sich ihre hübschen Nägel. Wer war sie und wie war sie? Ich wußte nichts über sie. Ihre Mutter hatte mich in ihr Zimmer geführt und war selbst in der Tür stehen geblieben, um zu hören, was diese seltsame Frau von ihrer Tochter wollte.

»Ich würde gerne allein mit Ihnen sprechen.«

Sie bedeutete ihrer Mutter zu gehen, was die nur ungern tat. Ich stellte mich als Polin aus Białystok vor und sagte, ich sei auf der Suche nach zwei jüdischen Freunden, ehemaligen Kommilitonen an der Universität, denen ich helfen möchte, aus dem Lager freizukommen.

»Wenn Sie mir nur einen Kontakt zu den Juden herstellen könnten, die in der Stadt arbeiten, wäre ich Ihnen schon sehr dankbar.«

»Wer hat Sie zu mir geschickt?«

Ich nannte ihr den Namen, und nun zögerte sie nicht länger.

»Ich würde Ihnen sehr gerne helfen. Aber wie? Seit zwei Tagen werden die Juden nicht mehr aus dem Lager zur Arbeit geführt. Vor zwei Tagen wäre es einfacher gewesen. Die Deutschen sagen, die Juden dürfen das Lager nicht mehr verlassen, weil sie Krankheitskeime, Schmutz und Typhus in der Stadt verbreiten. Wir wissen aber, daß das nicht stimmt. Sie werden das Lager in den kommenden Tagen auflösen. Deshalb haben sie es völlig abgeriegelt. Noch vor zwei Tagen hätten Sie hier auf dem Hof Juden getroffen, unter Bewachung natürlich, aber man konnte gut ein paar Worte mit ihnen wechseln.«

Sie dachte noch einmal nach. »Aber wie wollen Sie sie denn herausbekommen? Wissen Sie, wenn es irgendeine Zuflucht für sie gegeben hätte, dann hätten viele von ihnen fliehen können. Aber jetzt ist es kaum noch möglich. Ich werde in der Stadt herumfragen und die Augen offenhalten. Vielleicht ist einer in der Stadt geblieben. Aber es ist eher unwahrscheinlich.«

Sie ging und kam nach ein paar Minuten wieder: »In der Nähe des Stadtparks werden gerade die Trümmer eines Hauses abgebaut. Ich habe gehört, daß da noch ein paar Juden arbeiten. Heute ist vermutlich ihr letzter Tag. Gehen Sie dahin, vielleicht erfahren Sie etwas. Ich gehe in die Stadt und höre mich um.«

Die letzten Tage des Lagers, ich hatte nur noch einen Tag. Und wenn ich diese Juden fand, wußten auch sie, daß das ihr letzter Tag war. Konnte ich von einem Menschen, der sterben sollte, verlangen, daß er mir half, einem anderen das Leben zu retten? Jeder Ertrinkende hält nach einem rettenden Strohhalm Ausschau. Was sollte ich tun, wenn einer versprach, mir zu helfen – unter der Bedingung, daß ich auch ihn mitnahm? Ich konnte nur zwei mitnehmen. Einer mehr hätte uns alle verraten. Kuba, hatte man mir erzählt, sah aus wie ein Pole. Und ich mußte auch noch seine Freundin, Naomi, herausschmuggeln. Wenn das im Lager bekannt wurde, gab es sicher einen Aufstand, und einige würden versuchen, Kuba zu erpressen: Wenn ihr uns nicht mitnehmt, verraten wir euch.

Ich fand den großen, mit Stacheldraht umzäunten Platz, auf dem die Juden arbeiteten. Ich gab einem von ihnen ein Zeichen. Als der Wächter wegsah, kam er zu mir. Ich fragte ihn, ob er einem Juden im Lager ein Paket bringen könnte. Enttäuscht fragte er mich, wem. Ich sagte es ihm und fügte hinzu:

»Vielleicht könnten Sie ihm auch noch bestellen, er soll morgen aus dem Lager kommen?«

»Ich werd's ihm sagen, aber wie soll er das machen? Es ist nicht sicher, ob wir morgen noch hierher kommen. Gehen Sie jetzt weg, Pani, es ist verboten, mit uns zu sprechen. Sagen Sie mir schnell, was Sie wollen und haben Sie keine Angst. Es gibt viele Polen, die Juden retten wollen, ich sag nichts weiter.« Trotzdem, seine Augen blieben mißtrauisch.

Ein zweiter und ein dritter kamen dazu. Ich ging und gab dem ersten ein Zeichen, er solle warten. Als sie sahen, daß ich wegging, gingen die anderen wieder an die Arbeit. Ich kehrte um.

»Sagen Sie Kuba Rogozinski, er soll auf jeden Fall versuchen, morgen mit Ihnen herauszukommen. Wenn Sie können, helfen Sie ihm dabei. Ich habe wichtige Nachrichten für ihn von seiner Familie in Białystok.«

»Gut, ich werde es ihm ausrichten«, sagte er düster. »Ich kenne ihn, er ist Metallarbeiter, stimmt's?«

»Stimmt. Also, alles Gute. Wir sehen uns morgen wieder.«

Als ich ging, war mir schwer ums Herz. »Was hast du damit erreicht?« fragte ich mich. »Nichts.« Ich hatte nur versucht, mein Gewissen zu beruhigen. Konnte ich diesem Mann trauen? Vielleicht half er Kuba tatsächlich, herauszukommen, aber er würde etwas dafür verlangen. Und wie sollte Kuba aus dem Lager kommen?

Wieder einmal lief ich müde durch fremde Straßen. Es wurde schon dunkel, wo sollte ich hingehen? Ich kam an einem Armeelager vorbei, hier standen nur noch wenige Häuser. Die Straße war nun zu Ende. Mir fiel ein, daß die Polin erzählt hatte, das Arbeitslager wäre in der Nähe des Armeelagers. War ich auf dem Weg dorthin? Meine Füße trotteten automatisch weiter. Dann sah ich den Stacheldrahtzaun. Mein Gott, zweifach Stacheldraht, nein, dreifach! In allen vier Ecken des Lagers befanden sich »Storchennester«, Wachtürme mit Suchscheinwerfern. In jedem von ihnen standen deutsche Wachen an einem Maschinengewehr. Der Eingang wurde von einem Posten bewacht. Er hatte seine hohen Stiefel mit Stroh umwickelt, um nicht zu frieren, über seine Schulter hing ein Gewehr. Er marschierte zwischen den Stacheldrahtzäunen auf und ab. Ansonsten war keine Menschenseele zu sehen. Das Bild, das sich mir jenseits der Umzäunung darbot, ist schwer zu beschreiben. Betonbaracken, die man nur mit gebeugtem Kopf betreten konnte. Dazwischen dünne schweigende menschliche Schatten. Einer dieser Schatten floh plötzlich in das Dunkel. Ein anderer bückte sich, um am Eingang einer Baracke mit Hilfe zweier Steine Feuer zu machen. Es war windig, das Holz war feucht, der schwarze Topf, der auf Steinen stand, fiel um. Eine zweite Elendsgestalt kam mit zwei Kartoffeln an. Sie alle wirkten konturlos, ausgelaugt, so als würden ihre Füße sie kaum noch tragen.

Der Wächter bemerkte mich, ich ging auf ihn zu und sprach ihn auf Deutsch an.

»Mein Herr, ich bin gekommen, um die Schlüssel zu unserem (Betonung auf ›unserem‹) Lagerhaus zu holen, die dieser verfluchte Jude hat, der gestern bei uns zur Arbeit war. Heute ist er nicht gekommen. Weiß der Teufel, was diese Parasiten den lieben Tag lang treiben. Warum ist er nicht gekommen? Er hielt es nicht für nötig, mir den Schlüssel zurückzugeben.«

Der Posten sah mich freundlich an, weil ich Deutsch sprach. Aber er war hilflos, er stand ja nur hier, um den Eingang zu bewachen.

»Gnädige Frau, entschuldigen Sie bitte, aber es ist verboten, das Lager zu betreten.«

»Wer will das schon? Holen Sie doch einfach diesen Juden, damit er mir meinen Schlüssel zurückgibt. Oder wollen Sie, daß wir seinetwegen nicht weiterarbeiten können?«

»Nein, nein! Aber was kann ich machen? Ich darf mich nicht von der Stelle rühren, und es gibt hier niemanden, den ich schicken könnte.«

»Was meinen Sie mit niemanden? Hier stehen doch Juden herum. Da, diese jüdische Frau. Befehlen Sie ihr doch, ihn zu suchen.«

Ich wartete seine Antwort nicht ab, sondern gab der Frau ein Zeichen, näher zu kommen. Sie kam ein wenig ängstlich auf mich zu. Ihr Gesicht war sehr jung. Ich sagte ihr, sie solle sofort Kuba Rogozinski holen. Sie lachte, »ich kenne ihn, er ist mit mir verwandt«. Ich brüllte sie an. Der Soldat lächelte, aber die Frau verstand. Ich flüsterte ihr schnell zu, daß die Sache sehr wichtig war. Dann wartete ich. Die Zeit wollte kaum vergehen. Jeden Moment konnte jemand kommen und wissen wollen, was ich hier tat. Das wäre das Ende.

Kuba kam. Er sah nicht ganz so ausgemergelt aus wie die anderen. Er war blond wie ein typischer Arier, und sehr schmutzig. Der Wächter war so höflich, uns nicht zuzuhören.

»Die Schlüssel! Die Schlüssel!« schrie ich und flüsterte dann: »Ich heiße Chaika, hier, das ist eine Reisegenehmigung für dich und Naomi. Schau, daß du morgen herauskommst, ich warte in der Stadt auf dich.« (Ich gab ihm die Adresse der jungen Polin.) »Ich werde den ganzen Tag auf euch warten. Sollte etwas passieren, habt ihr auf jeden Fall die Reisegenehmigung. Ihr kommt damit nach Białystok.«

»Es gibt in der Stadt einen jüdischen Uhrmacher. Er arbeitet in... Wenn er will, kann er mich morgen herausbringen. Er wird noch drei, vier Tage draußen arbeiten können.«

»Gut, ich werde sofort mit ihm sprechen. Und jetzt, Jude...« die letzten Worte schrie ich und wandte mich wieder an den Wachposten.

»Sie sehen, alles kann geregelt werden. Ich bedanke mich für Ihre Hilfe, Soldat.«

Ich hatte noch nicht ganz zu Ende gesprochen, als mich eine laute Stimme aus dem Lager anrief:

»Einen Moment, Fräulein!« Ein großer Jude stand mir gegenüber. Er trug einen kurzen, aber warmen Mantel und Reithosen, die in hohen Lederstiefeln steckten. Seine Stiefel waren poliert. Auf seinem Kopf saß eine hohe Pelzmütze. Er fragte den Soldaten:

»Ist dieses Fräulein eine Polin oder Jüdin?«

Der Mann war verwirrt, rollte mit den Augen und wußte nicht, was sagen. Er hatte mich überhaupt nicht nach meinen Papieren gefragt. Ich wußte sofort, daß das hier der jüdische Lagerkommandant war. Ich hatte schon viele Geschichten über ihn gehört. Er würde nie zulassen, daß auch nur ein Jude entkam. Er würde sie alle bewachen, bis sie im Nichts verschwanden. Er erpreßte Leute mit der Drohung, sie an die Gestapo zu verraten. Er war wie die »Schmalkowniks« in Warschau, nur noch schlimmer. Ich erkannte ihn an der typischen Kleidung der Verräter, der Spekulanten, derer, die sich an der Tragödie ihres Volkes bereicherten. Das war die neue soziale Klasse, die die Besatzung hervorgebracht hatte.

Ich beschloß, das Spiel fortzusetzen.

»Was will dieser Jude?« fragte ich den Soldaten. Der Jude wich etwas zurück. Jetzt sprach er mich polnisch an, in einem guten Polnisch, mit vorgetäuschter Höflichkeit.

»Ich dachte, Sie suchen vielleicht jemanden. Kann ich Ihnen helfen? Nach wem suchen Sie denn?« Er zwinkerte mir zu: »Vielleicht wollen Sie ja jemanden herausholen, ich könnte Ihnen dabei helfen.«

Gut, daß Kuba schon weg war. Gut, daß die Reisegenehmigungen schon in seinen Händen waren. Ich war Polin, und er hatte nicht gesehen, daß ich mit Kuba gesprochen hatte.

»Danke«, zischte ich ihn an, »vielen Dank, aber ich habe nicht das geringste Bedürfnis nach Ihren ausgezeichneten Diensten. Verschwinden Sie und mischen Sie sich nicht in Angelegenheiten, die Sie nichts angehen.« Und schließlich, um die Sache wirklich klarzumachen: »Ich brauche nicht die Hilfe eines dreckigen Juden.«

Jetzt mußte ich mich beeilen, um zu dem Uhrmacher zu kommen. Er saß über seinen Arbeitstisch gebeugt und reparierte deutsche Uhren. Ich nahm meine Uhr ab und hielt sie ihm hin. Er öffnete sie, sah sie sich an und hörte mir dabei zu. Ich erzählte ihm, ich sei Polin und wollte einem Juden helfen, aus dem Lager zu entkommen. Wenn er mir half, würde ich auch ihm helfen. Die Bedingung war allerdings, daß er Kuba Rogozinski und dessen Frau herausholte.

»Ich werde einen Weg finden, ihn herauszuholen. Es gibt hier Deutsche, die sehr an mir interessiert sind. Sie wissen, daß die Tage des Lagers gezählt sind, und sie hätten gerne ihre ganzen Uhren repariert, bevor ich sterbe. Ich mache ihnen das gratis, sie werden also meine Forderungen nicht ablehnen. Ich kriege die beiden heraus. Ich will nichts dafür haben, nur eines: daß du meine Tochter mitnimmst.«

»Ich kann deine Tochter jetzt nicht mitnehmen, ich habe keine Reisegenehmigung für sie. Ich werde dir eine schicken, oder sie selber bringen. Hast du irgendwelche polnischen Bekannten, über die ich sie dir zukommen lassen kann?«

»Gut, ich vertraue dir. Ich verschwinde hier sowieso. Entweder ich habe Glück, oder sie erwischen mich. Mir geht es nur noch um meine Tochter, sie ist so jung. In Białystok habe ich Familie, sie werden sie aufnehmen.«

»Kannst du die beiden verstecken, bis ich sie morgen holen komme?«

»Ja, sie können hier warten. Und wie willst du die Sache mit meiner Tochter regeln?«

»Morgen gebe ich dir die Adresse in Białystok.«

Wir gaben uns zum Abschied die Hand. Ich ging zum Bahnhof, um mich nach den Zügen nach Białystok zu erkundigen. Einer fuhr um elf Uhr morgens, der zweite um acht Uhr abends. Ich entschied mich für den Nachtzug. Naomis jüdisches Aussehen konnte sie verraten, und beide waren zerlumpt und schmutzig. Ich ging zurück zu der Polin und sagte ihr, daß es mir gelungen war, die Sache zu regeln.

»Ich brauche aber noch ein Versteck, in dem sie den Tag bis zur Abreise verbringen können. Können Sie mir dabei helfen?«

»Ich glaube, ja. Ich gebe Ihnen gleich Bescheid.« Sie ging in die Küche, tuschelte mit ihrer Mutter und kam zurück.

»Meine Mutter wird sich erkundigen. Machen Sie sich keine Sorgen, aber wir müssen Sie erst einmal diese Nacht wo unterbringen. Hier geht es leider nicht, hier laufen ständig Deutsche herum.«

Ihre Mutter kam zurück und sagte, ich könnte bei einem Nachbarn übernachten. Ich würde dort auch ein Abendessen bekommen, und morgen könnte ich die beiden anderen bringen. Ich ging mit ihr mit. Es war ungefähr acht Uhr abends, also eine Stunde vor der Ausgangssperre, kein Mensch war mehr auf der Straße. Bis auf die dumpfen Echos der Stiefelschritte irgendwelcher Soldaten und Wachposten war kein Laut zu hören. Auf Zehenspitzen schlichen wir uns in ein Hinterhaus. Die Nachbarn sollten besser nicht erfahren, daß hier eine Fremde Quartier bezog.

Ich stand in einer sauberen und warmen Wohnung. Der Raum wurde von einem Bauernofen in zwei Teile geteilt. Die Hausherrin hielt eine Pfanne, aus der heißes Schmalz auf ihre Hände spritzte. Sie arbeitete und redete dabei. Sie klagte über die harten Zeiten, die Deutschen und die furchtbaren Sachen, die sie mit den Juden machten.

»Pani, ich hatte immer mit Juden zu tun, ich habe mit ihnen gehandelt und sie unterstützt, wo ich konnte. Aber seit die Deutschen sie in dieses verfluchte Lager gesteckt haben, wurden die Greuel immer schlimmer. Neulich kamen meine früheren Nachbarn, gebildete und intelligente Juden, die ich seit Jahren kenne, und baten mich um Hilfe. Ich habe mein Bestes getan, Pani, aber als sie gingen, hatte ich Läuse auf den Sesseln. Das haben die Deutschen aus Menschen gemacht, die einmal reich und intelligent waren. Jetzt sind nur noch 1500 oder 1700 übrig, Pani. Früher waren es mehr, viel mehr.«

Während sie redete, fuhr sie mit ihrer Arbeit fort, briet das Essen, schnitt Brot, schenkte mir Tee ein. Schließlich sagte sie:

»Pani, fühlen Sie sich hier wie zu Hause. Haben Sie keine Angst. Sie tun etwas sehr Gutes, Jesus stehe Ihnen bei.«

Ich sah mich nach einem Versteck um und fragte mich, wo in diesem Raum sie Kuba und Naomi verbergen wollte.

Sie erriet meine Gedanken.

»Machen Sie sich keine Sorgen. In dieser Wohnung gibt es genug Verstecke. Schauen Sie...«, sie deutete auf eine niedrige Tür hinter dem Ofen. »Hier bewahre ich das Holz auf, da gibt es genügend Platz zum Unterkriechen, falls jemand an die Tür klopft. Wenn nur mein Mann nicht vor morgen abend zurückkommt. Er ist kein schlechter Mensch, ganz und gar nicht, aber er ist zu ängstlich. Er sagt immer, wir sind alle in Gefahr in diesen schrecklichen Zeiten, und es gibt keinen Grund, noch zusätzliche Risiken auf sich zu nehmen.«

Ich wälzte mich die ganze Nacht von einer Seite auf die andere. Meine Gastgeberin bemerkte, daß ich nicht schlafen konnte und tröstete mich:

»Haben Sie keine Angst, alles wird gutgehen.«

Am Morgen ging ich zum Uhrmacher. Sie waren gekommen! Ich brachte sie zu meiner Gastgeberin und rannte zurück zum Uhrmacher. Ich dankte ihm und versprach, nach zwei Tagen wiederzukommen, um ihm die Genehmigung zu bringen.

»Nein, du mußt dir die Mühe nicht machen. Ich schicke eine Freundin zu dir. Gib mir nur eine Adresse in Białystok, wo meine Tochter hin kann und wo man ihr zeigt, wie sie in das Ghetto kommt. Meine Freundin wird die Genehmigung für sich selbst verwenden und meine Tochter als ihr kleines Mädchen ausgeben«, sagte er nachdenklich, als rede er mit sich selbst. Seit gestern schien er gealtert, sein Gesicht war trauriger geworden. Ich gab ihm Ollas Adresse, ohne sie vorher gefragt zu haben. Ich wußte, daß ich mich auf Olla verlassen konnte. Ich bat den Uhrmacher, mir zu versprechen, daß er, sobald er seine Tochter losgeschickt hatte, selber verschwinden würde. Er nickte, dankte mir für die Adresse und sagte:

»Solange es Leute wie Sie gibt, die ihr Leben riskieren, um Juden zu retten, ist es wert, am Leben zu bleiben.«

Ich sagte ihm nicht, daß ich Jüdin war. Ich ließ ihn in dem Glauben, daß es solche Leute gab. Und schließlich stimmte es ja auch, ich selbst hatte diese Erfahrung oft genug gemacht. Mit Yadwiga und Irena, Olla und Stefa, mit dieser Frau hier in Volkovysk und den Dutzenden Unbekannten, die mir, ohne etwas über mich zu wissen, geholfen hatten.

Ich verließ den Schuhmacher und ging zurück zu meiner Gastgeberin. Naomi sah schrecklich aus, sie hatte sich gerade halbwegs vom Typhus erholt. Sie war runzlig und ausgemergelt, ihr Haar war geschoren, ihre Nase zu lang zwischen den eingefallenen Wangen, und ihre Augen... Gott im Himmel, ihre Augen brannten wie zwei Kohlen in ihrem blassen Gesicht. An ihnen erkannte man sofort, daß sie Jüdin war. Und ihre Kleider!

Ich half ihnen, die Kleider zu waschen und zu glätten. Sie ruhten sich ein wenig aus und aßen etwas, zum ersten Mal nach Monaten des Hungers. Ich sagte ihnen, sie müßten sich auf der Reise Mühe geben, nicht allzu traurig auszusehen. Und sie sollten ruhig miteinander sprechen, ihr Polnisch war gut. Wenn man sie nur reden hörte, ohne ihre Gesichter zu sehen, die Gesichter von Juden aus dem Lager, dann kamen wir sicher durch.

Im Bahnhof war es sehr hell. Ich nahm unsere Reisegenehmigungen und kaufte die Fahrkarten. Die beiden ließ ich draußen im Dunkeln warten, bis der Zug einfuhr. Wir fanden Sitzplätze in einer dunklen Ecke. Ich riet Naomi, ihren Kopf auf Kubas Knie zu legen und zu schlafen. Kuba sollte sich mit mir unterhalten. Es war wichtig, daß er den Kopf gerade hielt und nicht hängen ließ. Wir wurden nur einmal kontrolliert und bekamen die Papiere anstandslos zurück. Naomi schlief. Sie war so geschwächt, daß sie sich kaum bewegen konnte.

Wir kamen nachts in Białystok an. Auch hier war der Bahnhof hell erleuchtet und voller Reisender, die sich ausruhten, Karten spielten, Bier tranken oder auf den Bänken, auf dem Fußboden oder ihren Bündeln vor sich hin dösten. Die Luft roch nach Schweiß. Wir fanden eine Ecke für uns. Naomi legte ihren Kopf auf Kubas Knie, während er sich mit mir unterhielt. Wir mußten jetzt einen Weg finden, um sie in das Ghetto zu bringen. Ich hatte gelbes Papier und eine Schere in der Tasche. Aber wir konnten nicht warten, bis die Juden am Abend von der Arbeit zurückkamen. Der Bahnhof wurde ständig kontrolliert, und vor allem war es fast unmöglich, tagsüber ein jüdisches Gesicht zu verbergen. Ich hatte eine Adresse in der Stadt, doch auch das war riskant – für die Adresse, die wir noch brauchten, und für Kuba und Naomi.

Schließlich fiel mir die Lösung ein. Um 4.30 Uhr morgens verließ eine Gruppe das Ghetto, um mit dem Zug nach Starosielce zur Arbeit zu fahren. Dieser Zug fuhr um fünf Uhr in Białystok ab. Fünf Minuten später mußten wir den Bahnhof verlassen, es war dann noch dunkel. Ich würde die beiden durch die Poleska-Straße an den Stadtrand bringen, fast bis nach Czysta. Dort würde ich ihnen die Aufnäher anbringen, und Kuba konnte eine humpelnde und stöhnende Naomi zum Wachposten schleppen und sagen, die Frau sei eine der Arbeiterinnen von Starosielce, sie sei ohnmächtig geworden, und der Kolonnenführer habe ihm befohlen, sie zurück in das Ghetto zu bringen.

Der Plan funktionierte perfekt. Bevor wir nach Czysta kamen, heftete ich ihnen die Aufnäher an und verabschiedete mich. Aus der Entfernung beobachtete ich, wie sie im Ghetto verschwanden, Naomi hinkend auf Kuba gestützt.

16
Bei Olla

Ich ging zu Olla. Sie war eine Welt für sich. Scheinbar unterschied sie sich in nichts von ihren Nachbarn, aber sie spielte eine wichtige Rolle für den Untergrund.

Olla war eine der polnischen Freundinnen meiner Schwester. Unter den Sowjets hatten sie zusammen im Telegrafenamt gearbeitet, und als die Deutschen kamen, hatte sie meine Schwester mit Lebensmitteln versorgt. Sie lebte mit ihrer Familie, alten Arbeitern, außerhalb der Stadt. Ihr Vater, Eisenbahner, war etwa 60 Jahre alt. Ihre Mutter, eine kleine, stämmige Polin, war immer mit ihren Haushaltsangelegenheiten beschäftigt und mit den Hühnern und Schweinen, die sie hielten. Ollas Mann war Fahrer bei der städtischen Post, sie selbst kümmerte sich um ihre kleine Tochter.

Meine Schwester hatte mich der Familie vorgestellt, und sie hatten mich eingeladen, sie zu besuchen, wann immer ich in der Stadt sei. Ich holte nie Schmuggelware bei ihnen ab, war nie mit Gemüse und Brot beladen wie andere Juden. Olla und ihre Familie wiederum fragten mich nie, warum ich das Ghetto verließ. In ihrem Haus konnte ich warten, bis mein Zug abfuhr und mich nach erschöpfenden Laufereien in der Stadt ausruhen. Hier machte niemand Bemerkungen darüber, daß ich doch Jüdin war und deshalb vorsichtig sein müsse. Ihre Sympathie und Großzügigkeit waren nicht übertrieben, und ebensowenig war es ihre Vorsicht. Kurzum, in diesem Haus war ich ein willkommener Gast. Ich konnte im Garten in der Sonne sitzen, ohne daß mich jemand beachtete, und in aller Ruhe den Vögeln dabei zusehen, wie sie ihre Nester bauten. Die alte Frau unterbrach manchmal meine schweigenden Betrachtungen mit einer schlichten und einfachen Bemerkung:

»Halina, ich habe Kuchen gebacken, du mußt ihn unbedingt probieren!«

Sie bot mir nie mit dieser übertriebenen Haltung Essen an, die man armen und hungrigen Menschen gegenüber einnimmt. Ihre molligen Hände ruhten nie, nur ab und zu setzte sie sich hin, um mit den anderen Frauen der Familie über die Nachbarn, die hohen Fettpreise, eine Verwandte, die auf dem Markt arbeitete oder irgendeine Frau zu tratschen, der man besser aus dem Weg ging.

Der alte Mann kam immer außer Atem, müde und schmutzig von der Arbeit nach Hause. Er setzte sich auf die Bank vor dem Haus und zog sich die Schuhe aus. Er redete nicht viel, und ich habe ihn nur selten wütend erlebt. Er begrüßte mich mit einem »Wie geht's, Pani Halina, was gibt es Neues?«, erwartete aber nie eine Antwort. Wenn er zornig war, dann aus Verbitterung über die Deutschen, die ihn herumstießen, und das mit seinen 60 Jahren und seinem jahrelangen Dienst bei der Eisenbahn. Ollas Mann Wladek war noch jung. Er sah weder besonders stark noch besonders heldenhaft aus. Er war der einzige im Haus, der sein Temperament nicht zügeln konnte, er regte sich über jede Kleinigkeit auf und verfluchte die Deutschen lauthals für ihre Greueltaten.

Aber wenn ein Fremder an der Tür erschien, hielt er den Mund. Manchmal machte er mir gegenüber Andeutungen, auch er hätte gewisse »Kontakte«. Er war auch der einzige, der zu verstehen gab, daß er wußte, was ich tat und warum ich außerhalb des Ghettos herumlief. Olla brachte ihn dann sofort zum Schweigen.

Olla war blond und hatte eine kleine Stupsnase. Sie war die wichtigste Person in der Familie; still, besonnen, mutig und intelligent. Sie schalt ihre Mutter oder ihren Mann immer aus, wenn sie zuviel redeten.

Eines Tages fand Ollas Familie eine Wohnung in der Nähe des Ghettos. Von da an konnten wir freier atmen. Die neue Wohnung war die letzte vor der Ghettomauer auf der Białostoczańska-Straße, die halb durch den arischen Teil der Stadt und halb durch das Ghetto führte. Man mußte nur auf das Dach des Toilettenhäuschens steigen, sich von dort auf die Mauer hangeln, dann drei, vier Meter hinunterspringen, und man stand auf einem leeren Gelände im Ghetto. Früher war hier ein Park gewesen. Ollas Nachbarn, die unterschiedlichsten Leute, lebten hauptsächlich davon, daß sie alles mögliche in das Ghetto schmuggelten, Butter, Zucker, Fett und Milch. Die Sachen wurden in dem Toilettenhäuschen im Hof durch ein Loch in der Ziegelmauer geschoben, dann legte man den losen Ziegel einfach wieder an seinen Platz. Man ging vorgeblich auf die Toilette, um sein Bedürfnis zu erledigen, und wenn alles so arrangiert war, daß auf der anderen Seite jemand bereitstand, klappte die Sache perfekt.

Die Hausbewohner, die diesen Hof nutzten, waren allerdings nicht dumm. Wenn Fremde diesen geheimen Schmuggelpfad für Geschäfte benutzten, fielen die Preise, und ihr Profit wurde geschmälert. Außerdem konnte ihr ganzes Einkommen dadurch ein rasches Ende finden. Die Patrouillen, die nicht nur die Straße, sondern auch den Hof kontrollierten, würden aufmerksam werden – und die Strafe träfe dann alle Bewohner. Deshalb ließen sie nicht zu, daß sich bei ihnen Fremde herumtrieben. Auch die Juden auf der anderen Seite wollten ihr Monopol wahren, aber mit ihnen war es einfacher, zu verhandeln. Außerdem hatten wir einen Polizisten, der dafür sorgte, daß Leute durchkamen.

Anfangs war ich die einzige, die Ollas neue Wohnung und das Loch in der Toilettenwand nutzte. Im Laufe der Zeit aber wurde dieses Heim für viele von uns ein Zufluchtsort während des Tages und ein Tor zum Ghetto des Nachts. Falls in anderen Teilen der Stadt unerwartet etwas schiefging, diente diese Wohnung als sichere Ausweichmöglichkeit.

Eines Tages wurde ich gebeten, ein automatisches Gewehr abzuholen und in das Ghetto zu bringen, es war ein russisches Gewehr, das zehn Schuß Dauerfeuer abgab. Unsere Verbindungen zur Außenwelt waren zu der Zeit enger geworden. Im Winter 1942 war es Nita Czerniakówa, einer weißrussischen Kommunistin, gelungen, eine Verbindung zu den Partisanen im Gebiet von Grodek herzustellen, aber kurz darauf war sie verhaftet worden. Im Spätherbst war die Partisanengruppe, die innerhalb der Stadt operierte, aufgeflogen. Die Gruppe hatte aus polnischen Arbeitern bestanden und aus sowjetischen Arbeitern, die nach dem Abzug der Roten Armee in der Stadt zurückgeblieben waren und den Kampf gegen die Besatzer aufgenommen hatten. Sie hatten den ersten Untergrund außerhalb des Ghettos formiert. Eine Zeitlang waren unsere Kontakte zu ihnen abgerissen, aber sie wurden bald wieder erneuert. Sie lebten jetzt verstreut in verschiedenen Verstecken, die meisten von ihnen waren abgetaucht. Wir gaben aber die Suche nicht auf und hatten schließlich Erfolg.

In einem Lager auf dem ehemaligen Gelände des 42. Regiments der polnischen Armee, in dem eine SS-Einheit untergebracht war, arbeiteten ein paar Juden und Polen, unter ihnen auch Kommunisten und zwei unserer Genossen. Sie hatten über einen polnischen Genossen von dem russischen Gewehr gehört. Sie fanden die Waffe, probierten sie auf dem Friedhof aus, versteckten sie und vereinbarten mit uns, wann wir sie abholen sollten. Unser Kampfbund mit den Kommunisten beauftragte mich mit dieser Aufgabe.

Ich verließ das Ghetto am frühen Morgen mit dem Arbeitsbataillon. In der Tasche hatte ich unter anderem einen großen Hut von der Art, wie die deutschen Frauen ihn trugen. In einem der Höfe zog ich die Arbeitskleider aus, setzte den Hut auf und ging dann sehr elegant weiter. Um Punkt elf Uhr mußte ich mich am Seiteneingang des christlichen Friedhofes einfinden. Nach ein paar Minuten tauchten zwei Männer auf. Den einen erkannte ich, er war einer von unseren Genossen, der andere war Mitglied der kommunistischen Zelle. Der eine schaufelte die Erde weg, der andere legte zwei Bretter aus, dazu dickes Papier und starken, hellen Bindfaden. Eine Viertelstunde später überreichten sie mir das Paket. Das Gewehr lag zwischen den Brettern, das Ganze war mit Lumpen umwickelt und in das schöne Papier eingeschlagen.

Nun mußte ich das Paket ein ganzes Stück durch die Stadt transportieren. Ich mußte durch den Bahnhof, um auf das Frachtgelände zu kommen und von da aus weiter auf die Sienkiewicza-Straße. Ich mußte unbedingt heil im Hof des Hauses Nummer 63 ankommen. Auf Nummer 61 war das Beutelager der Deutschen, in dem ein paar Genossen arbeiteten. Sie mußten die Aufmerksamkeit der Wachen im rechten Moment vom Hof nebenan ablenken. Hier gab es einen hohen Baum, dessen Äste als Leiter dienten. Hinter dem Baum stand der etwa drei Meter hohe Zaun, der von zwei Reihen Stacheldraht gekrönt wurde. Ganz unten war eines der Bretter lose. Dieses Brett mußte ich entfernen, das vereinbarte Zeichen geben, und wenn jemand darauf reagierte, sofort das Paket durch das Loch schieben. Auf der anderen Seite nahmen es verläßliche Hände in Empfang. Dann mußte ich rasch auf den Baum klettern, vorsichtig durch den Stacheldraht kriechen und in das Ghetto springen. Bei dieser Aktion lief man auf beiden Seiten Gefahr, erwischt zu werden, auf der einen von den Deutschen, auf der anderen von der jüdischen Polizei. Aber es wäre noch riskanter gewesen, das Paket durch Ollas Hof in das Ghetto zu befördern. Sie wohnte am anderen Ende der Stadt; um dorthin zu kommen, hätte ich durch die belebte Innenstadt gehen müssen.

Das Paket schwang an meiner Seite hin und her. Ich beeilte mich nicht. Ich mußte ruhig nach Nummer 63 gelangen. Als ich ankam, fand ich den Hof leer vor. Ich ging zuerst auf die Toilette und inspizierte von da aus den inneren Hof. Es war fünf vor 12 Uhr, es war ausgemacht, daß die Genossen bis 12.30 Uhr auf mich warten sollten. Alles war in bester Ordnung. Ich kroch unter den Baum, klopfte an das Brett, aber niemand antwortete. Es mußte etwas passiert sein. Sie warteten nicht auf mich, und das war ein Zeichen, daß ich das Ghetto nicht betreten sollte. Als ich den Hof verließ, begegnete ich einer Patrouille. Sie sahen mich an, hielten mich aber nicht auf. Nun mußte ich doch zu Olla, ich hatte keine andere Wahl. Besser, ich lief durch die Stadt, als daß ich hier, direkt neben dem Ghetto herumstand, um auf ein Zeichen zu warten.

Die Sienkiewicza-Straße ist breit. Auf der rechten Seite, in der Nähe der Brücke, befand sich das Hauptquartier der deutschen Polizei und ein Stück weiter vorne das große prächtige Gebäude Nummer 15, in dem die Gestapo residierte. Bis hinauf zur Kreuzung Zamenhof-Straße war der ganze Block von der Gestapo besetzt. Dieser Gegend mußte ich also ausweichen. Hier trieb sich ständig Polizei herum, und jeder, der verdächtig aussah, wurde kontrolliert. Von der Sienkiewicza-Straße aus mußte ich rechts in die Kościuszko-Straße einbiegen und dann weiter in die ehemalige Piłsudski-Straße, die endlos lang war. Bei der russisch-orthodoxen Kirche stand ein Gendarm und beobachtete die Passanten. Der Himmel war strahlend blau. Warum regnete es gerade heute nicht? Ich hoffte, er würde wenigstens vom dauernden Herumlaufen müde werden und sich in einem Laden ausruhen. Die Straße war voller Menschen. Die Frau vor mir wurde durchsucht. Gleich würde ich an der Reihe sein. Ich spielte mit meinem Paket herum, fixierte meinen Hut und pfiff vor mich hin. Ich pfiff eine deutsche Melodie, die alle kannten, weil die SS-Einheiten und die Soldaten sie immer sangen, wenn sie durch die Stadt marschierten. Sei vorsichtig, übertreibe es nicht, geh langsam, langsam, bleib direkt neben ihm stehen und guck dir das Schaufenster an.

Ich kam heil davon. Auf der Höhe der Poleska-Straße konnte ich in kleine Seitenstraßen einbiegen und durch die Höfe laufen, das war weniger gefährlich. Auf dem Hof von Ollas Wohnhaus liefen die Nachbarn herum, der eine ging auf die Toilette, die andere in den Hühnerstall, es war schönes Wetter, und alle waren draußen. Gut, ich konnte also nicht ungesehen an ihnen vorbei. Aber die Hauptsache war, daß ich keiner Patrouille begegnete. In Ollas Wohnung legte ich das Paket in der Küche ab, zwischen dem Tisch und dem Fenster, so daß jeder es sehen konnte. Ich begrüßte Olla.

»Du kannst jetzt nicht hinüber. Es sind zu viele Leute hier. Warte, bis es dunkel ist und die Schmuggler und Spekulanten ihre Geschäfte erledigt haben. Du hast ja Zeit.«

»Nein, ich kann nicht warten. Ich sollte auf einem anderen Weg zurückkommen, aber das ging schief. Meine Leute im Ghetto werden sich Sorgen machen.«

»Du dummes Ding, besser, sie machen sich bis zum Abend Sorgen und sehen dich dann wieder, als du wirst jetzt verhaftet. Komm in mein Zimmer, leg dich hin und ruhe dich aus. Wir werden gleich zu Abend essen.«

Ich blieb. Das Paket ließ ich in der Küche liegen. Es hätte Verdacht erregt, wenn ich es an mich genommen hätte. Aber ich konnte mich nicht ausruhen. Olla beruhigte mich.

»Niemand wird dieses Paket wegnehmen. Selbst wenn Gendarmen kommen, um Schmuggelgut zu suchen, werden sie das nicht in der Küche tun. Wer läßt schon Schmuggelware offen herumliegen? Sie werden in den Zimmern nachsehen, in den Schränken und unter den Betten.«

Als ihr Vater von der Arbeit zurückkam und in die Küche ging, um sich zu waschen, bemerkte er das Paket.

»Was ist das? Wem gehört das?«

»Nichts, es gehört Halina«, rief Olla aus dem Zimmer. Am Abend, als es dunkel wurde, wollte ich gehen, aber sie hielten mich zurück. »Geduld! Warte noch ein bißchen. Heilige Mutter Gottes, was bist du denn so nervös heute? Das sieht dir gar nicht ähnlich.«

Ich wußte, daß das Maschinengewehr die ganze Familie in Gefahr brachte. Ich spürte, daß Olla und ihr Mann etwas ahnten, aber nicht fragen wollten. Und sie wollten auch nicht, daß ich ihnen etwas erzählte. Um zehn Uhr, als schon Ausgangssperre herrschte und der Hof leer und dunkel war, ging Wladek ihn inspizieren. Er ging auf die Toilette und klopfte gegen die Wand. Dann lief er zu mir zurück und sagte, von der anderen Seite war geantwortet worden, es wartete also jemand auf mich, er wüßte aber nicht, wer. Nun ging ich auf die Toilette und flüsterte »Gedalyahu«. Gedalyahu antwortete mit gedämpftem Jubel. Sie hatten mich offenbar schon verloren geglaubt. Wladek aber ließ mich noch immer nicht gehen. Er stieg auf das Dach des Hühnerstalles und spähte in den zweiten Hof. Noch nie hatte er sich dermaßen vorsichtig verhalten. Dann sah er noch am Tor nach, ob Gendarmerie in der Nähe war.

Ich schob das Paket durch das Loch in der Toilettenwand. Aufgeregte, nervöse, zitternde Hände packten die Waffe, griffen nach meiner Hand und drückten sie. Ich kletterte auf das Dach des Toilettenhäuschens, Gedalyahu griff nach meinen Beinen und zog mich langsam und zärtlich (was sonst gar nicht seine Art war) herunter. Wir gingen durch das schlafende Ghetto, er, der Polizist, mit dem Maschinengewehr unter dem Arm, ich an seiner Seite. »Wie bist du auf die Idee gekommen, um zehn Uhr bei Olla auf mich zu warten? Wir hatten doch vereinbart, daß ich über die Sienkiewicza-Straße komme...«

»Die Polizei hat den Platz umstellt und niemanden durchgelassen, nicht einmal mich. Wir hatten Angst um dich. Als du nicht gekommen bist, haben wir beschlossen, daß ich hier auf dich warte. Aber nun bist du ja da, gesund und munter und hast auch das Gewehr dabei.«

Wir lebten damals in der Białostoczańska-Straße. Aus der Wohnung in der Neue-Welt-Straße 6 hatten wir ausziehen müssen, sie war schon zu bekannt gewesen. Ich kann kaum die Freude der Genossinnen und Genossen beschreiben, als sie mit bebenden Händen die Waffe aus dem Papier schälten und mit glänzenden Augen den kalten Stahl befühlten. Gedalyahu bebte vor Freude bei der Aussicht, in die kommende Schlacht nicht mit leeren Händen ziehen zu müssen. Ich werde für alle Zeiten seine zitternden Hände in den meinen fühlen.

17
Grodno

Wir hatten von Anfang an versucht, auch in den umliegenden Städten Kampfzellen zu organisieren, was uns jedoch aus mehreren Gründen nicht gelang. Die Gruppen unserer Bewegung hatten sich aufgelöst, die Bewegung als Ganze war in diesen Städten nach Ausbruch des Krieges gestorben. Die Jungen, die nicht nach Wilna gegangen waren, lebten verstreut in den größeren Städten. Juden durften im Bezirk Białystok die Bahn nicht benutzen, und sogar die Polen brauchten eine Spezialerlaubnis, um von einer Stadt in die nächste zu reisen. Es war einfacher, sich über Grenzen zu schmuggeln, als hier von einer Stadt in eine andere zu gelangen. Wir hatten nur sehr wenige Leute, die über die Landstraßen reisen konnten. Wir hatten überhaupt nicht genug Leute, die »arisch« aussahen, und dazu fehlte es uns auch an dem nötigen Geld, um unseren Einfluß und unsere Aktivitäten in den vielen jüdischen Städtchen rund um Białystok zu erweitern. Der einzige Ort, an dem es uns gelang, ein gewisses Fundament zu errichten, war das relativ große Ghetto von Grodno.

Grodno war eine jüdische Metropole, deren Einwohner ihre Kultur und Tradition pflegten. Hier gab es die Pionier-Jugend, revolutionäre Bewegungen, Tarbut-Schulen[1], eine hebräische höhere Schule und ein Seminar für Hebräischlehrer. Grodno hatte sich einst gerühmt, einen der besten Zweige von Haschomer Hatzair zu haben. Generationen von Pionieren waren hier zu jungen Menschen erzogen worden, die ein schöneres, gerechteres und aufrichtigeres Leben suchten.

1 *Tarbut (= Kultur) war eine Organisation, die – vor allem in Polen – »die Pflege und Verbreitung der hebräischen Sprache und Kultur unter Mitwirkung der breiten jüdischen Volksschichten bezweckt, sich vornehmlich mit dem Erziehungswesen befaßt und mit Hilfe von Elternbeiräten hebräische Schulen, Lehrerseminare, Ausbildungsinstitute für Kindergärtnerinnen, pädagogische Kurse gründet und unterhält. Die Tarbut arbeitet Schulprogramme aus, läßt die Schulen durch Fachleute beaufsichtigen und sorgt für Lehrmaterial.« (Jüdisches Lexikon, Berlin 1927, Nachdruck Königstein 1982)*

Grodno war ein Verkehrsknotenpunkt an der Bahnlinie Berlin–Minsk–Moskau. Auch für uns war Grodno ein wichtiges Zentrum, denn es verband die drei Punkte unseres organisatorischen Dreiecks: Wilna–Białystok–Warschau. Die Juden im Grodnoer Ghetto hatten lange Zeit in relativer Ruhe gelebt. Abgesehen von den üblichen Verfolgungen, den Prügeln auf der Arbeit und den Aktionen der beiden berüchtigten Grodnoer Ghettohenker, Gestapochef Wiese und Ghettochef Streblov, war den Juden von Grodno unter der Naziherrschaft bisher nichts Ungewöhnliches geschehen. Wir schickten regelmäßig Kuriere in das Grodnoer Ghetto. Wir wußten von Treffen und aus Berichten, daß hier eine neue Generation heranwuchs, die Mitglieder der Tel-Amal-Gruppen, die bei Kriegsbeginn 15, 16 Jahre alt gewesen waren. Auch Tosia, die auf dem Weg nach Wilna Grodno besucht hatte, war von ihnen beeindruckt gewesen. Nach dem verhungernden Warschau und dem sterbenden Wilna hatte sie in Grodno ein wenig Licht und Ermutigung gefunden. Wir waren uns bewußt, daß wir ihnen beistehen mußten.

Im Winter, Ende 1942, erfuhren wir, daß Grodno liquidiert werden sollte.[1] Es war ein großes und organisiertes Ghetto, das für sein Überleben kämpfte, wie ein Miniatur-Białystok. Auch hier hatte man versucht, die Produktion zu steigern, auch hier standen angesehene und bemerkenswerte Männer der Gemeinde vor. Wie so viele andere schwankten auch sie zwischen passivem Widerstand und totaler Unterwerfung, und auch ihr Ende war dasselbe wie das so vieler anderer Juden: Treblinka.

Wir schickten Zerah nach Grodno. Er sollte unseren jungen Genossinnen und Genossen dort helfen, ihre letzte Aktion durchzuführen, den bewaffneten Aufstand.

Edek und ich begleiteten ihn bis an den Zaun in dem Bedürfnis, so lange wie möglich zusammenzubleiben. Zerah war noch nicht auf das Toilettendach in Ollas Hof gelangt, als einer der jüdischen Anwohner ihn am Bein packte und wieder herunterzog.

»Ich lasse nicht zu, daß du abhaust. Wegen dir werden wir alle bestraft werden!« Eine Flut von Kutscherflüchen ergoß sich über

1 Die vollständige Liquidierung des Ghettos von Grodno wurde im März 1943 begonnen. Dieser Vorgang konnte erst nach mehreren Monaten abgeschlossen werden.

Zerah und Edek. Der Mann war groß wie ein Riese. Mit seinen muskulösen Händen schnappte er sich die Tasche und schlug damit um sich, er geriet vor Wut völlig außer Kontrolle. Edek rief Zerah auf hebräisch zu:

»Steig rauf, ich kümmere mich schon um ihn.«

»Aber die Tasche.«

»Steig rauf, ich werfe sie dir zu.«

Der Kampf dauerte noch ein paar Minuten. Als Zerah auf dem Dach war, schnappte Edek sich die Tasche, versetzte dem Riesen einen Fußtritt, daß er zu Boden ging, und bevor er sich wieder erholen konnte, hatte Edek schon die Tasche auf das Dach geschleudert, war selbst über den Zaun geklettert, der den Platz von der Straße trennte und verschwunden. Das war Zerahs Abschied von uns. Ich war verärgert und sagte zu Edek, wir hätten uns nicht so verhalten dürfen. Der Tumult hätte die Ghettopolizei und sogar die Gendarmen draußen alarmieren können. Edek aber, immer noch angespannt von diesem seltsamen Lebewohl für seinen Genossen, sagte nur:

»Chaika, ich wollte es vorhin vor Zerah nicht sagen. Aber wir sind vielleicht schon zu spät dran. Dieser eine Tag kann entscheidend sein.«

Es war nicht Zerahs erste Mission in Grodno. Schon im Herbst 1942, zur Zeit der ersten *aktzias*, hatte sich Zerah einen Don-Juan-Schnurrbart stehen lassen, seinen »arischen« Hut aufgesetzt und war nach Grodno gefahren, um den Schomer-Gruppen dort, die sich nur kraft ihrer eigenen Stärke und ihrer Erziehung und Traditionen aus der Vorkriegszeit aufrechthielten, zu helfen. 25 000 Juden waren in den beiden Ghettos von Grodno zusammengepfercht worden. Die Unterdrückungsmaßnahmen, unter denen alle polnischen Juden zu leiden hatten, waren natürlich auch an dieser alten Gemeinde nicht vorübergegangen. Die Methoden der Nazis waren überall ähnlich, aber es gab doch Unterschiede. Nur das Ziel war dasselbe. Dieses Ziel bestand in der Zerrüttung und Schwächung der organisierten jüdischen Gemeinden, ihrer geistigen Versklavung und völligen Beherrschung, um schließlich das Vertrauen der betrogenen Massen zu mißbrauchen. Aus diesem Grund hatten die Nazis auch dafür gesorgt, daß die jüdischen Intellektuellen nicht in das Ghetto kamen. Sie hatten sie (einige hundert, wie alle bestätigten) in

Arbeitslager verfrachtet, aus denen keiner von ihnen je zurückkehrte. Es waren die bekannten Gymnasiallehrer, Ärzte und Ingenieure. Aber nicht alle von ihnen waren verhaftet worden. Die Deutschen wußten auch bei den Intellektuellen zu unterscheiden. Die sie am Leben ließen, ernannten sie zu Vorständen und Mitgliedern des Judenrates. Brawer, Belko und Landeh, Lehrer am Gymnasium und am Lehrerseminar, waren die Hauptstützen des Judenrates. Sie waren gutwillig und naiv, typische Vertreter des liberalen jüdischen Mittelstandes. Zu anderen Zeiten und unter anderen Umständen hätten sie auch einer guten Sache dienen können. Zur Verwunderung aller und vielleicht auch zu ihrer eigenen, dienten sie jetzt den Eroberern, und als ihre Verwunderung zunahm, war es schon zu spät, da gab es kein Zurück mehr. Vielleicht hatten sie diesen Weg aber auch von Anfang an gewählt. Hätten sich ein Rubinczik, einst ein ehrbarer Geschäftsmann, nun Chef der Ghettopolizei, oder ein Srebrnik, ehemals Fabrikbesitzer, heute Leiter der Arbeitsabteilung des Ghettos, in »normalen Zeiten« anders verhalten?

»Gut, daß die Sowjets gegangen sind. Sonst wäre ich schon längst in Sibirien begraben«, pflegte Rubinczik öffentlich zu verkünden. Möglicherweise hegte er deshalb heimliche Sympathien für die Deutschen, die ihn »gerettet« hatten.

Jedenfalls halfen die beiden ohne alle Gewissensbisse den Deutschen so lange, ihre jüdischen Brüder und Schwestern zu töten, bis ihre Herren ihrer überdrüssig waren und sie selbst liquidierten. Die Deutschen kannten das Geheimnis: Die innere Verwaltung der jüdischen Gemeinden sollte den besten Kräften der Bourgeoisie anvertraut werden, die von den Juden geachtet und akzeptiert wurden. Sie legten die Ghettos in die Hände von Männern, die gleichzeitig gutmeinend und dabei unbewußt Verräter waren. Von Brawer sagte man »er ist ein guter und anständiger Jude«, aber wie kann ein »guter Jude« mit eigenen Händen den Deutschen Selektionslisten übergeben, ohne allgemeinen Abscheu zu erregen? Hörten diese ehrbaren Verräter auf die Stimme ihres Gewissens? Waren sie so verblödet, daß sie nicht mehr wahrnahmen, was passierte? Oder hatten sie einfach nur Angst, vor der Macht des Feindes wie vor der unsichtbaren Kraft der Menschen, die bereit waren zu kämpfen – auch gegen sie zu kämpfen? Es gibt keinen Grund, sich für Ängste zu schämen, sie sind nichts Ungewöhnliches. Viel erstaunlicher ist, daß es selbst in diesen Zeiten des Grauens Menschen gab, die der Angst nicht erlagen. Es war in diesen Tagen einfacher zu sterben, als zu leben. Es war einfacher, sich zu unterwerfen, als zu kämpfen.

Bis zum 1. November 1942 hatte das Ghetto der Wehrmacht unterstanden. Die Bewohnerinnen und Bewohner arbeiteten in den Armeewerkstätten, in der Gerberei (der »Niemen«-Fabrik), den Schuhfabriken und in der Drillichproduktion. Ihre Arbeit diente nicht immer rein militärischen Zwecken. Oder wie sollte man sich die Herstellung von Damenbekleidung erklären? Das hinderte allerdings die hohen deutschen Offiziere nicht daran, die Mobilisierung aller Kräfte für den Kriegseinsatz zu fordern.

Ein ganzes Jahr lang hatten die beiden Grodnoer Ghettos in relativer Ruhe gelebt. Nicht umsonst hatten die Grodnoer Juden nach der Besetzung der Stadt durch die Nazis um ein Ghetto gebeten. Sie waren erschöpft gewesen von den ständigen Übergriffen, die deutschen Soldaten waren in ihre Häuser eingebrochen, es hatte Brutalitäten, Raub und Vergewaltigungen gegeben. So erschien es den Juden sicherer, abgetrennt und geschützt hinter einem großen Zaun für sich leben zu können. Dieses Bedürfnis nach einem – natürlich produktiven – Ghetto war kurzsichtig, aber verständlich. Doch die jüdische Bevölkerung war sehr beunruhigt über die Tatsache, daß die Deutschen zwei Ghettos einrichteten, eines für die Handwerker, das Eliteghetto, und eines für all diejenigen, die keine Handwerker waren und auch nicht das Geld hatten, um sich die entsprechenden Papiere zu kaufen.

Am 1. November 1942 wurden beide Ghettos der Gestapo unterstellt und sofort abgeriegelt. Die Liquidierung des zweiten Ghettos begann. Nur wenige seiner Bewohnerinnen und Bewohner wurden gerettet. Der Judenrat hatte das Recht, ein paar Menschen in das erste Ghetto zu überstellen, und das tat er auch. Aber es war natürlich unmöglich, das für alle zu tun. Daher wurden nur die überstellt, die Beziehungen hatten, einen Vermittler und Geld. Hat Brawer das Geld für sich kassiert? Das ist nicht wichtig. Es hieß, er hätte den Deutschen etwas »zukommen lassen«, sie »kaufen« müssen. Mit dem geforderten Geld hätte er »gute Deutsche« finden können, die ihm versprachen, ihr Bestes zu tun, um die verbleibenden Juden am Leben zu lassen. Waren seine Handlungen dadurch nicht gerechtfertigt? War es nicht zulässig, Juden mit Hilfe von Geld zu retten? Die Situation war kompliziert und fast hoffnungslos für jemanden, der sich schon von Anfang an verstrickt hatte.

Zerah war das erste Mal nach Grodno gekommen, als die Ghettos geschlossen worden waren und die Vertreibung aus dem zweiten Ghetto begonnen hatte. Nach ihm waren Tosia und Edek gekommen. Tosia hatte auf der Rückfahrt von Wilna hier Station gemacht und die Nachricht von Ponar mitgebracht. Edek war mit der Neuigkeit eingetroffen, daß es bewaffneten Widerstand gab. Sie hatten eine organisierte Jugendbewegung angetroffen, deren Gruppen alle aktiv waren, Treffen und Diskussionen abhielten, sich mit gegenseitiger Hilfe beschäftigten und die erzieherischen Aufgaben der Bewegung weiter erfüllten. Sie suchten nach neuen Wegen für die Bewegung, denn sie wußten, daß ihre Aktivitäten von gestern den heutigen Anforderungen nicht entsprachen. Aber eine Kampforganisation im Untergrund entsteht nicht so mir nichts, dir nichts. Schritt für Schritt wurden die Jugend der Bitzaron-Gruppe, die älteren Mitglieder der Carmel-Gruppe und des Ba-Sa'ar-Ausbildungs-Kibbuz zu einer Kampfeinheit organisiert, die sich ihrer Ziele bewußt war. Und das unter einer Führung, die jenseits der Wisla, des Narew und der Vilija lebte und oft nicht rechtzeitig kommen konnte, wenn sie dringend benötigt wurde.

Ich erinnere mich an Yocheved Taub, die aus der Umgebung von Warschau stammte und während des Krieges nach Grodno gekommen war. Ich sehe ihr schmales Gesicht vor mir, ihre eingefallenen Wangen, ihre tiefliegenden Augen und ihr dichtes Haar. Sie war groß und wirkte gebeugt vom Hunger. Sie stand an der Spitze der Untergrundführung der Grodnoer Jugend. Oder Eliyahu, »Gingi« wie wir ihn nannten, Zila Szacznes, die zugleich zierlich und voller Kampfgeist war (wir werden ihr in Białystok wiederbegegnen), Miriam Popko, die unbedingt zu den Partisanen wollte, und Haska, die fröhliche, schelmische Haska, mit der ich später, nach der Vernichtung der Białystoker Juden zusammen leben und kämpfen sollte. Sie bildeten die lokale Führung. Die Bnai-Midbar-Kindergruppen hatten sich aufgelöst. Wir brachen jeden organisatorischen Kontakt zu diesen Kleinen ab, die an unsere Türen klopften und die wir mit leeren Händen wieder wegschicken mußten. Wir konnten nicht Kampfgruppen mit Zwölfjährigen bilden. Einige von ihnen gaben nicht auf. Sie arbeiteten als Kuriere, gaben Informationen weiter und verlangten dauernd nach wichtigeren Aufgaben.

Wir organisierten gemischte Fünfergruppen, die aus Mitgliedern von Dror und Haschomer Hatzair bestanden. Wir erstellten genaue Karten des Ghettos und seiner Umgebung, Pläne der Durchgänge zwischen den verschiedenen Höfen und der geheimen Öffnungen auf die arische Seite. Zerah saß zwei Wochen lang in dem geschlossenen Ghetto, instruierte die Kommandantinnen und Kommandanten der Fünfergruppen, plante Angriffsstellungen und organisierte die Herstellung von Material und Waffen. Die Waffen waren weder ausreichend noch in gutem Zustand. Auch hier war kaum mehr möglich, als Glühbirnen mit Schwefelsäure zu füllen, und Eisenstücke, Stöcke, Messer und anderes primitives Material auf den Höfen einzusammeln.

Insgesamt bestand unsere vereinigte Organisation mit Dror aus ungefähr 100 Personen. Zerah und Yocheved bemühten sich um eine Einheitsfront mit den anderen Bewegungen. Die Zeit drängte. Über dem Ghetto hing das Damoklesschwert wie eine Sichel, die darauf wartet, ihre blutige Ernte einzubringen.

Tausende Menschen aus dem zweiten Ghetto waren ermordet worden, und der Tag des Gerichts für das erste, das produktive Ghetto, kam näher. Zerah nahm Kontakt auf zu den Kommunisten, den wenigen Bundisten und den Revisionisten, fand sie aber alle hilflos. Die Kommunisten in Grodno waren keine organisierte Kraft. Einige waren dafür, Widerstand zu leisten, andere hielten das für Wahnsinn. Sie arbeiteten nicht als einheitliche Partei, sondern als vereinzelte Individuen. Die Revisionisten versprachen, sich mit uns zusammenzusetzen, arrangierten aber kein einziges Treffen. Alle Versuche, eine Einheitsfront zu errichten, zeitigten nur traurige Ergebnisse. Nur mit ein paar Kommunisten, mit denen Yocheved in Kontakt stand, wurden Fortschritte erzielt. Weiterhin mangelte es an Mitteln und Waffen, und die Verbindungen mit der arischen Seite, um die Zerah sich bemühte, wurden nie hergestellt. Grodno war schon immer eine antisemitische Stadt gewesen, und die guten Elemente unter den Einwohnern waren mit den Sowjets nach Osten geflohen oder selbst von dem antisemitischen und antikommunistischen Virus angesteckt worden.

Zerah versuchte daher Geld von den »guten Juden« im Judenrat aufzutreiben. Wir wußten, daß der Judenrat unter Brawers Vorsitz bewaffneten Widerstand ablehnte. Er würde nicht einmal so weit gehen wie Barasz, oder auch nur leise aussprechen, was Barasz uns in Białystok zuflüsterte: »Bewaffneter Widerstand – in Ordnung, aber nur als allerletztes Mittel. Davor – nicht die kleinste Aktion, keine Waffen, wir dürfen dem Teufel nicht die Tür öffnen.« Brawer, Belko und Landeh fanden heraus, daß die jungen Leute aus der Pionierbewegung sich organisierten. Diese Jugend war ihrer Meinung nach zwar anständig und guten Willens, aber auch unklug und rebellisch. Die Judenräte warnten Zerah und Yocheved, sich vor kindischen und heißköpfigen Aktionen zu hüten. Sie halfen ihnen bei der Arbeitssuche, gaben ihnen soziale Unterstützung und zeigten Sympathien für die Pionierbewegung. Sie bewiesen, daß sie »anständige Juden« waren. Und während sie der Jugend diese Freundlichkeiten erwiesen, verrieten sie ihr Geheimnis, das sie so ängstlich hüteten: Der Judenrat hatte eine Liste mit den Namen der Menschen, die binnen der nächsten Tage sterben sollten, vorbereitet.

Zerah kam nach Białystok mit der schrecklichen Nachricht zurück, daß die für den Tod Selektierten nach Kolbasino gebracht werden sollten, ein großes Lager, das etwa acht Kilometer von Grodno entfernt lag. Hierhin waren auch die Juden aus den nahe gelegenen Städten Jeziorki, Indura etc. gebracht worden. Insgesamt durchliefen circa 50000 Menschen dieses Lager, in dem der Tod ein Erlöser war. Alle, die hier nicht die Kraft hatten, sich selbst das Leben zu nehmen, hofften auf einen raschen Tod. Wochenlang lagen sie in den Baracken, hungernd und krank, aufgequollen und von Kopf bis Fuß mit Beulen übersät. Jeden Tag mußten sie Appell stehen vor dem Lagerkommandanten, einem Deutschen, den man nur als degeneriert bezeichnen kann, als menschlichen Abfall. Er folterte diese Unglücklichen zum eigenen Vergnügen. Es hieß, daß er jüdische Frauen ganz besonders haßte. Er schlug sie, erschoß sie vor den Augen seiner deutschen Kameraden und zertrümmerte ihnen die Köpfe mit seinem Rohrstock. Die Hübschesten wählte er aus, um ihm zu dienen. Wenn er gut gelaunt war und ihn die »Liebe« zu seiner »Süßen« überwältigte, lud er seine Kumpane ein, füllte sie mit Champagner ab und zwang die Frau, sich für Deutschlands »Elite« nackt auszuziehen. Er prahlte dann mit ihrer Schönheit, führte sie allen vor, betatschte sie und schoß ihr schließlich mit seiner Pistole in den Kopf. Das war seine Art zu »lieben« und zu töten. Wenn sich im Lager die Leichen der Erschossenen, Verhungerten, der von Erschöpfung, Krankheit oder Kälte Dahingerafften häuften, befahl er den Männern, sie zu begraben und dabei laut das Lied zu singen, das ihm am besten gefiel, »Yidl mitn Fidl«. Täglich wurden Tausende in das Lager geschafft und Tausende begraben.

Der kleine Bahnhof von Kolbasino liegt ein paar Kilometer vom Lager entfernt. Die Nachzügler, die nicht mehr in der Lage waren, den Weg vom Bahnhof zum Lager zu laufen, wurden auf der Stelle erschossen. Die Fuhrleute aus dem Grodnoer Ghetto mußten täglich die Toten und Verwundeten einsammeln, die diese Straße der Qualen säumten. An den Litfaßsäulen und Häuserwänden, in den Bahnhöfen und auf den Straßen hingen Plakate für die totale Mobilisierung: »Alle Räder müssen rollen für den Sieg.« Und die Fuhrleute kehrten jeden Abend befleckt mit dem Blut ihrer unbekannten Brüder in das Ghetto zurück. Es gab an manchen Tagen mehr und an anderen weniger zu tun, aber der Strom des Todes versiegte nie.

Als die Transporte von außerhalb aufhörten, lieferte das Grodnoer Ghetto die Opfer. Die lange Todesprozession marschierte vom Ghettotor an der Zamkowa-Straße in das Stadtzentrum, zum Vergnügen der Deutschen und der Verräter in der Bevölkerung und zum Kummer manches polnischen Passanten. Dann mußten die Menschen noch acht Kilometer weit in das Lager laufen. Rechtsanwalt Goczanski tanzte die ganze Strecke über und schlug die Trommel und die Zymbeln, begleitet von Skivalski, der als Übersetzer für die Wehrmacht gearbeitet hatte und ein guter Musiker und Geiger war. In Clownslumpen gehüllt spielten und tanzten die beiden, und hinter ihnen her lief die lange Reihe der zum Tode Verurteilten. Sobald das Tanzen aufhörte und die Geige schwieg, gab es Prügel, und so zwangen sich die beiden Männer weiterzumachen, die Fiedel zu streichen, die Trommel und die Zymbeln zu schlagen. Die Gendarmen waren guter Laune und amüsierten sich köstlich.

Anfang Dezember tauchte das Gerücht auf, daß auch das erste, das produktive Ghetto, zum Tode verurteilt war. Weihnachten stand vor der Tür, und wie üblich waren die Deutschen eifrig mit ihren Vorbereitungen auf das Fest beschäftigt. Die Spitzen der Armee sorgten sich, daß die Juden mit den Geschenken für ihre Frauen und ihre Geliebten nicht rechtzeitig fertig würden. So hielten Weihnachten und die dazugehörigen Geschenke vorläufig die Ermordung der 15 000 Juden des Ghettos von Grodno auf. Die Liquidierung wurde auf die Zeit nach den Feiertagen verschoben, aber kleinere *aktzia*s wurden trotzdem durchgeführt. In drei Schüben wurden insgesamt 6000 Menschen nach Kolbasino verschleppt, fast alles Arme, die weder über Beziehungen noch sonst eine Unterstützung im Ghetto verfügten. Wieder hatte der Judenrat die Listen vorbereitet, wieder ging die jüdische Polizei von Haus zu Haus und führte die Verdammten zur großen Synagoge. Diese *aktzia*s verliefen völlig ruhig, in vorbildlicher Ordnung. In jedem Transport befanden sich auch ein paar Notabeln, die in Ungnade gefallen waren oder einfach keinen Fürsprecher hatten. Unsere Genossen fanden heraus, daß sie dazu dienten, die anderen Opfer in die Irre zu führen. Das Ghetto wußte nicht, daß die ehrenwerten Herren des Judenrates die Listen für die Deutschen zusammengestellt hatten. Die Mitglieder des Judenrates selbst stumpften von Tag zu Tag mehr ab und verwandelten sich in hilflose Erfüllungsgehilfen der Nazis.

Die Fabrikarbeiter blieben vorerst verschont. Lifschitz, einst ein wohlhabender Geschäftsmann, stand allen Fabriken vor, in denen nur Arbeit fand, wer über Beziehungen verfügte oder dafür bezahlen konnte. Es waren wieder »Abgaben« verlangt worden, und Geld wurde ohnehin immer benötigt. Die Menschen glaubten noch immer, das Ghetto würde als Arbeitslager überleben. Die Regel lautete: Willst du einen Nazi mittels Geschenken, Arbeit und guten Diensten für dich gewinnen, mußt du ihn schmieren, und das nicht nur mit Geld, sondern auch, indem du Listen anfertigst, auf denen du deine Brüder der Ermordung auslieferst. Wenn du nun diese Listen erstellst, schreibst du natürlich die Namen derer ein, die sich nicht mit Geld freikaufen können. Und wenn du die Listen erstellt hast, mußt du die Polizei losschicken, um die Unglücklichen aus ihren Verstecken zu holen und sie zur Großen Synagoge zu bringen – der ersten Station auf dem Weg nach Treblinka.

Als Zerah das zweite Mal nach Grodno fuhr, kam er zwei Tage vor der großen *aktzia* dort an.

Die ersten, die dann von dort in Białystok eintrafen, waren Haska[1] und Zila, die uns von der *aktzia* berichteten. Zerah hatte das Ende

1 Hassia Bielicka

vorausgesehen und daher als erstes eine Verbindungslinie zwischen dem Grodnoer und dem Białystoker Untergrund herstellen wollen. Auf dem Kadertreffen am Abend von Zerahs Ankunft hatten sie diskutiert, ob es nicht besser wäre, alle Kämpferinnen und Kämpfer nach Białystok zu verlegen, das auf den bewaffneten Widerstand besser vorbereitet war. In Grodno hatten sie nur eine einzige Pistole. Die Mehrheit war gegen diesen Vorschlag und beschloß zu bleiben, um jeden nur möglichen Widerstand zu leisten. Zerah arbeitete die Pläne für Kampfstellungen und konkrete Angriffsziele aus. Es wurde beschlossen, Streblov, den Kommandanten des Ghettos und Verantwortlichen für die *aktzia*s, zu töten. Haska und Zila beschwerten sich: »Wenn ihr beschlossen habt, zu bleiben, warum schickt ihr dann uns nach Białystok?« Die Debatte dauerte bis zwölf Uhr nachts. Zila und Haska versuchten zu beweisen, daß ihr Platz in Grodno war, aber Zerah überzeugte sie schließlich, daß es ihre Aufgabe war, als Kurierinnen zwischen Grodno, Białystok und der »arischen« Welt zu arbeiten. Ihr erster Auftrag bestand darin, das Labor für die Herstellung von Reisegenehmigungen und arischen Papieren, das unser Genosse Dudik Rozovsky neulich noch ausgebaut hatte, nach Białystok zu bringen. »Wir dürfen auch angesichts dieser blutigen *aktzia*s nicht den Verstand verlieren und zulassen, daß wichtiges Untergrundmaterial verlorengeht«, hatte Zerah gesagt und damit Haska und Zila überzeugt.

Haska war eine typische »Schickse«, groß, blond, mit hellen blauen Augen. Ihr Polnisch war noch nicht perfekt, aber sie würde es lernen. Auch Zila sah nicht typisch jüdisch aus. Sie sprach noch nicht gut Polnisch, aber ihre Entschlossenheit und ihre Klugheit würden ihr helfen, ihre Schwierigkeiten zu überwinden. Das waren Zerahs Überlegungen. Er wollte die beiden auf die arische Seite schicken, wo sie auch bleiben sollten, aber sie stellten eine Bedingung: »Wir gehen, wenn wir nicht auf der arischen Seite leben müssen, sondern die Möglichkeit bekommen, im Białystoker Ghetto zu bleiben oder nach Grodno zurückzukommen.« Zerah gab ihnen keine Antwort.

Haska und Zila kamen zu uns und brachten das Labor mit seinen Gefäßen, Radierern, Bürsten und chemischen Materialien unbeschädigt mit. Auf dem Bahnhof in Białystok waren sie, wie die anderen Polinnen, nach Schmuggelwaren durchsucht worden, aber heil davongekommen. Aus dieser ersten Konfrontation ging Haska noch besser hervor, als wir gehofft hatten. Zila erzählte uns die Geschichte. Die Bedingung, die Haska Zerah gestellt hatte, nützte ihr also nichts, sie hatte gut gearbeitet und mußte daher nun auf der arischen Seite weitermachen, auf sich gestellt. So kam Haska in den Untergrund. Wir warfen sie in eine fremde Welt, ohne Geld, Adressen oder sonstige Unterstützung und sagten ihr: »Finde einen Weg!«

Dann kam Yocheved und brachte uns Details über das Ghetto. Die jungen Genossinnen und Genossen hatten beschlossen, daß sie nach Białystok gehen sollte. Sie wollten ihre geistige Führerin schützen. Sie wußten, daß Yocheveds Stärke nicht im direkten Kampf lag, sondern in der Erziehung und Führung von Menschen, und daß ihr tuberkulöser Körper die Schlacht nicht überstehen würde.

Wir konnten die jungen Leute verstehen, nicht aber Yocheved. Wir waren der Meinung, daß sie, die doch die Jugend der Carmel- und Bitzaron-Gruppen, die erwachsenen und jüngeren Mitglieder der Grodnoer Kens erzogen und angeführt hatte, bis zum Ende des Kampfes hätte bei ihnen bleiben müssen. Nicht bewaffnet, aber als ihre Mentorin hätte sie dem Untergrund in seiner Bewährungsprobe ein Beistand sein können und müssen. Welches Recht hatten die jungen Leute, über ihr Schicksal und ihre Handlungen zu entscheiden? War es nicht im Gegenteil Yocheveds Aufgabe, sie anzuleiten? Wir hörten ihre Geschichte mit Unbehagen. Als Zerah nach Grodno gekommen war, hatten die Aktivisten auch beschlossen, ihn zurückzuschicken, da er in Białystok noch gebraucht wurde. Aber Zerah hatte nicht zugelassen, daß sie für ihn Entscheidungen trafen. »Nun gut, wenn er jetzt nicht geht, dann eben am Abend vor der *aktzia*«, hatten sie einstimmig beschlossen. Zerah hatte seine Autorität geltend gemacht und ihnen verboten, sich in seine persönlichen Pläne zu mischen. Er war ein offizieller Emissär. Sie durften an seinen Entschlüssen nur auf lokaler Ebene teilhaben.

Am 16. Januar begann der Abtransport von Menschen zur Exekution. Srebrnik, der Polizeichef, schickte seine Leute los. Sie suchten nach Verstecken, rissen ganze Wände nieder, sahen unter den Betten nach, in den Toiletten und in jedem Riß und Spalt. Kehrten die Deutschen mit leeren Händen zurück, schickte die jüdische Polizei sie noch einmal an verdächtige Orte. So wurde Haskas Schwägerin getötet, von Deutschen, die auf Anraten der jüdischen Polizei an den Ort, an dem sie versteckt war, noch einmal zurückkehrten. Sie schossen in die Wand und trafen die Frau dabei in den Kopf. Sie starb schweigend, ohne die Verstecke der anderen Familienmitglieder preiszugeben.

Im Verlauf von zwei Tagen, vom 18. bis 19. Januar, wurden in dieser großen *aktzia* 10000 Juden aus dem Ghetto verschleppt. Wiese und Streblov, die beiden Gestapokommandanten, gingen mit Maschinenpistolen bewaffnet durch das Ghetto und erschossen jeden, der ihnen über den Weg lief. Sie waren die Engel des Todes. Srebrnik erklärte öffentlich, sie wüßten Bescheid über diese jungen Leute, die sich auf einen Kampf vorbereiteten, und würden darüber nur lachen. Srebrnik fügte dem sein eigenes widerliches Gelächter hinzu. Und dennoch gingen Wiese und Streblov nie allein durch das Ghetto, sondern nur in Begleitung starker SS- und Gestapowachen mit Maschinenpistolen im Anschlag.

Viele Juden flohen aus dem Ghetto, aber überall hingen große Plakate, die verkündeten: Wer einen Juden einfängt, hat ihn sofort der Gestapo zu übergeben; wer gegen diesen Befehl verstößt, wird, zusammen mit seiner Familie, hingerichtet, sein Eigentum wird konfisziert. Diese Bekanntmachungen erschütterten uns nicht sonderlich. Wir kannten ihre stereotype Sprache schon aus Warschau und allen möglichen anderen Städten. Allerdings wandten die Deutschen in Grodno noch eine andere Taktik an: Warum sollten sie sich mit den Juden außerhalb des Ghettos plagen, sollte sich doch der Judenrat darum kümmern, daß erst gar keiner aus dem Ghetto herauskam. Die Gestapo drohte ihm eine »Abgabe« an, wenn Juden in der Stadt gefunden wurden, und der Judenrat gab den Druck an die Haushaltsvorstände weiter. Sie wurden verpflichtet, die Polizei sofort zu verständigen, wenn ein Jude verschwunden war. Der alte Hausverwalter Schpindler und sein Stellvertreter wurden am Geländer von Eliyah Tankus Elternhaus aufgehängt, weil der junge Prenski aus dem Ghetto geflohen war, ohne daß der alte Mann sein Verschwinden rechtzeitig gemeldet hatte. Die Körper der beiden Gehenkten erstarrten und schwangen im Schneegestöber des kalten Wintertages hin und her.

Zwischen den einzelnen *aktzia*s nahm der Terror ständig zu. Es schien ihnen Spaß zu machen, einem kleinen Mädchen, das über die Straße lief, in den Kopf zu schießen. Zu Hause amüsierten sie sich vielleicht damit, auf Tassen, Möbelstücke oder Spielzeug zu schießen. Wann immer Wiese und Streblov in das Ghetto kamen, stieg die Zahl der Opfer an. Das Tor war die Hölle. Der Zugang führte durch eine enge, an allen Seiten geschlossene Straße, so daß man nicht ungesehen flüchten oder eine Last abwerfen konnte. Die Strafe für das Schmuggeln einer Flasche Öl waren 25 Peitschenhiebe, und dann mußte man noch das ganze Öl austrinken. Hinter dem Tor lag ein Feld, das jetzt mit Schnee bedeckt war. Streblov wies den Judenrat an, sich um drei Uhr nachmittags an diesem Ort einzufinden. Dann befahl er allen, sich hinzuknien und mit einem Löffel den Schnee zu entfernen. Streblov und seine Kumpane, die Hände in die Taschen vergraben, Zigaretten im Mund, sahen zu, wie Brawer, Belko, Landeh und die anderen mit ihren Löffeln den Schnee abkratzten.

Wiese war groß und hager. Wenn er jemanden schlug, zog er sich erst die Handschuhe glatt und schlug dann mit einem dünnen Stock vorzugsweise auf den Kopf und die Füße. Streblov dagegen war jung und hübsch und sehr beweglich. Er sprang leichtfüßig in seinen glänzenden Stiefeln herum. Er war ein ausgezeichneter Schütze, er tötete mit dem ersten Schuß. Wir werden ihm in Białystok, am Ghettotor, und im Zug wiederbegegnen. Trotz all unserer Anstrengungen gelang es uns nicht, ihn zu liquidieren.

Das Kolbasino-Lager war schon vor der *aktzia* aufgelöst worden. Jetzt wurden alle direkt nach Treblinka gebracht. Die Überlebenden von Kolbasino waren eines eigenen Transportes nicht für würdig befunden und in das Grodnoer Ghetto geschafft worden. Haska und Zila hatten gesehen, wie sie zur Großen Synagoge gebracht wurden. Sie lagen im Schneegestöber nackt und hungrig, wimmernd und weinend auf den offenen Wagen, krank, mit Wunden und Geschwüren übersät, manche aufgequollen, andere nur Haut und Knochen. Wiese ließ sie einen ganzen Tag lang so herumliegen, bevor sie in die Synagoge verfrachtet wurden. Von hier aus sollten sie, zusammen mit den Grodnoer Juden, auf ihre letzte Reise geschickt werden.

Zwischen dem 20. und 25. Januar 1943 hörten wir schwache Echos von Widerstandsversuchen im Ghetto, von Gefallenen und Schießereien. Zerah war noch nicht gekommen, es gab keinerlei Verbindung, niemand wußte etwas. Wir schickten Zila nach Grodno, um die Situation dort einzuschätzen, um zu sehen, ob alle getötet worden waren oder ob jemand am Leben geblieben war.

Am 25. Januar kamen Zerah und Zila zurück und nach ihnen ein paar Mitglieder der Bitzaron-Gruppe. Zila hatte sie mit Hilfe von Eliyahu herausbekommen, der als Arier in der städtischen Druckerei arbeitete. Ich kann mich nicht an Details erinnern, sehr wohl aber an diesen schrecklichen Aufstand, der fehlgeschlagen war. Die *aktzia* hatte von Montag bis Donnerstag gedauert. Fast alle waren aus dem Ghetto gebracht worden, bis auf 4000, von denen nur 2500 legal waren. Wer sich wehrte, wurde mit Gewalt abgeführt. Viele hatten sich versteckt, und diejenigen unter ihnen, die nicht aufgespürt wurden, blieben als »Illegale« im Ghetto.

Wiese und Streblov, die während der *aktzia* durch das Ghetto spazierten, schossen in alle Ecken, in die Höfe, in die Fenster, in jeden Winkel. Einheiten der deutschen Polizei waren zwar im Ghetto anwesend, aber sie drangen nicht in die Häuser ein, das war Aufgabe der jüdischen Polizei. Eine Konfrontation Mann gegen Mann war unmöglich, es gab keine Waffen und – keinen Feind. Am Dienstag beschloß der Untergrund, Streblov zu töten. Er lief nachts mit einem Suchscheinwerfer herum und schoß ohne bestimmtes Ziel mit seiner Maschinenpistole um sich. Unsere Kuriere fanden heraus, wie er in das Ghetto kam. Mottel Koppelman und Nachum Krawicz aus der Carmel-Gruppe warteten mit Schlagringen und der einen Pistole bewaffnet am Tor auf ihn. Streblov kam näher. Als sie auf ihn zutraten, wurden sie plötzlich vom Scheinwerfer erfaßt, und bevor sie noch zielen konnten, lagen sie schon erschossen in ihrem Blut. Sie waren tot, und mit ihnen war auch die einzige Pistole verloren. Die Nachricht von diesem Fehlschlag verbreitete sich rasch, und wer nur irgendwie konnte, die Fuhrleute, aber auch einfache Menschen, die eine Art Waffe besaßen, versuchten, das Ghetto nachts zu verlassen und sich zu den Partisanen durchzuschlagen.

Die Revisionisten kamen nicht zum Zellentreffen, und als Zerah ihre Waffen einforderte, da sie ja nicht kämpfen wollten, weigerten sie sich, sie abzugeben. Auch die Kommunisten gaben den Gedanken an einen offenen Kampf auf und entschieden, daß jeder, so gut er konnte, das Ghetto verlassen sollte. Unsere und die Einheiten von Dror verharrten auf ihrem isolierten Posten mit dem Gefühl, versagt zu haben. Zerah rief alle zusammen, und nach kurzer Debatte beschlossen sie, einen letzten Versuch zu wagen. Sie wollten sich in die Synagoge »abführen« lassen und von dort einen Massenausbruch organisieren. Diese Aktion wurde von Scheike Matus, Gedalyahu Browarski und Miriam Pupko geleitet. Als das Gedränge in der Synagoge seinen Höhepunkt erreichte, warf Scheike einen Eisenriegel nach Wiese, der sich einen Weg durch die Massen bahnte. Es kam zu einem Tumult. Auf beiden Seiten der Synagoge gab es hohe, schmale Fenster. Scheike schlug eines davon ein und rief den Menschen zu: »Flieht!« Der Lärm nahm zu. Vom anderen Ende der Synagoge her riefen Gedalyahu und Miriam: »Tötet ihn und flieht!« Alle unsere Genossinnen und Genossen brachen aus, durch das Fenster und die Tür, aber die Masse rührte sich nicht...

Daraufhin beschlossen sie, in den Wald zu gehen. Zerah half ihnen dabei. 18 Mitglieder der Carmel-Gruppe, geführt von Eliyahu Tankus, zogen los, ohne jeden Kontakt und ohne ein klares Ziel im Kopf, um ein neues Kampfterrain zu finden. Sie gingen in Richtung der Wälder von Augustow. Auf dem Weg übernachteten sie einmal im Haus des Bauern Jan, 12 Kilometer von Grodno entfernt auf der Białystoker Landstraße. Hier hielt sich Mottel Solnitzkis Familie versteckt. Nach einiger Zeit erfuhren wir, daß sie von Jan zwei Gewehre gekauft und dann das Dorf verlassen hatten. Die anderen Bauern hatten Jan erzählt, daß sie in der darauffolgenden Nacht entdeckt worden waren, als sie unter einem Heuhaufen schliefen. Ein Bauer hatte sie dort durch seine Hunde aufgestöbert und an die Deutschen verraten. Als sie erwachten, waren sie umzingelt. Sie schossen ihre Magazine leer und wurden dann alle von den Deutschen getötet. Der einzige in der Gruppe, der überlebt hatte und weiterkämpfte, war Mottel, der noch eine Nacht bei seiner Familie in Jans Haus geblieben war.

Zerah kam mit Lonczik Pinczewski, Dudik Rosenberg, Rachel Bielicka (Haskas Schwester) und Meir nach Białystok. Meir hatte den gewagten Ausbruch aus dem abgesperrten Ghetto organisiert. Diese jungen Leute reihten sich in den Kampf ein. Jeder einzelne spielte seine eigene Rolle in der Geschichte der jungen Pioniere: Sie gruben den Tunnel in Białystok aus, sie schnitten den Stacheldraht durch, sie stellten die dafür erforderlichen Werkzeuge her, sie fanden Verstecke und Schlupflöcher nach draußen, durch die Waffen und Menschen geschmuggelt werden konnten. Sie waren nicht die einzigen jungen Leute, die wir nach Białystok gebracht hatten. Die anderen sollten im Laufe der kommenden Tage mit Hilfe gefälschter

Papiere aus Druskininkai und Skidel eintreffen. Sie kamen und fielen alle im Kampf, wie ihre Genossinnen und Genossen überall.

In Grodno lebten noch 4000 Juden. Am 13., 15. und 17. Februar wurden auch sie verschleppt, jeweils 1000 oder 1500. Dann waren nur noch 500 übrig. Die Deutschen hatten vor, sie zusammen mit dem Inventar der »Niemen«-Fabrik nach Białystok zu bringen. Unter denen, die verschleppt wurden, waren auch Brawer und Belko. So endete das Kapitel von Grodno. Im März 1943 gab es keine Juden mehr in der Stadt. Nun war auch Grodno »judenrein«.[1]

1 Gemäß den Berichten des Judenrates (item Nr. 427, S. 540) wurden 1148 Juden aus Grodno nach Białystok gebracht.

18
Wieder einmal: Ghetto oder Wald

Die Schlinge um unseren Hals zog sich zu. Wir waren eine isolierte jüdische Insel in einem Meer der Vernichtung. Bis jetzt waren wir noch nicht angefaßt worden. Nach der ersten *aktzia* in Warschau, am 22. Juni 1942, wuchs die Anzahl der jüdischen Gemeinden, die vom Erdboden gefegt wurden. Die *aktzia*s sprangen von Ort zu Ort wie ein Steppenbrand, und es gab niemanden, der diesen Brand gelöscht hätte. Nur das gelegentliche Aufleuchten heldenhaften Widerstandes in den Städten von Polesien, in Novogrudok und Nesviz, ermutigte uns. Der Winter war grau, der Schnee schmolz. Auch die Zeit, die uns noch blieb, schmolz dahin. Die Leute warteten ungeduldig darauf, endlich handeln zu können. Wir mußten uns auf den Tag vorbereiten, an dem die Vernichtung der 50000 Juden des Białystoker Ghettos verkündet werden würde.

Zusätzlich zu unseren Bemühungen, an Waffen zu kommen, bauten wir die Stellungen auf der arischen Seite aus. Sie sollten in erster Linie denen, die aus dem Ghetto herauskommen konnten, als Zuflucht dienen. »Arische« junge Frauen sollten diese Stellungen besetzen, die Flüchtlinge unterstützen und Kampfpositionen aufbauen. Sie sollten Kontakte mit den Partisanen im Wald und dem städtischen Untergrund aufnehmen und die bereits bestehenden Verbindungen halten. Als wir spürten, daß die *aktzia* nun bald bevorstand und das Ghetto von einem Tag auf der anderen geschlossen werden konnte, versuchten wir, diese Stellungen noch zu erweitern. Wir wollten in der Lage sein, jeden einzelnen geflüchteten Juden zu retten. Es gab viele Flüchtlinge aus Grodno und den kleineren Städten in der Umgebung von Białystok. Es gab auch junge Menschen, denen es gelungen war, von den Todeszügen nach Treblinka abzuspringen, und es gab Mitglieder des Grodnoer Untergrundes, die nach Białystok gelangt waren, nachdem ihre Stellungen in Grodno und dem Umland verbrannt waren. Es gelang uns, viele von ihnen in unsere Kampforganisation einzureihen, und viele von ihnen spielten eine hervorragende Rolle im Widerstand.

Ich wurde beauftragt, eine Wohnung außerhalb des Ghettos aufzutreiben und sie als legale arische Mieterin anzumelden. Ich sollte nicht ständig dort bleiben, sondern nur, um ein erstes Glied in einer Kette künftiger Stellungen zu schaffen. Nach einiger Zeit sollte ich eine zweite junge Frau in der Wohnung anmelden, die sie dann übernehmen würde. Es war sehr schwierig, eine solche Wohnung zu finden. Unsere arischen Papiere waren nicht mehr gültig. Vor zwei Monaten hatte die Polizei angeordnet, daß man seinen Paß gegen deutsche Papiere eintauschen mußte. Für uns »ordentliche« Bürger war das gar nicht so einfach. Als erstes mußten wir uns auf dem Arbeitsamt registrieren lassen, um eine Arbeitskarte zu bekommen, und das konnte zur Folge haben, daß man zur Zwangsarbeit nach Deutschland verschickt wurde. Vor allem aber wurden die abgegebenen Papiere von der Polizei einbehalten. Man bekam dafür einen Beleg, auf dem stand, daß man die Neuregistrierung beantragt hatte. Den deutschen Paß erhielt man erst ein, zwei Monate später ausgehändigt. Die Frage war, was in der Zwischenzeit mit den alten Papieren geschah. Möglicherweise wurden sie genau untersucht. Und wenn man dann zum angegebenen Termin kam, um den neuen Paß abzuholen, hatte man für alle Zeiten ausgespielt. Ich wurde beauftragt, mich als erste registrieren zu lassen, und wenn alles gutging, sollten die anderen jungen Frauen nachziehen.

Als ich versuchte, an eine Arbeitskarte zu kommen, lernte ich Schade kennen, den Leiter von Betrieb 4 der Textilaufbau GmbH.[1] Ein paar Juden, vor allem Facharbeiter und Vorarbeiter, unter ihnen auch die Familie Kiselstein, arbeiteten hier. Deren älteste Tochter Mina, eine ehemalige Lehrerin, war Dienstmädchen bei Schade. Mina stand unserer Organisation nahe, gehörte aber nicht zu einer Zelle. Sie erzählte uns, daß Schade die Aktionen der Deutschen abscheulich fand und bereit war, Juden das Leben zu retten. Der Betrieb, den er leitete, war die größte Textilfabrik von Białystok, sie dehnte sich von der Białostoczańska-Straße bis zur Jurowiecka-Straße aus. Sie hatte drei Tore, eines an der Białostoczańska-Straße, eines auf der jüdischen und eines auf der arischen Seite der Jurowiecka-Straße. Letzeres war durch ein großes Gitter gesichert.

1 *Zwangszusammenschluß eines Teiles der ehemaligen Bialystoker Textilbetriebe, unterstand dem Reichswirtschaftsministerium.*

Schade ließ mir ausrichten, ich könnte ihn am Samstag um fünf Uhr nachmittags, nach der Arbeit, in Begleitung von Mina in seinem Büro aufsuchen. Der Pförtner würde vorab informiert und uns ohne weitere Formalitäten einlassen. Uns gefiel das erst einmal gar nicht. Wir wollten, daß Mina die Angelegenheit regelte, ohne daß ich selbst den Deutschen Schade sehen mußte. Mina kannte ihn gut, wir nicht. Wie konnten wir einem Deutschen trauen, der eine große Fabrik leitete, der diesen Posten natürlich zugewiesen bekommen hatte, und der zu allem Überfluß auch noch Mitglied der NSDAP war? Wir baten Scheine, Schade über ihre Kanäle auszuforschen. Das Ergebnis war positiv. Er war tatsächlich Parteimitglied, es gab aber nicht die geringsten Anzeichen dafür, daß er irgendwelche Verbindungen zur Gestapo unterhielt. Es wurde nichts gefunden, das gegen ihn sprach.

Unser Treffen fiel knapp und kühl aus. Hätte ich damals schon gewußt, wie eng Schades Name in Zukunft mit dem Untergrund verknüpft sein würde, dann wäre ich höchstwahrscheinlich an einem ernsthafteren Gespräch mit ihm interessiert gewesen. Aber wer konnte schon ahnen, daß dieser stämmige Deutsche mit den wäßrigen Augen und dem schütteren Haar, der mir hier mit einer dicken Zigarre im Mund gegenübersaß, ein wichtiger Faktor in der Entwicklung des antifaschistischen Komitees des gesamten Bezirkes Białystok werden würde? Wer konnte ahnen, daß wir hinter dieser typisch deutschen Strenge, dieser kalten Maske und diesem Hakenkreuz am Revers einen tapferen Mann entdecken würden, der den Faschismus haßte? An diesem Tag im Winter 42/43 sagten wir uns gerade einmal guten Tag. Er sah mich an, reichte mir die Hand und bot mir Platz an.

»Was wünschen Sie?« fragte er, als hätte er keine Ahnung, warum ich hier saß.

»Ich hätte gerne eine Arbeitskarte für Ihre Fabrik.«

»Wozu? Dafür müßten Sie arbeiten.« Er tat noch immer so, als verstünde er nicht.

»Ich will nicht arbeiten. Wenn Sie mir eine Arbeitskarte geben wollen, ohne daß ich dafür arbeiten muß, wunderbar. Wenn nicht, muß ich mir anderswo eine suchen. Ich brauche die Karte, um den neuen deutschen Paß zu bekommen.«

Nun wurde er höflicher. Ein eigensinniges Lächeln hing in seinen

Mundwinkeln. »Ja, ja, ich verstehe. Wie wollen Sie das draußen regeln? Wohnung, Anmeldung?«

»Ich bitte Sie nur um eine Arbeitskarte.«

Mina wußte, daß ich Jüdin war, und Schade wußte es auch. Mina wußte außerdem, daß ich zum Untergrund gehörte, obwohl sie über meine genauere Position nicht informiert war. Vielleicht hatte sie ihm etwas erzählt, vielleicht auch nicht... Er verhielt sich jedenfalls, als habe er nicht die geringste Ahnung. Sein Gesicht war ausdruckslos, eine kalte Maske.

»Gut, ich werde sie Ihnen über Mina zukommen lassen. Montag haben Sie sie.«

»Vielen Dank. Adieu.«

»Adieu und Aufwiedersehen.« Er verabschiedete sich kühl und höflich, als habe er nicht gerade etwas Außergewöhnliches, etwas Verbotenes getan. Er öffnete uns die Tür, rief den Pförtner und befahl ihm, uns durch das Tor zum Ghetto hinauszulassen.

Montag bekam ich die Karte. Nun konnte ich auf Wohnungssuche gehen. Ich fand ein Zimmer in der Czarna-Straße 1. Es war groß, kalt und vollgestellt mit alten Möbeln. Die Vermieterin wollte ganz genau wissen, wer ich war und woher ich kam. Ich erzählte ihr irgendeine Geschichte, an die ich mich nicht mehr erinnern kann. Offenbar machte ich einen guten Eindruck, vor allem als ich ihr sagte, daß ich in Betrieb 4 im Büro arbeitete. Und da sie wußte, daß die Deutschen den unbenutzten Raum jeden Moment beschlagnahmen konnten, bekam ich ihn auch vergleichsweise billig.

Wieder eine neue, fremde Wohnung. In dieser Nacht schlief ich in dem großen kalten Zimmer. Das Haus war hübsch und sauber, ein wenig altmodisch. Die Fenster gingen nach Norden auf die enge Czarna-Straße und nach Osten auf eine geschlossene Veranda mit zerbrochenen bemalten Fensterläden. Ich lag die ganze Nacht wach und überlegte, wie ich diesen allen Winden ausgesetzten Ort in eine abgeschlossene Untergrundwohnung verwandeln könnte. Morgen würde ich den Meldestempel auf meinen alten Wilnaer Ausweis bekommen. Und ich würde Fania Lipkes, das erste Mädchen aus Grodno, in meine neue Wohnung bringen. Wie sollte ich der Vermieterin ihre Anwesenheit erklären? Womöglich wollte sie keine zweite Untermieterin? Und wie sollte ich ihr beibringen, daß nicht ich, sondern diese andere junge Frau dort wohnen würde? Ich konnte ihr ja nicht erzählen, daß meine wahre Heimat das Ghetto war, daß ich dort unter den Juden, den Genossinnen und Genossen lebte.

Nachdem ich meinen Stempel hatte, lief ich durch die Stadt und besuchte zuerst Stefa. Natürlich war keine Post gekommen. Ich beschloß, Olla diesmal nicht aufzusuchen. Diese Adresse sollte besser eine Zeitlang in Ruhe gelassen werden. Als es dunkel wurde, ging ich in die Jurowiecka-Straße, ich wollte eine neue Möglichkeit ausprobieren, in das Ghetto zu kommen. Bei meinem Besuch bei Schade hatte ich bemerkt, daß Polen sich frei auf dem Werksgelände bewegten. Die Arbeitskarte hatte ich in der Tasche. Würde der Pförtner jetzt, wo es schon dämmerte, bemerken, daß die Karte für Betrieb 4, nicht für Betrieb 1 ausgestellt war? Wie auch immer, Schade war der derzeitige Werksleiter, und irgendeine Verbindung würde ich schon herstellen können.

In der Jurowiecka-Straße gab es keine Anwohner und keine Fußgänger. Hier stand nur ein Haus, das Schades Vorgänger bewohnte. Dahinter lag, von starkem Stacheldraht und Gräben umgeben, die Fabrik. Das Tor war noch offen, Arbeiter kamen heraus, und die nächste Schicht war gerade auf dem Weg hinein. Genau gegenüber wurde die Straße durch einen hohen Zaun geteilt, der ebenfalls mit Stacheldraht bewehrt war. Das war die Ghettogrenze. Der Pförtner ließ die Leute durch, ohne viele Fragen zu stellen.

Das Werksgelände war sehr groß. Schon früher hatten hier mehrere Textilbetriebe gestanden. Die Sowjets hatten sie konsolidiert und nach der Verstaatlichung hier das erste Kombinat eingerichtet. Die Deutschen wiederum hatten von dieser Verbesserung profitiert, ihre Sklaven produzierten hier nun eine Menge Tuch und Wollstoffe für die Herren Europas. Die Biała, Białystoks stinkender Fluß, der sämtliche Abfälle der Stadt mit sich führte, floß durch das Gelände. Wenn man die Biała an der richtigen Stelle überquerte, befand man sich in dem Teil, der an den Ghettozaun grenzte. Das Gelände war labyrinthisch, aber ich wollte es unbedingt auskundschaften. Es konnte sich als gute Möglichkeit erweisen, das Ghetto zu verlassen oder zu betreten, als ein gangbarer Weg, den wir noch nicht genutzt hatten.

Als ich auf der Jurowiecka-Straße langsam den Zaun herunterkletterte, war es bereits vollkommen dunkel. Undeutliche Figuren bewegten sich durch die Finsternis, eng aneinander gedrängt in der Feuchtigkeit, die einem durch und durch ging. Morgen würde ich das Ghetto wieder verlassen, um in diese andere, lebendige, atmende, weitläufige Welt zurückzukehren. Ich würde mich dort anstellen, um mich registrieren zu lassen. Ich würde meine Papiere übergeben und nicht wissen, was damit geschah. Ich würde mich mit Fania in der Czarna-Straße 1 treffen, ihr das kalte, desolate Zimmer übergeben und ihr die Anmeldung, den Kampf um das »Ariertum« und alle weiteren Aufgaben, die damit zusammenhingen, überlassen.

Währenddessen ging die Suche nach organisierten Partisanengruppen weiter. Wir und die Kommunisten sahen nur im Anschluß an bereits existierende Einheiten eine Chance für uns. Es schien uns ausgeschlossen, mit unseren mageren Kräften und wenigen Waffen, ohne jede Unterstützung in den benachbarten Dörfern, in denen wir niemanden kannten, als unabhängige Kampfeinheiten zu operieren. Wir dachten, für die Kommunisten wäre es einfacher, die nötigen Verbindungen herzustellen. Wir wußten damals noch nicht, daß ein Untergrund, der sich unter noch nie dagewesenen Bedingungen organisieren mußte, sich nicht auf die Vergangenheit verlassen kann. Daß es unseren kommunistischen Genossen nicht gelang, die organisierte Partisanenbewegung aufzuspüren, lag nicht an ihrem Mangel an gutem Willen. Yoschko Kawe und Marek Buch rannten von einem Treffen zum nächsten, berieten sich mit Genossen außerhalb des Ghettos, mit Wladek Nieśmiałek und Lorek, suchten verzweifelt nach jedem Hinweis. Was sie schließlich fanden, waren ein paar verstreute Partisanengruppen, die ohne jeden Zusammenhang und ohne erkennbare politische Linie operierten. Schließlich lernten wir die Regel: Arbeite erst allein, dann wirst du Partner finden.

Warum hatten wir solche Angst vor dem offenen Gelände? Warum dachten wir, die Nähe zur Stadt würde unsere Sicherheit und Kampfkraft erhöhen? Warum erkannten wir nicht, daß die Stadt für jede Partisanengruppe eine Falle war, daß nur Entfernung und ein großes Gelände uns Handlungsfreiheit verschafften, während die Stadt uns die Hände band? Warum suchten wir nicht einen Weg in die richtigen Wälder, statt uns in der Umgebung des Ghettos umzuschauen? Mangelte es uns an Mut? Ganz im Gegenteil. Wenn man unter Mut Selbstaufgabe versteht, dann hatten wir genug davon, sowohl unsere Kurierinnen als auch die Genossen, die mit der

Suche nach den Partisanen beauftragt waren. Nein, uns drückte die schwere Last der Diaspora-Mentalität von Stadtmenschen, die sich in den Wäldern und Dörfern allein und verlassen fühlen. Wir kauften unser Brot im Laden und hatten darüber vergessen, daß die Zutaten für das Brot aus der Erde kamen, weitab von der lärmenden Stadt.

Wir betrachteten die Trennung von der Stadt als Trennung von Brot und Unterhalt. Und Waffen? Hier galt dasselbe. Später fanden wir Waffen in den Dörfern und in den Wäldern, wo die Überreste der kämpfenden Armeen verborgen lagen. Erst nach bitteren Erfahrungen, erst nachdem viele junge Menschen ihr Blut vergossen hatten, lernten wir die Grundlagen einer Strategie und Taktik, die im Kampf der Wenigen und Schwachen gegen die Vielen und Starken unabdingbar waren. Damals jedenfalls schickten wir unsere Kundschafter nicht in die Region von Białowieka, die berühmt war für ihre undurchdringlichen dichten Waldgebiete, sondern in die direkte Umgebung, in kleine Wälder, kaum 20 Kilometer von der Stadt entfernt.

Die Kommunisten, unsere Kampfgefährten, waren in der taktischen Frage gespalten. Judita Nowogrodzka, eine ihrer Führerinnen, organisierte eine Gruppe von Komsomolzen, ergänzte sie um ganz normale Juden, die nur aus dem Ghetto entkommen wollten, und schickte sie alle zusammen in den Wald. Sie und ihre Gruppe handelten nach zwei Grundsätzen: Erstens, den Kampf im Ghetto auszutragen, war reiner Selbstmord; zweitens, jeder Jude, der in den Wald gehen wollte, mußte dabei unterstützt werden, auch ohne genauere Überprüfung. Im Laufe der Zeit entstanden so Gruppen, die sich nur versteckten, ohne irgendeine Funktion im Kampf zu übernehmen, während andere einfach zu Banditen wurden.

Die ersten aus Juditas Gruppe hatten das Ghetto im Dezember 1942 verlassen. Es waren vor allem Flüchtlinge aus den umliegenden Städtchen, die meisten stammten aus Krynki. Zwei Wochen später waren sie in das Ghetto zurückgekommen, nachdem sie sich mehrmals mit deutschen Einheiten Gefechte geliefert und dabei sechs Leute verloren hatten.

Anfang Januar schickten wir eine erste Gruppe in den Wald. Die Fragen, über die sich die Kommunisten und Juditas Gruppe gespalten hatten, standen bei uns nicht mehr zur Debatte. Was das Ziel betraf, herrschte unter uns Einigkeit: Kämpfen, das war unser erster Grundsatz, das Abc unserer Partisanenaktivität von ihrem Beginn in jenem Winter 1943 an bis zu den letzten Tagen im August 1944. Auch in den schwersten Zeiten gaben wir das Prinzip des Kampfes nicht auf. Unsere Differenzen mit den Kommunisten allerdings nahmen zu, als wir damit begannen, unsere Vorstellungen vom Partisanenkampf in die Praxis umzusetzen.

Der entscheidende Punkt war die Priorität des Ghettos in der Theorie und Praxis des Widerstandes. Und das war kein rein theoretisches Problem. Es wurzelte in der jeweiligen ideologischen Einschätzung des jüdischen Volkes als Nation. Wir sahen im jüdischen Volk unseren Ursprung, unser Sein und unseren Lebenssinn. Wir erklärten, daß die Waffen, über die wir im Ghetto bereits verfügten, hier bleiben mußten, für den Kampf, der hier geführt werden sollte. Sie dagegen wollten die Gruppen, die in den Wald gingen, mit den besten von diesen Waffen versorgen, die wir unter solcher Mühe organisiert und in das Ghetto geschmuggelt hatten.

Wir waren der Meinung, daß die Waffen für die Partisanen extra besorgt werden mußten, unabhängig von den Beständen, die wir im Ghetto gelagert hatten. Sie vertraten das Gegenteil. Wir beschlossen, unsere Kräfte zwar aufzuteilen, das heißt, gute Kämpfer in den Wald zu schicken, aber so zu kalkulieren, daß dadurch unsere Kampfkraft im Ghetto nicht geschwächt wurde. Sie schickten ihre besten Leute in den Wald. Mehr noch, wenn sie genug Waffen gehabt hätten, hätten sie ihre Kämpfer in voller Ausrüstung losgeschickt, ohne sich um die Bedürfnisse des Ghettos zu kümmern.

»Im Ghetto wird es immer Juden geben«, sagten sie, »und wenn die Zeit gekommen ist, werden sie auch kämpfen.« Wir widersetzten uns dieser mechanistischen Auffassung des Ghettoaufstandes. Wir wußten, daß es keinen bewaffneten Widerstand geben würde, wenn er nicht von unseren Tapfersten angeführt wurde. Wir entwickelten durchaus keine Ideologie des Selbstmordes, nach der eine kleine verzweifelte Elitegruppe demonstrativ den Tod suchen sollte. Was wir wollten, war ein Volkskrieg in den Straßen des Ghettos. Und da wir im weitesten Sinne des Wortes um unsere nationale Existenz kämpften, schickten wir natürlich auch Kundschafter in den Wald, um dort Basen für die Aufnahme von tausenden Kämpferinnen und Kämpfern einzurichten.

In der ersten Siebenergruppe, die in den Wald aufbrach, befanden sich zwei unserer Genossen, Alyahu Varat (Alyoscha) und Yaakov. Zu den fünf Kommunisten der Gruppe gehörten Rivka Wojskowska und Marek Buch. Sie begaben sich auf einen schweren Weg über unbekanntes Terrain und ohne Kontakte in den umliegenden Dörfern. Wir mußten sie deshalb so perfekt wie möglich ausstatten. Ich sehe immer noch Yaakov vor mir, wie er in nassen Kleidern und barfuß in das Ghetto kommt, um sich einen zehn Kilo schweren Sack mit Lebensmitteln auf die Schulter zu laden. Kaum waren sie aus der Stadt heraus, stießen sie schon auf eine Patrouille. Sie hielten sich zu nahe an der Stadt auf, nicht weit genug entfernt von den Kasernen und Polizeistationen, und vor allem zu nahe am Ghetto, das ihre einzige Versorgungsmöglichkeit war. Sie scheiterten mehrmals, als sie den nächsten Wald durchqueren wollten, aber sie gaben nicht auf.

Sie mußten sich ohne Karten die Topographie der Gegend aneignen. Ihre ersten Zusammentreffen mit Partisanen waren trügerisch. Jeder, der sich im Wald versteckte, nannte sich »Partisan«. Wirklicher Partisanenkampf erforderte Organisierung, Disziplin, planvolles Vorgehen und, vor allem anderen, ein verbindliches Kampfziel. Die ersten Gruppen, denen unsere Genossinnen und Genossen begegneten, nannten sich zwar Partisanen, hatten aber nichts und niemanden hinter sich. So trafen sie Vereinbarungen mit Leuten, die nur für sich selbst sprechen konnten, Individuen, die aus den Kriegsgefangenenlagern entkommen waren, geflohenen Kriminellen und Menschen, die vor der Verfolgung geflohen waren, und die nur ihre Flucht verband, aber kein gemeinsamer Zweck. Doch auch sie kämpften um ihr Leben, auch sie kämpften gegen die Deutschen. Unsere Genossen ergriffen jede Gelegenheit, und erst nach einiger Zeit, erst nach bitteren Enttäuschungen, zweifelhaften Waffengeschäften und antisemitischen Erfahrungen, lernten sie aus ihren Fehlern.

Es gab keine andere Lösung, als es immer wieder zu versuchen. Sie trafen auch auf Menschen mit politischem und kämpferischem Bewußtsein, die genau wie wir auf der Suche nach Verbündeten waren, aber es fehlte ein Zentrum, eine richtige Partisanenorganisation. Die nächste Zentrale war hunderte Kilometer entfernt, und zu der Zeit hatten weder wir noch die nichtjüdischen Kämpfer sie entdeckt.

Wir nahmen damals auch für nichtjüdische Gruppen eine Menge Verantwortung auf uns. Ich weiß noch, wie Gedalyahu im Namen des Judenrates und der jüdischen Polizei ein Motorrad »konfiszierte«. Sein Besitzer konnte es ohnehin nicht benutzen, und über kurz oder lang wäre es nur den Deutschen in die Hände gefallen oder in einem Keller verrostet. Wir aber brauchten es, um unsere Kontakte zu den nichtjüdischen Gruppen aufrechtzuhalten.

Befremdlicherweise stellten die in den Verhandlungen mit uns sehr konkrete Forderungen, während wir Verpflichtungen erfüllten. Wir stellten für sie eher Unterstützer dar als wirkliche Partner. Dazu kam die enttäuschende Erfahrung, daß das Ghetto einen enorm hohen Preis dafür zahlte, eine ohnehin nur eingebildete Verbindung zu den Partisanen herzustellen. Wir verbrannten uns mehr als einmal die Finger und erlitten schwere Verluste. Trotzdem kamen wir ganz langsam voran. Durch Versuch und Irrtum, nach vergeblichen Hoffnungen und mißbrauchtem Vertrauen und nach einer Reihe von Rückschlägen hatten wir gelernt zu unterscheiden, genauer hinzusehen und ehrliche Partner für unsere Schlacht und unser letztes Ziel zu finden.

Es gab im Ghetto mehrere Gruppen, die sich auf privater Basis organisiert hatten. Und es gab auch viele Spekulanten und Waffenhändler. Das Geschäft mit Waffen blühte. Der eine verkaufte die Waffe eines anderen, die sich noch in der Hand eines Dritten befand. Es war schwierig, an die Quelle, den wirklichen Besitzer heranzukommen. Die Preise stiegen. Je mehr Flüchtlinge aus den benachbarten Städten eintrafen, desto lauter wurden die Gerüchte über eine bevorstehende *aktzia*. Im Białystoker Ghetto, dem einzigen, das damals noch existierte, nahmen die Preissteigerungen ebenso zu wie die Vermittler. Unsere Gruppe im Wald hatte kaum Waffen, und bei uns im Ghetto sah es nicht viel besser aus. Die Waffen, die wir zur Verfügung hatten, waren entweder antiquiert oder selbstgemacht.

Damals entstand die »Operation Gedalyahu«. Gemeinsam mit den Kommunisten suchten wir einen Waffenhändler, und schließlich fanden wir auch einen. Gedalyahu nahm Avremel mit, beide trugen Polizeimützen. Ein paar andere Genossen warteten draußen, um die beiden vor unliebsamen Überraschungen zu schützen. Gedalyahu weckte den Hausherrn und sagte:

»Die Polizei weiß, daß Sie im Besitz von Waffen sind. Ist Ihnen eigentlich klar, was das für Sie heißt? Sie und mit Ihnen das ganze

Ghetto werden dafür verantwortlich gemacht werden. Wir alle werden mit dem Leben dafür bezahlen. Wir haben Befehl von Barasz, Ihre Waffen zu beschlagnahmen und zu vernichten.«

»Ich habe keine Waffen.«

»Wollen Sie, daß ich Sie verhafte und den Deutschen übergebe?«

Der Mann bekam es mit der Angst zu tun. Er holte die Waffen hervor und übergab sie Gedalyahu, ohne etwas zu sagen. Auch wir hielten den Mund, und die Waffen blieben in unserem Besitz. Es handelte sich um ein paar Gewehre, die sorgfältig gereinigt und repariert werden mußten. Für den Mann waren diese Waffen nur ein Geschäft, wir aber brauchten sie dringend.

Unsere Haltung zur Partisanenfrage hatten wir schon im Winter 1941/42 geklärt. Nach heftigen Debatten hatten wir uns dafür entschieden, dem Ghetto die Priorität in unserem Kampf einzuräumen. Diese Entscheidung kostete uns einen hohen Preis, sie führte zu Verletztheiten und belastete unsere Beziehung zu vielen jungen Genossen, die dachten, sie könnten ihr Leben retten, weil sie jung und beweglich waren, und die dann letztlich doch ihr eigenes Schicksal mit dem des Ghettos verbanden. Hatten wir recht? Die Antwort ist in den bewaffneten Ghettoaufständen zu finden, die von diesen jungen Menschen organisiert und angeführt wurden. Der Ghettoaufstand selbst rechtfertigte unsere Entscheidung.

Damals, im Januar und Februar 1943 und auch noch später, wütete dieser Streit in allen Teilen des Untergrundes und wurde nach jeder Prüfung erneut ausgetragen, egal, ob wir einen Fehlschlag erlitten oder einen Erfolg zu verzeichnen hatten.

Die Revisionisten kamen jeden Tag mit neuen Ideen an. Das eine Mal tendierten sie eher zum Ghetto, das nächste Mal eher zum Wald. Schließlich lernte sogar Mordechai, ihre Deklarationen nicht allzu ernst zu nehmen und forderte sie statt dessen dringlich auf, bei der Waffenbeschaffung, der Arbeit in den Werkstätten und der Suche nach Sprengstoff mitzuhelfen. Die Treffen mit Hanoar Hatzioni und die internen Auseinandersetzungen bei Dror waren schon ernster zu nehmen. Mordechai blieb bei seiner Haltung. Obwohl er die Sehnsucht seiner Genossinnen und Genossen, den Kern der Bewegung zu erhalten, sogar noch nach der Katastrophe teilte, hatten wir in ihm, der aus Warschau zu uns gekommen war, einen Mitstreiter in Anschauung und Zielsetzung gefunden. Er führte seine Genossen von Dror an und war uns eine Quelle der Kraft.

Mordechai konnte sein Leid nicht verbergen. Wir spürten seine tiefe Sorge um die jungen Menschen, die keine anderen Zukunftsaussichten hatten, als ehrenvoll zu sterben. Bis zu seinem letzten Tag litt er mit seinen Kameraden darunter, daß sie nicht an dem neuen Leben teilhaben konnten, das nach ihrer aller Ende erst beginnen würde. Vor allem aber glaubte er standhaft daran, daß unser Kampf berechtigt war. Manchmal las er uns Auszüge aus seinem Tagebuch vor. Und er erzählte uns auch kurz von einem Treffen seines Dror-Kibbuz, auf dem sie beschlossen hatten: »Unsere Leute müssen ihre Pflicht im Ghetto erfüllen, aber sie müssen nicht notwendigerweise dabei getötet werden. Im Gegenteil, sie müssen ein positives Ziel haben. Nachdem sie ihre Pflicht im Ghetto getan und überlebt haben, sollen sie in den Wald gehen und tun, was die Rache ihnen gebietet.«

Ich wechselte wieder einmal die Wohnung auf der arischen Seite, denn ich wollte mich auf dem Kommissariat ummelden lassen. Ich fand ein Zimmer in der Wesoła-Straße 17. Das war keine richtige Straße, sondern eher ein Pfad, am südlichen Stadtrand, zum Wald hin gelegen. Das Zimmer war bequem. Der Vermieter wohnte mit seiner Familie im angrenzenden Raum, dazu gab es noch eine Küche im Bauernstil. Die Wohnung hatte zwei Eingänge, einen durch die Küche und den anderen durch mein Zimmer. Vor mir hatten hier zwei deutsche oder volksdeutsche Frauen gewohnt, und der Vermieter war froh, das Zimmer so schnell wieder weitervermieten zu können, bevor die Deutschen es beschlagnahmten. Es war ein echter Glücksfall: ein Raum mit eigenem Zugang von der Treppe her. Die Vermieter waren einfache Leute, die kaum lesen und schreiben konnten. Er war Totengräber auf dem deutschen Friedhof, sie eine Frau vom Lande, Mutter zweier Kinder, die ihre ganze Zeit in der Küche verbrachte. Aber sie hatten einen »intellektuellen« Namen, sie hießen Slowacki, wie der große polnische Dichter.[1]

Als erstes richteten Hanka und ich das Zimmer ein, das wir nun gemeinsam bewohnen sollten. Wir kauften auf dem Markt ein altes

1 *Juliusz Slowacki, berühmter polnischer Dichter der Romantik. Seine Werke waren unter der deutschen Besatzung verboten.*

Bett, hingen Vorhänge auf und verteilten all die bunten Sachen, die Scheine Hanka in die Tasche gesteckt hatte. Hanka kaufte für ein paar Groschen eine Ikone der Muttergottes und hängte sie über das Bett. Der Vermieterin stellte sie sich als meine Kusine vor. Sie wollte sich in den kommenden Tagen Arbeit suchen, bevor sie sich auf dem Polizeipräsidium anmeldete und auf das Arbeitsamt ging.

Nun konnte ich mich um Sarah Dabeltoff kümmern. Haska hatte inzwischen eine Anstellung bei einer kinderlosen deutschen Familie, den Luchterhands, gefunden und auch eine vorübergehende Wohnmöglichkeit, aber Sarah hatte ihre ersten Schritte noch nicht gemacht. Sie hatte immer noch weder Arbeit noch Wohnung. Bronka[1] arbeitete für zwei deutsche Eisenbahner. Aber ihr Zimmer in der Warszawska-Straße war für den Untergrund ungeeignet, da es der Durchgang zum Zimmer der Vermieterin war. Und auch die war nicht ideal. Jung und elegant, lebte sie dank eines hübschen jungen Gestapooffiziers namens Willi ein Luxusleben. Er verbrachte sowohl tagsüber als auch nachts Stunden in ihrer Wohnung, die deshalb gleichzeitig sicher und gefährlich war. Bronka hatte sich irgendwie an den Lebensstil ihrer Vermieterin gewöhnt. Sie war keine Gestapo-Agentin, sondern nur eine hübsche Prostituierte, die, selbst wenn der Feind ihr Land besetzt hielt, ein angenehmes Leben führen wollte. Vom Untergrund hatte sie keine Ahnung. Willi aber war ein erfahrener Mann, vor ihm mußten wir auf der Hut sein.

Ich konnte jederzeit zu Bronka kommen, und auch auf ihrer Arbeitsstelle war ich gerne gesehen. Die Deutschen kannten mich und halfen mir mehr als einmal. Wir verdankten diese seltsame Bekanntschaft Tamara und Lonka[2], die eine Begabung dafür hatten, Polen, aber auch Deutsche dazu zu bringen, ihnen zu helfen, ohne daß sie auch nur die geringste Ahnung hatten, wem sie da halfen. Bronka hielt die zwei kleinen Zimmer der Eisenbahner sauber. Sie arbeitete nicht viel und nutzte die Dummheit ihrer Chefs aus, die beide Zugführer waren. Der eine, Grimm, ein kleiner, gedrungener Mann, kannte nichts als seine Familie, sein Zuhause und seine Kin-

1 Ihr arischer Name war Jadwiga Skidel. Sie lebt heute in Israel.

2 Tamara Sznajderman, Mordechais Freundin, und Lonka Kozibrodzka. Beide fielen während ihrer Widerstandsarbeit.

der irgendwo in der deutschen Provinz. Er behandelte Bronka väterlich, besorgt über ihre lebhafte Art, und ging auf alle manchmal seltsamen Bitten seines Dienstmädchens ein. Er mochte weder Hitler, noch die Gestapo, noch den Krieg. Er erzählte von den Judentransporten, die er auf seinen Fahrten mitbekommen hatte, und sein Herz schmolz angesichts des menschlichen Leides. Er hatte die Gutmütigkeit der Dicken. Bronka versuchte nicht, ihn zum Widerstand gegen Hitler zu bewegen. Sie kannte seinen Charakter zu gut und wußte, daß Leute wie er dem Untergrund besser halfen, wenn sie gar nicht wußten, was sie taten. Menschen wie er halfen aus reiner harmloser Gutmütigkeit, schreckten aber vor einem Aufstand zurück, aus Angst vor Bestrafung, und weil sie es grundsätzlich haßten, Blut zu vergießen, auch das von Kriminellen.

Der zweite, Kaldenbach, war anders. Er war degeneriert und verdorben wie viele seiner Kumpane, dumm und gleichzeitig gerissen. Er schickte Pakete an seine Familie und holte sich zweifelhafte Frauen auf das Zimmer, deren Schmutz Bronka dann wegräumen mußte. Ihr gegenüber verhielten sich aber beide Männer gleichermaßen anständig. Und wenn sie um etwas bat, sagten sie nie nein.

Das Haus, in dem die beiden Eisenbahner wohnten, lag gegenüber dem Bahnhof. Im ersten Stock gab es zwei kasernenähnliche Räume und im Erdgeschoß eine kleine Küche, die mehrere Beamte im Transportdienst benutzten. Bronka fragte, ob eine Freundin hier arbeiten könnte, so fand Sarah eine Stelle. Die Arbeit war nicht schwer und half ihr ein bißchen auf die Beine. Wir machten uns um Sarah große Sorgen. Mit ihrer freundlichen, zurückhaltenden, schweigsamen und nachdenklichen Art war sie für solche Zeiten nicht geschaffen.

»Sarah, heutzutage braucht man Ellenbogen«, pflegten die Genossinnen ihr einzuhämmern, aber Sarah änderte sich nicht, ihre großen blauen Augen wurden nur noch größer und ihr Gang noch bedachtsamer. Sie ließ uns nie in ihr Herz blicken. In diesen langen Winternächten, wenn sie von der Arbeit in der kleinen Eisenbahnergaststätte zurückkam, war Sarah wie üblich tief in Gedanken versunken.

Während Hanka ihre Seufzer um das Ghetto, ihre darin eingesperrte Familie, die kleine Schwester – von denen sie nicht wußte, ob sie sie je wiedersehen würde – nicht unterdrücken konnte, sah Sarah schweigsam aus dem Fenster auf die schwarze winterliche Straße. Wir waren froh, daß wir eine »gute« Arbeit für sie gefunden hatten, bei der sie niemand belästigte. Beim Kartoffelschälen konnte sie nachdenken, soviel sie wollte.

Wir suchten alle eine Wohnung für sie. Ich hatte die meiste Zeit dafür, da meine Arbeit ohnehin darin bestand, diese jungen Frauen in der Stadt zu etablieren. Ich hatte es zwar sehr eilig, in das Ghetto zurückzukehren, aber die Angelegenheiten hier draußen nahmen viel Zeit in Anspruch. Auch Hanka hatte inzwischen Arbeit. Willi, der Gestapo-Mann, hatte uns erzählt, daß in der Gestapo-Stelle in der Ogrodowa-Straße eine Putzfrau gesucht wurde. Hanka stellte sich vor und sagte, sie sei vom Arbeitsamt geschickt worden. Sie wurde sofort genommen. Einen Tag später schon hatte sie eine Arbeitskarte in der Tasche, die von der örtlichen Gestapo-Stelle abgestempelt war.

Ihre Arbeitszeit betrug nur vier bis fünf Stunden pro Tag. Sie mußte die Böden in den Büros wischen, dann konnte sie wieder nach Hause gehen. Wir hofften, im Laufe der Zeit davon zu profitieren, daß sie mitten in der Höhle des Löwen saß. Sie konnte etwas aufschnappen und, wenn sie sich stark genug dafür fühlte, sich sogar mit ein, zwei Gestapo-Beamten anfreunden. Auch Hanka selbst freute sich, daß schon ihre ersten Schritte ein solcher Erfolg waren. Der Untergrund mühte sich monatelang und oft genug vergeblich damit ab, einen Kontakt zu den Dienstboten in solchen Institutionen herzustellen. Und sie hatte selbst auf Anhieb eine solche Stelle gefunden. Jetzt konnte sie die Formalitäten zur Ausstellung des deutschen Passes angehen. Auch hier war sie erfolgreich, und zwei Wochen später erhielt sie eine Vorladung vom Arbeitsamt, sie solle ihre neue Stelle anmelden.

Hanka fürchtete sich nicht vor den Gestapo-Männern. Anfangs versuchten sie ihr Angst zu machen und scherzten: »Ist dir klar, wo du hier arbeitest? Und was dir passieren kann, wenn du deine Arbeit nicht gut machst?« Hanka lächelte, ohne darauf zu antworten. Nach ein paar Tagen hatte sie ihre Ruhe.

Am Mittwoch, meinem dritten Tag draußen, ging ich abends zu Olla, um durch das Toilettenhäuschen auf ihrem Hof mit Edek zu reden. Wir trafen uns wie abgemacht. Ich schob einen Brief von Hanka an ihre Mutter durch den Mauerspalt, einen kurzen Bericht über unsere Arbeit. Edek sagte mir, daß die Lage im Ghetto gespannt war, in Kürze sollte eine *aktzia* stattfinden.

»Sieh zu, daß du Sarah bald unter Dach und Fach hast. Finde ihr eine Wohnung und komm dann morgen um dieselbe Zeit wieder.«

Unser Gespräch war kurz. Zum erstenmal bemerkte ich an Edek so etwas wie Nervosität. Seine Stimme zitterte ein wenig, die Worte schienen unnatürlich aus seinem Mund zu kommen. Er sprach sonst immer ruhig und ohne zu stocken.

»Edek, vielleicht ist es gar nicht nötig, daß ich draußen weitermache, vielleicht kommt Sarah auch ohne mich zurecht.«

»Nein, nein, die Mädchen müssen sehr sorgfältig aufgebaut werden. Wir brauchen sie noch. Laß sie nicht zu früh allein. Wer weiß, wie lange sie ohnehin noch auf sich selbst angewiesen sind.«

Vom Hof her kam ein Geräusch. Offenbar wurden die Vorbereitungen für eine Schmuggelaktion getroffen. Oder es war eine Patrouille gekommen. Ich mußte Schluß machen. Edek drückte mir ein kleines Paket in die Hand.

»Bewahr das bei Hanka auf. Wir werden es noch brauchen. Lebwohl.« (In dem Päckchen waren ein paar Dollars.)

Am nächsten Tag, dem 4. Februar 1943, fand ich ein Zimmer für Sarah. Es war ein wunderbarer großer Raum, ganz isoliert auf dem Dachboden. Zwei kleine Fenster gingen auf eine Seitenstraße hinaus, die in den Wald führte. Mitten im Raum stand ein Ofen, und dahinter befand sich eine kleine dunkle Nische, ein gutes Versteck. Hier konnten wir notfalls jahrelang leben, ohne von irgend jemandem beachtet zu werden. Lange hatten wir nach genau so einem Raum gesucht. Der Vermieter, der unten wohnte, akzeptierte unseren Preisvorschlag, ohne zu handeln, froh, daß der Raum nicht mehr leer stand. Das Haus lag, nicht weit von unserem entfernt, in einer typischen ärmlichen Vorortstraße, die ungepflastert und ständig verschlammt war.

Zu Hause warteten Hanka und die anderen schon auf mich. Eine junge Frau aus Grodno war gekommen und wollte auf der arischen Seite untergebracht werden. Ich erklärte ihnen, daß das nicht meine Aufgabe war. Die Mädchen wurden zornig und warfen mir Hartherzigkeit und Unmenschlichkeit vor. Ich war müde und erschöpft und konnte sie nicht davon überzeugen, daß ich im Recht war, daß es im Untergrund keine Privatgeschichten geben konnte. Die junge

Frau befand sich in einer schwierigen Lage, und sie bestand darauf, auf der arischen Seite bleiben zu wollen.

»Ich habe nichts dagegen, daß sie hier bleibt, aber ich kann mich nicht darum kümmern. Wenn ihr alle einmal soviel Verantwortung für unsere Sache tragt wie ich jetzt, werdet ihr einsehen, daß ich recht habe.« Ich bereute meine Worte sofort. Rivkele starrte mich mit ihren kindlichen blauen Augen erstaunt an:

»Wie kannst du so etwas sagen?« Im stillen muß sie gedacht haben: »Was für eine Wichtigtuerei!«

Es tat mir ja wirklich sehr leid. Ich wußte, daß es meine Pflicht war, zu erklären, zu überzeugen. Aber war es überhaupt möglich, eine Regel zu erklären, die erst im Kampf selbst und in leidvoller Erfahrung gelernt werden konnte? An diesem Abend waren wir sehr angespannt. Und wir hatten Angst, was wohl in dieser Nacht im Ghetto passierte. Haska unterstützte mich, indem sie erklärte, sie würde es übernehmen, der jungen Frau eine Wohnung und Arbeit zu finden. Sie hatte von einer deutschen Familie gehört, die ein Dienstmädchen suchte.

Wieder einmal lief ich allein durch den Schlamm und die Dunkelheit. Der Schnee schmolz mir in den Kragen, meine Schuhe waren voll Wasser, ich fror bis auf die Knochen. Was würde Edek sagen? Wie abgemacht trafen wir uns am Toilettenhäuschen.

»Chaika, sie haben heute das Ghetto geschlossen. Es steht so gut wie fest, daß heute nacht eine *aktzia* stattfindet. Genaueres wissen wir noch nicht, Gedalyahu versucht, etwas herauszufinden.«[1]

1 Ein oberflächlicher Kommentar zur *aktzia* vom Februar findet sich in der Aussage von Fritz Friedel, der seit Oktober verantwortlich für das Referat für jüdische Angelegenheiten war. Diese Aussage wurde im Gefängnis von Białystok im Juni 1949 von ihm selbst aufgeschrieben, eine Kopie liegt im Büro 06 der israelischen Polizei.

»... Anfang Februar 1943 erschien ein Sturmbannführer Günther vom R.S.H.A. (Reichssicherheitshauptamt) bei Dr. Altenloh, Günther erklärte, daß er vom R.S.H.A. Auftrag habe, Feststellungen im Białystoker Ghetto zu treffen, um eine Sabotageorganisation sowie eine Falschgeldherstellerorganisation und Paßfälscherorganisation aufzudecken. Über derartige Organisationen war bei der Kommandeurdienststelle Białystok nichts bekannt. Zweifellos war damit eine Teilevakuierung der Juden bezweckt,und Dr. Altenloh sollte hierbei bei seiner Einstellung für die Beibehaltung des Ghettos ausgeschaltet werden. Über den Erfolg der Feststellungen des Günther ist mir nichts bekannt geworden. Er hat

»Ich komme rein.«

»Das darfst du nicht.« Wieder bebte seine Stimme. »Wir haben beschlossen, daß du bleibst, wo du bist. Vielleicht wird es nötig, daß du etwas organisierst. Scheine und ich haben noch keine eindeutigen Beschlüsse gefaßt, aber wir können die Sache nicht Hanka überlassen, sie hat nicht die nötige Erfahrung. Dafür ist die Angelegenheit zu ernst.«

»Edek, ich komme rein!«

»Spiel jetzt nicht verrückt! Du mußt die Ruhe bewahren. (Seine eigene Stimme schwankte.) Werd bloß nicht nervös. Chaika, wir sehen uns! Ich muß los. Komm, es wird schon alles gutgehen. Auf Wiedersehen!«

Auch am folgenden Tag schneite und regnete es abwechselnd. Der Schlamm klebte an den Schuhen, und die Kälte kroch einem in die Knochen. Die Straßen waren leer, nur die erhöhte Polizeipräsenz signalisierte Unheil. Ich drehte eine Runde nach der anderen um die Ghettomauer. Nicht ein Jude war zu sehen, keine einzige Arbeitsbrigade. Es herrschte tödliche Stille. Ich machte mich auf den Weg zu Olla. Die ganze Poleska-Straße entlang standen alle zehn, zwanzig Meter Gendarmen. Manche von ihnen sahen wütend aus. Einer sang fröhlich einen Schlager, ein anderer zwinkerte mir zu, offensichtlich aus Langeweile.

»Ja, Halinka, heute nacht hat offensichtlich eine Aktion stattgefunden.« Mit diesen Worten begrüßte mich Ollas Mutter.

Es war geschossen worden. Das blutige Spiel hatte begonnen. Ollas Familie fragte sich wohl, was ich darüber dachte. Sie warnten mich: »Denk bloß nicht daran, hineinzugehen. Sie beobachten dieses Haus sehr genau. Sie sitzen gegenüber bei den Nachbarn, siehst du? Sie beobachten uns vom Fenster aus, weil sie keine Lust haben, draußen in dieser verdammten Kälte herumzustehen.«

Ich ging. Die Füße waren mir schwer. In Sarahs Wohnung war

selbständig etwa 10000 Juden festgenommen und abtransportiert, wohin, blieb unbekannt. Im Ghetto war große Unruhe. Heimbach hat dann dem Barasz Auftrag gegeben, auf das Ghetto beruhigend einzuwirken und bekanntzugeben, daß eine weitere Evakuierung nicht beabsichtigt, auch nicht befohlen sei. Allmählig (sic) trat etwas Ruhe ein, die Juden arbeiteten weiter, eine gewisse Unruhe blieb jedoch bestehen.«

noch einiges zu erledigen, ich mußte eine Wäscherei und einen Elektriker auftreiben. Schließlich mußten wir hier möglicherweise Kampfgefährten unterbringen, bis wir sie in den Wald schaffen konnten. In meiner Phantasie sah ich sie schon, einen nach dem anderen aus der kalten Winternacht auftauchen. Ja, sie werden sicher kommen. Ich muß mich beeilen, ihnen eine ordentliche Unterkunft zu bereiten, in der sie sich wohl fühlen können.

Sarahs Zimmer wurde einigermaßen wohnlich. Tagsüber streifte ich durch die Straßen, und am Abend besuchte ich Olla. Eines Morgens fand ich dort meine Schwester vor. Sie war nachts aus dem Ghetto geflüchtet und hatte stundenlang in der Toilette gewartet, bis sich die Stiefelschritte der Gendarmen einen Moment lang entfernten. Sie hatte nicht viel zu erzählen. Die *aktzia* hatte am frühen Freitagmorgen begonnen. Seither waren mehrere tausend Menschen aus dem Ghetto abtransportiert worden. Viele hielten sich versteckt. Sie selbst hatte das Ghetto in der zweiten Nacht verlassen. Wie viele erwischt worden waren, wußte sie nicht. Jetzt war das Ghetto tot und stumm, alles wartete. Ich konnte sie nicht einmal nach Details fragen. Ich konnte nicht sprechen. Wie seltsam war dieses Treffen, wie unnatürlich und irreal. Olla mußte denken, ich freute mich nicht, daß meine Schwester gekommen war, denn ich zeigte kaum Gefühle.

»Wenn du sie in der Stadt nicht unterbringen kannst, helfen wir ihr«, sagte Olla, »sie wird schon nicht verlorengehen. Wir haben Bekannte...« Ich dankte ihr und bat meine Schwester, sich schnell anzuziehen. Am Tor stießen wir auf einen Gendarmen, der uns von Kopf bis Fuß musterte, schwankend zwischen Mißtrauen und Gewißheit. Endlich beschloß er, daß wir keine Jüdinnen waren, und ließ uns durch. Die Größe meiner Schwester, ihre geschminkten Lippen und ihr hochgestecktes Haar hatten ihn offenbar überzeugt. Ihr Gesicht war überhaupt nicht typisch arisch, aber die Deutschen kannten sich da nicht so gut aus. Ein Pole hätte sie bestimmt als Jüdin erkannt.

Am selben Tag noch fand meine Schwester Arbeit bei einer deutschen Familie in der SS-Werkzentrale, ganz in der Nähe von Haska. Wir konnten ihr nicht helfen, sie mußte selbst zusehen, wie sie an einen deutschen Paß und eine Wohnung kam. Sie fand einen Schlafplatz in der Küche der deutschen Familie. Sie erzählte ihnen Märchen von ihrem Gut, das im Krieg zerstört worden war. Wir amüsierten uns darüber: nur die Deutschen glaubten alles. Sie regelte auch alleine ihre Paßangelegenheiten. Ein Beamter erkannte sie als Jüdin, sie lief weg, kam zurück, stellte sich an einem anderen Schalter an und hatte Erfolg. Nun hatten wir eine mehr in unserer Familie. Auch Sarah Szewahovicz hatte eine Stelle gefunden. Unsere »arische« Kolonie im Zentrum der SS, auf der Parkowa-Straße mit ihren Läden, Büros, Wohnungen und Gärten, wuchs.

In dieser Straße war es immer ruhig, die Häuser waren sauber und die Höfe in ordentlichem Zustand, egal, ob es regnete oder die Sonne schien. In den Gärten schmolz der Schnee. Auch hier arbeiteten sonst Juden, in den Gärten und in den Pseudowerkstätten, die nur dazu da waren, die Söhne der deutschen Honoratioren vor der Front zu bewahren. (Die Vermieterin meiner Schwester Miriam pflegte zu sagen, es gäbe auch »anständige Juden« unter ihnen.)

Es war nun schon Dienstag. Auch der Mittwoch verging ohne jede Nachricht aus dem Ghetto. Am Abend waren wieder Schüsse zu hören. Wir konnten nachts nicht schlafen. Scheines Kurier tauchte nicht auf. Das Leben auf der arischen Seite schien jeden Sinn verloren zu haben. Die jungen Frauen stellten eine Menge Fragen, und nur mit Mühe konnte ich sie davon überzeugen, daß Aktivitäten wie die unseren Resultate zeitigten, die nicht nach normalen Kriterien gemessen werden konnten. Große Aktionen wurden manchmal schnell durchgeführt, während kleine oft viel Geduld und Ausdauer erforderten.

»Vergeßt nicht, wozu wir hier sind. Nicht, um die Böden bei der SS zu wischen, nicht um ihr schmutziges Geschirr zu spülen, und, Rivkele, auch nicht, um das Haus eines Naziarztes zu putzen, der sich für einen Spezialisten für jüdischen Körperbau hält. Für alles kommt seine Zeit, und der Tag wird kommen, an dem wir ihnen den Rest geben. Wir werden sie angreifen. Aber nicht wann und wo sie es wollen, sondern dann, wenn es für uns am besten ist und an dem Ort, der uns geeignet erscheint.«

Es ist kaum zu glauben, daß ich damals solche Sachen sagte, und ich glaube, ich wollte mich vor allem selbst überzeugen durch diese kurzen, nervösen und entschiedenen Bemerkungen. Ich fürchte, ich war in diesen Tagen nicht fähig, mit den jüngeren, schwächeren und unerfahreneren Frauen richtig umzugehen.

»Ihr kennt doch mein Zimmer, man kann von da aus auf den jüdischen Friedhof in der Żabia-Straße schauen. Gestern habe ich lange am Fenster gestanden und in die Nacht hinaus gestarrt. Irgend etwas hat mich hinausgezogen. Ich habe schon die ganze Zeit darüber nachgedacht, also habe ich beschlossen, durch den Stacheldraht in das Ghetto zu kriechen, komme was wolle.«

»Haska, wer hat dir das erlaubt! Warum hast du nicht mit mir darüber gesprochen?« blaffte ich. Haska lächelte mich an. Mir war nicht klar, ob dieses Lächeln schuldbewußt oder rebellisch war.

»Ich habe mir Mantel und Schal angezogen und gesagt, ich bin gleich zurück. Draußen war es dunkel, leer und ganz ruhig. Ich ging zum Stacheldraht und versuchte, darüber zu steigen.«

»Bist du hineingekommen?« riefen alle mit leuchtenden Augen.

»Nein, bin ich nicht. Laßt mich doch weiter erzählen. Jemand hat meine Hand gepackt und sie so fest gedrückt, daß ich dachte, er bricht mir sämtliche Knöchel. Es war ein Gendarm! Ich warf ihm den Schal zu, zog mir vor seinen Augen die Hosen herunter und ließ Wasser... Er kochte vor Wut: Was machst du hier, Jüdin? Dann beruhigte er sich, hielt meinen Schal und ließ sich offenbar davon überzeugen, daß ich keine Jüdin war, sondern nur zum Pinkeln hier. ›Mach mal raus!‹[1] schrie er mich an. Ich hab natürlich meinen Schal genommen und bin wieder nach Hause marschiert. Ich bin also nicht in das Ghetto gelangt.«

Alle schwiegen. Die Geschichte war amüsant, aber die Frage »Was passiert im Ghetto?« ließ uns keine Ruhe.

Wieder verging ein Tag, und wieder lief ich rastlos durch die Straßen. Vielleicht sollte ich zu Bronka gehen oder zu Sarah? Da sah ich eine vertraute Figur: »Hazek?« Ja, er war aus dem Transport entkommen und irrte nun durch die Stadt.

Ich nahm ihn mit zu mir. Er sagte nicht viel. Er hatte sich im Ghetto versteckt, war entdeckt worden, war geflüchtet und erwischt worden, dann wieder geflohen, und nun wußte er nicht, wohin. Hazkel Zabludovski war einer unserer alten Genossen. Seine Aufgabe im Ghetto, neben der normalen Arbeit in der Fabrik, war es gewesen, das Radio abzuhören und die Informationen weiterzuverbreiten. Wenn man wissen wollte, wie es an der Front stand, wer

1 *Deutsch im Original*

in der Offensive war, wie viele Divisionen die Deutschen und wie viele die Sowjets hatten aufmarschieren lassen, dann wandte man sich an Hazkel. Er wußte über den kleinsten Fluß, über jedes besetzte Dorf, jede Veränderung der militärischen Strategie Bescheid. Er hörte Radio Moskau, Radio London und auch Berlin. Im Ghetto war ihm darin niemand ebenbürtig.

Ich breitete am Ofen eine Decke aus und bat Hazek, sich hinzulegen. Er durfte nicht aufrecht stehen, weil man von draußen sehen konnte, was sich im Zimmer abspielte. Ich brachte ihm Rasierzeug, eine Schüssel Wasser und einen Haufen deutsche Zeitungen, die ich am Kiosk gekauft hatte.

»Gestern habe ich gehört, daß eine Gruppe Widerstand geleistet hat«, sagte Hazek, »aber es ist mir nicht gelungen, Kontakt zu den Genossen aufzunehmen. Als ich aus meinem Versteck kam, wurde ich auch schon erwischt.«

Am nächsten Tag brachten wir ihn zu Sarah. Dazu kam noch Chaim aus Grodno, ein Mitglied von Dror und einer der aktiven Widerständler in Grodno. Er war einer von den Genossen, die wir zum Polizeidienst eingeteilt hatten. Bis sich die Lage im Ghetto klärte, sollten beide Männer bei Sarah bleiben. Wenn sie zur Arbeit ging, verschloß sie ihr Zimmer von außen. Wir nahmen an, daß kein Lebewesen je diesen isolierten Dachboden aufstöbern würde.

Am Freitag ging Hanka zum Arbeitsamt, sie mußte sich dort melden, um ihren Paß zu bekommen. Wir machten uns keine Sorgen, sie hatte ja ihre Arbeitskarte von der Gestapo. Ich hatte aber Angst, Hanka könnte sich nicht genügend beherrschen und etwas Verrücktes tun. Seit Tagen redete sie ununterbrochen über ihre Familie im Ghetto. Der Name ihrer kleinen Schwester lag ihr ständig auf den Lippen. Sie hörte nicht auf zu seufzen und ihre Genossinnen zu belästigen. Einmal wurde ich ungeduldig und schrie sie an: »Hanka, reiß dich zusammen, du mußt deinen Schmerz besser beherrschen!« Sie war verletzt und schwieg von da an. Ihr fortgesetztes Schweigen nährte in mir den Verdacht, daß sie etwas vorhatte. Ich betrachtete mich als verantwortlich für sie. Am Morgen sprach ich sehr freundlich mit ihr und strich ihr sogar über das dunkle Haar, das in Wellen über ihre Schultern fiel. Ich hatte den Eindruck, sie verstand.

»Ich gehe nur zum Arbeitsamt. Und ich werde früh von der Arbeit nach Hause kommen«, versprach sie.

Der Abend verging, die Nacht brach an, und Hanka war noch immer nicht zurück. Sarah schlief bei mir, da sie ihr Bett den Genossen überlassen hatte. Hanka kam nicht. Wir waren sicher, daß sie ins Ghetto gegangen war.

In der Stadt gab es Gerüchte über die Juden. Unser Vermieter, der Totengräber, erzählte uns verstohlen, daß er mit eigenen Händen fünf Deutsche begraben hatte, die von den Juden getötet worden waren.

»Die Juden kämpfen. Halten Sie das für möglich?«

»Das weiß der Teufel«, sagte ich und machte, daß ich aus der Küche kam, um Sarah die Neuigkeit zu erzählen.

Wir taten die ganze Nacht kein Auge zu. Am frühen Morgen hörten wir ein schwaches Klopfen an der Tür. Wir dachten, es wäre Hanka und sprangen in den Nachthemden aus dem Bett. Ein Mann, den wir nicht kannten, trat ein. Flüsternd erzählte er uns, daß er im Auftrag des Ghettos kam. Er war ein Genosse aus Grodno. Einen Tag vor Beginn der *aktzia* war er in das Białystoker Ghetto gekommen. Die *aktzia* war gestern, Freitag nachmittag, beendet worden. Der Genosse übergab mir einen Brief von Zerah. Ich öffnete ihn nicht gleich, sondern stellte dem Überbringer Fragen und wunderte mich über seinen ausweichenden Blick.

»Ich weiß nicht viel«, stammelte er, »Lies, Zerah schreibt alles.«

»Warum hat Zerah geschrieben und nicht Edek?«

Schweigen. Der Brief lag vor mir:

»Chaika, die *aktzia* ist vorbei. Unsere Genossen haben versucht, Widerstand zu leisten. Hier die Liste der Gefallenen: Yoschko, Yisrolik, Zivia, Roszka, Yentel, Sender...« Es war eine lange Liste, 19 Namen, und Edeks Name stand am Ende. »Komm heute noch nicht rein. Ich schicke dir morgen jemanden. Das Ghetto ist noch immer geschlossen. Au Revoir! Zerah.«

Der Raum versank hinter einem schwarzen Schleier. Ich sah nur die lieben kostbaren jungen Menschen vor mir, mit denen ich gearbeitet hatte. Sie hatten gekämpft und waren nicht mehr. Edek stand lächelnd an ihrer Spitze. Bis zum Abend lief ich durch die Straßen. Hanka war noch nicht zurück. Und Edek war nicht mehr. Auf meine Frage, ob Hanka im Ghetto war, hatte ich keine Antwort erhalten. »Edek ist nicht mehr«, sagte ich stumm vor mich hin und merkte nicht, daß ich weinte.

Gut, daß die Straßen leer sind. Darf eine Untergrundkämpferin vor aller Welt weinen? Wann hast du zuletzt geweint? Was ist los mit dir, was heulst du denn? Du hast doch gewußt, daß es genau so kommen mußte. Fünf Deutsche hat dein Vermieter begraben. Fünf Kriminelle auf der einen Seite und auf der anderen tausende Juden und neunzehn tapfere Kämpferinnen und Kämpfer.

Plötzlich beschloß ich, Zerahs Anweisung zu mißachten und in das Ghetto zu gehen. Ich rannte zu Olla. Ohne bei ihr vorbeizuschauen, kletterte ich auf das Dach des Toilettenhäuschens und sprang schnell, ohne mich umzuschauen, auf die andere Seite. Es war jetzt Nacht. Im Ghetto herrschte tödliches Schweigen, aber es schien ein Weinen in der Luft zu hängen. Ich lief zu unserem Zimmer in der Białostoczańska-Straße. Die Tür stand offen, der Raum war leer. Die Betten waren nicht gemacht. Hier hatten Menschen, die sich aus reiner Erschöpfung auf das Bett geworfen hatten, in ihren Kleidern geschlafen. Wieder hörte ich jemanden weinen. Und aus weiter Entfernung einen abrupten wilden Schrei.

So empfing mich das Ghetto in seiner Auflösung. Ich schlich auf Zehenspitzen aus diesem leeren, ausgestorbenen Haus. Ich hatte das Gefühl, über ein Grab zu gehen. Das ganze Ghetto war ein Friedhof, und ich war mir nicht sicher, ob ich nicht tatsächlich durch Blut watete, das sich mit dem schmelzenden Schnee vermischte.

Vor der Tür zu unserer Kommune hielt ich zweimal inne. Unzählige Male hatte ich diese Klinke in der Hand gehabt. Ich wollte sie herunterdrücken, zögerte aber. Ich hatte nicht den Mut, in die Gesichter der Genossinnen und Genossen zu blicken und in ihnen zu lesen, was geschehen war. Ich sah sie später, sie waren bleich, ihre Augen brannten tief in den Höhlen, ihre Lippen waren fest zusammengepreßt. So sah ich Zerah. Seine strahlenden Augen schienen von einem dichten Nebel verschleiert. Hanka war nicht im Ghetto, weder in der Kommune noch bei ihrer Mutter in der Kupiecka-Straße.

Das Ghetto war seiner Menschen beraubt und mit ihm die Gemeinde der Pioniere. Die Toten wurden zu Haufen gestapelt. Die Menschen, die aktiven und passiven Widerstand geleistet hatten, waren auf der Straße erschossen und in ihren Verstecken getötet worden, hatten sich erhängt oder vergiftet. Sie hatten vor ihrem Tod feurige Reden gehalten und stolz ihren Mördern in das Gesicht gespuckt. Die Leichen von tausend toten Juden, die rebelliert hatten, wurden aufgesammelt und auf dem Friedhof in ein Massengrab geworfen. Den ganzen Tag über rumpelten die Wagen mit Toten beladen durch die Straßen in Richtung Żabia-Straße. Man hatte noch gar nicht alle Opfer gefunden. Noch immer wurden die diversen Verstecke, Keller und Dachböden, abgesucht. Immer wieder wurden Kinder gefunden, die getötet worden waren, weil sie geschrien und damit das Versteck gefährdet hatten. Die Hände ihrer eigenen Mütter hatten ihnen den Schrei in der Kehle erstickt. Leute rannten von einem Unterschlupf zum anderen auf der Suche nach Spuren ihrer Verwandten und Freunde. Es kursierten entsetzliche Geschichten über Fälle von Wahnsinn und Hysterie, über Menschen, deren Angehörige hingeschlachtet worden waren und die darüber den Verstand verloren hatten.

Im Ghetto selbst hatte es im Laufe dieser Woche tausend Tote gegeben, und an die 12000 Menschen waren nach Treblinka abtransportiert worden. Auf der Jurowiecka-Straße waren sie eingesammelt worden. Hier hatte eine Lehrerin den Deutschen ihren Haß ins Gesicht gespuckt. In all seiner Ohnmacht war ihr nationaler Stolz erblüht. Hier hatte zum ersten Mal in der Geschichte der Ghettos eine unbewaffnete Bevölkerung passiven Widerstand geleistet. Auf der Fabryczna-Straße hatten die Deutschen den verrückten Feingold eingefangen. Er wollte nicht mitgehen. Sie fesselten und schlugen ihn, und er lachte dabei, bis er husten mußte. Die Deutschen wunderten sich über das wahnsinnige Gelächter ihres Opfers. Schließlich, um sein letztes Lachen nicht unerklärt zu lassen, teilte er ihnen mit: »Ha, ha, ha! Mich könnt ihr nehmen, aber nicht Stalingrad – das ist ganz etwas anderes! Ha, ha, ha!«

Sie hatten nicht zugelassen, daß man sie wie Lämmer zur Schlachtbank führte. Das schreckliche Gebet, das wir in Wilna zu Beginn der *aktzia* 1941 gebetet hatten, war erhört worden: Wir hatten darum gefleht, daß die Massen nicht in ihren Verstecken, sondern auf den Straßen sterben sollten, daß das Blut unserer jüdischen Brüder auf offener Straße und nicht in Ponar vergossen werden möge. Ohnmächtig hatten wir darum gebetet, daß die Massen sich nicht in ihr Schicksal ergaben, sondern passiven Widerstand leisteten.

Und das war nun im Bialystoker Ghetto geschehen. Eintausend

Juden hatten nicht zugelassen, daß sie ihren Mördern lebend in die Hände fielen! Unser Flehen war erhört worden, und die Nachricht, daß Massen von Juden rebelliert hatten, verbreitete sich auf der ganzen Welt. Radio Moskau berichtete von den Białystoker Juden, die sich gegen ihre Nazi-Sklavenhalter erhoben und nicht lebendig nach Treblinka hatten schleppen lassen.

Hier, in diesem Haus, in diesem kleinen Zimmer auf der Fabryczna-Straße hatte unsere alte Lehrerin Frania Horowitz ihren Kampf gegen die Nazis ausgefochten. Sie hatte Gift geschluckt, um nicht in ihre dreckigen Hände zu fallen. In einem Hof auf der Kupiecka-Straße hatten sie Yitzhak Melamed 48 Stunden lang hängen lassen. Er war ein einfacher Handwerker, der einst aus dem brennenden Slonim zu uns geflohen war. Seine Familie war von den Nazis ermordet worden, und er hatte beschlossen, es ihnen hier so gut wie möglich heimzuzahlen. Er hatte dem SS-Mann, der ihn abführen wollte, Schwefelsäure in die Augen geschüttet. Der Mann wurde sofort blind, und sein Kamerad, der ihm zu Hilfe kommen wollte, verlor den Verstand und schoß wild um sich. Die Mörderbande war in Panik geraten, und einer von ihnen fand dabei den Tod. Ein Blinder und ein Toter – das war das Ergebnis von Yitzhak Melameds Widerstand. Er selbst konnte vorläufig über die Dachböden verschwinden. In der Szlachecka-Straße wurden daraufhin 120 Mitbewohner seines Hauses erschossen, einer nach dem anderen, Frauen, Alte und Kinder, weil sie sich weigerten, ihren heldenhaften Nachbarn zu verraten.

Ganz in der Nähe hatte eine Familie kochendes Wasser auf die Nazis geschüttet und war daraufhin erschossen worden. Die Revolte wurde niedergeschlagen, aber die Ehre von Europas »Elite« hatte ernsthaft gelitten. Die Deutschen hatten zwar nur wenige Männer verloren, aber die Schande war groß. Der Mythos dieser »Helden«, die Frauen und Kinder umbrachten, hatte sich als blutig und falsch erwiesen.

Melamed kam nicht zur Ruhe. Die Deutschen drohten, das ganze Ghetto zu vernichten, wenn er sich nicht stellte. Aber weder konnten sie ihn finden, noch fand sich ein Verräter, der ihn preisgegeben hätte. Schließlich stellte er sich selbst und ergab sich dem Kommandeur der *aktzia*. »Es tut mir nicht leid«, teilte er den Deutschen mit und redete gleich weiter. Er sprach lange. Sie schlugen ihn, aber er hörte nicht auf zu reden. »Ihr werdet für eure Taten bezahlen.« Die ganze Gestapo kam an, um zu sehen, wie dieser seltsame Jude, der Widerstand geleistet hatte, gehängt wurde.

Die offizielle Quote, die dem Judenrat als »Lösegeld« für die 45 000 verbleibenden Juden auferlegt worden war, lag bei 6300 Menschen, die nicht in den Fabriken arbeiteten. Der Judenrat mußte die Liste erstellen. Er tat es, und Barasz selbst war an diesem verdammten Morgen in seinem Wagen in die Polna-Straße gefahren, wo die *aktzia* beginnen sollte. Die Menschen hatten sich in die Verstecke zurückgezogen, hinter doppelte Wände, auf Dachböden und in geheime Keller. Niemand wollte eines der 6300 Opfer sein. Die jüdische Polizei, die zum ersten Mal den Auftrag erhalten hatte, das Netz von Verstecken abzusuchen, hatte mehr als einmal den gerechten Lohn für ihre Dienste am Feind erhalten.

Tatsächlich hatte sich die Białystoker jüdische Polizei während der *aktzia* nicht besonders hervorgetan. Sie war bemüht gewesen, wegzuschauen, nicht allzu viel oder auch gar nichts zu sehen. Trotzdem hatte sich der Zorn der Leute zuerst gegen sie gerichtet. Die Deutschen waren klüger geworden. Nachdem Melamed und andere ihnen einen so überraschenden Empfang bereitet hatten, waren sie sehr vorsichtig geworden und hatten es vorgezogen, Opfer zu machen, die sie selbst nichts kosteten. Sie hatten den jüdischen Polizisten befohlen, mit Äxten und Eisenstangen die Wohnungen aufzubrechen, und dabei hatte nicht selten eine rächende Axt die Köpfe der Einbrecher getroffen.[1]

1 In den Berichten und Verlautbarungen des Judenrates finden sich glaubwürdige Annahmen für diese Racheakte, die offensichtlich teilweise von der Polizei und dem Judenrat gesteuert wurden. Eine offizielle Erklärung des Judenrates (Nr. 388) berichtet, daß drei Personen gehängt wurden aufgrund der »Verbrechen des Raubes und Diebstahls begangen in den Wohnungen von Familien, die deportiert wurden«.

Eine weitere öffentliche Verlautbarung verurteilt 35 Verräter: »Die Aufgelisteten werden verurteilt und der Schande ausgeliefert, weil sie in diesen traurigen Tagen (während der Februar-*aktzia* – C. G.) evakuierte und nicht beaufsichtigte Wohnungen ausgeraubt haben.«

Der Archivar fügt hinzu (nach Blumenthal in The Path of the Judenrat, S. 514): »Unter den Dieben listet der blutige Bericht auch Informanten auf, die während der *aktzia* Verstecke an die Deutschen verraten hatten. Viele von ihnen wurden von den Leuten getötet.«

Barasz hatte schon fünf Tage vor Beginn der *aktzia* gewußt, was bevorstand, aber kein Wort gesagt, »um eine Panik zu vermeiden«. Die Neuigkeit verbreitete sich dennoch, und am Donnerstag, dem 4. Februar, rannten Massen von Menschen durch das Ghetto auf der Suche nach einem Unterschlupf. Barasz versuchte wieder einmal, seine »guten Deutschen« zu finden, er setzte sich mit Klein von der Wirtschaftsabteilung in der Ghettoverwaltung und mit Pehse vom Rüstungskommando in Verbindung. Letzterer versprach ihm, es würden nur 6300 geholt. Das Ghetto würde nicht aufgelöst. Sie kamen an, sahen sich um, überlegten und entschieden dann: »Dieses Ghetto darf nicht liquidiert werden, das wäre Sabotage an unseren Kriegsanstrengungen. Nur die, die nicht arbeiten, werden abgeholt.« Die Durchführung der »Aktion« lag allerdings in den Händen von SS-Obersturmführer Friedel, und er und Klein waren geschworene Feinde. Barasz versuchte, den Vermittler zu spielen.

Die *aktzia* wurde nicht beendet, als die Quote am Dienstag erfüllt war. Die Menschen saßen noch immer in ihren Verstecken, und die SS traute sich nur noch tagsüber in das Ghetto. Aber ihre Arbeitstage waren lang, sie dauerten vom frühen Morgen bis zum späten Abend. Und anschließend plünderten sie noch das Hab und Gut der versteckten Juden. Besoffen von Wein und Blut verließen sie dann abends das Ghetto, denn die Dunkelheit war ihnen unheimlich. Die *aktzia* ging weiter, obwohl schon 6300 abgeführt worden waren, und Barasz wartete immer noch. Jetzt lag es an Canaris, der der ganzen Region vorstand, die *aktzia* zu beenden, und der ließ sich Zeit. Die Zahl der Festgenommenen wuchs. Jeden Tag wurden sie vom Sammelplatz auf der Jurowiecka-Straße durch die Fabryczna-

Laut den Berichten entfernte und verhaftete die Polizei nach der Februar-*aktzia* Juden. Das war immer Baraszs Herangehensweise: die schlimmsten Elemente zu deportieren. Mit Hilfe dieses Prinzips mißbrauchte er nach meinem Dafürhalten die Sache mit den Informanten, um diejenigen Elemente loszuwerden, die er selbst für schlecht hielt. Und umgekehrt: Da es einen Massenzorn und scharfe spontane Reaktionen gab, die von den Nazi-Behörden als organisierte Untergrundaktionen interpretiert werden konnten, wendete er die Geschichte so, daß er den Tötungsaktionen gegen die Informanten eine offizielle Note verlieh, indem er sie als Kriminelle ausgab. Der Judenrat wollte auch seinen eigenen guten Ruf unter den Juden wiederherstellen, indem er diese Strafaktionen sanktionierte, vor allem da die jüdische Polizei selbst Verstecke an die Deutschen verraten hatte.

Straße zu einem kleinen Bahnhof geführt. Dort wurden sie unter Schlägen in die Güterwagen gezwängt. Die Alten, Schwachen und Kranken wurden sofort getötet. Die anderen fuhren nach Treblinka. Canaris hatte noch immer nichts unternommen, und Barasz bekam es aus zwei Gründen mit der Angst zu tun: Die Deutschen hielten ihr Versprechen nicht, und die aufständische Jugend bereitete sich darauf vor, zurückzuschlagen.

Noch etwas geschah während dieser *aktzia*. Die Deutschen hatten verkündet, daß jeder, der ein Versteck verriet, selbst am Leben bleiben würde. Daraufhin meldeten sich ein paar ältere Leute aus dem Transport, die trotz ihres Alters leben wollten – auf Kosten von hunderten anderen, möglicherweise jungen Menschen. Sie bekamen ein Zeugnis, auf dem bestätigt wurde, daß »dieser Jude den deutschen Autoritäten bei der Evakuierung des Białystoker Ghettos geholfen hat«. Sie waren gekennzeichnet als Judenverräter. Einer von ihnen hatte 200 Menschen ausgeliefert, alte und junge, Männer, Frauen und Kinder, und die Deutschen lachten zufrieden: Sie hatten die Arbeit nicht selber machen, sich nicht in Gefahr begeben müssen. Der gerechte Zorn unseres Volkes, die Wut der gequälten Massen sollte den Verrätern ihren angemessenen Lohn zuteilen und mit ihrem Blut diese Schande von der Erde waschen. Wo war der organisierte Widerstand?

Mitternacht. Es war dunkel in unserem Zimmer in der Białostoczańska-Straße 15. Edeks Bett stand noch immer unberührt da, niemand wagte es, sich daraufzusetzen. Gedalyahu lag auf dem anderen Bett ausgestreckt und starrte zur Decke. Zerah saß mir gegenüber. Sein Kopf war leicht gebeugt, und seine Stimme zitterte gelegentlich, als er leise erzählte, was geschehen war:

»Mordechai stand in engem Kontakt zu Barasz, und auf dem Treffen des zweiten Blocks war beschlossen worden, noch ein paar Tage zu warten. Wenn sich die *aktzia* auf 6300 Personen beschränkte, mußte der Aufstand aufgeschoben werden, um einen Zusammenstoß zu vermeiden. In der Zwischenzeit würden wir uns verschanzen. Edek meinte, daß man den Deutschen nicht trauen könnte. Sie hatten versprochen, die Fabriken nicht anzurühren, und schon am zweiten Tag hatten sie alle aus der Mechanischen Tischlerei festgenommen. Wie konnte man rechtfertigen, daß 6300 getötet wurden, um 45 000 möglicherweise am Leben zu erhalten?

Letztendlich würden ja auch sie getötet. Die Diskussion kreiste um die entscheidende Frage: Sollte der Aufstand mit dem ersten toten Juden beginnen oder erst mit dem 6301.? Edek verließ das Treffen mit der traurigen Gewißheit, daß unsere Kameraden vom zweiten Block, mit Mordechai an ihrer Spitze, nicht bereit waren, zu handeln. Mordechai vertraute Barasz, und seine Genossen redeten über Rettungsaktionen. Sie hatten ein hervorragendes Versteck, das groß genug war, um sie alle aufzunehmen. Auch unsere eigene Diskussion war bitter«, fuhr Zerah fort.

»Edeks entschiedene Haltung setzte sich schließlich durch: Wir sollten unsere Stellungen einnehmen und uns mit dem wenigen, was wir hatten, bewaffnen. Nur Gedalyahu und ich wußten, was in Edek vorging. Er fühlte sich verantwortlich für das Leben der Genossen. Wir überlegten hin und her. Wenn wir in den Stellungen blieben, war dann unser Widerstand effektiv genug? Würde es uns gelingen, die Deutschen richtig zu treffen, oder würden wir nur den schnelleren Tod der Kämpfer herbeiführen? Sollten wir nicht doch lieber versuchen, uns zu retten? Nein, das war die letzte Gelegenheit, das Banner des Aufstandes zu hissen. Andernfalls würden wir zusammen mit allen anderen im Ghetto sterben, aber enttäuscht und ohnmächtig. Oder sprachlos und erniedrigt, mit dem Siegel der Sklaverei auf der Stirn in den Krematorien der Vernichtungslager enden.

Wir unterstützten also Edek. Wie er waren wir der Meinung, daß jeder Plan, der nicht von der Tatsache der totalen Vernichtung ausging, falsch und irreführend wäre. Wir beharrten auf unserer früheren Entscheidung: Mit dem bewaffneten Aufstand zu beginnen, sobald der erste Jude zur Exekution geholt wurde. Unser Plan war nicht offensiv. Wir wußten zwar, daß nur die Offensive einen kleinen Sieg ermöglichen könnte, aber war es sinnvoll, überhaupt von Sieg, und sei es einem noch so kleinen, zu sprechen? Wir verfügten nicht über genügend Waffen für so ein Vorhaben. Was wir hatten, die mit Säure gefüllten Glühbirnen, die Eisenstangen, die Äxte – das waren keine Angriffswaffen. Mit der einen Pistole und dem einzigen Gewehr würden wir auch nicht weit kommen. Wir hatten nicht einmal genügend Handgranaten, und die paar waren alt, in der Erde vergraben und daher sicher feucht, sie würden gar nicht erst explodieren.

Wir vom Vereinigten Antifaschistischen Block blieben in unseren Stellungen, bereit, die Deutschen anzugreifen, sobald sie auftauchten. Edek kommandierte das Gebiet um die Jurowiecka-Straße. Ich blieb im anderen Teil des Ghettos. Edek verschanzte sich mit acht unserer besten Genossinnen und Genossen und zehn von den Kommunisten in der Smolna-Straße in einem Haus mit Keller und Dachboden. Unter anderen waren Eli Goldberg, ihr Theoretiker, Chaika und Rivka bei ihm. Sie waren alle entschlossen, bis zum bitteren Ende, so gut sie nur konnten, Widerstand zu leisten. In der Fabryczna-Straße war eine zweite Gruppe postiert, die aus den Tel-Amal-Mädchen bestand, kommandiert hat sie Franek. Unsere Stellungen waren alles andere als befestigt, aber gut versteckt. Auf jeden Fall hofften wir, die Deutschen zu überraschen.

Unsere Bundisten waren auf mysteriöse Weise verschwunden. Wir hielten die ganze Zeit über Kontakt zu Edek und Franek. Gedalyahu, der mit seiner Polizeimütze herumlaufen konnte, war unser Kurier. Er hat sich natürlich nicht als Polizist an der *aktzia* beteiligt. Für unsere Aktion war er unersetzlich. Die Deutschen haben ihn mehr als einmal festgenommen, weil er sich unbefugt auf der Straße aufhielt. Sie haben ihm seine Mütze abgenommen, ihn geschlagen und gedroht, ihn zu erschießen. Aber Gedalyahu hat es geschafft, ihnen immer wieder zu entwischen und seine Arbeit fortzusetzen. Er hat uns die Nachricht von Mordechai übermittelt, der mit seiner Gruppe in den Fabriken postiert war und wollte, daß wir uns ihnen anschließen. Er hat für alle, die dort Zuflucht gefunden hatten, eine Lebensmittelversorgung organisiert. Vermutlich wollte er damit rechtfertigen, daß er seine Leute zuerst in den Verstecken gelassen und dann in die Fabrik gebracht hatte. Er wollte wohl aus schlechtem Gewissen und aus dem Bedürfnis, den Menschen zu helfen, seinen mangelnden Widerstand durch diese Hilfsaktionen wettmachen. Mordechai glaubte nämlich noch immer, daß der rechte Zeitpunkt noch nicht gekommen war.

Am Dienstag haben die Deutschen Franeks Stellung angegriffen. Ihr Widerstand hat nicht lange gedauert und wurde mit Opfern auf beiden Seiten beendet. Die Deutschen haben hier nicht lange im dunkeln getappt, sondern schon während sie auf das Haus zugingen, das Feuer eröffnet, ganz im Gegensatz zu ihrer sonstigen Vorgehensweise. Es war Verrat. Der Angriff war geplant, irgend jemand muß ihnen gesagt haben, daß es hier junge Leute gab, die Widerstand leisten wollten. Franek und die Genossinnen konnten nicht mehr tun, als ihren Stolz zu wahren und ein paar Mörder zu verwunden. Sie wurden mit erhobenen Händen zum Sammelplatz auf der Jurowiecka-Straße geführt. Am selben Tag wurde auch eine Gruppe der Kommunisten, unter ihnen Lolek Minc, abgeführt. Auch ihr Widerstand war vergebens. Ihre Waffen bestanden aus Schwefelsäure und Äxten. Immerhin ist es ihnen, wie auch den unseren, gelungen, ein paar Deutsche zu verwunden. Zwei Widerständler wurden auf der Stelle erschossen, die anderen zum Sammelplatz gebracht. Und auch an diesem Tag haben Frida Feld von den Kommunisten und ihre Genossin Bluma zwei Handgranaten aus dem Fenster geworfen. Die eine ist nicht explodiert, aber die zweite hat der deutschen Patrouille ernsthaften Schaden zugefügt. Beide Frauen wurden an Ort und Stelle erschossen. Wir hatten viele Verluste an diesem Tag, aber die Deutschen bekamen es mit der Angst zu tun.

Das Ghetto vergrub sich tiefer in den Untergrund. Die Juden ließen sich nicht mehr gefangennehmen, ohne sich zu widersetzen, sie spuckten den Deutschen ins Gesicht, hielten feurige Reden und wehrten sich mit Äxten und Nägeln und Klauen. An diesem Tag stieg die Zahl der Kämpfenden auf der Jurowiecka-Straße, wo die zum Tode Verurteilten gesammelt wurden. Gedalyahu forderte den Judenrat auf, die Freilassung der Kämpfer aus dem Transport zu veranlassen.

Es war bekannt, daß Barasz mehrere Menschen aus dem Transport befreit hat, vor allem die Familienangehörigen der Judenratsmitglieder und anderer wichtiger Leute. Er empfing Gedalyahu ganz erstaunt:

›Was willst du? 24 Scheine? Für wen setzt du dich ein?‹

›Für jedes Mitglied von Haschomer Hatzair, das sich im Transport nach Treblinka befindet.‹ Gedalyahu setzte sich aber auch für die Kommunisten ein.

›Und warum seid ihr nicht in die Fabriken gegangen? Ihr wolltet Widerstand leisten?‹

›Lassen wir das jetzt einfach so stehen. Wir haben jetzt keine Zeit zu streiten. Gleich werden sie alle in die Wagen gesteckt.‹

›Aber ich kenne dich nicht. Woher soll ich wissen, ob du Haschomer Hatzair repräsentierst? Wo ist die Grossman? Sag ihr, sie soll kommen, dann übergebe ich ihr die Leute.‹

›Sie befindet sich nicht im Ghetto.‹

›Und dich kenne ich nicht. Entschuldige mich jetzt, ich habe keine Zeit. Außerdem bist du ohnehin zu spät dran, sie verlassen gerade das Ghetto.‹

Damit sah Barasz auf die Uhr, das Gespräch war beendet, und Gedalyahu war überzeugt, daß Barasz die aufständische Jugend loswerden wollte. Er hatte von dieser ›dynamischen‹ Jugend verlangt, ihre ›übereilten Aktionen‹ aufzugeben. Es gab den dunklen Verdacht, daß Barasz in ihre Verhaftung involviert war. Gedalyahu konnte sie nicht mehr sehen, bevor sie ihre letzte Reise antraten.

Yentel kam verwundet vom Transport zurück. Sie erzählte uns, daß die Genossen beschlossen hatten, vom Wagen zu springen. Auch Schlomo Judowicz kam wieder, auch er ist vom Zug gesprungen. Im Todeswagen war es zu einer Diskussion gekommen, die Männer hatten darauf bestanden, daß die Frauen zuerst sprangen. Zwar konnten die Wachen aufmerksam werden, dann wäre alles zu Ende gewesen, aber trotzdem hatten die ersten die besseren Chancen, zu entkommen, und außerdem konnten sie die Aufmerksamkeit der Wachen ablenken. Die Frauen hielten dagegen: ›Ihr müßt zuerst springen, denn ihr werdet dringender benötigt in den Kampfeinheiten, die es sicher auch nach unserem Tod noch geben wird.‹ Schließlich sprangen sie alle, aber nur Yentel und Schlomo sind hier angekommen. Yentel sah, wie ihre Freundin Roszka unter den Zug fiel und ihr beide Beine abgetrennt wurden. Sie sah auch, wie Zivia Kruglak, von mehreren Schüssen getroffen, blutüberströmt zusammenbrach. Schlomo erzählte, daß er ohnmächtig geworden war. Vorher hatte er noch gesehen, daß Yisrolik und Sender, die vor ihm gesprungen waren, heil wegkamen. Das nächste, was er mitbekam, war, daß Yisrolik ihn zu einer Grube trug. Dann gingen sie zurück zu der Stelle, an der sie gesprungen waren, um einem Genossen zu helfen, der sich verletzt hatte. Schlomo hatte im Wald auf die beiden gewartet, aber sie waren nicht gekommen. Sie waren im Gegensatz zu ihm unverwundet gewesen, aber nur er ist zurückgekehrt. Alle waren gesprungen, aber nur zwei sind in das Ghetto zurückgekommen.«

Der Mittwoch verlief nicht besser als der Dienstag. Edeks Stellung wurde entdeckt. Edek gebrauchte seine Pistole, und die anderen griffen die SS mit bloßen Händen an. Auch hier hatte es Verrat gegeben. Die Deutschen hatten die Stellung gekannt. An diesem Tag verbreitete sich im ganzen Ghetto das Gerücht: Jemand leistet Widerstand, das ist kein spontaner Massenausbruch, sondern hier gibt es eine lenkende Hand. Die Genossen entdeckten die Gruppe der Festgenommenen im Transport. Gedalyahu drängte sich in ihre Nähe, um ihnen Mut zuzusprechen. Die Deutschen stießen ihn weg, aber er konnte noch Edeks letzte Worte verstehen: »Wir werden ihnen noch geben, was sie verdienen. Macht weiter!« Seine Worte schienen widerzuhallen: »Wir werden ihnen geben, was sie verdienen... Macht weiter...« Sie hatten die Hände erhoben. Die Deutschen durchsuchten ihre Kleider und Taschen und warteten ab. Edek stand an der Spitze der Gruppe mit glühendem Gesicht und brennenden Augen.

Wir sahen sie nie wieder, weder Edek noch die Mitglieder seiner Kampfgruppe. Der Transport verließ das Ghetto, und noch von weitem konnten wir sehen, wie Schläge auf die Köpfe unserer Kämpfer regneten und wie sie voller Stolz zurückschlugen, die SS-Männer bissen und ihre Nägel in ihr Fleisch gruben. Auch an diesem Tag hatte sich Barasz geweigert, die »Scheine« auszustellen. Nicht einmal die Tatsache, daß sein Freund Edek sich in der Gruppe befand, hatte ihn dazu bewegen können. Auch Mordechais später Einmischungsversuch beeinflußte ihn nicht. Vielleicht hatte er Angst, den Aufständischen beizustehen, aber eher steckte sein unterdrückter Wunsch, sie loszuwerden, dahinter. War er der Pontius Pilatus von zehntausenden Gekreuzigten? War er schuld daran, daß die Deutschen sie abgeschleppt hatten?

So fand Edek sein Ende, unser erster Kommandant und unser erster organisatorischer Leiter. Aus der Ferne erreichten uns schwache Echos. Menschen, die im selben Wagen wie er gewesen waren und später gerettet wurden, erzählten von diesem tapferen Kommandanten, der zusammen mit seinen Genossen beschlossen hatte, nicht vom Zug zu springen. Sie halfen nur anderen dabei. Als die Insassen des Zuges in Treblinka ausgeladen wurden, halb ohnmächtig und jeden Willens beraubt, organisierten Edek und seine Genossen einen Aufstand, damit die Juden nicht willenlos in den Tod gingen. Sie wurden auf der Schwelle des Verbrennungsofens erschossen, aber sie haben ihn nicht betreten. Sie ermutigten die anderen Juden, zu fliehen und wurden selbst erschossen.... So wurde es uns berichtet.

Wir schreiben das Jahr 1949, das Gras vor meinem neuen Zuhause ist grün. Der Wind, der vom Meer her kommt, weht die goldenen Wassertropfen aus dem Sprinkler über den blühenden Garten. Welch ein Traum von heiterer Gelassenheit! Diese Ruhe hüllt einen ein und zwingt einen, sich zu entspannen, zu vergessen oder sich doch nur in friedvoller Stimmung »jener Tage« zu erinnern. Sie entschwinden im Zwielicht, und die frischen Stimmen der spielenden Kinder vertreiben die Nachdenklichkeit.

Nein. Ich kann nicht. Ich zittere, wenn ich mich an die Vergangenheit erinnere. Das Vergessene wühlt in mir und gibt mir keine Ruhe, da helfen auch kein grüner Rasen und keine goldenen Tropfen aus der Sprinkleranlage. Dieser Aufstand freier Menschen hat nicht stattgefunden, damit man später gemütlich seufzen konnte über den Kampf der Jugend gegen das Böse und für den Fortschritt der Menschheit. An jenem Sonntag, dem 25. Februar 1943, war die Luft kalt und feucht gewesen. Wir wollten mit all unserer Kraft die Belagerung durchbrechen, zu großen Taten aufbrechen, zu einer großen Rache, die die Fundamente der Welt der Eroberer erschüttern sollte.

Der Abend war grau, und der Horizont wurde von der dampfenden Feuchtigkeit des Winters verschluckt. Die Schwierigkeiten und die Opfer wurden täglich mehr. Und Schritt für Schritt stärkten wir in unseren Herzen die Fähigkeit, standhaft zu bleiben. Standhaft im Schmerz über den Tod eines Genossen, der dir der liebste von allen war, und den du nie wiedersehen wirst. Bleib standhaft gegen die Trauer und gegen deine Ohnmachtsgefühle angesichts eines sieghaften Gegners. Bleib standhaft gegen das Bedürfnis, aus der Realität zu flüchten, gegen das Bedürfnis, Geduld und Disziplin aufzugeben.

Juden werden gezwungen, die Ghettomauern zu bauen

Kontrolle am Ghettotor

Der Brunnen, durch den man in den Bunker auf der Chmielna-Straße gelangte

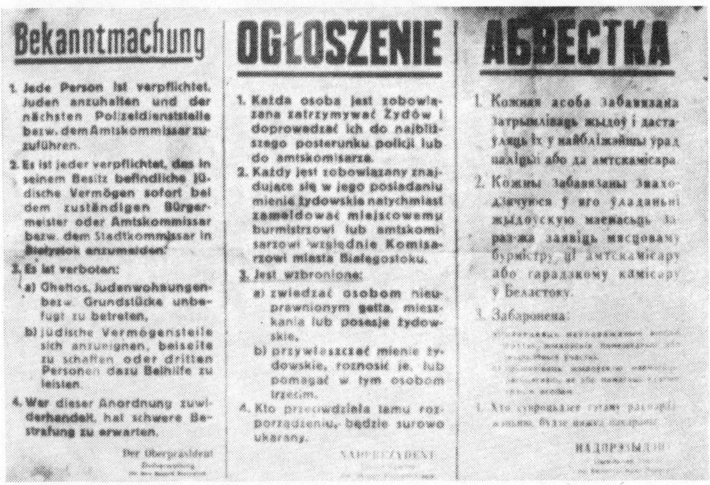

Bekanntmachung

1. Jede Person ist verpflichtet, Juden anzuhalten und der nächsten Polizeidienststelle bezw. dem Amtskommissar zuzuführen.
2. Es ist jeder verpflichtet, das in seinem Besitz befindliche jüdische Vermögen sofort bei dem zuständigen Bürgermeister oder Amtskommissar bezw. dem Stadtkommissar in Bialystok anzumelden.
3. Es ist verboten:
   a) Ghettos, Judenwohnungen bezw. Grundstücke unbefugt zu betreten,
   b) jüdische Vermögensteile sich anzueignen, beiseite zu schaffen oder dritten Personen dazu Beihilfe zu leisten.
4. Wer dieser Anordnung zuwiderhandelt, hat schwere Bestrafung zu erwarten.

Der Oberpräsident [illegible]

OGŁOSZENIE

1. Każda osoba jest zobowiązana zatrzymywać Żydów i doprowadzać ich do najbliższego posterunku policji lub do amtskomisarza.
2. Każdy jest zobowiązany znajdujące się w jego posiadaniu mienie żydowskie natychmiast zameldować miejscowemu burmistrzowi lub amtskomisarzowi względnie Komisarzowi miasta Białegostoku.
3. Jest wzbronione:
   a) zwiedzać osobom nieuprawnionym getta, mieszkania lub posesje żydowskie,
   b) przywłaszczać mienie żydowskie, roznosić je, lub pomagać w tym osobom trzecim.
4. Kto przeciwdziała temu rozporządzeniu, będzie surowo ukarany.

NADPREZYDENT [illegible]

АБВЕСТКА

1. Кожная асоба забавязана затрымліваць жыдоў і дастаўляць іх у найбліжэйшы урад паліцыі або да амтскамісара.
2. Кожны забавязаны знаходзячуюся ў яго уладаньні жыдоўскую маемасьць зараз-жа заявіць мясцоваму бурмістру ці амтскамісару або гарадзкому камісару ў Беластоку.
3. Забаронена:
   [illegible]
4. [illegible]

[illegible]

»Bekanntmachung«, herausgegeben in deutsch, polnisch und russisch, vom Präsidenten der deutschen Zivilverwaltung

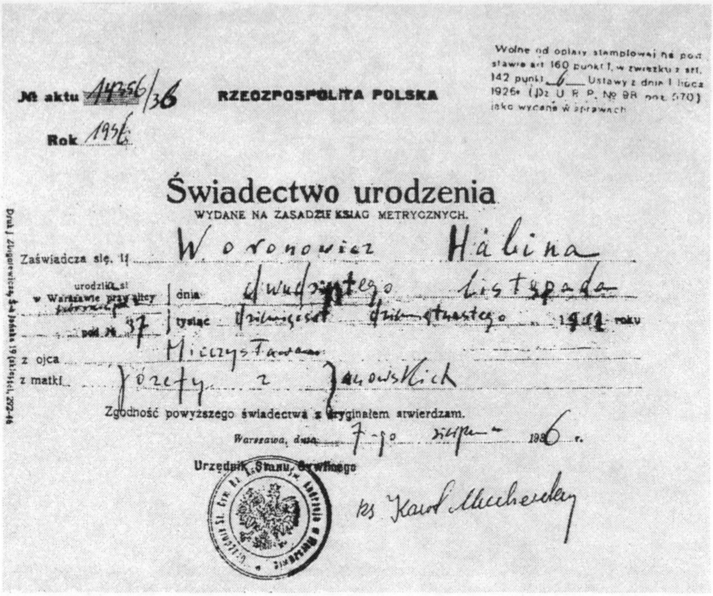

Wolne od opłaty stemplowej na podstawie art. 160 punkt I, w związku z art. 142 punkt 6 Ustawy z dnia 1 lipca 1926 r. (Dz. U. R. P. № 98 poz. 570) jako wydane w sprawach

№ aktu [illegible]/36 RZECZPOSPOLITA POLSKA

Rok 1936

Świadectwo urodzenia

WYDANE NA ZASADZIE KSIĄG METRYCZNYCH.

Zaświadcza się, iż Woronowicz Halina

urodziła się w Warszawie w parafii ... dnia dwudziestego listopada

tysiąc dziewięćset dziewiętnastego 1919 roku

pod № 37

z ojca Mieczysława

z matki Józefy z Janowskich

Zgodność powyższego świadectwa z oryginałem stwierdzam.

Warszawa, dnia 7-go sierpnia 1936 r.

Urzędnik Stanu Cywilnego

ks. Karol [illegible]

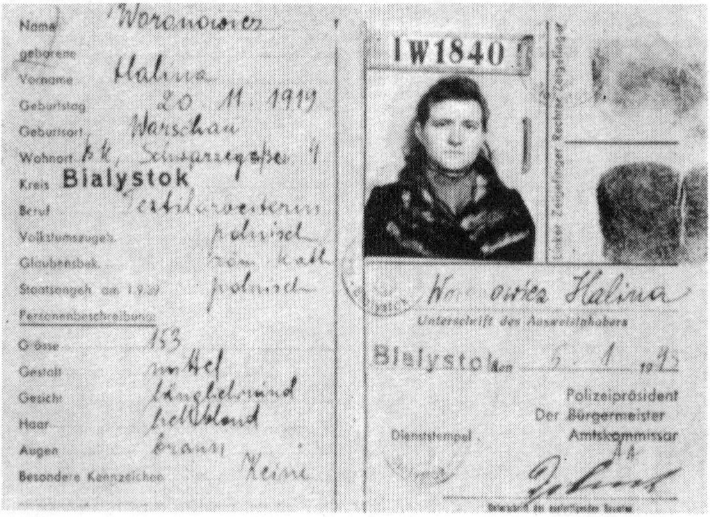

Name Woronowicz

geborene

Vorname Halina

Geburtstag 20. 11. 1919

Geburtsort Warschau

Wohnort Bk, Schwarzegasse 4

Kreis Bialystok

Beruf Textilarbeiterin

Volkstumszugeh. polnisch

Glaubensbek. röm. kath.

Staatsangeh. am 1.9.39 polnisch

Personenbeschreibung

Grösse 153

Gestalt mittel

Gesicht länglichrund

Haar hellblond

Augen braun

Besondere Kennzeichen keine

IW1840

Linker Zeigefinger Rechter Zeigefinger

Woronowicz Halina

Unterschrift des Ausweisinhabers

Bialystok, den 5. 1. 194[illegible]

Polizeipräsident

Der Bürgermeister

Amtskommissar

Dienststempel

Mordechai Tenenbaum, der Anführer des Białystoker Ghetto-Aufstandes

Zerah Zilberberg

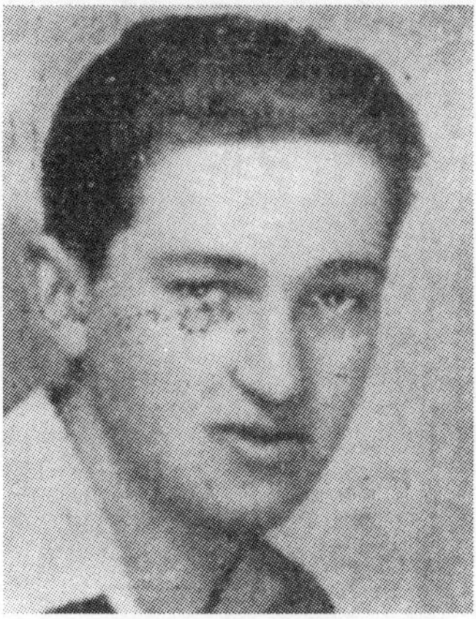

Edek Boraks, der erste Anführer des Białystoker Ghetto-Widerstandes

Tamara Sznajderman

Linke Seite oben: Chaika Grossmans falsche »arische« Geburtsurkunde

Linke Seite unten: Chaika Grossmans falsche Identitätskarte, ausgestellt auf den Namen Halina Woronowicz

Liza Czapnik

Daniel Moszkowicz

Bronia Vinicka

Rivkele Madaiska

Joseph Kaplan

Tosia Altman

Lonka Kozibrodska

Frumka Plotnicka

Marek Buch

Yandzia Liboch

Marylka Roszicka, mit ihrer Tochter, nach dem Krieg

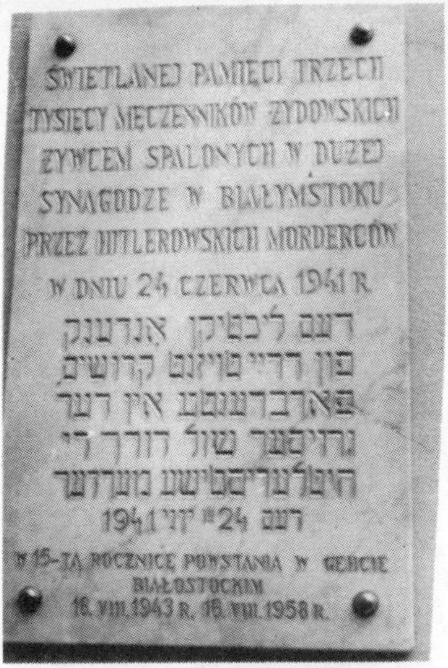

Die Gedenktafel für die 3000 Juden, die 1941 in der großen Synagoge von Białystok lebendigen Leibes verbrannt wurden

Liza Czapnik, Hassia Bielitzka, Anja Rud

Hassia Bielicka

Otto Busse (1963)

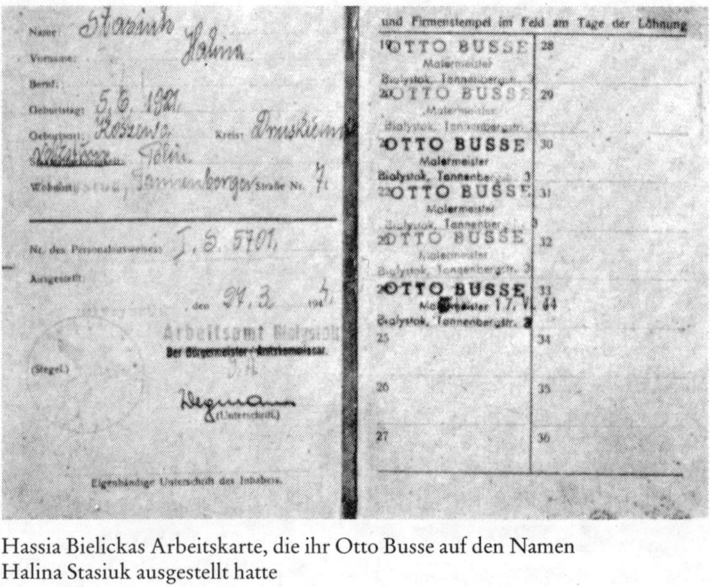

Name: Stasiuk
Vorname: Halina
Beruf:
Geburtstag: 5.6.1921
Geburtsort: Roszenta Kreis: Druskienniki
Polen
Wohnort: Tannenberger Straße Nr. 7
Nr. des Personalausweises: J. S. 5701
Ausgestellt:
den 24.3.
Arbeitsamt
(Siegel.)
(Unterschrift.)
Eigenhändige Unterschrift des Inhabers.

und Firmenstempel im Feld am Tage der Löhnung

19 OTTO BUSSE Malermeister Bialystok, Tannenbergstr.	28
20 OTTO BUSSE Malermeister Bialystok, Tannenbergstr.	29
OTTO BUSSE Malermeister Bialystok, Tannenbergstr. 3	30
22 OTTO BUSSE Malermeister Bialystok, Tannenbergstr. 3	31
23 OTTO BUSSE Malermeister Bialystok, Tannenbergstr. 3	32
OTTO BUSSE Malermeister 17. VI. 44 Bialystok, Tannenbergstr. 3	33
25	34
26	35
27	36

Hassia Bielickas Arbeitskarte, die ihr Otto Busse auf den Namen Halina Stasiuk ausgestellt hatte

Das Mausoleum für die Märtyrer Białystoks auf dem städtischen Friedhof

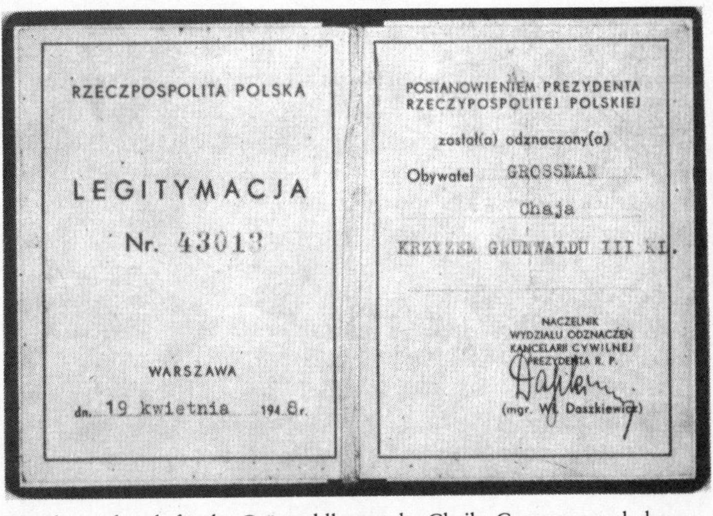

RZECZPOSPOLITA POLSKA

LEGITYMACJA

Nr. 43013

WARSZAWA

dn. 19 kwietnia 1948 r.

POSTANOWIENIEM PREZYDENTA
RZECZYPOSPOLITEJ POLSKIEJ

został(a) odznaczony(a)

Obywatel GROSSMAN
Chaja

KRZYŻEM GRUNWALDU III Kl.

NACZELNIK
WYDZIAŁU ODZNACZEŃ
KANCELARII CYWILNEJ
PREZYDENTA R. P.

(mgr. Wł. Daszkiewicz)

Die Ehrenurkunde für das Grünwaldkreuz, das Chaika Grossman nach dem Krieg von der polnischen Regierung verliehen wurde

19
Das Mädchen aus Grodno

Um sechs Uhr abends schlich ich mich über Ollas Hof zurück in die Stadt und machte mich sofort auf die Suche nach Hanka.

Es war dunkel und kaum ein Mensch auf der Straße. Aus den Häusern konnte man gelegentlich ein schwaches Licht sehen. Die angeordnete Verdunkelung verstärkte noch die Stille und Finsternis. Nur die Stiefelschritte der Patrouillen waren zu hören. Wo sollte ich nach Hanka suchen? Aus Sicherheitsgründen oder aus Abneigung dagegen, in unser kaltes leeres Zimmer zurückzukehren, ging ich zu Sarah Dabeltoff. Die Treppe, die zu ihrem Dachboden führte, knarrte unter meinen Füßen. Die Tür war von außen verschlossen. Es war halb sieben Uhr abends. War Sarah noch nicht von der Arbeit zurück? Sie wußte doch, daß die beiden Männer darauf warteten, daß sie ihnen Neuigkeiten und etwas zu essen brachte. Oder wußten sie schon, daß die *aktzia* zu Ende war und sie in das Ghetto zurück konnten? Zerah hatte uns davor gewarnt, jetzt schon zurückzukommen, da das Ghetto sich noch immer im Belagerungszustand befand. Er hatte angeordnet, daß wir warten sollten, bis die ganzen Wachen wieder abgezogen waren, und ich hatte diese Anweisung an Sarah weitergegeben. Warum hatte sie die beiden so früh schon gehen lassen? Oder war auch hier etwas passiert? Womöglich in Zusammenhang mit Hankas Verschwinden?

Ich stand verunsichert vor der Tür und beschloß, noch ein Weilchen zu warten. Langsam verstrichen die Minuten. Die Dunkelheit hüllte das Treppenhaus in einen schwarzen Schleier. Schließlich ging ich leise wieder hinunter, um mein Glück in der Wesoła-Straße 17 zu versuchen. Als ich auf halber Höhe war, öffnete sich die Tür zur Wohnung der Hausbesitzer mit einem Ruck, und ich wurde vom grellen Licht geblendet. Es war der Vermieter. Groß und aufrecht stand er auf der Schwelle und sah mich zornig an.

»Ich ... ich wollte Ihre neue Mieterin besuchen.«

»Ach, Sie sind das? Bitte, treten Sie ein, wir erzählen Ihnen gerne, wo sie ist.«

Sein Tonfall wurde immer wütender und härter. Jetzt war mir der Rückweg abgeschnitten. In der Küche saß die ganze Familie, eine Frau, ein älterer Mann, der ältere Sohn und, ich weiß nicht mehr, wie viele Kinder.

»Warten Sie hier. Ich ziehe mich um, und dann gehen wir zum Kommissariat«, sagte der Vermieter. Mein Herz schlug laut. Sarah war erwischt worden, und die beiden Männer lebten vermutlich nicht mehr. Ich wandte mich an die anderen. Sie sahen weg und schwiegen. Sie hatten offensichtlich beschlossen, die Sache ohne Verzug hinter sich zu bringen.

»Panowie«, sprach ich sie an, »vielleicht könnten Sie mir erklären, was eigentlich passiert ist. Schließlich bin ich für Sie keine Fremde, und als Polen und kultivierte Menschen können Sie sich nicht so verhalten. Sie sind doch keine Deutschen.«

Der Hieb saß. Sie wurden alle sehr aufgeregt.

»Was, Deutsche? Was heißt hier Deutsche? Wir wollen nicht, daß unsere Kinder wegen euch sterben müssen. Meinst du, ihr wärt uns mehr wert als unsere Kinder? Das hier wurde heute von den Gendarmen geschlagen, und sie werden es wieder schlagen, vielleicht sogar totprügeln, wenn wir dich laufenlassen.«

Aus ihren wütenden Entgegnungen auf meine Patriotismuspredigt reimte ich mir zusammen, was geschehen war: Sarah war wie immer morgens zur Arbeit gegangen und hatte die Tür verriegelt. Am Nachmittag war eine Polin, offenbar eine Kollaborateurin, in Begleitung eines deutschen Offiziers gekommen und hatte gesagt, sie suche ein Zimmer. Der Vermieter hatte erwidert, es seien alle Räume belegt. »Das ist mir egal«, hatte sie erklärt, »Sie werden mir schon eines beschaffen«, und dann hatte sie alle Zimmer inspiziert. Sie hatte am Schloß von Sarahs verschlossener Tür herumgefummelt, der angetrunkene Offizier hatte ihr dabei geholfen. Als sie die Tür geöffnet hatten, hatten sie die beiden Männer im Zimmer vorgefunden. Der Deutsche, der die Situation nicht ganz überblickte, hatte sie nach ihren Papieren gefragt. Chaim aus Grodno hatte ihm seine gegeben, und der Deutsche war es zufrieden gewesen. Aber die Polin hatte gelacht:

»Was willst du von ihnen? Siehst du nicht, daß das Juden sind?«

»Woher weißt du das?« hatte der Offizier zurückgefragt, erstaunt über die Kenntnisse seiner Geliebten.

»Schau dir nur ihre Gesichter an! Und was meinst du wohl, warum die hier in einem Zimmer sitzen, das von außen abgesperrt ist?«

Das hatte den Deutschen noch mehr verwirrt. Anstatt sie sofort festzunehmen, hatte er herumgeschrien, vielleicht hatte er Angst. Jedenfalls hatten die beiden das Durcheinander ausgenutzt, das Fenster eingeschlagen und waren auf die Straße gesprungen. Alle Nachbarn, Kinder wie Erwachsene, waren ihnen hinterhergerannt. Einer hatte entkommen können, der andere war erwischt worden.

Die Gendarmen hatten dann dem Vermieter damit gedroht, daß die Gestapo, wenn sie erfuhr, daß er Leute, die seine Untermieterin besuchen wollten, nicht sofort der Polizei übergab, ihn und seine Familie bestrafen würde. Sie hatten seinen ältesten Sohn geschlagen, bis er blutete, ihn mit ihren genagelten Stiefeln getreten und gefoltert, nur weil es den Leuten im Haus nicht gelungen war, auch den zweiten Juden einzufangen. Sie hatten verkündet, daß die ganze Familie ein schreckliches Ende nehmen würde, wenn sie nicht jeden meldete, der versuchte, in diesen Dachboden zu gelangen.

Welcher von den beiden war entkommen, und welchen hatten sie erwischt? Ich wußte es nicht.

Mein Hirn arbeitete hektisch: Gib nicht auf! Nutz jede Chance. Sarah war von der Arbeit nach Hause gekommen, und sie hatten sie bereits erwartet. Sie hatten das Schloß wieder in Ordnung gebracht, damit alle, die noch kamen, in die Falle gingen. Nun saß ich hier. Vor mir Sarah, vor Sarah Chaim oder Hazek, vor ihnen – Hanka und davor – Edek, der die Liste unserer jüngsten Opfer anführte.

Der Vermieter packte meine Hand. Spürte er, daß ich die Absicht und den Willen hatte, mich zu wehren, zurückzuschlagen?

»Ihr habt also beschlossen, mich der Gestapo auszuliefern?«

Es war plötzlich ganz still in der Küche. Die Frau gab ihrem Mann ein Zeichen, näher zu kommen. Er wußte genau, was sie vorhatte, und fing wieder an zu brüllen.

»Frau, ist dir diese Fremde mehr wert als dein eigener Sohn, als deine Kinder und dein Mann? Es ist nicht unsere Schuld, daß sie sich in schmutzige Geschäfte hat verwickeln lassen. Alle Nachbarn haben sie kommen sehen, was machst du, wenn die Hure von gegenüber uns verrät? Nein! Willst du, daß ich im Gefängnis verrotte oder zu Tode gefoltert werde wegen der hier? Zum Teufel, du weißt ja nicht einmal, wer sie ist! Vielleicht ist sie ja auch eine Jüdin? Nein! Du kommst jetzt auf der Stelle mit mir!«

Ich ging mit, allein schon um aus der erstickenden Atmosphäre dieser Küche herauszukommen. Eine Welle kühler Feuchtigkeit schlug mir ins Gesicht. Mein Kopf wurde wieder klar. Ich darf nicht aufgeben. Die Bewegung braucht mich, wir werden immer weniger. Ich will nicht sterben. Er hielt meine Hand fest. Die Dunkelheit war bedrückend. Ich ging ruhig und ergeben neben ihm her. An der Ecke versuchte ich meine Hand loszubekommen, aber er grub mir die Nägel ins Fleisch. Da fiel ich über ihn her und biß ihm in die Hand. Er schrie vor Schmerz, ließ mich aber nicht los.

»Laß mich los, du Bastard!«

»Ich denk nicht dran, ich hab Angst vor den Deutschen.«

»Es erfährt doch keiner. Sag deiner Familie, du hast mich auf der Gendarmerie abgeliefert. Dir passiert nichts, und außerdem kannst du noch ein gutes Gewissen behalten, weil du nicht für die Gestapo gearbeitet hast.«

»Nein, ich hab Angst, daß es herauskommt.«

Mir wurde klar, daß ich ihn nicht überzeugen konnte. Er war bewußtlos vor Angst. Seinesgleichen konnte man nicht überzeugen. Die meisten Menschen in diesem Land waren wie er, Sklaven der Nazis aus reiner Furcht. Ich lief ein paar Schritte weiter und zog plötzlich meine Hand aus seiner Umklammerung. Es tat sehr weh. Ich war kaum losgerannt, als er mich auch schon einholte und zurückzerrte.

»Nein, du entkommst mir nicht, psia krew! Sieh mal einer, wie stark sie ist! Wegen dir bringe ich mich nicht in Gefahr. Aber ich schaffe es wohl nicht, dich zum Kommissariat zu schleppen«, murmelte er in seinen Schnurrbart und zerrte mich zurück zum Haus.

Nun saß ich wieder in der Küche. Alle Türen waren verriegelt, und der Mann beobachtete mich genau, damit ich mich keinen Millimeter aus dem Stuhl bewegte. Es war schon acht Uhr oder vielleicht noch später, als zwei Gendarmen eintraten. Dieser großgewachsene kräftige Bauer war vor lauter Panik nicht imstande gewesen, mich auf das Kommissariat zu bringen, er hatte jemanden geschickt, um die Gendarmen zu holen. Nun füllten sie, bewaffnet und vor Gesundheit strotzend in ihren grünen Uniformen, die ganze Küche aus.

»Papiere!«

Meine Papiere waren in Ordnung, mein deutscher Paß war auf den Namen Halina Woronowicz ausgestellt. Erst vor kurzem hatte ich ihn auf dem Polizeipräsidium abgeholt. Auch meine Arbeitskarte war gültig, sie stammte von Schade. Die Gendarmen wußten nicht, was tun. Meinen Papieren nach war ich unzweifelhaft Polin, und ich hatte sogar den neuen Paß.

»Wie sind Sie hierhergekommen? Was haben Sie mit den Juden zu tun? Offensichtlich sind Sie auch Jüdin«, sagte einer von ihnen. Er war größer als der andere und jünger. Er sah amüsiert aus, mit sich selbst zufrieden, und er verhielt sich recht höflich.

»Ich verstehe nicht, könnten Sie mir das bitte übersetzen.«

Die Polen wollten mir gerade sagen, worum es ging, aber der Deutsche glaubte erst einmal nicht, daß ich seine Sprache nicht verstand. Er versuchte, mich mit einer deutschen Frage in die Falle zu locken. Ich blieb aber vorsichtig.

»Ich verstehe nicht. Sie müssen mir das übersetzen.«

Der Gendarm wurde unsicher.

»Wer von Ihnen kann ihr das auf polnisch übersetzen? Wer kann deutsch?« Ein etwa sechzehnjähriger Junge stand auf. Als der Deutsche zu reden aufhörte, wandte ich mich an ihn. Er verwechselte einige Worte, und ich antwortete seinen Fehlern entsprechend.

»Wo ich arbeite? Hier, das steht doch auf meiner Arbeitskarte.«

Der Gendarm wurde wütend. »Aber ich habe gefragt, wo Sie wohnen!« schrie er. Der Junge wurde rot vor Anstrengung, alles richtig zu übersetzen, und ich hatte ein paar Sekunden, mir meine Antworten genau zu überlegen.

»Was haben Sie mit den Juden zu tun, wenn Sie selber keine sind?«

»Also erstens wußte ich nicht, daß sie Jüdin ist. Ich kenne sie schon sehr lange, und meines Wissens nach ist sie Polin.«

»Antworten Sie endlich auf meine Frage! Was haben Sie mit ihr zu schaffen?«

»Ich wollte ihr Möbel für ihr neues Zimmer verkaufen. Ich habe gebrauchte Möbel.«

»Wo wohnen Sie?«

Ich bemühte mich, darauf nicht zu antworten, obwohl er mich dreimal fragte. Ich schob mein Unverständnis auf den Übersetzer, schließlich konnte ich nicht deutsch. Langsam hatten sie das Spielchen satt, sahen meine Papiere durch und fanden die Eintragung, daß ich in der Wesoła-Straße 17 gemeldet war. Die Wohngenehmigung war ausdrücklich auf zwei Personen ausgestellt.

»Diese Genehmigung gilt für zwei Personen. Wer ist die andere Person?«

»...«

»So, jetzt reicht es mir, du Schlampe! Wir gehen jetzt direkt zu dir, in die Wesoła-Straße. Komm, Hans, wir gehen, du siehst ja, daß wir aus der nichts herauskriegen.«

Wir stapften durch die Pfützen. Das Wasser lief mir durch die abgelaufenen Gummisohlen in die Schuhe. Wir liefen über leere Felder, wo wir noch tiefer im Wasser versanken. Aber sie ließen mich nicht aus den Augen. Einer ging rechts, einer links von mir. Es gab kein Entkommen. Hier standen nur ein paar vereinzelte Häuser, es gab keine Straßen und keine Höfe. Nun gut, wenn ich es mit Gewalt nicht schaffte, dann vielleicht mit List.

»Jesusmaria, sind meine Füße naß«, begann ich mitleiderregend zu jammern. Außer dem Jesus und Maria verstanden sie kein Wort. Aber sie verstanden sehr wohl, daß hier eine Frau mit sanfter Stimme um Trost flehte. Ich zeigte ihnen meine nassen Füße. Der Jüngere mit den kalten grünen Augen drückte meine Hand ein klein bißchen weniger fest.

»Hast du das gehört, Hans, sie sagt, sie hat nasse Füße, ha ha ha! Hast du gehört, sie hat Jesus und Maria gesagt, ha ha ha!«

Ich lachte mit. Als wir in der Wesoła-Straße ankamen, hatte ich meine Selbstbeherrschung wiedergefunden.

Hanka war nicht zu Hause. Das Fenster war dunkel. Der junge Gendarm wurde langsam zugänglicher, er lachte laut über jeden polnischen Ausdruck, den ich gebrauchte. Er versuchte sogar, selber ein paar Brocken Polnisch anzubringen. Der zweite sah ihn mißtrauisch an und erinnerte ihn daran, daß sie hier waren, um mein Zimmer zu durchsuchen. Den Schlüssel hatte mein Vermieter. Das war schlecht. Andernfalls hätten sie sich vielleicht damit begnügt, einen Blick auf mein Zimmer zu werfen, aber so würden sie ihn sicher ausfragen. Ich hatte keine Wahl. Die Frau des Besitzers gab ihnen den Schlüssel, und sie durchsuchten mein leeres Bett, die Schubladen, alles. Die Bettlaken und Taschentücher wurden sorgfältig nach eventuellen jüdischen Monogrammen überprüft. Sie inspizierten auch die Nische über dem Bett, fanden aber nichts. Das Geld und die Papiere, die ich auf dem Zimmer hatte, waren hinter der Tapete versteckt.

»Wem gehört dieser Herrenhut?« Er gehörte Hazek.

»Meinem Freund«, sagte ich und zwinkerte dem jüngeren der beiden zu. Er zwinkerte zurück.

Aber sein Kamerad gab nicht auf. Wo war meine Mitbewohnerin? Auf dem Flur hing eine Liste der Hausbewohner. Daraus war ersichtlich, daß in diesem Zimmer eine Halina Woronowicz und eine Anna Kovalska wohnten.

»Wo ist sie?«

»Ich weiß es nicht, vermutlich bei ihrem Freund.«

»Wie? Es ist fünf nach neun«, er zeigte auf seine Uhr. »Seit neun herrscht Ausgangssperre.«

»Aber sie ist dort«, sagte ich und gestikulierte mit beiden Händen. Um ihnen verständlich zu machen, daß sie dort übernachtete, legte ich den Kopf zur Seite und schloß die Augen. Der jüngere Gendarm war geneigt, mir zu glauben, aber sein Partner ließ nicht nach. Sie gingen in die Küche der Vermieter. Der Mann wurde blaß, seine Frau zitterte. Sie erzählte ihnen, daß die andere Mieterin vor zwei Tagen aus dem Haus gegangen und seitdem nicht zurückgekommen war und in einem anderen Zimmer eine junge Frau schon seit Mittag auf Halina Woronowicz wartete und behauptete, sie sei ihre Kusine.

Die Gendarmen verstanden kein Wort, aber ich wußte jetzt, daß Hanka nicht zurück war und daß jemand auf mich wartete. Es konnte nicht mehr lange dauern, bis auch die Gendarmen das herausfanden und ihnen noch eine in das Netz ging. Ich versuchte, die Aufmerksamkeit des Jüngeren auf mich zu lenken. Ich lachte laut, lehnte mich an ihn und tat so, als wollte ich ihn in mein Zimmer ziehen. Er folgte mir, aber die Vermieterin gab keine Ruhe und deutete dauernd auf das andere Zimmer. Die Gendarmen verloren die Geduld, und der eine ging endlich hinein. Ich blieb mit der Vermieterin und dem Jungen in der Küche. Aus der halb geöffneten Tür hörte ich:

»Du eine Jüdin, nein?«[1] und dann eine Ohrfeige.

1 *Im Original deutsch*

»Ihre Papiere sind gefälscht, der Stempel ist gefälscht, ich kenne dieses Zeug aus Druskininkai.«

»Ich bin Jüdin.«

Wieder ein Schlag und dann das Geräusch von jemandem, der hinfällt. Jetzt zerrte er sie über den Fußboden in die Küche. Das Mädchen war sehr jung. Ich kannte sie, es war Chana Jezerska vom Grodnoer Haschomer Hatzair. Wir hatten sie nicht mehr warnen können, daß diese Adresse unsicher war. Sie sah mich, schaute mich aber nicht an.

»Ich bin gekommen, um mich ein wenig auszuruhen«, sagte sie in gebrochenem, aber verständlichem Deutsch.

Chana erklärte, daß sie zufällig zu Frau Slovatzki gekommen war, weil sie sich von einer langen Reise erholen wollte. »Und morgen werdet ihr mit mir machen, was ihr mit allen Juden macht. Los, tötet mich gleich, bringt es hinter euch.«

Die Gendarmen staunten. Der Ältere murmelte:

»Wenn du nicht wärst, was du bist, würde dich niemand töten.«

»O ja, natürlich«, sagte sie spöttisch, »die Juden haben diesen Krieg gewollt, die Juden sind die Ursache für alle Übel dieser Welt, stimmt's?« Chana stand mit hocherhobenem Kopf aufrecht vor ihnen. Vergeblich gab ich ihr hinter dem Rücken der beiden Zeichen, still zu sein. Vergebens versuchte ich ihr zu signalisieren, daß sie die Hauptsache nicht aus den Augen verlieren durfte: nie die Brücke zum Leben verbrennen oder dem Druck des Gegners zu schnell nachgeben. Sie schäumte vor Haß.

»Ja, ich bin Jüdin, und ich hasse euch! Ich hasse euch!«

Ein großer Klumpen Spucke landete auf der grünen Uniform des Gendarmen. Die beiden waren schockiert.

»Intelligentes Mädchen«, versuchte einer von ihnen zu scherzen. Der andere holte die Handschellen hervor und fesselte Chanas dünne Handgelenke. Er befahl dem Vermieter, sich anzuziehen, und nahm uns beide mit. Auf der Türschwelle begegneten wir dem Nachbarn, der Hankas Kommen und Gehen aufmerksam beobachtet hatte.

»Ich wollte Ihnen nur sagen«, wandte er sich auf polnisch an die Gendarmen, »daß die andere Mieterin dieses Zimmers Jüdin ist und seit zwei Tagen im Gefängnis sitzt.« Ich blieb stehen. Hanka im Gefängnis! In ein paar Stunden würden wir uns womöglich alle dort treffen, Sarah, Hanka, Chana, ich... und wer weiß wer noch alles.

Es war schon spät, außer uns war niemand mehr auf der Straße. Der Vermieter lief schweigend und traurig neben mir her. Chana ging vor uns. Ihre Hände waren gefesselt, ihr Kopf hoch erhoben, ihr wildes Haar wehte im Winterwind. Sie schenkte mir keinerlei Beachtung. Sie wollte jede Andeutung einer Bekanntschaft zwischen uns vermeiden.

»Chana, wenn wir einen letzten Versuch wagen wollen, müssen wir das jetzt machen, hier, auf dem Weg zur Polizeistation. Chana, nimm all deine Kraft zusammen für einen letzten Versuch, wir haben nicht mehr viel Zeit.«

Chana tat, als hörte sie nicht, und ging aufrecht weiter. Sie schüttelte nur leicht ihr glänzendes blondes Haar und signalisierte mir damit ihre Weigerung. Ich konnte ihr Flüstern kaum verstehen: »Über dich wissen sie nichts. Versuch du's. Aber misch dich nicht in meine Angelegenheiten. Ich bin fertig.«

Ich hing mich wieder an den jungen Gendarmen. »Jesusmaria, was hetzt ihr uns in dieser verfluchten Dunkelheit herum? Es ist naß, schau dir nur meine Schuhe an, sie sind voll Wasser. Am Ende hole ich mir noch eine Erkältung.« Ich hob ein Bein hoch und hielt es ihm fast unter die Nase.

Ich weiß nicht, was ich sonst noch daherplapperte. Ich mischte ordinäre deutsche Ausdrücke unter mein Polnisch, lachte viel und forderte ihn auf, die »Jiduvka« zur Hölle zu schicken. Wozu schleppte er sie mit sich herum? Schließlich würden sie ohnehin alle getötet in ihrem verfluchten Ghetto. Warum kümmerte er sich um sie statt um mich? Er könnte sie doch zum Ghettotor bringen, und da würden sie mit ihr machen, was sie wollten. Und ich könnte ihn treffen, wann immer er wollte. Ich lachte wieder, und er ging erfreut auf mein Angebot ein. Heute noch würde er die Jüdin ins Ghetto schicken. Er würde sie nur bei der Polizei registrieren lassen. Das taten sie immer, wenn sie eine Jüdin auf der Straße erwischten. Und mich... mich wollte er morgen um fünf Uhr treffen.

Ich kümmerte mich nicht um den Vermieter. Er würde in jedem Fall aussagen, daß Chana gekommen war, um mich zu besuchen, und sich als meine Kusine ausgegeben hatte. Der dumme Gendarm wußte noch immer nicht Bescheid. Aber wenn er uns jetzt nicht gehen ließ, bevor wir das Kommissariat erreichten, war dieses ganze Theater sinnlos. Dann bliebe nur die bittere Erinnerung an mein clownesk-tragisches Gelächter und seine blöden Antworten, an sein gräßliches Gesicht und seine ekelerregenden Obszönitäten.

Ich fing wieder damit an, daß dieses stinkende Mädchen ins Ghetto gehörte und nicht unter anständige Leute. Wenn er sie nicht sofort wegschickte, würde ich mich morgen nicht mit ihm treffen. Jesusmaria! Mein Glaube verbot mir, Leute zu verletzen, selbst wenn sie meine Feinde waren. Ich wollte nicht von ihrem Blut befleckt werden. Er solle diese Arbeit anderen überlassen. Ich lachte und lehnte mich an ihn. Warum merkte dieser Idiot nicht, daß mein Polnisch schon längst mit einer Menge deutscher Ausdrücke durchsetzt war? Er durchschaute mich nicht. Aber unser Weg wurde immer kürzer, und schließlich zögerte der Mann und sah seinen Kameraden an. Der zog ihn am Ärmel:

»Nun komm, hast du heute abend nichts Besseres vor? Ich will endlich ins Bett. Wir übergeben die beiden, und dann haben wir unsere Ruhe.«

Nun standen wir vor der Polizeistation. Wir betraten einen großen Raum. In zwei Ecken standen zwei Schreibtische. An einem saß ein gedrungener Offizier in Uniform. Unser Gendarm erstattete ihm in militärischer Haltung Bericht:

»Die eine ist Polin, Chef. Wir haben sie in der Wohnung einer Jüdin angetroffen. Das ist der Hausbesitzer, auch Pole. In seinem Haus haben wir die Jüdin gefunden.« Er deutete auf Chana. »Sie ist eine richtige Jüdin und haßt die Deutschen.«

»Kommen Sie«, sagte der Chef zu mir. Der Gendarm mischte sich ein: »Sie kann kein Deutsch.«

Sein Chef ließ sich davon nicht beeindrucken. »Kommen Sie, wie heißen Sie?«

»Ich verstehe nicht«, sagte ich schon automatisch auf polnisch.

»Holen Sie einen Dolmetscher«, befahl er. Nun stand ein Pole vor mir und übersetzte Wort für Wort.

»Ihr Name. Familienname, Name der Eltern, Arbeitsstelle, Adresse.«

Ich beantwortete alle Fragen.

»Papiere.«

Ich überreichte meine Papiere.

»Alles in Ordnung«, erklärte der Chef. »Aber was hat sie mit den Juden zu tun?« wandte er sich an den Gendarmen

Der erwiderte: »Irgendwelche Geschäfte oder so, ich weiß nicht.«

»Lassen Sie sie laufen, aber sie muß beobachtet werden«, befahl der Chef.

»Was hat er gesagt?« fragte ich den Dolmetscher.

»Er sagt, Sie können gehen.«

Wo sollte ich hin? Sie würden mich holen kommen, sobald der Vermieter seine Aussage gemacht hatte. Egal, ich würde trotzdem nach Hause gehen, es gab keinen Grund, hier wie eine Idiotin herumzustehen.

Wie betäubt schwankte ich auf meinen müden Füßen durch die Dunkelheit, fiel hin und rappelte mich wieder auf. Als ich zu Hause ankam, war es bereits Mitternacht. Ich mußte eine gründliche Säuberung vornehmen, bevor sie ein zweitesmal kamen. Ich mußte das Geld, die Dokumente und alle Papiere beseitigen, die die Deutschen auf die Spur der Genossen im Ghetto oder der anderen Frauen auf der arischen Seite gebracht hätten. Leise, damit die Vermieterin mich nicht hörte, öffnete ich die Tür. Und dann konnte ich mich nicht mehr beherrschen, irgend etwas in mir zwang mich, an die Tür des Nachbarn zu klopfen. Meine Nerven waren am Zerreißen. Ich hatte mich nicht mehr unter Kontrolle. Ich klopfte an die Tür dieses Feindes und Verräters.

»Wer ist da, es ist schon spät?«

»Entschuldigen Sie, mein Herr, könnten Sie mir wohl Genaueres über die Verhaftung meiner Freundin sagen? Könnten Sie mir helfen?«

»Hau ab, Jüdin, sonst ergeht es dir wie deiner Freundin. Du hast vielleicht Nerven!«

Die Tür wurde zugeschlagen.

Die Ausgangssperre wurde erst in ein paar Stunden aufgehoben. Was sollte ich jetzt machen? Schlafen konnte ich bestimmt nicht. Ich löschte das Licht und setzte mich an den Tisch, im Mantel, die gepackte Tasche in der Hand, bereit, zu verschwinden, sobald ich ein verdächtiges Geräusch von der Straße her hörte. Wenn sie mich bis Einbruch der Dämmerung nicht holten, hieß das, daß das Verhör des Vermieters noch nicht beendet war und daß Chana nichts gesagt hatte. Chana hatte die gleichen Papiere wie Hanka, in der gleichen Stadt bei Grodno hergestellt. Hatten diese Papiere sie verraten? Als erstes mußte ich Grodno informieren, daß sie die Papiere aus Druskininkai und Skidel nicht mehr verwenden und nicht mehr in die Wesoła-Straße kommen durften. Als nächstes mußte ich Haska warnen, vermutlich mußte sie die Wohnung wechseln. Ihre Papiere waren schon vor langer Zeit zu den Akten gelegt worden, und es war eher unwahrscheinlich, daß sie noch jemand hervorkramen und überprüfen würde. Wenn sie die Adresse wechselte, war sie außer Gefahr. Am besten war, sie zog in ein Viertel um, für das ein anderes Polizeikommissariat zuständig war. Ich mußte die anderen Mädchen retten. Aber was war mit denen, die sie schon erwischt hatten? Sollte ich zurück ins Ghetto gehen? Gab es wirklich keinen Ausweg? Halfen die Tricks nicht mehr? Sollte ich weglaufen? Oder sollte ich mich besser mit dem Gendarmen treffen? Aber was könnte er tun? Das war ein gefährliches Spiel. Ich hatte keine moralischen Skrupel, obwohl mich vor der Sache ekelte. Die Frage war: In welcher Relation stand dieses Risiko zu den Gefahren, die dem Untergrund und der Bewegung drohten? Konnte ich es eingehen, obwohl die Erfolgsaussichten so gering waren? Die Stunden wollten nicht vergehen, es dauerte immer noch lange bis zur Morgendämmerung. Mein Kopf sank müde auf den Tisch. Der Vermieter war noch nicht zurück. In ein, zwei Stunden war die Nacht zu Ende. Ich hatte noch Zeit, alle Eventualitäten abzuwägen. Chana würde bestimmt kein Wort verraten. Lohnte es, morgen den Gendarmen zu treffen – wenn ich nicht schon vorher in die Hände der Polizei fiel? Hielt ich es aus, bis fünf Uhr nachmittags in diesem Zimmer herumzusitzen? Und hatten sie bis dahin nicht die Verbindung zwischen mir und den Gefangenen herausgefunden? Hanka und Chana hatten Papiere, die aus derselben Quelle stammten und sie vermutlich beide ins Verderben gestürzt hatten. Aber Haska hatte mit diesen Papieren ihren deutschen Paß bekommen. Und wenn sie das mit der Fälschung erst später herausbekommen hatten? Sie haben ihre Originaldokumente, sie befinden sich in ihren Archiven, sie werden auch Haska holen. Wer lief noch mit diesen Papieren herum? Sarah Dabeltoff? Nein, sie hatte Papiere aus Wilna, und die waren noch nicht aufgeflogen. Aber sie haben auch Sarah, und dich haben sie dabei erwischt, wie du an ihre Tür geklopft hast. Alle Wege führen zu dir. Aber vielleicht lohnt es doch, noch ein Spielchen zu wagen?

Sowie es draußen dämmerte, ging ich los. Erst lief ich ein wenig herum, dann ging ich zu Haska. Sie machte sich um sich selbst keine Sorgen. Ihre Papiere waren längst gegen den deutschen Paß ausgetauscht, und sie würde sich sofort ein neues Zimmer suchen. Aber sie machte sich Gedanken wegen Sarah, die ihre Papiere aus Skidel bereits abgegeben, aber den deutschen Paß noch nicht hatte. Es war Sarahs Einfall gewesen, auf den Paß zu verzichten und in das Ghetto zurückzugehen. Ich erzählte Haska, daß ich überlegte, ob ich um fünf Uhr in die Wesoła-Straße zurückgehen sollte, um den Gendarmen zu treffen. Sie wurde sehr zornig. Das schelmische Mädchen von gestern war plötzlich eine erwachsene Frau.

»Schäm dich, Chaika! Ich wußte nicht, daß du so unvorsichtig sein kannst. Ausgerechnet du, die uns ständig predigt, wir könnten noch nicht unterscheiden zwischen notwendigen Risiken, die Aussicht auf Erfolg haben, und solchen, die sinn- und zwecklos sind. Ich kann nicht glauben, daß du, ein Symbol für Überlegtheit und Intelligenz, eine solche Dummheit begehen willst! Du weißt ganz genau, wie wenig dieser Gendarm tun kann. Er ist nur ein kleines Rädchen im Getriebe und hat nicht die geringsten Befugnisse. Und schlimmer noch, alle, die sie verhaftet haben, Sarah, Hanka, Chana und der Junge, stehen in Verbindung zu dir. Wenn ich das Recht hätte, dir Anweisungen zu erteilen, dann würde ich dir jetzt verbieten, in die Wesoła-Straße zu gehen und durch die Stadt zu laufen. Du mußt heute noch in das Ghetto verschwinden und dort warten, bis die Gefahr vorbei ist. Chaika, ich lasse dich nicht gehen. Du bleibst hier bei mir bis zum Abend, und dann begleite ich dich zu Olla. Ich hab kein Vertrauen mehr zu dir. Weder zu dir noch zu den Theorien, die du uns beigebracht hast. Auch deine Erfahrung und deine Intelligenz sind mir suspekt geworden. Ich glaube nicht mehr an deine unerschütterliche Willenskraft. Du bist genauso gefühlsgeladen und impulsiv wie ich. Warum bist du gestern nacht in die Wesoła-Straße gegangen? Du hättest dich auch anderswo verstecken können, notfalls in einer Toilette, und du hättest zu Bronka oder zu mir kommen können. Das schiere Wunder, daß du ihnen entkommen bist, hat dir noch nicht gereicht, nein, du mußtest auch noch diesen Nachbarn, diesen Verräter, über Hanka ausfragen. Er hat dich bereits denunziert, das hast du selber gesagt, auch wenn ihn die Gendarmen nicht verstanden haben. Frag alle anderen Genossinnen, sie werden dir dasselbe sagen wie ich jetzt. So unerfahren sie sind, sie sind genauso klug wie du, und sie werden ihre Prüfung mindestens genauso gut bestehen.«

Ich stand vor Haska wie eine Schülerin vor ihrer erfahrenen Lehrerin. Ihre Stärke und die große Intelligenz ihres Urteils erstaunten mich. Still nahm ich von ihr Abschied und ging.

Bei meiner Schwester erfuhr ich, daß der Mann, den sie erwischt hatten, Chaim war. Hazek hatte meine Schwester zu Stefa, einer polnischen Freundin, gebracht, deren Adresse uns lange als Briefkasten und Informationsquelle gedient hatte. Dann ging ich zu Bronka und Rivkele. Beide hörten sich meine Geschichte an, und beide waren einer Meinung mit Haska. Zum ersten Mal wollte ich die Meinung anderer Leute, und noch dazu jüngerer, hören. Und zum erstenmal suchte ich bei diesen Mädchen Unterstützung. Ich dankte ihnen aus tiefstem Herzen, daß sie mir geholfen hatten, wieder einen klaren Kopf zu bekommen. Ich hatte plötzlich den wahren Wert dieser Frauen erkannt, die ich für sorglose junge Mädchen gehalten hatte. Nun wußte ich, daß eine starke Mauer aus Kämpferinnen auf der arischen Seite stand.

Rivkele war in der Wesoła-Straße unbekannt. Sie sollte heute nach der Arbeit hingehen und sehen, ob sich dort Polizei herumtrieb. Als sie zurückkam, erzählte sie, ein Mann in Zivilkleidung lungerte vor dem Haus herum. Er hatte sie »begleiten« wollen, aber als er sah, daß sie nur durch die Straße ging, ließ er sie in Ruhe. Rivkele hatte auch gesehen, daß in meinem Zimmer Licht an war, das hieß, sie warteten auf mich.

Am Abend ging ich in das Ghetto. Ein paar Tage später kamen trotz unseres strikten Verbotes weitere Genossen aus Grodno in die Wesoła-Straße. Noch zwei Frauen und ein Mann wurden verhaftet. Möglicherweise hatte unsere Information sie nicht mehr rechtzeitig vor ihrer Abreise erreicht. Auch Sarah Szewehowicz war verhaftet worden. Sie war dem Befehl, die arische Seite zu verlassen, nicht gefolgt, und ihre Papiere hatten sie verraten. Das Labor, das wir unter solchen Mühen nach Białystok geschafft hatten, war keine Hilfe mehr. Zwei junge Frauen aus Grodno hatten sich beim Arbeitsamt gemeldet und waren in ein Sammellager für polnische Jugendliche verschickt worden, die zur Zwangsarbeit nach Deutschland gebracht wurden. Bronka stellte einen Kontakt zu ihnen her und versorgte sie mit Essen und allem Nötigen. Eines Tages erzählte ihr eine Polin, daß die beiden von Gendarmen aus der Dusche geholt worden waren. Die Sache war klar. Die Ermittlungen gingen weiter. Das letzte Mädchen, das aus Grodno kam, wurde festgenommen und in das Ghetto gebracht. Sie suchten nach der Quelle der falschen Papiere, und alle Spuren führten in den Untergrund des Białystoker Ghettos. Sie ließen die junge Frau zwei Tage herumlaufen und verhafteten sie dann abermals. Wir durchschauten jetzt ihre Strategie und verhielten uns entsprechend vorsichtig.

Nun begann das heldenhafte und tragische Epos unserer Gruppe im Gefängnis, siebzehn Menschen, alle jung, standhaft, stolz, die Lippen versiegelt. Wochenlang bemühten wir uns, an sie heranzukommen, bis uns endlich ihre Stimmen erreichten, von jenseits der Gefängnismauern, jenseits des Lebens. Es war zu Frühlingsbeginn. Das Pessachfest stand vor der Tür. Die Schlacht von Stalingrad war bereits in die Geschichte eingegangen. Der siegreiche Marsch der Sowjets durch den »Lebensraum« Nazideutschlands hatte bereits begonnen. Jeder Morgen brachte neue Meldungen über deutsche Niederlagen.

Der Frühling 1943 war geprägt vom erbitterten Kampf junger Juden, die hinter den feindlichen Linien im Ghetto oder im Gefängnis saßen. Mit welcher Hoffnung hatte dieser Frühling uns in den Tagen des Sieges von Stalingrad erfüllt, und wie schwer war es für uns, tausende Kilometer von Stalingrad entfernt zu sterben! Stalingrad, die Erlösung, war weit, hoffnungslos weit.

Im Ghetto war ich die ersten beiden Tage in einer unserer konspirativen Wohnungen geblieben. Jeder Kontakt kam mir unnötig und befremdlich vor. Ich bestand nur noch aus Schmerz und Tränen. Jede Erwähnung der Gefangenen war Salz auf meine Wunden. Ich war rastlos und voller Gewissensbisse. Hatte ich mir nicht genug Mühe gegeben, war ich nicht vorsichtig genug gewesen? Wir hatten vermutlich die falschen Papiere zu oft benutzt. Ich nahm alle Schuld auf mich, zum größten Teil grundlos. Die Genossinnen und Genossen sahen mich an und sagten kein Wort. Ich war Zerah sehr dankbar für sein wunderbares Schweigen und seine Bemühungen, mich wieder auf praktische Dinge zu lenken. Die blutige Schlächterei vom Februar konnte jeden Tag wieder neu beginnen, der Untergrund mußte sich besser organisieren. Unsere Reihen waren gelichtet, und an den Rändern tauchten revisionistische Ideen auf, die nach jeder Niederlage unvermeidlich waren. Und die Gefangenen litten hinter den Kerkermauern.

»Chaika, wir können sie nicht ihrem Schicksal überlassen. Wir dürfen keine Kosten scheuen. Ich zweifle nicht an ihrem Mut, auch wenn wir ihnen nicht helfen. Ich glaube nicht, daß wir wirklich einen von ihnen retten können, aber wir müssen tun, was wir können, um ihre Isolation zu durchbrechen.« Zerah hatte recht. Die Brüderlichkeit unter Kämpfern nötigte uns, einen Weg zu ihnen zu finden.

Hankas Mutter, unsere Scheine, hatte nicht die Kraft, ihre schreckliche Tragödie zu bewältigen. Ihre Augen versanken tief in den Höhlen, ihre Wangen mergelten aus, ihr Rücken wurde gebeugt. Ich verließ eilig mein Versteck. Ich konnte mich nicht länger selbst einsperren und Zerah und Gedalyahu allein lassen.

Scheine reagierte nicht auf die Aufforderung ihrer sowjetischen Gruppe, die Arbeit fortzusetzen. »Solange ich nicht alles, was in meiner Macht steht, tue, um Hanka zu helfen, so lange kann ich nicht leben und arbeiten«, teilte sie ihnen mit. Zuerst nahmen sie Rücksicht auf ihre Situation, wandten sich dann aber wieder ihrer Arbeit zu. Auch sie versuchten vergeblich zu helfen. Und sie waren nicht gerade glücklich über Scheines, aber auch unsere Anstrengungen, zweifelhafte Personen zu kontaktieren, Agenten und Quasi-Agenten, Erpresser und Möchtegern-Erpresser, suspekte Vermittler jeder Art, nur um einen Funken aus der großen Feuersbrunst im Gefängnis zu retten. Aber Scheine war nicht davon abzubringen, und wir ebensowenig. Wir wußten sehr wohl, daß die Regeln des Untergrundes es verboten, sich mit den Gefangenen abzugeben. Wir durften die Verbindungen, die zwischen ihnen und uns bestanden, auf keinen Fall preisgeben. Die Gestapo suchte genau nach diesem Verbindungsglied, und wir waren in Gefahr, es zu verraten – und wofür? Für etwas so Undefinierbares wie die Brüderlichkeit unter Kämpfern? Trotzdem machten wir wider besseres Wissen weiter. Wir fanden einen jüdischen Fuhrmann, der täglich in das Gefängnis fuhr. Wir fanden Juden, die im Gefängnishof arbeiteten. Wir nahmen Kontakt zu dem berüchtigten Judkowski auf, der offen für die Gestapo arbeitete. Mit Hilfe der Arbeiter und des Fuhrmannes konnten wir eine Botschaft übermitteln und erhielten auch Antwort. So erfuhren wir, wer genau die Gefangenen waren, was man von ihnen wissen wollte, ob sie gefoltert wurden und wie wir ihnen helfen konnten. Wir schrieben ihnen in einem möglichst sachlichen Ton, um sie zu ermutigen.

Auch die Antworten der Genossinnen und Genossen waren sachlich. Ja, sie wurden geschlagen und gefoltert. Nein, keiner von ihnen hatte etwas verraten. Sie trafen sich öfters auf dem Hof in der Freistunde. Verhört wurden sie zu folgendem: Wer hatte die Papiere hergestellt, welche Organisation stand hinter ihnen, wer waren die Anführer? Von Chana und Hanka wollten sie vor allem wissen, wer Halina Woronowicz war, Hankas Zimmergenossin in der Wesoła-Straße 17. Wie hieß sie wirklich, und wo wohnte sie? Weil sie jede Antwort verweigerte, wurde Hanka noch mehr geschlagen, an manchen Tagen kam sie nicht auf den Hof, weil sie sich nicht mehr auf den Beinen halten konnte.

Die Männer, die auf dem Gefängnishof arbeiteten und abends in das Ghetto zurückkehrten, und ein Spekulant, der auf wundersame Weise aus dem Gefängnis befreit worden war, erzählten von der »Königin« der Gefangenen: Eine schöne junge Frau, die sie während der Freistunde über den Hof gehen sahen. Sie war dünn und ausgezehrt, im Gesicht und an den Händen mit Wunden übersät. Ihre Füße waren nackt und ihre Kleider zerrissen. Sie ging aufrecht, und alle Gefangenen sahen in ihr ein Symbol des Leidens und des Heldentums. Die Männer erzählten auch, daß manchmal ein trauriger Gesang über die Mauern klang. Die »Königin der Gefangenen« sang dann, um ihre Genossen zu ermutigen, standhaft zu bleiben und nichts zu verraten. Auch Sarah schrieb uns einmal über Hanka. Auch im Gefängnis war Sarah, wie immer, tief in Gedanken versunken. Sie erzählte uns von Hanka und den anderen Genossinnen, wie sie der Folter widerstanden hatten, aber über sich selbst schrieb sie nichts. Als wäre sie gar nicht da unter den Eingekerkerten und Gefolterten.

Hanka war auf dem Arbeitsamt verhaftet worden. Der Beamte wollte sie gerade eintragen, als ein deutscher Offizier dazukam und zufällig einen Blick auf ihre Papiere warf, obwohl sie nicht die einzige war, die an diesem Schalter anstand. Er zog sie beiseite und hielt sie fest, bis die Gendarmen kamen. Man sagte ihr nicht, worum es ging, auch nicht, was ihr vorgeworfen wurde. Sie wurde auf die Kriminalpolizei gebracht und von dort direkt ins Gefängnis. Während der ersten Tage wurde sie nicht verhört. In der Zwischenzeit erfuhr sie, daß mehrere Genossen, und auch sie selbst, wegen der Papiere aus Druskininkai verhaftet worden waren.

Wir beschlossen, so viele wie möglich herauszubekommen. Als erste aber Hanka. Warum? Wir mußten um jeden Preis Scheine, ihre Mutter, wieder an die Arbeit kriegen. Der Kontakt zu den Sowjets war unverzichtbar. Scheine war völlig gebrochen und nicht mehr in der Lage, diese Aufgabe zu erfüllen. Aber nur ihretwegen trauten uns die Sowjets. Wir trafen uns mit Judkowski, dem Verräter. Wir wußten, daß er Angst vor dem Untergrund hatte und deshalb gehorchen würde. Er erklärte sich bereit, Hanka herauszuholen, damit er am Tag des Gerichts etwas vorzuweisen hatte.

Das Spiel war gefährlich. Aber wir trafen alle erdenklichen Sicherheitsvorkehrungen, damit er nicht das geringste über den Untergrund erfuhr. Judkowski verlangte Geld, nicht für sich, sondern für den Gefängnisdirektor. Wir beschafften das Geld. Zum Glück war es keine große Summe. Ein paar Tage später erfuhren wir, daß Hankas Fall bereits Dibos, dem Gestapo-Chef, übergeben worden war und der Gefängnisdirektor nichts mehr tun konnte. Von Barasz bekamen wir das teuerstmögliche Geschenk: eine goldene Uhr mit kunstvollen Einlagen.

Tagelang bemühten wir uns um einen Kontakt zu Dibos. Auch Barasz spannten wir in die Arbeit an Hankas Befreiung ein, er sollte dafür sorgen, daß sie nicht hingerichtet, sondern in das Ghetto gebracht und dort der jüdischen Polizei übergeben wurde, als eine Person, die versucht hatte, das Ghetto mit falschen Papieren zu verlassen. Judkowski verlangte, daß Hanka in dem bevorstehenden Verhör durch Dibos (der solche Routineangelegenheiten normalerweise nicht selbst übernahm) zwei Fragen beantworten sollte: wie sie hieß und wie ich hieß, und worin ihre Verbindung zu mir bestand.

Aus unserer Sicht waren diese beiden Fragen nicht allzu gefährlich. Die erste war völlig wertlos, da die Gestapo bereits wußte, daß Hanka Jüdin war. Und Scheine ließ sich von den drohenden Konsequenzen für sich und die Familie nicht einschüchtern. Was mich betraf, beschlossen wir, daß ich für einige Zeit verschwinden, einen anderen Namen annehmen oder mich in einer benachbarten Stadt eine Zeitlang als Polin niederlassen sollte. Hanka sollte also auf die beiden Fragen antworten, und da die Sache auch mich betraf, schrieb ich ihr. Hanka kannte meine Handschrift und mußte meinen Anweisungen folgen.

Gespannt warteten wir auf ihre Freilassung. Zwei Tage, nachdem sie meinen Brief erhalten hatte, wurde sie zum letzten Verhör geholt. Alles lief nach Plan. Dibos vernahm sie selbst und stellte ihr, ohne sie zu schlagen oder zu bedrohen, die beiden Fragen. Gleich würde sie frei sein und in das Ghetto zurückkehren.

Hanka weigerte sich. Dibos war verblüfft. Sein Agent Judkowski hatte versprochen, daß sie diesmal kooperieren würde und daß er selbst eine kostbare Uhr erhielte, wenn er die verdammte Jüdin in das Ghetto entließ. Vermutlich hoffte die Gestapo, daß Hanka sie, sobald sie wieder frei herumlief, auf die Spur des Untergrunds brachte, da sie sicher ihre alten Kontakte wieder aufnahm. Hanka aber stand da mit erhobenem Haupt und verschlossenen Lippen. Dibos wiederholte seine Fragen mehrmals, aber Hanka schwieg. Dann befahl Dibos, sie in die Folterkammer zu bringen. Schließlich wurde sie bewußtlos in ihre Zelle geworfen und nie mehr zu einem Verhör geholt. Die goldene Uhr ging an uns zurück. Judkowski teilte uns mit, daß er nie wieder etwas zu tun haben wollte mit Leuten, die nicht einmal der Untergrund unter Kontrolle hatte. »Ich halte mich aus diesem Geschäft raus«, ließ er uns durch einen Boten übermitteln.

Hanka hatte nicht geredet. Scheines Augen glänzten, wenn sie davon sprach. Hanka hatte der Gestapo nicht getraut, nicht einmal, als sie Anweisung dazu von ihren Genossen hatte. Ihre Führer hatten einen Fehler begangen. Sie waren nicht stark genug gewesen. Hanka hatte die Prüfung bestanden. Kindischen Befehlen hatte sie nicht gehorchen müssen. Und sie hatte nicht gehorcht. Zu Recht? Die Antwort stand in Scheines schmerzerfüllten Augen, die vor Stolz glänzten. Die Antwort war ihr unaufhörliches Flüstern: »Sie hat nicht geredet... Sie hat nicht geredet... «

Im Frühling 1943, als der Schnee bereits geschmolzen war und die verschlammten Straßen voller Pfützen standen, wurden alle siebzehn hingerichtet. In einer Grube in den Pinienwäldern von Nowosołki, einem Ausflugsort, neun Kilometer von der Stadt entfernt, wurden sie erschossen. Wir wußten nicht, wann genau. Eines Tages waren die Pakete, die wir ihnen geschickt hatten, zurückgekommen.

Adressat unbekannt. Nach einiger Zeit erfuhren wir, daß man sie erschossen und in ein Massengrab geworfen hatte. Das große Geheimnis des jüdischen Untergrundes im Białystoker Ghetto wurde mit ihnen begraben. Die Gestapo hatte nichts aus ihnen herausbekommen, keinen Namen, keine Adresse, nichts.

20
Jan

Dieser Frühling war eigenartig. Er schien alles Leid und alle Tapferkeit in seinen Schatten zu bergen, um sie dann im Licht seiner blassen Sonne aufleuchten zu lassen. In Warschau schließlich enthüllten sich die Tiefen des Leides und die Höhen des Heldentums in gleißend hellem Licht.

Wir hatten schon lange vergeblich auf Nachrichten aus Warschau gewartet. An einem dieser Frühlingstage ging ich wie gewöhnlich zum Gefängnis. Damals hofften wir noch, unsere Genossinnen und Genossen aus den Klauen der Gestapo zu befreien. Ich dachte, vielleicht könnte ich die Gefangenen hinter einem der hohen vergitterten Fenster sehen.

Hunderte Frauen und Kinder standen vor dem Gefängnistor. Polen aus allen Schichten bemühten sich verzweifelt darum, ein Päckchen abzugeben und einen Blick auf die düsteren Schatten hinter der Pforte zu erhaschen. Ich mischte mich unter die Menge in der Hoffnung, etwas über die Transporte zu erfahren, die aus dem Gefängnis abgegangen waren. Ich hörte, daß vorgestern ein Transport mit 200 Männern abgefahren war. Die Frauen weinten. Sie wußten nicht, ob sich ihre Männer, Väter oder Brüder unter diesen 200 befanden, die zur Exekution geführt worden waren. Ein, zwei Stunden lang stand ich in der murrenden Menge, bis die Polizei uns auseinandertrieb.

Dann ging ich zu Stefa. Eine Postkarte von Jadwiga war angekommen, aber der Absender war seltsam: eine polnische Familie in Grodno. Auf der Karte stand: »Ich habe einen Brief von Irena bekommen: ›Jozef ist nach einer kurzen und schmerzhaften Krankheit gestorben. Seine Familie lebt nicht mehr in der alten Wohnung. Du mußt ihnen nicht mehr schreiben. Jozef war bis zuletzt bei vollem Bewußtsein und verhielt sich wie jemand, der sich der Art und des Ernstes seiner Krankheit bewußt ist. Wir sind stolz auf ihn.‹ Jadwiga.«

Das war im März. Diese eigenartige Nachricht von Jadwiga über Jozef und seine Genossen erschreckte uns. Ein paar Wochen zuvor hatten uns vage Informationen über Kämpfe im Warschauer Ghetto erreicht. Bis zur *aktzia* in unserer Stadt hatten wir oft nach Warschau geschrieben, aber nie eine Antwort erhalten. Und dann plötzlich das jetzt. Wir beschlossen, daß ich nach Grodno fahren sollte. Es waren zwar seit dem großen Fehlschlag auf der arischen Seite erst ein paar Wochen vergangen, und die Ermittlungen gingen weiter, aber wir hatten keine andere Wahl. Die Information war wichtig und die Reise nach Grodno daher unabdingbar. Ich sollte diese Gelegenheit auch nutzen, um Jan, einen Bauern, der in der Nähe von Grodno lebte, zu besuchen. Yocheved hatte uns erzählt, daß es sich lohnte, ihn nach Waffen zu fragen.

Um nach Grodno zu reisen, brauchte man eine Genehmigung des Polizeipräsidiums. Dort befand sich zu jedem Paß eine Akte, und ich konnte nicht sicher sein, ob ich, wenn ich hinging, auch wieder heil herauskam. Ich stellte mich trotzdem vor dem Polizeipräsidium an. Die Warteschlange war kürzer als erwartet, es ging schnell voran. Wenn ich an die Reihe kam, mußte ich genau aufpassen. Ich konnte nicht einschätzen, ob meine Akte sauber war, höchstwahrscheinlich enthielt sie die eine oder andere Eintragung. Ich erinnerte mich aber auch an mehrere Fälle, in denen jemand auf dem einen Amt als verdächtig geführt wurde, während in einem anderen Amt seine Akte sauber war. Ich würde mir den Beamten, wenn ich ihm meinen Paß übergab, genau ansehen und versuchen, in seinem Gesicht zu lesen. Wenn er etwas Verdächtiges fand, würde ihm das bestimmt anzusehen sein.

Nun war ich an der Reihe. Der Beamte las meinen Antrag, verlangte nach meiner Identitätskarte und fragte mich nach dem Grund meiner Reise.

»Ich will meine Familie besuchen. Ich habe zwei Tage frei bekommen, der dritte Tag wäre ein Sonntag, also alles zusammen drei Tage.«

Der Mann zögerte. Er konnte Pole oder Deutscher sein, er beherrschte beide Sprachen. Sein Polnisch war gut, aber es klang ein fremder Akzent durch. Er stand auf und ging zu dem Schrank, in dem die Akten aufrecht und drohend wie bewaffnete Soldaten standen. Dann kam er mit meiner Akte in der Hand zurück, den Blick auf die Papiere gesenkt. Ich bekam die Genehmigung für die Hin- und Rückreise.

Die Kontrolle im Zug war sehr streng. Sie wurde nicht nur von dem üblichen Polizisten durchgeführt, sondern zusätzlich von zwei Gestapo-Offizieren. Der eine von ihnen, er trug eine frisch gebügelte glänzende Uniform, sah sich die Papiere an. Nicht alle Reisenden hatten deutsche Pässe, ihre Papiere studierte er besonders aufmerksam. Meine waren natürlich in Ordnung. Nachdem er den Zug endlich verlassen hatte, flüsterte mir ein Mitreisender ins Ohr:

»Das war Streblov. Er sucht nach Juden. Er kommt jetzt schon eine ganze Zeitlang immer in die Züge auf der Grodno-Białystok-Strecke und überprüft die Papiere.«

Mich schauderte. Streblov – und ich hatte es nicht gewußt. Er war auf der Jagd nach den gefälschten Papieren aus Druskininkai und Skidel. Mein Name hatte ihm nichts gesagt. Von wegen deutsche Gründlichkeit!

In Grodno ging ich zu den polnischen Bekannten von Jadwiga. Ich mußte durch baumbestandene Seitenstraßen mit vielen Gärten laufen, vorbei an einem Kloster und der dazugehörigen Kirche, die auf einem Hügel stand und das ganze Viertel mit dem Njemen-Fluß überblickte. Es war ein großartiger Anblick. Der Frühling war mit aller Macht in diese schöne Stadt eingebrochen, und ich suchte nach den Spuren der Toten.

Das Haus war einstöckig, es hatte einen Garten, und in den Fensterscheiben spiegelte sich funkelnd die untergehende Sonne. Die Besitzerin, eine nette junge Frau, führte mich in ein Zimmer mit bunt gemusterten Polstermöbeln. Ich erklärte ihr den Grund meines Kommens und fragte sie, wann Jadwiga zuletzt hier gewesen war und ob sie wüßte, wo ich sie jetzt finden könnte.

»Sie war noch vor ein paar Tagen hier und ist dann zurück nach Wilna. Sie hat zwar bei uns gewohnt, aber ich kann Ihnen nicht viel sagen. Mein Mann weiß vermutlich mehr, er kommt bald aus der Stadt zurück. Ich weiß nur, daß Jadwiga jemanden namens Skowronski kontaktiert hat, der kommt auch manchmal hierher. In den letzten Tagen hat er uns allerdings nicht besucht, aber ich glaube, mein Mann weiß, wo er ist.«

Ich beschloß, auf den Hausherrn zu warten. Seine Frau war Näherin, und sie kehrte an ihre Arbeit zurück, ohne mich etwas zu fragen. Statt dessen lud sie mich höflich ein, bei ihnen zu wohnen, solange ich in Grodno war.

»Wenn mein Mann zurück ist, gibt es Abendessen. Dieses Zimmer steht Ihnen ganz zur Verfügung, Sie können sich in Ruhe waschen und hinlegen.«

Von ihrem Mann erfuhr ich eine Menge. Er war überzeugt, daß Jadwiga nur gekommen war, um einige Leute zu warnen, um ihnen zu sagen, sie sollten die Wohnung wechseln und nicht mehr an die Adressen in Warschau schreiben. Es hatte Fehlschläge in Warschau gegeben. Ein gewisser Jurek war der Gestapo bewaffnet und mit Archivmaterial, einschließlich Adressen in Grodno, Wilna und Białystok, in die Hände gefallen. Deshalb hatte Irena die alte Adresse nicht mehr als Absender verwendet. Sie hatte Jadwiga informiert, und die hatte irgendwie die Grenze überquert. Bis Białystok war sie nicht mehr gekommen, deshalb hatte sie uns schriftlich verständigen müssen. Der Mann hatte auch gehört, daß Jozef vor kurzem von der Gestapo getötet worden war. Sie hatten ihn verhaftet und dann als Anführer des Warschauer Ghetto-Untergrundes hingerichtet. Irena hatte in einem Brief voller Bewunderung von seinem heldenhaften Tod erzählt. Hier in Grodno hatte Jadwiga Skowronski kontaktiert, ich würde ihn in der Druckerei finden, wo er arbeitete. Er könnte mir sicher noch Genaueres erzählen. Und schließlich fügte mein Gastgeber nachdenklich hinzu:

»Jadwigas Informationen sind allerdings veraltet. Sie hat sie vor langer Zeit von Irena erhalten. Während sie auf dem Weg zu uns hier war, haben wir aktuellere Neuigkeiten erfahren. Im Januar hat im Warschauer Ghetto ein Aufstand stattgefunden, bei dem viele Deutsche getötet wurden. Und schließlich wurden sie sogar gezwungen, die *aktzia* abzubrechen.«

Die Geschichte, die der Mann mir erzählte, erklärte mir einiges. Jurek, das heißt Aryeh Vilner, war von der Gestapo erwischt, und Jozef, also Jozef Kaplan, war verhaftet und hingerichtet worden. Das war aber noch nicht alles, was in Warschau passiert war. Es gab diese Gerüchte über einen bewaffneten Aufstand. Das hieß, daß nicht alle Arsenale entdeckt worden waren und Jozefs Arbeit fortgeführt wurde. Wer waren die Kämpfer, wer ihre Kommandanten? Wer war noch am Leben, wer gestorben?

Am nächsten Tag machte ich mich auf die Suche nach Elyahu Skowronski. In der Druckerei sagte man mir, er sei zur Arbeit nach Deutschland gegangen. Offenbar hatte er keine Möglichkeit mehr gesehen, hier zu bleiben, und beschlossen, sein Glück als Pole in Deutschland zu versuchen.

Ich ging dorthin, wo einst das Ghetto gewesen war. Die Straßen waren leer und verlassen, überall lagen Spuren der Zerstörung herum. Ein Fensterladen klapperte im Frühlingswind. Durch das Fenster konnte man einen Tisch sehen, Stühle, Betten, und vor allem weiße Federn aus zerrissenen Kissen. Auch draußen flogen diese Federn herum, die Luft war voll mit ihnen.

Die Pflastersteine waren von Sonne und Wind getrocknet. Alle Türen standen weit offen. Man betrat ein Haus und fand nur noch Reste des früheren Lebens. Ansonsten herrschte die Farblosigkeit leerer Wohnungen vor. Wo waren die Schüsseln und das Geschirr hingeraten, die Kleider und Schuhe, die Schals, in die jüdische Großmütter sich am Sabbatabend hüllten, nachdem sie die Kerzen entzündet hatten? Nur noch Lumpen und herausgerissene Bretter lagen hier herum.

Ich ging wieder auf die Straße. Ein Bauernwagen kam vorbei, der Bauer hielt ängstlich Ausschau nach Möbeln oder Kleidern, leichter Beute. Sein Wagen war schon vollgeladen mit den Überresten eines Lebens, das es nicht mehr gab, mit Schränken und Bündeln, Betten und Stühlen, und ganz oben auf diesem Haufen ärmlicher Sachen saß ein grauer Bauer in seinem groben Mantel und wippte im Rhythmus der Räder auf und ab... Nein... Sollte das hier das Denkmal des polnischen Judentums sein? Dieser dralle Bauer auf einem Wagen voller jüdischen Hab und Guts? Das Denkmal für dreieinhalb Millionen polnischer Juden?

Nein. Das war Warschau und das Vermächtnis, das es den Juden hinterlassen hatte: Aufstand und Krieg, der bewaffnete Kampf für die Ehre Israels. Dieser Aufstand würde für immer leben, während die wackeligen Möbel verschwinden würden, ohne eine Spur zu hinterlassen... Warschau, o Warschau!

Warschau war unser Banner und unser Sieg. Das aufständische jüdische Warschau war unsere Feuersäule. Als in diesem April das Ghetto in Flammen aufging und wir im Untergrundradio den letzten Aufruf seines Kommandanten hörten, seine letzte Erklärung, daß das Warschauer Ghetto kämpfend starb, da wußten wir, daß hier nicht Sterbende zu uns sprachen, sondern Helden, deren Geist für immer lebendig bliebe. Unsere Herzen verkrampften sich, und wir waren stolz. Wir wußten, ihr Schicksal würde auch das unsere sein. Unser aller Ende würde der Beginn eines neuen Lebens sein, eines Lebens von freien Menschen, das aus unseren Gräbern erstand.

Am selben Tag noch fuhr ich zu Jan. Er kannte mich nicht, aber als ich mich als Genossin der Leute im Grodnoer Ghetto vorstellte, hieß er mich willkommen. Sein Haus stand allein am Ende des Dorfes, auf einem Hügel, der die Landstraße von Grodno nach Białystok überblickte. Gegenüber stand eine verlassene Kornmühle, die zum Hof gehörte. Jan machte sich nichts daraus, daß die Mühle nicht mehr funktionierte, er hatte genug zum Leben. Auf dem Hof scharrten Schweine und alles mögliche Geflügel herum und erfüllten die Luft mit ihrem Geruch und ihrem Lärm. Jan und seine Frau waren nicht mit Kindern gesegnet, dafür aber mit Wohlstand. Der stammte nicht nur aus der Erde, Jan war auch ein tüchtiger Geschäftsmann. Seine Schränke waren wohl gefüllt. Seine Frau lief in modischen städtischen Kleidern herum, und in ihren Wäschetruhen waren Uhren, Goldringe und Edelsteine versteckt.

Ich lernte sie erst später richtig kennen, als ich mich auf ihrem Hof, einer der wichtigsten Untergrundstellungen, schon zu Hause fühlte. Der jüdische Untergrund profitierte von der Natürlichkeit, dem Mut und der Gerissenheit dieses polnischen Bauern. Jan verbreitete zwar ein Flair von Wohlstand, aber in seinem Herzen war er ein Bauer geblieben. Es fiel mir schwer, die Sorge seiner Frau um die Schweine und Kühe nachzuvollziehen und die erstaunliche Knausrigkeit, die sie bei der Zubereitung ihrer ländlichen Mahlzeiten an den Tag legte. Sie liebte den Reichtum, häufte Goldmünzen an und konnte sich sogar in diesen Kriegszeiten kaufen, was sie wollte, und trotzdem lebte sie wie eine Bäuerin.

Die Jagd nach Wohlstand hatte Jans Charakter nicht verdorben. Er war jung, hübsch und tapfer. Er ließ sich für seinen Mut und die Risiken, die er einging, bezahlen, aber er konnte auch ohne. Er half hingebungsvoll und schrak nicht einmal vor der Gefahr zurück, die es bedeutete, Juden zu verstecken.

Nachdem ich den Tag mit ihnen verbracht, bei ihnen gegessen und geschlafen hatte, sah ich, daß ich ihnen sympathisch war, daß sie sich von meiner arischen Erscheinung, meinem Benehmen und der Tatsache, daß ich den Mut besaß, aus Białystok zu kommen, um nach den verlorenen Genossen zu fragen, angezogen fühlten. Jan wurde lockerer und öffnete mir sein Herz. Er hatte unsere Genossinnen und Genossen, die aus dem Grodnoer Ghetto zu ihm gekommen waren, geliebt, er liebte Mottel, der Waffen von ihm kaufte (er sagte nicht »kaufte«, sondern »holte«), und die ganze Gesellschaft, die auf ihrem Weg in seinem Haus Zwischenstation machte und die später in einer kurzen Schlacht vernichtet wurde. Jan war mit der Schlichtheit des Bauern zu großer Freundschaft fähig. Er verriet mir, daß auf dem Dachboden der Mühle 15 Juden versteckt waren, unter ihnen Mottel und seine Schwester.

Als es dunkel wurde und ein kalter, feuchter Wind aufkam, war Jan sicher, daß nun keine Nachbarn mehr vorbeikommen würden, um ihn zu besuchen und sein selbstgebrautes Bier zu kosten. Seine Frau füllte einen großen Topf mit Kartoffeln und zwei Brotlaiben aus dem Ofen und ging in die Mühle. Ich folgte ihr. Die Juden lagen auf Strohbündeln, der Wind blies durch die Risse in der Mauer, es war sehr kalt hier. Die Menschen lagen eng zusammengedrängt und dösten vor sich hin. Als sie mich sahen, verstummten sie, und als ich sie auf Jiddisch ansprach, nahm ihre Furcht zu: Noch eine? Je mehr Leute in der Mühle versteckt waren, desto größer war die Gefahr, entdeckt zu werden.

Ich beruhigte sie und sagte ihnen, daß ich aus Białystok kam, um sie zu besuchen und zu hören, ob sie etwas brauchten. Mottel erkannte mich sofort und flüsterte mir zu, meinen Namen nicht zu verraten. In dieser kalten, verfallenen Mühle, die nur vom blassen Licht der Sterne, die durch die Ritzen schienen, erhellt wurde, wirkte er viel zu groß für sein Alter. Er war stark und hochgewachsen, hatte dunkles Haar und dichte, gelockte Brauen. Die Leute stellten mir eine Menge Fragen über die Front, das Białystoker Ghetto, die Einheimischen und die Juden und vor allem die eine Frage, die ich immer wieder von allen Juden zu hören bekam:

»Wie wird das alles enden? Werden wir die Rettung erleben?« Und immer gab es einen Pessimisten, beziehungsweise Realisten (jeder, der das Übel voraussagte, wurde für einen Realisten gehalten), der erklärte: »Wenn die Befreiung kommt, werden wir alle bereits tot sein.«

Ich erzählte ihnen von den 350000 Deutschen, die im Kessel von Stalingrad umgekommen waren, und von den sowjetischen Städten, die die Rote Armee bereits befreit hatte. Ich berichtete von Woronesch, Kursk, Rostow und Sumy, sagte, daß die Tage der Nazis gezählt waren, daß die Partisanen die Brücken verbrannten und die deutschen Armeetransporte sabotierten. Ich sprach lange und mit großer Begeisterung. Ich sagte mehr, als ich wußte. Es kümmerte mich nicht, ob alles stimmte, ob ich übertrieb. Ich wollte ihnen und mir selbst Mut machen, ich wollte sie und mich davon überzeugen, daß es sich lohnte, um das Leben zu kämpfen, sich mit den Nägeln an das Leben zu krallen. Und schließlich sagte ich: »Um aber eine Chance zu haben, müßt ihr euch bewaffnen.«

Schweigen breitete sich in der Mühle aus. Einer sah durch einen Mauerriß auf die Straße hinaus, wo Militärfahrzeuge und Automobile sich Richtung Osten bewegten, und Polizei- und Straftrupps in die Dörfer fuhren, die ihre Zwangsabgaben an Milch, Fleisch, Fett und Eiern nicht erfüllt hatten. Die Menschen in der Mühle mußten ständig auf der Hut sein, daß nicht eines dieser Autos vor Jans Haus anhielt.

Ich gab Mottel ein Zeichen, mir über die Leiter hinunter zu folgen, ich wollte ihn alleine sprechen. Von ihm erfuhr ich, daß Jan Waffen besaß, vor allem ein Maschinengewehr, das er allerdings nicht verkaufen, sondern für sich selbst behalten wollte. Vielleicht könnte ich es von ihm bekommen. Auf jeden Fall aber könnte ich leichtere Waffen von ihm haben, allerdings nicht für normales Geld. Jan wollte entweder ausländische Währung oder wertvolle Stoffe, Pelze und dergleichen.

Mottel wollte nach Białystok. Was sollte er sich verstecken, während seine Genossen sich darauf vorbereiteten, »etwas zu tun«? Ich war ganz seiner Meinung, aber wie sollte er in die Stadt gelangen mit seinem typisch jüdischen Gesicht?

»Wenn du mir nicht hilfst, dann gehe ich zu Fuß los, nachts.«

Ich versprach ihm, die Sache zu regeln. Wir würden schon eine Möglichkeit finden. Ich beauftragte ihn, in der Zwischenzeit dafür zu sorgen, daß Jan an niemand anderen Waffen verkaufte, und herauszufinden, was real von ihm zu bekommen war. Auf Jan konnte man sich nicht ganz verlassen. Weder seine Versprechungen, Waffen aufzutreiben, noch seine Behauptung, selbst keine zu besitzen, stimmten so richtig. Mottel akzeptierte seine Aufgabe bereitwillig:

»So hat es wenigstens einen Sinn, daß ich hier herumsitze.«

Jan versprach mir, sich zu erkundigen, ob seine »Freunde« etwas zu verkaufen hätten. Ich wußte inzwischen, daß er zuallererst bei sich selbst nachsehen mußte. Aber schließlich wußte er kaum etwas über mich. Er konnte mir nicht schon auf dem ersten Treffen verraten, daß er im eigenen Haus Waffen versteckt hatte. Erst einmal mußte er so tun, als hätte er selbst nichts dergleichen, zum einen aus Sicherheitsgründen, zum anderen wohl auch, um den Preis zu steigern. Er war gerissen, und ich mußte so tun, als glaubte ich ihm aufs Wort. Jedenfalls durfte ich nicht schon beim ersten Mal alles verderben.

Wir trennten uns als Freunde. Er brachte mich zum 12 Kilometer entfernten Bahnhof, nicht über die Hauptstraße, sondern über Seitenwege, die er alle kannte. Wir vereinbarten, daß ich in einer Woche wiederkommen würde und er bis dahin alle nötigen Informationen hätte über Waffen, die ich über seine Vermittlung kaufen könnte. Bevor wir uns verabschiedeten, tranken wir bei seinem Bruder Michael, der in der Nähe des Bahnhofs wohnte, ein paar Gläschen selbstgebrannten Wodka. Michael hätte gerne gewußt, welche Art Geschäfte wir miteinander trieben, und nachdem der Wodka sie etwas aufgelockert hatte, tauschten die beiden Brüder Anspielungen aus. Ich hatte aber den Eindruck, daß ihre Beziehung zueinander weder ernsthaft noch besonders freundschaftlich war.

Michael sagte: »Nun, Sie haben bereits angefangen, mit Jan Geschäfte zu machen, ich will mich da nicht einmischen... Und ich möchte nicht, daß Jan erfährt, daß Sie auch bei mir kaufen können. Wenn Sie zurückkommen, müssen Sie ohnehin bei mir vorbei. Kommen Sie doch zuerst hierher. Wenn Sie dann zu Jan gehen, weiß er nicht, daß Sie schon bei mir waren.«

Eines war mir nun klar: Ich mußte die Augen offenhalten. Beide Brüder wollten ein Geschäft machen, und keiner wollte, daß der andere erfuhr, was er dabei verdiente.

Im Ghetto verlief das Leben wieder in den gewohnten Bahnen. Białystok war nun in der ganzen Region die einzige existierende jüdische Gemeinde. Weder in Grodno noch in Krinky gab es noch Juden, und ebensowenig in Wasilków, Bielsk, Volkovysk und anderswo. Auch die Konzentrationslager waren liquidiert worden. Die 500 überlebenden Juden von Grodno waren zusammen mit der Niemen-Fabrik und Srebrnik, dem Chef der jüdischen Polizei, nach

Białystok transportiert worden. Aus den anderen Städten kamen vereinzelt Leute, die rechtzeitig hatten fliehen können, ein Rabbi von hier, ein paar junge Männer von da. Die Anzahl der Juden im Białystoker Ghetto stieg dadurch ein wenig an, und ein Teil der 12000 Opfer der ersten *aktzia* wurde durch die Neuankömmlinge ersetzt. Wieder gingen die Menschen in der Morgendämmerung zur Arbeit und kehrten in der Dunkelheit erschöpft zurück. Wieder warteten sie in langen Schlangen vor dem Tor, in der Hoffnung, ein wenig Milch, Fett, Alkohol oder Bier an der Kontrolle vorbeischmuggeln zu können. Der Frühling lächelte uns zu, aber wir waren Gefangene. Dieser Frühling 1943 war schön.

Vor dem Jurowiecka-Tor drängelten sich hunderte Juden, die von der Arbeit zurückkamen. Jeder wollte als erster durch die Kontrolle, die in letzter Zeit noch verschärft worden war. Als wären nicht schon genug Gestapo-Leute da, war ein neuer Tyrann aufgetaucht, der berüchtigte Streblov. In Grodno hatte es für ihn nichts mehr zu tun gegeben, denn da gab es ja keine Juden mehr. Jetzt suchte er tagsüber in den Zügen auf der Strecke Grodno–Białystok nach Juden, die dem Inferno von Grodno entkommen waren, die es gewagt hatten, am Leben zu bleiben. Am Nachmittag erschien er dann am Ghettotor wie das Verhängnis. Streblov hatte seinen eigenen Stil. Er verteilte seine Schläge auf eigene Art. Für eine Flasche Milch, unter dem Kleid versteckt, soundso viele Hiebe; für eine Flasche Öl 25 Schläge, und dann mußte man das ganze Öl an Ort und Stelle austrinken. Dasselbe galt für Bier und Alkohol. Ein Jude, dem das widerfahren war, mußte sofort in das Krankenhaus gebracht werden.

Streblov kam normalerweise zu Pferd in das Ghetto. Manchmal befahl er Baraszs Kutscher, der immer vor dem Judenratsgebäude auf seinem Sitz vor sich hin döste, ihn irgendwohin zu fahren. Er war der erste Gestapomann, der es wagte, Barasz seine Kutsche, sein einziges Machtsymbol, wegzunehmen. Streblov lief immer ein paar Tage lang Amok im Ghetto und verschwand dann so plötzlich, wie er aufgetaucht war. Nicht damit zufrieden, über Macht zu verfügen und Befehle zu erteilen, liebte er es, zu verletzen und Opfer zu machen. Streblov war ein Kind des »Neuen Deutschland«. Nur sein Familienname erregte einen leisen Verdacht auf russische Herkunft.

Wir beschlossen, ihn uns ein für allemal vom Hals zu schaffen. Da ich ohnehin aus Gründen der Waffenbeschaffung immer wieder nach Grodno mußte, sollte ich alle Möglichkeiten erkunden. Die Ausführung wurde Lonczik Pinchevsky übertragen. Lonczik, dachten wir, sah von all den jungen Leuten, die aus Grodno zu uns gekommen waren, am wenigsten jüdisch aus. Wir wußten, daß wir den Grodnoern das Recht überlassen mußten, ihre Schulden gegenüber Streblov zu begleichen. Jans Haus planten wir als erste Zuflucht ein. Es lag ziemlich weit von der Stadt entfernt, aber etwas Besseres war nicht aufzutreiben. Ich sollte Lonczik zuerst in Jans Haus zurücklassen und eine Unterkunft in größerer Nähe zur Stadt suchen, von der aus er Streblov auskundschaften konnte. Das war keine Arbeit, die in ein, zwei Tagen getan war, deshalb mußte ich Lonczik ein Zimmer finden, in dem er eine oder zwei Wochen lang bleiben konnte. Und ich mußte ihn einschulen, bis er genug über die Untergrundtaktik auf der arischen Seite wußte, um seine Aufgabe alleine erfüllen zu können.

Lonçziks erste Schritte waren eine schwere Prüfung, und wer weiß, wie sie ausgegangen wäre, wenn ich nicht dabeigewesen wäre. Er war jung und von vorwärtsstürmendem Mut. Er wußte noch nicht, daß manchmal verschlungene Pfade direkt zu einem großen Ziel führen können. Es war seine Feuerprobe, und er ging als ein anderer aus ihr hervor, als ein neuer Mensch mit neuem Verständnis. Seine großen Augen waren nun verengt und wie mit einem Schleier bedeckt, in den Augenwinkeln hatten sich Falten gebildet. Dieser neue Lonczik bemühte sich mit Herz und Verstand, seine Verwirrung abzuschütteln, das Chaos des Wahnsinns zu begreifen und beharrlich weiterzumachen.

Wir fuhren an einem herrlichen Frühlingstag nach Grodno. Bei Haska zog ich mich um, setzte den großen »deutschen« Hut meiner Schwester auf und ging dann mit ihr los, um Lonczik wie vereinbart um acht Uhr zu treffen. Ich hatte versucht, ihm den Weg aus dem Ghetto so leicht wie möglich zu machen. Er schloß sich den Fuhrleuten an, die jeden Morgen zum Güterbahnhof fuhren, um die Waren von den Zügen abzuladen und in die deutschen Lagerhäuser zu bringen. Wir hatten mit dem Juden, der für die Arbeiter verantwortlich war, abgemacht, daß er wegsah, wenn Lonczik den Bahnhof verließ. Als ich ankam, sah ich Lonczik zwischen den Wagen. Das Gelände war offen begehbar, nur zu der einen Seite hin, von der wir gekommen waren, war es mit Stacheldraht versperrt. Ich gab

Lonczik ein Zeichen, wegzugehen. Wir hatten abgemacht, uns an der ersten Ecke hinter dem Bahnhof zu treffen, Richtung Wasilkówa, der Hauptstraße. Haska und ich gingen ein Stück den Stacheldraht entlang, bis es Lonczik gelungen wäre, den gelben Fleck loszuwerden und sich davonzumachen. Aber er erkannte nicht den richtigen Moment, um wegzukommen. Dabei war die Sache einfach. Die Waggons waren nach beiden Seiten offen. Er hätte auf der einen Seite einsteigen, drinnen den gelben Fleck abmachen und auf der anderen Seite als lupenreiner Arier wieder aussteigen können. Aber wir konnten ihm mit unseren Ratschlägen nicht beistehen. Plötzlich war er verschwunden und tauchte dann ohne die Aufnäher wieder auf. Ich verließ Haska und ging zum vereinbarten Treffpunkt.

Ich hatte für mich eine Reisegenehmigung, die alte, auf der ich die Daten verändert hatte. Lonczik hatte keine, aber er war wie ein Kind gekleidet. Er trug die Mütze eines polnischen Bauernjungen und Sporthosen, die in groben Stiefeln steckten. Kurz vor der Kontrolle setzte ich ihn neben mich, so als befinde er sich in meiner Obhut.

»Wer ist das?« fragte der Polizist.

»Ich bringe ihn zum Arzt, er ist mein Vetter aus dem Dorf«, antwortete ich auf deutsch. Warum nicht deutsch sprechen? Weder mein Aussehen noch meine Papiere brachten mich in Verdacht, Jüdin zu sein. Das hier war nur Bahnpolizei, keine Gestapo. Und um zu verhindern, daß sie mich genauer durchsuchten, war es besser, Deutsch zu sprechen. In meiner eleganten Tasche lag nämlich, in ein seidenes Tuch gewickelt, eine Pistole.

Wir kamen sicher in Grodno an und unbehelligt aus dem Bahnhof heraus. Ich wollte nicht den Pfad benutzen, den Jan mir gezeigt hatte, da ich annahm, daß er tagsüber gefährlicher war als die Hauptstraße. Nur verdächtige Personen benutzten Seitenwege, auf der großen Landstraße würden wir viel weniger auffallen. Wir gingen langsam und genossen die Sonne und den Wind. Wir waren nicht allein unterwegs, Bewohner der Grodnoer Vororte und Bauern aus den umliegenden Dörfern kamen mit leeren Körben aus der Stadt zurück. Es herrschte reger Verkehr, und wir fühlten uns inmitten der breiten Felder wie auf einem Ferienausflug in der Vorkriegszeit. Als wir uns dem Dorf näherten, tat es uns leid, daß die zwölf Kilometer schon zu Ende waren, daß die Frühlingssonne bald untergehen würde und allmählich ein kühler Wind aufkam. Noch zwei Häuser, dann ein Feld und schließlich das Haus auf dem Hügel, unser Bestimmungsort.

Plötzlich, ohne daß wir ihn vorher bemerkt hatten, stand ein Deutscher in Zivilkleidung vor uns. Leicht schwankend rief er seinen polnischen Freunden zu:

»Schaut, schaut, ein kleiner Jude! Na, kommt schon, ihr Vögelchen, habt ihr gedacht, ihr kämt hier vorbei, ohne daß ich euch sehe?«

Ein paar Polen in Arbeitskleidung kamen aus ihren Häusern. Erst jetzt fiel mir auf, daß in der Nähe die Straße ausgebessert wurde. Der deutsche Vorarbeiter und seine polnischen Arbeiter umringten uns.

»Du bist ein Jude, ein Jude«, schrie der Deutsche Lonczik an. Die Leute kamen näher, und die Kinder hörten auf zu spielen, um sich das Schauspiel nicht entgehen zu lassen.

»Und du, wer bist du?« brüllte der Deutsche mich an. »Wenn du so gut auf ihn aufpaßt, mußt du auch eine Jüdin sein. Ihr habt euch wohl versteckt und wollt jetzt nach Białystok abhauen. Wir kennen eure Visagen. Jeden Tag kommen hier welche von euch auf der Flucht vor den deutschen Behörden vorbei.«

Um uns herrschte Aufregung. Ich bemühte mich, mitten auf der Straße stehen zu bleiben und zu beweisen, daß ich ebensowenig jüdisch war wie das Kind.

»Woher wollen Sie wissen, daß ich Jüdin bin? Wer sind Sie? Sie sind kein Polizist.«

»Halt den Mund, du freche Jüdin! Polizei, Polizei... Ich bin auch die Polizei. Ich werde beweisen, daß ihr Juden seid, zeig mir die Papiere...«

»Ihnen zeige ich gar nichts. Rufen Sie ein Auto und fahren Sie mit uns zur Polizei in Grodno. Da wird sich alles klären. Und da wird sich auch herausstellen, was für eine Art Polizist Sie sind.«

»Leute, habt ihr je solche jüdischen Nerven gesehen? Ich bin Deutscher, und wenn ich es will, entscheiden wir hier und jetzt über euer Schicksal.«

Er zog seine Pistole, aber seine Hände zitterten etwas, und er stand nicht sehr sicher auf den Beinen. Auch seine Zunge war schwer. Er sprach polnisch mit deutschem Akzent. Plötzlich sagte er auf Deutsch zu mir:

»Du verstehst mich, kleine Jüdin, nicht wahr? Ihr versteht alle deutsch.«

»Ich verstehe nicht.«

»Gut, wenn du sagst, daß du nicht jüdisch bist, dann werden wir den Jungen untersuchen. Du weißt, was ich mit untersuchen meine. Und wenn er Jude ist, dann heißt das, daß du es auch bist.« Ich beschloß, ihm doch meine Papiere zu zeigen. Die Situation wurde wirklich ernst, und ich mußte alle erdenklichen Maßnahmen treffen.

Wir wurden beide in das Haus des Dorfvorstehers gebracht. Ich erinnere mich an ein geräumiges Zimmer, größer als die anderen, die ich in Bauernhäusern gesehen hatte. Der Holzboden war frisch gewischt. Hinter einem aufgerollten Vorhang war ein enger kleiner Raum zu sehen. Das Zimmer, in dem wir uns befanden, war so riesig und überfüllt, daß ich mir vorkam wie in einem Gerichtssaal, mit dem Publikum als Richter. Jeder der Anwesenden hielt mein Schicksal in seinen Händen, und die Stimmung konnte durchaus zu unseren Gunsten umschlagen, wenn ich nur die richtige Strategie fand.

Ich streckte die Hand mit meinen Papieren aus. Niemand wollte sie sehen. Der Deutsche warf sie auf den Tisch und schrie:

»An die Arbeit! Laßt uns den kleinen Juden untersuchen.«

Einige der Bauern bewiesen gesunden Menschenverstand: »Vielleicht sollten wir uns doch die Papiere ansehen. Und wenn sich herausstellt, daß es ›unsere‹ sind, dann können wir sie doch laufen lassen?«

Ihre Stimmen gingen aber im Lärm unter. Lonczik und ich sahen uns an. Die Menge war wild auf eine Sensation, die Stimmen der Vernunft wurden von den Schreien der Brutalität übertönt. Ich suchte verzweifelt nach einem Trick, nach irgend etwas, das wie ein Guß kaltes Wasser auf sie wirken würde. Ich versuchte, an ihre Logik zu appellieren, sie zu bedrohen, und uns selbst Hoffnung zu machen, daß wir unserer Vorbestimmung noch einmal entkämen. Aber der Deutsche beherrschte die Menge, und seine halb betrunkenen Arbeiter standen auf seiner Seite.

»Nein, wir untersuchen jetzt den Jungen!«

Nichts hatte genutzt, weder meine guten Papiere, noch mein arisches Aussehen, noch mein Gerede. Der Deutsche und seine Helfer schleppten Lonczik in den kleinen Raum hinter dem Vorhang. Gleich würde das blutige Spiel beginnen. Alle warteten gierig darauf. Da ging plötzlich die Tür mit einem Ruck auf, und Jan stürmte in das Zimmer. Alle drehten sich nach ihm um. Auch die in dem kleinen Raum lüfteten den Vorhang ein wenig, um zu sehen, wer hier so laut und überzeugend rief: »Halina, was haben sie aus dir gemacht – eine Jüdin? Ha ha ha! Leute, seid ihr verrückt geworden?« Jan umarmte mich lachend. Die »Untersuchung« nebenan wurde unterbrochen, sie schleppten Lonczik, der sich die Hosen zuknöpfte, in das große Zimmer.

»Also, wer hat solche Lügen über Halina erzählt? Er soll wenigstens den Mut haben, es zuzugeben. Oh, Sie«, wandte er sich an den verblüfften Deutschen, »kommen Sie, keine Angst, gleich werden Sie sehen, wer Halina ist.« Er zwinkerte dem Deutschen zu: »Kommen Sie schon, dann werden Sie es sehen. Sie kennen mich doch, oder?«

Alle anderen schwiegen. Nach der ersten Überraschung wandten sich einige zum Gehen. Einer von ihnen sagte:

»Ich hab ja gesagt, wir sollten erst ihre Papiere überprüfen.«

Der Deutsche schlug Jan auf die Schulter:

»Warum hat sie nicht gesagt, daß sie dich besuchen will? Dann wäre ich anders mit ihr umgegangen, ich hätte ihr den Weg gezeigt.«

Nun gingen wir alle zusammen in Jans Haus. Wie hatte Jan von dem Vorfall erfahren, und warum hatte er so viel riskiert, um uns zu retten? Hatte er Angst, ich könnte seinen Namen erwähnen und damit eine Razzia in seiner Mühle provozieren, wo die Juden versteckt waren? Oder war er einfach nur mutig? Wie auch immer, ich werde Jan diesen Tag nie vergessen. Wieviel Intelligenz und Gerissenheit hatte er an diesem Abend bewiesen!

Der Abend brach an. Auf dem Tisch stand eine Flasche Bier, und auf dem Herd brutzelten Schinken und Rühreier. Ich gab Jan mit Gesten zu verstehen, daß Lonczik aus dem Haus mußte, ohne daß der Deutsche es bemerkte. Ich würde sicherstellen, daß er nichts mitbekam. Lonczik verschwand. Der Deutsche saß mir gegenüber, hinter ihm bewegte sich sein Schatten an der Wand, der Schatten eines Betrunkenen. Die rußige Öllampe warf ein schwaches Licht. Das Bier auf dem Tisch verbreitete einen ekelerregenden Geruch. Ich dachte, ich müßte mich gleich übergeben. Der Deutsche war dünn, seine Haut war glatt und feucht, er schwitzte vor Trunkenheit und Lust. Er hörte nicht auf zu rülpsen und stank mit dem Bier um die Wette. Ich goß ihm noch mehr ein und trank mit ihm, während er darauf achtete, daß ich mein Bier nicht heimlich unter den Tisch kippte. Er traute mir nicht und schenkte mir ständig nach: »Trink, Halina, trink!«

Ich fand eine alte sentimentale Schallplatte. Es lebe das Grammophon! Krächzend spielte es romantische Lieder, und wir tanzten, der Deutsche und ich. Es war heiß und drückend im Zimmer, das Licht warf schmutzige Streifen an die Wände und auf den Tisch, auf dem die Überreste des Schinkens und der Rühreier standen. Ich dachte, diese Nacht würde nie enden. Als die Dämmerung anbrach, war er endlich soweit. Wir legten ihn auf das Bett von Jans Mutter in der Küche. Er schnarchte und murmelte Unverständliches vor sich hin.

Das Dorf erwachte. Ein Hahn krähte, eine Kuh muhte, eine Tür knarrte. Ein Eimer wurde in den Brunnen hinuntergelassen. Auch Jans Haushalt regte sich. Die erste war seine Frau, die barfuß in den kalten Frühlingsmorgen hinausging, um die Tiere zu füttern. Nach ihr stand Jan auf. Auch er hatte eine Menge getrunken, aber sein Kopf war klar. Er wußte noch genau, was gestern passiert war. Er schlug mir freundschaftlich auf die Schulter und sagte:

»Mach dir keine Sorgen, es wird schon alles gutgehen. Gestern habe ich ihn überlistet, aber heute müssen wir vor ihm auf der Hut sein.«

»Wo ist der Junge?« fragte ich ihn.

»Außer Gefahr. Erst habe ich ihn in den Wald geführt, ich hatte Angst, sie könnten eine Razzia veranstalten. Nachts, als du dich um den Bastard gekümmert hast, habe ich ihn in die Mühle gebracht. Er ist ja noch so jung, und im Wald ist es nachts kalt. Weißt du, wie ich erfahren habe, daß ihr in die Falle gegangen seid? Ein Nachbar ist gekommen und hat es mir erzählt. Er ist einer von den anständigen Leuten im Dorf. Auf jeden Fall vertrauenswürdig. Ich habe Angst, die Juden in der Mühle zu lassen. Gestern haben wir Glück gehabt, aber irgendein altes Klatschmaul könnte sich über die Aufregung gestern das Maul zerreißen, und dann kommen sie, um Fragen zu stellen und sich genauer umzusehen.«

Jans Frau brachte mir Wasser in einer Schale. Ich wusch mich, frühstückte und wartete. Der Frühlingstag strahlte bereits in seiner vollen Pracht, als der Deutsche erwachte. Zuerst wußte er nicht, wo er war. Langsam kehrte die Erinnerung zurück, und ein kleiner, furchtsamer Mann kam zum Vorschein. Nun schrie er nicht mehr arrogant »Ich bin Deutscher!«, nun sah er mich mit seinen kleinen, ängstlichen Mausaugen an und fing an zu reden. Ich hörte aufmerksam zu.

Er lebte in Gdansk. Daher konnte er polnisch. Er war Schneider gewesen, ein einfacher Handwerker, der sich mühsam seinen Lebensunterhalt verdiente. Dann hatte er einen Tabakladen geführt. Er war verheiratet und hatte Kinder. Das Leben war hart: Er war krank, seine Kräfte waren unter der Last der Verantwortung für die Familie geschwunden. Er war zur Überwachung polnischer Arbeiter eingesetzt worden. Die Macht, über die er nun verfügte, war ihm manchmal ein Problem – alle hatten Angst vor ihm. Er war Parteimitglied, lebte in einem hübschen Zimmer in der Stadt und schickte seinen Lohn nach Hause. Von den Polen bekam er Schinken, Eier und Bier, aber er fürchtete sich. Er war immer ein kleiner Mann gewesen, nun war er groß und wichtig, und deshalb hatte er Angst, vor seinen deutschen Herren und vor seinen polnischen Untergebenen. Die sagten »Hitler kaputt«. Wie sollte das alles enden? Wer würde sich um ihn kümmern, wenn es Ärger gab?

Ich hörte mir die Beichte dieser kleinen verängstigten Seele an. Wie seltsam, daß er ausgerechnet mir sein Herz ausschüttete. Als die Wirkung des Bieres nachließ, kam seine Schwäche zum Vorschein. Seine gestrige Macht löste sich in Luft auf und machte seinen wirklichen Ängsten Platz. Seine Gefühle nahmen derart überhand, daß er nicht anders konnte, als jemandem sein Herz auszuschütten. Ich will nicht leugnen, daß mir gefiel, was er sagte, und ich bat ihn, mich zum Bahnhof zu begleiten, da ich am selben Tag noch zurück müßte. Jan stellte mich jetzt als seine Verwandte vor und lud ihn ein, ab und an vorbeizuschauen, um ein paar kleine »Bitter« zu kippen.

Wir hatten beschlossen, daß ich noch am selben Tag wieder abfuhr, um den Skandal ein wenig abklingen zu lassen. Lonczik sollte in seinem Versteck bleiben, bis die Affäre vergessen war. Bei meinem nächsten Besuch würde ich Waffen bekommen. Jan versprach mir einen größeren Posten Handgranaten und ein Gewehr. Ich wollte um den Preis handeln, aber Jan meinte, wir würden uns schon einigen:

»Sieh dir erst die Ware an.«

Der Deutsche brachte mich auf seinem Fahrrad zum Bahnhof und räumte damit jeden Verdacht aus dem Weg. Er selbst begleitete mich schließlich, und wir sprachen freundlich miteinander. Unser Weg durch das Dorf war ein Erfolg. Ich fühlte die neugierigen Blicke der Bewohner und hörte sie tuscheln, und ich wußte, daß ich hierher zurückkommen konnte. Die Brücken waren nicht verbrannt.

Als ich wieder in Białystok war, in unserem Zimmer in der Białostoczańska-Straße 15, überwältigte mich die Müdigkeit. Ich hatte das Gefühl, meine Nerven müßten nun nach der Anspannung der letzten 24 Stunden endgültig reißen. Die Geschichte mit der Wesoła-Straße war kaum einen Monat her, und sie war noch nicht zu Ende. Und jetzt schon wieder ein Fehler, wieder eine Rettung, aber nicht dank eines Wunders oder eines göttlichen Winkes, sondern unter großen Mühen und Qualen. Wenn ich es diesmal nicht geschafft hätte, wäre es um die 15 Juden in der Mühle geschehen gewesen, ganz abgesehen von Lonczik, Jan und seiner Frau und mir selbst.

Ich schloß mich zwei Tage lang mit meinen Alpträumen im Zimmer ein. Ich sah noch immer die schmutzige Lampe vor mir, den Schatten des Deutschen an der Wand, und hörte die abgeleierten Lieder aus dem Grammophon. Ich roch den widerlichen Geruch des Bieres und hatte einen bitteren Geschmack im Mund. Es war alles so bedrückend, auch die Beichte dieses furchtsamen kleinen Deutschen, der vom Blut seiner Opfer beschmutzt war. Wann würde dieses Versteckspiel mit dem Feind ein Ende haben? War das meine Rolle in dem Drama, bis die Gestapo mich erwischte? War das meine einzige Bestimmung?

Wieder kam Zerah und vertrieb meine Qualen, indem er mich sanft für meine finsteren Gedanken ausschalt. Zerah verstand auch das, worüber ich nicht sprach. Es gab keine Alternative. Wir mußten voran. Die Waffen wollten abgeholt werden, und Lonczik wartete darauf, seine Mission zu erfüllen. Und auch Mottel erwartete, daß wir ihn da herausholten.

Zwei Tage später kam Lonczik allein in Białystok an. Im Dorf hatte es Spannungen gegeben. Die Dörfler tuschelten, daß Jan Geschäfte mit Juden machte, und nach der Geschichte mit Lonczik stieg die Gefahr für die Menschen in der Mühle. Lonczik hatte es nicht mehr bei ihnen ausgehalten, sie hatten ihm vorgeworfen, er stürze sie in die Katastrophe. Da er kein anderes Versteck hatte, war ihm nichts anderes übriggeblieben, als nach Białystok zurückzukehren. Es war ein Wunder, daß er heil ankam. Er war ohne Erlaubnis mit dem Zug gefahren, unter den Augen der Gestapo und Streblovs, ihres Agenten, der Tag und Nacht die Passagiere überwachte. Aber Lonczik hatte einen Weg gefunden. Er war zum Bahnhof von Todorkow gegangen, der zwischen Grodno und Kuźnica lag und kaum benutzt wurde. Als der Zug die Geschwindigkeit gedrosselt hatte, war er aufgesprungen, hatte sich bis Białystok versteckt und war dann wieder abgesprungen. Mottel allerdings konnte auf diesem Weg nicht kommen, er sah zu jüdisch aus, da hätten nicht einmal arische Papiere geholfen. Wir beschlossen, Jan zu kontaktieren, um Mottel zu bekommen und die Waffen, die Jan uns versprochen hatte.

Damals entdeckten wir den Deutschen Kudlaschek. Ich weiß nicht, was er arbeitete. Es war nichts Bedeutendes, aber er hatte ein Auto zur Verfügung. Kudlaschek wußte nicht viel über Politik oder den Untergrund. Er verhielt sich zu Juden nicht anders als zu Nichtjuden, er war nur daran interessiert, ein gutes Geschäft zu machen und nicht beschwindelt zu werden. Die Verbindung zu ihm verschaffte uns ein Aktivist des kommunistischen Untergrundes, der in der Textilfabrik arbeitete.

Ich wurde Kudlaschek als Polin vorgestellt, die ein Geschäft mit ihm machen wollte. Schon beim ersten Treffen stellte sich heraus, daß er nach Grodno fahren wollte und bereit war, mich für ein kleines Entgelt mitzunehmen. Die Idee, die Waffen in einem deutschen Auto zu transportieren, faszinierte uns. Von Mottel erzählte ich ihm lieber nichts, aus Angst, er könne von seinem Angebot wieder zurücktreten, wenn ich ihm vorab sagte, daß ich einen Juden mitbringen wollte. Besser im letzten Moment den Preis erhöhen, als ihn jetzt schon erschrecken.

Es war ein schöner Sonntag im Frühling. Kudlaschek fuhr, und ich saß in meinen besten Kleidern neben ihm. Einmal wurden wir in der Nähe einer deutschen Polizeistation angehalten, aber nur oberflächlich kontrolliert. Sie sahen sich lediglich seinen Führerschein an und stellten überhaupt keine Fragen. Kudlaschek und ich waren so in unser Gespräch vertieft, daß die Deutschen sich beim besten Willen nicht vorstellen konnten, in diesem Auto der Textilindustrie-Zentrale säße eine Jüdin.

Worüber haben wir gesprochen? Über so banale Sachen, daß ich mich kaum daran erinnern kann. Über das Wetter, die schöne Landschaft, den Frühling und Kleider. Kudlaschek hatte ein breites, angenehmes Gesicht, breite Schultern und große Hände. Er wirkte etwas ungehobelt, und vermutlich machte ich einen sehr vornehmen Eindruck auf ihn, als Spekulantin, die sich in diesen Kriegszeiten sowohl mit den Juden als auch mit den Deutschen eine goldene Nase verdiente.

Nachmittags kamen wir bei Jan an. Das Dorf war still, wie an jedem Sonntagnachmittag. Das Auto hatten wir ein paar Meter vom Dorf entfernt geparkt. Niemand war zu sehen. Ich bat Kudlaschek zu warten, bis ich wußte, wie mein Programm aussehen würde. Jan freute sich sehr, mich zu sehen, aber meine eigene Freude war schnell dahin: Ich könnte die Waffen erst am nächsten oder übernächsten Tag erhalten. Was sollte ich nun machen?

»Warten.«

»Aber das Auto wird nicht auf mich warten! Ich kann mir doch diese Gelegenheit nicht entgehen lassen! Ich kann das Auto nicht leer zurückfahren lassen und die Waffen im Zug transportieren.«

»Es ist Sonntag, da kann ich nichts machen. Sie haben versprochen, mir die Waffen morgen zu bringen. Vielleicht kannst du ihm ja Mottel mitgeben, dann nutzt du das Auto doch noch, und wir überlegen, wie wir dir die Waffen schicken.«

Ich ging zu Kudlaschek und sagte ihm, daß ich ein, zwei Tage bei meinen Verwandten hier bleiben würde, daß er aber, wenn er auf der Rückfahrt gerne Begleitung hätte, einen Bekannten von mir aus dem Dorf mitnehmen könnte.

»Kein Problem, ich fahre jetzt nach Grodno, und es ist gut möglich, daß ich morgen oder übermorgen zurückkomme. In einer Stunde weiß ich Bescheid. Ihr Bekannter kann sich ja schon fertigmachen. Wenn ich zurückkomme, hole ich ihn.«

Nun mußten wir auf Kudlascheks Rückkehr warten und Mottel auf die Reise vorbereiten, was gar nicht so einfach war. Wie sollte er am hellichten Tag aus seinem Versteck kommen? Wieder kam uns Jans Geschicklichkeit zu Hilfe. Er ging in die Mühle, zog seine Sonntagskleider aus, und Mottel zog sie an. Das Gesicht unter Jans großem Bauernhut versteckt, ging er in das Haus. Jans Frau brachte die Kleider zurück in die Mühle, damit auch Jan wieder herauskam.

Wir beschlossen, Mottels Schwester, die blond war und nicht jüdisch aussah, per Zug zu schicken. Jan übernahm es selbst, sie nach Białystok zu bringen. Er wollte mit dem Dorfvorsteher einen trinken, um von ihm eine Empfehlung für die örtliche Polizeistation zu bekommen, die ihm dann eine Reisegenehmigung für seine »Kusine« ausstellen sollte. Ich verließ mich auf ihn. Jan mochte uns in bezug auf Waffen enttäuschen, aber nicht, wenn es um Menschenleben ging. Er hielt sein Versprechen, und ein paar Tage später war das Mädchen in Białystok.

Auch Kudlaschek enttäuschte uns nicht. Er kam nach zwei Stunden zurück mit der freudigen Botschaft, daß er morgen oder übermorgen wiederkommen würde. Er war guter Laune, seine Reise nach Grodno hatte sich offenbar gelohnt.

»Stellen Sie sich auf Dienstag ein. Wenn ich fahre, lasse ich es Sie rechtzeitig wissen, Sie haben dann noch an die zwei Stunden, um Ihre Geschäfte abzuschließen. Also, wo ist Ihr ›Kavalier‹?«

»Wir werden uns natürlich einig werden, wenn Sie das nächste Mal kommen, nicht wahr? Ich bin bereit, Ihnen alles korrekt zu erstatten. Wären Sie einverstanden, wenn ich Dienstag ein paar Sachen mitnehme? Möglicherweise haben Sie Probleme mit Ihrem Budget?«

Kudlaschek war einverstanden, natürlich könnte ich ein paar ›Sachen‹ vorbereiten. Ich gab ihm die vereinbarten 100 Mark, und er fuhr ab.

Die Juden in der Mühle atmeten auf. Mottel ging, und auch das Mädchen wäre in ein paar Tagen weg. Je weniger Leute, desto geringer die Gefahr. Der Sommer kam, und sie waren darauf vorbereitet, in die nahen Wälder zu gehen, um sich den Sommer über in einem Bunker zu verstecken. Jan würde ihnen Essen bringen. Sie wollten nicht nach Białystok, denn auch dort müßten sie den Kelch bis zur Neige trinken. Sie hatten beschlossen, das Kriegsende in Verstecken abzuwarten. Sie waren weder so beweglich noch so tapfer wie junge Leute. Sie wollten sich nicht den Kämpfern anschließen, wie Mottel und seine Schwester, die deswegen nach Białystok gingen. Ich riet ihnen, sich zu bewaffnen, vor allem, wenn sie vorhatten, sich in den umliegenden Wäldern zu verbergen.

Ich mußte nun zwei Tage bei Jan bleiben, und so beschloß ich, die Zeit zu nutzen und nach Grodno zu gehen, um Streblovs Haus auszukundschaften. Ich konnte nicht hinnehmen, daß wir auf Grund unseres Fehlschlages an jenem verdammten Tag den ganzen Plan aufgeben sollten. Außerdem wollte ich Michael, Jans Bruder, besuchen, obwohl er mir weniger vertrauenswürdig erschien, er redete mehr als Jan und war auch arroganter. Aber die beiden konkurrierten miteinander, und ich könnte dabei die lachende Dritte sein. Was die Waffenbeschaffung betraf, waren wir zu allem bereit, solange nur die Waffen in verläßliche Hände im Ghetto gelangten.

Ich weiß nicht, warum Grodno einen so festlichen Eindruck auf mich machte, es war eine völlig unangemessene Festlichkeit. Die Straße des 11. November, nach dem polnischen Aufstand gegen den Zarismus von 1830 benannt, war so ruhig und sauber, daß man sich kaum vorstellen konnte, daß hier Streblov lebte, dieser Abschaum der Menschheit.

Die Häuser lagen weit auseinander, durch Bäume und Gärten voneinander getrennt. Irgendwo bellte ein Hund, ein Kind weinte. Die Stille war so intensiv, daß ich meine eigenen Schritte hörte. Ich verließ die Straße und setzte meinen Weg an den nahe gelegenen Eisenbahnschienen fort. Aber dann kehrte ich wieder um. Ich konnte meine Augen nicht von diesem letzten Haus abwenden, vor dem nur eine Wache stand. Von außen konnte man nichts sehen außer den blühenden Bäumen und dem niedrigen, gestrichenen Zaun. Die Fenster standen offen, aus dem Inneren des Hauses hörte man ein Radio. Hier wurden Juden erschossen, hier wurde gefoltert, und die Schlacht war noch nicht geschlagen.

Ich sah, daß der Wachposten mich beobachtete, ich ging schon das zweite oder dritte Mal hier vorbei, also beschloß ich, zu verschwinden. Für einen ersten Blick hatte ich genug gesehen. Das war nun die Straße, das war das Haus, und nebenan verliefen die Geleise. Zwei Gassen bogen von der Straße ab. Wohin führten sie – in die Stadt oder stadtauswärts? Bald würde es dunkel werden, und es war noch ein langer Weg zu Michael. Ich mußte die ganze Stadt durchqueren und die große Brücke über den Njemen passieren. Ich kam am schönen Stadtpark vorbei mit seinen Spaziergängern und Müttern mit Kinderwagen. Der Fluß schimmerte in den letzten Sonnenstrahlen wie ein blaues Band im goldenen Haar eines Mädchens. Ich konnte den Njemen nicht über die große Brücke überqueren, denn hier wurden immer die Papiere kontrolliert. Die andere Brücke war schmal und aus Holz. Bei jedem Schritt wackelte sie, als würde sie gleich zusammenbrechen, und mir wurde angesichts des tiefen Wassers zu meinen Füßen ganz schwindlig. Nun gelangte ich in einen von Grodnos ärmeren, schmutzigeren Vororten. Hier saßen die Bewohner vor ihren Häusern und schwatzten mit den Nachbarn. Hinter den gewundenen engen Straßen begann offenes, schlammiges Feld, durch das man auf die Landstraße gelangte. Von da aus konnte man in weiter Entfernung ein großes mit Baracken übersätes Areal ausmachen. Das war das Lager Kolbasino. Die Baracken sahen im Dunkeln wie die Körper von Raubtieren aus.

Am Abend kam ich bei Michael an. Er bewohnte ein verfallenes Bauernhaus. Mehrere Kinder, alle scheinbar gleich alt, liefen einem zwischen den Beinen herum. Im Bett lag seine Frau, die sich gerade von einer Lungenentzündung erholte, sie sah schwach und dünn aus. Nur Michael bewegte sich in dem niedrigen Haus wie ein Fremder. Sein großer und kräftiger Körper schien hier fehl am Platz. Seine Erscheinung paßte nicht zu der hier herrschenden Armut. Michael war ganz offensichtlich gierig auf Schnaps. Ohne mich zu fragen, stellte er eine Flasche Selbstgebrannten auf den Tisch und begann Mehlpfannkuchen in Fett zu backen. Ich hatte nicht vor, es mir in seiner Gesellschaft bequem zu machen, aber das kümmerte ihn nicht.

»Ich hab was für dich«, zwinkerte er mir zu, »aber wir können nicht richtig reden, solange wir auf dem Trockenen sitzen, du weißt, was ich meine... Ohne Öl laufen die Räder nicht.«

Ich beschloß, mir anzuhören, was er zu sagen hatte. Während er mit den Pfannkuchen beschäftigt war, besuchte ich seine Frau. Eine Frau hat immer mehr Verstand, vor allem eine Frau, die unter Armut und der Trunksucht ihres Mannes leidet.

Sie schüttete mir ihr verbittertes Herz aus. Er quälte sie. Ein Jahr lang waren sie zusammen gewesen, ohne daß er sie heiratete. Sie war ein armes Mädchen gewesen und hatte hart gearbeitet in der Küche eines Gasthauses. Als sie ihm ein Kind gebar, nahm er sie in sein Haus, weigerte sich aber immer noch, sie zu heiraten. Jetzt war das fünfte Kind gekommen, und sie war nicht mehr jung. Sie war krank und hatte Angst, daß er sie wegschickte.

»Ja, ja, er kann viel machen. Er kann dir auch helfen. Ich weiß nicht, was du von ihm willst, er hat es mir nicht gesagt. Jan hat mir ein bißchen etwas erzählt. Michael ist ein Säufer. Nimm dich in acht vor ihm, Halinka, gib ihm kein Geld, bevor du nicht die Ware in Händen hältst. Du bist ein liebes und anständiges Mädchen, nimm dich in acht vor ihm.« Schließlich flüsterte sie mir ins Ohr:

»Er liest manchmal die Untergrundzeitungen. Ich habe es mit eigenen Augen gesehen. Einmal hat er mir sogar eine gezeigt. Eine Zeitung, die auf ganz dünnem Papier gedruckt war.« Sie sagte das nicht ohne einen gewissen Stolz.

Inzwischen hatte Michael die Pfannkuchen fertig. Ich setzte mich mit ihm in das angrenzende Zimmer, um zu essen. Er trank eine Menge und goß auch mir immer nach. Er war zwar betrunken, aber dabei gerissen, er achtete stets darauf, daß mein Glas nicht leer war und daß ich es ihm gleich tat. Der Schnaps verbrannte mir die Kehle und den Magen. Die heißen Pfannkuchen aß ich mit großem Appetit. Unser Gespräch, das ganz banal anfing, ging bald zu ernsteren Themen über. Der Alkohol besänftigte ihn, er zog ein dünnes Blatt aus der Tasche, legte es vor mich hin und sagte:

»Schau, Frau Halina, schau dir das an, damit du siehst, daß ich nicht irgendein Händler bin. Lies, was für ein Vertrauen ich bei ihnen genieße.«

Michael konnte seinem Bruder nicht das Wasser reichen. Jan traute ich, weil seine Gutwilligkeit, seine Kameradschaftlichkeit und sein Haß auf die Deutschen alles andere überwogen. Michaels Charakter offenbarte sich in seiner Schwatzhaftigkeit, seiner Betrunkenheit, seiner Arroganz und vor allem in seinem Benehmen.

Es war spät, als ich bei Jan ankam, obwohl ich eine Abkürzung von vier oder fünf Kilometern genommen hatte. Ich hatte nur eine Stunde Zeit bis zur Ausgangssperre gehabt, hatte es aber dennoch vorgezogen, nicht bei Michael zu übernachten. Er hatte versprochen, bis morgen Handgranaten zu beschaffen. Wie viele wußte er nicht, möglicherweise zwanzig. Ich versprach ihm, zu bezahlen, sobald ich die Sachen hatte.

»Warum traust du mir nicht?« Er war verletzt. Aber ich blieb dabei: Bezahlung erst nach Begutachtung der Ware. Ich könnte durchaus zwischen alten feuchten und guten Handgranaten unterscheiden, und er sollte ja die Zünder nicht vergessen.

Am anderen Morgen brachte mir Jan ein nicht sehr modernes französisches Gewehr, aber mit Munition. Es war schmutzig, offensichtlich war es gerade ausgegraben worden, und es war auch noch verrostet. Aber in Kubas »Fabrik« würden sie es so lange polieren und reinigen, bis es wieder glänzte wie neu. Ich beschloß, gleich anschließend zu Michael zu gehen, um mir die Handgranaten anzusehen. Statt der versprochenen zwanzig hatte er nur fünfzehn, von denen lediglich zehn zu gebrauchen waren. Michael versuchte wieder, mich betrunken zu machen, um mir seine ganze Ware andrehen zu können. Diesmal aber blieb ich hart und erklärte ihm, wenn er verrottete Ware an eine Organisation verkaufte, die die Deutschen bekämpfte, würde er schwer bestraft werden.

»Ich weiß nicht, ob die Freunde, die dir die Untergrundzeitungen geben, deine Bestrafung übernehmen werden, vielleicht haben sie Mitleid mit dir. Aber ich muß einen Bericht an meinen Kommandanten schreiben, und ich möchte dich darin nicht schlechtmachen müssen. Sieh also lieber zu, daß du deinen guten Namen behältst, in einem freien Polen wirst du dafür belohnt werden.«

Meine Worte beeindruckten ihn nicht sonderlich. Er war zwar einen Moment lang tief in Gedanken versunken, aber dann fiel ihm offensichtlich ein, daß die Organisation, in deren Namen ich sprach, eine jüdische war, und wer weiß, ob von denen auch nur einer die Befreiung erlebte. Ich war schon dabei, mit leeren Händen zu gehen, als er seine Meinung änderte und damit einverstanden war, daß ich nur die zehn mitnahm, die ich ausgesucht hatte, plus zwei von den anderen zu einem geringeren Preis. Es waren polnische Eierhandgranaten. Ich schlug schließlich ein. Ich packte die Sachen in eine Tasche und versprach, sie am nächsten Tag mit dem Auto abzuholen. Das Risiko, das Paket zu Jan zu schleppen, lohnte sich nicht. Ich erklärte, daß ich morgen den Inhalt noch einmal überprüfen würde, um sicherzugehen, daß Michael die Handgranaten nicht heimlich austauschte. Und ich gab ihm nur die Hälfte des Geldes, sicher ist sicher.

Am andren Tag kam Kudlaschek noch vor Mittag. Ich war froh zu hören, daß er und Mottel am Sonntag sicher in der Stadt angekommen waren. Ich fuhr mit ihm bis zu dem Pfad, der zu Michaels Haus führte, und wir vereinbarten, uns dort um zwei Uhr nachmittags zu treffen. Bei Michael überprüfte ich die Handgranaten und wickelte sie in meinen Pyjama und dann noch in ein Tuch, damit sie nicht klapperten. Die Zünder verpackte ich extra, und ganz obenauf in meine Tasche legte ich meine Kosmetiksachen. Ich zahlte Michael die vereinbarte Summe aus und bat ihn, mehr zu beschaffen, wenn er Gelegenheit dazu hatte.

Kudlaschek kam pünktlich. Alles lief wie geplant. Als wir vor Jans Haus hielten, ließ ich meine Tasche im Auto, um keinen Verdacht zu erregen. Aber ich hatte Angst, daß Kudlaschek nachsah, was ich in der Tasche hatte, deshalb bat ich Jan, ihn auf eine kleine Erfrischung einzuladen. Mein Paket stand, gut in Lumpen gewickelt, bereit. Kudlaschek bekam ein ähnliches Paket (wir hatten uns bemüht, sie möglichst gleich aussehen zu lassen) mit Schinken und einer Flasche Bier. Wir versteckten die Sachen im Kofferraum, vorne stand meine Tasche mit den Handgranaten. Es gab keinen Grund, Kudlaschek zu sagen, daß sich auch in der Tasche Schmuggelware befand.

Auf der Fahrt wollte Kudlaschek aus mir herausbekommen, womit ich handelte.

»Sie werden mir nicht einreden wollen, daß Sie für ein paar Kilo Schinken so weit reisen und so viel Geld für die Fahrt bezahlen. Diese Art Sachen bekommt man auch in den Dörfern rund um Białystok, und sie können zur Not mit dem Zug transportiert werden. Das machen ja viele. Bei Ihren Geschäften mit diesem Bauern geht es wohl eher um Edelsteine und Devisen, ha! Sagen Sie mir ruhig die Wahrheit!«

»Ha, ha, ha, wie kommen Sie denn darauf? Edelsteine!«

»Warum nicht? Wir könnten Partner werden, dann fahre ich Sie gratis so oft und wohin Sie wollen.«

»Ich werde darüber nachdenken. Vielleicht ist so eine Partnerschaft gar keine schlechte Idee, Sie bringen das Auto mit ein, ich meine Beziehungen und Quellen... ha, ha, ha...«

Ich lachte über ihn und seine Phantasien. Die Tasche lag auf dem Boden des Wagens, vor den Rücksitzen, und die Pakete waren im Kofferraum unter dem Reservereifen. Wenn wir nur nicht durchsucht wurden...

Wir kamen heil in Białystok an.

»Wohin soll ich Sie bringen? Wo wohnen Sie?«

Ich konnte ihm nicht sagen, daß ich im Ghetto lebte, und ich wollte ihn auch nicht vor Ollas Wohnung halten lassen und damit ihre Adresse preisgeben. Ich bat ihn, mich am Ende der Sankt-Ro chus-Straße abzusetzen, kurz vor der Brücke über die Eisenbahnschienen. Am anderen Ende der Straße wohnte Haska. Wir vereinbarten, daß ich ihn in seinem Büro anrief, wenn ich ihn wieder brauchte. Bezahlt hatte ich ihn schon während der Fahrt. Ich nahm das Paket und wartete, bis er losfuhr. Sowie sein Auto außer Sichtweite war, ging ich zu Haska.

Sie war erst kürzlich hier eingezogen. Die Wohnung lag ziemlich nahe am Stadtplatz, auf dem ständig Leute Wäsche aufhängten oder auf ihren Treppenstufen saßen. Sie konnten jeden sehen, der vorbeiging. Aber ich hatte keine andere Wahl, die Sachen waren zu wertvoll, um sie jetzt durch die ganze Stadt zu schleppen. Ich mußte warten, bis es dunkel war. Eine halbe Stunde vor Ausgangssperre würde ich zu Olla gehen.

Haska war zu Hause. Ich galt hier als ihre wohlhabende Kusine aus Grodno, die sich um »Helenka« kümmerte. Haska strahlte vor Glück, als ich mit meinem Paket bei ihr ankam. Ihre Augen glühten. Nun wurde ihr Zimmer auf der arischen Seite gebraucht. Daß ich im Auto eines Deutschen nach Grodno gefahren war, versetzte sie in Begeisterung.

»Aber ich verstehe nicht, warum du nicht mich schickst. Dafür sitze ich doch schließlich hier herum.« Dann wurde ihr wieder bewußt, daß sie keine freie Kundschafterin war wie ich, sondern hier auf ihrem Posten ausharren mußte. Und solange dem so war, hatte sie ihre verhaßte Arbeit bei der Luchterhand-Familie zu verrichten, diesen brutalen Antisemiten. Sie haßte sie so sehr, daß sie sie am liebsten mit eigenen Händen umgebracht hätte. Plötzlich schwieg sie, ihr wurde klar, daß das nicht der rechte Zeitpunkt war, um über ihre eigene Situation zu reden. In ihrem Zimmer lagen Waffen, die noch am selben Tag in das Ghetto geschafft werden mußten.

Als es dunkel wurde, gingen wir los. Ollas Haus war nicht allzuweit entfernt. Wir versuchten, langsam zu gehen, als machten wir einen kleinen Stadtbummel. Haska redete und lachte die ganze Zeit. Als wir an der Kirche vorbeigingen, bekreuzigte sie sich mit einer Ernsthaftigkeit, die mir übertrieben vorkam. Von weitem sah ich zwei Gendarmen. Ich trug die Tasche, Haska das Paket. Wir schafften es heil bis kurz vor Ollas Haus. Als wir in das letzte Stück der Białostoczańska-Straße einbogen, kam aus Ollas Hof eine Patrouille direkt auf uns zu. Solange sie uns nicht bemerkten, konnten wir unauffällig in die Polska-Straße weitergehen, aber Haska schnappte sich meine Tasche, flüsterte, »los, lauf mir nach und pack die Tasche« und rannte los.

Sie erreichte den Eingang und lief laut lachend durch das Tor. Die Gendarmen wurden auf sie aufmerksam, lachten aber auch angesichts dieses verspielten blonden Mädchens. Der Hof war leer. Als wir bei Olla ankamen, konnte niemand verstehen, wie wir es geschafft hatten, ohne Kontrolle durchzukommen. Vor einer Minute noch waren sie hier gewesen, und alle Schmuggler waren weggerannt, um sich zu verstecken. Haska ging wieder zu sich nach Hause, es waren nur noch ein paar Minuten bis zur Ausgangssperre.

Ich kletterte auf das Dach und sprang hinüber. Olla reichte mir Tasche und Paket durch das Loch in der Mauer. Innerlich dankte ich Haska für ihren Mut und ihre schnelle Auffassungsgabe. Ich hatte gesehen, wie glücklich sie darüber war, die Gendarmen überlistet und die Waffen direkt vor ihren Nasen zu Olla geschafft zu haben. Dieser Ausdruck in ihren blauen Augen erfüllte mich selbst mit einem wunderbaren Gefühl, das sich in meinem ganzen Inneren ausbreitete.

Eine knappe Woche, nachdem ich mit den Waffen aus Grodno zurückgekommen war, erzählte mir Mottel, daß seine Schwester gerade mit Jans Hilfe in Białystok eingetroffen war. Zwei Tage nach meiner Abfahrt hatte die ganze Gesellschaft die Mühle verlassen und sich in die Wälder zurückgezogen. Jan und seine Frau versorgten sie mit Essen. Nur Mottels Schwester kam abends in das Dorf. Jan und seine Frau behandelten sie besonders gut, sie kümmerten sich darum, daß sie sich waschen konnte und in einem guten Bett schlief. Eines Tages, als sie von einem Besuch im Dorf zurückkam, sah sie, daß das Lager verschwunden war. Ihre Angehörigen, Freunde und Verwandten lagen erschossen und in Stücke gerissen auf der Erde, einer hing an einem Baum. Der Bunker war mit Handgranaten gesprengt worden. Ein Schafhirte hatte die Juden entdeckt und im Dorf davon erzählt. Ein Verräter hatte daraufhin die Polizei informiert. Die Juden hatten versucht, sich zu verteidigen, waren aber alle getötet worden. Die Dorfbewohner mußten die Leichen vergraben. Deren Anblick war so schrecklich, daß die Deutschen die Leute zwingen mußten, die halbnackten Leichen einzuscharren. Alle Gegenstände aus dem Bunker waren gestohlen worden.

Mottels Schwester war so geschockt und verschreckt gewesen, daß Jan beschlossen hatte, sie sofort nach Białystok zu bringen. Da er noch immer keine Reisegenehmigung hatte, mußte er, da die Zeit drängte, zu Fuß bei Nacht aufbrechen. Ein Stück weit konnten sie auf einem Bauernwagen mitfahren, aber den größten Teil des Weges mußten sie laufen. Jan kam nicht in das Ghetto, er kehrte sofort in sein Dorf zurück und ließ uns wissen, daß wir ihn nicht mehr besuchen dürften, ehe die Angelegenheit vergessen war.

Nach einiger Zeit, als sich alles normalisiert hatte, nahmen wir unsere Besuche bei ihm wieder auf. Wir schickten eine der jungen Frauen von der arischen Seite, Haska oder Rivkele, um nachzuhören, ob »neue Ware« eingetroffen war. Jan versprach eine neue Lieferung, und wieder standen wir vor dem Problem, wie die Sachen nach Białystok transportiert werden sollten. Mottel gab keine Ruhe. Vielleicht war in dem gesprengten Bunker etwas zurückgeblieben, möglicherweise Waffen? Seine Eltern hatten zwei Pistolen besessen. Und außerdem mußte er unbedingt den Ort sehen, an dem seine Liebsten gegen die Nazis gekämpft hatten. Wir beugten uns seinem Drängen. Mottel konnte sich selbst nicht verzeihen, daß er mit leeren Händen zu uns gekommen war, daß er nicht einmal eine Pistole mitgebracht hatte. Ich ging wieder zu Kudlaschek. Das Zentralbüro der Białystoker Textilindustrie lag in der Nähe von Haskas und Lizas Arbeitsplätzen. (Liza war aus Grodno gekommen und hatte sich auf der arischen Seite eingerichtet. Sie war eine ehemalige Klassenkameradin von Haska und stand in Verbindung mit Komsomol-Kreisen.) In der Nähe des Textilbüros stand ein beeindruckendes rotes Gebäude mit zwei Statuen. Das war Beckers Röhrenfabrik. Hier waren die Arbeiter einmal in den Hungerstreik getreten. Vor diesem Gebäude hatten sich einst Massen von Menschen versammelt, um Arbeitern, die einen Sitzstreik durchführten, Essen und Trinken und ihre Unterstützung anzubieten. Hier hatte es einst Zusammenstöße mit der polnischen Polizei gegeben.

Heute war die Straße ruhig. Die verfallenen Häuser wirkten wie kleine weiße Schachteln in einem Meer von Grün. Hier lebten jetzt nur Deutsche. Am einen Ende dieser Straße begann der berühmte Wald von Białystok, und am anderen Ende bog eine Straße in den Stadtpark ab.

Es war nicht einfach, Haska um diese Zeit zu treffen, da sie in der

Kantine der SS-Offiziere arbeitete. Ich konnte ihr nicht durch das Fenster ein Zeichen geben, daß ich in einer Stunde wiederkommen oder zu ihr nach Hause gehen würde. Andererseits konnte ich zu meiner Schwester gehen, die gegenüber arbeitete und die bei ihren Arbeitgebern beliebt war. Für sie war ich eine Freundin meiner Schwester und eine reiche Gutsbesitzerin. Wen sie für reich erachteten, den behandelten sie mit aller erdenklichen Höflichkeit. Sie hofften immer auf Mitbringsel vom Lande, Butter, Sahne, Geflügel. Die Preise auf dem Schwarzmarkt waren hoch, außerdem hatten sie Angst, dort einzukaufen. Sie waren ebenso gierig wie geizig. Manchmal brachte ich ihnen etwas von »zu Hause« mit, das ich vorher auf dem Schwarzmarkt gekauft hatte. Es lohnte sich. Ich konnte hier stundenlang bleiben, ohne verdächtig zu erscheinen. Eine Stunde Ausruhen war schon ein Hühnchen wert.

Ich ging hinüber in das Gebäude, in dem sich Kudlascheks Büro befand, rief ihn vom Pförtner aus an und vereinbarte ein Treffen mit ihm, um unsere nächste Fahrt zu besprechen Er hatte nichts dagegen, daß mein Bekannter ihn wieder begleiten sollte, im Gegenteil, es war ihm völlig egal. Er wollte ein paar Stunden in Grodno bleiben und dann seinen Reisebegleiter wieder in Jans Haus abholen. Ich würde die beiden auf dem Frachtbahnhof zusammenbringen. Der Treffpunkt lage einerseits nahe der Landstraße nach Grodno, andererseits nicht weit von dem Platz, an dem die jüdischen Fuhrleute, mit denen Mottel wieder das Ghetto verlassen sollte, arbeiteten. Ich kehrte gut gelaunt in das Ghetto zurück. Wenn nichts Unvorhergesehenes geschah, würde Mottel problemlos zu Jan gelangen.

Wir hatten noch ein paar Tage Zeit. Unsere Hauptsorge war das Geld. Die Kasse war leer, und Jan verlangte Devisen. Wir hatten Waffen in Aussicht, sogar ein deutsches Auto, aber die Hände waren uns gebunden, weil wir nicht über die erforderlichen Mittel verfügten. Was wir von Barasz bekamen, war lächerlich angesichts unserer hohen Ausgaben. Jan war zwar eine Quelle für Waffen, aber eine teure, die jederzeit versiegen konnte. Ich erinnere mich noch gut an die traurigen Gesichter unserer jungen Genossinnen und Genossen, als wir ihnen eröffneten, daß wir zwar Waffen kaufen könnten, aber kein Geld hatten. Am nächsten Tag begann plötzlich das Geld hereinzuströmen. »Meine Eltern brauchen es nicht zum Leben«, erklärten sie.

Wir besorgten, was Jan als Ersatz für Devisen nahm: Stoff für einen Herrenanzug, Goldringe, Ohrringe und ein paar Edelsteine.

Am Tag der Abreise hüllte sich Mottel in den Stoff und verließ mit den Arbeitern das Ghetto. An diesem Tag stellte Gedalyahu die polizeiliche Überwachung der Arbeitsbrigade, deshalb fühlten wir uns sicher. Auch ich verließ das Ghetto, um das Treffen zwischen Kudlaschek und Mottel zu arrangieren. Ich wartete vergeblich. Mehrere Juden kamen vorbei, aber kein Mottel. Ich hielt einen der anderen an, um zu fragen, ob etwas passiert sei. Er sah mich an und spuckte aus. Es war ein jüdischer Fuhrmann, der seine eigene Art hatte:

»Was passiert, was passiert... Der Teufel hole sie und die Väter ihrer Väter! So ein junger Bub! Tfu... Er wußte nicht, was tun und wurde verhaftet.«

Mir wurde schlecht. Mottel, das Geld, die Waffen... Und Kudlaschek wartete. Wir konnten es uns nicht leisten, ihn zu verlieren. Ich mußte selbst fahren, aber ich hatte keinen Groschen. Und wer weiß, wie Mottel sich auf der Polizeistation verhielt. Vielleicht wurde er gefoltert. Er war stark, aber wie lange?

Kudlaschek wartete im Auto. Ich tat so, als sei nichts weiter passiert. Wir brauchten ihn noch, und ich mußte eine Ausrede für Mottels Nichterscheinen finden. Aber Kudlaschek empfing mich lächelnd:

»Ich bin nur gekommen, um Ihnen zu sagen, daß ich heute nicht fahren kann. Ich muß den Wagen für mindestens zwei Tage in die Garage bringen. Sie sind doch nicht böse? Wir fahren bestimmt noch, machen Sie sich keine Sorgen. Verlieren Sie jetzt meinetwegen viel Geld?«

Ich tat so, als machte mir die Verzögerung durchaus etwas aus, und wir vereinbarten, daß ich ihn Anfang kommender Woche anrief. Dann ging ich in das Ghetto zurück. Gedalyahu begab sich sofort zur Arbeitsstelle der Fuhrleute, um herauszufinden, was mit Mottel geschehen war. Einer der Männer, ein erklärter Freund Gedalyahus, erzählte es ihm:

»Er ist hierher gekommen, und ich wollte ein bißchen auf ihn aufpassen. Ich hab ihm gesagt, daß ich von dir weiß, daß er zu einer bestimmten Zeit hier weg muß, und daß ich ihm zeige, wie. In der Zwischenzeit sollte er so tun, als ob er arbeitet, um keinen Verdacht zu erregen. Aber er war ungeduldig. Einer der Gendarmen hat gesehen, wie er einfach so herumlief und hat ihn zu sich gerufen. Offensichtlich hat er nicht ordentlich geantwortet, oder dem Gendarmen hat einfach sein Gesicht nicht gepaßt. Er hat ihn jedenfalls geschlagen. Und dann hat jemand bemerkt, daß er etwas unter den Kleidern versteckt hatte. Sie haben ihn durchsucht und ein riesiges Stück Stoff gefunden. Dann haben sie ihn sofort zur Kriminalpolizei gebracht. Wer weiß, ob er da wieder lebendig rauskommt?«

So ist Mottel von uns gegangen. Aus dem Gefängnis erfuhren wir, daß sie nur den Stoff bei ihm gefunden hatten. Er hatte es geschafft, das Geld zu zerreißen und wegzuwerfen. Die Nazis konnten ihn lediglich für das Schmuggeln von Stoff verurteilen. Aber weil er jung war, folterten sie ihn, um die Namen seiner Kameraden aus ihm herauszubekommen. Er schwieg. Sie wußten nichts über ihn. Uns ließ er eine kurze Botschaft zukommen: »Ich versuche, abzuhauen. Macht euch um mich keine Sorgen, aber kümmert euch um meine Schwester.«

Wir hofften, daß ihm die Flucht gelang, aber er kehrte nicht zurück.

Wir fuhren weiterhin zu Jan, um Waffen zu kaufen. Mit jeder einzelnen Waffe, die wir unserem Arsenal hinzufügen konnten, hob sich unsere Stimmung. Aber es tat uns leid, daß wir unseren Plan, Streblov zu liquidieren, nicht mehr realisieren konnten. Streblov war plötzlich verschwunden, sowohl aus Grodno als auch aus Białystok. Es hieß, die Gestapo hätte nicht mehr geduldet, daß er sich ständig in ihre Angelegenheiten mischte. Den Gerüchten zufolge war er nach Königsberg beordert worden, oder auch nach Berlin. Jedenfalls war keines dieser Gerüchte zu verifizieren und für unseren Plan brauchbar.

21
Vom Handeln und vom Leid

Die ganze Zeit über kämpfte der Ghettountergrund um den richtigen Weg. Revisionistische Ideen hatten sich eingeschlichen. Nach all den Fehlern und Opfern gab es nun selbst unter uns einige, die darauf bestanden, wir müßten unsere Prinzipien ändern. Und diese Forderung kam nicht nur von einfachen Mitgliedern. Einer der Beschwerdeführer war Jandzia.

Jandzia war mit anderen Arbeitern seiner Fabrik, der »Mechanischen Tischlerei«, auf Transport geschickt worden. Einen Tag vor unserem Fehlschlag auf der arischen Seite hatte Rivkele erfahren, daß ein Bauer aus einem Ausflugsort nahe Białystok eine Botschaft von Jandzia überbracht hatte: Er lag verwundet in der Scheune des Bauern und bat um Hilfe. Die *aktzia* im Ghetto lief gerade auf Hochtouren, es war unmöglich, Jandzia in die Stadt zu bringen. Wir hatten keine sichere Adresse für ihn und keinen Arzt, der das Geheimnis bewahren würde.

Am nächsten Tag war Rivkele zu Jandzia gegangen. Damals hatte sie noch auf dem Dachboden des SS-Doktors, bei dem sie arbeitete, gewohnt. Jede Nacht lief sie aus dem Haus, um Jandzia zu besuchen, obwohl sie ihm nicht helfen konnte. Er lag auf einem Haufen Dung, die Hand von einem Dum-Dum-Geschoß zerschmettert, das ihn getroffen hatte, als er vom Transportzug gesprungen war. Jandzia mußte noch ein paar Tage in der Scheune ausharren. Wir konnten ihm nur die Wunde sterilisieren, den Verband wechseln und ihm Spritzen gegen die Infektion geben. Rivkele verlangte, daß ich den Fonds angriff, um ihn zu retten. Ich wußte, daß ihm mit dem Geld auch nicht geholfen wäre und bestand darauf, daß wir es für andere Zwecke brauchten. Das war der erste Konflikt zwischen den Anforderungen des Kampfes und dem Bemühen, einzelne Genossen zu retten. Er reichte, um den Mann in seiner Scheune zu verbittern und gegen unsere Strategie einzunehmen.

Aber es hatte nicht erst damals begonnen. Jandzia war schließlich in das Ghetto gebracht und korrekt behandelt worden. Unsere Differenzen stammten schon aus der Zeit der ersten Treffen, auf denen wir beschlossen hatten, den Aufstand zu wagen. Das war noch in der Neue-Welt-Straße gewesen, seither war ein gutes Jahr vergangen. Und schon damals hatten wir gegen Schwäche ankämpfen müssen, gegen den Mangel an Glauben, gegen fremde Ideologien, die uns nahelegten, das Ghetto im Stich zu lassen, uns selbst in Sicherheit zu bringen und den Partisanen anzuschließen. Dann war das Geraune verstummt, die Zweifler hatten ihre Kritik für sich behalten. Sie hatten sich wie auf Zehenspitzen bewegt, um das beschleunigte Tempo der Vorbereitungen, das Reifen des Kampfgeistes nicht zu stören.

Nun hatten wir erneut schwere Prüfungen zu bestehen, die mit Sicherheit unsere letzten sein würden. Die Bewegung hatte sich kaum von den jüngsten Schlägen erholt, da gab es schon Genossen, die die Bremse ziehen wollten. Sie wühlten in den Wunden und suchten nach Schuldigen. Wo immer sich Schwäche zeigte, hob auch der Revisionismus sein Haupt.

Es war spät nachts. Wir verriegelten die Tür, verdunkelten die Fenster und hielten ein Treffen ab. Die Spannung im Raum stieg. Die Rebellen verlangten, daß wir die Vorbereitungen für den Ghettoaufstand einstellten und statt dessen auf breiter Basis mit der Rettung unserer Genossen begännen: »Wenn wir die Bewegung erhalten wollen, müssen wir die übriggebliebenen Juden für die Zukunft bewahren, für den neuen Morgen, der anbrechen wird, für eine neue Alija nach Palästina. Es ist besser, Wege für die Alija zu suchen und Leute zu retten. Der wirkungsvollste Weg, gegen die Deutschen zu kämpfen, ist der in den Wald. Wir müssen mit diesen kindischen Spielereien aufhören, dieser Heroismus paßt nicht zu politischen Führern, die für die Bewegung und das Volk Verantwortung tragen. Der heldenhafte Auftritt von Edek und seinen Genossen hat uns nichts gebracht, außer dem Verlust unserer besten Leute.«

Meine Ungeduld wuchs, schließlich spuckte ich Feuer. Waren meine harten Worte gerechtfertigt? Sicher nicht. Ich kannte Jandzia schon lange als loyales Mitglied der Bewegung. Ich war mit ihm befreundet und kannte seine tiefe Liebe zu den jüdischen Massen, für sein Volk, für die jüdische Kultur und nationale Wiedergeburt. Ich kannte seine wunderbare Sanftheit, seine Liebenswürdigkeit, seine große Intelligenz. Warum sagte ich dann solche Sachen? Es gab viele, die seiner Meinung waren, auch unter denen, die sich für die Sache opferten und sich an die Regeln des Untergrundes hielten. Konnte ich sie denn alle des Verrats bezichtigen?

Dennoch. Was nützten der gute Wille eines Menschen, seine Liebe zu den Massen, seine große Verbundenheit mit dem Judentum, das vom Erdboden gefegt wurde, wenn dieser Mensch nicht Widerstand leistete? Entscheidend war die Aktion, und gut waren nur die Ergebnisse, die dabei erzielt wurden.

Nun wurde die Debatte hitzig, und ich bezweifle, daß die Genossinnen und Genossen wirklich meinten, was sie sagten. Ich hatte offenbar ihre Selbstachtung getroffen, ich war zu weit gegangen. Vielleicht war es angesichts des Feindes, der schon vor den Toren stand, nicht die rechte Zeit, abzurechnen. Jedenfalls verstanden Zerah und Gedalyahu das Gebot der Stunde besser als ich. Zerah argumentierte, daß uns sicher noch weitere Fehler unterlaufen würden, daß es aber keine andere Wahl gab als vollkommene Ergebenheit in die Sache, und daß Edek recht gehabt hatte, als er seine Stellung nicht verließ. Wir wären sonst aus der *aktzia* gezeichnet mit dem Mal der Schande hervorgegangen, wir hätten die aktiven Kader demoralisiert und den Glauben an uns als die nationalen Führer unterminiert. Zerah sprach lange. Er wurde nicht müde. Auch Gedalyahu bewies ein Übermaß an Geduld. Er fluchte nicht auf russisch, wie sonst immer, wenn er bei anderen Genossen auf Schwäche stieß. Er spuckte auch nicht aus, um seinen Zorn zu unterstreichen.

Der Ton änderte sich nun, auf die ideologischen Angriffe folgten persönliche: »Chaika, du bist verantwortlich (nicht allein natürlich) für den Fehlschlag auf der arischen Seite. Du warst nicht vorsichtig genug mit den Mädchen. Du hättest sie nicht mit diesen Papieren losschicken dürfen. Du hättest ihre Existenz mit mehr Geld absichern müssen. Du hast sie allein ihrem Schicksal überlassen. Und du hättest während der *aktzia* hier bei uns im Ghetto sein müssen.«

Die anderen schwiegen.

Meine verletzte Selbstachtung verlangte nach einer Erwiderung. Ich hatte nie eine Belohnung für meine Arbeit gewollt. Ich hatte nur erwartet, daß sie mein Bemühen anerkannten. Ich hatte immer ihre ernsthafte Anteilnahme gespürt, wenn ich erschöpft und ausgelaugt in das Ghetto gekommen war. Jetzt rebellierte alles in mir. Ich vergaß ihre Anteilnahme völlig und war mir nur der Vorwürfe bewußt.

Sie waren unberechtigt. Aber ich mußte mich beherrschen und meine Verletztheit verbergen. Ich kam wieder zu mir. Zerah hatte recht, wir durften nicht zulassen, daß die Diskussion persönlich wurde. Wir mußten den politischen Charakter der Debatte wahren, ihn zum Dreh- und Angelpunkt für die Deprimierten und Enttäuschten machen. Man darf nie vom rechten Weg abweichen, man darf nie falschen Argumenten nachgeben. Diese hitzige Debatte endete schließlich damit, daß sich die Entscheidung für den bewaffneten Aufstand und dessen Führung durch den kämpfenden Untergrund triumphal durchsetzte. Wir bewegten uns näher auf eine vereinigte antifaschistische Front zu. Ein paar Genossen wurden aller Aufgaben enthoben und schließlich aus der Bewegung ausgeschlossen.

Ich erklärte, daß ich bereit war, meine bisherigen Pflichten weiterhin zu erfüllen, ohne länger die Position der formellen Führerin der Bewegung zu beanspruchen. Diese Erklärung schlug wie der Blitz ein. Ich würde lügen, wenn ich behauptete, ich hätte sie leichten Herzens abgegeben. Ich war schrecklich verletzt von den ganzen Ungerechtigkeiten und vor allem von dem Schweigen, dem völligen Ausbleiben von Protest, das meinen Worten folgte.

Es war schon früher Morgen, als wir in unser Zimmer in der Białostoczańska-Straße zurückkehrten. Wir hatten noch zwei Stunden Zeit bis zu unserem entscheidenden Treffen mit den Kommunisten. Ich erklärte, daß ich etwa eine viertel Stunde lang über die Bedeutung der Auflösung der Komintern sprechen wollte. Die Genossen sahen mich erstaunt an. »Ich will sie davon überzeugen, daß die logische Konsequenz daraus die Errichtung einer Vereinigten Front aus allen antifaschistischen Kräften sein muß.«

Gedalyahu kehrte zu seiner verhaßten Arbeit zurück. Zerah und ich warteten auf Yoschko Kawe und Daniel Moszkowicz, die pünktlich um acht Uhr kamen. Daniels Ankunft war eine Überraschung, da er bisher an politischen Verhandlungen nicht teilgenommen hatte. Er hatte Edek sehr nahegestanden. Wir kannten seine Ansichten über die antifaschistische Front, die mit denen Yoschkos nicht ganz übereinstimmten. Daniel war beweglicher als sein Genosse. Er hatte weniger Vorurteile und stand den Anforderungen der neuen Zeit offener gegenüber. Daniel war Aktivist, aber er gehörte nicht zu denen, die die politische Linie seiner Partei bestimmten. Deshalb waren wir so überrascht über sein Kommen. Der einzige Punkt auf der Tagesordnung war die Vereinigte Front.

Ich sprach über mein Thema, faßte mich kurz und schloß mit der Erklärung, daß die Komintern in erster Linie aufgelöst worden war, um die Vereinigung der antifaschistischen Kräfte auf der ganzen Welt, vor allem aber unter den Völkern des besetzten Europa zu fördern. Diese Vereinigte Front mußte so viele Völker wie nur möglich einschließen, der Untergrund mußte zu einer jeweils nationalen Volksbewegung werden. Antifaschistische Massenfronten mußten organisiert werden. Der Krieg gegen den Faschismus war sowohl ein sozialer als auch ein nationaler Befreiungskampf. Alle Kräfte mußten vereinigt werden und aus ihren jeweils spezifischen Bedingungen und aus ihrer besonderen sozialen Zusammensetzung heraus den Kampf aufnehmen. Der Krieg gegen die Deutschen mußte in einen Kampf um die vitalen Interessen und Bedürfnisse der Menschen umgewandelt werden. Die Auflösung der Komintern schuf den kommunistischen Parteien und den Arbeiterbewegungen in allen Ländern freie Hand, um ihre eigenen Initiativen und ihre eigenen Kräfte bestmöglich zu entwickeln.

Diese Schlußfolgerungen sollten von einem Komitee ausgearbeitet und dann den Zellen zur Diskussion überantwortet werden. Bezogen auf unsere Situation im Ghetto ergaben sich aus ihnen folgende Konsequenzen:

Erstens galt es, auch hier eine möglichst breite Front zu errichten und gleichzeitig mit aller nötigen Vorsicht unsere Genossen zu einer Kampftruppe zusammenzuschmieden.

Zweitens erforderte es die neue Lage, den jüdischen Untergrund politisch klar zu definieren: Als eine Kampforganisation, die das Ghetto zu ihrem Schlachtfeld bestimmte und deren breite nationale Basis die jüdischen Massen darstellten, die sich in einer besonderen Situation befanden und daher spezielle Kampfformen entwickeln mußten.

Drittens mußten alle unsere praktischen Entscheidungen sich auf den allgemeinen Kampf gegen den Faschismus beziehen, das heißt sowohl auf den Widerstand der Bevölkerung in diesem Lande als auch insbesondere auf diejenigen Kräfte, die weltweit den Kampf für Fortschritt und Sozialismus führten.

Viertens wurde damit der jüdische Untergrund in seinem Krieg gegen den Faschismus Teil der Front, die von Stalingrad bis zum arktischen Ozean reichte, während er seinen eigenen spezifischen Kampf im Hinterland des Feindes führte.

Zum ersten Mal hatten wir eine gemeinsame politische Erklärung verfaßt. Das war ein Galatag in unserem Leben. Unsere Träume aus den ersten Anfängen der Untergrundbewegung gingen in Erfüllung. Von diesem Tag an wuchs die Vereinigte Front, um die wir, seit wir aus Wilna gekommen waren, gerungen hatten. Von diesem Tag an bildeten das Ghetto und die jüdischen Massen die vorderste Front des Krieges, den Brückenkopf zu einem Leben und Sterben als freie Männer und Frauen, als Sozialisten. An dieser Front würden wir für das Überleben eines leidgeprüften Volkes kämpfen.

Kuba, den wir während der *aktzia* aus Volkovysk geschmuggelt hatten, arbeitete nun in den Reparaturwerkstätten des Judenrates, in denen es Präzisionswerkzeuge gab, wie sie das Ghetto noch nie gesehen hatte. Es gab da eine Nachtschicht, die nur aus Mitgliedern des Untergrundes bestand, mit Kuba als ihrem Vorarbeiter. Sie reparierten die kaputten Teile der Waffen, die wir gestohlen, gekauft oder gefunden hatten, und sie spezialisierten sich darauf, das Metall für unsere Handgranaten zu präparieren. Barasz ließ uns nicht gerne nachts die Werkstätten benutzen, er hatte Angst. Die Arbeit mußte also in fast völliger Dunkelheit und möglichst geräuschlos ausgeführt werden.

Wir hatten eigentlich geplant, daß Kuba mit Franek zusammenarbeitete, aber Franek war in der ersten *aktzia* gefallen, und Kuba hatte damals mit Typhus im Krankenhaus gelegen. Er hatte sich wieder erholt, und jetzt verbrachte er seine Tage damit, Stapel von Papier zu studieren, zu zeichnen, zu planen, zu kalkulieren. Er arbeitete Tag und Nacht.

Eines Morgens empfing er uns mit einem seiner seltenen Lächeln. Er stand sehr aufrecht vor uns, sein gewöhnlich gebeugter Kopf war hoch erhoben. Seine Augen sprühten vor Lebendigkeit – das war nicht mehr der alte Kuba! Er schob uns in das Nachbarzimmer und zeigte uns den Grund für seine Freude:

»Das ist ein Zünder! Ich habe ihn aus einer Gewehrpatrone hergestellt. Man kann aus jeder Patrone einen Zünder machen. Schaut, man muß ihn ein Stück weit in die Handgranate hineinstecken, und dann setzt er den Sprengstoff in Gang. Und wenn eine Patrone nicht reicht, dann nimmt man eben zwei. Mein Gott, wo war ich nur die ganze Zeit mit meinen Gedanken? Warum bin ich nicht schon eher drauf gekommen!«

Kuba war wie in Ekstase. Sein Gesicht hatte sich gerötet.

»Vielleicht können wir schon morgen den entscheidenden Test durchführen!«

Wir freuten uns mit ihm. Aber die Arbeit war natürlich nicht einfach und Munition kostbar. Andererseits war eine Gewehrpatrone nicht soviel wert wie eine Handgranate. Der erste Versuch ergab, daß der Zünder tatsächlich funktionierte, aber nicht ausreichend, so daß die Handgranaten zu schwach oder gar nicht explodierten. Wir konnten nicht viel experimentieren, das Material war zu kostbar für Versuche. Außerdem waren die Brennöfen alle vor kurzem gesprengt worden, und unsere Wohnungen und die der Dror-Leute wurden überwacht. Jeder Test, selbst wenn er schiefging, machte einen verdächtigen Lärm. Und es hatte schon Unfälle bei diesen Versuchen gegeben. Handgranaten waren zu früh explodiert, und die Leute, die sie in die Brennöfen geworfen hatten, waren nur durch ein Wunder unverletzt geblieben.

Aber Kuba und Kovadlo, ein Ingenieur von den Kommunisten, gaben nicht auf. Sie waren sicher, daß der letzte und erfolgreiche Versuch kurz bevorstand.

Nun war alles bereit. Die Handgranaten lagen vor uns, nicht eine, sondern zwei. Beide sollten heute nacht erprobt werden, aus Sicherheitsgründen eine nach der anderen. Das Metall glänzte, die Einschnitte waren von exakt gleicher Breite und Länge, sie waren ja auch von Maschinen, die Präzisionsinstrumente für die Deutschen produzieren, hergestellt worden. Das Metall war abgerundet wie bei den deutschen Handgranaten. Ein runder, glänzender Holzgriff ragte heraus. Er lag gut in der Hand. Vom Handgriff führte eine Nadel zu einer Feder, die von einem Ring gehalten wurde. Wenn man das Schloß entsicherte, fiel der Ring herunter, die Feder straffte sich, und die Nadel stieß sich in den Zünder, der wiederum den Sprengstoff entzündete, so daß die Handgranate explodierte.

Wir wußten, daß wir dem Feind unsere Waffen nicht verfrüht zeigen durften. Das Warschauer Ghetto hatte sich erhoben, das Białystoker Ghetto wurde daher sehr genau überwacht. Einst waren sie auf den *aktzias* erschienen, als gingen sie auf ein Fest, doch diese

Zeiten waren passé. Jetzt hatten sie Angst und verhielten sich vorsichtig. Wir mußten sehr genau arbeiten. Der gesamte Untergrund wartete seit Monaten auf diese Handgranaten. Sie waren unsere große Hoffnung.

Niemand schlief in dieser Nacht. Wir konnten kein Auge zutun, bevor wir nicht das Ergebnis wußten. Wir wären alle gerne dabeigewesen, aber nur Kuba und Gedalyahu gingen. Gedalyahu hatte in dieser Nacht Streifendienst im Revier zwischen der Neue-Welt- und der Polna-Straße, wo ein großer Park lag. Er selbst würde eine der Handgranaten testen. Gedalyahu, der Polizist mit seiner Polizistenmütze, würde Kuba spätnachts, mitten in der Ausgangssperre zum Park bringen. Es bestand durchaus Gefahr, daß die Explosion von jemandem gehört wurde, aber es würde schwer zu sagen sein, woher das Geräusch kam. Der Park war groß und das Echo irreführend. Es gab ohnehin keine andere Möglichkeit. Die Handgranaten warteten auf die Kämpferinnen und Kämpfer, und die wiederum auf die Handgranaten.

Die Nacht war sternklar, aber es schien kein Mond. Wir lagen im Dunkeln in unseren Betten und warteten. Dann hörten wir die Explosionen, eine nach der anderen, sie klangen dumpf und weit entfernt, aber stark, sehr stark. Dann herrschte wieder Stille im Ghetto. Niemand hatte Verdacht geschöpft. Ein paar Minuten später kam Gedalyahu. Auf Zehenspitzen schlich er in das Zimmer und warf sich auf sein Bett. Wir sahen sein Gesicht nicht, konnten aber spüren, daß er lächelte und seine Augen strahlten. Er machte seine Taschenlampe an, und der Lichtschein fiel auf einen blutenden Finger.

»Was ist passiert?« flüsterte ich erschrocken.

»Dummheit. Ich hab mich ein bißchen verletzt, hab die Handgranate zu lange in der Hand behalten. Aber dann hab ich sie doch noch geworfen, und sie ist wunderbar hochgegangen.«

»Was ist mit den Splittern?«

»Ich geh sie gleich mit der Taschenlampe einsammeln. Ich warte nur noch ein wenig, bis alles ruhig ist. In einer Stunde muß ich ohnehin zum Rapport auf das Revier. Ich bring dir ein Stückchen Splitter mit. Den Rest müssen wir frühmorgens einsammeln, bevor die Arbeiter im Gemüsegarten mit ihrer Schicht anfangen. Unsere Arbeiter müssen rechtzeitig vor den anderen da sein, Zerah, darum mußt du dich kümmern.«

»Warum habt ihr das nicht gleich gemacht?«

»Ich wollte jede Entdeckung vermeiden. Nimm Avremel und Lonczik.«

In derselben Nacht noch brachte uns Gedalyahu einen Splitter. Das Ghetto schlief ruhig, wie jede Nacht, und in unserem Zimmer war die Freude groß.

Am anderen Morgen wurde getuschelt, daß in der Nacht sowjetische Bomber die nahe gelegene Armeebasis angegriffen hätten. Andere sagten, die Deutschen hätten Manöver abgehalten. Wieder andere hatten »mit eigenen Augen« gesehen, daß das Gestapo-Gebäude total zerstört war. »Offenbar haben Partisanen nachts die Wachen überfallen und das Gebäude in die Luft gejagt.« Das waren die Gerüchte, und alle glaubten sie.

Diese Tage waren voller Hoffnungen und guter Nachrichten. Während die Nazis im Ghetto gewütet und 12 000 Białystoker Juden »besiegt« hatten, hatten sie Kursk, Krasnodar, Woroschilowgrad, Belgorod und andere Städte verloren. Während die Białystoker Juden ihre Toten begruben und das Ghetto zu einem einzigen Friedhof wurde, nahmen die Sowjets Rostow am Don ein und befreiten anschließend Sumy, Rzev und Wjasma. Die Juden im Ghetto wußten genau, wo Wjasma liegt, und sie rechneten sich ihre Chancen im Wettrennen mit der Zeit aus.

Im April erfuhren wir, daß die Rote Armee ihre Luftangriffe gegen feindliche Truppenkonzentrationen verstärkte. Wir hörten, daß 500 Flugzeuge Orjol angegriffen hatten. Wir strahlten: 500 Flugzeuge auf einmal! Die Neuigkeiten verbreiteten sich rasch und bestärkten uns in unserem Kampf gegen die Zeit. Vielleicht schafften wir es! Kiew stand nach den Bombardements in Flammen und ebenso Polock, Brjansk, Smolensk. Wir weit ist es nach Smolensk? Auf jeden Fall viel näher als nach Stalingrad. Die Towarischs vergeudeten ihre Bomben nicht, sie riskierten nicht umsonst ihre Flugzeuge und Piloten. Wenn sie sich entschlossen hatten, Bombenangriffe zu fliegen, dann war das ein gutes Zeichen für uns und ein schlechtes für die Deutschen. Die Menschen im Ghetto sprachen darüber in den Fabriken, flüsterten es sich auf der Straße zu, verbreiteten jede Nachricht. Sie kratzten sich am Kopf und überlegten: »Schau sich einer die Sowjets an. Sie haben so viel gelitten, sie mußten so viele Niederlagen hinnehmen, so viele von ihnen sind getötet worden, und trotzdem geben sie nicht auf. Jetzt siegen sie. Was für Wunder doch möglich sind. Man kann sich auf die Sowjets verlassen.«

Der April verging, und der Mai mit seinen großen Hoffnungen kam. Es wurde wieder Frühling und wieder Sommer – der Sommer 1943. Das Blut des Februar wurde von den Frühlingsregen fortgeschwemmt, und die Sonne trocknete die Pfützen auf. Das Ghetto war ruhig. Die Arbeiter gingen jeden Tag in die Werkstätten und Fabriken. Jeden Tag schwirrten die Juden eifrig aus, um den Deutschen zu dienen. Aber in der Tiefe brannte der Haß, Glut verbarg sich in der Asche. Sie schwelte in den Kellern, im Dunkel der Nacht.

Erster Mai. Zehntausende Fabrikarbeiter streikten, schlossen sich den Millionen auf der ganzen Welt an, die diesen Tag zum Tag der Freiheit und Gerechtigkeit für die Arbeiter gemacht hatten, und jeder, der an diesem Tag die Arbeit in einer deutschen Fabrik verweigerte, fühlte sich als Kämpfer. Der Widerstand gegen den Faschismus drückte sich ohne Worte aus in jeder stillstehenden Maschine, in jeder leeren Ecke der lichtdurchfluteten Fabrikhallen. An diesem Tag sprachen die Menschen flüsternd, wie verzaubert. Auch Arbeiter, die nicht in die Fabrikzellen rekrutiert waren, Leute, die nicht an der Vorbereitung des Kampfes beteiligt waren, die keine Waffe hatten, Juden, denen nicht das Privileg zuteil geworden war, an der Organisierung des jüdischen Widerstandes mitzuwirken, drückten ihre Solidarität mit den Kämpfenden aus. Heute würden auch sie in der Waxman-Fabrik keine Kleider für die Deutschen nähen, heute arbeiteten sie nicht an den Werkbänken der Stefan-Fabrik. Keine chemische Produktion, keine Produktion von Leder oder Textilien. Es war Erster Mai. Das Ghetto befand sich im Streik. Festlich gekleidet gingen die Arbeiter in die Fabriken. Wenn sie den Tag schon nicht als freie Menschen begehen konnten, dann würden sie ihn eben feiern, indem sie regungslos vor den Maschinen saßen. Die Vorarbeiter drückten beide Augen zu. Sie taten so, als bemerkten sie nicht, daß die Maschinen nicht liefen, daß heute keine Waren transportiert wurden. Sie baten die Arbeiter nur, vorsichtig zu sein, Wachen aufzustellen, um zu sehen, ob eine deutsche Patrouille kam, und wenn, die Maschinen sofort anzustellen. Ein neuer Geist machte sich in diesem unterwürfigen Ghetto bemerkbar.

Unsere Zellen in den Fabriken gingen nicht in die Tausende. Wir waren schon mit ein paar hundert zufrieden, und es war ihr latenter, fühlbarer Einfluß, der den jüdischen Massen den Mut und die Stärke gab, diesen Ersten Mai 1943 zu begehen.

Es folgten andere wichtige Ereignisse, die allerdings Böses ankündigten. Es war ein Nachmittag im Sommer. Kuba und seine Assistenten bereiteten alles für die Nachtarbeit in der Werkstatt vor, Zerah war mit organisatorischen Angelegenheiten beschäftigt, er arbeitete Pläne für die Zellentreffen in der Sektion, die seinem Kommando unterstand, aus. Gedalyahu rannte im Ghetto herum auf der Suche nach Waffen, und ich war voll ausgefüllt mit den Verhandlungen zwischen den politischen Gruppen.

Plötzlich gab es eine gewaltige Explosion. Sie war so mächtig, daß sogar die Häuser auf der anderen Seite des Ghettos schwankten. Die Polizei rannte in Richtung Polna-Straße, wo sie die Explosion vermutete. Tausende Menschen liefen auf die Straße, um zu sehen, was passiert war. Binnen einer Viertelstunde sperrte die Polizei alle Zufahrtswege zur Polna-Straße ab.

Als wir uns alle in der Częstochowska wiedertrafen, zitterten wir. Die Kommune befand sich in der Nähe der Czysta-Straße, und wir waren sicher, daß die Explosion bei uns stattgefunden hatte. Aber dort war nichts, die Polizei umstellte auch nicht das Haus. Dafür war ein Gebäude in der Nachbarschaft vollständig zerstört. Es war ein Holzhaus mit einer Bäckerei im Erdgeschoß und zwei kleinen ärmlichen Wohnungen im Obergeschoß. Jetzt stand da nichts mehr außer einer schwankenden Wand und einem weißen Herd, der in der Sonne schimmerte. Die Polizei sperrte die Umgebung des Hauses ab und zerstreute die Menge. Die Feuerwehr kam. Es hieß, daß unter den Trümmern Menschen begraben waren. Wenig später teilte uns Gedalyahu mit, daß ein junger Mann aus Juditas Gruppe in dem Haus gewohnt hatte. Er und ein Genosse hatten zwei Handgranaten entsichert, offenbar hatten sie Werfen üben wollen, und dabei war eine der Granaten hochgegangen. Die zweite war sofort anschließend explodiert. Zwei Männer waren in Stücke gerissen.

Es hieß, Dibos und Klein befänden sich bereits im Ghetto, und die Gestapo führe Verhöre durch. Das ganze Ghetto wartete auf die Strafe. Manche verfluchten die verrückten jungen Leute, die mit ihren dummen Waffenspielchen die Katastrophe über das ganze Ghetto brachten. Andere hatten bereits ihre Kinder eingesammelt und machten sich in die Verstecke auf. Es gab aber auch Menschen, die sich große Sorgen machten, was mit den jungen Leuten passierte, wenn sie erwischt wurden. Manche beweinten die beiden jungen Männer, die Deutsche hatten töten wollen und statt dessen sich selbst getötet hatten.

Man sah Barasz das Ghetto verlassen und wieder zurückkommen. Er war sehr geschäftig, offenbar wollte er die Wogen glätten. Wieder einmal würde er die Geldbörse des Judenrates benutzen, um die Kollektivstrafe vom Ghetto abzuwenden.

Die Untergrundzellen waren in Alarmbereitschaft und warteten auf Anweisungen. Die Waffenlager wurden inspiziert und noch besser versteckt. Es gab sicher Durchsuchungen. Einige Genossinnen und Genossen dachten, die Explosion würde die Liquidierung des Ghettos beschleunigen, andere nahmen an, die Deutschen würden vorher mit dem bewaffneten Untergrund aufräumen wollen. Beide Vermutungen waren plausibel, und das hieß, die Waffen mußten einerseits gut versteckt werden, und andererseits für uns gut und schnell zugänglich sein.

Zwei Tage nach der Explosion sollte ich Barasz aufsuchen, der sicher etwas wußte. Er war bereit, sich am Abend mit mir zu treffen. Ich bemerkte, daß er selbst großen Wert auf dieses Treffen legte, und ging davon aus, daß er mich über die Explosion ausfragen würde. Er wollte ja sicher wissen, wer und welche Organisation dafür verantwortlich war.

Barasz und seine Frau schienen ruhig wie üblich. Aber sie hatte neuerdings graue Strähnen im Haar, ein Zeichen dafür, daß sie in Wirklichkeit nicht so gelassen war. Ich wunderte mich über das, was sie mir, als Barasz das Zimmer verließ, ins Ohr flüsterte:

»Kannst du mir helfen? Ich brauche arische Papiere und eine Adresse außerhalb des Ghettos, damit ich, wenn die Liquidierung kommt, mit meinem Sohn fliehen kann. Ich kann Barasz nicht länger helfen. Er wird bis zuletzt glauben, daß er durch seine Verhandlungen mit den Deutschen das Ghetto retten kann.«

Baraszs Rückkehr ersparte mir eine Antwort. Die Lage mußte nun wirklich ernst sein. Barasz hatte offenbar die Deutschen nach dieser Explosion nicht überzeugen und keine neuen Versprechungen über den fortgesetzten Erhalt des Ghettos erkaufen können.

Aber auch Barasz versetzte mich in Erstaunen:

»Gut, die Gefahr ist abgewendet. Ich habe es geschafft. Ich hab ihnen eingeredet, Kinder hätten mit einer Granate, die von den Sowjets übriggeblieben war, herumgespielt, und die sei dabei explodiert. Ich hab gesagt, in dem Raum, wo die Explosion stattgefunden hatte, hätten früher zwei sowjetische Offiziere gewohnt, und deren Hinterlassenschaft hätte nun zwei Kindern das Leben gekostet. Ich habe die Sache erledigt. Aber ich mußte natürlich zahlen. Ich weiß inzwischen, wann und wie ich ›geben‹ kann, sie lieben das Geld. Sogar die besten unter ihnen. Sogar Klein hat sich diesmal bestechen lassen. Ich gehe davon aus, daß du das niemandem erzählst, nicht einmal deinen besten Freunden. Du kannst dir gar nicht vorstellen, in welche Schwierigkeiten ihr mich gebracht habt. Aber was soll ich nun mit euch machen? Ich muß auf euch aufpassen. Ihr seid unsere Jugend – die beste, die wir haben.«

Barasz glaubte tatsächlich, daß er die Angelegenheit mit seiner naiven Geschichte bereinigt hätte und keine *aktzia* stattfinden würde.

Schon ein paar Tage später stand uns eine erneute schwere Prüfung bevor. Wir erfuhren, daß ein Gendarm in der Nähe des Tores auf der Jurowiecka-Straße getötet worden war. Stundenlang wurden alle Straßen gesperrt. Wieder gab es Verhöre und Untersuchungen, wieder sahen die Menschen Baraszs Karosse zum Jurowiecka-Tor und zurück rasen. Die Untergrundzellen wurden mobilisiert und in Alarmbereitschaft versetzt. Gedalyahu und ich rannten stundenlang herum, um herauszufinden, was passiert war. Wir hatten das schreckliche Gefühl, daß wir nicht mehr unter Kontrolle hatten, was im Ghetto geschah. Wir hatten keinen Überblick über Untergrundkräfte, die unabhängig operierten, sich Waffen beschafft hatten und damit großen Schaden anrichteten. Anarchie drohte unsere ganzen Pläne und Anstrengungen außer Kraft zu setzen.

Am Nachmittag löste sich das Rätsel. Die Kommunisten berichteten, daß 16 von Juditas Leuten das Ghetto hatten verlassen wollen, um sich den Partisanen anzuschließen. Sie waren auf eine Patrouille gestoßen, und nach einem kurzen Scharmützel war einer der Gendarmen getötet worden. Die Gruppe hatte daraufhin in das Ghetto zurückkehren müssen.

Noch am selben Tag beschlossen wir, zusammen mit den Kommunisten, daß Judita und ihre Gruppe wieder in die Reihen der

Organisation aufgenommen werden mußten, im Rahmen des Vereinigten Antifaschistischen Blocks.

Die Spannung im Ghetto löste sich nicht mehr auf. Mordechai erzählte, daß Barasz vor Wut schäumte, sich aber trotzdem bemühte, mit seinen bewährten Mitteln die Wogen wieder zu glätten. Diesmal besuchte ich ihn in seinem Büro. Er war guter Laune, scherzte sogar und versuchte, mich zu versöhnen, nachdem unser letztes Gespräch so unbefriedigend verlaufen war.

»Ja, ja, ich weiß, es waren die Kommunisten, nicht ihr. Aber was hindert euch daran, mit ihnen zusammenzuarbeiten, he? Es wäre gut, wenn einer von ihnen zu mir käme, natürlich zusammen mit dir oder Mordechai. Warum sind unsere Kräfte so zersplittert? Warum organisiert ihr euch nicht so, daß ihr alle Gruppen unter Kontrolle habt? Wenn du und Mordechai für alle sprechen könntet, wäre ich ruhiger. Ihr seid verantwortungsbewußter. Jedenfalls finde ich, es würde sich lohnen, wenn ihr die Kommunisten in eure Arbeit einbezieht, sie haben ein paar gute Leute.«

Baraszs Drängen, wir sollten mit den Kommunisten zusammenarbeiten, erstaunte mich nicht. Er hatte schon neulich so etwas angedeutet, und ich hatte so getan, als hätte ich nichts bemerkt. Aber seine Fragen und seine völlige Ahnungslosigkeit in bezug auf die Kommunisten hatten in mir den Eindruck erweckt, daß er sich ein wenig verstellte, um mehr zu erfahren. Jetzt war ich froh, daß er die wirkliche Situation nicht kannte, daß er so wenig über unsere Organisation wußte.

Barasz schien also an einem Kontakt zu den Kommunisten interessiert. Ich erwiderte, daß ich gar nicht wüßte, ob die Kommunisten hinter der Sache mit dem Gendarmen stünden. Schließlich war bekannt, daß es unter den Flüchtlingen aus den Nachbarstädten bewaffnete Gruppen gab, und wir hatten keine Ahnung, was die trieben. Barasz blieb bei seiner Meinung, er bestand darauf, daß er definitiv wüßte, daß letzte Nacht die Kommunisten das Ghetto hatten verlassen wollen, um zu den Partisanen zu gehen.

Er erzählte mir, daß es ihm auch diesmal gelungen sei, die Deutschen davon zu überzeugen, daß nicht Juden den Deutschen getötet hatten. Er hatte »Fakten« vorgelegt, die bewiesen, daß der Mann von einer Gruppe bewaffneter Polen getötet worden war, die in das Ghetto kommen wollten, um einen Raub auszuführen. Als die

Deutschen auftauchten, wurden sie von ihnen beschossen. Ich wollte nicht wissen, was für »Fakten« das waren. Es gab »Fakten«, die klangen sehr nach Geld, der einzigen Sprache, die die »besten« unter Baraszs Deutschen verstanden.

Die Tage vergingen in einer Serie zermürbender Ereignisse. In Wysokie Stoczek, einem Vorort von Białystok, fingen die Deutschen zwei Juden ein und brachten sie zum Ghettotor an der Czysta-Straße, wo sie durchsucht wurden. Bei einem von ihnen wurden Waffen gefunden, worauf der andere seine eigene Waffe zog, einen Deutschen erschoß und sich dann selbst tötete. Der erste nutzte die Verwirrung, um zu fliehen, wurde aber wieder gefangen.[1]

Es stellte sich heraus, daß die beiden aus Grodno stammten. Niemand kannte ihre Namen. Sie mußten sich lange in der Umgebung von Grodno versteckt und dann beschlossen haben, mit ihren Waffen nach Białystok zu gehen. Der Überlebende wurde erschossen, und beider Leichen wurden für das jüdische Begräbnis freigegeben. In öffentlichen Bekanntmachungen wurde verkündet, die beiden seien am Tor erschossen worden, als sie versuchten, Waffen in das Ghetto zu schmuggeln. Jemand sprach ein paar schlichte Worte: »Sie fielen im Kampf um die Ehre Israels.« Das Begräbnis war nicht öffentlich, aber ein paar Juden versammelten sich doch auf dem Friedhof, um den unbekannten Helden die letzte Ehre zu erweisen. Sie starben nicht anonym und verlassen.

Die Deutschen schlossen aus all dem, daß es Waffen im Ghetto gab. Sie hielten sich aber zurück, und das Leben ging weiter. Es gab keine besonderen Strafaktionen. Eines Tages begannen die Deutschen, den Ghettozaun zu begradigen und zu verstärken.[2] Die Juden

1 Dieser Vorfall wurde in einer Verlautbarung des Judenrates (Nr. 391, S. 516, 517, The Path...) in bezug auf die Pogorelski-Affäre am 17. Februar 1943 publiziert. Darin heißt es: »Der Judenrat setzt eine Belohnung von 5000 Mark aus für jeden, der uns über den Aufenthalt von Pogorelski Tanhum, geboren 1923, informieren kann.« Der Verfasser des Berichtes ergänzt: »Zwei bewaffnete Männer wurden außerhalb des Ghettos verhaftet. Sie sagten aus, Pogorelski hätte ihnen die Waffen beschafft.« Dieselbe Angelegenheit wird auch in Mordechai Tenenbaums Tagebuch (Pages from the Fire, S. 85) erwähnt.

2 Die Begradigung des Zaunes und die Veränderungen der Ghettogrenzen werden in den Verlautbarungen Nr. 418 und 419 (The Path... S. 534) berichtet. Sie enthalten auch eine Stellungnahme zur »Verlegung eines Teiles der Bevölkerung aus einigen Straßen«.

betrachteten das als guten Omen, als Zeichen dafür, daß das Ghetto noch lange leben würde. Was gäbe es sonst für einen Grund, seine Grenze zu reparieren? Den neuen Plänen gemäß sollte das Ghetto in ein Quadrat umgeformt werden. Ein Deutscher, der dann an der einen Ecke stand, konnte das gesamte Areal bis zur nächsten Ecke überblicken.

Sie konnten heute den Ghettozaun reparieren, und wenn morgen der Befehl kam, das Ghetto zu vernichten, würde er unverzüglich ausgeführt. Aber Ordnung mußte sein, bis zum letzten Tag. Das war die Aufgabe der lokalen Behörden, der SS, der Polizei und der regionalen »Zivilverwaltung«. Sie mußten ja ihren Vorgesetzten detailliert über alle ihre Aktivitäten Bericht erstatten, um zu rechtfertigen, warum sie nicht an der Front waren. Sie mußten ihren Gehorsam gegen die Vorgesetzten und ihre Hingabe an die Erfordernisse des Endsieges demonstrieren. Im Grunde hätte ein einziger Soldat den ganzen gewundenen Zaun um das Ghetto kontrollieren können, und alle anderen wären für die Front verfügbar gewesen.

Ein Sommertag auf der Fabryczna-Straße. Die Straßen summten vor Geschäftigkeit, Leute kamen und gingen, es herrschte ein emsiges Treiben. Es war ein Uhr mittags. Die zwei Judkowski-Brüder und Cwiklisz, die Ghettospitzel und Gestapoknechte, näherten sich dem Eingang des Krankenhauses. Vermutlich war einer ihrer Freunde dort Patient.

Sie waren tagelang beobachtet worden. Tag für Tag hatte sich das Netz um sie enger zugezogen, bis sie nun schließlich in die Falle gingen. Sie konnten nicht mehr entkommen. Natek Goldstein trug Mütze und Overall der städtischen Elektrizitätsarbeiter. Hellhäutig und blond, wie er war, sah er wie ein hübscher Pole aus. Er schoß, und nach ihm feuerten noch Marek und Marylka aus der »arischen« Untergrundgruppe der Kommunisten. Der eine Judkowski brach schwerverletzt zusammen, der andere konnte entkommen. Cwiklisz versuchte wegzukommen, er lief Zickzack wie ein Profi. Aber auch er wurde getroffen und ging zu Boden. Auf den Straßen herrschte plötzlich vollkommene Stille, als hielte das ganze Ghetto den Atem an. Der »Arier« in der Uniform der Elektrizitätsarbeiter verschwand, die beiden anderen waren schon längst über alle Berge. Es hieß nun, der polnische Untergrund habe sich an den Verrätern und Gestapoknechten gerächt, denn es war allgemein bekannt, daß mehr als ein Pole von ihnen an die Gestapo verraten worden war. »Es waren Polen«, sagten die Juden, und das Gerücht nahm seinen Lauf. Polen hatten Cwiklisz getötet und einen der Judkowski-Brüder schwer verwundet. Neben der Besorgnis herrschten eine gewisse Freude und Befriedigung.

Die Juden lernten aus diesen Erfahrungen. Ein Deutscher war am Jurowiecka-Tor getötet worden, ein anderer am Tor in der Czysta-Straße; Waffen waren im Ghetto explodiert, und nicht ein einziger Jude war dafür hingerichtet worden. Würde es dann eine Bestrafung für den Tod zweier jüdischer Verräter geben? Im Ghetto waren Juden für ein halbes Kilo Samen, das sie aus der Ölfabrik gestohlen hatten, gehängt worden. Und jetzt, nach den Ereignissen auf der Jurowiecka- und der Czysta-Straße, geschah einfach gar nichts! Nicht ein Jude hatte dafür zu büßen. Nun gut, wir waren ohnehin verloren, dann laßt uns lieber ohne Verräter und Schweinehunde leben.

Der verwundete Judkowski wurde in das Ghettogefängnis gebracht, das die Juden »Sing-Sing« nannten. Barasz hatte das angeordnet, vermutlich, um ihn zu schützen. Der andere Judkowski kam freiwillig, er hatte im ganzen Ghetto keinen Platz gefunden, wo er sich hätte verstecken können. Er hatte Angst, er fürchtete, daß in allen Häusern, selbst in denen seiner treuesten Spießgesellen, ein Rächer auf ihn wartete.

Wir beschlossen, den verwundeten Judkowski von selber sterben zu lassen. Gedalyahu sollte den anderen Bruder überreden, mitten in der Nacht einen Arzt zu suchen. Würde es ihm gelingen, oder würde Judkowski sich weigern, im Dunkeln, wo an jeder Ecke ein Rächer lauern konnte, das sichere Gefängnis zu verlassen?

Gedalyahu fand einen Weg. In dieser Nacht hatte er selbst keinen Dienst. Er war unter den Polizisten wohl bekannt, viele von ihnen, vor allem die jüngeren, hatten gelernt, auf ihn zu hören und seinen Befehlen zu gehorchen, obwohl er kein Offizier war. Es gab also keine schriftliche Order, den gesunden Judkowski in das Linat-Zedek-Krankenhaus nach einem Arzt zu schicken, und doch wurde dieser Befehl ausgeführt. Ein paar Minuten nach Mitternacht verließ Judkowski das Gefängnis und machte sich auf den Weg in die Różana-Straße. Er schlich die Hauswände entlang und sah sich nach allen Seiten um. Er sprang von einem Hauseingang in den nächsten und wartete. Er wollte sehen, aber nicht gesehen werden. Nun hatte er schon den halben Weg unbehelligt hinter sich gebracht. Bis jetzt hatte ihm niemand im Dunkeln aufgelauert. Er begann sich mit größerem Selbstvertrauen zu bewegen. Da wurde er plötzlich in einen Innenhof gezerrt, und es hagelte Schläge von allen Seiten. Er stand, wenn auch unter großen Schmerzen, wieder auf. Aber vielleicht konnte er es doch bis zum Linat Zedek schaffen, und dort würde man ihm helfen. Er machte sich wieder auf den Weg, schwankend wie ein Betrunkener. Abermals wurde er in einen Hof gezogen, wieder hagelte es Prügel, und diesmal stach ihm jemand ein Messer in den Rücken. Alles ging lautlos vor sich, es gab keinen Grund, Worte zu verlieren. Judkowski wollte nur noch davonkommen. Schließlich erreichte er das Linat Zedek, wo die Polizei aus dem nächsten Kommissariat verständigt wurde. Gedalyahu war einer der Polizisten. Judkowski sah sie hilfesuchend an, schließlich war es ihre Aufgabe, die Ordnung im Ghetto zu wahren. Die Polizisten waren immer seine Verbündeten gewesen. Aber nun war alles ganz anders. Sie sahen ihn an, aber niemand kam ihm zu Hilfe, niemand bot ihm wenigstens ein Glas Wasser an. Niemand verständigte den Kommandanten, den Judenrat, die Gestapo. Sie riefen nicht einmal einen Arzt. Wo blieben die ganzen Ärzte des Linat Zedek? Die Polizisten standen um ihn herum, starrten ihn an und fragten: »Wer war das?« und »Warum?«, während er dabei war, das Bewußtsein zu verlieren. Er war ein paarmal in den Rücken gestochen worden, und niemand wußte, ob das Messer nicht womöglich rostig gewesen war. Er stand an der Schwelle zwischen Leben und Tod, und kein Mensch kam ihm zu Hilfe. Er wurde nach »Sing-Sing« zurückgebracht. Dann wurden er und sein Bruder der Gestapo übergeben.

Ein paar Tage später wurden sie erschossen. Die Gestapo hatte sich um ihre Wunden nicht gekümmert, so viel waren die beiden ihnen offenbar nicht wert. So wurden die Verräter auch noch liquidiert.

»Wir brauchen Waffen«, riefen die Kommandanten des Untergrunds, »Gebt uns Waffen«, echoten die Kämpferinnen und Kämpfer in den Zellen. Nach Waffen verlangten auch die Ghettobewohner, junge wie erwachsene, die den Sturm herannahen spürten, und die Flüchtlinge aus den Nachbarstädten, die im Białystoker Ghetto zeitweilig Zuflucht gefunden hatten. Und auch die Massen auf der

Straße, die müde und schwerbeladen am Abend von der Arbeit außerhalb des Ghettos zurückkehrten, wollten Waffen.

Hinter dem Hof der Sienkiewicza-Straße 63, mit diesem wunderbaren Baum, dessen Zweige mutigen Waffenschmugglern als Leiter dienten, gab es einen verborgenen Durchgang zur Nummer 61, die gleichfalls an das Ghetto grenzte. Die Deutschen hatten angefangen, den Zaun zu begradigen, aber sie arbeiteten langsam, sie hatten keine Eile. Die Arbeiten mußten sich möglichst lange hinziehen für all die Söhne der SS- und Gestapo-Höheren, und so hatten sie diese Ecke noch nicht erreicht. In Nummer 61 gab es eine interessante deutsche Einrichtung, ein Lagerhaus voller Beutegut, das Beutelager, in dem auch ein paar Juden, vor allem Maschinisten, arbeiteten. Sie halfen den Deutschen, die Sachen zu reinigen, zu reparieren und wieder gebrauchsfähig zu machen. Die Arbeit war nicht besonders anstrengend, denn die deutschen Aufseher hatten gleichfalls viel Zeit. Hier lagen überall gute Waffen und Waffenteile ungenutzt herum. Aber es herrschte vorbildliche Ordnung. Jedes Teil war mit einem Aufkleber versehen, auf dem schwarz auf weiß stand: erbeutet am soundsovielten in der sowieso Schlacht im Ort soundso. Am interessantesten waren die neuesten Eintragungen. Diese Waffen waren den Deutschen in Kämpfen mit Partisanen in der Umgebung von Białowieza oder von Augustow in den Frühlingsmonaten von 1943 in die Hände gefallen.

Unser Plan war so gewagt wie einfach: Enteignung! Nachum bereitete die Operation vor. Er fertigte Schablonen der Schlüssel an, goß sie in unseren Ghettowerkstätten und drang nachts mit fünf anderen in den Hof der Sienkiewicza-Straße 61 ein. Die Lagerhäuser waren natürlich bewacht, aber wer den Weg kannte, der wußte auch, wie die Wachen zu umgehen waren. Nachum Abelewicz, der für den Untergrund arbeitete, ohne Mitglied einer Kampfzelle zu sein, führte die gemischte Gruppe an. Von uns waren Avremele, Gedalyahu und Ruwczik von Dror dabei, der auch über eine Polizistenmütze verfügte, die bei der Operation und der Absicherung des Rückzuges hilfreich sein konnte.

Die Nacht war still, heiß und mondlos. Alles schlief, nur in den konspirativen Wohnungen des Ghettos warteten ein paar Leute ungeduldig. Die fünf kamen zurück, alles war nach Plan verlaufen, sie brachten 23 Gewehre und Maschinenpistolen mit.

Damals, auf einer bescheidenen Feier zu Ehren dieses Ereignisses, lernte ich Marylka[1] kennen. Wir hatten uns schon öfter getroffen, in Begleitung meiner kommunistischen Bekannten, innerhalb und außerhalb des Ghettos. Sie hatte ein freundliches junges Gesicht und verhielt sich wie eine alte erfahrene polnische Arbeiterin. Sie war klein, ging leicht gebeugt, und ihre langen Hände bewegten sich nervös. Ihr Gesicht war kindlich mit hellen Augen und einem weißen Teint. Ihr rundum kurz geschnittenes Haar hatte die Farbe von Flachs. Sie lachte und scherzte gern und sprach Polnisch mit dem jiddischen Akzent von Łodz. Maskottchen und Liebling aller ihrer Genossen, war sie der Chefkurier zwischen den Partisanen und der Gruppe in der Stadt. Ganz allein lief Marylka nachts, auf geheimen Pfaden, viele Kilometer, um unsere Gruppe zu kontaktieren und neue Verbindungen zu nichtjüdischen Partisanengruppen herzustellen. Ich erfuhr, daß sie auch Waffen in das Ghetto schmuggelte. Daniel stellte sie mir als Kollegin vor.

Wir wurden Freundinnen, obwohl wir uns kaum sahen. Marylkas Betätigungsfelder waren die Stadt und der Wald, während ich vor allem im Ghetto zu tun hatte. Trotzdem reifte unsere Freundschaft. Später trafen wir uns unter Umständen wieder, die wir beide nicht hatten vorhersehen können.

Nach dem großen Coup im Beutelager gelangen uns noch andere, kleinere, aber manchmal sogar noch wichtigere. Am Ende der Ogrodowa-Straße befand sich ein Gebäude, das der Gestapo gehörte. Nachum war dahin versetzt worden, um Schlösser und dergleichen zu reparieren. Wir beschlossen, daß er, gemeinsam mit einem anderen Genossen, nachts ein Maschinengewehr entwenden sollte. Nachum erklärte sich unter einer Bedingung bereit: Er würde das Maschinengewehr der Organisation übergeben, aber er wollte es, wenn die Aktion begann, zurück, um es selbst zu bedienen. Wir waren einverstanden.

Diesmal war der Weg kein leichter. Sie mußten sich nicht in ein Gebäude direkt am Zaun schleichen, sondern in eines, das ein Stück weit entfernt lag. Und man mußte, um es zu erreichen, die Ogrodowa-Straße überqueren, auf der sich mehrere deutsche Einrichtungen befanden. Zweimal mußten sich die beiden zurückziehen. Beim

1 *Marylka Różycka*

dritten Mal gelangten sie schließlich zum Hintereingang, zu dem Nachum den Schlüssel hatte, und holten die Waffe heraus. Das war eine unserer gewagtesten »Enteignungsaktionen«.

Die Anzahl der im Ghetto befindlichen Waffen wuchs. Kuba beklagte sich, daß er mit all dem Material, das er bekam, nicht mehr zu Rande kam. Ihm fehlten erfahrene Hilfskräfte. Der junge Meir Lach, der Tag und Nacht mit ihm arbeitete, konnte allein den Mangel nicht beheben, und Franek, der sein erster Gehilfe hätte sein sollen, war nicht mehr. Wir beschlossen, Kuba mehr Arbeiter zu bewilligen.

Die Werkstätten des Judenrates waren nicht die einzigen, die vom Untergrund genutzt wurden. Auch die Kleiderlager standen uns zur Verfügung. Die Gruppen, die in den Wald gegangen waren, verbrauchten ihre Kleidung rasch, die Schuhe lösten sich ihnen an den Füßen auf, und die Feuchtigkeit kroch ihnen in die Knochen. Auch der Mangel an Werkzeugen und Medikamenten war ein Problem. Wir konnten nicht verlangen, daß sie sich selbst versorgten. Die Dörfer waren ihnen fremd und feindlich gesinnt, und ihre Waffen waren ebenso kärglich wie ihre Erfahrungen. Trotz unseres Beschlusses, das Ghetto nicht zum Hauptlieferanten für Waffen und Material zu machen, mußten wir die Gruppen versorgen.

Dann öffnete sich das Lagerhaus des Judenrates für uns. Das geschah allerdings nicht von selbst. Die Verwalterin des Lagerhauses öffnete uns die Tür, eine kleine und sehr energische Frau mit klugen schwarzen Augen. Sie war Hebräisch-Lehrerin in der Tarbut-Schule gewesen, Scheine kannte sie und hatte sie uns vorgestellt. Sie gehörte nie zu den kämpfenden Kadern, aber auch sie war eine Kämpferin, sie sorgte wie eine Mutter für die jüdischen Partisanen, die wir in die Wälder geschickt hatten, damit sie dort ihren Weg in den Widerstand fänden.

22
Mordechai – Die letzten Tage

Die vereinigte Antifaschistische Kampffront im Ghetto nahm Gestalt an. Wir suchten weiter nach Möglichkeiten für ein gemeinsames Vorgehen, wenn auch immer wieder neue Probleme auftauchten. Anfangs fiel es uns schwer, uns auf die Organisierung und die Reichweite eines gemeinsamen Kampfes zu verständigen. Es gab Meinungsverschiedenheiten zwischen Mordechai und den Führern der Kommunisten. Letztere wollten, daß die Vereinigte Organisation nur innerhalb des Ghettos aktiv würde, während die arische Seite und der Wald getrennte Operationsfelder bleiben sollten. Wir waren mit dieser Haltung noch weniger einverstanden als Mordechai. Wir waren davon überzeugt, daß auf diese Art die Schlagkraft der Vereinigten Antifaschistischen Kampffront geschwächt und uns die Flügel gestutzt würden. Vor allem mußten wir feststellen, daß unsere kommunistischen Genossen sich noch immer nicht vollständig von ihren alten Konzepten gelöst hatten.

Wir sahen zum Beispiel nicht ein, warum bei Partisanengruppen, die wir in den Wald schickten, keine Mitglieder von Dror sein sollten. Daß jede Partei eigene Gruppen losschicken sollte, die dann alleine ihren Weg finden müßten, hielten wir für ziemlich gefährlich. Denn zum einen könnte das unsere Kräfte zersplittern und zum anderen die Aufmerksamkeit des Feindes auf uns lenken. Eine koordinierte Planung dagegen würde überflüssige Suchaktionen und unnötige Gefechte vermeiden. Der Charakter der Kampforganisation allerdings und ihr Selbstverständnis als untrennbarer Teil der sowjetischen Front gegen den Faschismus und Nazi-Deutschland waren unwidersprochen. Selbst die nicht sozialistischen Gruppen, die sich dem zweiten Block angeschlossen hatten, wie Hanoar Hatzioni und sogar die wenigen Bundmitglieder, opponierten nicht gegen diesen Beschluß.

Ich erinnere mich an den Mordechai dieser Tage. Er stimmte der Aufteilung von Funktionsbereichen und Führungspositionen innerhalb der Vereinigten Front zu – gegen unseren wütenden Protest. Mordechai hatte es sehr eilig, so als fühlte er bereits das Ende nahen. Wir wunderten uns über ihn. Normalerweise wurde Mordechai halsstarrig, wenn er vermutete, jemand wolle seine Ehre verletzen oder die Ehre der Bewegung und der Sache, die er vertrat. Nun gab er in einer so wichtigen, prinzipiellen Angelegenheit nach. Der hartnäckige Widerstand der Kommunisten erregte den Verdacht, daß sie ihr Mißtrauen gegen andere Bewegungen nicht wirklich abgeschüttelt hatten, und daß sie den Wald als Kampfterrain vorzogen, hinterließ ein Gefühl der Bitterkeit.

Mordechai jedenfalls erklärte uns immer wieder: »Der Wald ist mir egal; das entscheidende Ziel ist, daß wir die Vereinigung innerhalb des Ghettos erreichen.« Ich kann mich noch an seine Haltung damals erinnern, an seine ständige Devise: »Wenn wir unsere Pflicht im Ghetto erfüllt haben, müssen wir in den Wald gehen, um mit unserer Rache fortzufahren.« Einheiten im Wald waren zu dieser Zeit wichtig. Mordechai wußte, daß wir Leute schicken mußten, um diese Einheiten zu verstärken, die dann wiederum diejenigen aufnehmen sollten, die am Leben geblieben waren, nachdem sie »ihre Pflicht im Ghetto erfüllt hatten«.

Was hatte ihn dazu gebracht, seine Meinung zu ändern? Ich sah ihn in diesen Tagen durch das Ghetto laufen, in seinen hohen Stiefeln, in einem schwarzen »Stalinisten«-Anzug, die Hose in die Stiefel gesteckt, eine Pistole in der Tasche. In seinen Augen leuchtete ein neues Feuer. Sein Enthusiasmus und seine Aufmerksamkeit waren von anderer Art als zuvor. Sogar das Schwarz seiner Augen hatte sich verändert. Was war geschehen? Warschau! Das war die Antwort. Warschau rief nach ihm, dieses Warschau, das es nicht mehr gab, rief aus jeder Ecke, aus jedem Mauerriß, aus jedem Pflasterstein. Im Warschauer Ghettoaufstand waren alle umgekommen, seine Genossen, seine Bewegung, seine Liebste, alles, was ihm teuer war. Und dieser Warschauer Ghettoaufstand rief nach einem Aufstand in Białystok. »Egal, was geschieht, wir müssen zuallererst den Aufstand im Ghetto ermöglichen« – so dachte Mordechai, und deshalb stimmte er dem begrenzten Programm zu, das die Kommunisten vorgeschlagen hatten.

Ich erinnere mich an unser letztes Treffen mit den Kommunisten. Es fand an einem schönen Sommertag statt, in einer schmutzigen, ungepflasterten Gasse, jenseits des Alltagslärmes. Ich erinnere mich sogar an den Namen der Straße: Żytnia. Wir hatten einen neuen Treffpunkt ausmachen müssen, denn wir fürchteten, beschattet zu werden. Es gab zwar keine Naziagenten mehr im Ghetto, aber wir dachten, es wäre den Deutschen vielleicht gelungen, aus dem Umfeld der toten Verräter, der Judkowski-Brüder und Cwikliszs, neue zu rekrutieren.

Wir trafen uns also und bemühten uns, eine endgültige Fassung des politischen und organisatorischen Programms der Jüdischen Antifaschistischen Kampffront in Białystok zustande zu bringen. Anwesend waren Daniel Moszkowicz, Kuba Jakubowicz und Yoschko Kawe. Sie waren die neuen Führer. Daniel versuchte, eine provisorische Karte des Terrains zu zeichnen, auf das sich der gemeinsame Kampf im Ghetto konzentrieren sollte. Yoschko war dagegen. Wir erklärten ihm in Mordechais Namen, daß dieses Problem der Bildung der Vereinigten Kampffront nicht länger im Weg stehen sollte. Weiter teilten wir den Kommunisten mit, daß Mordechai mit allen Vorschlägen einverstanden war, die der Errichtung der Vereinigten Front dienten. Und zwar einer Vereinigten Front, die das Ghetto, wenn seine Liquidierung anstand, bewaffnet verteidigen konnte. Diese Erklärung wurde sofort angenommen.

Schwieriger war der Kampf um die organisatorische Struktur der Front und die Zusammensetzung der Stäbe. Der Generalstab und die verschiedenen Komitees mußten eingerichtet werden. Die Kommunisten bestanden auf ihrem Anspruch, in allen Gremien mit 50 Prozent vertreten zu sein. Unserer Ansicht nach sollten die beiden Blocks gleichberechtigt behandelt werden. Da der zweite Block aus mehr Gruppen bestand als der Vereinigte Antifaschistische Block, konnte das Entscheidungskriterium nicht die Anzahl der Gruppenmitglieder, die ohnehin nicht überprüfbar war, sondern nur Gleichberechtigung sein. Wir kamen auf dieser Sitzung zu keinem Konsens, beschlossen aber ein Treffen aller in den beiden Blocks vertretenen Gruppen, auf dem die Kriterien für die Formierung der Vereinigten Front überdacht und geklärt werden sollten.

Dieses Treffen der Repräsentanten aller beteiligten Organisationen fand ein paar Tage später statt. Auch Dror nahm daran teil. Die Reden, die an diesem Tag gehalten wurden, waren nicht so wichtig. Wichtig war die festliche Atmosphäre, die sich an den mit weißen Tischtüchern (vielleicht waren es auch Leintücher) gedeckten Tischen ausbreitete. Wir tranken ein süßes kaltes Getränk, das in jenem Sommer an jeder Ecke verkauft wurde. Eine Barriere war beseitigt. Das Eis schmolz. Diesmal nahmen wir uns Zeit. Die Redezeiten wurden nicht beschränkt. Es gab keine vorbereitete Tagesordnung.

Mordechai war ein freundlicher, lächelnder und äußerst höflicher Gastgeber. Er sprach für uns alle, sprach von unserer tiefsten Sehnsucht. »... Daß wir diese Zeiten erleben«, wir segneten einander mit den Augen, mit unserem Händedruck, mit dem, was wir sagten. Es war eine große Stunde der Erleuchtung in diesen dunklen Tagen.

Am Ende des Treffens erhob sich der Vertreter der Kommunisten und verkündete, daß er von diesem Tag an auch die Gruppen repräsentierte, die die Kommunistische Organisation verlassen hatten. Das war für uns alle eine wichtige Neuigkeit. Die Einheit war damit perfekt.

Das waren damals auch große Zeiten. Die sowjetische Offensive an der Orjol-Front machte große Fortschritte. Schon zwei Jahre währte der Krieg zwischen der Sowjetunion und Deutschland. Jetzt, nach zwei Jahren Kampf, Niederlage und Rückzug, kehrte die Rote Armee in einem triumphalen Vormarsch als Eroberer zurück. Wie hätten unsere Herzen nicht vor Freude jubeln sollen?

Und dann, plötzlich, wieder überraschende Neuigkeiten. Die Spatzen pfiffen es von den Dächern, die Kinder spielten es nach. In der Vergangenheit hatten die Kinder im Ghetto Melamed gespielt: Melamed war von den Deutschen gehenkt worden, weil er sie während der ersten *aktzia* mit Schwefelsäure angegriffen hatte. Jetzt spielten die Kinder Mussolini. Sie organisierten Demonstrationen in den überfüllten und schmutzigen Hinterhöfen des Ghettos und riefen: »Nieder mit Mussolini, nieder mit den Deutschen, nieder mit dem Faschismus!« Sie wußten genau, was sie da taten, sie wußten, daß die Italiener in Norditalien exakt dasselbe riefen. Mussolini war geflohen. War es zu fassen? Mussolini war geflohen!

Es gab noch viele Treffen und viele Verhandlungen. Schließlich waren alle Komitees ernannt und schritten zur Tat. Es gab Finanzierungs-, Waffen- und politische Komitees. Der Kommandostab wurde gebildet. Zerah und ich wurden von unseren Genossen hineingewählt. Zerah als Zuständiger für militärische Planung, ich für allgemeine Angelegenheiten. Zerah war darüber sehr glücklich. Von nun an würde er nicht nur Haschomer Hatzair und die Kommunisten anführen, sondern die Verantwortung für den gesamten Sektor tragen. Mordechai wurde Oberkommandierender, David sein Vize.

Die Kommunisten hatten lange mit ihrer Zustimmung gezögert, nun aber wuchsen die Komitees, die Stäbe und die Kommandoabteilungen langsam zusammen. Die Zellen blieben, wie sie waren, wurden aber in den jeweiligen Sektoren dem Vereinigten Kommando unterstellt. Es gab drei Sektoren, zwei im städtischen Teil des Ghettos, westlich der Jurowiecka, und einen östlich dieser Straße, im vorstädtischen Teil des Ghettos.

Zerah kommandierte den Abschnitt, der die Białostoczańska-, die Polna- und die Częstochowska- bis zur Neue-Welt-Straße einschloß. Daniel kommandierte den zweiten Sektor, südlich der Neue-Welt-Straße, und Ruvchik von Dror kommandierte den dritten Abschnitt. Während dieser letzten Tage fand ein gemeinsamer Trainingslehrgang für die Zellenkommandanten in Mordechais Haus am Rande des Ghettos statt.

Das Haus war nach der neuen Grenzziehung vom Ghetto in den arischen Teil der Stadt geraten, und bis auf Mordechai, der es demnächst auch verlassen mußte, war niemand darin geblieben. Wir nutzten das leere Gebäude, um den Umgang mit allen möglichen Arten von Waffen zu lehren, Scharfschießen und den Straßenkampf nach Plänen, die der Stab bereits ausgearbeitet hatte.

Am Ende des Trainingslehrgangs fand Mordechai einen verlassenen Raum am anderen Ende des Ghettos, in der Polna-Straße. Er hatte es auch aus einem anderen Grund eilig, seine bisherige Unterkunft zu verlassen: Im Ghetto ging das Gerücht um, aus dem Warenlager des Judenrates in der Neue-Welt-Straße 6 seien zwei Säcke Zucker gestohlen worden. Der Judenrat fahndete nach den Dieben. Gedalyahu und Ruvczik informierten uns darüber, daß Barasz der Polizei befohlen hatte, Mordechai Tenenbaum zu verhaften. Barasz dachte, er hätte die Zuckersäcke für den Untergrund stehlen lassen und wollte ihn dafür bestrafen. Ruvczik sagte uns, daß Barasz außerdem vorhatte, Mordechai an die Deutschen auszuliefern. Mordechai hatte vor kurzem von Barasz gefordert, er solle den Schatz des Judenrates dem Untergrund überlassen. Barasz hatte weder mit Ja noch mit Nein geantwortet, und jetzt war das geschehen. Mordechai versteckte sich eine Zeitlang, bis er die neue Wohnung fand. Unsere Beziehungen zu Barasz verschlechterten sich natürlich, und wir brachen fast alle Verbindungen zu ihm ab. Jetzt war es vollkommen klar: Jedesmal, wenn Barasz sich entscheiden mußte zwischen dem Untergrund, dessen Freund er sich nannte, und seinen schmutzigen Diensten für die Deutschen, entschied er sich für die Deutschen.

Die Säcke hatten die Revisionisten für den Generalstabsfonds gestohlen. Letztendlich kam heraus, daß sie statt des Zuckers zwei Säcke Salz mitgenommen hatten. Die Verwalter des Warenlagers waren einfach davon ausgegangen, daß in den Säcken Zucker war, denn wer wäre schon so dumm, Salz zu stehlen? Das war der Grund für die ganze Aufregung. Als die Wahrheit herauskam, legte sich der Sturm, und Mordechai ließ sich wieder auf der Straße blicken. Seine Verbindungen zu Barasz aber nahm er nicht wieder auf.

Während dieser letzten Tage des Ghettos geschah noch etwas, das uns entsetzte. Unsere Reihen waren geschwächt, sowohl durch Opfer als auch auf Grund von Fehlern. Jede Position war kostbar, wir konnten es uns nicht leisten, auch nur eine preiszugeben. Deshalb hatten wir beschlossen, unsere Kräfte und auch unsere Führung auf die vernünftigst mögliche Art aufzuteilen: Die Zellen sollten im Ghetto bleiben, um hier zu kämpfen; in den Wald würden wir nur noch eine fünf bis sieben Personen starke, von Gedalyahu geführte, Gruppe entsenden. Erst als die Vereinigte Kampffront wirklich stand und wir ein paar Waffen bekommen hatten, beschlossen wir, diesen Plan umzusetzen und Gedalyahu und seine Gruppe tatsächlich in den Wald zu schicken.

Wir rüsteten sie aus, so gut wir konnten. Wir knauserten mit den Waffen und gaben nur einigen von ihnen welche mit. Das anerkannte Prinzip lautete: ein Drittel Bewaffnete. Dieses eine Drittel sollte dann versuchen, im Laufe seiner Aktivitäten zusätzliche Waffen zu beschaffen.

Sie gelangten ohne Zwischenfälle an den vereinbarten Treffpunkt, wo ihre Kontaktperson sie erwartete. Als sie jedoch das Lager erreichten, befahl man ihnen, wieder zu gehen. Ohne Gewehre würden sie nicht aufgenommen. Gedalyahu versuchte, sich zu widersetzen, aber er wußte auch, wann er sich zu fügen hatte. Er kam zurück und beschloß, hier zu bleiben. Auch er war davon überzeugt, daß keine Waffen aus dem Ghetto gebracht werden sollten. Diejenigen, die in die Wälder gingen, sollten durchaus Unterstützung aus dem

Ghetto erhalten – aber die bestand eben aus einer Waffe für je drei Personen.

Gedalyahu war wütend: »Hört zu«, warnte er uns, »sie nehmen noch nicht einmal jetzt den Aufstand im Ghetto ernst. Sogar jetzt noch betrachten sie den Krieg im Ghetto als eine Art zweitrangige Aktion, als Notlösung.« Mag sein, daß Gedalyahu recht hatte, mag sein, daß er übertrieb, auf jeden Fall blieb er bei uns mit seiner Gruppe, zu der auch Lonczik gehörte. Wir verlangten von den Kommunisten eine Erklärung, aber der Sturm brach los.

23
Die uns verließen und die sich erhoben

Es war am 15. August 1943, einem schönen Sommerabend. Wir hatten uns zu einer Stabsbesprechung in Mordechais Zimmer in der Polna-Straße getroffen. Das Treffen dauerte länger als gewöhnlich und endete erst nach Mitternacht. Wir hatten keine Ausgangserlaubnis für nachts und waren gezwungen, uns durch die Höfe zu schleichen, eng an die Wände der Häuser gedrückt. Es war das erste Treffen des gesamten Stabes gewesen. Die Stimmung auf diesem Treffen war pragmatisch und sachlich gewesen, wir waren mit der Verteilung der Aufgaben fertig geworden. Als wir unser Zimmer in der Białostoczańska-Straße erreichten, war es ziemlich spät. Wir waren noch nicht eingeschlafen, als Gedalyahu hereinkam. Es war etwa zwei Uhr morgens.

»Zieht euch an. Eine Einheit der SS ist durch das Jurowiecka-Tor gekommen und hat Wachen in der Nähe der Fabrik aufgestellt.«

»Was bedeutet das?«

»Stellt jetzt keine Fragen. Wir müssen uns anziehen und die Organisation alarmieren. Ich gebe Mordechai Bescheid.«

Das Ghetto war in der letzten Zeit ruhig gewesen. Das Leben war normal verlaufen. Mehr noch, neue Aufträge waren kürzlich für die Fabriken hereingekommen, aus Königsberg und dem weit entfernten Berlin. Wie glücklich war das Ghetto gerade über die vielen Siege der Roten Armee und den Sturz Mussolinis gewesen. Und jetzt, auf einmal – eine *aktzia*.

Der Plan, uns den Deutschen entgegenzustellen, bevor sie sich über das Ghetto verteilen konnten, sie sofort bei ihrem Eintritt in das Ghetto anzugreifen, war nun nicht mehr durchführbar. Sie waren plötzlich, nachts, gekommen. Innerhalb weniger Minuten waren der Stab, die Zellen und die Kommandanten hellwach. Auf einem hastigen Treffen auf der Straße beschlossen wir, die Zellen auf die Posten zu schicken, die im ursprünglichen Plan vorgesehen waren. Der Plan selbst mußte aber geändert werden. Es war nun sinnlos geworden, die Hauptangriffslinie auf die nächste Umgebung der Tore zu konzentrieren, um die Deutschen am Betreten des Ghettos zu hindern. Sie hätten aus den bei den Toren gelegenen Häusern heraus mit Handgranaten und einem Feuerhagel angegriffen werden sollen. All diese Pläne mußten nun geändert werden. Die Initiative war uns aus den Händen geschlagen worden. Trotzdem beschlossen wir, die vorhandenen Stellungen beizubehalten und zu befestigen. Der erste Befehl lautete daher, alle Stellungen zu halten und von ihnen aus die Deutschen anzugreifen, sobald sie sich näherten. Wachen wurden aufgestellt und Verbindungslinien zwischen den Abschnittskommandanten eingerichtet. Wir sandten Leute aus, um an die Türen und Gatter zu klopfen und die Juden aufzuwecken:

»Deutsche im Ghetto! Wenn sie euch auffordern, herauszukommen, geht nicht!«

In Wirklichkeit wußten wir noch gar nichts. Ehe wir nicht sicher waren, daß das Ghetto liquidiert werden sollte, durften wir unsere Deckung nicht aufgeben oder laut zum Widerstand aufrufen.

Mordechai ging an meiner Seite, ruhig und nachdenklich. Die Minuten vergingen, das Ghetto erwachte. Eine Tür ging knarrend auf. Juden, was ist passiert? Und als der Mann seine Antwort bekam, ging die Tür wieder zu. Die Angst hielt die Menschen ruhig, die Angst schlich schweigend durch ihre Reihen, klopfte an Türen und Fenster. Verwandte und Freunde liefen von Haus zu Haus, um ihre schlafenden Nächsten zu wecken. Unsere Genossen waren überall. Mordechai behielt den Überblick, er sprach mit den Leuten und ermutigte sie. Ich sah die Gesichter unserer jungen Genossinnen und Genossen in dieser Nacht, ich sah ihre Handbewegungen, ihre Art zu gehen, und ich sah ihre Augen. Ich sah Avremeles und Yentels, Sonkas und Loncziks Augen in der Nacht glühen.

Es war vier Uhr morgens. Die Sonne war noch nicht aufgegangen, als die Bekanntmachungen schon an den Ghettomauern hingen: Alle Juden des Ghettos, ohne Ausnahme, hatten sich mit kleinem Handgepäck um neun Uhr morgens in der Jurowiecka-Straße einzufinden. Von da aus würden alle Ghettobewohner und ebenso das Inventar der Werkstätten und Fabriken nach Lublin gebracht. Unterzeichnet war die Bekanntmachung von Dibos, dem Kommandanten der SS und Polizei.

Jetzt war alles klar. Der Zeitpunkt der Liquidierung war gekommen. Der Morgen war kalt und bleich unter dem klaren blauen Himmel. Die Straßen waren voller Menschen, die sich vor den Plakaten zusammendrängten. Sie lasen sie einmal, noch einmal und gingen dann verängstigt auseinander. Es gab keine Fragen oder Erklärungen; die Verlautbarung sprach für sich selbst. Die Juden lasen sie und gingen dann still nach Hause. Kein Geschrei, keine Hysterie. Sie bewegten sich tastend durch das Morgenlicht, als wären sie in Dunkelheit befangen. Sie waren noch gar nicht richtig wach, die Wärme des Schlafes hüllte sie noch ein. Niemand weinte oder klagte, nur eine stille Anspannung war zu spüren in den langsam dahinkriechenden Stunden.

Wir sammelten uns in der Stellung auf der Piotrkowska-Straße. Auch Mordechai war hier. Er schlug vor, die Stabsmitglieder diesseits und jenseits der Jurowiecka-Straße zu verteilen, die die Deutschen als Sammelplatz für den Abtransport bestimmt hatten: »Es könnte sein, daß sie diese Straße abschneiden, deshalb ist es besser, wenn wir uns aufteilen.« Wir waren einverstanden und beschlossen, die vorrätigen Waffen zu verteilen. Die Waffen, die sich jenseits der Jurowiecka-Straße befanden, überließen wir den Kampfeinheiten in ihren Stellungen, und die im hiesigen Sektor den Zellen und Posten auf dieser Seite der Jurowiecka-Straße. Das Risiko, in einer solchen Situation Waffen durch das Ghetto zu transportieren, nahmen wir auf uns.

Zusätzlich waren bereits Waffen an die einzelnen Sektoren verteilt worden, entsprechend der Anzahl und Zusammensetzung ihrer Streitkräfte. Mordechai hatte die Piotrkowska-Straße verlassen und in der Ciepła-Straße 13 Stellung bezogen. Wir blieben auf der Piotrkowska-Straße. Zwischen den beiden Stabssektoren wurde ein Kurierdienst eingerichtet. Die Mieter der Wohnung in der Piotrkowska-Straße waren bereits alle in ein Versteck geflüchtet.

Wir waren sowohl eine Kampfabteilung als auch der Kommandoposten für den ganzen Sektor. Ich sehe immer noch Gedalyahu und Zerah vor mir, Yoschko und Leibusch. Und die jungen Leute, Meir und Avremele. Sie kamen einer nach dem anderen, um ihre Anweisungen entgegenzunehmen und dann wieder in ihre Stellungen zurückzukehren. Am besten erinnere ich mich an Kuba: Kuba hatte sich nicht verändert; er war ruhig wie immer, langsam und nachdenklich. Nur sein Ausdruck war anders. Er war stets freundlich und gutmütig gewesen, jetzt war er zornig. Er war wütend über die Waffen, die nutzlos vor ihm auf dem Boden herumlagen. Er hatte es nicht geschafft, sie alle soweit zu reparieren, daß sie einsatzfähig waren. Da gab es ein Gewehr ohne Sicherheitshebel, eine Maschinenpistole, die zwar Kugeln auf den Feind hätte abschießen können, aber völlig verrostet war. Kuba saß wütend auf seiner Bank und bemühte sich, wenigstens noch ein Gewehr und vielleicht doch noch eine Maschinenpistole herzurichten. Die Zeit drängte. Um Punkt neun Uhr würde die Schlacht beginnen. Die Leute warteten auf die Gewehre. Die Posten brauchten dringend Munition. Die Zeit verstrich. Kuriere kamen und gingen. Es gab zu wenige der versprochenen Gewehre mit längerer Reichweite. Die Leute nahmen Pistolen, wollten aber bessere Angriffswaffen. Waffen, die nur für die Selbstverteidigung gut waren, genügten ihnen nicht. Zornig bearbeitete Kuba das Eisen, seine Finger zitterten leicht. Meir half ihm. Die Gewehre wurden schließlich verteilt, und noch immer arbeitete Kuba verbissen.

Plötzlich tauchte Haska auf. Gestern, Samstag, war sie auf Besuch gekommen, um uns aufzumuntern. Gedalyahu befahl ihr, das Ghetto sofort zu verlassen. Vielleicht waren noch nicht alle Ausgänge versperrt; bevor es Tag wurde, konnte sie noch weg. Haska weigerte sich.

»Haska, was ist, wenn ein paar diese Schlächterei überleben, und dann gibt es niemanden außerhalb des Ghettos, der sie aufnehmen und ihnen weiterhelfen kann? Wir haben eine Gruppe im Wald, wenn wir durchhalten, muß jemand da sein, der die Verbindung zwischen ihnen und uns herstellt. Haska, du mußt gehen, es gibt keine andere Wahl.«

Wir überzeugten sie und nahmen rasch von ihr Abschied. Haska ging, begleitet von Gedalyahu, und wir wußten nicht, ob wir sie je wiedersehen würden. Sie gingen Richtung Białostoczańska-Straße, wo Olla wohnte. Haska drehte sich immer wieder nach uns um.

»Haska, beeil dich, es wird schon Tag!«

Sie ging weiter, schwenkte die Tasche hin und her. Sie stieg auf Gedalyahus Rücken und kletterte auf das Toilettenhäuschen in Ollas Hof. Wir hielten für ein paar Minuten an, um zu lauschen. Auf dem Hof, der an das Ghetto angrenzte, war alles ruhig. Keine Schüsse durchbrachen die Stille, keine Bewegung war zu vernehmen. Haska war offensichtlich heil herausgekommen.

In der Wohnung in der Piotrkowska-Straße herrschte großes Durcheinander. Die Kleidervorräte, die wir angelegt hatten, um sie in den Wald zu schaffen, wurden ausgeräumt. Die Genossinnen und Genossen machten sich bereit. Wer kümmerte sich schon um wollene Socken oder um gute Schuhe, die Hauptsache war, daß wir uns bewegen konnten. Es gab keine Hysterie, kein Anzeichen von Verwirrung.

Leibusch Mandelblit, ein Mitglied des Kommandostabes, stand gegen die Wand gelehnt. Er hatte eine Halsentzündung, hohes Fieber und konnte nicht sprechen. Seine Augen brannten. Auch er war bereit zu kämpfen, zusammen mit seinen Kameraden. Ein 12- oder 13jähriger Junge stand neben ihm, er hatte ihn mitgebracht.

Unser Avremele war da, und da waren auch Lonczik, und Yentel, die nach der ersten *aktzia* verwundet aus dem Vernichtungstransport zurückgekehrt war. Danach hatte sie die Zellen geleitet und ihnen den Gebrauch der Waffen beigebracht. Sie hatte sich überall ausgezeichnet, die Erwachsenen schüttelten die Köpfe vor Verwunderung und fragten sich, woher dieses junge Mädchen sein Wissen und die Geschicklichkeit im Umgang mit dem tödlichen Werkzeug hatte. Hübsch und talentiert, sanft, einst die Beste auf dem Gymnasium, stand sie jetzt da und überprüfte ihre Waffe, überlegte, ob ihre Schuhe fest genug waren. Sie war verwundet worden, aber ihre Wunden waren verheilt. Sie war vom Todeswagen gesprungen, gestürzt und wieder aufgestanden. Auch die anderen waren da, die Mitglieder der Tel-Amal-Gruppe, alle einsatzbereit. Sie waren Kommandanten, Ausbilder, Kuriere, sie nahmen ihre Plätze ein, kamen zurück, eilten zu ihren Offizieren.

Ich war die einzige, die sich nicht vorbereitete. Ich überprüfte meine Schuhe nicht, ich wühlte nicht in den Kleiderhaufen, die auf dem Bett verstreut lagen. Ich ging mich nicht von meiner Mutter verabschieden. Ich ging auch nicht zu ihr, um mich umzuziehen. Ich sah mir die ganzen Vorbereitungen an und staunte. Jahrelang hatte ich diese jungen Leute gestählt, hatte ihre Charaktere geformt und ihnen halbwegs die Logik des Kämpfens beigebracht. Jetzt machten sie sich vor meinen Augen auf zu ihrer entscheidenden Prüfung, vielleicht auf ihren letzten Weg.

Gedalyahu war da. Er scherzte. Diesmal war es nicht Galgenhumor. Seine Scherze kamen aus tiefstem Herzen, denn morgen würde er nicht mehr seinen verhaßten Dienst bei der Ghettopolizei antreten müssen. Er war jetzt ein freier Mann. Auch er bereitete sich auf die Schlacht vor, wühlte nach einem Paar Socken in dem Haufen, den Sonka vor ein paar Minuten aus der kleinen »Fabrik« ihres Vaters gebracht hatte. Als es hell wurde, wandte sich Gedalyahu mir zu. Gott im Himmel, welche Augen! Ich hatte sie noch nie so gesehen, wie sie wirklich waren. Ich weiß nicht warum, aber es kam mir vor, als wollte Gedalyahu die Gefühle einer ersten Liebe ausdrükken. Ich spürte, daß es lächerlich war, in einem solchen Moment einen so seltsamen Gedanken zuzulassen. Gedalyahu nahm mich zur Seite:

»Vor ein paar Minuten habe ich mit Zerah gesprochen. Du mußt das Ghetto sofort verlassen. Vielleicht geht es noch. Haska hat es schließlich geschafft. Es hat keinen Sinn, daß du hierbleibst.«

»Ich versteh dich nicht. Willst du mich loswerden? Kann ich nicht wie die anderen Genossen kämpfen?«

»Ich wollte dich nicht verletzen oder deine Ehre in Frage stellen. Ganz im Gegenteil, sei nicht böse, ich erklär's dir.« Gedalyahu unterbrach sich und schaute verlegen auf das Stück Schwarzbrot in seiner Hand. »Verstehst du nicht, einer muß diese Sache überleben. Ich hab zu Haska gesagt, daß wir die Unterstützung außerhalb des Ghettos organisieren müssen. Es wäre ja möglich, daß ein paar von uns überleben; nun – wie soll ich es dir nur beibringen? Die Welt wird weiter existieren, es wird immer noch Juden geben und die Bewegung...« Gedalyahu konnte nicht anders, er spuckte durch seine Vorderzähne, wie immer. »Kurz und gut, wir finden, du sollst diejenige sein, die hier heil rauskommt und sich dann über den Sieg freuen kann.«

Ich fühlte mich, als würde die Erde unter meinen Füßen wegbrechen. Mein Kopf drehte sich. Ich wollte auf Gedalyahu zustürzen, ihn küssen, umarmen für seine große Seele, seinen wertvollen Charakter, seine Liebenswürdigkeit, die sich hinter scheinbarer Grobheit verbarg. Wie groß war er geworden. Plötzlich dachte er über Geschichte nach, über die Welt, die nach uns kommen würde!

»Ich werde nicht gehen.«

Danach sprachen wir nie wieder über die Angelegenheit. Ich traf ihn noch ein paarmal, als er unsere Stellungen abging. Ich hörte den Klang seines Lachens, und ich hörte ihn neben dem Tor rufen. Am meisten erinnere ich mich an die russischen Flüche, die er durch die Zähne spie. Es waren nur ordinäre Flüche, aber er richtete sie gegen das, was er mit seinem ganzen Herzen und seiner ganzen Seele haßte. Er haßte Verräter, die Schwachen, und – am allermeisten verachtete er den Feind.

Zerah traf ich auf dem Hof in der Częstochowska-Straße, beim Tor. Er hatte hohe Stiefel an und trug seine kurze Jacke offen. Sein Gesicht war dünner und dadurch noch hübscher geworden. Seine blauen Augen waren unter den dunklen Brauen eingesunken. Seine breiten Schultern bildeten einen beunruhigenden Kontrast zu seinem eingefallenen Gesicht. Wir trafen uns am Tor, beide wollten wir etwas sagen, brachten aber keinen Ton heraus.

»Du ... du ...« Zerah murmelte wie ein kleiner Junge, »du gehst?«

»Nein.«

Damit war die Diskussion beendet. Ich spürte seine warme Hand in der meinen. Es war ein letzter Händedruck. Wir trennten uns hastig und gingen unserer Wege.

Reiß dich zusammen! Lauf, lauf schnell weg von Zerah, deinem lieben Genossen, lauf weg, so wie du schon mehr als einmal vor deinen eigenen Gefühlen weggerannt bist. Das Leben muß eng wie ein Gürtel um unsere Hoffnungen geschnürt werden. Wir dürfen uns nicht unseren Gefühlen hingeben. Oh, Leben, kennst du den Geschmack eines letzten hastigen Lebewohls vor dem Tod? Hast du gesehen, wie die Morgensonne während eines solchen Abschieds aufgeht? Hast du den tapferen und innigen Händedruck gespürt, in dem alle Liebe zu dir liegt und zu den Menschen, weil sie Menschen sind, unsere Menschen, unser leidendes Volk, das so grausam seiner Freiheit beraubt wurde, hast du all das in einem einzigen liebenden Händedruck gespürt? Kann man je einen Händedruck wie diesen vergessen? Werden wir ihn nicht in alle Ewigkeit spüren? Sie starben, weil sie das Leben liebten, und mit ihrem letzten Händedruck gaben sie der Welt ihre Liebe. Zerah, der wunderbarste von allen Männern, der hübsche Zerah, liebevoll, unbeugsam, sanft und hart, unerschütterlich in seiner Liebe wie in seinem Haß. So werde ich dich immer im Gedächtnis behalten, Zerah, so werde ich mich immer an dich erinnern, wie du am offenen Tor zum Hof auf der Częstochowska-Straße stehst.

Unsere Stellungen waren nicht gut getarnt. Wir hatten nicht vor, uns zu verstecken. Wir wollten über die SS-Männer herfallen, wenn sie kamen, um ihre Opfer gewaltsam herauszuzerren. Wenn der Sammelplatz auf der Jurowiecka-Straße um neun Uhr noch nicht voll war, würden die Deutschen ausschwärmen. Wir würden die Juden, die sich versteckt hielten, verteidigen, und sie wiederum würden sich dann den Kämpfern anschließen. Es war für uns völlig klar, daß die Menschen nicht zur Jurowiecka-Straße kommen würden. Während der ersten *aktzia* hatte sich niemand freiwillig ergeben wollen. Jedes Haus würde sich in eine Festung verwandeln. Unsere Stellungen befanden sich in hohen Häusern mit starken Mauern. Sie würden nicht so leicht eingenommen werden. Die eine auf der Częstochowska-Straße war im dritten Stock, und auch die auf der Piotrkowska-Straße lag in der obersten Etage. Wenn die Deutschen sich den Häusern näherten, würden wir sie mit Handgranaten und einem Kugelhagel begrüßen. Auch an den Toren standen Kämpfer. Der Plan war einfach. Es stimmte schon, daß die ersten SS-Gruppen bereits um zwei Uhr morgens ohne unser Wissen in das Ghetto eingedrungen waren. Sie hatten bei den Fabriken Stellungen errichtet, die uns davon abhielten, sie zu zerstören. Wir wußten aber, daß wir die über das Ghetto verteilten Wachen überlisten konnten.

Unsere Stellungen waren bereit, und auch die bewaffneten Kämpferinnen und Kämpfer. In den leeren, von ihren Bewohnern verlassenen Räumen sah es aus wie nach einer Katastrophe. Wir würden aus all den verstreut herumliegenden Gegenständen und aus den Möbeln Barrikaden bauen, hinter denen wir uns bei unseren Angriffen verschanzen würden. Die Moral in den Stellungen war ausgezeichnet. Es war sieben Uhr früh. Vier Stunden waren vergangen, seit die Bekanntmachungen aufgetaucht waren, das ganze Ghetto wußte, was bevorstand. Deutsche waren nicht zu sehen, bis auf die wenigen, die die Fabriken und das Gebäude des Judenrates bewachten. Wir hatten noch zwei Stunden. Der Stab auf der Piotrkowska-Straße schickte Kuriere aus, um herauszufinden, wie die Juden sich verhielten. Zwei Genossen wurden zur Feuerwehr in der Polna-Straße geschickt. Sie sollten den Feuerwehrmännern befehlen, nach Hause zu gehen und es bloß nicht zu wagen, irgendein Feuer im Ghetto zu löschen. Aus ihren Wagen sollten Einzelteile abmontiert werden, um sie fahruntüchtig zu machen. Und nicht zuletzt mußte Benzin aus der Wache geholt werden.

Es war noch keine halbe Stunde vergangen, als die Kuriere mit schrecklichen Nachrichten zurückkamen: Massen strömten in die Jurowiecka mit all ihrer Habe. Unglaublich! Was war passiert? Gingen sie freiwillig? Es war doch erst halb acht, warum hatten sie es so eilig, zu sterben? Schändliche Nachricht kam von den Feuerwehrmännern: Sie waren nicht gewillt, ihre Wache zu verlassen und sie den verrückten jungen Leuten zu übergeben. Sie würden ihre Maschinen nicht zerstören und kein Benzin abgeben. Wir wurden enttäuscht von den Feuerwehrmännern, von Männern, die keine Angst davor hatten, auf steilen Mauern herumzuklettern, und die sich über alles lustig machen konnten. Vor den Deutschen aber hatten sie Angst. Wir mußten also die Wache in das Sabotageprogramm miteinbeziehen, das um Punkt neun Uhr starten sollte.

Die Situation auf den Straßen war noch schlimmer. Es war jetzt acht Uhr. Unsere Kuriere schwärmten über das ganze Ghetto aus, hielten in den größeren Höfen Versammlungen ab und beschworen die Leute: »Juden, geht nicht freiwillig! Das ist keine Evakuierung nach Lublin. Die Deutschen lügen wie immer. Das Ghetto verlassen heißt in den Gaskammern sterben. Geht nicht! Versteckt euch und kämpft dann mit allem, was ihr finden könnt.« Die Genossen rannten hinter den Menschengruppen her, aber der Strom floß scheinbar endlos dahin, Juden, niedergedrückt von der Last ihrer Federbetten und Kissen, in Wintermäntel gehüllt. Einer trug sogar einen warmen Pelz (jetzt hatte er keine Angst mehr, er hatte ihn durch die ganze Hölle der Razzien geschleppt, und nun fiel es ihm schwer, ihn zurückzulassen). Weinende Kinder, die in dem Durcheinander ihre Eltern verloren hatten. Ein Kinderwagen, dessen Räder sich verbogen unter der aufgetürmten Last, ganz oben drauf lag eine Wiege. Rettet das jüdische Eigentum! Als einer unter vielen zu sterben, war einfacher, als allein zu kämpfen und zu leiden. Offensichtlich war ein schneller Tod erträglicher als eine Fortsetzung der Quälerei. Offenbar hatten wir nicht genügend verstanden, welche Pein es Eltern bereitet, ihr Kind verhungern zu sehen. Welchen Sinn hatte es, ein solches Leben zu leben?

Vielleicht war das der Grund,warum die Massen an diesem Morgen ihrem Tod entgegenströmten.

Umsonst standen unsere Genossinnen und Genossen an allen Ekken, umsonst versperrten sie die drei Brücken über die Biała in einem vergeblichen Versuch, die Leute zurück nach Hause zu treiben. Sie hörten nicht auf sie. Sie verschlossen ihre Ohren vor unserem Flehen. Die Situation war kritisch. Es war acht Uhr. Der Stab traf sich noch einmal in der Piotrkowska. Es war jetzt klar, daß wir als isolierte Inseln im verlassenen Ghetto zurückbleiben würden. Wir hatten keine Massen hinter uns. Die Deutschen würden alle abtransportieren, und wir würden zurückbleiben, kleine Gruppen von Kämpfern, denen nur noch der Selbstmord blieb. Wir waren des politischen Sinns unseres Kampfes beraubt worden. Die Deutschen hatten aus ihren Erfahrungen in Warschau gelernt. Sie leerten erfolgreich den städtischen Teil des Ghettos, in dem es möglich war, Straßenkämpfe zu führen, in dem jedes Haus in eine Festung verwandelt werden konnte. Die Juden wurden auf der Jurowiecka und östlich dieser Straße konzentriert. Hier, auf der vorstädtischen Seite, gab es nur Gärten, offene Felder und Holzhäuser, die weder für den Angriff noch für den Rückzug zu gebrauchen waren.

Die Situation war verzweifelt, und wir mußten sofort eine Entscheidung treffen. An unserem alten Plan festzuhalten hätte bedeutet, auf den Kernpunkt unseres Kampfes zu verzichten: Wir hätten die Massen, die von den Kämpfenden abgeschnitten waren, aufgeben müssen und wären als ein isolierter Haufen zurückgeblieben, der schließlich Selbstmord beging, um die eigene Ehre zu retten.

Wenn wir den Plan änderten, gab es nur eine Möglichkeit – zusammen mit den Massen zum Sammelplatz zu gehen und sie zur Revolte aufzurufen. Das hieß, die festen Mauern der Stadt aufzugeben und die Möglichkeiten des Straßenkampfes einzuschränken; unsere Kräfte reichten nicht für einen offenen Kampf, von Angesicht zu Angesicht. Oder, wer weiß, vielleicht würde ein kurzer Kampf die Aussicht erhöhen, all die Menschen miteinzubeziehen? Wir wußten, der neue Plan wurde eher aus Wut und Kampfgeist geboren als aus strategischen Überlegungen. Den alten Plan aufgeben, hieß, wir würden die Aktionen nicht steuern, und wir würden nicht angreifen. Wir mußten das gründlich bedenken, und die Zeit lief uns davon. Es war schon Viertel nach acht. Die Entscheidung war schwierig.

Ich plädierte für den neuen Plan. Niemand war dagegen. Mein Vorschlag wurde angenommen, weil wir keine Zeit mehr zu verlieren hatten, und vielleicht auch, weil keiner mehr die Kraft zum Diskutieren hatte. Zerah und Yoschko nahmen es auf sich, ihn auszuführen. Wir hatten noch 35 Minuten. Welches Recht hatten wir auf irgendeinen anderen Plan als den, die Massen zu verteidigen und zu retten, sie zu organisieren und in die Freiheit zu führen – oder in einen ehrenhaften Tod?

Während dieser 35 Minuten wurden die Kämpferinnen und Kämpfer aus allen Stellungen jenseits der Jurowiecka-Straße eilends auf die andere Seite geschickt, wo unsere Menschen waren, in die Gärten und Vororte. Ein zweiter, kleinerer Teil des Untergrundes sammelte sich um Mordechai und Daniel. Wir mußten die Waffen herüberschaffen, durften sie aber nicht sehen lassen, ehe wir das Feuer eröffneten. Unsere Kämpferinnen und Kämpfer mischten sich unter die Leute, auch sie gebeugt von der Last ihrer Bündel, der Federbetten und Kissen – in denen die Waffen versteckt waren, Gewehre und Pistolen, Handgranaten und Munition. Zila aus Grodno schleppte ein riesiges Bündel auf ihrem Rücken. Sie überquerte die kleine Brücke, die voll von Menschen war. Jeder wollte der erste sein. Auch sie drängelte, hatte es eilig. Die Waffen mußten rechtzeitig ankommen. Die letzten Juden hasteten vorwärts, rannten, schwitzten, schleppten sich mit Kindern und Säcken ab. Sie wollten nicht zu spät kommen. Sie wollten nicht geschlagen werden.

Die Straßen waren wie ausgestorben. Manche Häuser waren von außen verschlossen, einige Leute wollten offenbar ihr zurückgelassenes Eigentum sichern. In dieser Ecke hatte immer ein Bettler gehockt, und gegenüber hatte eine Frau an der Mauer gelehnt und jammernd die Hand ausgestreckt. Sie hatte nicht gebettelt, sondern nur leise gewimmert, den Kopf in Lumpen gehüllt. Ihr Standplatz war neben dem Judenratsgebäude gewesen, und die Jüdische Polizei hatte sie jedesmal davongejagt. Jetzt gab es hier keine Polizei und keine wimmernde Bettlerin. Der Platz war leer.

Ich warf einen letzten Blick auf die Hauptstraße und flüchtete zurück in die Białostoczańska-Straße. Unsere Stellungen waren alle abgebaut. Jetzt mußte ich nur noch zur Brücke. Ich glaube, ich war die letzte. Meine Hände waren leer. Ich hatte keine Bündel, nicht einmal Socken, um meine bloßen Füße zu bedecken, nur die ausgetretenen Schuhe, die ich gestern abend angezogen hatte. Ich fühlte mich wie die Nachhut eines blutigen Zuges, der die Ghettostraße verlassen zurückließ.

Alle Kämpfer hatten die Brücke bereits passiert. Nur ein paar kleine Zweier- und Dreiergruppen blieben zurück. Eine ging zum Judenrat (wo sich anscheinend der Einsatzstab für die Vernichtungsaktion unter der Führung von Friedel befand). Eine andere begab sich zu den Werkstätten in der Różana-Straße, wo Stiefel für die Nazisoldaten genäht worden waren und sich noch Zehntausende in den Lagern stapelten. Wieder eine andere Gruppe ging zu den Textilfabriken und der Feuerwehrwache in der Polna-Straße. Der Rest der Werkstätten lag auf der anderen Seite des Ghettos, da, wo gerade die Massen zusammenströmten. Wenn auf der Fabryczna- und der Ciepła-Straße geschossen wurde, sollten die Gruppen ihre Sabotageaktionen durchführen. Sie waren hauptsächlich mit Handgranaten und Pistolen bewaffnet. Die Handgranaten sollten sie gegen die Wachen schleudern und dann die Maschinen zerstören.

Wir kannten den Werkstättenplan gut. Es war einfach, das entflammbare Material in den Fabriken zu zerstören, die Benzinlager und Warenlager. Diese Gruppen, zehn Personen insgesamt, bestanden vor allem aus jungen Mädchen aus den verschiedenen Bewegungen. Sie waren alle jung, und sie fielen alle in der Schlacht. Die Juden hatten lange Zeit für die Nazifront gearbeitet, sie waren schon viel zu lange gezwungen, zum Sieg dieses Feindes der Menschheit beizusteuern. Heute lagen die Fabriken still. Heute würde das Feuer, das die Maschinen und Waren verzehrte, den Sieg davontragen.

Ruwczik wurde losgeschickt, um die Gruppen zu leiten, die der Stab in Mordechais Stellung in der Ciepła-Straße beordert hatte. Seine spezielle Aufgabe war es, die Aktionen gegen das Judenratsgebäude zu leiten. Wir wollten das deutsche Kommando dort in die Luft jagen.

Als Ruwczik aus dem verlassenen Teil des Ghettos ankam, war die Jurowiecka-Straße schon voll von Juden. Eine dünne Kette von SS-Soldaten tauchte auf. Der Weg zurück in den städtischen Teil des Ghettos war bereits versperrt.

Ruwczik gelang es durchzukommen, er verschwand. Wir haben ihn nie wiedergesehen. Wir nahmen an, daß er sein Ende fand, als wir die Explosionen auf der anderen Seite des Ghettos hörten und die Flammen dort auflodern sahen.

In der Zwischenzeit hatten wir uns alle in der Ciepła-Straße 13 versammelt. Hier waren die Mieter geblieben, sie sahen zugleich ängstlich und vertrauensvoll auf uns. Sie beobachteten die jungen Leute, die kamen und gingen und unübersehbar Waffen unter den Kleidern trugen. Sie hatten auch unsere Wachposten bemerkt und beschlossen, daß es sich lohnte, bei diesen Leuten auszuharren. Wenn man das Haus verließ, befand man sich in einem ländlichen Hinterhof, von dem aus man in die Nowogródzka- und in die Chmielna-Straße gelangte, in denen verfallene Häuser standen, durch kleine Parzellen und Gärten voneinander getrennt. Auf der anderen Seite der Nowogródzka-Straße stand das schöne Gebäude, in dem Barasz und Rabbi Rosman lebten. Hinter dem Gebäude lagen die weitläufigen Gemüsegärten des Judenrates, mit einer Scheune und einem Heuschober in der Mitte. Rechts erhob sich die Ghettomauer, an ihr entlang führten die beiden schmutzigen Straßen Gorna und Smolna.

Ich drängte mich durch die Massen, auf dem Weg in die Ciepła-Straße. Woran dachte ich in diesem Moment? Ich weiß es nicht. Ich weiß nur, daß ich mich schrecklich beeilte, weil die letzten Minuten angebrochen waren. Plötzlich sah ich meine Mutter in der Menge. Ich wollte mich an ihr vorbeistehlen, ohne anzuhalten. Ich hatte Angst davor, sie zu sehen, sie auf dem Sammelplatz zu sehen. Ich hatte Angst davor, ihr zerfurchtes, frühzeitig gealtertes Gesicht zu sehen, ihr graues Haar. Ich hatte Angst davor, sie so allein zu sehen. Ich zog mich zurück, feige, als würde ich von einem Schlachtfeld fliehen, aber sie hatte mich entdeckt.

»Chaikele, wohin gehst du?«

Ich blieb stehen, küßte ihre alten, trockenen Lippen und floh. Ich sah sie nie wieder...

Als ich in der Ciepła-Straße ankam, hatte sich das Gedränge gelockert. In dem Dreieck zwischen der Ciepła-, der Nowogródzka- und der Smolna-Straße gingen unsere Genossinnen und Genossen von der Kampforganisation aufgeregt auf und ab, die Gewehre deutlich sichtbar unter den Mänteln. Sie diskutierten den Plan: Durch den Zaun brechen und einen Weg freischlagen für die Menge hinter uns. Im Ghetto selbst waren keine Deutschen zu sehen, bis auf die, die am anderen Ende der Jurowiecka-Straße standen und von dort auf das Ghetto blickten. Wir versuchten, die Anzahl ihrer Truppen einzuschätzen, gelangten aber zu keinem klaren Ergebnis und beschlossen, den Angriff zu eröffnen, ohne die Stärke des Feindes in Betracht zu ziehen. Das war die einzig mögliche Strategie, es gab keine andere Wahl.

Wir wußten, wir würden als erste fallen. Die Avantgarde, die Angreifer würden unter schweren Beschuß geraten, und vermutlich könnten nur wenige durchbrechen. Die Masse der Menschen war hinter uns. Wenn erst die Barriere durchbrochen war, würden sie zu Tausenden fliehen. Mehr als 20000 Juden waren auf dem Sammelplatz. Dutzende würden fallen, Hunderte würden vielleicht durchkommen. Wenn Hunderte fielen, könnten doch Tausende gewinnen. Wir würden eine lebende Brücke für diese Menschen bilden. Wir würden mit unseren Gewehren der Masse den Weg bereiten. Hinter dem Zaun lag ein großer Vorort mit verschlungenen Pfaden; von hier aus stand der Weg in den Wald offen.

Zwei Kämpfer, einer von ihnen der Kommunist Zalman, der bei einer Partisanengruppe gewesen und in das Ghetto zurückgekehrt war, sollten sich bis zum Einbruch der Nacht verstecken (sie durften nicht an der Schlacht teilnehmen) und dann aus dem Ghetto kommen, um ihre Gruppe zu Hilfe zu rufen und all diejenigen, die geflohen waren, zu sammeln. Jeder, der das Ghetto lebend verließ, hatte seinen Platz bei den Partisanen. Der Stab war einstimmig für diesen Plan. Waffen wurden verteilt, Pistolen und Handgranaten und zusätzlich hundert Gewehre. Es gab viele Kämpferinnen und Kämpfer. Mehr als zweihundert blieben unbewaffnet oder hatten nur Handfeuerwaffen zur Selbstverteidigung. Es gab ein altes Maschinengewehr, das, wie versprochen, Nachum Abelewicz bekam. Er verließ strahlend den Raum.

Die wenigen automatischen Gewehre wurden verteilt. Die meisten Mädchen blieben unbewaffnet, aber sie hatten eine andere Aufgabe. Die Gruppen für Sabotage und Brandstiftung bestanden vor allem aus jungen Frauen. Andere arbeiteten als Kurierinnen, einige als Sanitäterinnen. Sie hatten leichte Waffen. Wir würden die Wachen und Patrouillen ausschalten müssen. Aber die jungen Frauen rebellierten und weigerten sich, auf eine Rolle in der Schlacht zu verzichten. Der Stab gab nicht nach. Sie sollten aber den Kampf eröffnen, das wurde rasch entschieden. Nur Mordechai und Daniel würden in dem Zimmer bleiben. Eine Kette von Läufern wurde gebildet und die Abschnitte entlang des Zaunes eingeteilt. Die Aufteilung war nicht schwierig, sie ergab sich aus den Zellen und Sektoren. Ich selbst ging in den Abschnitt, der zur Smolna-Front gehörte.

Wir trennten uns von Mordechai in der festen Überzeugung, uns wiederzusehen, aber wir sahen uns nie mehr. Mordechai überraschte mich in diesen letzten Momenten. Sein Zimmer war aufgeräumt, die Betten gemacht, auf dem Tisch lag ein buntes Tuch. Die Waffen holte Mordechai aus einem Wandschrank. Seine Haare waren gekämmt, er trug einen grauen Anzug, sein Kragen war zugeknöpft, und seine Schuhe waren poliert. Er hörte zu, ohne jemanden zu unterbrechen, er fluchte nicht. Nicht einmal hörte ich sein geliebtes »Holeira«[1]. Er hörte jeden bis zu Ende an und gab dann seine Befehle:

»Schießt nicht auf die Deutschen entlang der Jurowiecka-Straße. Wenn sie versuchen, in unsere Kampfabschnitte einzudringen, hindert sie daran. Schießt. Versucht über die Hausdächer den Zaun im Auge zu behalten. Unmöglich? Dann kriecht direkt zum Zaun und schaut durch einen Spalt. Macht langsam und lautlos.«

War das Mordechai, der nervöse, dynamische, schlagfertige Mordechai, der so leicht ins Schwärmen geriet? Richtig, seine Augen brannten, aber seine Bewegungen waren überlegt, und seine Antworten waren direkt und klar. War das der Mordechai, dem so oft die Phantasie durchging, dem die Begeisterung so oft den Gleichmut raubte? Das war ganz sicher ein neuer Mordechai. Das war ein Kommandant, der wußte, was er tat.

Als ich ihm mitteilte, daß die Stabskommandanten des anderen Sektors beschlossen hatten, sich an der Schlacht zu beteiligen, erwiderte er:

»Gut, sehr gut. Ich wollte das selbst vorschlagen, aber es fiel mir schwer. Nu, viel Glück.«

Er beachtete uns nicht länger. Mordechai, der, wann immer ein Genosse sich auf eine schwierige Mission begab, gefühlvoll wurde und ihm mit feurigen Blicken nachsah, Mordechai, der so von Menschen schwärmen konnte; heute erinnerte nichts mehr an diesen Mordechai. Da war nur noch die Realität: die Vernichtung der letzten Überlebenden des polnischen Judentums, des offenbar letzten Ghettos. Und die Tatsache der nahenden Schlacht.

1 *Cholera!*

Daniel[1] war ruhig wie immer. Auch er wurde nicht emotional, seine Ratschläge waren logisch und durchdacht. Wenn Mordechai seine Befehle gab, sah er Daniel an. Ich sah, wie sich ihre Blicke trafen und ihre Lippen sich in Übereinstimmung bewegten. Daniel war blaß, seine Wangen waren eingefallen. Sein Gesicht war hübsch, obwohl die Tuberkulose es verwüstet hatte. Aus Bereza-Kartuska, dem berüchtigten Konzentrationslager des halbfaschistischen Polen, war er tuberkulosekrank zurückgekommen und schließlich im Kommandostab der Untergrundbewegung gelandet.

Dieses letzte Bild vom Generalstab des Białystoker Ghettoaufstandes hat sich in mein Gedächtnis gegraben: der kleine Raum in der Ciepła-Straße 13, Mordechai und Daniel an dem Tisch mit der bunten Decke, der Stadtplan des Ghettos vor ihnen ausgebreitet, der Schrank, in dem die Waffen hingen, weit geöffnet. Die beiden Männer kannten sich erst ein paar Wochen. Ich stand für einen langen Moment am Tisch und sah aus dem Fenster. Die Sonne schien herein. Es war heiß im Zimmer.

»Hatten wir nicht beschlossen, daß du das Ghetto heute morgen verläßt?« Daniel sah nicht vom Tisch auf. Er flüsterte seine Frage, so als wollte er das letzte gemeinsame Schweigen nicht brechen.

»Ich habe beschlossen, nicht zu gehen. Du kannst mich nicht zwingen, nicht wahr?«

Daniel sagte nichts. Ich öffnete leise die Tür und ging. Ich konnte ihre Blicke in meinem Rücken fühlen. Mir kam vor, es war wärmer geworden. Ich knöpfte meinen Mantel auf und begab mich in Stellung. Es würde bald losgehen.

Wir fanden ein einstöckiges Holzhaus mit Dachboden in der Smolna-Straße, direkt am großen Garten des Judenrates. Nach vorne hinaus blickte es auf den Zaun. Das Haus war leer, Habseligkeiten lagen verstreut auf den ungemachten Betten, und auf dem Eßtisch stand das Geschirr der gestrigen Mahlzeit. Die Mieter waren offensichtlich zum Sammelplatz gegangen.

Zerah kommandierte diesen Sektor. Er warf einen Blick auf den Bahndamm. Keine militärischen Bewegungen zu sehen; der Bahndamm verbarg, was dahinter vorging. Es wurde zehn Uhr. Plötzlich schoß nicht weit von uns entfernt eine Feuersäule in den Himmel.

1 *Daniel Moszkowicz*

Das war das Signal. Wir zündeten den Heuschober an, um alle Sektoren, alle Stellungen und über das Ghetto verstreuten Sabotagegruppen zu alarmieren. (Nach unserem Plan sollte die Aktion schnell und konzentriert durchgeführt werden.) Sofort anschließend hörten wir Explosionen von der anderen Seite des Ghettos, und Feuersäulen stiegen in der Ferne empor. Wir wußten, die Mädchen hatten ihre Mission erfüllt. Wo Ruwczik war und was im Judenrat passierte, wußten wir nicht. Die Fabryczna-Straße stand in Flammen, die Detonationen gingen weiter. Die Leinwandfabrik brannte. Noch eine Explosion, und die Scheune lag in Trümmern. Vom Nowogródzka-Sektor schallten »Hurra«-Rufe herüber, die entfernt nachhallten. »Hurra«, antworteten wir alle. Wir brachen durch. Der Zaun war vor uns. Wir schossen und stürmten vorwärts. Zuerst herrschte Stille. Niemand erwiderte das Feuer. Wo war der Feind? Wir waren am Zaun, versuchten darüberzuklettern.

»Ach Gott«[1] hörten wir jemanden nahe bei uns rufen. Da waren sie, entlang des Zaunes versteckt. Wir hörten Schüsse. Sie fielen und stöhnten, griffen uns aber nicht an. Sie hatten Angst. »Hu... raaa...« Die Erde bebte, und wir schwankten im Angriff der Gewehre, die entlang des Zaunes losdonnerten. Plötzlich waren wir unter Beschuß geraten. Ein Mann lag in seinem Blut. Das Haus ging in Flammen auf, auch die angrenzenden Gebäude brannten wie Streichholzschachteln.

Das Haus war keine Zuflucht mehr, wir mußten uns zurückziehen. Wir gaben es auf und erreichten die großen Parks in der Nowogródzka-Straße. Auch in den anderen Abschnitten zogen sich unsere Genossen zurück. Das Feuer verzehrte die Häuser, wir standen auf offenem Feld, wo der Feind uns leicht ausmachen konnte. Es würde eine Schlacht von Angesicht zu Angesicht werden.

Jetzt schossen sie vom Bahndamm her. Auch sie hatten sich zurückgezogen, sie benutzten schweres Geschütz. Ein Maschinengewehr setzte mit seinem tödliches Ra-ta-ta ein. Die Wachen hinter dem Zaun, die »Ach Gott!« gerufen hatten, trugen Gewehre, ein Zeichen dafür, daß sie vorbereitet und auf einen Aufstand eingestellt waren. Das Maschinengewehr ratterte über unseren Köpfen. Wir griffen abwechselnd an und zogen uns zurück.

1 *Deutsch im Original*

Ich kann mich erinnern, daß ich schoß, hinfiel, aufstand, zum Zaun rannte und mich dann mit den anderen zurückzog. Ich war in den Stacheldraht geraten, meine Füße bluteten. Ich war schmutzig, mit Schlamm und Ruß bedeckt. Ich schrie »hurra« wie alle und klammerte mich wie alle an den Boden, wenn das deutsche Feuer stärker wurde. Ich hörte die Verwundeten stöhnen und sah einen Genossen neben mir fallen. Sein Schrei erstarb. Ich sehe noch immer Zerahs Mantel im Wind flattern; ich sehe noch immer Gedalyahu, noch immer zittert die Luft von seinen hastigen Bewegungen, seinem wilden Losstürmen an der Spitze der angreifenden Einheit.

»He, chevra,[1], hurra, vorwärts», seine aufgeregte Stimme hallt noch immer nach. Avremele, Yentel, Sonka und die ganzen jungen Leute, die mit uns rannten, hinfielen, wieder aufstanden, verwundet wurden, vorwärts stürmten, Lonczik und Meir und all die anderen...

Da waren der kranke Leibusch, Chaia, die alte Kommunistin, deren Haar in Kämpfen ergraut war, Lilka, blitzschnell trotz ihres Alters. Lilka Malerewicz – ihre letzten Worte, als sie zu meiner Linken stand, hinter mir her rannte, mich überholte, hinfiel, sich an den Boden preßte, wieder aufstand und auf den Feind zurannte, klingen mir noch immer in den Ohren: »Vorwärts, vorwärts, wir haben nichts zu verlieren«, rief sie uns zu, mir, den Genossen, den Verwundeten, und vielleicht auch dem Genossen, der zu meiner Rechten gefallen war.

Das Feld vor uns war mit Leichen übersät. Die Schlacht wurde heftiger. Auch der Tag wurde heißer. Die Schießerei wurde intensiver; ein schweres Maschinengewehr dröhnte, brachte die Stimmen der Rache zum Schweigen. Der Garten, die Nowogródzka- und die Smolna-Straße waren mit Leichen bedeckt. Sie lagen entlang des ganzen Zaunes. Die Sonne stand schon hoch am Himmel, das Geräusch der Schüsse aus dem Ghetto wurde leiser. Wir hatten keine Maschinengewehre und keine ausreichende Munition. Das unbenutzte Tor an der Fabryczna-Straße ging plötzlich auf, und ein schwerer Panzer fuhr langsam Richtung Ciepła-Straße. Er blieb abrupt stehen; offensichtlich war er von einem Molotow-Cocktail getroffen worden. Vor uns waren noch mehr Panzer.

1 *Vorwärts!*

Leute aus der Menge schlossen sich uns an. Normale Menschen, die nie in einer Zelle organisiert gewesen waren. Eine Frau erkannte ich wieder. Man hatte ihr alles mögliche Schlechte nachgesagt, jetzt schrie sie der Menge zu: »Kommt endlich, worauf wartet ihr noch?« Sie lief hinter mir, gefolgt von Polizisten. Ich kannte auch sie, es waren Gedalyahus Kollegen, die besten von ihnen. Sie hatten immer auf ihn gehört, und sie hatten ihm geholfen. Fabrikarbeiter mit zerfurchten Gesichtern und zerrissenen Kleidern schlossen sich uns an, nicht viele, nur ein paar Dutzend, aber es war ermutigend. Noch einmal versuchten wir, die bewaffnete Kette der Deutschen zu durchbrechen. Vielleicht konnten wir einen Weg freikämpfen für die Massen, die in der nahen Jurowiecka-Straße auf ihren Bündeln lagerten.

Ein Flugzeug dröhnte über uns hinweg. Es flog tief, drehte ein paar Runden und verschwand. Es kam wieder, nahm uns auf den Feldern und in den Straßen unter Beschuß. Die Deutschen auf dem Bahndamm schossen nicht ein einziges Mal in die Massen, die in der Nähe lagerten. War das ein Trick? Sicher. Zwei SS-Kolonnen zogen auf, eine nach der anderen, langsam, verstohlen, die eine von der Ciepła-Straße her, die andere von der Ecke Ciepła-/Jurowiecka-Straße. Zwei Kolonnen mit ihren automatischen Waffen. Bis jetzt hatten sich die Deutschen im Bereich des kämpfenden Ghettos nicht blicken lassen. Die Panzer waren nicht vorangekommen. Nun schickten sie SS-Infanterie. Wir schossen auf sie, aber die Front rückte näher. Viele von ihnen fielen, aber die Kolonne war lang. Sie bewegten sich vorwärts und feuerten, kamen näher und hörten nicht auf, zu schießen. Von der Jurowiecka-Smolna-Kreuzung her kamen sie auf uns zu und schnitten uns von den Massen ab. Sie kreisten uns in einem Feuerhagel ein. Die SS befahl den Leuten, sich hinzulegen. Wir hörten die Kommandos, die aus der Jurowiecka kamen.

»Liegen![1] Köpfe runter! Wir werden alle Widerständler erschießen, paßt auf!«

Sie wollten uns von den Massen isolieren. Sie schützten sie vor den Kugeln, zielten nur auf die ruchlosen Rebellen.

»He, ihr Helden, greift noch mal an!«

Wir waren isoliert. Die Munition war uns ausgegangen, wir hatten viele Verluste. Die Menschen würden uns nicht mehr folgen; wir

1 *Deutsch im Original*

würden sie nicht mitziehen können in den Wald, in den Kampf um die Befreiung der Juden. Wir hatten Deutsche getötet, hatten gekämpft, hatten eine lebende Brücke gebildet, aber die Massen würden nicht ausbrechen. Die Deutschen hatten schweres Geschütz gegen den Aufstand eingesetzt. Die Leute würden es nicht wagen, uns zu folgen. Sie waren zu schwach.

Die Kolonnen kamen näher, die Umzingelung war fast lückenlos. Da kam der Befehl, den Durchbruch zu versuchen und uns den Gruppen in der Gorna-Straße anzuschließen. Unser einziger Maschinengewehrschütze hatte Order, den Rückzug zu decken. Ich ging los und erreichte das Haus. Hinter mir hörte ich Schüsse. Ich drückte mich an die Wand und spürte eine Welle heißer Luft, und dann hörte ich es pfeifen. Verputz fiel mir auf die Füße. Nur wenige Zentimeter von mir entfernt schlug eine Kugel ein.

Das Haus war aus Steinen und Ziegeln gebaut, ein starkes Gebäude. Auf der anderen Seite ging es auf die Jurowiecka-Straße hinaus. Die Pistole in meiner Hand war nicht mehr zu gebrauchen; die Handgranaten und die Munition waren mir ausgegangen. Ich trug meinen abgewetzten Mantel auf dem Leib und meine Sommerschuhe an den Füßen. Füße und Gesicht waren mit Schlamm und Ruß beschmutzt, mein Mund brannte, und mein Herz klopfte heftig. Hinter mir lagen das Schlachtfeld, die Deutschen und die Genossinnen und Genossen, von denen ein paar vermutlich auch aus der Umzingelung ausbrechen würden. Vor mir – die verängstigten Leute, die in der Jurowiecka-Straße auf ihren Bündeln hockten. Jetzt war auch die Ciepła-Straße von der zweiten Kolonne versperrt. Es gab keinen Durchgang mehr auf die Gorna-Straße. Vom fernen Schlachtfeld her, von der Smolna- und Ciepła-Straße, waren noch immer vereinzelte Schüsse zu hören. Unsere Genossen, deren Feuer leicht zu erkennen war, hatten es offenbar nicht geschafft, aus der Falle zu entkommen und schossen nun ihre letzten Kugeln auf den Feind ab. Ich versuchte mich in die Ciepła-Straße zu schleichen, um in die Gorna zu gelangen, schaffte es aber nicht. Ich hatte meine Gruppe verloren, meine Genossinnen und Genossen, und vor mir lag nur noch der Sammelplatz. Es war schon drei oder vier Uhr nachmittags. Ich stand in der Menge und hielt nach Genossen Ausschau. Vielleicht war ja noch jemand hierhergekommen, statt in die Gorna zu gelangen. Die Suche war schwierig, die Leute standen und saßen eng beieinander. Noch immer hörte ich das schwache Echo vereinzelter Schüsse, aber es war klar, die Schlacht war vorbei.

Weine nicht an den Gräbern von Helden. Weine nicht und empfinde kein Mitleid. Die Welt verlangt nicht nach Mitleid, sondern nach Taten, die die Menschheit aus dem Alptraum von Unterdrükkung und Sklaverei befreien.

Schau. Hier ist das Grab. Hier wurden die letzten Aufständischen begraben.[1] Es waren einundsiebzig. Hier wurden sie erschossen, hier fielen sie, stolz und ehrenhaft. Hier, in diesem Schutthaufen wurden sie beerdigt. Schau auf die Überreste ihrer Gesichter, ihrer Finger, die noch nicht verwest sind. Nein, nein, nicht weinen. Schau auf die geballten Fäuste; sie erregen kein Mitleid. Der Tod mit geballter Faust ist nicht so tragisch. In den Taschen ihrer Mäntel, von den Maden zerfressen, wirst du die letzten Kugeln finden, die sie für sich selbst aufgehoben haben. Das ist das Zeichen dafür, daß sie nicht kläglich gestorben sind.

1948 wurden die Leichen der Aufständischen aus dem Schutthaufen geborgen und auf dem Ghettofriedhof in der Żabia-Straße begraben. Am 16. August 1948, dem fünften Jahrestag des Aufstandes, wurde ein Denkmal errichtet über dem Grab der letzten 71 Aufständischen, der letzten Kämpferinnen und Kämpfer im Ghetto, der letzten, die gefallen waren. Sie hatten eine ganze Woche lang dem Feuer der deutschen Maschinengewehre getrotzt, das jeden Zentimeter des Ghettos aufwühlte. Eine Woche lang hatten sie den Kampf unterirdisch fortgeführt. Heute kann man ihr Grab besuchen und das Denkmal besichtigen. Fünf Jahre nachdem sie gefallen waren, wurden ihre Überreste aus der Schutthalde geholt, die Überreste ihrer Körper und ihrer Kleider. Der Anblick der verdrehten und madenzerfressenen Glieder, die zum jüdischen Begräbnis gebracht wurden, war entsetzlich. Aber niemand weinte an ihrem Grab. Leser, weint auch ihr nicht! Aber verschließt nicht eure Herzen und eure Ohren. Hört auf die Stimmen aus dem Grab. Seht und erinnert, aber weint nicht...

1 Das kleine Ghetto blieb bis circa drei Wochen nach der endgültigen Liquidierung erhalten. Die Aktionen der bewaffneten Einheiten darin dauerten an, solange sich noch Leute in den Verstecken befanden. Die Nazisuchtrupps fahndeten bis zum 16. September 1943 nach versteckten Juden.

Plötzlich wurde mir bewußt, daß ich auf dem Sammelplatz stand. Sollte ich mich dem Transport anschließen? Während meiner ganzen Untergrundtätigkeit hatte ich dagegen gekämpft, daß wir wie die Lämmer zur Schlachtbank gingen... Tag und Nacht. Ich hatte mir selbst und anderen gesagt: »Lassen wir nicht zu, daß sie uns holen!« Ich suchte die Menge ab. Bis auf die schwarze, langsam sich bewegende Masse sah ich nichts. Auf der Jurowiecka-Straße brannte die grelle Sonne auf die schwarze Masse herab.

24

Wir suchen unsere Brüder

Vor mir blockierte eine Gruppe SS-Männer den Weg in den zerstörten Teil des Ghettos, rechts hinter ihnen lag der große Textilbetrieb »Erstes Kombinat«. Von der Fabrik aus führte ein Pfad auf die arische Seite, in die freie Stadt – und in den Wald. Wo waren die Genossinnen und Genossen, wo waren die Überreste unserer Kämpfer? Mußte ich allein fliehen? Ich fühlte mich wie eine einzige große Wunde. Ich war ein Bündel aus Erschöpfung und brauchte Ruhe. Aber ausruhen hätte zu diesem Zeitpunkt bedeutet, alles aufzugeben, das Leben und den letzten Kampf. Ich hatte die Jugendlichen in der Bewegung gelehrt, daß »der Wahnsinn der Tapferen« die Welt voranbringt, und jetzt hatte ich keine Kraft.

Plötzlich tauchte Kustin auf, einer der Bundaktivisten in der Stadt und Mitglied der Kampforganisation. Offensichtlich war auch er aus der Umzingelung entkommen. Er hatte gesehen, wie die Deutschen etwa zehn Leute gefangengenommen und abgeführt hatten. Ihnen war es nicht gelungen, auszubrechen. Die Kommandoleitung hatte an alle Anweisung gegeben, um jeden Preis aus der Falle und aus dem Ghetto auszubrechen. Einige, die noch Munition hatten, flohen. Die meisten waren in den Bunker gegangen, in der Hoffnung, im geeigneten Augenblick fliehen zu können. Kustin hatte sie alle gesehen, aber keine Gelegenheit gehabt, zu ihnen zu stoßen. Er hatte in dem ausgebrannten Heuschober gelegen, und die Deutschen waren im wörtlichen Sinne über seinen Kopf marschiert. Nun war er hier. Auch er hatte versucht, in die Gorna- und Chmielna-Straße zu kommen, wo der Bunker war. Wie mir war es auch ihm nicht gelungen. Das Gebiet zwischen Ciepła- und Smolna-Straße war gesperrt.

»Komm, Kustin, hauen wir ab, wir haben nichts mehr zu verlieren«, sagte ich, obwohl wir uns mitten im Transport befanden und alle Ausgänge versperrt waren.

»Komm, Kustin, laß uns einen Weg in den Wald finden.«

Er stand still da und dachte nach. Nein, er würde nicht gehen. Es wäre Wahnsinn, es gab keinen Ausweg.

Ich drückte ihm die Hand und bewegte mich auf den Unterstand des Wachmannes zu. Ein paar junge Männer, die meine Bewegungen beobachteten, machten mir flüsternd Platz. Wenn ich es schaffte, würden sie mir folgen. Kustin war auf seinem Platz geblieben, er klammerte sich an die brennende Erde. Die Menge setzte sich in Bewegung. Das Tor am anderen Ende der Jurowiecka-Straße begann sich in den Angeln zu drehen. Es war immer versperrt, nie in Gebrauch gewesen. Wenn man durchging, gelangte man auf die Polska-Straße, in einen Vorort namens Białostoczek, hinter dem sich schon Felder und Wälder erstreckten. Hinter dem Tor lagen die Schienen eines Abstellgeleises. Das Tor knarrte. Es war schwer zu öffnen. Die Menge drückte sich stoßweise dagegen, aber es ging nur langsam auf. Die Menge bewegte sich vor und zurück wie Wellen am Strand.

Ich war schon am Fabriktor. Mir gegenüber stand ein Deutscher, die Beine gespreizt, die Waffe im Anschlag. Ich drückte mich gegen den hohen Fabrikzaun, ich war wie blind, in meinem Kopf rauschte es, meine Beine und Füße waren taub, noch ein Schritt, und ich würde zusammenbrechen. Da wurde ich plötzlich am Kragen gepackt. Ein alter Pole mit einem großen Schnurrbart stand vor mir:

»Wie bist du hier reingekommen? Ich werde von allen Seiten überwacht.«

»Frag nicht, laß mich nur durch!«

»Aber...«

Bevor er seinen Satz zu Ende bringen konnte, war ich schon durch das kleine Tor und befand mich nun auf dem Fabrikgelände. Ich fand ein Taschentuch in meiner Tasche und wischte mir Gesicht, Hände und Füße damit ab, automatisch, ohne darüber nachzudenken, wie eine erfahrene Untergrundkämpferin. Hier gab es keine Massen, keine schwarze Menge, die sich vor und zurück bewegte. Es war plötzlich still. Eine Stille, die mir in den Ohren schrillte und in den Schläfen pochte, eine berauschende Stille.

Ich mußte einen Weg finden, aber mein Kopf war leer. Ich kannte das Gelände, und meine Füße führten mich. Nicht allzu weit entfernt von hier war eine kleine Brücke über die Biała. Auf der anderen Seite begann der arische Teil der Stadt. Aber die Brücke schien verschwunden. Wie weit war es nur zu dieser Brücke, die einst so nahe geschienen hatte? Plötzlich stand ein bewaffneter Deutscher vor mir.

»Wer sind Sie?«

Ohne zu überlegen, begann ich in meiner Tasche zu wühlen. Vor dem Kampf hatte ich meine elegante Handtasche mit allen Papieren darin weggeworfen. Und nun fand ich – ich konnte es kaum glauben – ein Papier in meiner Tasche, von dem ich gar nichts gewußt hatte. Als ich vor ein paar Tagen zum letzten Mal das Ghetto verlassen hatte, hatte ich dieses Dokument in die Manteltasche gesteckt, weil ich in der Handtasche Eier hatte. Die hatte ich dem Deutschen am Eingang zeigen wollen, damit er mich für eine Lebensmittelschmugglerin hielt und nur die Eier nahm. An einer anderen Stelle hatte ich andere »Ware« versteckt, Munition, die Genossen den Deutschen gestohlen hatten.

Das Papier war eine Arbeitskarte für die Textilaufbau GmbH, leider nur für »Kombinat 4«, aber das machte sie für den Deutschen nicht ungültig. Offenbar sah ich so aus, wie er sich eine polnische Fabrikarbeiterin vorstellte. Ich trug ein Sommerkleid mit einem alten Mantel darüber, meine nackten Füße steckten in Sandalen, und ich war schmutzig.

Ich durfte passieren. Alle paar Meter hielten mich erneut Deutsche an. Die Kette wurde offenbar immer dichter. Ich hielt ihnen routiniert meine Karte hin und ging langsam weiter. Nun war ich an der Brücke. Die Fabrik summte, es wurde gearbeitet, als wäre nichts, ohne die Juden, die heute nicht zur Arbeit gekommen waren. Vor mir lagen noch ein paar Gebäude, und an jedem kontrollierten die SS-Wächter die Papiere. Ich hätte sie umgehen können, aber das lohnte nicht. Das zweite Tor auf die arische Seite war nicht mehr weit. Es war besser, das Risiko am Tor einzugehen, als sich durch den Stacheldraht zu schlagen. Vermutlich war der sogar besser bewacht. Der SS-Mann am Tor war sich nicht sicher, ob mein Papier gültig war, nickte dann aber. Ich war am Tor. Hier war wieder ein Wachhäuschen mit einem polnischen Wachmann. Er mußte die ein- und ausgehenden Arbeiter kontrollieren. Er hielt mich an.

»Wo willst du denn hin? Du kannst die Fabrik nicht am hellichten Tag verlassen.« Ich schob ihn beiseite, ohne ein Wort zu sagen. Er machte mir Platz, wollte aber dann doch wieder einschreiten.

»Still, du Idiot«, flüsterte ich ihm zu. Er sagte nichts mehr, offenbar verstand er, daß hier etwas anders war als sonst.

Jetzt war ich auf der arischen Seite der Jurowiecka-Straße. Was für eine fremde Welt, ruhig und strahlend. An der Ecke stand eine

Gruppe Deutscher. Sie unterhielten sich laut über das, was passiert war. Die Juden hatten den Kampf erwidert, aber jetzt herrschte wieder Ruhe. Gegenüber war der Bahndamm. Schwere Maschinengewehre wurden irgendwohin verfrachtet. Offenbar hatten sie ihre Aufgabe erfüllt. Ich war die einzige Zivilistin auf der Straße. Den ganzen Bahndamm entlang standen Soldaten, eine richtige Front. Die Polska-Straße war voll mit Armeelastern, ein endloser Strom. Und ununterbrochen kam neuer Nachschub an, obwohl die Schlacht vorüber war. Wovor hatten sie noch immer Angst?

Sie kontrollierten meine Papiere nicht, sie waren Soldaten, keine Polizisten. Ich spürte ihre Blicke in meinem Rücken. Ich hatte keine Waffen, meine Pistole hatte ich Kustin gegeben. Er hatte seine eigene verloren und wollte versuchen, nachts mit Hilfe meiner Pistole auszubrechen. Ich hatte zwar keine Munition mehr gehabt, aber vielleicht bekam er welche von einem Genossen. Unbewaffnet spazierte ich durch die Höhle des Löwen. Ich ging langsam, begleitet von den Blicken der deutschen Soldaten, die Sonne brannte mir auf den Kopf. Sie hatten den Aufstand niedergeschlagen, und ich, ein Mitglied des Führungsstabes, ging mitten unter ihnen. Was hatte ich getan? Warum war ich weggegangen? Hier war die Welt leer, nichts war übriggeblieben als die Schlacht allein, der Krieg allein, ohne die Massen, für die wir gekämpft hatten. Die jungen Gesichter verfolgten mich, die begeisterten, gläubigen Augen von Avremel, Yentel, Lonczik und Roszka, Meir und Sonka, die gekämpft hatten und nicht mehr waren.

Neben der Sankt-Rochus-Kirche gab es eine kleine leere Parzelle. Halbnackte deutsche Soldaten wuschen sich hier, redeten laut miteinander und pfiffen vor sich hin. Eine mobile Dampfküche verbreitete einen seltsamen Geruch. Meine Lippen waren trocken, in meinem Schädel hämmerte es. Trotz der Stille hier konnte ich immer noch das Schießen hören. Mein Verstand, meine Nerven und meine Glieder fingen nun langsam an, auf das, was geschehen war, zu reagieren. Die Armee, die die Stadt füllte, hämmerte es mir in das Gehirn, erst jetzt war ich fähig, zu verstehen, was im Ghetto geschehen war. Ein seltsames, schreckliches Wissen. Wir hatten ihnen gegenübergestanden, all denen, die von weit her mobilisiert worden waren, um gegen die Aufständischen im Ghetto zu kämpfen.

An der Ecke Piłsudski- und Sankt-Rochus-Straße saß ein Schuhputzerjunge auf einem kleinen Schemel. Ich hielt ihm meine Füße hin. Ich hatte nur noch ein paar Groschen und den ganzen Tag noch nichts gegessen. Aber das wichtigste war, daß ich glänzende Schuhe trug... Glänzende Schuhe für das blutige Fest. Wer würde jetzt noch behaupten, ich sei eine Aufständische und käme aus dem Ghetto? Im Haus nebenan gab es einen Wasserhahn am Tor. Ich machte mein Taschentuch naß und wischte mir das getrocknete Blut von den Beinen. Jetzt war ich wirklich sauber, ich mußte mir nur noch die Haare kämmen. Haska wohnte hier in der Nähe. Ich fragte mich, ob sie es geschafft hatte, diesen Morgen zu überstehen. Ich würde zu ihr gehen. Ein interessanter Besuch, ha! Die Vermieterin würde sich freuen, mich zu sehen, die reiche Kusine aus Grodno. Die Wohlhabenden waren immer gern gesehene Gäste. Vielleicht würde sie für mich das Grammophon anmachen und die Platte mit dem Tango über die beiden Liebenden auflegen, oder die über den einen, der immer wartete... Ich war sauber, ich ging zu meinen arischen Freunden, zu Haska. Richtung Leben, oder davon weg? Würde ich die Kraft haben, meine Verzweiflung zu überwinden? Wie konnte ich wieder von vorne anfangen?

Haska war zu Hause. Sie war heute morgen heil davongekommen und wartete nun, daß jemand zu ihr kam. Sie hatte gehofft, daß zumindest ich käme, warum, weiß ich nicht. Sie wollte ihr Zimmer nicht verlassen, um nicht jemanden, der möglicherweise kam, auszusperren. Sie wollte jedes Detail über die Schlacht hören. Sie hatte die Schießereien und Explosionen gehört, die Feuer im Ghetto gesehen und die bewaffneten SS-Einheiten, die in der Stadt herumfuhren.

Haska machte sich Vorwürfe. Schon gestern, bevor sie in das Ghetto gekommen war, hatte sie diese motorisierten Einheiten in der Stadt gesehen, aber nicht daran gedacht, im Ghetto darüber zu berichten. Sie war nicht darauf gekommen, daß es zwischen deren Ankunft und der Liquidierung des Ghettos einen Zusammenhang geben könnte.

»Wenn sie es nur gestern schon gewußt hätten, wenn sie es nur gewußt hätten«, sagte sie immer wieder, wie zu sich selbst. Mir war klar, daß das nicht so wichtig war. Auch wenn wir es gewußt hätten, wir hätten unsere Pläne doch nicht mehr ändern können. Aber ich konnte nicht sprechen. Ich bat Haska, mich in Ruhe zu lassen, da ich nicht mehr die Kraft hatte, auch nur ein Wort zu sagen. Haska war verletzt. Sie schwieg. Die Vermieterin kam in das Zimmer, um mir zu sagen, wie sehr sie sich freute, mich zu sehen. Seltsamerweise bemerkte sie nichts Außergewöhnliches an mir. Es fiel ihr nichts auf, weder an meiner Kleidung noch an meinem Verhalten, noch an meinem Gesicht. Gleich würde sie auf dem Grammophon ein sentimentales Lied spielen und dazu singen. Haska sagte ihr, daß ich jetzt hier bei ihr wohnen und ihr helfen würde. Haska sah glücklich aus, und die Vermieterin, die Mysia hieß, ebenso.

»Wir werden Spaß miteinander haben, Halinka!« Sie suchte nach Unterhaltung, nach der Gesellschaft junger Frauen, fröhlicher junger Frauen, so daß alles klawo (sehr nett) wäre.

Zwischen fünf und sechs Uhr verließen wir das Haus, um die anderen »arischen« Mädchen zu suchen. Dann saßen wir alle auf einem Stein in den Ruinen der Legionova-Straße. Die Sonne stand groß und rot am Horizont. Die Mädchen saßen dicht um mich gedrängt und hörten sich meine Geschichte an. Sie waren alle da, Haska und Bronka und Rivkele, Liza Czapnik und ihre Schwägerin Ruth, deren arischer Name Anya war. Auch meine Schwester war gekommen. Dann schwiegen wir lange. Ich sah in ihre Gesichter, suchte darin nach Ermutigung und Unterstützung, nach Zustimmung für das, was wir getan hatten, dafür, daß es alles war, was wir tun konnten, daß alles so gekommen war, wie wir es vorhergesehen hatten, daß es wirklich keine andere Wahl gegeben hatte und daß jeder, der entkommen war oder den Aufstand überlebt hatte, von neuem beginnen und den Krieg fortsetzen würde. Sie schwiegen und senkten die Augen.

Die Sonne ging unter. Der Transport bewegte sich bereits in Richtung Białostoczek. Wo waren unsere Genossen? Bis jetzt war keiner angekommen. Vielleicht kamen sie noch. Ganz bestimmt kamen noch welche! Wir würden in der Umgebung des Ghettos nach ihnen suchen. Es würden bestimmt mehrere kommen, und wir mußten dann auf sie achtgeben, damit sie in diesem trügerischen Meer nicht untergingen. Ich wartete darauf, daß eine von den Frauen sich wieder in den Griff bekam und uns befahl, irgend etwas zu tun. Aber sie blieben alle stumm, und ich hatte das Gefühl, als hielte die ganze Welt den Atem an.

Mitten auf dem ausgestorbenen Platz stand ein einzelnes nicht zerstörtes Haus. Es war offensichtlich ein polnisches, deswegen war es unberührt geblieben. Kinder spielten davor.

»Schaut, da sitzen jüdische Frauen«, riefen die Kinder plötzlich und unterbrachen ihr Spiel. Sie brachten uns in die Realität zurück. Was hatten diese Kleinen Jüdisches an uns bemerkt? Unsere Gesichter konnten sie nicht sehen. War es die Art, wie wir saßen, mit gebeugtem Rücken und gesenktem Kopf? Wir standen auf und gingen, jede für sich. Von jetzt an würden wir den ganzen Tag lang die Umgebung des Ghettos absuchen. Das war unsere erste praktische Tätigkeit. Und alle mußten weiter arbeiten gehen und ihre konspirativen Wohnungen behalten. Wir würden auf alle Überlebenden warten, und dann führte unser Weg in den Wald.

Warum hatte ich nicht daran gedacht, einen Weg zu unserer Partisanengruppe zu suchen? Ich war die ganze Zeit unterwegs gewesen, und nur die reguläre Kurierin wußte, wo sie sich befand. Warum hatte ich nicht danach gefragt? Ganz einfach, weil ich gar nicht darauf gekommen war, daß ich die Adresse für mich allein brauchen würde. Die Zellen hatten explizite Anweisungen bekommen, vielleicht wußten die, die kamen, mehr. Jedenfalls würden wir tun, was wir konnten, und erst einmal alle in unseren Wohnungen außerhalb des Ghettos unterbringen. Wenn ich nur Marylka treffen könnte; sie war manchmal in der Stadt. Ich wußte nicht, wo sie wohnte, aber wenn ich ihr doch einfach auf der Straße über den Weg laufen könnte! So mußten wir selber einen Weg suchen. Es würde nicht einfach werden, aber in der Zwischenzeit mußten wir von Tagesanbruch bis zum Beginn der Ausgangssperre die Straßen rund um das Ghetto nach Überlebenden absuchen.

Es war Abend, und auf den leeren Straßen war es noch immer heiß. Wir wagten uns nicht nach Hause, wo um diese Zeit ganz sicher das Grammophon lief, der kleine Wladek spielte, die Großmutter herumfluchte und unsere Vermieterin sich nach fröhlicher Gesellschaft sehnte. Haska und ich liefen herum, um die Zeit hinzubringen, bis wir schließlich doch »nach Hause« mußten. Unbewußt liefen wir Richtung Ghetto. Es war schon dunkel, und riesige Schatten wanderten über die Straße. Jede Gestalt sah aus wie ein umherstreifender Jude auf der Suche nach einem Unterschlupf.

Wir gingen an den Mauern der dunklen Häuser entlang. Alles war grau. Die Brücke über die Sienkiewicza-Straße tauchte auf, und darauf wieder isolierte, düstere, sich langsam bewegende Figuren. Da war der Platz an der Ecke der Jurowiecka-Straße zum Ghetto. Mordechai hatte hier einst auf der anderen Seite des Zaunes gewohnt. Vor dem Tor war eine große Litfaßsäule. Plötzlich bewegte sich etwas vor uns. Wir bekamen Angst und schreckten zurück. Aber es war nur ein großes Stück Papier, ein zerrissenes Plakat von der Litfaßsäule, das im Wind flatterte.

Ich war zornig. »Wo sind deine Nerven, Haska?« Und ich, hatte ich mich nicht genauso erschreckt? Ich wandte meinen Zorn gegen Haska, und sie blieb stumm, senkte den Kopf. Bedrückt und schweigend gingen wir um das Ghetto herum. Am Zaun und in der Nähe der Tore an der Jurowiecka- und der Fabryczna-Straße patrouillierten Deutsche. Es herrschte Stille, die ganze Welt schien ausgestorben. Die Wachen marschierten langsam auf und ab. Von innen war kein Laut zu hören, nicht der Hauch einer Bewegung. Hier und da stieg Rauch auf, in schwarzen Spiralen, und löste sich schließlich auf. Die deutschen Fabriken brannten noch immer. Die Revolte war erstorben, die Feuer brannten aus, nur Rauch blieb übrig in der Sommerluft.

Auf der Polska- und Smolna-Straße gab es noch viele Wachposten, aber die Armee war verschwunden. Auf diesen Straßen war der Zaun zerstört. An einer Stelle war ein großes Loch in der Mauer, an einer anderen hing zerrissener Stacheldraht lose neben zerbrochenen Brettern herunter. Das war die Ghettomauer gewesen. Hier hatten sie versucht, durchzubrechen.

In den gewundenen Straßen befanden sich vorstädtische Höfe, Schrotthaufen, grüne Gärten; es war unmöglich, hier für längere Zeit zu bleiben. Die Wachen starrten einen an, verfolgten jede Bewegung, die man machte. Die ängstlichen Bewohner hatten sich in ihre Häuser verkrochen. Wir schlichen uns durch die Höfe und Straßen, immer auf der Hut vor den Wachen. Wir wußten, daß wir auf sie verdächtig wirkten, aber es fiel uns nicht leicht, wieder wegzugehen. Vielleicht hielt sich hier jemand versteckt, womöglich verwundet und auf Hilfe hoffend.

Wir überquerten einen Hof, in dem eine Polin Wasser aus dem Brunnen zog. Sie fragte uns, wen wir suchten. Haska erfand auf der Stelle einen Namen. Nein, sie wußte nicht, wo diese Person wohnte, aber sie erzählte uns von Juden, die, direkt ihr gegenüber, versucht hatten, aus dem Ghetto zu flüchten. Gerade vor zwei Stunden, da, wo die Wand eingebrochen war. Die meisten waren erwischt worden, einer war verwundet, hatte aber entkommen können.

»Schau, Pani, da, hinter dieser Grube, da ist er weggekommen. Aber viele haben sie getötet. Sie haben sie alle sofort weggeschafft. Nur einer ist noch da, nicht weit von hier, hinter unserem Haus, eine Straße weiter. Und wißt ihr was? Unsere Schweinekerle haben es schon geschafft, ihm die Schuhe zu klauen.«

»Was soll das heißen, er ist noch hier?« Haska setzte ihre Unschuldsmiene auf. Wir gingen in die angegebene Straße, die eng und schmutzig war. Mitten auf dem Weg lag ein dunkler Körper. Wir sahen an seinen Füßen die Wollsocken, die Sonka von ihrem Vater für unsere Genossen mitgebracht hatte. Unter den Socken sah etwas Weißes hervor – Unterwäsche. Der Körper und das Gesicht waren mit einem langen schwarzen Mantel bedeckt. Ohne Hut und Schuhe lag der Körper auf dem Rücken. Es war keine Wunde zu sehen, kein Blut. Der Körper schien zu schlafen. Es war einer von denen, die versucht hatten, durchzubrechen durch die Öffnung, die wir geschaffen hatten. Er war bestimmt einer von uns. Die Socken kannten wir. Und auch ein Teil des Kopfes, der unter dem Mantel zu sehen war, kam uns bekannt vor, die Farbe des Haares.

»Haska, ich glaub, es ist Gedalyahu, die Socken, schau dir die Socken an!«

Ich hatte nicht den Mut, den Mantel ein Stück wegzuziehen. Ich wußte, daß die meisten der Genossen, die versucht hatten auszubrechen, getötet worden waren, wovor hatte ich also Angst? Vor der schlichten Wahrheit, davor, jemanden zu sehen, der mir nahe stand?

Ich wandte mich ab, weigerte mich. Bis zum heutigen Tag kann ich mir nicht verzeihen, daß ich nicht den Mut aufbrachte, diesen Toten anzusehen. Die Zeit war knapp, jeden Moment konnte eine Wache erscheinen. Und gleich begann auch die Ausgangssperre.

Haska war schneeweiß, aber mit einer hastigen Bewegung beugte sie sich zu der Leiche hinunter. Dann sagte sie: »Nein, es ist nicht Gedalyahu, den hier kenne ich nicht.« Auch ich erkannte dieses anonyme Gesicht nicht. Es ging mir nun beinahe besser.

Niedergeschlagen gingen wir zu Haska, in der Absicht, sofort am nächsten Tag wieder in die Umgebung des Ghettos aufzubrechen. Das war eine schreckliche Nacht. Erst als Dunkelheit die Stadt einhüllte, brach das Schweigen. Die ganze Nacht über war Schießen zu hören. Die Granatexplosionen machten es schwierig, die Schreie im Ghetto zu hören.

Wir standen am Fenster und lauschten. Der Horizont rötete sich. Wieder brachen Feuer aus. Die Schlacht im Ghetto ging weiter, sie dauerte bis zum Einbruch der Dämmerung.

Wir sprachen nicht in dieser Nacht. Wir machten kein Auge zu. Es war eine dieser schlaflosen Nächte, in denen du innerhalb weniger Stunden weiße Haare bekommst. Die Schießerei riß uns aus unserem Schock. Am Morgen gingen wir los. Die Straßen waren leer. Gräue schien die Stadt einzuhüllen, die Dämmerung goß ihr fahles Licht über den Ghettohimmel.

Mordechai Anielewicz hatte 1942 im Warschauer Ghetto geschrieben: »Feuer brennt, aber es wärmt auch.« Das Feuer des Aufstandes brannte im Ghetto und besiegelte scheinbar das Schicksal der jüdischen Gemeinde, der 60000 Juden von Białystok. Wir blieben allein zurück, im Kampf gegen den Terror und die Entfremdung, wir, die Überlebenden der polnischen Judenheit. Ein neuer Tag brach an, ein Tag voller heldenhafter Anstrengungen, Kämpfe und neuer Gefahren.

17. August 1943. Es war verboten, den Häusern und Höfen, die an das Ghetto grenzten, auch nur nahe zu kommen. Über Nacht war die deutsche SS gegen litauische, ukrainische und belorussische Kräfte ausgetauscht worden, die Kollaborateure aus den nationalen Minderheiten der Vorkriegszeit.

Wir waren am Jurowiecka-Tor. Drei uniformierte Soldaten standen hier, das Tor war verschlossen. Erst gestern war hier der Transport abgeführt worden; wo war er jetzt? Und wie viele hielten sich noch versteckt? Wer hatte während der Nacht geschossen? Die grünberockten Soldaten fürchteten sich. Offensichtlich gefielen ihnen die Scharmützel, die die Juden ihnen im Ghetto lieferten, gar nicht. Das Tor ging knarrend auf und gab den Blick frei auf die Jurowiecka-Straße. Ich kletterte auf den Bahndamm und sah die ganze Straße vor mir liegen. Auf dieser Durchgangsstraße bewegte sich etwas – Pferde zogen Wagen, vollgepackt mit Lumpen. Aber es waren lebendige Menschen, die auf den Wagen hin und her schwankten wie Leichen, es waren Kinder auf den Wagen, lebendige Kinder, die weinten. Rechts und links von den Wagen marschierten die Männer in den grünen Uniformen mit den Gewehren im Anschlag. Von der Jurowiecka-Straße führte der Weg direkt zum Bahndamm. Die Wagen bewegten sich langsam durch den schmalen Tunnel, jeden Moment würden sie auf der anderen Seite wieder auftauchen. Ich sprang herunter. Die Wagen waren jetzt auf meiner Seite. Die Wachen schoben einen von ihnen zur Seite. Ich ging zu einem anderen Wagen, wenn sie mich von da vertrieben, würde ich gehen und dann wiederkommen.

Den Rest des Weges legte ich in einem verrückten Lauf zurück. Auf dem Bahndamm standen viele Leute, Polen, die gekommen waren, um das danteske Bild zu bestaunen. Viele von ihnen waren Vorortbewohner und wußten seltsame Geschichten zu erzählen. Seit gestern lagen hier Juden in riesigen Haufen herum. Sie hatten nicht einen Tropfen Wasser zu trinken bekommen, weder gestern noch heute. Die Sonne brannte auf sie herunter. Die SS umlagerte sie in drei Ringen mit maschinengewehrbestückten »Storchennestern«. Aus der Entfernung sahen die Soldaten wie grüne Zwerge aus. Es war unmöglich, näher zu kommen. Alle paar Meter standen Posten. Der Wind kam aus dieser Richtung, und verschwommene Geräusche drangen an mein Ohr. Die Sonne brannte heiß auf meinen Kopf wie auf ihre Köpfe. Innerhalb der Umzingelung bewegten sich schwarze Flecken, Juden, Menschen, die ich gestern auf der Jurowiecka-Straße gesehen hatte, für deren Rettung ich zusammen mit meinen Genossinnen und Genossen gekämpft hatte und vor denen ich schließlich geflohen war.

Im Zentrum der Bewacherringe befanden sich zwei schwarze Blöcke. Wie ein riesiger Bienenhaufen war der eine, aus dem sich ein dünner Faden löste, der sich bald in zwei Fäden splittete. Auf einem offenen Feld, in dessen Mitte eine Gruppe uniformierter Männer stand, fand die Selektion statt. Hier wurde das Schicksal lebendiger Menschen entschieden: Wer sofort sterben sollte und wer zu einem Leben in der Sklaverei bestimmt wurde, zum langsamen Tod in einem Konzentrationslager. Hier rissen sie Familien auseinander, trennten den Vater vom Sohn, die Eltern von den Kindern. Einer der beiden Fäden bewegte sich langsam auf die Wagen zu, die am Horizont bereitstanden, und der zweite Faden mündete in das andere, kleinere Knäuel. So konnte man von weitem den Todestanz beobachten, das Fließband, auf dem die Menschenhaufen transportiert wurden.

Meine Mutter war jetzt unter ihnen. Ich stand da und sah zu.

Den ganzen Tag verbrachte ich in diesem Gebiet. Ich lief die Schienen vor und zurück. Bronka kam, und am Abend auch Haska. Wieder liefen wir durch die Straßen. Das Ghetto war dicht geschlossen. Nur die Zahl der Leichen, die am Zaun lagen, nahm zu, sie verteilten sich über die ganze Straße. Viele hatten versucht, auszubrechen, und um ihr Leben gekämpft.

Drei Tage lang kehrte ich zu diesem Bahndamm zurück. Die Sonne brannte drei Tage lang auf ihre Köpfe. Jeden Tag sah ich dasselbe. Der große Block wurde kleiner, nahm ab mit dem Rinnsal, das ununterbrochen aus ihm herausströmte. Ein Ende dieses Rinnsals mündete in den anderen Block, das andere in die Wagen.

Und an jedem dieser drei Tage durchsuchten wir auch die Umgebung des Ghettos. Die Leichen der Rebellen wurden täglich mehr, die Soldaten schafften sie täglich weg. Morgens füllten sie die Löcher in der Mauer auf und flickten den Stacheldraht. Und jeden Abend erzählten die Anwohner, daß Dutzende Juden zu fliehen versucht hatten, geschossen und auch getroffen hatten – Deutsche, deren Leichen sofort entfernt wurden. Die Nachbarn sagten auch, daß sie nachts kaum schlafen konnten, weil ihre Häuser von den Explosionen bebten. Die Kämpfe im Ghetto gingen weiter. Am dritten Morgen nach dem Beginn des Aufstandes fand ich hinter dem Bahndamm im Bezirk Białostoczek nur noch ein leeres Feld vor. Keine gefangenen gefolterten Juden mehr, keine schwerbewaffnete SS mehr. Die Geschichte der 60000 Białystoker Juden war beendet.

Am vierten Tag nach dem Aufstand verlief das Leben auf den Straßen wieder normal. Die Leute redeten noch über die Juden, ihren verzweifelten Kampf, ihre mögliche Vernichtung, aber das Leben ging weiter. Die Bäume auf den Alleen waren grün, die Vögel zwitscherten, und die Märkte summten vor Geschäftigkeit. Die Bauern aus dem Umland verkauften ihre »schwarzen« Hühner, und die deutschen Soldaten suchten zwischen den beladenen Marktwagen nach »Schnäppchen«.

Wir suchten nach Juden, die Zuflucht brauchten, und nach einer

Verbindung zum Wald. Haska arbeitete tagsüber für die deutsche Familie und kam erst abends zurück. Die jungen Frauen arbeiteten alle. Nur ich lief kreuz und quer durch die Stadt, ohne irgendeinen Plan. Im Ghetto fanden immer noch Kämpfe statt. Ich überlegte mit Olla und Wladek, ihrem Mann, ob ich in das Ghetto gehen sollte. Wladek redete ständig über die kämpfenden Juden. Ich sagte ihm nicht, daß ich am Aufstand beteiligt gewesen war. Er sprach darüber, daß die Deutschen jede Nacht Juden töteten, versuchte aber, mich zu ermutigen und davon zu überzeugen, daß der Tag der Rache nicht mehr fern war. Als ich ihm aber sagte, daß ich ins Ghetto wollte, um nach Genossen zu suchen und sie in der Stadt in Sicherheit zu bringen, fing er an mit mir zu streiten:

»Das sind jetzt erst die ersten Tage. Deine Freunde sind nicht so dumm, daß sie jetzt schon versuchen, herauszukommen. Sie werden in den Bunkern abwarten, und du mußt auch warten. Du weißt, daß es unmöglich ist, in das Ghetto zu kommen. Schau dir doch den Haufen Leichen an, den sie jeden Tag auf den Friedhof in der Żabia-Straße schaffen.«

Wladek hatte recht, aber mir brannte der Boden unter den Füßen. Das war schon der vierte Tag, den wir ohne Kontakt zu unseren Kämpfern im Ghetto waren. Wir wußten nicht, ob sie noch lebten, ob sie vielleicht schon bei unserer Gruppe im Wald waren. Unsere Isolation zerrte an den Nerven. Unsere abendlichen Treffen waren düster, wir hatten gelernt zu schweigen. Wir wußten, wenn nur eine von uns aussprach, was ihr wirklich auf dem Herzen lag, dann würden alle anderen zusammenbrechen und die Verbitterung ihr zerstörerisches Regiment übernehmen. Wir schwiegen, um der Verzweiflung zu entgehen.

Ich lief also durch die Straßen. Auf der Piłsudski-Straße war lebhafter Verkehr. Es war Mittag, das Wetter immer noch schön. Wir hofften, es würde endlich regnen, ein Sturm aufkommen und alles wegfegen. Aber die Sonne strahlte hell und brennend heiß. Die Läden waren voll mit deutscher Kundschaft.

Ich überquerte die Piłsudski-Straße und blieb stehen. Hinter dem »Pan«-Kino sah ich einen Menschenauflauf, der auf den Hof hinter dem Kino starrte. Dieser Hof grenzte an das Ghetto, an das Haus Neue-Welt-Straße 6, wo wir unsere erste Wohnung gehabt hatten. Ich stand mitten in einem Haufen polnischer Lümmel, die immer vor dem Kino herumlungerten und ihre Witze rissen. Sie grölten. Was war passiert?

»Nichts, da hängt nur ein Jude.«

Ein Jude hatte sich an einem Balken eines halbzerstörten Hauses aufgehängt. Am vierten Tag nach der Vernichtung des Ghettos. Vier Tage lang hatte er gekämpft und sich versteckt, und als er keinen Ausweg mehr gesehen hatte, da hatte er sich erhängt. Ich hörte das widerliche Getuschel, das brutale Gelächter. Ich konnte ihre Befriedigung förmlich riechen. Ich sah mir die Menge an. Es gab da auch polnische Gesichter, die vor Schmerz verzerrt waren. Einer wandte sich ab und sagte leise etwas zu sich selbst. Eine Frau wischte sich eine Träne ab…

25
Marylka

An diesem Abend ging ich zu Bronka. Sie war umgezogen und wohnte jetzt in einem kleinen, hellen Zimmer in der Wohnung einer reichen polnischen Familie. Vor dem Haus lag ein schöner Garten mit bunten Blumen und schattigen Obstbäumen, deren Zweige bis an die Fenster reichten. Bronkas Zimmer hatte ein schmales Fenster mit weißen Netzstores, durch die das Sonnenlicht gefiltert eindrang. Der Raum war einem Mädchen »aus gutem Hause« angemessen. Bronka spielte ihre Rolle sehr gut. Ihre Vermieter achteten und bewunderten sie für ihre gute polnische Erziehung, ihre Manieren und ihre aristokratische Erscheinung.

Wir sprachen über unsere Sucharbeit. Bronka war auch der Meinung, daß wir uns, wenn wir niemanden aus der Kampfgruppe in der Stadt fanden, auf den Wald konzentrieren mußten. Wir konnten nicht müßig darauf warten, daß jemand aus dem städtischen Untergrund uns fand.

Es war ein schöner Abend, und Bronka begleitete mich nach Hause. Ich erzählte ihr gerade von Marylka, als ich plötzlich eine vertraute Figur vor mir sah. Eine Frau überquerte die Straße. Ihr Rücken war gebeugt, ihr Gang irgendwie unruhig, das platinblonde Haar weich und kurz geschnitten. Sie war es!

Ohne Bronka etwas zu sagen, rannte ich los. Ich erwischte sie und fiel ihr um den Hals. Marylka war erschrocken, sie hatte nicht mit diesem Wiedersehen gerechnet. Ihre Stadtaufenthalte waren immer riskant. Als ihr Erstaunen nachließ, wurden ihre Gefühle offenbar: Ihre Lippen zitterten, ihre klaren Augen verschleierten sich, und die schwarze Falte über der Nase schien hin und her zu wandern. Sie öffnete den Mund, brachte aber kein Wort heraus. Dann versuchte sie noch einmal, etwas zu sagen, griff aber statt dessen nach meiner Hand und drückte sie fest. Auch ihre Hand zitterte.

Sie war schmutzig, müde, ihre Füße hatten Blasen, weil ihr die Schuhe zu groß waren. Sie war schlampig gekleidet. Ich zog sie in eine Seitengasse. Bronka stand daneben und wunderte sich. Ich stellte ihr Marylka vor, und wir vereinbarten sofort ein Treffen mit den anderen Frauen. Marylka war tagelang durch die Stadt gelaufen, auch sie auf der Suche nach Genossen, die vielleicht aus dem Ghetto entkommen waren. Als sie im Wald von den Ereignissen im Ghetto erfahren hatten, hatten sie eine bewaffnete Unterstützungsaktion geplant, waren aber gescheitert. Sie hatten nicht kommen können.

Jetzt war sie auf der Suche nach jedem nur möglichen Kontakt. Sie wußte nur über den Beginn des Kampfes Bescheid. Ich erfuhr, daß am Tag des Aufstandes, noch bevor es mir gelungen war, die Umzingelung zu durchbrechen, zwei mit Pistolen bewaffnete Genossen es geschafft hatten. Sie waren die einzigen, die die Gruppe im Wald erreicht hatten, bevor Marylka sich auf den Weg machte. Vielleicht waren inzwischen mehr angekommen, die Gruppe hatte Patrouillen ausgesandt, vielleicht hatten die noch Leute gefunden. Marylka selbst hatte drei Tage lang in der Stadt herumgesucht. Sie hatte viele Adressen, aber auf keiner hatte sie auch nur einen Genossen aus dem Ghetto angetroffen.

Die jungen Frauen waren ganz aufgeregt, als ich ihnen Marylka vorstellte. Wir spazierten paarweise um die Sankt-Rochus-Kirche. Marylka war sehr glücklich über diese große Gruppe erfahrener junger Frauen, die sich auf ihre Arbeit verstanden, Genossinnen, die zum Teil schon länger als ein halbes Jahr außerhalb des Ghettos lebten und darauf warteten, daß die Stunde ihres großen Einsatzes kam. Nun war sie da. Sie waren alle Vertreterinnen der militanten Bewegungen, die an der Antifaschistischen Front im Ghetto beteiligt gewesen waren. Bronka stand für Dror, Haska, Rivkele und ich für Haschomer Hatzair, und Liza und Ania für den Komsomol. Und es gab noch andere junge jüdische Frauen, die zwar in keiner organisierten Gruppe aktiv, aber stets bereit zu helfen waren. Eine von ihnen war meine Schwester.

Ich kann mich noch so gut an sie alle erinnern: Haska Bielicka hieß Helenka Stacziuk; Rivkele war zu Maryśka geworden, den Familiennamen Madeiska hatte sie beibehalten. Ruth hieß Ania, Liza Czapnik nannte sich Marysia Morozovska; Bronka Winicka war zu Jadwiga Skidel geworden. Ich war Halina Woronowicz. Marylka war bei Marylka Różycka geblieben. Meine Schwester Miriam hieß Julia Balchus.

Haska-Helenka arbeitete bei SS-Offizieren, Rivkele-Maryśka bei einem deutschen Gestapo-Arzt und bei der Polizei. Ruth-Ania hatte eine Anstellung im Ritz, dem vornehmsten Hotel der Stadt. Nur hochrangige Deutsche und deren Gäste aus Berlin und Königsberg aßen im Restaurant des Ritz. Liza-Marysia arbeitete auch bei einer SS-Familie und half zusammen mit Helenka noch zusätzlich in der Kantine der SS-Werkszentrale aus. Bronka hatte ihre Stelle bei den Zugführern. Meine Schwester war bei einer SS-Familie angestellt. Marylka arbeitete quasi zu Fuß: Alle paar Tage marschierte sie aus dem Wald in die Stadt und wieder zurück in den Wald. Sie war Kurierin der Partisanen. Ich hatte noch immer keine sinnvolle Beschäftigung, war aber dazu bestimmt, mich der Partisanengruppe anzuschließen.

Die Gruppe war nun unsere Familie. Ich sollte am anderen Tag nach Einbruch der Dunkelheit mit Marylka in den Wald gehen, um die neuen Aufgaben zu klären und die Aktivitäten zwischen der Stadt und dem Wald zu koordinieren. Sie warteten bereits auf Marylka, auf die Informationen, die sie bringen sollte, die Lebensmittel, die sie selbst nicht beschaffen konnten, und vor allem auf Medikamente. Marylka konnte nicht mit leeren Händen zurückkommen. Sie hatte polnische Freunde, die ihr halfen, all diese Sachen zu organisieren. Seit zwei Tagen warteten die Partisanen nun schon am verabredeten Treffpunkt auf sie. Der Wald war dicht, die Pfade kompliziert, deshalb hatten sie einen Punkt nahe an der Hauptstraße vereinbart, um sie abzuholen und in das Lager zu führen.

Wir sollten ein paar Minuten vor neun Uhr abends, also vor Beginn der Ausgangssperre, aufbrechen, um gut an der Polizeistation am Ende der Sienkiewicza-Straße auf der anderen Seite der Eisenbahnschienen vorbeizukommen. Wir hatten nichts besonders Verdächtiges dabei und konnten daher die Stadt auf dem normalen Weg verlassen.

Marylka schlief bei Marysia, in einem entfernten Vorort, am anderen Ende des Hauptbahnhofs. Ihr Zimmer hatte einen eigenen Eingang von der Straße her. Marysias Vermieterinnen waren eine Frau und deren Tochter. Die Mutter war eine verwitwete Schneiderin, die Tochter arbeitete in einem Büro. Die Mutter mußte Nächte durchgearbeitet haben, um ihrer Tochter eine Ausbildung zu ermöglichen, so daß sie nicht Schneiderin werden mußte, sondern in einem Büro arbeiten konnte. In Marysias Zimmer standen ein großes altes Holzbett, ein Klapptisch und noch ein paar primitive Einrichtungsgegenstände, einschließlich einem Tisch, der aus einzelnen Brettern bestand. In der Mitte stand ein eiserner Ofen. Und vor allem, es gab auch noch einen Zugang zum Keller, in dem sich mehrere ideale Versteckmöglichkeiten befanden.

Jetzt konnten wir diesen Keller gut gebrauchen. Marylka war ganz begeistert über diesen Ort, es war das isolierteste von allen Zimmern, die wir bewohnten. Die Vermieterinnen hätten uns gerne alle als »Familienmitglieder« betrachtet, Helenka wußte gut mit ihnen umzugehen. Sie spielte die junge und einfache Polin, die sich nur danach sehnt zu heiraten. Haska beschloß, Marylka Mysia vorzustellen, ihrer Vermieterin, und Marylka machte auf sie einen sehr guten Eindruck. Sie kam aus Łodz, sprach gutes Polnisch und hatte die besondere Begabung, sich beliebt und schnell Freunde zu machen. Sie tat das mit natürlichem weiblichem Charme. Wie natürlich und passend wirkte diese Grazie im Gegensatz zu ihrer derben, männlichen Erscheinung, den Bewegungen ihrer langen Hände und ihrer Arbeit als Partisanenkurierin, die täglich kilometerlang marschierte. Und trotzdem war das dieselbe Marylka, und diese Qualitäten halfen ihr, in der Stadt voranzukommen wie auf der Landstraße, unter Fremden und unter Einheimischen, unter den mißtrauischen Blicken der Antisemiten.

Wir verließen die Stadt pünktlich nach Plan, das Gepäck hatten wir zwischen uns aufgeteilt. Die Straßen waren schon fast leer, die letzten Passanten eilten nach Hause. Auch wir beeilten uns. Marylka dachte offensichtlich schon an zu Hause. Ich schlug nun einen neuen Weg ein, ich stand vor einem Anfang, der zugleich eine Fortsetzung war. Wir wurden nicht aufgehalten. Außerhalb der Stadt kamen wir an Vororten vorbei, an Holzhäusern und Höfen, in denen Wachhunde bellten. Die Bewohner saßen noch vor ihren Häusern und genossen die frische Abendbrise. Das war der gefährliche Teil der Strecke: um diese Zeit ging durch diese Vororte niemand mehr, der nicht hier wohnte. Die Polizeiwachen waren immer noch relativ nahe. Wir mußten die Zeit exakt berechnen, in etwa zwei Stunden würden alle schon schlafen, dann konnten wir uns durch die Seitenpfade schleichen. Wir durften uns dem Wald nur im Schutz der Dunkelheit nähern. Wir mußten also für die nächsten zwei Stunden einen Unterschlupf finden.

Marylka hatte ihre Stationen entlang des Weges. Eine war ein verlassenes Haus an einer Wegkreuzung. Hier konnten wir warten, bis es richtig dunkel war. Wir saßen schweigend in einer Ecke der ehemaligen Küche. Als wir weitergingen, kläffte in der Nähe ein Hund, aber wir kümmerten uns nicht darum. Der Pfad war schmal und führte durch Gärten und Felder. Von hier aus mußten wir möglichst schnell auf die Straße gelangen, die auf die Landstraße nach Volkovysk und Baranovici führte. An beiden Seiten lagen Sümpfe, die man nicht durchqueren konnte, und außerdem war hier nachts viel Militär unterwegs. Es blieb uns nichts anderes übrig, als eine Zeitlang ohne Deckung zu laufen. Zum Glück kamen nicht viele Militärfahrzeuge vorbei. Wenn wir sie kommen hörten, warfen wir uns in den Straßengraben.

Wir kamen in einen dunklen Wald. In Polen mit seinen großen Forsten wurde das hier nur Wald genannt. Wir gingen nicht zu weit hinein, denn wir durften die Straße nicht aus den Augen verlieren. Außerdem war im Wald der Boden trügerisch, obenauf Moos und darunter Sumpf. Marylka ging voran, ich hinter ihr her. Ich war angespannt. Jeder Baum kam mir vor wie ein Wesen, das sich im Wind bewegt, die Äste erschienen mir wie Arme, die sich ausstreckten, um mich zu packen. Immer wieder hörten wir den Lärm eines Fahrzeuges, und das blasse Licht der Scheinwerfer bewegte sich durch die Bäume. Die Straße machte nun einen Bogen nach rechts. Marylka sagte, sie führte zu einem gut bewachten deutschen Ausbildungslager. Wir mußten darum herumgehen. Rechts führte ein schmutziger Pfad durch ein gepflügtes Feld. Und weiter rechts lag das polnische Dorf Grabovka.

Es war ein gefährliches Dorf. Es war groß und hatte eine Polizeiwache. Wenn man sich durch das gepflügte Feld stahl, wo man nur links ein wenig durch ein paar Bäume gedeckt war, befand man sich zwischen dem Ausbildungslager und dem Dorf. Man mußte genau darauf achten, daß man nicht zu weit nach rechts oder nach links abwich. Ein Schritt zuviel nach rechts, und die Hunde begannen zu toben. Wir bewegten uns leise vorwärts. Der Boden war weich und naß, manchmal sanken wir bis zu den Knien ein. Marylka trug hohe Lederstiefel, während ich nur meine Sandalen an den Füßen hatte. Die Feuchtigkeit drang uns in die Knochen. Von rechts hörten wir die Hunde bellen, ein Zeichen, daß wir zu nahe an Grabovka waren.

Wir hörten Gewehrlärm. Die Wachen schossen in die Luft, um sich Mut zu machen, sie zielten nicht auf uns. Wir befanden uns im Flaschenhals zwischen dem Lager und dem Dorf, noch ein paar hundert Schritte, und wir erreichten die Straße, die in den Wald führte, wo sie auf uns warteten. Wir hatten fast alle Gefahren hinter uns. Vor uns türmte sich eine gewaltige schwarze Masse, der »alte Forst«, auf den wir nun zuhalten mußten. Das war der entscheidende Augenblick, wenn wir in den »alten Forst« gelangten, waren wir außer Gefahr. Die Deutschen ballerten noch immer herum, vermutlich würden sie bis zum Morgen weitermachen.

Das letzte Stück rannten wir im Galopp. Wir sprangen unter die ersten Bäume und atmeten tief durch. Jetzt kam uns unsere Müdigkeit zu Bewußtsein. Während des Weges hatte ich mich bemüht, meine Aufregung und Nervosität vor Marylka zu verbergen. Ich war ja bisher an andere Rollen im Untergrund gewöhnt, die mit Schauspielern, Täuschungsmanövern, Gewitztheit und Erfahrung auf feindlichem Terrain zu tun hatten. Jetzt stand ich vor einem Wald, einem schwarzen Gebiet, fremd und unbekannt. Hier mußte man nachts arbeiten, nicht im Tageslicht, und man mußte den Feind umgehen.

Ich kannte sie. Ich kannte die Wachen, die Polizisten in ihrer Dummheit und Verschlagenheit. Ich wußte, wie ich mich, mit einer Pistole in der Tasche, ihnen gegenüber verhalten mußte. Ich wußte, wie man lächelnd und freundlich seine gefälschten Papiere vorweist. Jetzt hatte ich eine neue Rolle. Es war kein Wunder, wenn sich altgediente Partisanen, Kombattanten, die wußten, wie man Brücken und Schienen sprengt, und die vor keinem direkten Kampf zurückschreckten, vor der Stadt fürchteten. Kein Wunder also auch, daß der sowjetische Partisanenkommandant, mit dem wir später zusammenarbeiteten, die jungen Frauen im städtischen Untergrund so bewunderte.

Wir ruhten uns ein paar Minuten aus. Es war schon nach Mitternacht, wir mußten uns beeilen. Die Genossen warteten nur bis drei Uhr früh, da sie bis Einbruch der Dämmerung im Lager zurück sein mußten. Tagsüber war es unmöglich, sich im Wald zu bewegen.

Der Weg wand sich zwischen hohen, verwachsenen Bäumen, es war eine ziemlich breite Straße, die einfach zu gehen war. Aber man mußte so gehen, daß man keine Fußspuren hinterließ. Hier fuhren öfters deutsche Transporter durch, aber selten bei Nacht. Sie hatten Angst vor dem Wald. Trotzdem war es besser, vorsichtig zu sein und uns hinter einem Baum zu verstecken, wenn wir von weitem ein Geräusch hörten. Wenn sie diesen Weg entlangkamen, pflegten sie blindlings in die Gegend zu schießen.

Die Genossen warteten. Der »alte Forst« wurde hier durch eine Straße vom »neuen Forst« getrennt. Marylka kannte den Weg. Wir mußten zu einem zerstörten Panzer gehen, einem Überbleibsel aus den Schlachten von 1941. Danach mußten wir 200 Schritte nach links gehen, uns hinlegen und lauschen. Das war der Treffpunkt. Aber er konnte zum Hinterhalt geworden sein. Deshalb mußte man geduldig warten. Man lauschte also und gab dann das Signal. Dreimal machte man den Ruf des Kuckucks nach, dann wartete man wieder. Nach ein paar Minuten kam die Antwort, und dann – sah man zwei bewaffnete Figuren.

Es war schwer, ihre Gesichter auszumachen. Einer war Sergej und der andere – Yaakov, unser Yaakov, eines der drei Haschomer-Hatzair-Mitglieder im Wald. Sie umarmten uns hastig, nahmen unsere Bündel und nahmen ohne Fragen zu stellen ihre Plätze ein, der eine vorne, der andere als Nachhut.

Während Marylka in der Stadt war, war eine Tragödie passiert. Nicht weit von dem Panzer, auf der Hauptstraße, die in den Wald führte, in dem unsere Genossen waren, hatten zwei unserer Leute eine nicht explodierte Bombe gefunden. (Einer von ihnen war der Komsomol-Junge Grisza Lunskiy, der am Tag des Aufstandes aus dem Ghetto hatte ausbrechen können und mit der Pistole in der Hand bei den Partisanen eingetroffen war.) Während sie die Bombe untersuchten, explodierte sie, und beide, Grisza und Yoel Kissler, waren sofort tot.

Auf dem Weg sagte mir Yaakov: »Ein paar von denen, die vom Zug gesprungen sind, sind gekommen, auch Yoschko Kawe.«

»Und unsere Leute?«

»Nicht einer.«

Im Lager waren etwa 50 Leute. Mehr als zehn von ihnen waren aus dem Todeszug gesprungen, zum Teil waren sie Kämpfer, die am Aufstand teilgenommen hatten und dann, nachdem sie aus der Umzingelung ausgebrochen waren, in der Falle des Transports gelandet waren. Die anderen waren einfache junge Menschen, die von den

Zügen gesprungen und wie durch ein Wunder bei den Partisanen gelandet waren. Einige hatten unsere Patrouillen aufgelesen, andere hatten sich den Kämpfern, die sie auf dem Weg getroffen hatten, angeschlossen.

Der Bunker, in den ich gebracht wurde, war klein. Die doppelreihigen Bretter, die an die Wand genagelt waren, boten nicht genug Platz für alle, um sich hinzulegen, deshalb taten sie es schichtweise. Der rußige Ofen, der den ganzen Bunker mit seiner Asche bedeckte, war das Lebenszentrum im Inneren. Diejenigen, die nicht auf den Brettern lagen, dösten am Ofen vor sich hin oder halfen dem Koch die Kartoffeln schälen, die sie von den Feldern gebracht hatten. Die Lebensmittel waren knapp, und wenn noch mehr Leute kamen, gab es nicht mehr genug, um alle zu ernähren. Ohne Sicherheitsvorkehrungen und bewaffnete Eskorte konnte man unmöglich noch einmal in ein Dorf gehen, in dem man schon gewesen war, denn es hatte längst die Polizei alarmiert. Und wenn sie nicht die Polizei holten, dann standen die Bauern selber Wache. Wie oft konnte man die Bauern betrügen und so tun, als stünde eine gewaltige Kraft hinter einem? Die Dörfler hatten Augen, es gab auch Fußspuren, und so fiel es ihnen nicht schwer, herauszufinden, wie viele Kämpfer wirklich da waren. Deshalb mußte man für jede Lebensmittelbeschaffung noch weiter weg gehen. Und man mußte auch die Lage des Lagers verändern. Also, erst Waffen – und wenn es Waffen gab, dann gab es auch Lebensmittel. Das war das Schicksal der Gruppe und der Flüchtlinge, die auf sie angewiesen waren. Die alte Arbeit mußte fortgesetzt werden, wir mußten in der Stadt Waffen und Lebensmittel auftreiben, bis die Einheit auf eigenen Füßen stehen konnte.

Die Order für mich lautete: »Geh zurück in die Stadt. Geh zurück und organisiere die Stadt zusammen mit den jungen Frauen und Marylka. Die Stadt muß für uns verfügbar sein, die Stadt mit all ihren Untergrundkräften... Waffen, Informationen, Adressen, Verbindungen, verschaffe uns all das. Geh zurück in die Stadt. Geh zurück, lauf nicht davon in den Wald.«

Schlichte Menschlichkeit bewog mich, auf ihre Forderungen nichts zu erwidern, nicht Salz in die offenen Wunden zu streuen und ihren Pessimismus, ihr Gefühl von Hoffnungslosigkeit und Unfähigkeit noch zu vergrößern. War es Heldentum, daß ich den Kampf wieder aufnahm, der an diesem 16. August, dem Tag des Aufstandes, so brutal beendet worden war? Nein, es war nur einfache menschliche Anständigkeit und Loyalität gegenüber meinen Genossen. In Zeiten von Erschöpfung und Versuchung sind diese Qualitäten sehr wichtig. Nein, unter keinen Umständen konnte ich mich in dieser Nacht, in diesem dunklen Bunker, an diesem rußigen Ofen, weigern, unsere Aktivitäten fortzusetzen.

Es gab kein Gegenargument, obwohl Zurückgehen bedeutete, das Versteckspiel wieder aufzunehmen, die verhaßte Rolle als Arierin in einer fremden Welt, ein Leben unter permanenter Anspannung. Und, dachte ich, sie machen sich zu viele Hoffnungen, sie sind sich unserer Unterstützung zu sicher. Wir sind doch nur sechs junge jüdische Frauen, die sich als Polinnen ausgeben, jede mit einer anstrengenden Arbeitsstelle bei Deutschen, ohne Geld und Kontakte, einsam und immer auf der Suche, mißtrauisch gegen alles und jeden.

Wir beschlossen also folgendes: Wir richten ein Verbindungssystem ein, Marylka soll uns alle ihre Adressen in der Stadt geben. Das würde die Sache auch für sie erleichtern, sie mußte dann nicht mehr so oft in die Stadt kommen. Wir organisieren auch die Verbindungen zwischen den Leuten, die über die ganze Stadt verstreut leben. Wir fangen an, Zellen zu organisieren, klären die Waffenangelegenheiten und nehmen unsere Fäden zu Jan wieder auf. Die Führung der Partisanengruppe wird »etwas« unternehmen, um die finanzielle Situation zu verbessern, vielleicht eine Operation gegen einen reichen Bauern, der für die Nazis arbeitet. Wir setzen die Arbeit fort, mit der wir schon angefangen haben: die Ausgänge des Ghettos zu beobachten und zu versuchen, hineinzugelangen.

Als es hell wurde, war mein Besuch zu Ende. Alles war besprochen worden. Und nun sollte ich diesen Tag mit Nichtstun verbringen, obwohl mir der Boden unter den Füßen brannte. Ich hatte es eilig, in die Stadt zurückzukommen, den Mädchen alles zu erzählen und mit ihnen darüber zu reden. Ich hätte es nicht ausgehalten, bis zum Abend im Bunker herumzuliegen. Ich bestand darauf, daß die Genossen mich nur bis zur Straße begleiteten, dann würde ich allein nach Białystok zurückgehen. Sie widersprachen mir, meinten, wenn der Weg in das Lager entdeckt würde, wären alle in Gefahr. Aber ich setzte mich durch. Es war noch kaum hell. Marylka mußte sich für mindestens zwei Tage ausruhen. Ich hatte Papiere und sah unzweifelhaft arisch aus. Ich konnte tagsüber durch das Dorf gehen. Und es wäre ohnehin gut, wenn ich den Weg und die Umgebung bei Tageslicht kennenlernte, dann konnte ich jederzeit allein wiederkommen. Es gab keinen Grund, daß Marylka mich begleitete. Warum sollten wir uns beide gefährden? Dieses Argument überzeugte sie.

Als wir die Hauptstraße erreichten, hellte es am Horizont bereits auf. Die Genossen drückten mir die Hand und gingen. Das Geräusch ihrer Schritte wurde vom Rauschen der Blätter verschluckt.

Es war immer noch früher Morgen, als ich die Gabelung zwischen dem Ausbildungslager und dem Dorf erreichte. Ich beschloß, hinter den Büschen zu warten, bis die Straße sich mehr belebte, damit ich weniger Aufmerksamkeit erregte. Die Straße, die am Lager vorbeiführte, war nachts gefährlich, und es lohnte sich, sie kennenzulernen. Wenn ich sie entlanggehen konnte, ohne aufgehalten zu werden, hieß das, daß wir diese gefährliche Strecke nachts nicht mehr benutzen mußten. Es wäre viel besser, den Weg tagsüber zu machen, sich in dem Wäldchen zu verstecken und dann, wenn es dunkel war, von da aus zum Partisanenlager weiterzugehen.

Es war heller Tag, als ich mich auf den Weg machte. In dem Lager, das von Stacheldraht umgeben war, befanden sich Soldaten und viele geparkte Fahrzeuge. Niemand hielt mich auf. Die Wache sah mich gleichgültig an. Ich war müde und hätte gerne ein wenig geschlafen. Ein Bauer nahm mich in seinem Wagen mit, gegen Mittag war ich dann in der Stadt. Insgesamt war ich sicher an die 30 Kilometer zu Fuß marschiert.

Eines Tages liefen wir wie üblich die Umgebung des Ghettos ab. In der Nacht hatte es wieder Schießereien gegeben, aber der Morgen war ruhig. Am Ghetto fanden bestimmte Bewegungen statt, deren Ursache schwer zu bestimmen war. Irgend etwas war geschehen, aber was? SS-Soldaten gingen den Ghettozaun ab, auf der Polska-Straße und an der Ecke zum Friedhof auf der Żabia-Straße ging etwas vor. Die *aktzia* war schon vor ein paar Tagen beendet worden. War mit den übriggebliebenen Kämpfern im Ghetto etwas passiert? War die Schlacht weitergegangen? Letzte Nacht war viel geschossen worden, und man hatte auch Explosionen gehört.

Lange Zeit trafen wir niemanden, den wir kannten. Dann hörten wir plötzlich wieder Schüsse. Von der Żabia Straße her kam eine geschlossene Formation SS (die inzwischen die Verräter aus den nationalen Minderheiten ersetzt hatte). Wer sich näherte, wurde weggetrieben. Erst gegen Abend konnten wir uns die Sache zusammenreimen, aus bruchstückhaften Informationen, die wir von Polen hörten, die in der Gegend wohnten, von unserem Vermieter und von Polen, die in der Textilfabrik arbeiteten. Im Krankenhaus auf der Fabryczna-Straße waren alle getötet worden, die Kranken wie ihre Betreuer. Frauen, die gerade eine Geburt, Patienten, die eine Operation hinter sich hatten, Säuglinge, die gerade zur Welt gekommen waren, und die Todkranken, sie alle waren aus ihren Betten geholt worden. Die nicht stehen konnten, wurden durch Gewehrschläge dazu gezwungen. Viele starben auf der Stelle. Alle, die Toten, die Sterbenden und die noch Lebenden wurden wie Lumpenbündel auf Wagen geworfen und zur Exekution auf dem Friedhof in der Żabia-Straße gefahren. Das Massaker dauerte nur ein paar Minuten, dann herrschte auf dem Friedhof wieder Ruhe. Wir hörten Geschichten über Ärzte und Krankenschwestern, die nicht zur Exekution bestimmt gewesen waren, es aber nicht hatten ertragen können, die Ermordung ihrer Patienten mit anzusehen, und sich freiwillig mit ihnen hatten töten lassen. Wir hörten auch von Krankenschwestern, die über die SS-Soldaten und den Kommandanten der Operation, Friedel, hergefallen waren. Einige der Ärzte kamen nach Auschwitz, und ein paar wenige von ihnen überlebten.

Gleichzeitig wurde eine *aktzia* durchgeführt gegen mehr als tausend Kinder, die man ihren Eltern abgenommen hatte mit der Erklärung, sie würden in die Schweiz geschickt. Sie landeten in Auschwitz, wo sie langsam dahinstarben, an medizinischen Experimenten, am Hunger und an harter Arbeit. Es gab ein paar gewitzte Kinder, denen es gelang, aus dem »Transport in die Schweiz« abzuhauen. Die Leute berichteten von einem, das auf der Flucht getötet wurde, von einem anderen, das verwundet wurde, aber wegkommen konnte, und von einem dritten, das spurlos verschwunden war. Sie erzählten auch von einem Kind, das »arisch« aussah, von sympathischen Leuten aufgenommen wurde und dann schrie, es wolle zurück zu seiner Mutter. Sie erzählten von einem dunkeläugigen Mädchen, das den Stiefel eines Deutschen umschlang und weinte: »Mama... Gib mir meine Mutter zurück.«

Der Stiefel trat sie weg, und sie blieb auf der Straße liegen, bis ihre kleinen Kameraden sie auflasen und mit sich schleppten.[1]

Es gab einen Jungen, der wie ein Pole aussah und sicher Franek war, der Sohn von Marylkas Freundin. Er war schon einmal zu einer polnischen Freundin gebracht worden, war aber weggelaufen und in das Ghetto zu seiner Mutter zurückgekehrt. Zuvor hatte er den anderen Kindern hoch erhobenen Hauptes erklärt: »Ich heiße Franek, und meine Mutter heißt nicht Mania. Sie ist nicht in Warschau, das ist alles gelogen. Meine Mutter heißt Czaja, und sie lebt im Ghetto.« Diese Kinder waren über den Zaun geklettert und in das Ghetto zurückgesprungen.

Wieder ein Sommertag. Das Tor auf der Fabryczna-Straße öffnete sich weit und entließ eine lange Reihe von gutgekleideten Juden. Sie gingen langsam, würdevoll, sie hatten keine Kinder bei sich und kaum Gepäck. Barasz ging in der ersten Reihe, seine Frau an seiner Seite. Sein grauer Kopf war schon von weitem erkennbar. Da gingen Goldberg und Markus, der Kommandant der jüdischen Polizei, der gesamte Judenrat, und dahinter mehrere hundert Juden, alles Würdenträger: die ehemaligen Fabrikvorstände, Leiter der Abteilungen des Judenrates, Polizeioffiziere. Mitten auf der Straße lag ein Stück Draht. Barasz stolperte darüber, fiel beinahe hin, bückte sich, warf den Draht zur Seite, erhob sich wieder und ging aufrecht, langsam und würdevoll weiter. Die Gruppe kam näher. Wachen begleiteten sie und achteten darauf, daß wir nicht zu nahe an sie herankamen. Sie gingen die Fabryczna-Straße entlang zum Güterbahnhof. Barasz sah sich um, sah aber nicht die Menge, die auf der arischen Seite stand und zusah. Er schaute, als sei sein Blick auf einen fernen Punkt am blauen Horizont fixiert. Sie gingen schweigend. Keiner weinte, keiner schrie – keiner versuchte, zu fliehen.

Und so wurden die letzten Juden, die mit einer Illusion gelebt hatten, nach Majdanek gebracht. Später erfuhren wir, daß alle 900 Menschen, die in das kleine Ghetto für jüdische Würdenträger und

1 1200 Kinder wurden von den Nazis in das Białystoker Ghetto zurückgebracht und am 22. August in Begleitung eines Arztes und von 30 Lehrern nach Theresienstadt gebracht, von wo sie zwei oder drei Wochen später nach Auschwitz transportiert wurden. Laut Blumenthals Anmerkungen (The Path...) dauerte der Abtransport der Kinder und der Kranken aus dem Ghetto einige Tage.

spezialisierte Handwerker gebracht worden waren, in Majdanek endeten. Da waren sie zuerst in ein spezielles Arbeitslager bei Lublin geschafft worden. Barasz hatte dort als Vorarbeiter gearbeitet, mit einem Band am Ärmel, auf dem »Verdienstvoller Jude« stand, bis in der Gruppe etwas vorfiel und die Deutschen ihre Wut an dem stolzen Juden ausließen. Sie schlugen ihn und schleppten ihn zur schlimmsten Arbeit ab. Alle 900 dieser jüdischen Elite endeten, zusammen mit den letzten Białystoker Juden, am 3. November 1943, ein paar Monate nach ihrer Ankunft im Lager, in den Gaskammern von Majdanek. Wir erfuhren das später, auf unserer Suche nach Kontakten zu den Konzentrations- und Todeslagern.[1]

1 Folgendes ist ein Auszug aus Fritz Friedels Aussage über die Liquidierung des Ghettos und des jüdischen Widerstandes:

»Globotschnik wurde mir bekannt, als er etwa Ende Juli oder Anfang August 1943 bei dem Kommandanten der Sipo und des SD – Oberregierungsrat und SS-Obersturmbannführer Dr. Zimmermann – erschien. Ich habe ihn einmal gesehen. Er hatte den Dienstgrad als SS-Obergruppenführer, was dem Dienstrang eines Generals entspricht. Bei seiner Unterredung mit Dr. Zimmermann war ich nicht zugegen, ob Heimbach dabei war, ist mir nicht bekannt. Heimbach teilte mir dann mit, daß ihm Dr. Zimmermann gesagt habe, Globotschnik sei von Himmler beauftragt, die Juden aus dem Ghetto in Białystok zu evakuieren, weil er, Dr. Zimmermann, in der im Juli 1943 beim R.S.H.A. in Berlin stattgefundenen Besprechung der Stapoleiter sich dafür eingesetzt habe, die Juden in Białystok zu belassen, weil sie fast ausschließlich für die Wehrmacht (Rüstungsinspektion Białystok – Leiter Rittmeister Fröse) arbeiteten, und zwar solle die Evakuierung unter Ausschluß des Kommandeurs, Dr. Zimmermann, erfolgen. Globotschnik werde den Gesamtbefehl über das Ghetto übernehmen und auch die erforderlichen Polizeikräfte bereithalten. Bald darauf traf eine von Globotschnik befohlene Abordnung unter der Leitung von einem SS-Hauptsturmführer Magel ? aus Lublin in Białystok ein, die die Ghettobetriebe eingehend besichtigte. Magel hat nicht erwähnt, daß er mit der Evakuierung beauftragt sei, Heimbach gegenüber hat er sich aber geäußert, daß die Ghettobetriebe geradezu Musterbetriebe seien. Am gleichen Tag fuhr die Abordnung nach Lublin zurück. Am 15. August 1943 traf dann die Abordnung unter der Leitung von Magel wieder in Białystok ein. Es fand eine geheime Besprechung bei Dr. Zimmermann statt, an der auch Heimbach teilnahm. Nach der Besprechung teilte mir Heimbach mit, daß die Evakuierung des Ghettos am 16.8.43 beginne und daß Polizeikräfte bereits eingetroffen. Ich erhielt von Heimbach den Auftrag, den Judenrat Barasz zu bestellen. Heimbach gab dem Barasz bekannt, daß das Ghetto durch Polizeikräfte aus Lublin mit sämtlichen maschinellen Einrichtungen nach Lublin verlegt werde, er solle den Juden im Ghetto dieses mitteilen, ihnen auch sagen, daß die Familien mitgenommen würden und in Lublin in der gleichen Weise wie in Białystok wei-

Ein paar Tage nach dem Abtransport der jüdischen Würdenträger »spazierten« wir wieder in der Umgebung des Ghettos herum. Wir warteten auf Marylka, die aus dem Wald in die Stadt kommen sollte. Wir dachten, es wäre besser, außerhalb der Stadt mit ordentlichen Kleidern auf sie zu warten, damit sie sich umziehen konnte, bevor sie sich auf den Straßen blicken ließ. Wir gingen die Sienkiewicza-Straße entlang Richtung Wald. Während der Nacht hatte es geregnet, und Marylka war naß bis auf die Haut. Wir steckten ihre Kleider in die Tasche und wickelten ihre schlammigen Stiefel in Papier. Da tauchte plötzlich hinter uns ein deutscher Wagen mit Offizieren auf. Zwischen zwei Deutschen saß Finkel, der ehemalige jüdische Leiter von Stefans Fabrik, dem größten Betrieb im Ghetto, der Textilien, chemische Produkte und Stahlteile hergestellt hatte. Finkel redete und scherzte mit seinen Begleitern, als wären sie dicke Freunde. Der Wagen fuhr an uns vorbei zur Jurowiecka-Straße, wo er am Tor hielt. Finkel sprang heraus, die Deutschen blieben sitzen. Sie verabschiedeten sich höflich von Finkel. Und dann zog einer von ihnen seine Pistole und schoß ihm in den Rücken. Er fiel mit seinem Lächeln und seinen Abschiedsworten auf den Lippen. So starb Finkel. Er hatte als Knecht gelebt und starb wie einer. Er war nicht mit den Juden aus dem kleinen Ghetto nach Majdanek geschickt worden. Ihm war eine besondere Ehre zuteil geworden: er wurde am Ghettotor getötet, als er aus dem Wagen seiner Herren und Meister stieg.

ter arbeiten würden. Die Juden sollten sich ruhig verhalten, es würde ihnen nichts geschehen. Barasz war dabei jedoch sichtlich beeindruckt. Die Evakuierung begann dann auch am 16.8. früh. Globotschnik war auch erschienen. An Polizeikräften hatte er ein deutsches Polizeibatt. und zwei fremdvölkische Polizeibatt. (Ukrainer) eingesetzt. Die Evakuierung wurde von Magel geleitet. Er hatte mehrere SS-Obersturmführer – darunter einen, ich glaube Wegener – mit. Die Evakuierung verlief jedoch nicht ruhig, es wurde von beiden Seiten geschossen, und es gab auch auf beiden Seiten Tote und Verwundete. Bekannt ist mir auch, daß Globotschnik einen Panzer eingesetzt hatte, um den Widerstand der Juden zu brechen. Die Białystoker Schutzpolizei, die die Ghettobewachung bisher ausgeübt hatte, wurde durch die Polizei des Globotschnik ersetzt. Globotschnik fuhr dann am gleichen oder am nächsten Tag nach Lublin zurück.«

Das Original dieses Dokumentes im Büro 06 der israelischen Polizei ist archiviert unter der Nummer 1505. Ort und Datum der Zeugenaussage: Białystok, 12. Juni 1949.

Die Jagd auf die Juden ging jede Nacht weiter, und jede Nacht töteten Juden, die noch im Ghetto waren, Deutsche, Litauer und Ukrainer, die nach ihnen suchten. Nachts kamen die Juden heraus, um Nahrungsmittel und Wasser zu beschaffen. Dabei kam es immer wieder zu Zusammenstößen. Es war bekannt, daß es im Ghetto organisierte Gruppen gab. Manche sagten, es seien Rebellen, die systematisch die deutschen Stellungen angriffen. Die Fuhrleute (die in den Wald geflohen waren) wußten nichts Genaues. Sie selbst waren mit Hilfe von Volkovyski und Engelman in den Wald gekommen. Diese beiden hatten im kleinen Ghetto Fluchtgruppen organisiert. Daher war es gut möglich, daß noch andere auf diesem Weg kamen.

Eines Tages kam Kowadlo, der Ingenieur, der mit Kuba die großen Handgranaten hergestellt hatte. Die Freude im Wald war natürlich groß. Und die Aussicht, daß noch mehrere kämen, war besonders ermutigend. Kowadlo erzählte, daß Barasz mit Volkovyski und Engelman (ersterer Kommunist, zweiterer von Dror) verhandelt und ihnen den Judenratfonds angeboten hatte, wenn sie ihn in den Wald brachten. (Sein Vorschlag war lächerlich. Er hätte das Geld hergeben sollten, als das Ghetto noch am Leben war und kämpfte.)

Die Genossen hatten zugestimmt und einen Tag für Baraszs Flucht vereinbart. Das Ghetto zu verlassen war schwierig und erforderte größte Vorsicht. Zwei, höchstens drei Leute pro Tag war das Maximum. Barasz konnte nicht unter den ersten sein, da noch viele Kämpfer in dem kleinen Ghetto waren, die sofort weg mußten. Kowadlo wußte, daß in einem Bunker im liquidierten Ghetto eine kleine Kampfeinheit saß, die aus Mitgliedern aller Bewegungen bestand, die in der Nowogródzka-, Smolna-, Gorna- und Ciepła-Straße in vorderster Front gekämpft hatten. Sie hatten die Umzingelung durchbrochen und es bis in den Bunker geschafft. Diese letzten Kämpfer wollten nicht in das kleine Ghetto kommen und sich von dort aus heimlich und einzeln wegschleichen. Sie hatten noch Waffen und wollten als Kampfeinheit geschlossen ausbrechen. Während sie nach einer organisierten Fluchtmöglichkeit suchten, führten sie weiter ihre nächtlichen Angriffe durch. Mehr wußte Kowadlo nicht. Er selbst war in dem kleinen Ghetto gewesen, und nur Velvel Volkovyski und Engelman hatten in Kontakt zu den Rebellen gestanden und deren Pläne gekannt.

»Und inzwischen sind Volkovyski und Engelman raus?«

»Ja, als letzte natürlich, nachdem sie die Flucht der letzten Gruppen von Kämpfern und von anderen Juden, die sich ihnen anschließen wollten, organisiert hatten.« Das hatte Kowadlo Marylka gesagt, die es nun uns erzählte. Aber wir wußten mehr als sie. Marylka war im Wald gewesen, als Bronka und ich die Gruppe aus dem kleinen Ghetto, mit Barasz an der Spitze, gesehen hatten. Das kleine Ghetto war liquidiert worden, und in der Gruppe derer, die nach Majdanek abtransportiert worden waren, hatten sich auch Velvel Volkovyski und Engelman befunden. Sie hatten selbst nicht mehr weggekonnt, nachdem es ihnen nicht rechtzeitig gelungen war, die Flucht der anderen in den Wald zu organisieren.

Das Schicksal der Kämpfer in dem Bunker zwischen Gorna- und Chmielna-Straße war uns nicht bekannt. Sie kämpften noch immer, überfielen nachts Patrouillen und bereiteten sich darauf vor, als organisierte Einheit, mit Waffen und Munition in den Wald zu gehen. Die Tage vergingen, und die Echos der Kämpfe im Ghetto wurden Nacht für Nacht schwächer. Dann tauchten wieder »Springer« auf, Leute, die von den Todeszügen gesprungen waren. Es kamen auch noch vereinzelte Flüchtlinge vom Transport. Eine Gruppe von Kämpfern war wenige Tage nach dem Aufstand ausgebrochen, war auf dem Weg mit Deutschen zusammengestoßen, hatte dabei ein paar Genossen verloren, war aber inzwischen längst bei den Partisanen. Wir warteten immer noch auf den Rest.

Das Ghetto blieb weiterhin isoliert. Man kam weder hinein noch heraus. Wir versuchten trotzdem, in die Chmielna-Straße zu kommen, scheiterten aber. Während des Aufstandes war die Vulkan-Gießerei zerstört worden. Sie stand an der Grenze des Ghettos. Hier wollten wir durchkommen, aber das Gebäude war gut bewacht, obwohl es innen fast völlig zerstört war. Während des Aufstandes waren jüdische Kämpfer eingebrochen und hatten die Einrichtung vernichtet. Sie hatten die Arbeiter herausgeholt und alles mit Handgranaten in die Luft gejagt. Dabei waren sie mit einer kleinen SS-Gruppe zusammengestoßen, die einen Gestapo-Kommissar begleitete, der die Ghettogrenze inspizierte. Sie hatten das Feuer eröffnet und den Kommissar mitsamt einigen seiner Begleiter getötet.

Bewaffnete Wachen patrouillierten um die Fabrik, und die Polen erzählten, sie hätten schon angefangen, die Maschinen zu reparieren, wobei sie die Arbeiter streng bewachten. Die Fabrik war für die deutsche Kriegsmaschinerie offenbar sehr wichtig.

Wir sammelten auch Informationen über den Einbruch bei den Otto-Bolt-Metallwerken. Wer hatte diese Operation durchgeführt? Wer waren die Saboteure, wer ihre Kommandanten? Und vor allem: Wer von ihnen war am Leben geblieben, und wo waren sie jetzt? Wenn sie noch lebten und kämpften, warum kamen sie nicht zu uns? Sie hatten vorgehabt, wegzugehen, aber sie waren nicht gekommen.

So ging das Leben weiter. Wir machten unsere ersten Schritte als jüdische Partisaninnen in der Stadt.

26
Die Fabrik

Meine Situation in der Stadt verschlimmerte sich. Ich mußte wieder eine legale Grundlage bekommen. Meine Arbeitskarte war nicht auf dem Arbeitsamt registriert und eine offensichtliche Fälschung. Da ich meine Papiere und meinen Namen nicht ändern konnte, sollte ich wenigstens mein Äußeres verändern. Ich nahm ein Kleid meiner Schwester, änderte es um, und schon war ich wieder elegant angezogen. Trotzdem, das Kleid und der Hut meiner Schwester reichten nicht aus. Die Genossinnen beschlossen, daß ich meine Frisur ändern mußte. Ich steckte mir das Haar auf. Neue Frisur, neuer Hut, ein frischgebügeltes Kleid – eine neue Frau.

Von da an wurde ich oft für eine Deutsche gehalten. In gefährlichen Gegenden enthüllte ich mein »wahres« polnisches Gesicht nur, wenn es sich lohnte. Auf dem Markt mußte ich mich als Polin ausgeben, sonst hätte ich das Fleisch nicht bekommen, das wir für die Partisanen im Wald brauchten und das die Ladenbesitzerin unterderhand verkaufte. Es war auch nicht nötig, mich in der Umgebung der Sankt-Rochus-Straße als Deutsche auszugeben. Etwas anderes war es, wenn Straßenkontrollen stattfanden und die deutsche Polizei oder die Gestapo die Passanten überprüften. Es war auch gut, im Bus als Deutsche aufzutreten, denn es gab nur einen Bus, und den durften nur Deutsche benutzen. Man war darin sicher, denn hier gab es keine Kontrollen und keine Entführungen nach Deutschland oder Auschwitz. Man konnte damit unbehelligt quer durch die Stadt fahren, wenn man etwas zu schmuggeln hatte.

Im Wald brauchten sie Medikamente und Kompasse. Wir rannten nach Marylkas Anweisungen tagelang durch die Stadt und bekamen sie so Stück für Stück zusammen. Kompasse waren völlig aus dem Verkehr gezogen. Jeder Idiot wußte, daß nur Leute, die sich im Freien bewegten, im Wald, und das vorzugsweise bei Nacht, solche Instrumente benötigten. Auch Medikamente erregten ab einer bestimmten Menge Verdacht, vor allem die, die dringend an der Front benötigt wurden. Und genau die brauchten wir.

Marylka sammelte alle ihre Kontakte in der Stadt, erneuerte vergessene und suchte nach neuen. Einer nach dem anderen tauchten sie aus der Versenkung auf, die Polen, zu denen wir nun Verbindungen knüpften. Jeder hatte seine eigene Aufgabe: Felek, Volodya, Hela, »Onkel« Burdzynski, Wladek, Szczelichik, Yanka, Ada und Buczinski. Sie kamen nicht alle auf einmal zu uns. Diejenigen, die kamen, nahmen mit der Zeit ihre Plätze ein im kämpfenden Untergrund von Białystok und Umgebung. Wir erweiterten allmählich unsere Bewegung. Wir organisierten die Kriegsgefangenen und Ingenieure, die für die deutsche Industrie und das städtische Elektrizitätswerk arbeiteten. Wir stellten Verbindungen zu hochrangigen Deutschen her, Mitgliedern der Nationalsozialistischen Partei. All das wurde von sechs jungen jüdischen Frauen vollbracht.

In Haskas Haus wurde schon darüber getuschelt, daß ich nicht arbeiten ging und nicht polizeilich gemeldet war. Womöglich war ich eine deutsche Agentin, oder ich war illegal. Das war sehr ungemütlich. Plötzlich kam mir die Idee: Ich würde zu Schade gehen, dem Deutschen. Im schlimmsten Fall wurde er wütend, aber er würde mich nicht verraten. Ein halbes Jahr lang hatte ich die Arbeitskarte benutzt, die er mir gegeben hatte. Er hatte dieses Dokument fast alle zwei Wochen abgezeichnet. Ich hatte ihn beinahe ebenso in der Hand wie er mich.

Als ich sein Büro betrat, erkannte er mich nicht. Ich bat darum, ihn privat sprechen zu dürfen, er wunderte sich, war aber einverstanden. Sein Büro war hübsch und gemütlich, mit großen bequemen Sesseln. Schade war ein typischer Deutscher mit seiner glänzenden Glatze, seinem energischen Gesichtsausdruck, den hellen, ein bißchen wäßrigen Augen, den fleischigen Fingern und sauberen Nägeln. Und wie bei unserem letzten Zusammentreffen fragte er mich höflich und desinteressiert: »Sie wünschen?«

Ich stellte mich vor. Langsam begann er sich an mich zu erinnern. Jetzt lächelte er, die eiserne Maske schmolz:

»Wie sind Sie rausgekommen? Sind Sie schon lange hier? Haben Sie etwas von Mina gehört?«

»Nein, ich habe nichts von Mina gehört. Ich hatte eigentlich gedacht, daß Sie ihr geholfen hätten, wegzukommen.«

Ich hatte scheinbar eine wunde Stelle getroffen. Er wurde plötzlich kantig. Ja, aus ganzem Herzen hätte er ihr helfen wollen, aber was konnte er schon machen? »Mensch, wie macht man das?« Er mache sich ziemliche Sorgen um sie und ihre Familie.

Erst viel später erfuhr ich, daß er Mina tatsächlich gerettet hatte, und daß, während ich in seinem Büro saß, Mina sich in seiner Wohnung im selben Gebäude versteckt hielt. Er log, und ich glaubte ihm. Er war gerissen und ein hervorragender Schauspieler.

Nun gestand ich ihm meine Schwierigkeiten und erklärte, warum ich meine Probleme nicht allein lösen konnte. Ich hatte keine Arbeitsstelle. Ich war nicht auf dem Arbeitsamt gemeldet. Nein, ich ging da nicht hin. Schade wunderte sich.

»Warum nicht? Ich werde Ihnen eine Karte geben, die bestätigt, daß Sie bei mir in Fabrik 4 arbeiten.«

»Ich kann da nicht hingehen. Ich habe Bekannte unter den Angestellten, und ich weiß nicht, wie die sich heutzutage verhalten würden. Wenn Sie die Angelegenheit regeln können, ohne daß ich hin muß, gut. Wenn nicht, muß ich aufgeben.«

Schade dachte nach. Schließlich sagte er entschlossen, in wohlabgewogenen Worten:

»Ja, das mache ich. Für mich ist es natürlich einfacher, die Meldung zu erledigen. Mir werden sie keine Fragen stellen. Im schlimmsten Fall verlangen sie drei Meter Anzugstoff. Kommen Sie morgen um halb fünf Uhr nachmittags. Ich erwarte Sie in meinem Büro. Sagen Sie an der Pforte, daß Sie einen Termin bei mir haben.«

Am nächsten Tag erwartete mich eine neue Arbeitskarte mit neuem Namen. Schade empfing mich strahlend:

»Alles in Ordnung. Sie haben keine Fragen gestellt und nichts überprüft. Aber Sie werden arbeiten müssen, was meinen Sie?« Wieder lächelte er.

»Das wäre nicht gut«, sagte ich.

»Aber Sie haben keine Wahl. Solange Sie im Ghetto gelebt haben, sind Sie ohne feste Arbeit durchgekommen. Jetzt in der Stadt geht das nicht mehr. Ich werde dafür sorgen, daß Sie nur sechs Stunden oder sogar weniger arbeiten müssen. Sie werden vor Arbeitsschluß gehen können. Wir werden Ihnen einen besonderen Status schaffen müssen, so daß Sie, obwohl die anderen Arbeiter die Fabrik nicht vor vier Uhr verlassen dürfen, schon vorher rauskommen. Ich werde natürlich nicht allzu streng sein. Und ich werde Ihnen Aufgaben übertragen, bei denen Sie nicht in ständigem Kontakt mit den anderen Arbeitern stehen müssen.«

Ich dankte ihm sehr, und wir vereinbarten, daß ich kommenden Montag anfangen sollte. Die Karte hatte ich in der Tasche. Wir waren alle glücklich, nicht nur, weil dieses Problem nun gelöst war, sondern auch, weil wir einen Deutschen wie Schade in den Untergrund eingereiht hatten, ohne daß er es wußte. Auch mein Vermieter behandelte mich mit Respekt. Tausende junge Frauen in meinem Alter konnten keine Arbeitsstelle finden, keine Behörde und kein Büro nahm sie, und so wurden sie direkt nach Deutschland geschickt, wenn sie auf das Arbeitsamt kamen. Wenn jemand seine Angelegenheiten erfolgreich lösen konnte, verdiente er Respekt.

So dachten unsere Nachbarn und unsere Mitbewohner im Haus. Der Hausverwalter trug mich in sein Meldebuch ein, und so wurde ich legale Mieterin in der Sankt-Rochus-Straße 7. Ich bekam auch eine Lebensmittelkarte, und als ich meine Arbeitskarte vorwies, erhielt ich sogar den Zuschlag für Schwerarbeiter.

Wir fanden allerdings, daß meine Meldekarte verlängert werden mußte. Diese Verlängerung stellte das Kommissariat aus, auf dem man gemeldet war. Aber wie konnte ich in das Kommissariat in der Wesoła-Straße gehen? Ich ging also auf unser Kommissariat in der Piłsudski-Straße. Sie fragten mich, ob ich Volksdeutsche sei. Ich antwortete »noch nicht« und reichte ihnen meine Papiere. Ich sprach deutsch. Wenn man deutsch sprach, und sei es nur ein klein wenig, wurde man sofort für fähig gehalten, sein Volk zu verraten und Volksdeutsche zu werden. Die Gendarmen, die in dem dunklen Raum mit den vergitterten Fenstern saßen, behandelten mich – beziehungsweise meine Frisur und meine geschminkten Lippen – höflich.

»Sie ziehen also hierher? Gut, wir stempeln Ihnen Ihre Karte ab und registrieren Sie als hier gemeldet.«

In der Fabrik arbeiteten etwa 500 Leute. Die Facharbeiter waren Polen und zwei Volksdeutsche. Der »Obermeister«, kurz »Ober« genannt, war Deutscher. Zusätzlich zu den Arbeitern, den Meistern und Schade, dem Direktor, gab es noch Büroangestellte. Die meisten Arbeiterinnen und Arbeiter waren alte erfahrene Kräfte. Es gab Frauen, die schon 20 Jahre und länger an diesen lauten Maschinen standen. Es gab einen Vater mit seinem Sohn, beide Weber. Der

Sohn war noch jung, vielleicht 18. Es war schwer, das Alter der Arbeiterinnen und Arbeiter zu schätzen; zwei Frauen, die mir gegenübersaßen, erschienen mir jung, waren es aber nicht. Sie hatten sich einfach nie richtig entwickeln können. Neben ihnen saßen zwei Mädchen, die aussahen wie 17, aber sie waren erst 13 und 14. Beide waren Flüchtlinge aus der Umgebung von Białowieza. Sie handhabten die Maschinen wie Erwachsene.

Meine Arbeit war nicht gerade bedeutend. Schade hatte die Pflichten der Person angepaßt. Ich saß in der Ecke der großen Halle mit ihren Dutzenden Fenstern und sah mich um. Die Spindeln bewegten sich vor und zurück, die Frauen ergriffen die losen Fäden, fügten sie rasch ein, im Tempo der Maschine, deren Vor und Zurück sie folgten. Sie machten das jeden Tag, von sechs Uhr morgens bis vier Uhr nachmittags. Der alte Meister war nett, aber streng. Der Horror der Fabrik war der »Ober«, klein, dünn und ständig brüllend. Schon bevor er seinen Fuß über die Türschwelle setzte, hörte man seine laute Stimme. Sein nach Tabak und Alkohol stinkender Atem und seine rauhe Stimme füllten die Halle. Alle Arbeiterinnen hatten Angst vor ihm, obwohl er mir so mickrig vorkam. Aber er pflegte Frauen, Männer und sogar Kinder gleichermaßen zu schlagen.

In der Fabrik gab es einen gesunden, hübschen polnischen Jungen namens Romek. Einmal sah ich, wie der Obermeister ihn ins Gesicht schlug. Romek hätte ihn mit einem Schlag zu Boden werfen können, aber er beherrschte sich und wandte sich ab.

Die beiden volksdeutschen Meister waren auch interessant. Sie waren große, hübsche, kräftige Männer. Es war köstlich zu sehen, wie sie sich bis auf die Erde verneigten vor dem kleinen schwachen »Ober«. Die Arbeiter bemühten sich, ihm morgens auf dem Fabrikhof nicht über den Weg zu laufen. Sie machten lieber Umwege durch andere Abteilungen und sogar über Müllhaufen, nur um ihm auszuweichen. Die zwei aber, sowie sie den »Ober« nur von weitem erblickten, beeilten sich, sich tief vor ihm zu verbeugen und »guten Morgen« zu sagen.

Schade, der Direktor, war ein eigener Fall. Die Arbeiter hatten tödliche Angst vor ihm. Niemand wagte es, sich mit einer Bitte oder Beschwerde an ihn zu wenden. Die Distanz zwischen ihm und den Arbeitern war so groß, daß er schon übermenschlich wirkte. Auch seine Stimme konnte man von einem Ende der Halle zum anderen hören, aber nicht oft. »Heute hat er schlechte Laune«, raunte dann einer dem anderen zu, oder »Heute ist er wütend«. Ich wunderte mich darüber, wie Schade sich in der Fabrik benahm. Vielleicht tut er nur so, dachte ich bei mir. Aber wie erstaunt war ich, als ich sah, wie er einem polnischen Arbeiter eine Ohrfeige gab.

Schade achtete auf die Maschinen und überprüfte jedes Werkteil fachmännisch. Ein, zwei Minuten vor vier Uhr tauchte er plötzlich in der Halle auf, um zu sehen, ob die Arbeiter schon aufgehört und die Maschinen verlassen hatten. Wenn er sie auf frischer Tat ertappte, hatten sie nichts zu lachen.

Schade war streng, was die Produktion und Ordnung betraf. Er schlug Arbeiter, und er erhöhte das Produktionsniveau. Er hatte einen ausgezeichneten Ruf in der Hauptverwaltung der Textilaufbau GmbH und war als kompetenter Fachmann und hervorragender Organisator bekannt. Das sagten die Büroangestellten, die alles wußten – sie hatten Freunde in der Hauptverwaltung. Und sie arbeiteten seit Jahrzehnten zusammen. Es war schwer, hier etwas geheimzuhalten, trotz der Distanz zwischen Angestellten und Arbeitern und der Kluft zwischen der Fabrik und dem Direktor.

Die Arbeiter erzählten eine interessante Geschichte über Schade. Er hinkte leicht. Es hieß, ein paar Arbeiter, die Schade drangsaliert hatte, hätten ihm abends auf dem Heimweg aufgelauert und einen dicken Stock nach ihm geworfen. Er stolperte, und seither hinkte er. Aber er hatte nichts unternommen, um die Schuldigen zu finden. Die Arbeiter tuschelten darüber und wunderten sich.

Auch ich wunderte mich und versuchte den Charakter dieses seltsamen Mannes zu verstehen, dieses typischen Deutschen, der sein Leben riskiert hatte, um Opfer der Nazis zu retten. Ja, Schade war typisch deutsch, in seiner Strenge, seinen Schlägen, seinem Professionalismus, seiner Art, sich zu bewegen, und seinem Verhalten. Er liebte die Ordnung über alles und überwachte persönlich alle Vorgänge in seinem Wirkungsbereich. War er, abgesehen von alledem, trotzdem Antifaschist? Ich verstand das nicht. Er schlug die Arbeiter des versklavten Volkes, und gleichzeitig half er ihnen. Wie konnte ich die komplizierte Natur des Direktor Schade verstehen, der Mitglied der Nationalsozialistischen Partei war?

Schade pflegte mich nicht zu sehen, wenn er durch die Halle ging.

Er sah einfach nicht in meine Richtung. Ein- oder zweimal kam er in Begleitung des Meisters, um meine Arbeit zu begutachten. Die war denkbar einfach. Ich mußte nach einem vorgeschriebenen Muster Fäden durch einen Rahmen ziehen. Vier Fäden oben, vier unten, zwei und zwei und alles wieder von vorne. Mir gegenüber saß eine junge Frau, die mir die Fäden reichte. Schade blieb einen Moment lang stehen und sah mir zu, ohne etwas zu sagen, ohne zu loben oder zu tadeln. Dann wandte er sich ab und ging.

Die Fabrikarbeiter spürten, daß ich irgendwelche besonderen Privilegien im Betrieb hatte. Erstens hörte ich schon um ein Uhr auf, während sie alle bis vier Uhr arbeiteten. Zweitens waren sie nicht gewöhnt, daß jemand abseits für sich saß. Jede neue Frau und jeder neue Mann schloß sich sofort der Familie der Arbeiter an. Sie teilten alle dieselben Sorgen und denselben Kummer. Wozu also sonderte man sich ab? Schade schlug dich, wer sollte dich trösten? Wenn der »Ober« dich ausschalt, wer sollte dir mit einem bitteren Scherz darüber hinweghelfen? Wer sollte dir beibringen, wie man den Strafen für Zuspätkommen, für Krankfeiern, für einen »kleinen« Diebstahl auswich?

Ich beendete meine Arbeit und eilte dann nach Hause. Es gab genug zu tun, ich hatte keine Zeit, Beziehungen in der Fabrik einzugehen, und ich konnte dort auch keine Verbindungen knüpfen. Ich mußte mich abseits halten, egal wie gut oder schlecht das war. Aber es war eine schwierige Angelegenheit. Hier gab es verzweifelte, deprimierte Arbeiterinnen und Arbeiter, mehr als einmal wäre ich ihnen gerne näher gekommen, und manchmal hätte ich selber ihre Gesellschaft gebraucht, ihre Lebendigkeit und Schlichtheit. Und dann kam mir wieder schlagartig zu Bewußtsein: du mußt die Distanz aufrechterhalten oder verschwinden.

Einmal bat ich Schade, mich für zwei Tage freizustellen, da ich nach Grodno mußte. Ich bat ihn auch um eine offizielle Bestätigung der Fabrik, damit ich eine Reisegenehmigung bekam. Ich erzählte ihm, ich wollte ein bestimmtes Dorf besuchen, weil ich gehört hatte, daß ein Mitglied meiner Familie vom Todeswagen geflohen war und sich dort versteckt hielt. Ich stand auf der Treppe und sprach deutsch mit ihm. Ein paar Arbeiter, die vorbeigingen, schauten uns neugierig und erstaunt an. Das war ganz offensichtlich ein seltener Anblick: eine polnische Arbeiterin, die mit dem deutschen Direktor sprach.

Schade gab mir die Genehmigung. Er stellte keine Fragen. Ich war zwei Tage freigestellt und erhielt sogar einen offiziellen Ausweis. Ein paar Tage frei bekommen war der Traum der meisten Frauen und Männer, die in der Fabrik arbeiteten. Es gab Getuschel. Die einen sagten, ich sei wohl Volksdeutsche, andere vermuteten, ich hätte zweifelhafte Beziehungen.

Auf jeden Fall war das Gerede unangenehm, denn es lenkte zuviel Aufmerksamkeit auf mich. Ich erfuhr davon vor allem durch Hela, meine Kollegin. Ihre Schwester war Chefsekretärin im Büro. Sie erzählte Hela die Gerüchte, und die gab sie an mich weiter.

»Weißt du, Halina, viele halten dich für eine Volksdeutsche. Ich weiß, daß das nicht stimmt. Aber warum reden sie so über dich? Es stimmt schon, du sprichst deutsch, du trägst die Haare wie eine Deutsche, und du... hm... stehst dem Direktor nahe. Nein, reg dich nicht auf. Wenn nur ich so mit ihm reden könnte, ihm direkt ins Gesicht sehen, ohne den Blick zu senken. Nicht einmal, wenn ich ein bißchen deutsch könnte, würde ich das zustande bringen! Ja, du bist ein bißchen anders als wir alle. Aber mach dir nichts draus. Für mich ist das gar nicht schlecht, so muß ich auch weniger arbeiten.«

Sie redete ein bißchen zuviel, aber ich konnte einiges von ihr lernen. Sie war eine ehrliche Frau. Ich lernte von ihr vor allem, wie ich mich nicht benehmen und was ich nicht tun durfte. Sie sagte mir, welche die anständigen polnischen Meister und Arbeiter waren und wer ein Verräter war oder ein loses Mundwerk hatte. Sie vertraute mir. Vermutete sie etwas? Ahnte sie meine Herkunft? Möglich. Aber sie machte nie die geringste Andeutung.

Einmal erzählte sie mir, daß ihre Schwester jüdische Freundinnen hatte. Sie war mit ihnen auf dem Gymnasium gewesen. »Ich weiß nicht, was sie in ihnen gesehen hat, aber sie hat immer ihre Gesellschaft gesucht, sie sagte, sie seien kultivierter und intelligenter.«

Hela hatte also keine Bedenken, mir zu erzählen, daß ihre Schwester Juden mochte und Beziehungen zu ihnen hatte. Hela machte sich ihre eigenen Gedanken, über die Juden genauso wie über Schade: Schade sei in Ordnung, er spiele nur den Bösewicht.

27
Die Wand der 71

Marylka fand einen ihrer Bekannten von den Vorkriegskommunisten wieder, einen Schuster. Sie besuchte ihn und erfuhr dabei, daß man in der Umgebung Waffen kaufen konnte. Eine Gruppe jüdischer Handwerker war im Gestapo-Gebäude, Sienkiewicza-Straße 15, eingesperrt. Der Schuster hatte von einem von ihnen, Schatzman, einem Freund, eine Nachricht erhalten. Auch er war Schuster, und sie kannten sich aus den kommunistischen Zirkeln.

Wir versuchten, einen direkten Kontakt zu Schatzman herzustellen. Das war nicht einfach. Die Gestapo-Zentrale auf der Sienkiewicza-Straße umfaßte einen ganzen Gebäudekomplex, und sie war berüchtigt, ein Synonym für Angst und Schrecken und Folter.

Der Schuster, ein einfacher, ehrlicher Mann, sah sich uns an und beschloß dann zu helfen, so gut er konnte. Eines Tages ließ er uns eine Nachricht zukommen: Morgen zwischen sieben Uhr und sieben Uhr dreißig abends sollten wir auf der Zamenhof-Straße sein. Wir würden Schatzman dort treffen.

Die Zamenhof-Straße war voller Fußgänger. Fahrzeuge verkehrten hier nicht, da die Straße an dem einen Ende, wo der Stacheldrahtzaun anfing, gesperrt war. Gendarmen überwachten die kleine Brücke über die Biała. Auf der anderen Seite lag das tote Ghetto.

Wir gingen langsam. Niemand beachtete uns. Es war schon nach sieben Uhr. Wenn sie uns bis jetzt nicht verhaftet hatten, war das ein gutes Omen. Ich überquerte die Straße. Wir wollten mit größter Vorsicht vorgehen. Ich stand auf der einen Straßenseite, Marylka auf der anderen. Schatzman sollte mit einem großen Topf kommen, das war das Erkennungszeichen. Die Minuten verstrichen, niemand kam. Dann tauchte plötzlich um die Ecke der Biała-Straße ein Topf auf und dahinter eine menschliche Gestalt. Nicht sehr groß, dünn, in einem bis zum Hals zugeknöpften Wintermantel und Stiefeln. Die Kleidung erstaunte mich; sie war sauber ohne äußere Anzeichen von Folter oder Schlägen. Wir gaben ihm ein Zeichen. Er sah sich um, und als klar war, daß ihm niemand gefolgt war, kam er näher. Er redete abgehackt, und seine Augen wanderten ständig herum. Er wollte wissen, wie wir ihn gefunden hatten, und wunderte sich, daß wir uns trauten, ihn hier zu treffen. Er ging jeden Tag vom Gefängnis zur Küche, um die Suppe für die zwölf Gefangenen zu holen. Sie waren alle Handwerker, und ihre Lage war nicht allzu schlecht, abgesehen davon, daß ihre Arbeit von einem Tag auf den anderen zu Ende sein konnte und sie dann liquidiert würden, wie schon viele vor ihnen. Sie wollten flüchten. Sie könnten das Gefängnis verlassen, so wie er heute, und einfach nicht zurückkommen, aber dann würden sie natürlich schon in ein paar Minuten wieder eingefangen. Wenn die Sache jedoch gut organisiert wäre, könnten sie es schaffen. Marylka und ich sahen uns an. Sollten wir ihn jetzt auf der Stelle mitnehmen, er war schließlich hier? Schatzman könnten wir sofort retten, aber was war mit den anderen elf? Wir mußten sie alle rausholen. Wir mußten ihre Flucht organisieren.

Es hatten schon welche zu fliehen versucht, aber sie waren erwischt und erschossen worden, weil der Weg jenseits des Gefängnisses nicht abgesichert gewesen war. Sie hatten keine Adresse gehabt und keine Organisation, die sich um sie gekümmert hätte.

Wir sagten Schatzman, daß wir überlegten, die Flucht der ganzen Gruppe in Angriff zu nehmen. Wir verabredeten uns in zwei Tagen an derselben Stelle. Unser Treffen dauerte nicht lange. Am Schluß platzte Schatzman heraus: »Ich hab eine Menge Neuigkeiten von deinen Genossen. Du heißt Chaika, nicht wahr? Ich war mit ihnen im Bunker.« Er drückte mir fest die Hand und ging. Ich hätte ihn gerne aufgehalten, damit er mir erzählte, ob sie lebten, und wenn, wo sie jetzt waren, aber er war schon weg.

Die Nacht brach an. Ich sah zu, wie die Gestalt hinter der Mauer des Gestapo-Gebäudes verschwand. An diesem Abend erfuhren wir nichts über unsere Genossen im Bunker. Kurz vor Beginn der Ausgangssperre waren wir wieder zu Hause. Haska und Liza erwarteten uns, sie hatten sich schon Sorgen gemacht. Sie konnten kaum glauben, daß wir einen der jüdischen Gefangenen von »Nummer 15« getroffen und wieder in das Gefängnis zurückgelassen hatten.

Wir trafen uns nun regelmäßig auf der Zamenhof-Straße. Jedesmal wollte ich ihn über den Bunker ausfragen, aber die Zeit war zu knapp, es war zu spät am Abend, um groß Fragen zu stellen. Ich wollte die schwierigen Vorbereitungen nicht gefährden. Aber eines wußte ich bereits: die Genossen waren nicht mehr am Leben.

Auf dem letzten Treffen besprachen wir alle Details. Jeder der zwölf Männer bekam eine Adresse und einen gut durchdachten Plan, um hinzukommen. Unsere Leute erwarteten sie. Zwei Tage lang sollten sie in der Stadt bleiben, bis die Suchaktionen abflauten, dann wollten wir sie in den Wald bringen. Wir schärften Schatzman ein, daß er die Pläne und Adressen erst in der allerletzten Sekunde herausrücken durfte. Er meinte, einige von ihnen würden Waffen mitbringen. Ihr Plan zur Selbstbewaffnung war fertig, und die Flucht war nun so gut wie sicher.

In der vereinbarten Nacht warteten wir auf sie. Wir hatten passende Zimmer in polnischen Wohnungen für sie gefunden. Von unseren eigenen Zimmern eignete sich nur das von Liza, um jemanden unterzubringen. Jede von uns wartete in einer der polnischen Wohnungen. Schatzman selbst sollte zu Liza kommen.

Es war für uns alle eine lange Nacht. Am Morgen, bevor wir zur Arbeit gingen, trafen wir uns. Außer Schatzman war offenbar keiner gekommen. Liza berichtete, was er gesagt hatte: Er war schließlich gegangen, nachdem die anderen sich geweigert hatten. Sie hatten Angst gehabt. Er hatte versucht, ihnen zu erklären, daß ihre sicheren Tage bei der Gestapo gezählt waren, daß die Deutschen sie ebenso töten würden wie ihre Familien, ihre Verwandten und alle anderen Juden im Ghetto. Jetzt hielten die Deutschen sie noch am Leben, weil sie gute Schuhe für ihre Frauen und schöne Anzüge für sich selber wollten. Aber sein ganzes Reden half nichts. Sie hatten zuviel Angst, und so ging er allein, wie immer mit seinem Topf, los. Er hatte ihnen natürlich die Adressen nicht gegeben, sondern sie vernichtet. Die anderen waren auch dagegen gewesen, daß er selbst floh. Sie fürchteten, alle seinetwegen bestraft zu werden, und hatten versucht, ihn am Gehen zu hindern. Er hatte deshalb behauptet, er würde jetzt nur das Abendessen holen gehen und bestimmt zurückkommen. Er hatte den Topf, sobald er konnte, weggeworfen und war zu seinem Freund, dem Schuster, gegangen. Kurz vor der Ausgangssperre war er dann bei Liza aufgetaucht.

Die Geschichte klang merkwürdig. Wir vermuteten, daß er den sichersten Weg für sich selbst gewählt und nicht einmal versucht hatte, die anderen zu organisieren. Dabei hatte Schatzman im Aufstand gekämpft und war mit unseren Genossen im Bunker gewesen.

Wir empfingen ihn gut und sorgten für ihn, aber die Freude war uns vergangen. Wir suchten erneut einen Weg in das Gestapo-Gebäude – vergebens. Von Schatzman erfuhren wir, daß es in diesem Gefängnis auch Juden gab, die lange nach dem Aufstand im Ghetto gefangengenommen worden waren, und daß die Deutschen sie nach Novosolki schickten, wo sie getötet wurden. Nur die besten Handwerker hatten sie vorläufig am Leben gelassen.

An diesem Abend hörten wir alle seine Geschichten. Nach dem Aufstand war er im Bunker in der Chmielna-Straße gelandet. Der war groß und hatte Strom und Wasser. Sie waren 72, alles Kämpfer, die am Aufstand teilgenommen und die Umzingelung durchbrochen hatten. Die meisten hatten noch ihre Waffen. Und auch im Bunker befanden sich noch viele Waffen, die nicht zum Einsatz gekommen waren, da wir sie nicht mehr rechtzeitig hatten reparieren können. Diese Waffen stammten aus der letzten Lieferung, kurz vor dem 16. August.

Der Haupteingang zum Bunker führte durch einen Brunnen im Hof der Chmielna-Straße 7. Seiteneingänge gab es nicht. Im Bunker waren Aktivisten aus allen Bewegungen. Er erinnerte sich an Zerah und Gedalyahu, Avremel und Yentel, an Herschel aus Jasinowka, Heniek Żelazógora von Dror und viele kommunistische Genossinnen und Genossen. Sie waren von der Aktion in den Otto-Bolt-Werken am Abend nach dem Aufstand zurückgekommen. Zerah hatte die Aktion geleitet. Sie hatten auch weiterhin Sabotageakte durchgeführt und einen deutschen Kommissar und dessen Begleitung getötet. Die Geschichten der Nachbarn in der Gorna- und Polska-Straße waren also wahr.

»In dieser letzten Nacht zogen Gruppen aus, um die Deutschen anzugreifen, die sich in der Nachbarschaft herumtrieben. Jede Nacht attackierten kleine Gruppen von zwei, drei Leuten die Patrouillen. Und jede Nacht kehrten sie mit Waffen und Lebensmitteln zurück. Es war abgemachte Sache, daß die Kämpfer nicht in das kleine Ghetto, sondern direkt in den Wald gehen sollten. Die Vorbereitungen wurden getroffen, vom Bunker unter der Smolna- und Polska-Straße wurde ein Tunnel auf die arische Seite gegraben.

Der Plan selbst wurde nicht allen Genossen verraten, aber es war klar, daß seine Umsetzung kurz bevorstand.

Jede Nacht schwärmten Genossen zu Aktionen aus. Die Stimmung war gut. Alle waren sicher, daß sie in den Wald kommen würden. Die Waffen machten ihnen Mut, die Führung flößte ihnen Vertrauen und Zuversicht ein. Es gab keine Müdigkeit. Der Bunker war in eine Kampfstellung verwandelt worden. Die Deutschen suchten in den Kellern und auf den Dachböden nach versteckten Juden. Nachts überfielen sie die Menschen, die herauskamen, um sich Nahrungsmittel zu beschaffen, und so wurden die Verstecke von Dutzenden Leuten entdeckt.

Manche von denen, die erwischt wurden, verrieten ihre Verstecke nicht. Einige hatten sich sogar verteidigt. Es gab auch andere, die sich bewaffnet im Dunkeln bewegten. Wir waren nicht mehr die einzigen Kämpfer im Ghetto, wir waren nur die ersten. Andere folgten unserem Beispiel mit Feuerwaffen, Äxten und Stöcken, der jüdische Kampf um das Überleben erreichte eine hohe Stufe, er wurde zum Krieg. Nur tagsüber waren die verlassenen Straßen ruhig. Die Kämpfe im Ghetto dauerten bis zur letzten Minute, sie gingen noch eine Woche nach dem Aufstand weiter.

Eines Tages erfuhren wir, daß unsere letzte Nacht im Ghetto angebrochen war. Jeder sollte seine Waffe reinigen und sich fertigmachen, am kommenden Abend würden wir das Ghetto verlassen. In dieser letzten Nacht waren wir sehr geschäftig. Die Genossen kamen und gingen und bereiteten sich auf den Abmarsch vor. Vor Einbruch der Dämmerung wurden wir in Gruppen aufgeteilt und erhielten unsere Fluchtpläne. Für alle Gruppen wurden Kommandanten ernannt. Tagsüber sollten wir alle versuchen uns auszuruhen, zu schlafen. Am frühen Morgen kamen Gedalyahu und seine Leute von ihrer letzten Aktion zurück. Auf dem Heimweg hatten sie Essen gefunden. Wir hatten die Tür noch nicht hinter ihnen geschlossen, als plötzlich der Bunker umstellt war. Die Deutschen waren offenbar der letzten Gruppe gefolgt, sonst wären sie nicht so schnell gewesen.

Das ›Raus‹-Gebrüll der Deutschen wurde erst mit Schweigen quittiert. Als wir sicher waren, daß es keinen Ausweg mehr gab, eröffneten wir das Feuer. Die Deutschen stiegen in den Brunnen und schossen in den Bunker. Wir zogen uns auf die andere Seite zurück, aber auch da wurden wir beschossen. Es gab noch keine Opfer, aber auch kein Entkommen. Wir versuchten, durch den Feuerhagel auszubrechen, schafften es aber nicht. Die Deutschen warteten schon auf uns. Sie fielen über jeden einzeln her, nahmen ihm das Gewehr ab und fesselten ihm die Hände auf den Rücken. Dann durchsuchten sie den Bunker. Zwei Wagen kamen, auf die sie die Gewehre luden. Gab es unter den Deutschen Opfer? Schwer zu sagen, keiner hat sie gesehen. Erst im Gestapo-Gebäude war zu hören, daß sie schwere Verluste erlitten hatten. Die Deutschen hatten offensichtlich einen Plan des Bunkers besessen.«

Es war Verrat. Wer der Verräter war, sollten wir nie erfahren. Von den 72 war nur Schatzman übriggeblieben, der einzige Zeuge dieses schwarzen Tages. Aber wir hatten schon von anderen, die früher in den Wald gekommen waren, von dem Bunker gehört.

Barfuß wurden die Genossen, einer nach dem anderen, unter Bewachung in die Jurowiecka-Straße gebracht, zu einer langen Mauer der deutschen Fabrik. Die Deutschen hatten Angst, sie alle auf einmal zu bringen. Gegenüber, an der Ecke Ciepła-/Jurowiecka-Straße saß die ganze Gesellschaft von SS-Kommandanten, Kommissaren und höheren Offizieren, Dibos und Friedel, die das Ghetto liquidiert und den Aufstand niedergeschlagen hatten. Sie überwachten die Exekution. Der Abend brach an. Da standen die 71, alle jung, alle mit gefesselten Händen, alle barfuß und alle mit stolz erhobenem Haupt. Keiner bettelte um Gnade, keiner zeigte sich schwach. Stolz gingen sie in den Tod. Juden, die sich in der Nachbarschaft versteckt hielten, beobachteten die heldenhafte Tragödie dieser Märtyrer. Ihre Rufe hallten in den Abend und werden nie vergessen werden... Schatzman sagte, daß Gedalyahu als einer der ersten fiel; was er gerufen hatte, wußte er nicht mehr. Aber einer hatte gerufen »Lang lebe die Sowjetunion«, ein anderer »Israel für immer«, und wieder ein anderer starb mit den Worten Eretz Israel auf den Lippen.

Wie hatte Schatzman überlebt? Einer der Beamten, für den er im Ghetto gearbeitet hatte, hatte ihn als ausgezeichneten Handwerker wiedererkannt. Er zog ihn aus der Reihe der Genossen, flüsterte Friedel etwas ins Ohr und stellte ihn an die Seite. Seine Genossen waren vor seinen Augen gestorben. Dann hatten sie ihn in das Gefängnis gebracht und von da als Schuster in das Gestapo-Gebäude.

Lange versuchten wir, herauszufinden, was mit Mordechai und Daniel passiert war. Wir hörten viele Gerüchte. Nach einer Version, die immer wieder auftauchte und die auch Schatzman gehört hatte, waren sie nie im Bunker aufgetaucht, sondern befanden sich im Hospital. Eine der Krankenschwestern, die aus dem Hospital geflüchtet war, erzählte von zwei Männern, einem jungen namens Mordechai und einem älteren, die bewaffnet in das Krankenhaus gekommen waren. Solange es das Hospital gab, hielten die Ärzte und Krankenschwestern die beiden versteckt. Sie schlugen ihnen vor, in das kleine Ghetto zu gehen, aber die beiden Männer weigerten sich. Sie sagten, es hätte keinen Zweck, ihr eigenes Leben zu retten, wenn es keine Möglichkeit gab, den Kampf fortzusetzen. Als die Deutschen kamen, um das Krankenhaus zu liquidieren, begingen sie beide Selbstmord.

So starb Mordechai, der Kommandant des Białystoker Ghettoaufstandes, und so fand auch Daniel Moszkowicz, der alte Kämpfer, den Tod.

Wir brachten Schatzman in den Wald, wo er sich den Partisanen anschloß.

28
Rivkele

Wir gaben unsere Suche nach Juden in der Stadt nicht auf. Eines Abends kamen wir an der Sankt-Rochus-Kirche vorbei, als plötzlich aus dem Nichts eine große dunkle Gestalt auftauchte. Wir flüsterten etwas auf jiddisch, die Gestalt blieb stehen. Es war ein Jude, der sich einen guten Monat lang in einer der Gruften der Kathedrale versteckt hatte. Wir brachten ihn in eine unserer Untergrundwohnungen. Er war groß und breitschultrig, bärtig und ungekämmt. Er war hungrig und starrte uns erstaunt an. Verglichen mit ihm schienen wir so klein und schwach. Er starrte uns an, sagte aber kein Wort. Wir brachten ihm Rasierzeug, fütterten und wuschen ihn. Er war 35 Jahre alt, Schmied und hieß Rubin. Er war vom Transport geflüchtet und hatte unter der Kathedrale Zuflucht gefunden. Nachts kam er heraus und aß das Gras auf dem Friedhof, manchmal aß er auch die Reste der Mahlzeiten, die fromme Katholiken von auswärts in die Kirche mitgebracht hatten.

Tagsüber lag er in seiner Gruft. Wir brachten ihn schließlich bei Ada Liskovska, einer Polin, unter, die ihn auch mit Essen versorgte. Tagsüber, während sie weg war, mußte er still liegen, da die Nachbarn durch die hölzerne Wand jedes Geräusch hören konnten. Auch Schatzman hatte hier die paar Tage vor seiner Flucht in den Wald verbracht. Adas Wohnung benutzten wir auch noch für andere Zwecke, hier konnten wir Pakete eine Zeitlang abstellen, sogar Waffen waren hier schon versteckt worden. Aber das war später, erst einmal ließen wir nur Leute hier.

Wenige Minuten vor neun pflegte ich in mein Haus zu stürmen. Die Mitbewohner saßen dann, wenn das Wetter schön war, gewöhnlich noch auf den Treppen. Ich lachte und atmete schwer, tat so, als käme ich gerade von einem Rendezvous. Wenn der Abend verregnet war, hatte das Vor- und Nachteile. Der Vorteil war, daß die Straßen leer und kaum Patrouillen zu sehen waren, der Nachteil war, daß die Füße, die Kleider und auch die Bündel naß und damit auch schwerer waren.

Die Anzahl der unbewaffneten Zivilisten im Wald wuchs. Wir schleppten in dieser Zeit fast jeden Tag Säcke voll Lebensmittel, Brot, Bohnen und Medikamenten mit uns herum. Und jeden Tag warteten Kundschafter aus dem Wald auf uns, meistens auf dem Friedhof, um diese Säcke abzuholen.

Wir mußten uns heimlich auf den Friedhof schleichen, er wurde Tag und Nacht bewacht. Aber er war groß, und es gab mehrere Löcher in der Mauer. Hier konnte man gut etwas verstecken. Wir fanden auch einen Unterschlupf etwa 30 Meter vom Friedhof entfernt. Hier stand zwischen dem Friedhof und dem Lager des 42. Regiments ein kleines Haus, in dem eine Polin namens Bronia lebte. Ihr Mann war von den Deutschen getötet worden. Er war Kommunist gewesen. Bronia wohnte zusammen mit ihrer alten, tauben Mutter. Ihr ganzes Leben lang hatte sie in der Textilfabrik gearbeitet. Sie war noch jung und frisch, das weiche Haar trug sie in Zöpfen um den Kopf geschlungen. Ihr Haus stand uns offen. Sogar wenn sie nicht da war, konnten wir unsere Pakete im Flur abstellen, hinter dem großen Ofen, und uns auf ihrem knarrenden Eisenbett ausruhen. Bronias Haus erleichterte uns die Arbeit. Wir konnten hier so lange wie nötig warten. Und wir konnten hier sogar »Tschechen« unterbringen. »Tschechen« nannten wir die Juden, die unverkennbar jüdisch aussahen.

Der Herbst machte uns Schwierigkeiten. Es regnete ununterbrochen, und es war kalt. Einer von denen, die vom Zug gesprungen und in den Wald entkommen waren, war Aryeh Weinstein. Die Kleider waren ihm buchstäblich vom Leib gefallen, die Läuse fraßen ihn auf. Er hatte nicht mehr die Kraft zu stehen. Von den Läusen und der Verzweiflung zerfressen, hatte er seinen Lebenswillen aufgegeben und war völlig apathisch.

Aber unter seinen Lumpen hatte er die Gedichte und Erinnerungen versteckt, die er im Ghetto geschrieben hatte. Sie waren alles, was er noch hatte, und er hütete sie wie seinen Augapfel. Wir baten ihn, sie uns zu geben, um sie in der Stadt an einem sicheren Ort aufzubewahren, aber er weigerte sich. In seinen Gedichten pulste noch der Lebenswille. Er selbst lag Tag und Nacht auf seiner Pritsche und siechte dahin.

Wir verschanzten uns weiter in der Stadt. Jede von uns suchte nach zusätzlichen Aufgaben. Rivkele war die Jüngste. Seit der Liquidierung des Ghettos hatte sie sich verändert. Ihre Welt hatte sich verdüstert. Lange Zeit hatte sie noch auf ein Wunder gehofft und darauf gewartet, daß viele wiederkamen, unter ihnen ihr Jandzia. Als alle Hoffnung schwand, wurde sie psychisch unausgeglichen. Sie kämpfte immer noch mutig, aber ihr Lebenswille war ausgehöhlt. Vergeblich redeten wir auf sie ein. Vergeblich hob ich mehrmals die Stimme, um sie durch Vorwürfe und sogar Verletzungen aufzurütteln. Rivkele hörte einfach nicht zu. Vielleicht hörte sie wirklich nicht, was wir sagten. Rivkele ging ihren eigenen Weg.

Den ganzen Tag über arbeitete sie bei diesem deutschen Arzt, der der Gestapo als Experte für rassische Untersuchungen diente. Haska besuchte sie dort oft, um Medikamente für die Partisanen zu stehlen. Sie scherzte dann mit dem alten Arzt, dem Experten für jüdische Körper- und Gesichtsformen. Einmal bat sie ihn, ihr Gesicht auf rassische Reinheit zu untersuchen. Er sah ihr in die Augen, maß ihre Nase und Augenbrauen ab, rechnete nach und erklärte schließlich: »Sie sind eine reinrassige Arierin.«

Rivkele erzählte viele amüsante Geschichten über den alten Idioten. Aber gegen Ende lachte sie nicht mehr nur vor uns über ihn, sondern auch vor ihm selbst. Sie bediente sich aus seinem Medikamentenschrank, wie es ihr gefiel. Wir ermahnten sie zur Vorsicht, aber sie machte weiter.

»Ihr wollt nicht, daß ich es tue? Gut, dann bringe ich die Sachen selber in den Wald.« So endeten alle Diskussionen. Jeden Abend kam sie von der Arbeit zurück mit ausgebeulten Taschen voller Flaschen, Salben, Bandagen und Serum. Sie fing an, ihre Haushaltspflichten zu vernachlässigen, aber der alte Arzt mochte sie. Einmal bemerkte er im Scherz:

»Was machst du denn, wenn du heiratest? Wer wird für dich kochen? Was wird dein Mann wohl zu deiner Schlamperei sagen, zu deiner Unfähigkeit, einen Haushalt zu führen?«

»Machen Sie sich nichts draus. Wenn ich heirate, werde ich ein deutsches Dienstmädchen anstellen. Deutsche Mädchen sind die besten und loyalsten Dienstboten. Das wäre für meinen Mann und für mich das beste.«

Wir sahen Rivkele blind in das Verderben laufen, aber wir konnten sie nicht aufhalten.

Sie wohnte in einer schmutzigen Straße am Stadtmarkt, in einem alten roten Ziegelhaus, bei einer alten polnischen Dame, Frau Kopolowa. Das Treppenhaus war verdreckt, die Stufen gewunden und ausgetreten. Vor dem Haus spielten Kinder, es war hier immer laut. Rechts vom Eingang befand sich ein kleiner dunkler fensterloser Raum – Rivkeles Zimmer.

Das Haus war vollgestellt mit nutzlosen Gegenständen. Die Vermieterin war alt wie ihre Sachen. Aber sie liebte Rivkele wie eine Mutter, sorgte sich um sie und verwöhnte sie. Nur Rivkele schüttete sie ihr Herz aus, das bitter war. Jahrzehnte hatte sie unter Juden gelebt. Die Lehrerinnen und Lehrer des hebräischen Gymnasiums waren ihre Nachbarn gewesen, sie hatte sie stets für die besten, die gebildetsten und wohlerzogensten Leute der Welt gehalten, und nun waren sie alle tot. Wie konnte sie, eine alte Frau, weiterleben? Sie bewahrte ihre Photographien auf wie die anderen Ikonen in ihrem Haus. Nur bei Rivkele-Maryśka konnte sie ihr Herz erleichtern. Warum nur bei ihr? Einfach, weil sie ein guter Mensch war. Einmal hatte sie Rivkele geraten, ihre Freundschaft zu mir einzustellen, weil ich höchstwahrscheinlich eine Antisemitin war.

»Deine Freundin Halina ist eine Judenhasserin, ich will sie in meinem Haus nicht mehr sehen.«

Seither gingen Haska oder Bronia statt meiner hin. So lebte Rivkele: zwischen dem Naziarzt und der alten Polin, die die Juden liebte.

Es hörte nicht auf zu regnen. Rivkele fand einen jungen Juden in einem Keller in den Ruinen zwischen der Sosnowa-Straße und dem Piaski-Markt. Wir gingen am Abend zu ihm und brachten ihm zu essen. Er war jung, 19 oder 20 Jahre alt, groß, dunkel, und er sah typisch jüdisch aus. Er war aus dem Ghetto gekommen, um Essen für seine Familie zu suchen, die in einem Bunker versteckt war. Wir schlugen ihm vor, in den Wald zu gehen, was er aber vorerst ablehnte, da seine Familie auf ihn wartete und darauf, daß er Lebensmittel mitbrachte. Er hatte ein bißchen Geld, und ein polnischer Bekannter hatte ihm versprochen, ihm dafür ein Gewehr zu besorgen. Er wollte nicht mit leeren Händen in den Wald gehen.

Wir boten ihm an, eine Waffe für ihn zu organisieren, und versprachen, ihn mit Essen zu versorgen, sooft er aus dem Ghetto herauskam. Wir baten ihn, eine von uns mitzunehmen und ihr zu zeigen, wie er heraus- und hineinkam. Und wir waren damit einverstanden, am folgenden Tag an derselben Stelle auf ihn zu warten, und, sollte er es morgen nicht schaffen, am darauffolgenden Tag noch einmal. Wir schlugen ihm vor, uns das Geld zu geben, wir würden dafür ihm und den anderen Familienmitgliedern, die mit Waffen umgehen konnten, ein Gewehr besorgen. Wir erklärten ihm, daß er tagsüber nicht durch die Stadt laufen durfte, weil er sofort erkannt würde. Er war mit allem einverstanden.

Ein paar Tage später trafen wir uns wieder. Es war schwieriger als sonst gewesen, aus dem Ghetto herauszukommen, und so hatte er abwarten müssen. Er war bereit, in den Wald zu gehen, aber seine Familie hatte beschlossen, im Bunker zu bleiben. Sie hatten ein bequemes Versteck und brauchten nur noch Waffen.

Uns gefiel das alles gar nicht. Die Deutschen konnten den Bunker jeden Moment entdecken, im Wald dagegen wäre er ein freier Mensch. Er stimmte uns zu, konnte aber die Entscheidung seiner Familie nicht rückgängig machen. Wir machten aus, daß wir ihn am folgenden Tag mit allem, was er benötigte, ausstatten würden, und ermahnten ihn wieder, sich tagsüber nicht aus seinem Versteck wegzurühren. Wir verboten ihm sogar, zu seinem polnischen Bekannten wegen des Gewehres zu gehen. Rivkele blieb noch ein paar Minuten bei ihm, damit er ihr das Geld gab und die Adresse dieses Polen.

Am nächsten Tag stürmte Bronka mit Tränen in den Augen in unser Zimmer. Etwas Schreckliches war passiert! Der Junge aus dem Ghetto war zum Einkaufen auf den Markt gegangen. Er hatte seine Schuhe in den Händen gehalten. Zwei Gendarmen hatten ihn angehalten und gefragt, woher er die Schuhe hätte. Er hatte gesagt, er habe sie reparieren lassen. Wußte er denn nicht, daß es arischen Bürgern verboten war, jüdische Schuhe zu reparieren? Er hatte geantwortet, eine polnische Frau habe seine Schuhe genommen, um sie zu reparieren. »Wo ist diese polnische Frau?«

Er hatte ihnen Rivkeles Adresse gegeben. Rivkele hatte seine Schuhe genommen, um sie reparieren zu lassen, und hatte ihm gesagt, er solle sie bei ihr zu Hause abholen. Als sie während der Mittagspause nach Hause gekommen war, hatte sie zwei Gendarmen vor dem Haus stehen sehen. Sie war weggerannt. Sie hatte ihnen nicht lebend in die Hände fallen wollen. Aber sie hatten nicht auf sie geschossen, offenbar hatten sie sie lebendig fangen wollen. Einer von ihnen hatte sie schon fast erwischt und ihr sein Bajonett in den Rücken gestoßen. Sie war weitergelaufen, taumelnd und blutend, da hatte der zweite ausgeholt und ihr gleichfalls sein Bajonett in den Rücken gerammt. Schwer blutend und tödlich verletzt, war sie gefangengenommen und in das Krankenhaus gebracht worden. Ihre Kleider waren durchsucht, aber nichts Verdächtiges gefunden geworden. Auf ihrer Arbeitskarte stand, daß sie bei einem Gestapo-Arzt arbeitete. Sie hatten eine Wache an ihr Bett gesetzt.

Bronka sagte, sofort nach der Verhaftung hatten die Gendarmen Rivkeles Vermieterin verhört.

»Warum ist sie weggelaufen? Wir wollten sie nicht verletzen«, hatten sie immer wieder gesagt.

Sie hatten ihr gesagt, daß es ihnen leid täte. Sie erklärte uns, sie werde Rivkele im Krankenhaus besuchen. Wir wiederum beschlossen, Kontakt zu den Krankenschwestern aufzunehmen. Die Vermieterin half uns dabei. Was wir erfuhren, war schrecklich. Rivkele kämpfte erbittert um ihr Leben, litt entsetzliche Schmerzen, und die Wächter wichen nicht von ihrer Seite. Sie lauschten auf jedes Stöhnen und jeden Seufzer, aber sie verlor nie das Bewußtsein. Sie bekamen kein Wort aus ihr heraus. Sie kämpfte weiter, gegen den Tod und gegen das Gestapoverhör. Als wir wiederkamen, um nach Maryśka zu fragen, empfing uns die Krankenschwester mit gesenktem Blick. Wir verstanden. Rivkele war gestorben.

Sehr bewegt und mit Tränen in den Augen erzählte uns die Krankenschwester: »Eure Freundin ist wie eine Heilige gestorben. Kurz vor dem Ende fragte ich sie, ob sie große Schmerzen habe und ob ich ihr helfen könnte. Sie sagte: ›Machen Sie sich keine Sorgen, auch Jesus ist für andere gestorben, und so wird auch mein Tod die Leiden anderer mildern.‹«

Die Krankenschwester weinte. Wir standen erschüttert in diesem Krankenhausflur und starrten die Frau an, die sich die Tränen aus den Augen wischte. Wir wußten, daß Rivkele nur um unseretwegen, nur um keinen Verdacht auf uns zu lenken, mit dem Namen Jesus auf den Lippen gestorben war. Sie starb als Heldin.

Am nächsten Tag fand das Begräbnis statt. Am Morgen ging ich mit Bronka in das Krankenhaus. Die Aufbahrungshalle befand sich am Ende eines langen Flures. Rivkele lag alleine darin. Wir hatten ihr Kleider mitgebracht, dem christlichen Brauch entsprechend, die

Toten in ihren schönsten Kleidern zu bestatten. Sie sah so klein aus, so durchsichtig. Ihre Augen waren weit geöffnet, als sei sie bei vollem Bewußtsein. Ihre hellen Flechten lagen ihr über die Schultern bis zur Brust. Ihre Wunden waren nicht zu sehen, sie befanden sich ja auf dem Rücken. Jemand hatte ihr einen Kranz ins Haar gebunden. Wir hatten Blumen mitgebracht. Dann kam die alte Vermieterin mit zwei Nachbarinnen. Sie hob das Leichentuch und stand wie erstarrt.

»Schaut, schaut nur, ihr Christen. Hier liegt ein Engel Gottes.« Die Frauen wischten sich die Augen, und wieder flossen Tränen. Bronka und ich sahen der Begräbniszeremonie zu. Nur wir beide weinten nicht. Es waren noch andere Freundinnen und Nachbarinnen der Vermieterin gekommen und auch ein paar Angestellte des Krankenhauses. Wir gingen in der Mitte. Die Frauen sprachen von Rivkeles Heiligkeit. Eine flüsterte mir zu:

»Wissen Sie, zuerst dachte ich, sie wäre eine Jüdin. Wegen dem Juden, der ihr die Schuhe zum Flicken gegeben hat und überhaupt... daß sie weggelaufen ist, die Wachen an ihrem Bett... Aber jetzt ärgere ich mich über mich selber, daß ich so was über ein Christenkind gedacht habe, das so rein und heilig war. Gott wird mich dafür bestrafen.«

Ich ließ sie plappern und nickte sogar dazu. Auf dem katholischen Friedhof hörte ich stumm die Rede des Priesters. Ich sah sie das Grab ausheben, ich sah sie ihre Kniebeugen machen. Ich sah, wie das große Kreuz auf den Erdhaufen gestellt wurde. Wie ironisch, dachte ich, ein großes Birkenkreuz auf dem Grab von Rivkele, der jüdischen Kämpferin.

Bronka besuchte die alte Frau Kopolowa. Sie erzählte ihr von den vielen Gesprächen, die sie mit Rivkele geführt hatte. »Wissen Sie«, teilte sie Bronka mit, »Maryśka war eine konvertierte Jüdin.«

»Wie kommen Sie denn darauf?« fragte Bronka.

»Ach wissen Sie, Maryśka hat nachts immer so geseufzt, sie hat sich von einer Seite auf die andere gewälzt und dabei geseufzt. Das war der jüdische Geist, der ihr keine Ruhe ließ!«

Einen Monat später wurde Bronka zusammen mit Rivkeles anderen Freundinnen zu einer Totenmesse in der Sankt-Rochus-Kirche eingeladen. Es war an einem Sonntag. Wir zogen unsere besten Kleider an und erschienen eine nach der anderen in der Kirche. Wir mischten uns unter die Gemeinde. Wenn alle sich hinknieten, knieten auch wir uns hin, wir murmelten das »Amen« und gingen erneut in die Knie. Wir gaben sogar Geld in den Klingelbeutel. Die Gemeinde war nicht groß, aber es waren mehr Leute gekommen, als wir erwartet hatten. Wir hörten dem Priester zu, der mehrmals den Namen Maria Madeiska nannte und für ihre ewige Ruhe betete. In der sonntäglichen Festlichkeit der Kirche, angesichts der Kerzen, die für Rivkele brannten, unter den Gesängen und der Orgelmusik fühlten wir uns isoliert und fremd. Das lag jenseits unserer Vorstellungskraft, es wirkte auf uns irreal und unnatürlich. Am besten war es, zu schweigen. Noch besser war es, das Leben fortzusetzen, das für uns verständlich und normal war. Und das war für uns ein Leben im Kriegszustand.

29
Brüderlichkeit im Untergrund

Felek Lorek war für die Zellen verantwortlich. Er war Arbeiter und Kommunist und kam ursprünglich aus einer polnischen Industrieregion mit Kohlengruben und Stahlwerken. Die erste Zelle hatte er aus Textilarbeitern zusammengesetzt, die zweite aus Angestellten aller möglichen Büros und Behörden in der Stadt und eine dritte aus Personen, die es geschafft hatten, dem Zwangsarbeitsdienst in Deutschland zu entgehen, und die sich unter falschem Namen von Kleinhandel auf Schmuggel umgestellt hatten. Dann wurden die Eisenbahner organisiert, die Bäckereiarbeiter, das Flughafenpersonal und andere mehr. Wir hielten keine direkte Verbindung zu diesen Zellen, das war Feleks Aufgabe. Wir lieferten nur politisches Material und Anweisungen für bestimmte Projekte. Im Laufe der Zeit verfügten die Zellen über präzise Pläne diverser Einrichtungen und der Schienenwege und Anlagen in der Region. Sie sammelten Informationen über Bewegungen auf den polnischen Straßen, über Verhaftungen, über die harten Lebensbedingungen der Arbeiter. Sie lieferten auch Medikamente und Sprengstoff, sammelten Geld und sahen sich nach Waffen in der Stadt um. Ihre Arbeit nahm zu. Felek lief den ganzen Tag durch die Stadt und traf sich immer häufiger mit uns, mindestens jeden zweiten Tag.

In Feleks eigener Zelle gab es Leute, die uns besonders interessierten. Einer, Dawidowicz, war Ingenieur im Elektrizitätswerk, und ein anderer war Wärter in einem Straflager bei Białystok. Und außerdem gab es »Onkel« Burdźynski und Ada Liskowska, deren Wohnung uns zur Verfügung stand. Mit ihnen standen wir in direktem Kontakt.

Wir waren keine kleine Familie mehr. Die alten Organisationsmethoden waren nicht mehr angemessen. Wir mußten uns selbst zu einem Zentralkomitee ernennen und die Verantwortlichkeiten aufteilen. Liza übernahm die Arbeit mit den polnischen Zellen über Felek. Sie hielt auch die Verbindung zu den drei erwähnten Personen. Jede von ihnen erfüllte eine bestimmte Aufgabe, trug aber gleichzeitig zum gemeinsamen Ganzen bei. Buczinski zum Beispiel, der Wärter im Straflager, versteckte nachts Waffen in seiner Wohnung. Er fand für uns heraus, wo die militärischen Einheiten rund um das Lager stationiert waren und wo sich ihre Waffenlager befanden. Wenn wir jemanden aus dem Lager holen wollten, jemanden, der da gelandet war, weil er aus der Fabrik weggelaufen war oder vor der Zwangsarbeit oder weil er beim Schmuggeln erwischt worden war, dann half Buczinski. Er arbeitete den Fluchtplan aus und stand bei der Flucht selbst Wache. Er versorgte uns auch mit Waffen. Es waren nicht viele, aber wie teuer war uns jede einzelne!

Dawidowicz kannte ich nicht. Liza war sein Kontakt, und seine Hauptaufgabe bestand darin, uns Pläne der Industrieanlagen zu beschaffen. Ada hatten wir kürzlich kennengelernt. Auf ihre Stärke und Klugheit war Verlaß.

Und schließlich der »Onkel«. Wir nannten ihn so, weil er tatsächlich onkelhaft aussah. Wir stellten ihn auch unseren Vermietern als unseren Onkel vor. »Onkel« Burdźynski war der einzige, der uns in unseren Wohnungen besuchte. Für ihn galten die Gesetze des Untergrundes und die Organisationsregeln nicht. Er war ein altgedienter polnischer Kommunist, hinter ihm lagen Jahrzehnte des Kampfes gegen die polnische Reaktion, Jahre im Gefängnis und viele Aktionen unter den polnischen Arbeitern. Er sah elegant aus, wie ein alternder Intellektueller. Seine Haare waren grau, und er bewegte sich langsam und besonnen, ohne die kleinste Spur von Nervosität oder Ungeduld. Er war immer hübsch sauber, sein Anzug gebügelt und gebürstet. Er gab uns Sicherheit und Respektabilität. So ein »Onkel«! Der so intelligent und arisch aussah! Man konnte ihn sich gut als Gymnasiallehrer vorstellen, als ehemaligen Regierungsbeamten oder als Besitzer eines Gutes. Er war eine gute Tarnung für unsere Isolation. Eine alleinstehende Person ohne Familie war in diesen Zeiten suspekt, aber er konnte meinen Onkel spielen und den von Haska, Bronka und Lizka[1]. Und wir konnten davon ausgehen, daß unsere Vermieter, über die ganze Stadt verstreut, sich nie trafen und die Sache herausfanden.

»Onkel« Burdźynski verfügte über eine Reihe guter Kontakte. Er war Pole, daher war es für ihn leichter, neue Verbindungen zu knüp-

1 *Liza*

fen. Die meisten seiner Kontakte lebten außerhalb der Stadt. In einem Dorf hatte er eine »Tochter«, ein jüdisches Mädchen namens Hanka. Er hatte ihr das Leben gerettet, und nun war auch sie ein Glied in der Untergrundkette. Sie arbeitete als Hausmädchen auf einem von Deutschen betriebenen Gut, auf dem es aber auch viele Polen gab. Unsere Partisanen konnten dort hinkommen. Sie wußten, wo die Deutschen ihre Waffen hatten, wo sie schliefen und wo die Wachtposten standen. Sie wußten auch, wo sich die riesigen Lebensmittelvorräte befanden, die die Deutschen für das Heer und für Deutschland selbst horteten. Hanka kümmerte sich um ein Kind, einen Jungen aus Georgien. Im Zuge der deutschen Invasion war Hanka Richtung Osten geflohen, ein Bus der Roten Armee hatte sie aufgenommen. Dann war der Bus bombardiert worden, wobei die Mutter des Jungen, die Frau eines sowjetischen Offiziers, ums Leben gekommen war. Hanka war schwer verletzt, und der ebenfalls verwundete Junge lag neben ihr. Hanka hatte ihn mit sich genommen und sich seither nicht mehr von ihm getrennt. Sie wurde seine Mutter und »Onkel« Burdźynski sein Großvater. So war Burdźynski mit seinen vierzig Jahren zugleich Onkel, Vater und Großvater. Vor allem aber war er Mitglied des Komitees, er kontrollierte die Untergrundverbindungen, und er war in diesem Komitee, das aus uns sechs jüdischen Frauen bestand, von denen eine bereits ihr Leben geopfert hatte, die einzige ältere Person. Wir waren nur noch fünf und »Onkel« nun der sechste.

Einer von »Onkels« Kontakten war Hella, eine Jüdin, frühere Kommunistin und Ingenieurin von Beruf. Sie lebte auf einem reichen deutschen Gut mit einer Versuchsstation. Die Deutschen auf dem Gut waren Soldaten, deren Aufgabe darin bestand, den Lebensmittelnachschub für die Armee zu garantieren. Sie herrschten auch über die armen Dörfer in der Nachbarschaft. Hella arbeitete dort als Verwalterin und Übersetzerin. Von Zeit zu Zeit kam sie in die Stadt, um sich Anweisungen von uns zu holen und uns Informationen über die Umgebung zu liefern, die zum Angriffsziel der Partisanen werden sollte. Nach mehreren erfolgreichen Überfällen auf dem Anwesen und der Enteignung von Waffen und Lebensmitteln erinnerten sich die Deutschen daran, daß Hella die einzige Polin war, die alle Geheimnisse der Waffen- und Lebensmittellager kannte. Nur sie konnte die Informationen an die Partisanen weitergegeben haben. Die polnische Übersetzerin, die die Deutschen geachtet und mit der sie ihre Geheimnisse geteilt hatten und die von den Bauern der Umgebung als Verräterin betrachtet worden war, wurde plötzlich verhaftet und verschwand spurlos. Hella war die Witwe des Ingenieurs Kowadlo, der als Partisan im Kampf gefallen war. Sie hatte seinen Kampf fortgeführt, bis sie selbst ermordet wurde.

Die Arbeiter der »Roberg und Fink«-Fabriken tauchten auf, erfahrene Arbeiter aus der Schwerindustrie. Ihr Repräsentant war Loninkin.[1] Eine völlig andere Untergrundgruppe mit anderen Aufgaben wurde von Volodya Orlov geleitet, einem Belorussen, der Milizionär unter den Sowjets gewesen war und mit seiner großen Familie in einem der östlichen Vororte an der Volkovysker Landstraße wohnte. Seit der Ankunft der Deutschen lebte er versteckt, ging selten zu sich nach Hause und dann nur nachts. Er hatte Unterschlupf bei sowjetischen Bürgern gefunden, die, als die Deutschen ihnen den Weg abgeschnitten hatten, hatten fliehen können. Von seinem Versteck aus schätzte er die Leute ein, fand heraus, wer seine Loyalität aufgegeben hatte, wer einfach aus Verzweiflung aufgab und wer ein geeigneter Kandidat für den Untergrund war oder eine bestimmte Aufgabe übernehmen konnte.

Auf diese Art organisierte Volodya eine Zelle, und er ärgerte sich über jeden, der für die Deutschen arbeitete, statt einen Weg in den Untergrund zu suchen. Er hatte in seinem Vorort Belorussen aufgetrieben, alte Białystoczeker, die bereit waren, jede noch so gefährliche Mission auszuführen. Sein eigener Bruder, der in seinem Haus wohnte, kannte sich auch im Wald aus.

1 Einige der Namen der Mitglieder des »arischen« Untergrundes wie der von Loninkin, Dawidowicz und anderen gehen aus dem Bericht von Liza Czapnik hervor, der Verantwortlichen für den städtischen Untergrund im Namen der sowjetischen Partisanenbrigade Kalinovskij, die 1944 in der Region Białystok operierte. Dieser Bericht wurde sofort nach der Befreiung Białystoks im August 1944 für die Offiziere des Oberkommandos der Sowjetischen Partisanenbewegung verfaßt (siehe Anhang).

Nicht alle Details in diesem Bericht sind genau. Als Mitglied des Komsomol war Liza Czapnik von den Kommandanten der Partisanenbrigade mit der Verantwortung für die Arbeit in der Stadt betraut worden. Sie hatte nicht an allen Phasen der Formierung der Jüdischen Partisanenbewegung teilgenommen.

Die Zelle, die Volodya organisierte, war gemischt. Da gab es Partisanenkuriere, die die Gegend gut kannten und ausgezeichnete Führer waren. Mehr als einmal zeigte uns Volodya oder einer seiner Leute einen neuen Weg, wenn uns der alte zu gefährlich erschien. Wir konnten auch in sein Haus kommen, dort bis zum Abend ein Paket stehenlassen, wie bei Bronia, und selbst Menschen dort unterbringen, bis wir sie in den Wald schicken konnten. Volodya und seine Kameraden hatten die östlichen Zufahrten zur Stadt im Auge und standen in Kontakt mit den unterschiedlichsten Untergrundleuten. Das Elektrizitätswerk in seinem Gebiet versorgte eine Menge Industriebetriebe.

Volodya bewaffnete die Leute aus dem Vorort, wenn das Zentralkomitee entschied, nun sei die Zeit reif, sie in den Wald zu bringen. Nicht alle seiner Leute waren von vornherein ordentlich bewaffnet, und die Partisanen konnten sie nicht aufnehmen, ehe sie es waren. Das war aber noch nicht alles. Die Zelle mußte ihre Mitglieder auch vorbereiten und ausbilden und eine Anzahl wichtiger Aktionen durchführen.

Im selben Vorort, drei Häuser weiter, wohnte Aniela, eine Jüdin aus Łodz. Sie war bei der ersten *aktzia* aus dem Ghetto geflüchtet und hatte sich in einem kleinen schmutzigen Zimmer in diesem Viertel versteckt. Ihr Mann, ein Kommunist, war im Ghetto ermordet worden. Zuvor hatte er sich gelegentlich herausgeschmuggelt, um sie zu sehen. Seit dem Aufstand stand Aniela allein, im sechsten Monat schwanger und mit einem fünfjährigen Sohn. Sie sah typisch jüdisch aus mit ihren schwarzen Locken, und die Schwangerschaft und der Hunger ließen ihre Nase noch länger erscheinen.

Ihr Vermieter war ein armer, grober und betrunkener Schuster. Als Aniela einmal die Miete nicht bezahlen konnte (sie schaffte es kaum, jeden Tag Brot für ihren Sohn aufzutreiben), denunzierte er sie bei der Gestapo. Sie kamen, verlangten die Papiere und verhörten sie und das Kind getrennt. Ihre Papiere waren in Ordnung, aber ihr Gesicht war so jüdisch. Der Junge rettete sie. Er stand das Verhör durch und überzeugte die Gestapo-Männer, daß er kein Jude war, daß sein Vater sie verlassen hatte und seine Mutter schwanger war. Mutter und Sohn kamen frei, hatten aber anschließend keine Ruhe mehr. Der Säufer drangsalierte sie gnadenlos. Bis Volodya mit gezogener Pistole auftauchte. Er legte die Waffe vor sich auf den Tisch, fixierte den Schuster und seine Familie und teilte ihnen mit: »Wenn hier Aniela oder ihrem Sohn auch nur ein Haar gekrümmt wird oder wenn ihr jemandem von meinem Besuch erzählt, dann ist euer Leben keinen Groschen mehr wert.« Danach hatten auch wir es leichter, wir verfügten nun über eine neue Untergrundwohnung in der Nähe der Stadt.

Der Kontakt zu Volodya und die Übermittlung unserer Anweisungen an ihn war Haskas Aufgabe. Es war schwer, nach einem Tag harter Arbeit die fünf bis sieben Kilometer in den Vorort zu Fuß hin- und zurückzulaufen. Haska lernte deshalb Fahrradfahren. Das Rad gehörte ihrer Vermieterin. Sie lieh es Haska, aber nur ihr. Ihre Beziehung zueinander entwickelte sich ziemlich interessant. Unser Status hing immer wieder nur von einem ab: von unserem Benehmen. Das kostete uns eine Menge Nerven, aber es zahlte sich aus. Haska hatte ein Zimmer bei einem jungen Ehepaar gefunden. Sie waren uns in jeder Hinsicht fremd, Vertreter einer fernen und feindlichen Welt. Er war groß und kräftig, sein Gesicht primitiv und fast ein wenig häßlich. Sonntags machte er sich fein und sah aus wie ein erfolgreicher Gemischtwarenhändler. Er arbeitete als städtischer Angestellter im Wasserwerk in der Nähe des Ghettozaunes. Er redete ständig über seine guten Beziehungen zu den Beamten in den städtischen Behörden und prahlte mit seinen Bekanntschaften mit Notabeln. Wenn er betrunken war, verlor er jede Beherrschung, schrie herum und fluchte. Wenn seine besoffene Wut ihren Höhepunkt erreichte, zerschlug er das Geschirr, demolierte die Möbel, kippte die Töpfe auf dem Herd aus, und manchmal griff er sich auch ein Küchenmesser. Er schwang es dann über dem Kopf, ängstigte seine Familie und bedrohte jedermann. Seine Hand zitterte, er konnte das Messer gar nicht festhalten. Und es hieß, er brauche nur ein Glas, um besoffen wie Lot zu sein.

Trotzdem, sogar wenn er nüchtern war, kam es vor, daß seine Wut aufschäumte wie die Schaumkronen auf der stürmischen See. Am meisten brachte ihn seine Frau in Rage. Er war schrecklich eifersüchtig und mutmaßte immer, daß er betrogen wurde, ob es nun Grund dafür gab oder nicht. Seine Frau war jung und hübsch, eine zarte ländliche Schönheit. Sie war fröhlich und lebendig, liebte es, zu singen und zu tanzen. Sie wollte, daß jeder sie liebte und bewunderte, ihre Welt sollte hell und strahlend sein. Woher das Glück kam, kümmerte sie nicht sonderlich. Sie war ebenso leicht begeistert von der schönen Stimme eines flüchtigen Bekannten, von einem alten Mann, der von ihrer Schönheit gefesselt war oder von einem jungen Verwandten, der ihr gefühlvolle Gedichte schrieb. Die romantische Musik, die sie stundenlang auf dem Grammophon spielte, sprach direkt zu ihrem stürmischen Herzen.

Ihr Mann wurde eifersüchtig, wenn sie sang, wenn sie sich anzog und sogar wenn sie ein Bad nahm. Es gab ständig Streit, und es gab auch immer wieder Anlaß dazu. War sie gut gelaunt, hieß das, daß sie mit ihrem Liebhaber glücklich war. War sie in schlechter Stimmung, bedeutete das, daß sie ihres Mannes überdrüssig war und ihn loswerden wollte. Kurzum, sie lagen sich ständig in den Haaren.

Wir saßen zwischen den Stühlen. Jeder von beiden wandte sich um Zustimmung an uns, vor allem an Haska. Jeder teilte seine Geheimnisse mit uns und wollte uns gleichzeitig als Privatdetektiv und Vermittler. Wenn er betrunken war, gab es nur einen Ort im ganzen Haus, den er respektierte: unser Zimmer. Selbst im Delirium faßte er uns nie an. Sie kam zu uns gerannt, wenn der Sturm losbrach, denn dann konnte sie sicher sein, daß er sie nicht schlug. Sie hatte viele Geheimnisse, die Haska alle kannte und bewahrte. Manchmal rettete sie Mysia, so hieß die Frau, aus ungemütlichen Situationen, wenn sie sich zum Beispiel in jemandes Gesellschaft befand und ihr Mann unerwartet früh von der Arbeit zurückkam. Haska erledigte auch kleinere Botengänge für sie, gab hier und dort eine Nachricht ab oder machte ein Rendezvous für den nächsten Tag aus. Dafür bekam sie das Fahrrad, das uns von großem Nutzen war.

Unser Zimmer war ein Partisanenzentrum in der Stadt geworden. Leute kamen und gingen, die Kuriere gingen bei uns ein und aus. Marylka übernachtete oft hier, wenn sie in der Stadt war; Pakete wurden gebracht und wieder abgeholt, Waffen versteckt, und nie schöpfte jemand Verdacht. Marylka kam in ihren staubigen, verschmutzten Stiefeln an, wir blieben ganze Nächte lang weg, Männer aus dem Wald kamen ab und zu für eine Aktion in der Stadt und hielten sich dann bei uns auf. All das geschah, ohne daß es jemand beachtet hätte. Haska war eine große Schauspielerin, eine wahre Künstlerin. Nicht einmal ihre Fehler im Polnischen machten ihr etwas aus. Manchmal stritten sich ihre Vermieter in der Küche über einen polnischen Ausdruck, er, um sich mit seinen Kenntnissen wichtig zu machen, sie, um ihre Überlegenheit zu beweisen, und schließlich kamen sie beide zu Haska, die vermitteln sollte.

Begeistert von seinem polnischen Patriotismus pflegte er damit anzugeben, wie tapfer er sich seinen deutschen Vorgesetzten gegenüber verhielt, und er hielt sich dann ernsthaft für einen großen Kämpfer für sein versklavtes Land. Er verfluchte die Deutschen und bildete sich ein, er spucke auf sie und ihre Gesetze. Hinter seinem patriotischen Gehabe stand natürlich nichts als leere Worte.

Eines Tages kam Mysia strahlend in unser Zimmer: »Schaut, heute hat er mir Stoff für ein Kleid gebracht, leichten Stoff für ein Sommerkleid.«

»Wer hat dir den Stoff gebracht, und wo hat er ihn her?« fragten wir.

»Ach, meine Süßen«, lachte Mysia, »schaut nur, was für ein Kleid ich mir nähen lasse. Ich gehe zur besten Schneiderin, ihr wißt schon, sie wohnt gleich um die Ecke.«

»Aber wo hat er den Stoff her?«

»Weiß ich's? Aus dem Ghetto wahrscheinlich.«

Auch unser Vermieter übte sich im Plündern, machte »Geschäfte« mit der Polizei und der SS, schlich sich nachts in das Ghetto und gewann so das Herz seiner Frau. Ein, zwei Tage lang herrschte Frieden im Haus. Ein paar Tage später tauchten andere Sachen auf, ein Kleid, ein Mantel, altes Bettzeug, Schuhe und Möbelstücke. Ja, unser Vermieter hatte sich in einer verlassenen Wohnung umgesehen, einem flüchtigen Juden aufgelauert und ihm den Mantel geraubt.

30

Deutsche gehen uns zur Hand

Es war ein sonniger Sonntag. Haska und ich hatten frei, ich, weil Sonntag war, und sie, weil sie nicht mehr im Haus des SS-Mannes arbeitete. Sie hatte die Brutalität der Luchterhand-Familie nicht mehr ausgehalten, ihren Nazismus, ihre Rassenarroganz und ihre vielen Ansprüche, die sie von der Untergrundarbeit abhielten. Sie hatte daher beschlossen, diese Arbeitsstelle, koste es, was es wolle, aufzugeben. Dann hatte Luchterhand, ihr Arbeitgeber, sie auf die Hand geschlagen. Sie hatte sofort ihren Mantel genommen, war direkt auf das Arbeitsamt gelaufen und hatte es geschafft, bis zum Leiter vorzudringen. Sie war in Tränen ausgebrochen und hatte die Spuren des Schlages vorgewiesen. (Auf dem Weg hatte sie sich die Hand aufgeschlagen, damit sie etwas vorzuzeigen hatte.) Das Arbeitsamt hatte sie daraufhin von der Arbeit bei Luchterhands befreit und für die kommende Woche bestellt, um ihr entweder einen neuen Arbeitsplatz zuzuweisen oder sie nach Deutschland zu schikken. Haska war vom Regen in die Traufe gekommen. Wenn sie nach Deutschland geschickt wurde, ging es ihr noch schlimmer. Wir beschlossen, daß ich mit Schade über sie sprechen sollte.

Es war still in unserem Zimmer. Plötzlich ging die Tür auf, und ein fremder Mann trat ein. Er grüßte uns höflich auf deutsch und entschuldigte sich, daß er ungebeten in ein fremdes Heim eindrang.

»Mein Name ist Busse. Ich wohne nebenan und suche ein Zimmer für einen meiner Arbeiter, der gerade geheiratet hat.«

Busse? Ein Deutscher, der sich vor Polen entschuldigte? Wer war er? Ich kannte den Namen, konnte mich aber nicht erinnern, woher.

Wir antworteten ihm auf deutsch. Nun wunderte er sich, auch darüber, daß hier junge Polinnen am Sonntag zu Hause waren statt in der Kirche. Er fragte uns, ob wir hier wohnten, weil er von Haus zu Haus ging, um ein freies Zimmer zu finden. Um Gottes willen, er wollte es nicht umsonst, wie gewisse andere... (offenbar meinte er damit Deutsche). Er machte sich nur Sorgen um seinen jungen polnischen Arbeiter, einen anständigen, einsamen Mann. Jetzt hätte er die Möglichkeit, eine Familie zu gründen, aber er hatte keine Wohnung.

Das war ein seltsamer Deutscher, der sich die Füße ablief, um für einen polnischen Arbeiter ein Zimmer zu finden. Er war groß und trug einen Mantel, der farblich zu seinem dunklen Haar paßte. Er war sehr hübsch und sah intelligent aus. Seine Augen waren unter den dunklen Brauen tief eingesunken. Er trug eine Brille mit großen Gläsern und sah aus wie ein gelehrter Jude aus guter Familie. Er benahm sich höflich und zuvorkommend. Er war wirklich ein charmanter Mann. Wir wußten aber, daß wir uns nicht von der guten Erscheinung eines Deutschen einfangen lassen durften. Wir waren schon vielen begegnet, deren Gesichter rein und deren Hände blutbefleckt waren. Womöglich war er ein Provokateur oder ein Detektiv, warum sonst sollte er so an uns interessiert sein? Warum fragte er uns, wo wir arbeiteten, und wunderte sich, warum wir sonntags nicht in der Kirche waren?

Busse? Plötzlich fiel es mir ein. Er hatte uns erzählt, daß er ein Vertragsbüro für Häuseranstrich hatte und ein Kunstatelier.[1] Ich erinnerte mich an eine Bekannte aus dem Ghetto, Bluma, eine junge Frau, die bei ihm in der Buchhaltung gearbeitet hatte. Bluma war die Tochter einer Freundin meiner Mutter, und sie hatte uns viel von ihrem Chef erzählt, daß er Risiken auf sich genommen hatte, um ihr und anderen jüdischen Arbeitern zu helfen, daß er ihnen sogar geholfen hatte, Lebensmittel in das Ghetto zu schmuggeln: Er hatte sie begleitet und die Sachen in seinen Taschen versteckt.

Sie hatte uns auch erzählt, daß er dem Arbeitsamt erklärt hatte, er würde seinen jüdischen Arbeitern dasselbe bezahlen wie den polnischen, obwohl das streng verboten war. Als er die Erlaubnis dafür nicht bekam, bezahlte er den Juden die Differenz aus der eigenen Tasche, »an den Büchern vorbei«. Das war also dieser Deutsche, Busse. Ich hatte schon an ihn gedacht auf unserer Suche nach »anderen« Deutschen von Schades Art. Nun hatte der Zufall ihn zu uns geführt. Ich gab Haska ein Zeichen, daß ich wußte, wer er war, und beschloß, ihn ein wenig zu provozieren:

1 *Otto Busse hatte 1943 in Bialystok einen Malereibetrieb eröffnet und ein dazugehöriges Maleratelier für Kunst- und Schriftenmalerei. Er führte Aufträge für die deutsche Zivilverwaltung und die Wehrmacht durch.*

»Wundert es Sie, daß wir heute nicht in die Kirche gegangen sind? Wir gehen nie beten. Es gibt auch andere Polen. Wissen Sie, ich hab von Ihnen schon gehört. Eine jüdische Frau namens Bluma hat bei Ihnen gearbeitet. Wir waren Schulkolleginnen, und zu Zeiten des Ghettos habe ich sie manchmal getroffen. Wer weiß, wo sie jetzt ist?«

Busse war verblüfft.

»Ja, sie hat bei mir gearbeitet. Sie war eine ausgezeichnete Bürokraft.«

Jetzt war ich zuversichtlicher:

»Meine Freundin hier ist eine richtige Künstlerin, sie malt ganz hervorragend. Bis jetzt hat sie als Dienstmädchen gearbeitet, eine Vergeudung ihres Talents. Vielleicht könnten Sie sie bei sich anstellen?«

»Warum nicht?«

»Aber was wird das Arbeitsamt sagen?«

»Kommen Sie morgen in mein Büro, ich denke, die Sache läßt sich regeln. Ich hab da Kontakte.«

So fing Haska bei Busse an. Sie nahm Blumas Stelle in der Buchhaltung ein. Ab und zu malte sie auch Porträts. Die Arbeit war angenehm, einfache Büroarbeit, und der Chef verhielt sich wunderbar und ließ ihr völlige Freiheit. Haska konnte stundenweise den Arbeitsplatz verlassen, sie konnte auch einmal ein, zwei Tage wegbleiben. Busse verlor kein Wort darüber. Er begann, uns zu Hause zu besuchen. An dunklen, verregneten Herbstabenden kam er »auf ein Schwätzchen« zu uns. Seine Frau begleitete ihn. Unsere Vermieter wunderten sich über unsere neuen Bekannten und verhehlten ihr Erstaunen nicht. Unser Ansehen war gestiegen.

Unsere Gespräche mit Busse waren interessant. Er sprach viel über die Juden, über die Bibel und den Talmud. Aus diesen Büchern hatte er gelernt, daß das verfolgte und unterdrückte Volk, das er so sehr bewunderte, das auserwählte Volk war und seine Thora das wahre Gesetz. Ja, darüber gab es gar keinen Zweifel, und deshalb brachte Hitler die Juden um. Einmal rief er aus:

»Ich schäme mich so, ein Deutscher zu sein! Wenn ich nur Jude sein könnte!«

Offenbar bedauerte er seinen Ausbruch sofort, denn für den Rest des Abends verfiel er in Schweigen. Er besuchte uns fast jeden

Abend, und wir hatten den Eindruck, daß er von uns Antworten auf die Fragen erwartete, die ihn quälten. Er sprach von Gott und wollte wissen, warum solche Verbrechen nicht bestraft wurden. Er glaubte an eine höhere Macht, eine ewige moralische Macht, unabhängig von Zeit und Raum. Diese Moralität, dieser Geist war für ihn Gott. Er war gebildet und zitierte die großen Philosophen. Oft redete er über die verabscheuungswürdigen Verbrechen, die an den Juden verübt wurden. Hitler war für ihn der böse Teufel, der die Deutschen mit sich zog. Die Deutschen hatten sich verführen lassen; deshalb schämte er sich für sie. Er glaubte, daß es auch noch andere Deutsche gab, die so dachten wie er. Ja, auch der Nazismus war ein philosophisches Problem, und der Krieg gegen den Faschismus (das waren seine Worte) gehörte in den Bereich der Suche nach der absoluten Wahrheit. Über die Sowjetunion wußte er nicht viel. Er war davon überzeugt, daß Rußland Hitlers Stelle einnehmen wollte und mit genau denselben Methoden wie die Nazis kämpfte. Anfangs versuchten wir nur, seine pazifistische Haltung zu erschüttern, die auf seinen humanitären Ansichten beruhte und nicht auf Taten gerichtet war. Wir verhielten uns vorsichtig, bis die Untergrundarbeit seiner Hilfe bedurfte.

Das geschah im Spätherbst. Zwei Männer, die aus Majdanek geflohen waren, Stasiek und Roman, kamen zu uns. Sie waren zwei junge Juden, die zur Zeit des Ghettos zu den Rändern des Untergrundes gehört hatten. Sie waren aus Majdanek geflohen, als sie zur Arbeit außerhalb des Lagers geführt worden waren. Sie sagten, daß es in Majdanek noch viele Juden aus Białystok gab, und erzählten uns auch von Bluma, die einer von ihnen kannte.

Etwa zur selben Zeit kam Felek aus Blizyn, dem Lager bei Radom. Felek war nicht von allein geflohen. Seine Frau, Lotka Dobrowolska, die als Arierin in der Stadt lebte, hatte seine Flucht organisiert. Sie war eine Warschauerin, die arisch aussah, mutig und intelligent war und zum Untergrund gehörte. Ihre Freundinnen Bronka und Krysia hatten die beiden Flüchtlinge aus Majdanek bei sich versteckt. Lotkas Aktion brachte uns darauf, daß, wenn es ihr gelungen war, nach Blizyn zu kommen und ihren Mann herauszuholen, wir eine Flucht aus Majdanek organisieren können müßten.

Wir wandten uns an Busse. Er hatte mehr als einmal erklärt, er würde sein ganzes Vermögen hingeben, wenn er nur Bluma retten könnte. Darauf zählten wir. Haska eröffnete ihm, daß ein Jude, dessen Frau eine Polin war, die wir gut kannten, und der aus Majdanek geflüchtet war, dort Bluma kennengelernt hatte. Wir baten ihn um eine Genehmigung für ihn selbst und eine von uns als Übersetzerin oder Sekretärin. Wir stellten Busse Lotka und Roman vor. Er fragte sie aus und glaubte schließlich, daß Lotka wirklich Polin war und Roman ihr jüdischer Mann.

Dann klapperte er die deutschen Behörden ab, um eine Reisegenehmigung nach Lublin zu bekommen. Als er gerade bekam, was er wollte, erfuhren wir, daß alle Białystoker Juden in Majdanek ermordet worden waren. Das Arbeitslager war liquidiert worden. Unsere Reise hatte keinen Sinn mehr. Aber Busse blieb ein Verbündeter. Einmal sagte er zu Haska:

»Sie sind anders, ich hab noch nie eine Polin wie Sie gesehen. Nein, erzählen Sie mir keine Geschichten, Sie haben ein Geheimnis, nicht nur was Ihre Vergangenheit betrifft, sondern auch jetzt noch.«

Haska schwieg erst und platzte dann heraus:

»Wir sind Juden.«

Busse war verblüfft. Dann lächelte er, und schließlich konnte er sich nicht mehr zurückhalten. Er umarmte Haska und küßte sie auf die Stirn. Er war so aufgeregt, daß er flüsternd stammelte:

»Ich wußte es, ich wußte, daß ihr aus einer anderen Welt kommt. So, Sie vertreten also dieses Volk, dieses Volk, das soviel gelitten hat und immer noch leidet, damit die Welt erlöst werde. Sie werden am Leben bleiben, Sie müssen am Leben bleiben, Sie stehen für eine ganz andere Welt, eine höherwertige. Jetzt verstehe ich, warum Sie Juden helfen, warum Sie sie retten wollen. Deshalb also wollten Sie nach Majdanek. Lassen Sie mich Ihnen helfen, so gut ich kann. Hier ist mein Geld. Ich gebe Ihnen alles. Nehmen Sie keine Rücksicht auf die Bücher und die Berichte, nehmen Sie sich, was Sie brauchen. Es macht mir nichts aus, wenn ich verhaftet werde, weil ich die Bücher fälsche, ich regle das schon.«

Als Haska uns erzählte, was passiert war, waren wir ziemlich verärgert. Wir fanden, sie hatte übereilt gehandelt. Wenig später kam uns Busse besuchen. Erst saß er schweigend da. Dann fing er plötzlich an zu reden. Er bat uns um Verzeihung, daß er so in unser Leben geplatzt war. Vielleicht war er ja gar nicht erwünscht. Er war Deutscher, und vielleicht haßten wir ihn wie alle Deutschen. Aber jetzt beschäftigte ihn schon seit drei Tagen ein Gedanke und bereitete ihm schlaflose Nächte: Wie konnte er Juden helfen?

Da er unser Geheimnis kannte, sprachen wir offen mit ihm: Wir müssen gegen die Nazis kämpfen.

»Wie kämpfen?«

»Mit Waffen.«

Er war ein wohlhabender Bürger einer ostpreußischen Stadt, Amateurkünstler und -musiker. Als Hitler an die Macht kam, hatte er gedacht, er würde den Menschen Freiheit und Gerechtigkeit bringen, wie er es versprochen hatte. Busse schloß sich der nationalsozialistischen Partei an. Bis er herausfand, daß die Nazis logen. 1935 gab er seinen Parteiausweis zurück mit einem Brief, in dem er seine Gründe erläuterte. Er war naiv. Er wollte sein eigenes Gewissen beruhigen, ohne zu handeln, und hatte ernsthaft geglaubt, er hätte nun seine Pflicht erfüllt.

Danach entwickelten sich die Dinge wie erwartet. Er wurde dank des angesehenen Status seiner Familie gerettet, und die Sache endete damit, daß sein Betrieb geschlossen wurde. Als der Krieg ausbrach, kehrte er in die Partei zurück, sonst wäre er nicht am Leben geblieben, und erhielt die Erlaubnis, im besetzten Białystok einen Betrieb zu eröffnen.

Wir überzeugten ihn davon, daß er als Antifaschist kein ruhiges Gewissen haben konnte, solange er nicht aktiv gegen den Faschismus kämpfte.

Er fing damit an, daß er uns Geld spendete und Leute bei sich zu Hause versteckte. Er half auch einer deutschen Frau, deren jüdischer Mann im Ghetto getötet worden war. Sie war mit ihrem halbjüdischen Sohn zurückgeblieben. Die Nazis pflegten solche Kinder aus der Schule zu holen, um an ihnen in einem »Sanatorium« medizinische Experimente durchzuführen. Busse stellte die Mutter als Haushälterin an und adoptierte das Kind. Uns brachte er Pläne und Kompasse. Er brachte auch Haska eine Pistole. Das war unser aller Traum, das Zyankali gegen eine Pistole austauschen zu können.

So wurde Busse zum Kämpfer. Im Laufe der Zeit wurde er in die deutsche Zelle integriert, und er nahm an mehreren Aktionen teil.

Wir forderten ihn nie auf, zu den Partisanen zu gehen und Brükken und Schienen zu sprengen. Er war ein Militanter, den wir in der Stadt brauchten, unter seinen deutschen »Brüdern«, der Gestapo, der Polizei, unter den Industriellen und Geschäftsleuten, für die er sich so schämte. Wir bemühten uns ständig, seinen Enthusiasmus zu dämpfen. Wir drängten ihn, sich wieder in die Parteizirkel zu begeben, sich in ihren Klubs sehen zu lassen. Wir ermutigten ihn, seine Mitgliedsbeiträge zu zahlen, Freundschaften mit Deutschen, die er haßte, aufrechtzuhalten. Wir beruhigten seinen stürmischen Charakter und überzeugten ihn, daß er auf das Nazigehabe seiner Kameraden nicht negativ reagieren durfte, sondern ihren Ansichten zustimmen, sich eben wie ein loyales Mitglied des Untergrundes verhalten mußte. Wir lernten auch wichtige Sachen von ihm. Mit seiner Hilfe schmuggelten wir alles mögliche in den Wald, von geheimen militärischen Karten bis zu den genauen Plänen der Luftabwehr in der Stadt.

Schade war anders, und auch unsere Beziehungen zu ihm entwikkelten sich anders als die zu Busse. Im Spätherbst wurde Schade in eine andere Fabrik versetzt, in das Kombinat Nummer 5. Sein Nachfolger war der vorherige Leiter von Fabrik Nummer 2, ein typischer Deutscher, gemein und haßerfüllt. Er hatte nicht Schades Fachkenntnisse. In seiner alten Fabrik hatte er Dutzende Arbeiter in Konzentrationslager geschickt und sogar drei auf dem Werksgelände gehängt wegen angeblicher Sabotage. Die Arbeiter sagten, die Sabotage sei reine Erfindung.

Als er zu uns kam, verschlimmerte sich auch meine Situation. Ich konnte die Arbeit nicht mehr früher verlassen, ich bekam nicht mehr frei und wurde jeden Tag an eine andere Maschine geschickt, die ich nicht kannte. Einmal sagte der »Chef« zu mir:

»Warum arbeiten Sie in der Fabrik? Sie können deutsch, und man sieht Ihnen an, daß Sie gebildet sind.«

»Ganz einfach. Ich möchte ein Handwerk lernen, und das lernt man nicht aus Büchern.«

»Sehr gut. Vielleicht schicken wir Sie nach Deutschland, um dort etwas zu lernen. Würde Ihnen das gefallen?«

Ich sah, daß meine Lage ernst war, und schließlich fand ich einen Ausweg. Im Büro wurde jemand benötigt, der Deutsch konnte, und ich bekam diese Stelle. Ich arbeitete nun nachts in der Telefonvermittlung und bekam vor allem Informationen über »feindliche« Luftangriffe herein. Bis jetzt war von der sowjetischen Luftwaffe noch nicht viel zu sehen gewesen, aber da die Front immer näher rückte, wuchs auch die Furcht. Meine Aufgabe bestand darin, diese Informationen sofort weiterzugeben, so daß die Arbeiter Zeit hatten, die Maschinen und den Strom abzustellen und sich in den Bombenkeller zu begeben. Ich hatte die ganze Nacht für mich, und auch den Tag konnte ich verbringen, wie ich wollte. Am Abend genoß ich die Einsamkeit in meinem Büro. Die Schreibmaschinen standen mir zur Verfügung, und niemand beaufsichtigte mich. Damals stellte ich das ganze Propagandamaterial her, einschließlich der Informationen über die Front.

Der Winter war gekommen, und unsere Verbindungen in den Wald wurden spärlich. Wir mußten unsere Arbeit in der Stadt intensivieren, die Zellen ausbauen und unsere politische Arbeit mit ihnen verstärken. Schade war, nachdem er die Fabrik verlassen hatte, verschwunden. Ich hätte gerne mit ihm gesprochen, weil wir Leute mit praktischen Fähigkeiten brauchten, aber ich wußte nicht, wie ich an ihn herankommen sollte. Da läutete eines Nachts das Telefon.

»Wer spricht?«

»Eine von den Angestellten.«

»Die kenne ich alle. Wer sind Sie? Mein Name ist Schade, ich bin der ehemalige Direktor der Fabrik.«

Es war Mitternacht, aber seine Stimme klang hellwach und fröhlich. Als ich ihm sagte, daß ich es war, freute er sich. »Wie geht es Ihnen?« fragte er. »Was machen Sie?« Ich sagte ihm, daß ich gerne mit ihm über etwas Bestimmtes sprechen wollte.

Am nächsten Abend traf ich ihn. Ich hatte nur eine Stunde Zeit, dann mußte ich zurück an das Telefon. Wir redeten offen und kamen direkt zur Sache. Er erzählte mir Neues von der Front, und ich drängte ihn, mir zu sagen, was er zu tun gedachte, um den Krieg gegen die Nazis zu unterstützen.

»Ich habe Juden gerettet«, erwiderte er.

»Genügt Ihnen das?«

»Ich weiß nicht, was könnte ich sonst noch tun?«

Ich bat ihn, darüber nachzudenken. Wir vereinbarten ein zweites Treffen. Er sagte mir, daß er Mitglied der Nazipartei war, das Hakenkreuz am Revers trug und aus dem Herzen Deutschlands kam. Er war Ingenieur und Textilfachmann. Sein ganzes Leben hatte er seinem Beruf gewidmet, von Politik hatte er nichts wissen wollen. Sein Leben war hart gewesen, und es war nur seiner Willenskraft zu verdanken, daß er Fachmann geworden war. Während der Weltwirtschaftskrise war er arbeitslos gewesen, bis Hitler an die Macht kam. Er hatte damals erkannt, daß er, wenn er vorankommen wollte, in die Partei eintreten mußte. Danach war sein Leben leichter geworden, und er war rasch beruflich wie gesellschaftlich aufgestiegen. Als die Deutschen unsere Gegend eroberten, war er hierher geschickt worden, in einer sehr ehrenvollen und verantwortlichen Position, die er vor dem Krieg nie erreicht hätte.

Aber hier waren ihm die Augen aufgegangen. Vor allem zwei Sachen hatten ihn erschüttert: die Vernichtung der Juden und der Krieg an der Ostfront. Er hatte gesehen, wie die Rassengesetze umgesetzt wurden, und er hatte den Anfang vom Ende des Nationalsozialismus mitbekommen. Mina, die Jüdin, hatte ihm dabei geholfen, indem sie ihn etwas über das Leben gelehrt und ihn über die Zusammenhänge und Entwicklungen von Völkern und Regierungen aufgeklärt hatte. Sie hatte ihm erklärt, warum der Nazismus zum Untergang verurteilt war, und hatte ihn die wahre Natur seiner Herren erkennen lassen.

An dieser Stelle erklärte er, daß er immer Arbeiter gewesen war und gelegentlich sogar mit der Sowjetunion sympathisiert hatte. In Schade konnte man, ohne daß er selbst sich dessen bewußt war, die Auswirkungen einer deutschen Erziehung erkennen, Ordnung, Professionalismus und Bildung. Er war der reine Fachmann und hatte sich selber hochgearbeitet. Ich vermutete, daß seine Hilfe für Juden und sein Antifaschismus wohl kalkuliert waren, er hatte die Realität erkannt, daß die Sowjetunion schließlich triumphieren würde und daß man sich auf die Realität einstellen mußte, solange man noch Zeit dazu hatte.

Das war nicht weiter wichtig. Wir brauchten Schade für unsere Arbeit. Allerdings verhörten wir ihn noch einmal ausführlich, bevor wir entschieden, ihn zu rekrutieren.

Schließlich eröffnete ich Schade, daß ich die Partisanen im Wald und eine politische antifaschistische Untergrundbewegung in der Stadt vertrat. Schade erklärte sich bereit, uns nicht nur zu unterstützen, sondern der aktiven Organisation beizutreten. Ich forderte, er solle andere Deutsche, die wie er waren, rekrutieren, was er zuerst ablehnte. Dieses Risiko wollte er nicht auf sich nehmen, seiner Meinung nach konnte man keinem Deutschen trauen.

»Warum nicht? Was ist dann mit Ihnen?«

Wir übten keinen Druck auf ihn aus. Zuerst baten wir ihn um ein Radiogerät, das er bei sich zu Hause aufbewahren sollte. Er war einverstanden. Er ersetzte sein Radio durch ein anderes, größeres, das er natürlich von seinem eigenen Geld kaufte, denn wir konnten uns das nicht leisten. Von da an konnte ich jeden Abend am Radio sitzen und Radio Moskau und London hören. Schade versorgte uns auch mit Waffen. Als erstes brachte er ein deutsches Gewehr an. Marylka, Sergej und ich organisierten den Transport der Waffe von Schades Wohnung in den Wald.

Die Neuigkeiten von der Front waren ermutigend. In Białystok aber verbreiteten die Deutschen – die »Prawda«. Das Signet, der Druck, auch der Stil glichen bemerkenswert genau der echten »Prawda« aus Moskau. Die Zeitung ging von Hand zu Hand, die Leute versteckten sie unter ihren Kleidern und rannten nach Hause, um sie heimlich zu lesen. Aber diese »Prawda« war seltsam. Kleine Andeutungen waren zwischen den Zeilen versteckt. Es war sehr raffinierte Arbeit, keine schreiende Propaganda, und es war sehr effektiv. Nicht jeder kapierte, daß diese »Prawda« in Wirklichkeit deutsche Propaganda verbreitete.

Wir mußten die Wahrheit über diese gefälschte »Prawda« veröffentlichen und außerdem Informationen über das Näherrücken der Roten Armee, um den Deutschenhassern neuen Auftrieb zu geben. Das Radio bei Schade und die Schreibmaschinen in meinem Büro halfen uns, die Neuigkeiten an die Zellen weiterzugeben. Über sie gelangte die Wahrheit dann an breite Kreise der Bevölkerung.

Die drei Büroräume lagen in einem Gebäude auf dem Werkshof. Die Fenster, die nach außen gingen, waren geschlossen und verriegelt. Eine Wand grenzte an das Wärterhäuschen, die andere an die Wohnung des Direktors. Vom inneren Raum blickte man auf den Hof, seine Wände grenzten an die beiden anderen Zimmer. Das Telefon, an dem ich saß, stand in diesem inneren Raum. Wenn sich jemand meinem Zimmer näherte, konnte ich vorher die Schritte auf dem Flur und das Knarren der beiden Türen zu den anderen Zimmern hören. Ich hatte genug Zeit, das Papier aus der Schreibmaschine zu ziehen und zu verstecken. Das Geräusch der Schreibmaschine ging im Lärm der Maschinen und Motoren aus der Fabrik unter. Nachtelang arbeitete ich in aller Ruhe. Zuerst mußte ich aus den Informationen, die ich aus dem Radio hatte, einen Text erstellen. Ich mußte jeden Ortsnamen richtig schreiben, und da ich nicht alle Namen kannte, und die Leser noch weniger, benutzte ich dafür eine Landkarte. Ich erklärte im Text, wo zum Beispiel Komsomolsk lag, Dneprodzerzinsk, Kramatorsk und Slavjansk, die im September zurückerobert worden waren, oder Komarici. Wenn die Leute dann auch noch lasen, daß die Briten 1000 Tonnen Bomben über Berlin abgeworfen hatten, würde sie das ermutigen und ihnen zeigen, daß ihre Geduld belohnt wurde. Ich mußte die deutschen Verluste korrekt aufzählen und durfte keine falschen Informationen verbreiten, die mir unglaubwürdig erschienen und die nur die Illusion gefördert hätten, der Krieg sei quasi beendet. Das würde den Menschen notgedrungen Enttäuschungen bereiten, und sie standen ohnehin schon kurz vor der Verzweiflung. Wir verbreiteten die Wahrheit, und die reichte aus, um die Schwachen zu stärken und den Mythos der Unbesiegbarkeit der Deutschen zu zerstören.

Im September erfuhren wir, was in Italien geschah. Die britische Armee hatte Tarent eingenommen, die fünfte US-Armee hatte den Hafen von Salerno erobert, Mussolini war verhaftet worden. In der UdSSR operierte das Komitee »Freies Deutschland«. Die Sowjets nahmen Brjansk ein und meldeten täglich neue Erfolge. Die sowjetische Front rückte täglich näher, ich folgte ihr Ort für Ort, schrieb darüber, und die Maschine druckte die Informationen. Nachts kam niemand in das Büro, außer dem Wachmann, der die Uhr aufzog. Fünf Minuten vor der vollen Stunde zog ich das Papier aus der Maschine; wenn der Wachmann gegangen war, legte ich es wieder ein. Um elf Uhr machte er seine letzte Runde, danach ging er zur Toilette. Wenn ich das Wasser rauschen und dann die Tür zufallen hörte, wußte ich, daß er heute nicht mehr kommen würde.

Eines Nachts, um Mitternacht, ging plötzlich die Tür auf, und der Direktor stand im Zimmer. Ich hatte ihn nicht kommen gehört, der Lärm der Schreibmaschine hatte offenbar seine Schritte übertönt.

»Was machen Sie hier?«

Ich hatte Angst und hätte gerne das Papier versteckt. Ich hatte gerade exakte Angaben über die deutschen Verluste aufgeschrieben: 5729 Flugzeuge getroffen... Undenkbar, ich zog sofort meine Hand wieder zurück. Wenn ich es verdeckte, merkte er, daß etwas nicht stimmte.

»Nichts. Ich langweile mich und habe Angst, ich könnte einschlafen.«

»Was tippen Sie da, lassen Sie mich sehen!«

»Ich... ich lerne Schreibmaschine schreiben. Vielleicht kann ich damit einmal eine bessere Arbeit finden, tagsüber.«

Er glaubte mir. Ich sah ihm in die Augen. Er kam näher und beugte sich über mich. Ich sprang auf und fragte ihn zu meiner eigenen Überraschung unschuldig:

»Ist das verboten, Herr Direktor? Ich passe auf, daß ich die Maschine nicht kaputtmache.«

»Gut, gut. Achten Sie auf das Telefon, und falls es Alarm gibt, wecken Sie mich einfach, indem Sie an die Wand klopfen.«[1]

1 Diese Propagandaaktivität wird mit vielen Ungenauigkeiten in einem Bericht beschrieben, der 1944 «Über die Aktivität der Białystoker Antifaschistischen Organisation» verfaßt wurde. Das Original findet sich in den Archiven von «Moreschet», und der Bericht enthält Namen, die fälschlich in diesem Zusammenhang aufgezählt werden.

Das Kapitel über die Deutschen wird von einer dritten Person berichtet, die nicht direkt an dieser Aktivität teilgenommen hat. Der Bericht als ganzer wurde hastig auf dem Marsch vom Wald in das befreite Białystok verfaßt. Die Verfasserin hatte nicht die Zeit, die Fakten zu überprüfen. Sie war auch von dem Bedürfnis motiviert, keinen bekannten Namen derer, die am Leben geblieben waren, auszulassen, um ihre Rechte und Ansprüche nicht zu schmälern, und deshalb fügte sie Namen ein, die nicht in diesen Bericht gehören.

31
Ein jüdischer Seufzer

Marylka brachte uns die schreckliche Nachricht, daß der Erdbunker, in dem Aryeh Weinstein, Yoschko Kawe und andere sich versteckt hatten, am 4. November gesprengt worden war. Der Bunker hatte sich in dem Wald befunden, in dem auch die Kampfeinheit saß. Aus Sicherheitsgründen waren die Nicht-Kombattanten über den ganzen Wald verteilt worden. Die meisten der in dem gesprengten Bunker Versteckten waren Leute, die von den Zügen gesprungen waren.

Marylka war so wütend, daß sie kaum darüber sprechen konnte. Die Männer hatten ihren Kampfgeist verloren, sie hatten sich schlafen gelegt, ohne die geringsten Sicherheitsvorkehrungen zu treffen. In solchen Situationen überlebte man nicht nur mit Hilfe von Waffen, sondern auch dank seines Willens. Waffen konnten Gleichgültigkeit und mangelnde Vorsicht nicht ersetzen. Als Männer aus einem anderen Erdbunker gekommen waren, um ihnen Essen zu bringen, fanden sie nur ein tödliches Schweigen vor.

Nur ein Mann war nicht getötet worden, er hatte sich zwischen den Bäumen versteckt, bis die Deutschen weg waren. Wie waren die Deutschen zu dem Bunker gekommen, wer hatte ihnen den Weg gezeigt? Am folgenden Tag gingen die Partisanen in die weiter entfernten Höfe, um Essen zu holen. Sie fanden heraus, daß eine neue SS-Einheit, die in Supraśl stationiert war, um die Partisanen zu bekämpfen, die Aktion durchgeführt hatte. Die Deutschen waren für ihre Vorsicht bekannt. Sie benutzten nie einen Weg, den sie nicht kannten, vor allem nicht im trügerischen Wald: Wie hatten sie diesen Weg entdeckt? Zwei Tage später fanden sie auch das heraus:

Die Partisanen waren noch nicht dazu gekommen, ihr Lager in ein anderes Gebiet zu verlegen, als sie am frühen Morgen Schüsse in der Nähe ihres Bunkers hörten. Die Wachen alarmierten die anderen, die ohnehin in ständiger Bereitschaft waren. Als sie aus dem Bunker kamen, konnten sie schon die herannahenden Deutschen im Frühnebel ausmachen. In der nun folgenden Schlacht kommandierte Sascha (Yezhi Sucharzewski) die Partisanen. Es hatte keinen Sinn, im immer heller werdenden Morgenlicht einen Kampf Mann zu Mann fortzusetzen. Sascha ordnete den Rückzug an und deckte ihn mit seinem Maschinengewehr. Sie kamen alle lebend davon, außer Sascha, der im Kampf fiel.

Die Deutschen zerstörten den Bunker. Sie durchsuchten die ganze Umgebung und gingen dabei an Genossen vorbei, die sich hinter den Bäumen und Büschen ein paar Meter von ihnen entfernt verbargen. Sie schossen blindlings um sich. Aber sie fanden niemanden. Sascha wurde zusammen mit dem Maschinengewehr von seinen Genossen weggebracht. Die Deutschen zogen sich zurück und ließen ihre eigenen Toten liegen.

Die Genossen wußten, daß sie wiederkommen würden, um ihre Toten zu holen. Sie nahmen sich schnell deren Gewehre und durchsuchten ihre Papiere. Unter den Gefallenen lag auch der Waldaufseher von Supraśl, ein Verräter. Er kannte den Wald genau, jeden Pfad, jede Höhle, jede Quelle. Er lebte in Supraśl im Gestapo-Gebäude und verließ es nie ohne Begleitschutz. Er war sehr wertvoll für die Deutschen gewesen, deshalb hatten sie ihn auch wie ihren Augapfel gehütet. Er hatte sie in das jüdische Partisanenlager geführt. Sascha war gefallen, aber zuvor war es ihm gelungen, den Verräter zu töten.

Als der Herbst zu Ende ging, kam Natek Goldstein, um uns den Weg in das neue Lager zu zeigen. Natek war ein junger Mann, blond und breitschultrig. (Sein Name wird in einer Verlautbarung des Judenrates genannt im Zusammenhang mit einer Strafe wegen eines Vergehens auf dem Arbeitsplatz. In der Verlautbarung erscheint er als 16 Jahre alt.) Wir hatten schon im Ghetto von ihm gehört. Er hatte Waffen geschmuggelt, war einer der Exekutoren des Urteils gegen die Judkowskis, die Verräter, gewesen und war Kurier zwischen dem Ghetto und dem Wald. Er hatte ein breites Gesicht und helle Augen. Er sollte mit einer von uns Frauen in den Wald zurückgehen, aber in dieser Nacht hatte es gefroren, und jetzt bedeckte Schnee die Straßen und Wege außerhalb der Stadt. Er war also gezwungen, bei uns zu bleiben, bis der Schnee schmolz. Wir führten ihn als unseren Vetter aus Grodno ein.

Das waren trübe Tage. Wir waren mit dem Organisieren der Zellen beschäftigt, mit der Veröffentlichung der Radioberichte, dem

Verbreiten von Material und Sammeln von Informationen und mit der Suche nach Waffen. Wir hatten nicht viel Geld, dafür aber Hunger, und wir froren. Außerdem mußten wir Natek durchfüttern und ihn 12 Stunden pro Tag versteckt halten.

Wir waren schlechter Laune. Jeden Tag gingen wir zur Arbeit, jeden Tag erfüllten wir unsere Aufgaben, aber der immer noch akute Mangel an Waffen im Wald und diese ersten Tage der Trennung von den Genossen dort deprimierten uns. An einem dieser Herbsttage ging Liza gerade von der Arbeit nach Hause. Der Regen hatte aufgehört, und die Massen strömten aus dem Kino in der Piłsudski-Straße. Es wurde schon dunkel, und Lizka war verbittert. Ohne nachzudenken, seufzte sie. Es war ein ganz gewöhnlicher jüdischer Seufzer: »Oi.« Da packte sie jemand am Arm.

»Du bist eine Jüdin!«

Lizka versuchte vergeblich, sich zu befreien. Der Kerl ließ ihr keine Ruhe:

»Ich kenne diesen Seufzer. Nur Juden jammern so. Komm mit.«

Lizka schrie ihm die ordinärsten Flüche ins Gesicht.

»Du Hurensohn, was willst du von mir? Du bist mir ein guter Pole, der die Deutschen liebt, ha, du Dreckskerl? Laß meine Hand los. Puh... du solltest dich schämen...«

Er ließ sie laufen. Ihre guten Nerven und ihr ordinäres Benehmen hatten ihr geholfen, und auch ihr arisches Aussehen, das durch einen einzigen Seufzer in Frage gestellt worden war. Wir hatten wieder eine Lektion gelernt.

Natek ging in den Wald zurück, woher ermutigende Nachrichten eintrafen. Die Einheit hatte sich von ihren letzten Rückschlägen erholt. Auch wir erholten uns wieder, dank dieser Neuigkeit und weil wir Waffen und anderes Material liefern konnten. Und mit Hilfe des Untergrundapparates konnte eine Reihe beeindruckender Aktionen durchgeführt werden. Das Ergebnis einer dieser Aktionen sah ich mit eigenen Augen:

Bronka und ich saßen im Zug nach Grodno, wir wollten zu Jan, um den Kontakt zu ihm aufzufrischen. Diesmal fuhren wir ohne Genehmigung. Grimm, Bronkas Chef, hatte uns im Postwagen untergebracht. Plötzlich hielt der Zug an. Die Bremsen quietschten, und wir wurden nach vorne geschleudert.

Der Anblick, der sich uns bot, war außergewöhnlich: zertrümmerte Waggons, verbogene Schienen, die in die Luft ragten. Wir stiegen aus. Ein paar Waggons, die nicht zerstört waren, lagen umgekippt ein gutes Stück von den Geleisen entfernt. Unter den Trümmern wurden die Verwundeten hervorgezogen. Waffen, Körperteile, Tornister und Helme lagen über die ganze Gegend verstreut. Aus unserem Zug sprangen die Leute heraus, um zuzusehen. Die Gendarmen, die zwischen den verbogenen Schienen herumstanden, schrien sie an, sofort zu verschwinden. Die meisten gehorchten nicht, sondern sahen sich gleichgültig die Verwundeten an. Die Gendarmen trieben uns zu einem anderen Zug. Wir mußten uns beeilen, um noch Plätze zu finden, die Deutschen wollten unbedingt sofort weiterfahren. Wir liefen also aufgeregt zu dem anderen Zug. Bronka fragte naiv den Zugführer:

»Was ist passiert? Ist die Lokomotive zusammengebrochen, oder ist der Zug entgleist?«

»Du kleiner Dummkopf, du hast ja keine Ahnung. Die Partisanen haben die Schienen sabotiert und den Zug beschossen. Du hattest Glück, daß sie nicht den angegriffen haben, in dem du gesessen hast.«

»Aber warum sollten sie mich töten wollen?« fragte Bronka erstaunt, »ich bin doch kein Soldat und auch keine Deutsche.«

»Ha, ha, ha«, lachte er sie aus, »sie haben zwar einen Armeetransporter zerstört, aber sie hätten genauso gut deinen Zug erwischen können.«

»Nein, das glaube ich nicht. Wenn es nach Ihnen ginge, dürften wir überhaupt nicht mehr mit dem Zug fahren, weil das zu gefährlich ist.«

Er lächelte über Bronkas naive und erfrischende Jugendlichkeit – sie glaubte, ihr könne nichts passieren!

Wir wußten zwar noch nicht, was aus den Angreifern geworden war, aber wir freuten uns sehr. Die Welt war plötzlich wieder hell und strahlend.

Eine Aktion, die gleichfalls erwähnenswert ist, war die Sprengung des Elektrizitätswerkes in einem Überraschungsangriff, der bis in das letzte Detail geplant war.[1] Die nötigen Informationen erhielten

1 Der oben erwähnte Bericht enthält unter anderem auch eine Beschreibung dieser Aktion.

wir von den Untergrundzellen in der Stadt. Besonders half uns die belorussisch-sowjetische Zelle, die von Dawidowicz, dem Ingenieur im Elektrizitätswerk, geleitet wurde. Die Deutschen, die das Werksgelände bewachten, waren so überrascht und erschrocken, daß sie ihre Waffen wegwarfen und flohen. Das Werk wurde durch die Explosion vollkommen zerstört, die Waffen der Deutschen eingesammelt und jeder, der sich widersetzen wollte, erschossen. Dann zogen sich die Partisanen im Schutz der Dunkelheit in den Wald zurück. Am nächsten Tag waren überall in Białystok große Plakate angeschlagen: Ein Verbrechen wurde verübt etc. ... Da die Schuldigen bis jetzt nicht gefunden wurden, wurden zweihundert ehemalige sowjetische Bürger auf Grund ihrer Verbindungen zu den Partisanen als Geiseln verhaftet. Werden die wahren Schuldigen nicht bis zum morgigen Tag den Behörden übergeben, werden alle Geiseln erschossen und ihr Vermögen von den deutschen Autoritäten beschlagnahmt. Gezeichnet vom Leiter der Polizei und des Sicherheitsdienstes.

Es war unmöglich, dieser Ankündigung gegenüber gleichgültig zu bleiben. Die Geiseln würden ermordet werden. Aber die Deutschen hätten eine Kolonie von 200 ehemaligen Sowjetbürgern im Herzen des Waldes ohnehin nicht bestehen lassen. Die meisten Gemeinden dieser Art waren schon liquidiert worden. So war es auch in Wilna und Grodno geschehen. Trotzdem war es kaum zu ertragen, daß die Deutschen ganze Familien mit Frauen und Kindern ermordeten und dafür eine Partisanenaktion als Ausrede nahmen. Zwei Tage später waren die 200 Russen tot.

Wir hatten inzwischen neue Teile des Waldes erobert. Es ist ein Grundgesetz des Partisanenkampfes, ein Gebiet umfassend zu besetzen, mit all seinen Pfaden, Dörfern und Bewohnern, einschließlich der Bauernhöfe, der Bauern und Waldarbeiter, der Förster und ihrer Familien. Besetzung hieß vor allem Kenntnis. Einen Wald kennen bedeutete nicht dasselbe wie eine Stadt oder eine Landstraße kennen. Der Wald war trügerisch; jeder Baum sah gleich aus. Die Bäume und Pfade waren heimtückisch und täuschten Auge und Ohr.

In dem Gebiet, das wir nun einnahmen, gab es keine anderen organisierten Partisanen. Wir bezogen Stellungen in den Dörfern und auf den Bauernhöfen. Wir kannten alle Bewohner, wußten, wer ein

Verräter war und wer ein Freund, wo sich die Polizeiwachen und die mobilen SS-Einheiten befanden, wo die reichen Bauern lebten und wo die armen. Wir kannten den Wald in allen Einzelheiten, wußten, wo die Quellen waren und die Furten in den Flüssen. Aber wir waren wenige und hatten noch weniger Waffen. Die Deutschen bewegten sich noch immer ungehindert im Wald. Und wir konnten die Informationen, die wir sammelten, nicht praktisch umsetzen. Was nützte uns schon unser Wissen über die Luftabwehreinrichtungen in der Stadt und die Heereseinheiten, die rund um Białystok stationiert waren, wenn wir keinen Kontakt zur Front hatten? Und mehr noch, würden wir uns allein, ohne eine größere Partisanenbasis halten können? Der Winter nahte, und er barg viele Gefahren für eine kleine isolierte Kampfeinheit. Schneefelder würden uns einkreisen und noch mehr von der Außenwelt abschneiden. Würden wir mit unserer spärlichen Mannschaft und mangelhaften Ausrüstung noch länger die Gegend kontrollieren können? Würden wir in der Lage sein, bis zum Sieg durchzuhalten?

Diese Zweifel bewogen die Führung, zwei der besten Partisanen in den Wald von Białowieska zu entsenden. Wir wußten, daß der Weg schwierig war, daß sie sich heimlich durch Dörfer und Wälder bewegen mußten, die sie nicht kannten, daß sie ihren Weg allein mit Hilfe von Karten und Kompaß finden, gut bewachte Eisenbahnschienen überqueren und Flüsse durchwaten mußten, deren Tiefe sie nicht einschätzen konnten. Trotzdem war es lebenswichtig. Wir mußten um jeden Preis einen Kontakt zur Partisanenbasis in Białowieska herstellen. Elias und Marek brachen zu dieser gefährlichen Reise auf. Lange Zeit hörten wir nichts mehr von ihnen.

Jan versprach uns ein Maschinengewehr und 600 Schuß Munition. Wir sahen uns die Waffe an, sie war nicht neu, aber in gutem Zustand. Es war ein deutsches Gewehr, das von zwei Leuten bedient werden mußte. So etwas hatten wir noch nicht im Wald. Natürlich stürzten wir uns auf diese Gelegenheit. Wir beschlossen, die Waffe per Zug nach Białystok zu schaffen. Wir versprachen Zugführer Grimm ein schönes Geschenk, wenn er uns bei einer Schmuggelaktion half. Wir fuhren ohne Reiseerlaubnis. Von Zeit zu Zeit kam Grimm in unser Abteil. Wenn sich eine Kontrolle näherte, kam er sofort und lenkte von unseren fehlenden Genehmigungen ab, indem er so tat, als wäre er in ein Gespräch mit uns vertieft.

Bronka nutzte seine Anwesenheit, um ihren Status unter den Mitreisenden zu erhöhen. Ihre helle Stimme erfüllte den ganzen Waggon, der voll besetzt mit polnischen Bauern und Schmugglern war. Ihre Größe paßte zu dem vornehmen Gesicht, das Sicherheit und sogar Arroganz ausstrahlte. Sie wedelte mit ihren Wildlederhandschuhen vor dem Gendarmen herum, als handle es sich um ein wichtiges Dokument.

Es war noch früh, als wir in Kuźnica ankamen. Von dort mußten wir noch neun oder zehn Kilometer bis zu Jans Haus zu Fuß laufen. Wir waren schon hier ausgestiegen, um die Kontrolle im Hauptbahnhof von Grodno zu vermeiden. Mittags kamen wir bei Jan an. Er stellte eine Flasche Bier auf den Tisch und wies seine Frau an, uns schnell etwas zu essen zu machen. Draußen hellte der Himmel auf, der Regen hatte aufgehört.

Jan spannte die Pferde an, stellte den Koffer mit der Waffe und der Munition unter den Sitz, und wir machten uns auf zu dem kleinen Bahnhof eines Nachbardorfes. Zu Winteranfang verblaßt die Sonne schon mittags, die Luft wird kalt und feucht. Wir saßen auf dem Koffer und hopsten mit den Rädern auf und ab, die gelegentlich im Schlamm stecken blieben. Wir kamen an mehreren Dörfern vorbei, wo Jan auf einen Sprung bei Bekannten einkehrte, um keinen Verdacht zu erregen, weil er in eine ungewohnte Richtung fuhr. Er trank einen Schluck Schnaps, machte flüsternd ein kleines Geschäft ab, kaufte Tabak und verkaufte der Teufel weiß was, dann zog er wieder die Zügel an, pfiff, und die Pferde setzten sich in Bewegung.

Der Bahnhof war leer. Vor dem Gebäude gingen zwei uniformierte Deutsche auf und ab, einer führte einen großen Hund an der Leine. Nach ein paar Minuten tauchte ein polnischer Eisenbahner auf. Offenbar kam der Zug bald. Wir hatten die beiden Deutschen rechtzeitig entdeckt und uns zurückziehen können. Das Problem dabei war nur, daß der Koffer nicht von selbst in den Wald kam. Jan wurde ziemlich angespannt und fuhr weiter. Zehn Meter vom Bahnhof entfernt hielten wir an und luden den Koffer aus. Wir stellten ihn hinter dem Bahnhofsgebäude ab und verabschiedeten uns. Mit leeren Händen betraten wir den Bahnhof. Ich blieb in der Nähe des Koffers, und Bronka ging auf den Bahnsteig. Sie begrüßte die Deutschen mit einem strahlenden »Guten Abend«

und fragte sie, wann der Zug ankam. Sie freuten sich offensichtlich über ihre Gesellschaft.

»Der Zug kommt jeden Moment, aber Sie können nicht einsteigen, weil er hier nicht hält. Er verlangsamt nur ein wenig, da werden Sie nicht aufspringen können.«

Bronka zeigte lachend auf ihre Füße, sie werde es bestimmt schaffen. »Und wenn nicht, könnten Sie mir helfen? Könnten Sie vielleicht den Zugführer bitten, einen Moment anzuhalten?«

Ich hörte der Unterhaltung aus der Entfernung zu und sah immer wieder auf die Geleise. Bronka kam zurück, und wir tauschten die Rollen. Jetzt ging ich auf den Bahnsteig, rieb mir die Hände und stampfte mit den Füßen.

»Ach, noch eine Süße, wo ist denn deine Freundin?«

»Sie kommt gleich wieder.«

»Wo warst du denn vorhin?« Er sah mich an, halb mit dem Bedürfnis zu flirten, halb mißtrauisch. Schließlich, was hatten zwei Mädchen aus der Stadt auf diesem heruntergekommenen Bahnhof zwischen Dörfern und Feldern zu suchen, im Zwielicht eines kalten und nassen Winterabends?

»Komm, wir suchen deine Freundin«, sagte der mit dem Hund. Bronka hatte aber gut zugehört, sie lachte laut hinter dem Bahnhof. Das Geräusch der Räder war schon zu hören. War Grimm, »ihr« Zugführer, im Zug oder nicht? Und wenn er den Zug nicht anhielt? Ich verschwand hinter dem Gebäude. Bronka mußte die beiden bis zum letzten Moment beschäftigen, ich mußte den Koffer zum Postwagen schleppen. Ich hörte sie laut reden. Der Zug fuhr ein und verlangsamte die Geschwindigkeit. Jetzt hörte ich Bronka sagen:

»Oh, guten Abend, wie geht's, Herr Grimm?«

Grimm war also im Zug. Der stand noch immer nicht. Geduld. Keine Hektik. Grimm würde schon warten. Jetzt hielt der Zug. Bronka nahm den Koffer und ging bedächtig zum Postwagen. Die Deutschen sahen ihr zu. Einer von ihnen wollte ihr helfen, ließ es dann aber und fragte:

»Ah, ihr Gaunerinnen, was habt ihr denn in dem Koffer?«

Aber der Koffer war schon in Grimms Händen. Der zog ein Gesicht, er hatte nicht eine solche Menge »Waren« erwartet. Aber das war uns egal. Das gute Stück war drin und wir hinterher. Bronka winkte den Deutschen auf dem Bahnsteig mit dem Handschuh und lächelte. Gut, daß sie nicht mit uns fuhren. Im Postwagen war es kalt. Grimm brachte den Koffer unter und schlug uns vor, in einen Personenwagen zu gehen, damit wir uns nicht erkälteten.

»Wir haben eine Menge leckere Sachen mitgebracht«, grinste Bronka.

Wir gingen in ein Passagierabteil, in dem es genauso kalt und dunkel war. Der Koffer blieb im Postwagen. Er war abgeschlossen, und Grimm würde ihn nicht öffnen, um nachzusehen, was drin war. Er hatte Angst. Er würde ihn im Auge behalten. Wir hatten keine Reisegenehmigungen; wenn wir erwischt wurden, dann besser so weit vom Koffer entfernt wie nur möglich. Aber es kam niemand, um sie zu kontrollieren, offenbar hatten die Kontrollen schon zwischen Grodno und unserem kleinen Bahnhof stattgefunden, aber wir mußten noch aus dem Zug kommen und durch die Stadt laufen. Vor allem der Hauptbahnhof war gefährlich, hier wurden immer Kontrollen durchgeführt.

Als wir zwischen sieben und acht Uhr in Białystok ankamen, war es schon dunkel. Am Ausgang war eine lange Schlange. Wir nahmen den Koffer und gingen darauf zu. Hinter der Absperrung stand ein Wachposten. Wir sahen, daß Haska und Marylka auf uns warteten. Die Reisegenehmigungen wurden an einem schmalen Durchgang überprüft, an dem zwei Bahnhofspolizisten standen. Einer von ihnen war dick, ich kannte ihn schon von früheren Reisen. Er sollte Schmuggler fangen. Er sah sich jeden genau an, und wer ihm nicht »koscher« vorkam, den nahm er zur Seite. Er hatte einen großen Hund. Wie sollten wir hier durchkommen? Die Kontrolle war heute besonders streng.

Bronka kam zurück, sie suchte Grimm. Ich wartete, bis ich dran war. Dann ging ich zum hinteren Ende der Schlange, die immer kürzer wurde. Schließlich kam Bronka mit Grimm. Er nahm mir das Gepäck ab und ging zu einem Seitenausgang, der deutschen Eisenbahnarbeitern vorbehalten war. Bronka und ich folgten ihm. Am Ausgang stand eine Wache. Grimm ging einfach weiter und kam durch, ich auch. Bronka wurde angehalten, sie mußte zum Hauptausgang zurück. Sie konnten sie verhaften und womöglich in ein Arbeits- oder gar Konzentrationslager schicken. Grimm rannte vor, ich hielt ihn auf und bat ihn, mich nach Hause zu bringen.

»Machen Sie sich keine Sorgen, Bronka wird gleich nachkommen.

Ich hab ein bißchen Schnaps, wir werfen den Ofen an und braten uns ein paar von den Leckereien, die ihr mitgebracht habt. Wir haben es geschafft, was? Das müssen wir feiern!«

»Aber Herr Grimm, es ist schon spät. Und was soll aus Bronka werden?«

Er gab nicht nach. Der Koffer war in seinen Händen, und er ging auf sein Haus zu.

»Auf gar keinen Fall. Mein Bruder ist hier und wird den Koffer nehmen. Ich suche Bronka. Es ist schon spät. Morgen bringen wir die Delikatessen zu Ihnen, und dann feiern wir. Dann sind wir auch alle nicht so müde.«

Ich nahm ihm den Koffer fast mit Gewalt ab, bedankte mich und versprach, ihn wissen zu lassen, was mit Bronka war. Ich fand die Genossinnen gleich. Lizka war auch hier. Marylka und Lizka nahmen sofort den Koffer und brachten ihn vom Bahnhof weg. Haska und ich gingen Bronka suchen. Schließlich sahen wir, wie sie in einer Gruppe von Frauen in ein gegenüberliegendes Haus abgeführt wurde, wo die Bahnhofspolizei stationiert war. Haska versuchte, mit ihr zu sprechen. Aber der dicke Gendarm mit dem Hund packte sie und zog sie in die Gruppe. Vergeblich versuchte sie zu erklären, daß sie gar nicht im Zug gewesen war.

»Nein, ich hab dich gesehen. Wo ist deine Reisegenehmigung? Du hast keine? Dann komm mit.«

Ich beschloß, mich nicht einzumischen. Der dicke Gendarm behielt Haska im Auge, aber Bronka gelang es gleichzeitig, aus der Gruppe zu schlüpfen und in der Menge unterzutauchen. Jetzt warteten Bronka und ich auf Haska. Schließlich kam sie wieder. Man hatte ein Bußgeld von ihr verlangt für das Reisen ohne Genehmigung, aber sie hatte darauf bestanden, daß sie nicht im Zug gewesen war. Die anderen Schmugglerinnen wurden sorgfältig durchsucht, ihre Bündel, Körbe, sogar ihre Kleider. Haska hatte kein Gepäck dabei.

»Du hast dein Bündel weggeworfen«, hielt ihr der Gendarm vor. Haska hatte jedoch nicht vor, auch nur die kleinste Buße zu bezahlen. »Auch zehn Mark sind Geld«, erklärte sie. »Ich bin keine Schmugglerin, ich arbeite, und ich hab kein Geld, um für Vergehen zu bezahlen, die ich nicht begangen habe.«

Schließlich ließ man sie gehen. Die Frauen staunten über dieses seltsame Mädchen, das nicht bereit war, eine so kleine Summe zu bezahlen, um sich aus den Klauen der Gendarmerie zu befreien. Auch die Deutschen wunderten sich. Jeder Pole bezahlte die zehn Mark aus schierer Angst, auch wenn er unschuldig war. Aber weil sie sich so ungewöhnlich benahm, durchsuchten sie nicht einmal ihre Tasche oder ihre Kleider. Sie ließen sie einfach laufen.

Bronka eilte zu Grimm, um ihn zu beruhigen. Sie versprach, morgen zu einem Festessen zu kommen. Sie erzählte ihm genau ihr ganzes Abenteuer, wie sie entwischt war und wie sie statt dessen Helenka mitgenommen hatten, bis Grimm zufriedengestellt war. Die Frauen kamen glücklich und mit frischem Mut zurück. Ich nahm den deutschen Bus und fuhr direkt in die Fabrik. In dieser Nacht würde ich nichts tippen. Diese Nacht hatte ich mir einen ruhigen Schlaf neben dem Telefon von Textilfabrik Nummer 4 verdient.

Am nächsten Tag gingen Bronka und ich auf den Markt. Wir kauften zwei Kilo guten Schinken, Eier und ein Stück Fett. Wir packten die Sachen gut ein und brachten sie zu Grimm. Bronka briet das Fleisch und salzte den restlichen Schinken, damit er länger haltbar blieb, wir deckten den Tisch und warteten, daß Grimm nach Hause kam. Die Gläser glänzten, das weiße Tischtuch war fleckenlos sauber. Als Grimm von der Arbeit kam und die Bescherung sah, strahlte er. Er beschloß, den Schinken seiner Familie in Deutschland zu schicken. Wir hatten alle Grund zur Freude. Am glücklichsten aber würden unsere Genossen im Wald sein: In der kommenden Nacht wollten Haska und Marylka ihnen die Waffe bringen.

Der Abend des darauffolgenden Tages war düster und feucht. Dichter Nebel hüllte den Wald ein. Es war gutes Wetter für unser Vorhaben, nur schade, daß Haskas Schuhe nicht dafür geeignet waren. Während des Tages brachten wir die Waffe in Einzelteilen zu einer Höhle, wo wir sie bis zum Aufbruch versteckten. Marylka und Haska machten sich zeitig auf den Weg. Sie mußten nicht auf den Beginn der Ausgangssperre warten. Im Wald war es schon um sechs Uhr abends dunkel. Wenn alles gutging, wenn sie zur rechten Zeit am rechten Ort auf uns warteten, konnte Haska noch in derselben Nacht zurückgehen. Aber darauf konnten wir uns nicht verlassen. Haska nutzte immer gern die Gelegenheit, eine Nacht lang im Wald bei den Genossen zu bleiben. Sie liebte es, bei ihnen zu sein. Nichts schreckte sie ab, weder die eisige Kälte noch die Nässe und auch nicht die Gefahr, gejagt zu werden. Sie kam immer mit vielen spannenden Geschichten zurück. Sie interessierte sich für jedes einzelne Mitglied der Einheit und kannte sie alle gut, ihre Namen und ihre früheren Aktivitäten, ihren psychischen Zustand und ihre Kampffähigkeit. Für sie war die Kampfeinheit der Partisanen eine Gruppe von Einzelpersonen.

Zwei Tage später kam Haska strahlend zurück. Einen ganzen Tag lang hatte sie die Freiheit genossen, ohne Mysia und ihren antisemitischen Mann. Am meisten freute sie, daß die Waffe heil an ihrem Bestimmungsort angekommen war. Sie hatten sie überprüft und in Ordnung gefunden. Und wie sie sich gefreut hatten! Sie ließen sie nicht gehen, ohne ihr Geschenke für die Mädchen in der Stadt mitzugeben. Sie stöberten in ihren Taschen und Tornistern und fanden irgendein gutes Stück aus ihrer Vergangenheit, einen hübschen kleinen Kamm, einen goldenen Ring, alles für uns. Eine seltsame und schöne Beziehung hatte sich zwischen dem Wald und der Stadt entwickelt. Seltsam war sie, weil sie so untypisch für unser hartes, schwieriges Leben war, und schön, weil wir sie so sehr wollten. Und es gab noch ein Geschenk! Zum erstenmal bekamen wir Lebensmittel aus dem Wald, eine gute Portion Fleisch. »Wir haben das Fleisch in einer unserer letzten Aktionen einem reichen Bauern abgenommen, der mit den Deutschen kollaboriert. Für unsere Mädchen, die nicht hungern sollen, guten Appetit«, bestellte Haska.

Im Wald diskutierten sie jetzt darüber, in das Ghetto zu gehen, um dort nach Überlebenden zu suchen und zu sehen, was es in den Verstecken sonst noch gab. In einem war zum Beispiel ein wunderbarer Radioempfänger; wenn man den in den Wald schaffte, mußten sie nicht immer darauf warten, daß wir ihnen die neuesten Nachrichten brachten. Das Ghetto war immer noch gesperrt. Nur einzelne Gruppen von städtischen Arbeitern kamen, unter deutscher Bewachung, hinein, um das Abwasser- und Elektrizitätssystem zu versorgen. Einem Gerücht zufolge sollten in absehbarer Zeit Arbeitsgruppen kommen, um das von den Juden zurückgelassene Gut zu klassifizieren und für die Verschickung nach Deutschland einzupacken. Wir mußten versuchen, mit den städtischen Arbeitern oder diesen Arbeitsgruppen hineinzukommen. Wieder einmal half uns Busse. Er erhielt als Bauunternehmer eine Genehmigung von der Polizei und der für herrenloses Gut zuständigen Zivilbehörde. Die Genehmigung war auf ihn und seine Sekretärin ausgestellt.

Haska nahm eine große Mappe, steckte alle möglichen Karten und Pläne aus Busses Büro hinein und ging mit ihm in das Ghetto. Am Nachmittag kam sie zurück. Wir versammelten uns, um zu hören, was sie zu erzählen hatte. Aber Haska schwieg. Sie saß am Tisch und kaute apathisch ihr Essen. Sie zeigte keinerlei Emotionen, ihre Augen waren starr und ausdruckslos. Sie seufzte nicht und weinte nicht. Sie sagte kein Wort. Hatte sie dort wirklich nichts Erwähnenswertes gesehen? Wir beneideten sie, auch wir wollten das Ghetto wiedersehen, vielleicht etwas finden, das es wert war, gerettet zu werden. Haska schwieg weiter. Schließlich brachten wir in Bruchstücken aus ihr heraus, daß sie den Ort gefunden hatten, wo das Radio sein sollte, daß es aber nicht da gewesen war. Das war alles.

Als Haska zur Arbeit ging, bemerkte ich plötzlich das Päckchen, das neben dem Bett lag. Es war nicht groß und in altes Zeitungspapier gewickelt. Ich machte es auf und fing an zu zittern: Ein altes Kleid, das meiner Mutter gehört hatte, fiel aus dem Papier. Ich erkannte es sofort. Ich hatte Haska nicht gebeten, etwas mitzubringen. Und was sah ich noch? Einen abgetragenen und zerrissenen Rock von Zila, Haskas Freundin aus Grodno. Und ein paar weitere kleine wertlose Übrigbleibsel von Genossinnen und von ihrer jüngeren Schwester. Das hatte Haska aus dem Ghetto mitgenommen.

Ich hielt die Sachen in meinen zitternden Händen, mein Herz raste. Haska kam spät von der Arbeit zurück. Sie fragte nicht nach dem Paket, erwähnte es nicht einmal. Sie setzte sich schweigend an den Bettrand. Ich reichte ihr das Essen, aber sie wies es zurück. Mit Mühe nahm ich ihr den Mantel ab. Sie rührte sich nicht. Dann stand sie plötzlich auf und ließ sich hilflos der Länge nach auf das Bett fallen. Sie fing an zu weinen, sie schluchzte auf Jiddisch: *Zila, Zila... kumt... geht nischt avek... Chaika...* Das Jiddisch war unmißverständlich. Auf der anderen Seite der dünnen Wand aßen die Vermieter zu Abend. Haskas Weinen wurde lauter. Ich war sicher, daß man es nicht nur in der Wohnung hörte, sondern im ganzen Haus. Im Nebenzimmer wurde ein Stuhl gerückt, und ich hörte schwere Schritte auf den Eingang zugehen. Gleich waren sie hier, und Haska hörte nicht auf zu schreien: *Zila... Chaika... kumt, geht nischt avek... geht n...*

Ohne lange nachzudenken, begann ich, ihr Gesicht zu streicheln, ihr weiches, zerzaustes Haar. Sie wurde ruhig, fing aber gleich wieder an. Sie zitterte, schlug meine Hand weg und versuchte, sich von mir zu befreien. Ich packte sie am Kinn und drückte ihr die Faust in den Mund. Ihr Weinen wurde erstickt. Es war schon spät, und ich mußte zur Arbeit. Da tauchte wie ein Engel vom Himmel Marylka auf. Sie regte sich nicht auf wie ich. Sie nahm Haskas Hand, steckte ihr ein Taschentuch in den Mund und bat mich, kaltes Wasser zu bringen. Als die Nachbarn ins Zimmer kamen, lag Haska ruhig da und atmete schwer. Wortfetzen kamen aus ihrem Mund, unklar und für die Polen unverständlich. Wir baten sie zu gehen, sagten, zwischen Helenka und ihrem Verlobten sei etwas Böses vorgefallen, und ihr Herz sei gebrochen. Marylka erklärte:

»Wenn sie sich damit abgefunden hat, daß er sie verlassen hat, dann wird sie sich schämen, daß Sie alle gesehen haben, wie schlecht es ihr deswegen ging.«

Mysia fand, in solchen Dingen sei sie die Expertin. Außerdem hielt sie sich für Helenkas engste Freundin, sie wollte unbedingt bei ihr bleiben. Da hatte Marylka einen genialen Einfall:

»Mysia, könnten Sie nicht Busse holen gehen? Ich glaube, der hat einen guten Einfluß auf sie.«

Mysia, glücklich, daß ihr eine so wichtige Aufgabe anvertraut wurde, rannte los. Wir blieben allein. Als Busse kam, hatte sich Haska schon wieder beruhigt. Unter ihren Augen zeichneten sich tiefe schwarze Schatten ab. Weiß wie das Laken und mit Schüttelfrost lag sie schwach und still im Bett.

Als ich am anderen Morgen um sechs Uhr früh von der Arbeit kam, schliefen Marylka und Haska tief und fest. Im Hof knarrte eine Tür, ein Nachbar ging zur Arbeit. Eine Toilettenspülung war zu hören und die Sirenen einer Fabrik. Ich schlief ein. Als ich erwachte, stand Marylka über mich gebeugt und knöpfte mir den Mantel auf. Es war schon heller Morgen. Haska zog sich an, um arbeiten zu gehen. Sie verlor kein Wort über den gestrigen Abend.

32
Die sowjetischen Partisanen

Der Winter kam mit wunderschönen ruhigen klaren Tagen. Es war ein Winter ohne Stürme. Der Schnee schnitt uns vom Wald ab. Ein weißer Teppich schien die vielen Kilometer zwischen uns und den Partisanen zu verdecken. Wir konnten nicht zu ihnen, denn unsere Fußspuren im tiefen Schnee hätten ihr Lager verraten.

Marylka saß in der Stadt fest. Ab und zu bekamen wir von Volodyas Kontakten ungefähre Informationen über Gefechte im Wald und ausgedehnte Suchaktionen der Deutschen. Jeder zusätzliche Tag der Trennung bedeutete das Todesurteil für die Partisanen. Nun wurde uns bewußt, wie isoliert wir waren. Eine große Partisaneneinheit, die einen ganzen Wald, einschließlich der Dörfer darin, wirklich kontrollierte, würde vom Schnee nicht in diesem Ausmaß beeinträchtigt. Aber hinter unserer kleinen Einheit lagen die Deutschen auf der Lauer. In jedem näheren Dorf war eine Polizeistation. Unsere Region war kein »typisches« Partisanengebiet wie etwa die Gegend von Białowieska. Dort hatten die Partisanen ganze Dörfer fest in der Hand.

Aber wir hatten keine andere Wahl. Wir mußten nun unsere Aktivitäten ganz auf die Stadt konzentrieren, völlig abgeschnitten von den Genossen im Wald. Wir mußten Aktionen allein planen und auch durchführen. Wir operierten ohne Instruktionen und ohne zu erkennen, welchen Wert unsere momentanen Aktivitäten in der Stadt hatten. Wir sammelten geheime Informationen, ohne die Möglichkeit, sie an jemanden weiterzugeben, der etwas damit anfangen konnte. Wir organisierten neue Zellen, ohne zu wissen, wann wir sie in den Wald schicken konnten.

So organisierten wir eine neue Zelle »arischer« Juden. Unsere Kandidaten fanden wir einen nach dem anderen. Die erste war Janka Malewska, eine mutige junge Frau. Sie kam aus Łodz, war groß und schön, begabt und frech. Nur dank ihrer Frechheit hatte Janka es geschafft, sich in der Stadt als »Arierin« durchzuschlagen. Ohne Bekannte oder Beziehungen hatte sie ihren Weg gemacht. Sie arbeitete in einem deutschen Büro, das für die Verteilung von Brennmaterial in der Stadt zuständig war. Das Büro genoß in diesen Kriegszeiten hohes Ansehen unter den Deutschen, und viele bemühten sich um die Gunst des Direktors und der Angestellten.

Über das Büro organisierte sie den Waffentransport aus den Dörfern. Ein Dienstauto bereiste regelmäßig die Provinzstädte. Janka machte »ein Geschäft« mit dem polnischen Fahrer, versprach ihm einen Anteil am Profit ihrer Schmuggelei und stellte die Reisegenehmigungen selbst aus, indem sie sich den Stempel »auslieh« und die Unterschrift des Direktors fälschte. Der Gastank hatte mehrere versiegelte Versteckmöglichkeiten. Die Kosten waren gering: Wir kauften zwei Kilo Fett und ein Stück Fleisch für 100 bis 150 Mark, dafür schmuggelten wir ein Gewehr und Handgranaten, während der Fahrer dachte, er befördere Fleisch und Schinken. Die Waffen versteckten wir dann in Lizkas Keller und warteten darauf, daß es endlich taute.

Wir drängten nun auch unsere neuen Bekannten in der Stadt, mit uns zusammenzuarbeiten. Vor allem Lotka, Krysia und die drei Männer: Felek, Lotkas Mann, dessen Flucht aus Blizyn sie organisiert hatte, und Staszek und Roman, die aus Majdanek geflohen waren. Wir verlangten, daß sie aus ihren Verstecken kamen und sich bei der ersten Gelegenheit der Kampfeinheit anschlossen.

Wir bekamen keine klaren Antworten. Die Männer versprachen, darüber zu reden, sobald die Schneeschmelze begann. Außerdem, sagten sie, hätten sie keine Waffen. Wir teilten ihnen mit, daß wir ihnen welche beschaffen würden, ein Gewehr wartete bereits darauf, daß einer die Gelegenheit ergriff und in den Wald aufbrach. Auch die Frauen, die sich ständig selbst gefährdeten, indem sie die Männer schützten, könnten von uns Waffen bekommen.

Ihre Ansichten waren geteilt. Lotka sagte, Felek sollte in den Wald gehen, Staszek sagte gar nichts, und Roman theoretisierte:

»Ihr versteht gar nichts. Ihr wart nicht in einem Konzentrationslager, ihr habt nicht die Erniedrigung dort erlebt, wißt nichts vom Leben dort. Die sowjetische Front kommt immer rascher näher, die Rote Armee ist dabei zu siegen, warum sollten wir paar wenige in den Wald gehen, schwach und unbewaffnet, wie wir sind? Was für einen Wert soll so eine Gruppe vom historischen Standpunkt aus haben und in bezug auf das allgemeine Kriegsziel?«

Die Debatte mit Roman nahm viel Zeit in Anspruch. Die Frauen, die ihn versteckten, und sein Freund Staszek waren klar und ehrlich. Die Frauen wollten die Männer nicht aus dem Haus werfen, sie nicht zwingen, in den kalten gefährlichen Wald zu gehen, und deshalb behielten sie sie bei sich. Roman konnte seinen Wunsch nach Bequemlichkeit mit Dutzenden Argumenten verteidigen. Lotka aber schloß sich uns an und wurde eine ergebene Kämpferin, voller Mut und Begeisterung. Auch Felek, der weniger »intellektuell« war als Roman, war sofort einverstanden. Sobald es möglich war, würde er in den Wald gehen.

Im Januar 1944 erlebten wir eine freudige Überraschung. Es war kalt, und der Schnee lag hoch. Eines Morgens brachte ich aus meinem Büro die Nachricht mit, daß die Rote Armee die ehemalige polnische Grenze überquert hatte und eine kleine, aber wohlbekannte Stadt in Wolhynien von der Ersten Ukrainischen Front eingenommen worden war. Es handelte sich um Rokitno, unser kleines jüdisches Rokitno, ein Ort, der uns so nahestand auf dem, was einmal polnische Erde gewesen war.

Mitten im Winter kam ein Frühlingsgruß für uns. Nach Rokitno wurde Klosov, mit seinen Steinbrüchen und seinem großen Haluzim-Ausbildungslager, und dann Kamenec-Podolskij erobert. Es folgten die Städte Sarny, Luck und Rovno. Der Februar kam und verwandelte die Sorge in Freude, die Traurigkeit in Hoffnung. Die Welt marschierte auf die Befreiung zu. Wir meinten zu hören, wie die Moskauer Kanonen die Befreiung von Leningrad feierten und die Strahlen der Suchscheinwerfer zu sehen, die den Himmel zerschnitten. Diese Lichtstrahlen durchbrachen die Belagerung durch den Schnee.

Im Hinterland des Feindes operierten andere Befreiungskräfte. In Italien hatte eine Revolution stattgefunden, und die Menschen in Griechenland kämpften für die Freiheit. In Frankreich nahmen die Verhaftungen zu, ein Zeichen dafür, daß auch die Franzosen gegen die Faschisten kämpften. Die polnische Erde erzitterte Tag und Nacht von den explodierenden Eisenbahnen, Brücken und Polizeiwachen. Die Wälder waren voller Partisanen, die Verhaftungen nahmen zu, der Terror wurde intensiviert. Tag und Nacht wurden deutsche Städte bombardiert: 2300 Tonnen Stahl gingen auf Berlin nieder, Braunschweig wurde bombardiert, Hannover und Köln;

1300 amerikanische Flugzeuge zerstörten militärische Anlagen im Pas de Calais. Jeden Tag zerstörten Tausende Tonnen von Bomben deutsche Städte, Industrien, die Moral der Einwohner und ihre Fähigkeit, weiter durchzuhalten.

Die Vermieterin meiner Schwester Miriam, die reiche und aristokratische Gattin eines SS-Obersturmbannführers, weinte ständig und verbarg ihre Furcht nicht einmal vor mir, der »Polin«. Ihr Mann schrieb ihr aus dem Osten um warme Kleidung und wies sie an, große Kisten bereitzuhalten. Sie konnte es nicht fassen: Ihr hochrangiger Offizier brauchte Kleidung von zu Hause. »Ist es denn möglich, daß unsere Wehrmacht, die deutsche Wehrmacht, nicht ausreichend Kleidung zur Verfügung hat?« fragte sie ihr Dienstmädchen Julia (meine Schwester Miriam). Und wozu sollte sie Kisten vorbereiten? Was hatte das zu bedeuten? Und waren sie wirklich unfähig, die feindlichen Flugzeuge von deutschen Gebieten fernzuhalten und zu verhindern, daß die Russen ihre schrecklichen Bomben abwarfen? Aber langsam gewöhnte sich die Frau an die Situation, an die verwirrenden Briefe ihres Mannes und die Nachrichten, die sie von ihrer Familie in Köln bekam. Wie immer suchte sie nach billigen Hühnchen, backte Cremetorten und aß Schnittchen zu ihrem Vier-Uhr-Tee. Frau Gudmeier war eine nette Frau, sie verstand zwar die Welt nicht mehr, aber sie gewöhnte sich daran, so wie sie sich an die Ermordung der Juden gewöhnt hatte.

Anfang März schmolz der Schnee, und ein kräftiger Frühlingswind wehte durch die Stadt. Mit diesem ersten Wind kam Sergej. Die Neuigkeiten, die er für uns hatte, waren zugleich so schrecklich und so erfreulich, daß wir nicht wußten, ob wir lachen oder weinen sollten. Während unserer Trennung hatte es schwere Verluste gegeben. Der hohe Schnee und das gute Wetter waren Todesfallen gewesen: Die Partisanen konnten sich nicht von der Stelle rühren. Die kleinste Bewegung erregte die Aufmerksamkeit der Deutschen, die in den umliegenden Dörfern stationiert waren. Lange Zeit hatten sie von ein wenig Mehl, gemischt mit Schneewasser, gelebt. Als es zu Ende ging, aßen sie, was von den getrockneten Linsen und Bohnen noch übrig war. Viele waren krank, und sie hatten kaum Medikamente. Die Genossen lagen hilflos herum, unfähig, eine Hand oder einen Fuß zu rühren. Die wenigen, die noch durchgehalten hatten, waren dazu verdammt, langsam am Hunger und an Krankheiten zu verenden. Die jüdische Partisaneneinheit lag im Sterben. Sie beschlossen, diejenigen, die noch auf den Füßen stehen konnten, in die nächsten Dörfer zu schicken, um Essen aufzutreiben, koste es, was es wolle. Die im Lager blieben, waren in Alarmbereitschaft, falls die Deutschen die Fußspuren der anderen entdecken sollten. Sergej, Yaakov und Natek gingen los, und sowie sie die Umgebung des Lagers verließen, wurden sie angegriffen. Nach einem kurzen Gefecht wurde Natek Goldstein getötet. Die beiden anderen versuchten, die Deutschen abzulenken, damit sie den Erdbunker nicht entdeckten, aber es gelang ihnen nicht. Die Deutschen folgten ihren Spuren. Die Genossinnen und Genossen kämpften mit letzten Kräften, flohen und versteckten sich. Nach jedem Gefecht und Rückzug, wenn die zerstreuten Kämpfer sich wieder sammelten, waren sie ein, zwei weniger.

Jeder Schritt hinterließ Spuren, die zu neuen Jagden führten. »Oblawa« = Treibjagd: Die wahre Bedeutung dieses Wortes kann niemand verstehen, der nicht im Wald mit den Partisanen gelebt hat. Dieser Winter 1943/44 war eine schwere Prüfung für sie. Sie liefen täglich Dutzende Kilometer in knietiefem Schnee. Sie flohen, versteckten sich und schossen blind um sich. Die Verzweiflung nagte an ihnen. Die Munition ging ihnen aus und andere lebenswichtige Sachen ebenso. So lebten sie wochen- und monatelang, begruben ihre Toten, aßen Baumrinde und manchmal gefrorene Kartoffeln, die sie aus einem Schneefeld ausgruben. Sie sorgten sich auch um ihre Verwundeten. Rivka Woyskowskas Hand war ernsthaft verletzt, und sie konnten ihr nicht helfen. Ihre Wunde infizierte sich, und Rivka geriet in Lebensgefahr. Sie hatten keine Möglichkeiten, eine Blutvergiftung zu behandeln.

Dann kamen die sowjetischen Partisanen an, gesund, warm angezogen, gut bewaffnet und voller Lebenskraft. Sie waren jung im Geiste wie im Herzen. Sie hatten uns erreicht, nachdem sie Hunderte Kilometer durch Dörfer und Wälder, über Flüsse und Bahndämme, in ständigen Gefechten mit den Deutschen zurückgelegt hatten. Sie hatten uns in diesem Winter mehrere Kuriere geschickt, aber die meisten waren auf dem Weg in Zusammenstößen mit dem Feind umgekommen. Benk, der zweite Sekretär des Regionalkomitees der Kommunistischen Partei, war so bei dem Versuch, jüdische Partisanen zu retten, gestorben. Nur wenige hatten unser Gebiet erreicht. Sie waren zu dem alten Lager gekommen, hatten es verlassen vorgefunden und waren wieder umgekehrt. Marek und Elias[1] waren bis Białowieska gekommen und hatten Bericht erstattet. Daraufhin hatte die Kommandantur sofort Kuriere ausgeschickt. Mehr als 100 Männer waren gestorben auf der Suche nach unserer Einheit, während wir geschlagen, zerstreut und von Ort zu Ort getrieben wurden. Auch Elias hatte lange den Wald durchsucht, bis er gezwungen war, erfolglos zurückzukehren.

Aber schließlich hatten die Russen uns gefunden. Die Front rückte näher, doch die Partisanen hatten ihre Aufgabe noch nicht beendet. Nicht nur ihr Wunsch, uns zu helfen, hatte sie hierher gebracht. Die Notwendigkeit, hinter die feindlichen Linien vorzudringen, hatte sie ermutigt, ihre starke Basis in den dichten belorussischen Wäldern zu verlassen. Diejenigen, die jetzt gekommen waren, waren vor allem Fallschirmspringer, die vor etwa einem halben Jahr über dem Gebiet von Białowieska abgesprungen waren. Sie waren die Männer von General Kapusta. Im Umland von Białystok waren wir die einzige organisierte Kraft. Ohne uns hätte es hier keine ernsthaften Partisanenaktivitäten gegeben und keinen effektiven städtischen Untergrund. Wir waren die einzige Basis, auf die sie sich stützen konnten. Wir kannten das Gebiet, die Wälder und Dörfer, und wir hatten einen gut organisierten Untergrund hinter uns.

Sie brachten Hilfe: Medikamente, Essen, Waffen. Sie brachten auch einen Hauch von Frühling. Unser Zusammentreffen mit ihnen war so plötzlich und unerwartet, daß beide Seiten lange Zeit nicht darüber sprechen konnten. Es kam, als wir schon alle Hoffnung darauf aufgegeben hatten, und es war schwer zu begreifen, daß es nun tatsächlich geschehen war. Eine junge Frau war mit ihnen gekommen. Sie war Funkerin und trug ihre Ausrüstung auf dem Rükken. Ihre Genossen erzählten, daß sie damit vom Flugzeug abgesprungen war.

Sergej erzählte, daß diese jungen Fallschirmspringer ihnen sofort mit so viel Besorgtheit und Liebenswürdigkeit beigestanden hatten, daß sie zu träumen meinten. Die Schwachen bekamen eine Extrabehandlung. Unser Arzt war wie neugeboren, er vergaß seine eigene Erkrankung, nahm die Medikamente in seine zitternden Hände, die

1 Marek Buch und Eliyahu Warati, heute Vered, ein Mitglied des Kibbuz Eilon.

Flasche Bier, die Brot- und Fleischrationen und verteilte sie, je nachdem, was der jeweilige Patient schon vertragen konnte. Er verabreichte Injektionen, verband Wunden, fütterte, wärmte und erteilte Anweisungen. Viele waren gefallen, aber die Übriggebliebenen erwachten langsam zu neuem Leben. Sie nahmen wieder die Waffe in die Hand, füllten ihre Patronengurte auf und waren schon nach ein paar Tagen nicht mehr wiederzuerkennen. Und die russischen Freischärler wurden nun von den jüdischen Partisanen unterstützt, von ihrer bemerkenswerten Orientierungsfähigkeit, ihrem Wissen, ihren Verbindungen in der Nachbarschaft.

Die Zahl der sowjetischen Guerillakämpfer wuchs täglich. Eine Einheit nach der anderen kam an. Sie sagten, ihnen würden noch 200 bis 300 voll ausgerüstete Männer folgen. Ihr Ziel war, eine ganze Partisanenbrigade in diesem Gebiet einzurichten. Der Brigadekommandant sollte in wenigen Tagen eintreffen.

Sergej versorgte uns mit all diesen Neuigkeiten, und er wollte zwei von uns Frauen mit in den Wald nehmen. Die Russen wollten die Genossinnen kennenlernen, von denen ihre Kameraden so viel erzählten. Der Kommissar der Brigade hatte erklärt, er wolle unbedingt diese jüdischen Frauen treffen, die als Arierinnen in der Stadt lebten und alle Fäden des antifaschistischen Untergrundes in der gesamten Region in Händen hielten. Die politische und erzieherische Arbeit und die Vorbereitung der Leute, die in den Wald gingen, um zu kämpfen, das war unsere Arbeit, und er hatte sofort verstanden, daß wir seine Hauptunterstützung waren.

Als erste ging Lizka. Als sie zurückkam, trafen wir uns alle bei ihr, um ihre Geschichte zu hören.

»Von jetzt an sind wir das offizielle Antifaschistische Komitee für die Stadt und die Vororte. Unsere Autorität in diesem Bereich gilt uneingeschränkt. Unsere Aktivitäten werden nur mit dem Brigadehauptquartier abgestimmt. In allem, was die Stadt und das Umland betrifft, wird die Brigade weder Entscheidungen treffen noch Aktionen durchführen, ohne sich vorher mit uns zu beraten. Wir stehen ab sofort in direkter und ausschließlicher Verbindung mit dem Hauptquartier.«

Wir hörten uns das mit widersprüchlichen Gefühlen an.

»Wie können sie so etwas beschließen, ohne vorher mit unserer jüdischen Einheit darüber zu reden? Unser Schicksal ist auch ihres.

Es war der Ghettountergrund, der uns hierher geschickt hat, wir sind seine Fortsetzung. Wir sind Teil der jüdischen Einheit, und wir können keine Absprachen treffen, von denen sie ausgeschlossen sind.«

Aber Lizka fuhr fort:

»Wartet, das wurde alles diskutiert. Ihr macht mich so nervös, daß ich die Hauptsache vergesse. Zuerst hatten wir eine Diskussion mit Riva, dem Brigadekommandanten, und ich...«

»Was, du hast den Kommandanten gesehen und uns nichts davon erzählt?«

»Wie sieht er aus?«

»Das Gespräch mit dem Kommandanten«, erzählte Lizka weiter, »war ein Vorschlag der jüdischen Einheit. Unsere Einheit kann nicht so weitermachen wie bisher, sie kann nicht weiter unabhängig operieren. Die meisten müssen sich erst erholen, und die paar anderen sind zu wenige, um ein autonomes Regiment zu bilden. Wenn die Einheit für sich bleibt, so wie sie jetzt aussieht, mit all den Verwundeten und Kranken, dann bleibt sie für lange Zeit kampfunfähig, und nicht einmal die gesunden Genossen können dann an den Kämpfen teilnehmen.

Die Lösung besteht also darin, die Einheit auf die beiden bestehenden Regimenter aufzuteilen, diejenigen, die jetzt schon einsatzfähig sind, zu bewaffnen, während die anderen sich innerhalb der Regimenter wiederherstellen können. Der Kommandant ist der Ansicht, daß man keine Partisaneneinheit, und schon gar nicht eine jüdische, die so viele Verluste erlitten hat, vom Kampf ausschließen kann, auch wenn einige der Genossen vorläufig noch an keinen direkten Auseinandersetzungen teilnehmen können. Die Debatte war schmerzlich, viele unserer Genossen waren gegen das Aufsplitten der jüdischen Kampforganisation.[1] Natürlich stellte ich in bezug auf uns eine Bedingung. Ich sagte, unsere Entscheidung würde von derjenigen der jüdischen Einheit im Wald abhängen. Die Debatte ist noch nicht ganz beendet, aber es ist abzusehen, daß die Einheit den Vorschlag des Brigadekommandanten annehmen wird.»

Währenddessen waren mehrere wichtige damit verbundene Ent-

1 Später fanden wir heraus, daß zu dieser Zeit die jüdischen Einheiten in den unterschiedlichsten Partisanengebieten aufgelöst worden waren.

scheidungen getroffen worden. Erstens beschloß die Kommandantur, jeden Juden, der sich im Wald versteckt hielt, aufzunehmen, egal ob er kampffähig war oder nicht, egal ob alt oder jung, Mann oder Frau. Jeder Jude wurde akzeptiert, weil er Jude und als solcher Opfer des Faschismus war. Die zweite Entscheidung betraf die Deutschen. Bis jetzt war es den Partisanen noch nicht gelungen, antifaschistische Deutsche für organisierte Aktionen zu rekrutieren. Unsere Erfolge in dieser Angelegenheit waren zweifellos eine große Neuerung in der Geschichte des antifaschistischen Untergrundes. Der Kommandant erklärte, er habe extrem positive Anweisungen in dieser Sache, und er würde gerne einen von ihnen treffen, einen der mutigsten unter ihnen, um mit ihm und der Genossin, die künftig für die Deutschen verantwortlich wäre, über die Formierung einer eigenen deutschen Zelle nach dem Vorbild der bereits existierenden belorussischen und polnischen Zellen zu sprechen.

Nach Lizka ging ich in den Wald, um mit dem Stab zu reden. Ich nahm Schade mit. Er war sofort einverstanden gewesen und hatte vor lauter Aufregung ganz vergessen, wie gefährlich es für einen Deutschen, Parteimitglied und Leiter eines großen Kriegsindustriebetriebes, war, mitten in der Nacht im Wald auf dem Weg zu den Partisanen erwischt zu werden. Er würde gefoltert und getötet werden. Ich erkannte Schade in dieser Nacht nicht wieder. Er war sehr aufgeregt. Plötzlich ließ er mich stehen und verschwand. Einen Augenblick später kam er mit Mina Kiselstein zurück. Sie war die junge Frau, die bei ihm gearbeitet und durch die wir den Kontakt zu Schade bekommen hatten. Wir umarmten uns schweigend.

Am nächsten Tag brachte ich Schade zum Brigadekommandanten. Wir bewegten uns langsam und vorsichtig durch den Schlamm. Ich ging voraus, Schade ein paar Schritte hinter mir. Er lief mit gezogener Pistole.

Am Treffpunkt, 50 Meter links vom Weg, warteten zwei Männer auf uns. Ich sah in die neuen, fremden Gesichter. Sie waren jung und trugen Drillichmützen auf dem Kopf. Sie trugen kurzläufige Maschinenpistolen mit vollen Magazinen. Sie hatten leichte Stupsnasen, breite Gesichter und kleine Augen. Schade war verwirrt, ging aber mit. Einer von ihnen übernahm die Führung, wir gingen in der Mitte, und der zweite übernahm die Nachhut. Die Straße war gut gesichert, Partisanengruppen bewachten sie hinter den Bäumen versteckt.

Sergej schloß sich uns auf dem Weg an. Schade war glücklich, er hatte sich offenbar geängstigt in dieser fremdartigen, schweigenden, bewaffneten Gesellschaft. Er befand sich nun unter den »Bolschewiken«, und er hatte doch noch nie einen »Bolschewiken« zu Gesicht bekommen. Sergej erkannte er, er hatte ihn bei sich zu Hause gesehen, als er ihm das Gewehr gegeben hatte.

Nach Mitternacht erreichten wir das Lager. Ein Partisan nahm sein Schaffell ab und breitete es für uns auf dem Boden aus. »So werden Sie wenigstens nicht naß«, sagte er. Ich übersetzte, und Schade lachte. Er wollte sich bedanken, wußte aber nicht wie.

Der Kombrig (Brigadekommandant) ließ ihn warten, vermutlich absichtlich. Er ließ ihn sich umschauen, alles aufnehmen und beeindruckt sein. Es begann zu regnen, und die Partisanen brachten uns Drillichtuch, um uns damit zu bedecken. Manche unterhielten sich mit mir. Erstaunlicherweise wußten sie alles. Sie wußten, daß ich am Ghettoaufstand teilgenommen hatte, daß ich Mitglied der Führung war, daß ich Galina, nicht Galutschka hieß, was ich trieb und wie ich diesen Deutschen »gefunden« hatte. Sie sprachen mit mir ohne besonderen Unterton, ohne ostentative Sorge oder Mitleid für das Ghetto, das nicht mehr existierte, sondern so, wie Männer mit einer jungen Frau sprechen, die sie mögen und achten.

Er trug eine Schaffellmütze, hohe glänzende Stiefel, einen kurzen warmen Mantel und einen breiten Gürtel, an dem eine große Pistole in einem hölzernen Holster hing. Er tauchte ganz plötzlich auf und kam mit langen, schnellen Schritten auf uns zu, mit seinem Gefolge im Schlepptau. Alle sprangen auf und grüßten ihn mit einem knappen militärischen Salut. Er winkte mit der Hand ab, was teils wie ein Befehl wirkte, teils wie eine kameradschaftliche Geste:

»Setzt euch bitte.«

Ich sah Schade an. Die kurze Zeremonie war ganz nach seinem Geschmack gewesen. Ich wußte nicht, ob sie für ihn inszeniert oder normal war. Voitsekovskij war klug. Sergej stellte uns vor: Das ist Gala, und das Direktor Schade. Der Kombrig schüttelte Schade die Hand. Die Diskussion begann; Sergej und ich wechselten uns mit dem Übersetzen ab.

»Ich heiße jeden von Ihnen willkommen als Deutschen, der nach Freiheit strebt und ein Gegner des Faschismus ist.«

Schade war bewegt. Er gab zu: »So habe ich mir die Bolschewisten nicht vorgestellt.«

»Warum nicht?«

»Ich muß gestehen, die Propaganda tut ihre Wirkung. Wir wurden gelehrt, in den Bolschewisten Barbaren zu sehen, und hier sehe ich nun kultivierte Leute, die wissen, was ihnen droht, und die dennoch für das Wohl anderer kämpfen.«

Der Kombrig stellte Schade ein paar Fragen zu seiner Arbeit und wollte dann wissen, wieviel er von der sowjetischen Industrie wußte, er hätte gehört, daß Schade ein Fachmann war. Schade erwiderte, daß er nicht viel darüber wußte. Er war mit der Leitung der Fabrik nach dem sowjetischen Abzug betraut worden und hatte die effektive Organisierung der Produktion erkannt. Der Kombrig äußerte sich noch zur deutschen Ordnung und zitierte, was Lenin über die ideale Verbindung von amerikanischem Tempo, deutscher Gründlichkeit und russischer Initiative beim Aufbau eines sozialistischen Landes gesagt hatte. Schades Gesicht leuchtete auf. Ihm gefiel ganz besonders, daß er hier nicht als Gegner empfangen wurde, sondern als Vertreter eines anderen, zukünftigen Deutschland. Vermutlich hatte er ziemlich Angst gehabt. Danach begann das Gespräch über praktische Dinge. Voitsekovskij fragte nach der Möglichkeit, Deutsche wie ihn, Schade, in einer Zelle zu organisieren, die ihre Anordnungen von jemandem erhielt, der eigens dafür bestimmt wurde.

Schade zögerte, erklärte sich dann aber bereit, es zu versuchen. Schließlich erklärte er, er wäre bereit, alle Anweisungen so auszuführen, wie es von einem Mitglied des Untergrundes erwartet werden konnte. Aber er wüßte natürlich gerne, wer die deutsche Zelle kommandieren würde. Und dann fragte er noch, ob sie nicht dächten, er solle sich den Partisanen anschließen. Der Kombrig lächelte, drückte ihm die Hand und sagte:

»Auch dieser Tag wird kommen. Aber bevor Sie mit Waffen kämpfen, müssen Sie sich auf einem anderen Feld schlagen. Und was Ihren Kommandanten betrifft: hier steht er.« Er zeigte auf mich und lächelte. Es war klar. Diese Aufgabe hatte ich bisher erfüllt, und nun wurde von mir erwartet, daß ich sie fortführte.

Der Regen hörte nicht auf, aber uns war warm. Das Feuer brannte ab, der Drillich war klatschnaß. Schade saß zwischen den Partisanen und hörte genüßlich ihren Liedern zu, die sie leise sangen. Ich ging mit dem Kombrig, um über die Pläne für die Deutschen zu sprechen und für unsere Arbeit in der Stadt. Er hörte mehr zu, als daß er redete.

Ich teilte ihm mit, daß wir in ein paar Tagen Leute schicken würden. »Denken Sie daran, einer ist krank und muß versorgt werden.«

»Kein Problem. Schick sie, schick sie. Wir regeln das schon. Mein Stab ist schon vollständig. Instrumente, Waffen, alles ist an Ort und Stelle. In wenigen Tagen kommen zwei Regimentskommandanten und Kommissare an. Wir werden unsere Truppe auf mindestens 1000 Leute verstärken. Ich verlasse mich auf euch. Wir heißen jeden willkommen, den ihr schickt. Ich habe generell beschlossen, niemanden aus der Stadt aufzunehmen, den ihr nicht empfohlen habt. Überprüft die Leute in den Zellen, und schickt uns die Besten, oder die dringendsten Fälle, die sich nicht länger versteckt halten können. Und Juden, Juden. Schickt, so viele ihr könnt. Ich habe ausdrückliche Order, jeden jüdischen Kandidaten aufzunehmen – weil er Jude ist.«

Wir redeten auch noch über die Organisierung eines Geheimdienstes. Es war uns beiden klar, daß die Deutschen uns vor allem auf diesem Gebiet nützlich sein würden. Und wir würden auch Waffen von ihnen beschaffen lassen, nicht so sehr, weil wir welche brauchten, sondern mehr, um die Deutschen zu prüfen. Wenn sie bereit waren, uns Waffen zu liefern, die wir gegen die Deutschen richten würden, dann wandten sie sich tatsächlich gegen die Solidarität unter ihren Landsleuten, gegen die nationalen Gefühle, die tief in ihren Herzen saßen. »Hast du gesehen, wie Schades Augen geglänzt haben, als ich von der deutschen Ordnung sprach, wie ich ihn mit diesem banalen Kompliment gewonnen habe?«

Der Kombrig wollte auch wissen, wie es um die polnischen Organisationen stand, zu denen wir keinen Kontakt hatten. Er hörte sehr aufmerksam zu, als ich ihm von der AK[1] erzählte.

»Ja, ich will mit ihnen in Kontakt treten.«

1 *Armia Krajowa, Heimatarmee, die von der bürgerlichen Exilregierung in London befehligte polnische Widerstandsbewegung.*

Ich wunderte mich, was er von der AK wollte, dieser chauvinistischen Gruppierung, die die Deutschen nicht stärker haßte als die Juden und die Sowjetunion. Sie gaben sich mit ihrem Patriotismus zufrieden und führten keinen realen Kampf aufgrund ihrer Spekulationen auf die Zukunft. Ich konnte nicht verstehen, wozu ein Kontakt zu Leuten gut sein sollte, für die Kommunisten eine Art heimatlose Monster waren, Feinde der Kultur und des Privateigentums.

Voitsekovskij blieb dabei. Er wollte einen Kontakt, möglichst zu einem ihrer Führer, durch den er die Mannschaften erreichen konnte.

»Aber die werden sich denken können, daß Sie ihre Soldaten über die Köpfe der Führer hinweg beeinflussen wollen, es wird ein gefährliches Spiel werden.«

»Möglich, aber lohnend. Das Problem ist nicht nur ein militärisches. Es geht hier um politische und historische Werte. Wenn es dir gelingt, irgendeinen von ihnen aufzutreiben, laß es mich sofort wissen. Warte, ich will dich noch dem Kommissar vorstellen, eigentlich ist das seine Aufgabe.«

Die Diskussion war beendet. Der Regen hatte aufgehört. Die ersten Lichtstrahlen brachen durch die Zweige. Plötzlich war es ganz still. Der Kombrig verabschiedete sich, und die beiden Partisanen drängten uns, ihnen zu folgen. Sie brachten uns auf die Hauptstraße, aber nicht auf dem Weg, über den wir gekommen waren. Wir liefen Zickzack zwischen den Bäumen und trampelten durch das Gebüsch. Als wir den Waldrand erreichten, war es heller Tag.

Wir krochen in eine Höhle und warteten, bis wir händchenhaltend durch die Stadt »bummeln« konnten. Schade war hoch erfreut.

33
Der Schwur

Nun bekamen die Informationen, die wir in der Stadt sammelten, einen neuen Sinn. Die deutsche Zelle wurde aufgebaut. Auf dem ersten Treffen bei Schade waren Schade, Busse, der Direktor der Fabrik Nummer 1, an dessen Namen ich mich nicht erinnern kann, und Bolle anwesend. Die ersten beiden kannte ich ja gut. Der dritte hatte lange Jahre in der Tschechoslowakei gelebt, er haßte Deutschland und die Deutschen und liebte die Tschechen und ihr Land dafür um so mehr. Er war sagenhaft reich, wurde langsam alt und fett, ein typischer bürgerlicher Liberaler. Er war ein Freund von Schade, er hatte Beziehungen, ihm standen alle Türen offen. Er konnte uns seine teure große Wohnung zur Verfügung stellen. Sein Radio war eines von der besseren Sorte. Und er schätzte auch einen guten Wein. Seine Frau und Kinder waren in Bielitz. Er konnte uns Geld geben und Stoff für die Kleidung der Partisanen. Aber Geld brauchten wir keines mehr. Sergej hatte uns den ersten großen Packen mitgebracht, Lizka weitere Haufen neuer Markscheine, die irgendwo tief im Herzen Rußlands gedruckt worden waren. Den Stoff nahmen wir gerne an. Das wichtigste aber waren Informationen über die Heereseinheiten, die in der Stadt stationiert waren, ihre Bewegungen, Zahl, Namen, Stärke; über hochrangiges Personal bei der Polizei und Gestapo und in der Partei. Wir wollten wissen, woher diese Leute kamen, wie sie ihren Rang erreicht hatten, was mit ihren Familien war, wieviel sie verdienten, was sie während der Arbeit und in ihrer Freizeit trieben, wie viele Zimmer sie hatten, wo die Eingänge zu ihren Wohnungen lagen, wer bei ihnen zu Hause arbeitete, und so weiter.

Der vierte Deutsche in der Zelle war Bolle. Er hatte Deutschland vor langer Zeit verlassen und seither in Białystok gelebt. Er war Ingenieur, jung und energisch und sehr gut erzogen. Er hatte sogar ein wenig politische Bildung mitbekommen während der sowjetischen Periode, als er einen angesehenen Posten in der Textilindustrie hatte. Die Deutschen hatten seine jüdische Frau in das Ghetto verbannt, aber er hatte sie vor der Liquidierung retten können und versteckte sie jetzt in seiner Wohnung. Er konnte im polnischen Sektor unter den Arbeitern operieren, die seine eingeschworenen Freunde waren.

Busse fühlte sich in Gesellschaft dieser Deutschen nicht wohl. Die anderen drei kannten sich. Er traute ihnen nicht und war nur meinetwegen gekommen. Aber als er wieder ging, war er zufrieden. Als Schade von seinem Treffen mit dem Kombrig und seinem Stab erzählt hatte, hatten Busses Augen gestrahlt. Er hatte jedes Wort aufgesogen, als habe er darauf schon lange gewartet. Nur eines bedrückte ihn: Warum hatten sie Schade eingeladen und nicht ihn? Ich versprach ihm, daß er das nächste Mal mitkommen könne.

In den darauffolgenden Tagen wurden Informationen gesammelt, sortiert und koordiniert. Wir erstellten unseren ersten ausführlichen und verbindlichen Bericht, der auf Fakten und direkten Quellen basierte. Nach jedem Bericht bedankten sich der Kombrig und sein Stab.[1] Der Frühling kam, und unsere Arbeit expandierte. Wir wechselten uns bei unseren Besuchen im Wald ab. Jedesmal ging eine andere von uns, um neue Informationen und Dokumente zu überbringen. Die Deutschen enttäuschten uns nicht, unsere Kontakte vervielfältigten sich. Unter den Papieren, die Haska eines Tages in den Wald trug, befanden sich unsere »Schwüre«. Die ersten, die den Schwur leisteten, waren wir vom Komitee. Jede von uns hatte ihn für sich abgeschrieben und unterzeichnet. Er war kurz:

»Ich schwöre hiermit, zu kämpfen und wenn nötig mein Leben zu geben im Kampf gegen die deutschen Besatzer, bis zur Befreiung unseres ganzen Landes von der faschistischen Pest. Ich werde Geheimnisse bewahren und allen Kampfbefehlen meiner Offiziere gehorchen. Sollte ich versagen oder Verrat begehen, möge ich der rächenden Hand meiner Genossen im antifaschistischen Untergrund übergeben werden.«

Der Schwur wurde an alle Zellen verteilt und half zweifellos, unsere Leute enger zu einen.

In der Zwischenzeit waren die Partisanenregimenter aufgefüllt, organisiert und auf die Wälder von Azov, Supraśl, Krinky und Bu-

1 In dem früher erwähnten Bericht sind die Details dieser Operationen nachzulesen.

diski verteilt worden. Isolierte Gruppen von Juden, die im Wald herumirrten, wurden ihnen angeschlossen. In der Brigade kämpften nun schon 500 bis 600 Leute, und es wurden immer noch mehr. Wir beschlossen, nun die Juden, die immer noch in der Stadt versteckt lebten, in den Wald zu schicken. Felek, Lotkas Mann, war der erste. Die Nachrichten, die er nach Hause schickte, waren sehr ermutigend.

Dann schickten wir ein jüdisches Mädchen mit dem arischen Namen Regina Rasina.[1] Sie hatte im Haus eines Dorfpriesters gearbeitet, bis sie entdeckt wurde und fliehen mußte. Wir brachten sie zur Brigade, und schon nach kurzer Zeit wurde sie Kurierin zwischen den Regimentern. Ihr folgten Staszek und Roman, die beiden Männer, die aus Majdanek geflüchtet waren. Staszek brachte sein Gewehr mit, und Roman wurde sofort nach seiner Ankunft bewaffnet. Er kam in das Lager im Wald von Azov.

Trotz des Frühlingsbeginns war der Boden noch naß. Die ersten Tage im Wald sind für Städter schwierig, vor allem das erste Bad im Morgentau und in der Kälte. Die Lager wurden von Ort zu Ort bewegt, ohne irgendwo länger zu bleiben, ohne Bunker. Trotzdem waren wir davon überzeugt, daß jeder, der das harte Leben in einem Partisanenregiment erlebte, zwar den Tag, an dem er gekommen war, verfluchen konnte, sich aber endlich doch vollständig integrieren würde. Er würde Mitglied eines Kampfverbandes werden und alles, was auf ihn zukam, mit klarer und fester Entschlossenheit annehmen.

Mit Roman machten wir einen Fehler. Wir hatten uns seinetwegen immer geängstigt. Wir hatten die Sophisterei dieses angeblich allwissenden Intellektuellen nicht gemocht, der seinen Hang zur Bequemlichkeit und seine Schwäche so gut hinter »objektiven« Argumenten verstecken konnte. Aber jüdische Sentimentalität und der Wunsch, einen Kämpfer mehr zu haben, überwogen unsere Bedenken, und das war falsch.

Eines Tages verschwand Roman mit seinem Gewehr. Am selben Nachmittag bemerkten die Wachen, daß sich deutsche Einheiten dem Lager von mehreren Seiten näherten. Sie gaben Alarm, und sofort begann das Regiment sich schießend zurückzuziehen. Der

1 Ihr Name wird in dem oben erwähnten Bericht erwähnt.

Kampf dauerte mehrere Stunden, dann gelang es unseren Leuten, die Umzingelung ohne eigene Verluste zu durchbrechen. Aber den Kommandanten beunruhigte ein böser Verdacht. Die Sache wurde dem Brigadestab zur Untersuchung übergeben. Als Lizka in das Hauptquartier kam, erfuhr sie schon das Ergebnis. Kontaktpersonen in einem benachbarten Dorf hatten berichtet, daß ein großer Partisan, offensichtlich ein Jude, im Dorf Grabówka gefangengenommen worden war. Er war den Gendarmen übergeben worden und unter der Folter zusammengebrochen. Er hatte den Weg zum Lager verraten, die Anzahl der Partisanen und so weiter.

Voitsekovskij erzählte Lizka die Geschichte kommentarlos. Er war düster und scherzte nicht wie sonst immer. Lizka fand, sie müsse die Schuld auf sich nehmen: Wir hatten ihn geschickt, also waren wir verantwortlich. Das war das Gesetz bei den Partisanen. Warum schwieg der Kombrig, warum klagte er sie nicht an oder verlangte zumindest eine Klarstellung?

Roman hatte etwas getan, wofür ein Partisan sich vor dem Militärgericht verantworten mußte: Er war desertiert. Und als er festgenommen wurde, brachte er das Regiment und sogar das Brigadehauptquartier in Gefahr. Er war von den Deutschen vermutlich erschossen worden. Aber wir lebten noch und würden deshalb an seiner Statt verurteilt werden. Wir beschlossen, die Sache vor den Brigadestab zu bringen.

Wir wollten eine direkte und definitive Klärung. Lizka und ich gingen zum Kombrig. Er hörte sich unsere Argumente an, erst mit kalter Höflichkeit, aber schließlich ließ er die Maske fallen. Auch der Kommissar war anwesend. Wir waren gekränkt, als der Kommissar zum Schluß versuchte, das Ganze ins Scherzhafte zu wenden. Wir fühlten uns auch durch seine paternalistische Haltung beleidigt, ja sogar ein wenig durch seine unverhohlene Bewunderung. Das stand nicht in Einklang mit seiner Aufgabe als Kommissar, und das sagten wir ihm auch.

»Ja, Mädchen, ihr habt schon recht. Ich gebe zu, daß dieser Kommissar, der hier vor euch steht, ein harter Mann ist und sich oft guten Kämpfern gegenüber, die einen Fehler begangen haben, sehr rauh verhalten hat. Aber wenn ich mir euch ansehe, mit euren Unglücksfällen und Enttäuschungen, eurer großen Stärke, mit der ihr alles überwunden habt, euren Kampf, euer schwieriges Leben als Arierinnen in einer fremden und feindlichen Stadt, dann kann ich meine strenge Haltung nicht aufrechthalten, dann muß ich jeden Fehler, den ihr macht, als Irrtum betrachten...« Er sprach ernst und nachdenklich. Es war das erste Mal, daß ich ihn innerlich bewegt sah. Schließlich fügte er noch hinzu:

»Wißt ihr, ich bin Ukrainer. Bis jetzt habe ich meine Herkunft lieber vor euch verborgen. Wenn ich vor euch stehe, tut es mir leid, daß ich Ukrainer bin, ich, der Kommissar, schäme mich für meine Herkunft, als ob eine Volkszugehörigkeit einen beschämen könnte. Aber so ist es. Glaubt mir, es gibt viele Ukrainer, die nicht mit den Deutschen kollaborieren, die nicht zur Vernichtung eures Volkes aktiv beigetragen haben, und trotzdem hättet ihr Grund, mich zu verachten.«

Der Kombrig faßte die Erklärungen des Kommissars noch einmal einfach und emotionslos zusammen:

»Es stimmt, wenn er nicht Jude wäre und wenn nicht ihr ihn geschickt hättet, um einen armen Überlebenden zu retten, dann müßtet ihr euch jetzt vor Gericht verantworten. Natürlich seid ihr verantwortlich für jeden, der auf eure Empfehlung hin hierherkommt. Das betrifft nicht organisierte Einheiten, die ihr schickt. Die bekommen einen eigenen Offizier und werden für eine bestimmte Zeit in Reserve gehalten. Aber auch in diesem Fall muß es in der Einheit zumindest einen Mann geben, den ihr gut kennt. Ihr könnt auch Bedenken äußern, dann ergreifen wir besondere Vorsichtsmaßnahmen. In dem Fall, der nun vor uns liegt, müßtet ihr gleichfalls mit einer Verurteilung rechnen, wenn es sich nicht, ich wiederhole, wenn es sich nicht um eine jüdische Angelegenheit handelte.«

Damit war die Sache erledigt.

Der Frühling in diesem Jahr war strahlend schön, oder vielleicht schien es uns nur so. Die Straßen waren in Sonnenschein gebadet, und rund um die Stadt stand die Natur in voller Blüte. Unsere Fäden zum Wald waren nun viel enger geknüpft. Bei den Partisanen gab es die unterschiedlichsten Menschen. Manchmal gerieten sogar ein Zug- oder Regimentskommandant oder ein Kommissar vom rechten Weg ab, manchmal kam einem etwas aus der Vergangenheit hoch, und er betrank sich und sagte dann verletzende Sachen, kochte antisemitische Erinnerungen auf und erzählte schmutzige Witze.

Bei solchen Gelegenheiten zeigte der Kombrig, daß er gnadenlos strafen konnte. Er entfernte den Mann aus seiner Position, nahm ihm die Waffen ab und teilte ihm schwierige und gefährliche Aufgaben zu. So büßte der Missetäter seine Sünden ab. Das hielt die Brigade zusammen, die Disziplin war stärker als die menschliche Schwäche. Aber nicht jeder war stark genug, um Räubereien, Besäufnisse, Antisemitismus und sogar Vergewaltigung immer vermeiden zu können.

Der Kombrig konnte freundlich und kameradschaftlich sein, aber auch hart. Wie weit das ging, erlebten wir persönlich.

Es geschah gegen Ende des Frühlings. Lizka und Haska gingen in den Wald, um den Kombrig über einen Kontakt zur AK zu informieren, den wir über einen Polen, Lisowski, einen ehemaligen Lehrer, der einer der ehrlichsten antideutschen Kämpfer der AK war, bekommen hatten. Von Lisowski hatten wir auch Waffen erhalten, als wir noch eine kleine, isolierte jüdische Einheit im Wald gewesen waren. Er hatte uns die Waffen gegeben, obwohl die AK entschieden hatte, Juden und andere Organisationen, die gegen die Nazis kämpften, nicht zu unterstützen.

Wir hatten uns auf unserer Suche nach einer Verbindung zu den Kampfeinheiten der AK an ihn gewandt. Die militärischen Offiziere der Organisation wollten nicht mit einem sowjetischen Partisanenkommandanten sprechen, obwohl sie selbst an einem solchen Treffen durchaus interessiert gewesen wären. Sie zögerten lange und redeten sich auf immer neue technische Probleme heraus. Schließlich änderten sie aber doch ihre Meinung, vielleicht weil die Front so schnell näher rückte oder weil sie ehrlich zu dem Entschluß gekommen waren, daß sie die Deutschen bekämpfen mußten und daß ihre Führer sie in die Irre führten. Jedenfalls brachte uns Lisowski in Kontakt mit einem der militärischen Offiziere und deutete an, daß die politische Führung in der Stadt keine Ahnung von diesem Treffen hatte. Haska und Lizka teilten dem Kombrig Zeit und Ort mit. Am Abend trafen sich die beiden Frauen mit Leuten aus dem Stab des Hauptquartiers, unter ihnen zwei junge Männer. Einer von ihnen, ein Komsomolze, war zum Stellvertreter des Kombrig ernannt worden und sollte den Kontakt zur AK übernehmen. Lizka erzählte gerade von Lisowski, als einer der Partisanen zu brüllen anfing und Amok lief. Die Partisanen waren gegen Morgen von einer Operation zurückgekommen. Sie hatten einen deutschen Truppentransporter auf der Strecke nach Volkovysk gesprengt. Dann hatten sie einen Schluck getrunken und waren schlafen gegangen. Dieser Mann aber hatte sich regelrecht betrunken.

Der Kombrig hatte ihn mehrmals verwarnt und ihm dann die Flasche abgenommen, aber der Betrunkene war in ein benachbartes Dorf gegangen, hatte einem Bauern mit vorgehaltener Waffe einen Krug »Bimber« (schwarzgebrannten Schnaps) geraubt und war dann völlig unzurechnungsfähig wieder zurückgekommen. Nun fing er an, die beiden Frauen aus der Stadt zu belästigen, der Kombrig schickte ihn weg, aber er kam wieder, brüllte herum und brachte alles durcheinander. Er fürchtete sich nicht einmal vor dem Kombrig. Er nahm die Pistole eines schlafenden Kameraden, schoß damit in die Luft und machte sich wieder an die Frauen heran. Der Kombrig beherrschte sich nur mit Mühe, Mit hochrotem Kopf sprach er weiter. Plötzlich bat er die Frauen um Verzeihung, nickte den beiden Stabsmitgliedern zu, und ehe die Frauen wußten, was geschah, sahen sie, wie der Betrunkene zur Seite geführt wurde. Zwei Schüsse fielen, und der Mann stürzte zu Boden. Er wurde auf der Stelle begraben. Der Kombrig kam zurück, schwieg einen Moment und sagte dann:

»Verzeiht, diese Sache tut mir sehr leid. Ich wollte es schon die ganze Zeit tun, aber ich wollte euch den Anblick ersparen. Er war kein schlechter Partisan, ein guter Kämpfer, aber das war nicht das erste Mal, daß er durch sein unmäßiges Trinken das ganze Lager in Gefahr brachte. Er ist in eines der Dörfer gegangen und hat dort einen Bauern beraubt. Von diesem Dorf aus wäre es ein leichtes gewesen, seinen Fußspuren zu folgen, und der Bauer hätte gut die Deutschen holen können. In der Nacht hat er einen Zug gesprengt, und jetzt setzte er sein Leben und das ganze Lager wegen zu viel Wodka aufs Spiel. Die Deutschen suchen sicher nach Spuren der Saboteure. Und was mir am meisten mißfiel, war, daß er euch belästigt hat.« An dieser Stelle wandte er sich an seine Kameraden: »Dieser Hurensohn, wußte er nicht, daß die Frauen zu uns gekommen sind, um sich ein bißchen von der ständigen Anspannung ihres Lebens im Untergrund zu erholen? Sie sind hier, um ein wenig Ruhe zu finden. Sie sollen sich hier zu Hause und frei fühlen, frei von

Sorgen oder Verfolgung. Es ist eine Schande für uns alle, daß es hier einen Verräter gab, der eine so einfache Tatsache nicht begreifen konnte. Und, Genossen, es ist eine Sünde, die Faschisten nicht nur nicht zu bekämpfen, sondern auch den Kampf zu behindern und Mut und Tapferkeit zu vergeuden.«

34
Der Sieg des Brigadekommandanten

Der Kontakt zu den Kampfeinheiten der AK war hergestellt. Der Kombrig selbst kümmerte sich darum. Nach mehreren Treffen mit ihrem Kommandanten beschloß er, mit einem Teil seines Hauptquartiers in das Operationsgebiet der AK zu ziehen. Unsere flehentlichen Bitten ignorierten sowohl er als auch sein Stab. Wir erklärten ihnen, daß man sich auf die AK nicht verlassen konnte, daß sie fähig war, ihn und seine Genossen von einem Moment auf den anderen zu betrügen und umzubringen. Es hatte solche Fälle schon gegeben. Der Kombrig aber bestand darauf, daß er in der Lage sei, den wahren antifaschistischen Kampf durchzusetzen. Die AK-Einheiten waren in den weit entfernten Wäldern von Augustów stationiert, der Weg dorthin war lang und barg viele Gefahren. Der Kombrig beschloß, sich vorher mit der regionalen Partisanenkommandantur zu beraten. Dann hatte er eine Idee.

»Die Mädchen, diese allmächtigen Mädchen! Du mußt nur eine Andeutung machen, und schon führen sie die Operation durch. Sie werden mich da hinbringen. Die Reise wird nicht lange dauern, und ich werde pünktlich zurück sein.«

Sein übertriebenes Vertrauen in uns war manchmal amüsant, aber auch durchaus angenehm. Die »Dywchata« (Mädchen) waren eine feste Einrichtung geworden, die nicht in Frage gestellt werden durfte. Wir waren nicht nur das offizielle antifaschistische Komitee, wir waren »die Mädchen«, und das bedeutete mehr als einen organisatorischen Begriff.

Wir überlegten uns einen Weg, auf dem der Kombrig in das Lager in Augustów gelangen konnte. Wir erzählten Busse von dem Problem. Zwei Tage später brachte er uns einen Reisepaß bis Königsberg und eine Genehmigung für einen Privatwagen. Wir haben nie herausgefunden, wie er diese Genehmigung beschafft hatte in einer Zeit, in der die Deutschen gerade alle Privatautos für die Front beschlagnahmten. Vor der Reise bereiteten wir ihm eine schöne Überraschung: Wir sagten ihm, der Kombrig wollte ihn sehen.

Das Treffen wurde im nahen Wald abgehalten. Der Kombrig und sein Stab nahmen das Risiko auf sich, so nahe an die Stadt heranzukommen, um es Busse und Schade zu ermöglichen, am selben Abend noch nach Hause zurückzukehren.

Busse war glücklich wie ein Kind. Er erzählte uns das kleinste Detail, voller Begeisterung über jedes Wort von Voitsekovskij. Der Stolz dieses vierzigjährigen Mannes hatte seinen eigenen Charme. Er war tief beeindruckt von den Stabsmitgliedern, ihrer Höflichkeit und ihren sauberen Kleidern. Letzteres war von besonderer Bedeutung für unsere Deutschen. Schade tat natürlich so, als wäre er nicht sonderlich aufgeregt gewesen, für ihn war das ja schließlich nichts Neues mehr, er bemühte sich sehr, seine Überlegenheit über Busse herauszustellen. Jeder von beiden wollte beweisen, daß ihm am meisten getraut wurde, daß er mit größerer Vertraulichkeit behandelt worden war, daß mit ihm mehr Geheimnisse ausgetauscht worden waren.

Der Kombrig beeilte sich, nach Augustów zu kommen. Er hatte nun größere Vollmacht, nach eigenem Gutdünken Entscheidungen zu treffen. Ein Grund dafür war, daß die Front näherrückte. Alle vorhandenen Kräfte mußten für den Krieg hinter den feindlichen Linien mobilisiert werden. Je näher die Front kam, desto effektiver waren die Aktionen der Partisanen im Hinterland, und um so wichtiger wurde die Vereinigung aller Kampfkräfte. Außerdem bestand die Gefahr, daß die AK-Leute ihren Haß nicht aufgaben und nach der Befreiung die Waffen behielten. Jetzt reichte es nicht mehr, nur an den Krieg selbst zu denken, jetzt mußte man schon für die Zeit nach dem Sieg planen. Man konnte unmöglich bewaffnete Kräfte außerhalb der siegreichen Armeen belassen, ohne Disziplin und militärische Koordination.

Der Kombrig verließ uns, und wir hörten schwache Echos von erbitterten Gefechten zwischen polnischen AK-Mitgliedern und den Deutschen. Wenig später erfuhren wir Genaueres. Der Kombrig hatte in den Wäldern von Augustów einiges durchzustehen gehabt, er hatte sowohl gegen Verrat als auch gegen die Weigerung der AK-Kommandanten zu kämpfen angehen müssen. Nur durch ein Wunder waren er und seine Leute den Fallen entgangen, die ihnen ihre Gegner in der AK gestellt hatten. Schließlich hatte er die Soldaten auf seine Seite gebracht. Sie vertrauten und folgten ihm. Er verletzte nicht ihre nationalen Gefühle, sprach zu ihnen auf eine Art, die sie verstehen konnten, und von Dingen, die ihnen nicht fremd waren. Mit Weisheit, Überlegung und Mut gewann er ihre Herzen.[1]

1 Die Verbindungen zur AK, die herzustellen wir mitgeholfen hatten, führten in mehreren Fällen zu katastrophalen Ergebnissen für die jüdischen Partisanen. Mehr als einmal wurden sie gezwungen, ihre Waffen abzugeben, weil das die Bedingung der Leute in gewissen AK-Einheiten war. Sowjetische Partisanenoffiziere beugten sich nicht selten dem Druck und nahmen diese Bedingung an, und sei es nur aus Gehorsam gegenüber ihren Anweisungen betreffend die Verbindungen zur AK.

Zu dieser Zeit waren unsere Verbindungen zu den jüdischen Partisanen eher spärlich. Wir unterstanden dem Brigadehauptquartier. Die Tatsache, daß Juden ihre Waffen von sowjetischen Offizieren abgenommen worden waren, wurde uns erst nach der Befreiung bekannt.

35

Deutschland bricht vor unseren Augen zusammen

In der Stadt mußten wir jetzt vorsichtiger denn je sein. Verhaftungen wurden alltäglich, die Deportationen in den Westen nahmen massenhafte Ausmaße an. Gewaltige Gebiete der Ukraine und Belorußlands wurden von den Deutschen ihrer Bevölkerung, ihres Viehs und ihres Getreides beraubt. Die Gefängnisse in der Stadt wurden gefüllt, geleert und wieder gefüllt. Eines Nachts wurde Lisowski verhaftet. Er hatte eindeutig auf einer Liste gestanden, die ein Gefangener den Deutschen übergeben hatte. Jede von uns Frauen hatte daraufhin ein Zeichen am Fenster: War die Jalousie hochgezogen, bedeutete das Gefahr.

Wir mußten uns auch weiterhin sehr vorsichtig verhalten, was unser Benehmen betraf. Wir mußten darauf achten, fröhlich zu erscheinen, kleine Feste zu veranstalten, »anständige« Gäste einzuladen und vor allem – die Festtage der Heiligen zu begehen wie gute Katholikinnen.

Eines Tages erfuhren wir, daß im Haus getuschelt wurde. Es hieß, hier wohnten seltsame junge Frauen, und eine ihrer Besucherinnen war bestimmt Jüdin. Wir hatten keine Ahnung, wie es dazu gekommen war, aber plötzlich brannte uns der Boden unter den Füßen. Dann passierte noch etwas und drängte uns zu der Entscheidung wegzuziehen.

Marylka und Haska waren auf dem Markt gewesen, um mit dem Falschgeld Sachen für das Hauptquartier zu kaufen, als eine Polin Marylka wiedererkannte. Sie waren in der sowjetischen Periode Nachbarinnen gewesen, und die Frau wußte, daß Marylka Jüdin und Kommunistin war. Bevor sie wegkonnten, tauchten zwei Gendarmen auf. Haska tat so, als sei das alles sehr komisch.

Der Gendarm wurde zornig:

»Du lachst zu früh, du freches Judenweib.«

»Warum sollte ich nicht lachen? Die werden dich auch gleich auslachen, wenn du ihnen erzählst, daß ich Jüdin bin.«

Der Gendarm gab sie nicht frei. Nachdem sie die jüdischen Kommunistinnen der Polizei übergeben hatte, war die polnische Frau gegangen, und die Gendarmen hatten sie nicht aufgehalten. Sie hatten sie nicht einmal nach ihrer Adresse gefragt. Auf der Polizeiwache versammelten sich alle um die beiden Frauen, und Haska begann:

»Also, er sagt«, sie deutete auf den Gendarmen, »er sagt, ich sei Jüdin. Jetzt schaut mir in die Augen, schaut genau hin, ha, ha, ha, bin ich jüdisch?«

Der Chef persönlich kam hinter seinem Schreibtisch hervor und sah ihr scharf in die Augen. Der Gendarm wurde rot vor Wut. Er hatte eine Jüdin angeschleppt, und jetzt wagten sie es, seine Entscheidung in Frage zu stellen. Der Chef selber überprüfte die Mädchen, als sei er ein Judenexperte.

»Nein, unmöglich. Schaut, was für schöne blaue Augen das Mädchen hat«, sagte der Chef gutgelaunt. Haska scherzte und lachte, während Marylka ihr schweigend zusah. Als die beiden Frauen nach ihren Papieren gefragt wurden, übergaben sie sie mit einem strahlenden vertrauensvollen »Bitte«. Haskas Adresse, Sankt-Rochus-Straße, war polizeilich gemeldet.

Als sie aus der Polizeiwache kamen, beschlossen sie, sofort umzuziehen. Busse kam uns zu Hilfe. Sein Studio befand sich auf der Hauptstraße, wo nur Deutsche wohnten. Über seiner eigenen gab es noch eine andere, etwas baufällige Wohnung. Er wollte sie schnell instand setzen, in einer Woche könnten wir einziehen. Haska sollte hier als Firmenangestellte wohnen, da Polen nicht in deutschen Häusern leben durften. Und ich würde einfach bei ihr bleiben. Wir hatten hier keine Nachbarn und konnten tun und lassen, was wir wollten.

Die Wohnung war schon in wenigen Tagen fertig, ein großes Zimmer mit einem Ofen und der Toilette auf dem Hof, und sie hatte einen separaten Seiteneingang. Sie war ideal. Und ein wunderbares Versteck für alles mögliche Schmuggelgut. Busse arbeitete auch sonst gut. Er beschaffte Informationen, arrangierte alle möglichen komplizierten Angelegenheiten und kam dann mit einer guten Flasche Wein an, stellte sie auf den Tisch und verschwand wieder. Einmal schickten wir Wein und deutsche Zigaretten in den Wald, ein Geschenk von Busse. Ein andermal brachten wir in Busses Auto

Stoffballen aus dem Kombinat Nummer 5. Es war Uniformstoff für Piloten und hochrangige Offiziere. Das war ein Geschenk von Schade.

Der Sommer war heiß. Die Zellen schickten jetzt ihre meisten Mitglieder in den Wald, die Zeit war gekommen.

In unserer Wohnung fanden ständig Beratungen statt. Felek ging, und Volodya kam an. Manche Leute mußten einen oder zwei Tage versteckt werden, bis sie in den Wald gehen konnten, sie wurden von der Gestapo gesucht.

Im Westen der Stadt gab es ein Gefangenenlager. Wir hatten lange Zeit nach einem Kontakt zu den Insassen gesucht. Ihre Lage war ausgesprochen schlecht, und wir fürchteten, daß man sie, da die Front immer näher rückte, töten würde. Felek, Volodya und Kurillo wurden für diese Operation eingeteilt. Einer von Feleks Männern arbeitete in der Nähe, Felek besuchte ihn täglich und brachte täglich neue Informationen mit. Das Lager war gut bewacht, es gab keine Möglichkeit, es von außen anzugreifen, um die Gefangenen zu befreien. Es lag zu nahe an der Stadt. Die Partisanen hatten keinen Rückhalt in diesem Gebiet. Es lag auch zu nahe an der großen Durchgangsstraße, der Schnellstraße nach Westen.

Es gab keine andere Möglichkeit, als eine individuelle Flucht der Gefangenen von ihren Arbeitsplätzen weg zu organisieren. Das konnte aber nur am Anfang klappen. Wir beschlossen daher, die Gefangenen, die als letzte an der Reihe sein würden, zu bewaffnen. Kurillo, der in der Nachbarschaft arbeitete, wurde damit beauftragt. Wir wußten, daß die Gefangenen eher jemandem vertrauen würden, der russisch sprach. Wir mußten Verstecke für sie in einem der Vororte organisieren, wo sie bleiben konnten, bis es dunkel wurde. Sie sollten tagsüber in Zweier- und Dreiergruppen ankommen.

Die Flucht gelang. Aber nur ein paar Dutzend entkamen, Hunderte blieben zurück. Sie waren nach dem ersten Ausbruch nicht mehr zur Arbeit ausgeführt worden. Die zwei Männer, die die Deutschen für die Anführer der Gefangenen hielten, wurden auf der Stelle erschossen. Trotzdem, im Laufe der folgenden Tage gelang es uns, leichte Waffen einzuschmuggeln, Handgranaten, Pistolen, und am Ende, als die Russen begannen, die Stadt zu bombardieren, und näher rückten, schleusten wir kleine Magnetminen ein. Die Gefangenen konnten sie verwenden, wenn sie evakuiert würden. Falls sie per Wagen oder im Zug transportiert würden, könnten sie eine Wand oder einen Teil des Autos damit sprengen und flüchten.

Ein paar mehr Gefangene aus dem Lager kamen zu uns. Im Wald wurden sie als spezielles Reservebataillon organisiert. Langsam kehrten sie in das normale Leben zurück, langsam erholten sie sich aus dem Lageralptraum von Hunger, Angst und Schlägen. Sie bekamen wieder Fleisch auf die Knochen und standen bald auf den Füßen. Als sie ihre Waffen erhielten, erwiesen sie sich als gute Kämpfer.

Eine andere Gruppe Gefangener, die in den Wald kam, war aus dem Arbeitslager der Organisation Todt geflohen. Sie bestand aus unterschiedlichen Leuten, einschließlich Belorussen, Ukrainern, und sogar Kosaken, Georgiern und Armeniern. Sie waren von den Deutschen mobilisiert worden. Ihre Flucht war in unserer Wohnung geplant worden, und sie verlief erfolgreich. Wir beschlossen, in Einvernehmen mit dem Hauptquartier, sie in den Wald zu bringen. Erst müßten sie dort für ihre Sünden büßen, dann kämpfen. Nach dem Sieg würden sie der Gerechtigkeit übergeben. Ihre Flucht war einfacher, weil sie größere Bewegungsfreiheit genossen. Andererseits war es schwerer, sie zu organisieren, es war nicht klar, welche von ihnen Verräter waren. Wir beschlossen, alle Einheiten, die aus Angehörigen der Minderheiten bestanden, zu verlegen.

Die Befreiung nahte mit großen Schritten. Am 3. Juli wurde Minsk eingenommen, und die Städte des östlichen Polen fielen eine nach der anderen in die Hände der Roten Armee. Nach Minsk wurde Kovel befreit, und nach Kovel nahm die Rote Armee Baranovici ein und Osjmany bei Wilna. Wir konnten kaum glauben, daß wir so weit gekommen, daß wir immer noch am Leben waren und daß der Sieg bevorstand. Irgendwo an der normannischen Küste Frankreichs waren die Alliierten gelandet und hatten mit der Invasion in Europa begonnen. Die zweite Front, um die wir in den Tagen von Stalingrad so gebetet hatten, war endlich eröffnet worden, ein gutes Zeichen, daß das Ende des Krieges absehbar war. Erste Anzeichen des Sieges waren auch schon auf den Straßen der Stadt erkennbar, in erster Linie die anhaltenden Bombardierungen. Um unsere legale Existenz bis zum letzten Moment aufrechtzuerhalten, arbeiteten wir weiter wie immer, obwohl ich nachts manchmal frei bekam und dann in den Wald gehen konnte. Die Fabrik arbeitete immer noch, obwohl die Produktion auf Grund der Bombenangriffe oft stundenlang unterbrochen werden mußte. Der Bunker der Fabrik war zu klein, um alle Arbeiter darin unterzubringen. Die Angst war groß, die Frauen brachen in Tränen aus, die Männer beruhigten sie. Ich blieb alleine im Büro und wartete auf die Entwarnung.

Die Spannung in der Fabrik stieg. Die Disziplin brach zusammen, und nicht einmal die Deutschen, mit dem Direktor an der Spitze, konnten die Ordnung aufrechterhalten. Der Direktor marschierte auf und ab, als habe er immer noch alles unter Kontrolle.

Einmal fiel ganz in unserer Nähe eine Bombe. Das Gebäude bebte. Die deutsche Luftabwehr erwiderte den Angriff mit Streufeuer. Wir hörten ein schrilles Geräusch, dann eröffnete die Luftabwehr wieder das Feuer. Kleine Brocken fielen auf den Fabrikhof. Ich lief hinunter und versteckte mich hinter einem großen Tank. Der Direktor befahl den Arbeitern, auf jeden Fall morgen zu erscheinen. Keiner sollte es wagen, aus Angst vor den Bomben fernzubleiben. Er hielt eine lange und langweilige Ansprache: Auch deutsche Städte würden ununterbrochen bombardiert, und die Arbeiter dort machten furchtlos weiter. Unsere Arbeiter hörten gleichgültig zu.

Vor dem Morgen läutete das Telefon. »Wie sieht es bei Ihnen aus?« »Alles in Ordnung«, erwiderte ich. Die Stimme am anderen Apparat war wütend: »Was heißt in Ordnung? Was heißt in Ordnung? Das Kraftwerk ist zerstört worden.«

Als ich die Fabrik verließ, war die Stadt in Flammen gehüllt. Das zentrale Elektrizitätswerk gegenüber der Fabrik war ein Haufen Schrott. Viele Gebäude waren zerstört worden, darunter auch das berühmte Hotel Ritz, in dem nur hochrangige Deutsche hatten verkehren dürfen. Ich eilte nach Hause. Die Genossinnen sahen aus dem Fenster. Nach der Bombardierung war auch Lizka bei uns eingezogen. Es war besser zusammenzusein, falls wir die Stadt in Eile verlassen mußten.

Ich beschloß, nicht mehr zur Arbeit zu gehen. Die Bombenangriffe dauerten die ganze Nacht, wir wußten jetzt schon, daß wir uns zwischen 11 und 12 Uhr bereithalten mußten, um auf den Alarm zu warten. Wir mußten in den Keller von Busses Haus gehen. Wir waren immer bereit, jede von uns hatte eine kleine Handtasche bei sich mit Unterwäsche, Strümpfen und den wichtigen Papieren.

In diesen Tagen wurden alle unsere Berechnungen über den Haufen geworfen. Wir wußten, daß die Front ganz nahe war, wir wußten, daß die Befreiung kurz bevorstand, aber wir wußten nicht, wo genau die Befreiungsarmee stand, geschweige denn, wann sie endlich einmarschieren würde. Tagsüber hielten wir Treffen ab und rannten in der Stadt herum, nachts wurden wir bombardiert. Die Leiter der Zellen kamen, Leute, die für den Untergrund gearbeitet hatten. Felek und Busse, Schade, Dawidowicz und Buczinski. Manche hatten Kinder und machten sich Sorgen um sie. Ihr Aufbruch in den Wald mußte organisiert werden. Wir mußten in Sicherheitsfragen streng sein und ihnen alle Papiere abnehmen, bevor sie in den Wald gingen. Einer brachte Waffen mit, ein anderer Pläne. Niemand wußte, ob uns die Zeit blieb, sie zu gebrauchen.

Die Stadt sah nun anders aus. Die Deutschen bereiteten eine Evakuierung vor, es war gefährlich, auf der Straße zu sein. Sie ergriffen die Leute und zerrten sie in Autos und Züge. Soldaten liefen herum, gingen in die Läden und nahmen sich, was sie wollten, ohne zu bezahlen. Die Läden leerten sich schnell und wurden bald geschlossen. Daraufhin brachen sie nachts in die Geschäfte ein. Die Stadt war im Ausnahmezustand, es gab keine Ordnung mehr, keine Regierung, es herrschten Chaos und Terror. Jeden Tag schien das Ende gekommen, aber dieser Zustand zog sich noch über Wochen hin. Lange Karawanen mit riesigen Kisten voller Möbel, Kleidung, Maschinen bewegten sich Richtung Westen. Die Deutschen hatten offenbar immer noch genügend Zeit, um alles, was nur irgendwie beweglich war, zu beschlagnahmen. Da war zum Beispiel unsere deutsche Nachbarschaft. Hier lebten die ehrenwerten Familien der SS- und Gestapo-Offiziere, der Direktoren und »Chefs«. Vor den Häusern türmten sich die Kisten. Wir beschlossen zu handeln.

Ein Kurier aus dem Wald brachte uns eine große Menge Magnetminen. Sie waren klein und sahen wie Holzschachteln aus. Innen war ein Wecker. Man stellte ihn auf eine bestimmte Zeit ein und legte die Schachtel vor ein Auto. Die Mine heftete sich an das Auto und explodierte zur angegebenen Zeit. Sie war nur stark genug, um das Auto außer Gefecht zu setzen. Auf diese Weise konnten wir die Flucht der Deutschen ein wenig aufhalten und behindern. Der Kurier brachte auch genaue Anweisungen: Nur zwei, drei Frauen sollten in der Stadt bleiben, die anderen in den Wald kommen. Wir zögerten. Wer von uns sollte gehen? Keine wollte die anderen verlassen oder auf das Privileg verzichten, den Einmarsch der Roten Armee in der Stadt zu erleben.

Wir konnten es aber nicht vermeiden, in den Wald zu gehen. Einige mußten ohnehin verschwinden: Mina, die sich bei Schade versteckt hatte, konnte dort nicht länger bleiben. Es bestand die Gefahr, daß die Deutschen das Haus sprengten. Ihre Freundin, die sich beim Direktor von Fabrik Nummer 1 versteckt hatte, mußte auch weg. Dasselbe galt für meine Schwester Miriam. Aus dem Wald wurde uns mitgeteilt, wir könnten jeden mitbringen, der unserer Ansicht nach einen Unterschlupf brauchte, einschließlich der Deutschen. Die waren einer nach dem anderen zu uns gekommen, mit eingefallenen Gesichtern und trüben Augen, und hatten uns gebeten, ihnen zu helfen. Jetzt lag die Entscheidung bei ihnen. Und das war nicht einfach für sie. Es war sogar für einen Deutschen, der gegen die Nazis war, schwer, in einer Stadt zu bleiben, die die Deutschen räumten und in die bald die Rote Armee einziehen würde.

Deutsche Kommandoeinheiten hatten angefangen, die Stadt in Brand zu setzen. Sie fingen mit militärischen Objekten an und fuhren fort mit jedem Gebäude, das eine deutsche Behörde beherbergt hatte. Die Zeit drängte, die Brandstifter arbeiteten methodisch. Es war verboten, die Feuer zu löschen. Jeder, der sich einem brennenden Gebäude näherte, wurde erschossen.

Die Diskussionen in unserer Wohnung gingen weiter. Der erste, der auftauchte, war der Direktor der Fabrik Nummer 1. Er winkte ab. Er war zu alt für solche Abenteuer. Er war auch nicht stark genug dafür, weder körperlich noch charakterlich. Das hier war eine Revolution, und auf Revolutionen war er nicht eingestellt. Er gab uns seine Schlüssel und überließ uns sein Haus mit der gesamten Einrichtung. Er wußte, daß sie sein Haus anzünden würden, sobald er die Stadt in Richtung Westen verlassen hatte, um zu seiner Familie in Bielitz zu gehen.

Der zweite war Busse. Sogar in dieser Situation vergaß er nicht, uns etwas aus seinem Keller mitzubringen, damit wir nicht hungerten, was wir tatsächlich taten. Er hatte sehr ernsthaft nachgedacht. Er hatte die ganze Nacht wach gelegen. Es war schwer, ihm in die traurigen müden Augen zu sehen. Nein, er würde nicht in den Wald gehen. Vielleicht war seine Entscheidung falsch, aber er erwartete keine Belohnung für seine Arbeit im Untergrund. Er hatte kein Recht auf solche Privilegien, wenn sein Volk doch die schwerste Strafe verdiente. Alle Deutschen waren für die Taten der Nazis und der Wehrmacht verantwortlich, alle mußten bestraft werden. Er glaubte nicht, daß die Russen ihn bevorzugt behandeln würden. Die Partisanen würden sich der Armee anschließen oder nach Hause gehen. Dann würden Vertreter der lokalen Verwaltung kommen, Untersuchungen einleiten und Fragen stellen. »Ihr müßtet mich verteidigen, ich wäre eine Last für euch. Ich habe kein Recht, euch Schwierigkeiten zu machen. Die Welt steht euch offen, was soll ich mich da einmischen?«

Als er fertig war, hatte er Tränen in den Augen. Es war schwer, ihn zu überzeugen. Es war nicht einfach, ihm offen zu sagen: Bleib bei uns, wir versprechen dir eine Zukunft, die mit unserer Zukunft verbunden ist. Trotzdem sprachen wir mit ihm. Vielleicht klangen unsere Versprechungen nicht überzeugend, jedenfalls verließ Busse noch am selben Tag die Stadt. Bolle, der hiesige Deutsche, ging mit seiner jüdischen Frau in ein Dorf, zu einem seiner polnischen Freunde. Er konnte mit seiner jüdischen Frau weder in der Stadt bleiben, bis die Russen kamen, noch konnte er mit ihr in den Wald gehen.

Schade blieb. Er war bereit. Mina kam vorher zu uns, er konnte sie nicht allein in der Wohnung lassen. Er kam am Abend auf dem Fahrrad, rasiert, in Sportkleidung, hohen Stiefeln, ein sowjetisches Gewehr in der Tasche. Zusammen mit Mina machte er sich auf den Weg in den Wald.

Der nächste Tag war für uns traurig. Die meisten waren schon weg, meine Schwester Miriam, die Deutschen, Mina, der Kurier und die Leiter der Zellen. Wir kochten Getreide und sangen das neueste Partisanenlied »Dunkle Nacht«. Das Haus war leer, die Straßen waren verlassen. Aus allen Richtungen stiegen Flammen auf. Wir liefen durch die Stadt. Ein betrunkener Soldat bot uns sein Gewehr für 50 Mark an. Wir gaben ihm das Geld und nahmen die Waffe mit. 50 – gefälschte – Mark für ein gutes, fast neues Gewehr plus Munition! Der Soldat ging singend und schwankend weiter. Er war jetzt kein Soldat mehr, nur noch ein Mann in Lumpen.

Die Kommandoeinheiten setzten ihre systematische Brandstiftung fort. Maschinen und Geräte hatten sie schon nach Deutschland geschickt. Sie hatten die Stadt ausgeräumt und steckten sie jetzt in Brand. Das war ihre Ordnung. Wir legten noch mehr Minen und verteilten sie an alle, die in der Stadt geblieben waren, um sie bei jeder Gelegenheit einzusetzen. Am Nachmittag verabschiedeten Bronka und ich uns von den Genossinnen. Wir und auch Lizka und Ania verließen jetzt die Stadt. Das Gewehr, das wir so günstig erstanden hatten, nahmen wir mit, wir wollten nicht unbewaffnet zu den Partisanen gehen. Ich nahm das Gewehr, Bronka eine Pistole.

Es war ein schöner, warmer Julitag. Die Straße war staubig, die Sonne brannte. Noch ein paar vereinzelte Häuser, und vor uns lag die Landstraße. Wir hörten ein Motorrad kommen, womöglich wurden wir verfolgt. Bronka stand mitten auf der Straße und hob die Hand. Eine geniale Idee! Das Motorrad kam näher, hielt an. Ein deutscher Offizier fragte Bronka, was sie wollte.

»Nach Hause zu meinen Eltern, um mich zu verabschieden. Ich will nämlich mit dem Transport in den Westen mit, der heute abgeht.«

»Steig auf. Wo mußt du hin?«

»Nach Supraśl.«

Er sah Bronka an. Von ihr wanderte sein Blick zu mir.

»Na, steigt auf, ihr zwei. Was trägst du denn da, ist es schwer?«

Wir legten das eingewickelte Gewehr hinter ihm ab. Ich hielt mich mit Schwierigkeiten hinten oben. Er fuhr mit großer Geschwindigkeit und hüllte uns in eine Staubwolke ein. Er redete mit Bronka, und sie hielt ihn beschäftigt. Als er anhielt, bot er uns an, wenn wir mit ihm zurückwollten, sollten wir hier auf ihn warten. Er würde bald wiederkommen.

»Nein, danke. Wir müssen nach Supraśl, das sind noch fünf Kilometer.«

Der Offizier raste weiter.

Und wir standen wieder einmal auf der Landstraße. Wieder hörten wir ein lautes Dröhnen hinter uns. Diesmal war es ein Lastwagen. Wer wohl der Fahrer war? Die Deutschen fuhren alle in die andere Richtung. Ich hob die Hand. Der Lastwagen hielt an. Er war vollgeladen mit Soldaten, bewaffneten Soldaten, mit Stahlhelmen auf dem Kopf. Wir wollten weg, aber die Soldaten luden uns ein aufzusteigen. Es gab keinen Ausweg. Ich stieg zuerst ein, ein Soldat half mir mit meinem »Päckchen«. Wir kamen an die Eisenbahnstrecke im nahen Wald, in dem eine unserer Einheiten operierte. Als wir durch den Wald fuhren, wurden die Deutschen angespannt, sie nahmen ihre Gewehre in die Hand, einer von ihnen richtete das Maschinengewehr aus. Was ist los, fragten wir, als hätten wir Angst.

»Ihr Dummerchen, was wißt ihr schon.«

Als wir aus dem Wald herauskamen, atmeten die Soldaten erleichtert auf, die Partisanengefahr war vorbei. Von weitem konnten wir die große Brücke von Supraśl sehen. Der Lastwagen fuhr nach links, wir sagten, daß wir aussteigen wollten. Die Soldaten lachten. Wir hämmerten an die Scheibe hinter dem Fahrer, bis der Wagen anhielt und wir abspringen konnten. Das Gewehr warf ich vor mir ab. Die Soldaten starrten uns an, einer wollte uns hinterher, aber der Wagen fuhr schon wieder an.

Wir standen auf der leeren, sonnenüberfluteten Landstraße. Vor uns die Brücke, mit Wachen auf beiden Seiten. Bronka ging vor, während ich wartete. Sie bat den Soldaten, uns durchzulassen, weil wir hier, in der Textilfabrik von Supraśl, arbeiteten. Das war hier nicht Kombinat Nummer 4, wie auf meiner Arbeitskarte stand, aber wer würde das schon bemerken. Bronka kam zurück, um meine Karte zu holen. Offenbar machten die Stempel einen guten Eindruck, Bronka rief mich. Sie ließen uns durch, das Päckchen wurde nicht kontrolliert. Auf der anderen Seite war es einfacher. Der Wachmann sah sich meine Arbeitskarte an, schüttelte den Kopf und meinte:

»Ach Mädchen, seid nicht dumm, ihr geht zu den Bolschewisten. Sie werden euch töten. Laßt alles liegen und stehen und kommt mit uns.«

»Ja, ja, wir wollen uns doch nur von unseren Eltern verabschieden«, sagte Bronka.

Wir gingen weiter bis zum Friedhof. Wir wußten nicht, was in der Stadt vorging, deshalb versteckten wir das Gewehr auf dem Friedhof, um mit leeren Händen anzukommen. Später würden wir es wieder holen. Auf dem Friedhof gab es eine Quelle. Wir wuschen uns Gesicht und Hände, richteten uns die Kleider und schüttelten den Staub ab. Es war schon beinahe Abend. Wir gingen in das Stadtzentrum, wo die Tochter eines polnischen Partisanen wohnte. Sie konnte uns den Weg zeigen, und vielleicht würde sie uns sogar begleiten, sie stand in ständigem Kontakt mit ihrem Vater.

Wir sagten das Losungswort, und sie ließ uns ein. Sie war eine schöne junge Frau, groß, aufrecht und von gesundem Aussehen. Ihr Zimmer lag auf dem Dachboden, obwohl sie eigentlich bei ihrer Tante in der darunterliegenden Wohnung lebte. Als es dunkel wurde, gingen wir alle drei auf den Friedhof. Wir brachten das Päckchen auf ihren Dachboden und baten sie dann, uns den Weg in den Wald zu zeigen. Sie verschwand für ein paar Minuten und berichtete dann, daß es gerade unmöglich war, die Straße zu benutzen. »Da wird gekämpft, die Deutschen würden euch als Spioninnen verhaften, wenn ihr nicht vorher eine Kugel abbekommt. Es gibt eine Seitenstraße, über die ihr an euer Ziel kommen könntet. Aber es ist verboten, sie zu benutzen. Ich hab mit dem Kurier gesprochen, der geht jetzt auch nicht zurück. Ich würde euch ja gerne den Weg durch die Felder zeigen, aber sie stehen unter Wasser, und wenn man den Weg nicht sehr gut kennt, kann man ertrinken.« Sie kam zu dem Schluß: »Ich sehe keine andere Möglichkeit, als daß ihr bis morgen wartet. Wenn sich die Situation hier bis dann nicht geklärt hat, bitte ich den Kurier, euch durch die Felder mitzunehmen.«

Wir übernachteten in Supraśl. Kaum waren wir eingeschlafen, wurden wir von einer gewaltigen Explosion geweckt. Das Haus erbebte, der Druck warf mich aus dem Bett. Mit Mühe kleidete ich mich an. Die junge Frau klopfte bereits an die Tür und drängte uns, sofort herunterzukommen. Gebückt liefen wir zu einem Graben hinter dem Haus. Kanonenfeuer erhellte den Himmel. Es wurde aus Osten und aus Westen gefeuert. Der Angriff aus dem Osten wurde stärker. Feuerschlangen wanden sich über unseren Köpfen. Die Luft war von Donner erfüllt, die Erde bebte. Trümmer fielen auf das Feld hinter uns. Die Kinder im Graben weinten. Die Frauen gaben ihnen die Brust und versuchten sie zu beruhigen.

Am Morgen schwiegen die Kanonen. Graues Licht erschien über dem Horizont. Hinter dieser Dämmerung lag das Fort, das die Stadt umgab, noch in Schwärze. Seltsame Figuren tauchten aus den Seitenstraßen auf, humpelnd, abgerissen, in Lumpen. Konnten das die unbesiegbaren Soldaten des Dritten Reiches sein? Sie gingen langsam, einer nach dem anderen klopfte an die Türen der Häuser und bat um einen Schluck Wasser. Ängstlich blickten sie sich um. Sie waren kein Heer mehr, sie waren Flüchtlinge oder vielleicht auch Deserteure.

Mittags erfuhren wir, daß die Straßen noch immer verstopft waren von den deutschen Truppen auf dem Rückzug. Bronka war in die Stadt zurückgekehrt, um mit den Genossinnen, die noch da waren, den Befreiern einen festlichen Empfang zu bereiten. Die Tochter des Partisanen brachte mich zum Kurier. Wir durchquerten überschwemmte Felder und wateten bis zu den Knien im Schlamm. Mein Gewehr trug ich auf den Schultern. Zum ersten Mal trug ich offen eine Waffe. Gegen Abend kamen wir im Hauptquartier an.

36
Ewiger Ruhm den Kämpfern

Wir verbrachten ein paar Tage im Hauptquartier. Die Front rückte auf Białystok zu, die Partisanen befreiten die Umgebung von den Überresten der Deutschen. Ich hörte die Aussagen der deutschen Gefangenen: Jeder war Arbeiter gewesen, jeder war gegen seinen Willen eingezogen worden, jeder war Antifaschist. Eines Tages beschloß die Kommandantur, in Supraśl eine Untersuchung durchzuführen. Ich wurde der Gruppe zugeteilt. Eine unserer Aufgaben war, Kollaborateure aufzuspüren und zu verhaften. Wir gingen mit der Waffe über der Schulter auf der Straße. Haska hatte mir ihre Pistole gegeben. Ich trug lange Hosen und einen kurzen Mantel. Zum ersten Mal sah ich nicht aus wie eine elegante Dame aus der Stadt. Kein Untergrund mehr. Es war ein seltsames Gefühl. Wir gingen an Soldaten der Roten Armee vorbei, die in Haufen vor der Stadt lagerten. Soldaten und Offiziere, bewaffnet, verstaubt und verschwitzt. Sie waren einen langen Weg gekommen. Sie waren sehr müde. Hunderte Fahrzeuge fuhren vorüber mit Feldküchen und Gerät. Ich sah zum ersten Mal eine Katjuscha.[1] Die Soldaten sahen uns an, ihre Blicke richteten sich auf mich:

»Partizanka, ha?«

»Ja, Partizanka«, antwortete ich mit kindlichem Stolz.

Wir gingen durch die Stadt. Die Leute standen vor ihren Haustüren und sahen uns an. Einer schüttelte uns die Hand, ein anderer grüßte uns, wieder andere sahen nur schweigend her.

Wir sammelten die nötigen Informationen und gingen zurück. Die Straße nach Białystok war nun frei. Wir sollten einen Verbindungsoffizier treffen, um Informationen auszutauschen und unsere Operationen mit den lokalen Autoritäten zu koordinieren. Der Offizier kam am Abend. Am nächsten Morgen machten wir uns auf den Weg nach Białystok, in das befreite Białystok.

In den Dörfern entlang der Landstraße standen die Bauern vor

1 Granatwerfer der sowjetischen Armee

den Häusern und erzählten von den fliehenden Deutschen. Aus einem der Dörfer waren sie erst an diesem Morgen geflüchtet, und wir beschlagnahmten sofort die Schule, in der sie stationiert gewesen waren. Wir räumten den Schmutz weg, den sie hinterlassen hatten und legten uns hin. Es war ein sehr heißer Tag gewesen. Das Marschieren in der Mittagshitze hatte uns ermüdet. Wir hatten Hunger und Durst, waren aber angewiesen, die Bauern nicht um Essen zu bitten. Uns waren in den letzten Tagen die Lebensmittel ausgegangen, jeder hatte eine Scheibe Räucherfleisch bekommen, damit mußten wir uns begnügen, bis wir in die Stadt kamen. Wir gehorchten unseren Befehlen und nahmen nichts von den Bauern an. Noch vor wenigen Tagen hatten wir sie gezwungen, uns mit Essen zu versorgen. Jetzt war unser Partisanendasein zu Ende. Wir marschierten auf befreiter Erde, als Sieger.

Wir zogen an der Spitze der Partisanen in die Stadt ein. Die Kostius-Kalinovskij-Brigade führte uns an. Die Stadt stand in Flammen. Die Straßen waren wie ausgestorben. Niemand kam, um uns mit Trommeln und Zymbeln zu begrüßen. Keine Blumen für uns. Die Stadt war tot. Wir waren traurige Sieger.

An der Ecke Warszawska-Straße tauchte eine Figur auf. Das einzige menschliche Wesen auf der ganzen Straße. Es lief wie verrückt auf uns zu. Unter den Brauen dieses zerlumpten Wesens brannten zwei schwarze Augen. Das Gesicht war nur Haut und Knochen und wachsbleich. Nur die Augen, die Augen brannten. Sie war die einzige jüdische Frau, die wir in der Stadt antrafen. Sie hatte sich ein Jahr lang in Kellern und Löchern versteckt, diese jüdische Frau, die halb verblödet war von ihren Leiden und ihrer unerwarteten Erlösung.

Wir kamen in den ruhigen Vorort hinter der Mickiewicz-Straße. Vor uns stand die Fabrik Nummer 5 in Flammen. Eine kleine Gruppe Arbeiter stürmte aus dem Tor. Einen von ihnen erkannte ich, er war Mitglied einer Zelle. Ich hatte nicht gewußt, daß er bei Schade gearbeitet hatte. Seine Kameraden standen neben ihm, erstaunt, als könnten sie ihren Augen nicht trauen. Sie standen wie festgenagelt und starrten uns an. Mein Bekannter klatschte in die Hände und lachte. Dann zog er die anderen am Kragen: »Wir können immer noch etwas aus dem Betrieb retten«, rief er ihnen zu, und sie verschwanden wieder in der Fabrik.

So zogen wir in die Stadt ein, die Zehntausende ihrer Bewohner verloren hatte. Wir kamen als trauernde Sieger in eine Stadt, die ihrer Juden beraubt war.

Hinter der Ecke Sienkiewicza-/Jurowiecka-Straße, vor dem großen Tor, hing über die gesamte Breite der Straße ein rotes Tuch mit der Inschrift:

»Ewiger Ruhm den Kämpfern.« Wir fragten uns, wer dieses Banner gehißt hatte. Es war rot wie das Feuer, das rund um uns brannte, und wie die Glut, die uns vor die Füße fiel.

Wir machten uns auf die Suche nach den Genossinnen. In der Deutschen Sektion über der Mickiewicz-Straße, wo Haska, Lizka und Miriam einst als Dienstmädchen bei den SS-Familien gearbeitet hatten, gab es noch ein paar Gebäude, die der Brandstiftung entgangen waren. Ein großes Schild verkündete: »Seuchengefahr.«

Diese Gebäude waren gerettet worden. Und hier liefen uns unsere Mädchen entgegen, verrußt und aufgeregt, die jüdischen Kämpferinnen, die in einer Stadt ohne Juden übriggeblieben waren. Sie hatten die Gebäude gerettet, indem sie das Schild anbrachten, die Deutschen hatten sich nicht getraut, dem »Seuchenherd« nahe genug zu kommen, um ihn anzuzünden.

Sie haben uns mit »Ewigen Ruhm den Kämpfern« empfangen, aber die Toten werden sich nicht aus ihren Gräbern erheben. Wir sind zu wenige, um das Gedächtnis so vieler zu bewahren.

Epilog

Dieses Buch beruht auf den Fakten, die ich erinnere. 1949, sieben Monate nach meiner Ankunft in Israel, waren diese Erinnerungen noch frisch. Während dieser ersten Jahre im befreiten Polen lebten wir immer noch in der Erfahrung der Nazibesatzung und der Vernichtung. Unsere Rückkehr in das Leben bedeutete nicht, daß wir uns von der Vergangenheit trennten. Sie war Teil unserer Existenz, nicht als Trauma oder Phantom, das wir mitschleppten, sondern als organischer Teil unseres Lebens: unserer Gefühle, Sorgen und Ängste. Wir konnten noch die Gerüche des Ghettos riechen. Unsere Hände fühlten noch die Mauern seiner Ruinen, und unsere Füße trotteten noch über das Kopfsteinpflaster, über das wir gelaufen waren, zusammen mit den Juden, die hier auf ihre letzte Reise geschickt worden waren.

Es war nicht nötig, die Ereignisse zu rekonstruieren oder sie mir wieder ins Gedächtnis zu rufen. Ich lebte noch mit ihnen, ohne daß ich selbst das beabsichtigt hätte.

Dieses Buch ist mein Zeugnis. Ich habe es vermieden, im Detail über Ereignisse zu schreiben, an denen ich nicht persönlich beteiligt war. Obwohl ich Mitglied des zentralen Untergrundes war und eine nicht unbedeutende Rolle in einigen seiner Abteilungen gespielt habe, wird dieses Buch nicht immer seiner vollen Bedeutung gerecht. Zum Beispiel ist das Kapitel, das von den Partisaneneinheiten in der Region von Białystok handelt, ungenügend. Die Mitglieder von anderen Bewegungen als meiner eigenen, Haschomer Hatzair, die damals auch im Untergrund gearbeitet haben, können finden, daß ihre Namen und verschiedene Orte nicht berücksichtigt wurden, daß sie in diesen Erinnerungen ignoriert werden.

Ich hoffe, daß ihnen Gerechtigkeit widerfährt. 1949 dachte ich nicht an ausführliche Recherchen, sondern nur daran, festzuhalten, was mir unauslöschlich in das Herz und in das Gedächtnis gebrannt war. Ich hatte keine Dokumente, konnte auch gar keine haben. Wir werden feststellen, daß nicht allzuviel neue auftauchen werden. Die Tatsachen, die bisher nicht festgehalten wurden, werden vermutlich nie ans Licht kommen.

Aber ich hatte mich im Zentrum des Untergrundes von Białystok befunden und über bestimmte Zeitabschnitte auch in anderen Ghettos, es war daher meine Pflicht, als Informationsquelle zu dienen.

Dieses Buch ist voll mit Berichten über die Aktivitäten des Judenrates im Białystoker Ghetto. Ich habe sie eingefügt als Hintergrund für das Leben im Ghetto, und sie sollten auf keinen Fall übergangen werden. Der Untergrund mußte sich in jedem seiner Schritte gegen diese Institution stellen. Die Bedeutung des Judenrates war nicht beschränkt auf das dreistöckige Altersheim in der Kupiecka-Straße, wo sich seine Büros befanden. Er bestimmte die Haltung der Ghettojuden und blieb mitnichten ein Faktor außerhalb ihres Lebens. Die Tatsachen, die der Judenrat schuf, waren physische Tatsachen, ihre Konsequenzen komplex.

Als ich »Die Untergrundarmee« 1949 schrieb, kannte ich noch nicht die Berichte des Judenrates, die Nachman Blumenthal 1975 in »The Path of the Judenrat« im Verlag von Yad Vaschem veröffentlichte. Diese Dokumente widerlegen nicht nur nicht, was ich geschrieben habe, sie sind in ihren trockenen, formalen Feststellungen sogar noch schockierender. Der Charakter des Judenrates, wie ich ihn im Licht meiner eigenen Erfahrung und Kenntnis analysiert hatte, geht aus diesen Dokumenten in noch erschreckenderer Deutlichkeit hervor.

Die Berichte des Judenrates waren offizielle Dokumente, sie konnten daher die Diskussionen Baraszs mit den Vertretern des Untergrundes, also mit mir und Mordechai Tenenbaum, nicht enthalten. Unter diesem Gesichtspunkt sind die Erinnerungen den offiziellen Dokumenten vorzuziehen, deren allgemeine Glaubwürdigkeit beschränkt ist. Unter den Bedingungen des Ghettos konnte nicht alles schriftlich festgehalten werden. Auch die Mitglieder des Untergrundes hüteten sich, irgendwelche Spuren zu hinterlassen. Nur sehr wenige führten regelmäßig Tagebuch. Die Seiten aus Mordechai Tenenbaums Tagebuch, die man in einer Höhle gefunden und vor ein paar Jahren in Israel veröffentlicht hat, sind unbezahlbar. Aber selbst sie können nicht alle Aspekte unseres Lebens wiedergeben.

Ich wußte von diesen Seiten, als sie geschrieben wurden. Mehr als einmal hatte Mordechai Edek und mich in sein Zimmer geholt, um uns vorzulesen, was er geschrieben hatte, bevor es von Bronka Winicka (heute Klibansky) abgeholt wurde, um es außerhalb des Ghettos zu verstecken. Ich wußte, daß diese Worte in einem Zustand der Anspannung geschrieben wurden, als der Autor zwischen Hoffnung und Verzweiflung schwankte über die Zukunft des Ghettos, die Menschen, die politischen Führer, Institutionen, Bewegungen und den Judenrat. Sie wurden in Bruchstücken hingeschrieben, hastig, fiebrig, fast automatisch, ohne jede Möglichkeit, zu analysieren oder zusammenzufassen. Das macht vermutlich den großen historischen Wert von Mordechai Tenenbaums Tagebuchblättern aus.

Die letzten Eintragungen des Judenratberichtes datieren vom 11. November 1942, also vier Monate vor der ersten *aktzia* im Ghetto. In diesen Berichten fehlen eine Menge entscheidender Ereignisse im Ghettoleben, unter anderem die erste *aktzia*, in der 10000 bis 12000 Juden nach Treblinka verschleppt wurden, und, wie schon erwähnt, Baraszs Gespräche mit dem Untergrund. Ich habe auch Vorbehalte gegen einige Randbemerkungen des Herausgebers, wie zum Beispiel seine Erklärung in der Einleitung: »Jeder einzelne Judenrat mußte sein Schicksal bewältigen... allein und verlassen von Gott und den Menschen. In jedem Ghetto fing alles von vorne an... Nie hatten sie erfahren, wie die Liquidierung von Hunderten anderen Gemeinden durchgeführt wurde, noch hatte ihnen jemand genauer erklärt, was wirklich bevorstand... Niemand hatte sich in dieser Angelegenheit an den Judenrat gewandt...« Alle Fakten beweisen, daß der Judenrat spätestens im Dezember 1941 über Ponar Bescheid wußte, Barasz hatte die Wahrheit von mir erfahren. Er wußte auch von Treblinka, und er selbst bewies das in seiner Rede vom 11. Oktober 1942, in der er erklärt hatte: »... Jedermann weiß, was in Warschau geschehen ist und in Slonim... (Es ist) besser, nach Volkovysk zu kommen als nach Treblinka...«

Es muß gesagt werden, daß es sich hier nicht um einen Mangel an Informationen handelte, sondern um eine Politik, die der des Untergrundes diametral entgegenstand.

Es ist unbestreitbar, daß dieselbe Kenntnis der Tatsachen zu zwei gegensätzlichen Handlungsweisen führte: der des Judenrates auf der einen und der des Untergrundes auf der anderen Seite. Diese grundlegende Tatsache zu ignorieren (auch für das Białystoker Ghetto) bedeutet, die einfache Wahrheit zu leugnen und zweitrangigen Fakten übertriebene Bedeutung zuzumessen.

Anhang

Die Postkarte, die nach Wilna geschickt wurde, um über die erste Aktion und den Verlust von Edek und seinen Genossen zu berichten:

Halina Stasiuk
Puliver Straße 1/4
Białystok
14. Juni 1943

Ostland
A. Kommar
Pilies Straße 12/3
Wilna

Meine Liebe,
ich verstehe, daß Du über mein Schweigen verärgert bist, aber es ist nun einmal passiert, und wir schreiben nicht immer.

Ich weiß, daß Du sehr gerne wissen möchtest, wie Dein Sohn gestorben ist. Ich will daher versuchen, es, so gut ich kann, zu beschreiben, obwohl es wirklich nur von jemandem verstanden werden kann, der es selbst erlebt hat. Man hat von ihm 6300 Rubel verlangt. Er und seine Partner beschlossen, nicht zu zahlen und sich (schon) vor der Anklageerhebung auf ihre Verteidigung vorzubereiten. Seine Lage war elend, weil die meisten Möbel (fast alle) von einem Vetter weggebracht worden waren, der sie für Geld verkaufte und einen Gemüsegarten einrichtete, ohne die Meinung des anderen Vettern zu beachten. Im letzten Moment stellte sich heraus, daß der Anwalt in einigen Anklagepunkten die Verteidigung nicht ordentlich vorbereitet hatte. Zu dieser Zeit fingen sie an, von einer Verpflichtung von 21 000 RM (Mark) zu sprechen. All das geschah am ersten Tag. Unser Sohn hatte damals 40 Stück Waren in seinem Besitz. Dann hieß es wieder, sie würden 6300 RM verlangen, und er beschloß, abzuwarten, bis der Sturm vorüberging. Er beschloß, die verlangte Summe zu bezahlen, aber keinen Pfennig mehr. Darauf waren er und sein Vetter vorbereitet. Er war völlig abgeschnitten von seinen Vettern, die sich an einem anderen Ort befanden. Auch Zigmund, mit 13 Stück Ware, war während der letzten Tage an einem anderen Ort. Schließlich zeigten sie unseren Sohn an. Unter diesem Gesichtspunkt war der Ort... sehr gut. Jedes Stück Ware wurde einzeln herausgeholt, eines nach dem anderen, und auf der Straße gesammelt, und auf diese Weise wurde er zerstört. Er war hilflos! So sahen die Dinge aus; Du kannst dir seine tragische Situation vorstellen. Alles, was es brauchte, war da... und Edek (dachte) vielleicht, es könne ihm gelingen, aber was nützen Illusionen, das ist es, was passiert ist. Du weißt, daß ich nicht schreiben kann. Um wirklich zu wissen... es war notwendig... mit ihm zusammen, und das war unmöglich. Über andere Dinge, die hier geschehen, in einem anderen Brief.

Grüße an Euch alle, ich drücke Eure Hände! Halina schickt Grüße aus der Tiefe ihres Herzens. Sie wird schreiben.

Halte aus.

Auch ich versuche es. Ganiek fängt morgen an, im Gemüsegarten zu arbeiten.

Geniek

Erklärungen:
Halina Stasiuk ist Hasia Bielicka, die schon zur Zeit der ersten *aktzia* außerhalb des Ghettos lebte. Die Karte wurde im Juni 1943 geschrieben, vier Monate nach der ersten *aktzia*. Während all dieser Monate hatte es keine anständige Adresse auf der arischen Seite in Wilna gegeben, an die wir über die Situation in Białystok hätten berichten können.

Geniek, der die Karte unterzeichnete, ist Gedalyahu Szajak.

Möbel sind Waffen; *Sohn* die Kampforganisation; *RM, Mark* – die Juden, die in der *aktzia* abgeholt wurden; *Zigmund* steht für Zerah, *Waren* für Gewehre, *Vettern* für die Partner innerhalb der Organisation. *Einer der Vettern* bezieht sich auf Dror. *Halina* ist Chaika Grossman.

Ein deutsches Dokument über den Aufstand im Białystoker Ghetto
Das folgende Dokument (Kopien aus »Yediot Yad Va'shem«, 31. Dezember 1963) ist das einzige offizielle deutsche Dokument über den Białystoker Ghettoaufstand. Es wurde am 24. September 1943 von der Königsberger Außenstelle von Dr. Goebbels' Propagandaministerium verfaßt.

Das Dokument erreichte das Propagandaministerium in Berlin,

wie man dem Stempel entnehmen kann, am 26. September, und es war abgestempelt, um wie irgendein anderes Papier abgeheftet zu werden (»Reichsministerium für Volksaufkl. und Propaganda, 26. September 1943«). Es wurde von dem Historiker Josef Wulf entdeckt und eine Photokopie an Yad Vaschem geschickt.

Reichspropagandaamt
Ostpreußen

Königsberg, den 24.9.1943

Auf Befehl des Reichsführers-SS und Chef der Polizei, Himmler, begann unter Leitung des Gruppenführers-SS Lukotschnik (sic!) (a) am 16. August 1943 in den frühen Vormittagsstunden die Säuberungsaktion des Białystoker Ghettos, das etwa noch 30000 Juden beherbergte. Der Einsatz kam so unerwartet und plötzlich, daß gegen sonstige Gepflogenheiten die Juden diesmal überrascht wurden. Zur Absperrung des Ghettos wurden in der Nacht zum 16. August 43 Kräfte (b) eines Polizei-Regiments, das auf dem Transport nach hier am Abend des vorhergehenden Tages eingetroffen war, eingesetzt, die auch in den darauffolgenden Tagen die Durchkämmung des Ghettos ausführten. In der Nacht zum 17.8.43 wurden von den Juden die ersten Brände angelegt, die von der dortigen städt. Feuerwehr und und (sic!) herbeigeholten Bezirksfeuerwehr gelöscht werden konnte (sic!). Es konnte festgestellt werden, daß sich ca. 5000 Juden in Kanalisationsröhren (c), Kellern, ja sogar in schon vorher angelegten Bunkern versteckt hielten und ganz erheblichen Widerstand leisteten. An einer Stelle war sogar ein Bunker 8 m unter der Erde von einer Judengruppe angelegt. Diese bewaffneten Juden haben während der gesamten Aktion immer wieder versucht nachts aus dem Ghetto auszubrechen und die Absperrungskette zu überrumpeln. Bis auf ganz vereinzelte Durchbrüche sind aber diese Versuche immer abgeschlagen (sic!). Im großen ganzen waren die widerstandleistenden Juden reichlich mit Lebensmitteln und Waffen versorgt. Neben Handgranaten, Gewehren usw. konnte auch ein Teil automatischer Waffen, sowohl sowjetischen als auch deutschen Ursprungs festgestellt werden. Im Verlauf der Gesamtaktion flackerten immer wieder Brände von neuem auf, die zum Teil Panik unter den Juden in den ersten Tagen verursachen sollten, später aber zum Teil die deutsche Wirtschaft, und hier vor allem die Kriegswirtschaft, schädigen sollten. Durch Einsatz der Feuerwehr konnten größere Schäden an Gebäuden verhindert werden. Auf dem Abtransport sind ca. 200 Juden ausgebrochen. Der größte Teil von diesen ist erschossen, der Rest bis auf 3 Mann gefaßt worden. Die Aktion stellte einwandfrei fest, daß das dortigen (sic!) Ghetto lebhafte Verbindung mit Warschau aufrecht erhielt. Funkanlagen sind nicht gefunden worden, dafür aber eine Anzahl Rundfunkgeräte. Der bewaffnete Widerstand hatte auf deutscher Seite 9 Verwundete, darunter 2 Offiziere (sic!) (d).

Der Bezirk ist damit judenfrei, bis auf einige Plünderer und vereinzelte Judengruppen bei Banden (e), die aber größtenteils sich aus jenen Juden zusammensetzen, die in der Februar-Aktion aus dem Ghetto ausgebrochen waren. Am 8. September 1943 war die Räumung des Ghettos abgeschlossen und zur weiteren Verwaltung der Treuhand, Białystok (f) übergeben worden.

Die entstandenen Schäden sind mit dem Abschluß der Polizei-Aktion als erheblich zu betrachten. Die Sabotage der Juden hat in einem Großteil der Betriebe derartige Verwüstungen angerichtet, daß beispielsweise in dem Krankenhaus so gut wie alles erneuert werden muß.

In Vertretung

Anmerkungen:

a) Gemeint ist natürlich Globotschnik.

b) Hier liegt sicher ein Fehler vor; die wahre Zahl ist mindestens dreistellig.

c) Die Juden konnten sich in den Abwasserkanälen nicht verstekken, da das Białystoker Abwassersystem dafür nicht geeignet war.

d) Wenn der Bericht zugibt, daß zwei Offiziere verletzt wurden, liegt die Zahl der realen Verluste zweifellos viel höher.

e) Die deutsche Bezeichnung für die Partisanen.

f) Das Verwaltungsamt (Die Anmerkungen beziehen sich auf N. Blumenthals Erklärungen des Dokumentes in »Yediot Yad Va'shem«, oben zitiert.)

Bericht über die Aktivitäten der Antifaschistischen Organisation in Białystok:
Dieser Bericht wurde sofort nach der Befreiung der Region Białystok durch die Rote Armee im August 1944 von Liza Czapnik verfaßt. Sie war der Kommandantur der Kostius-Kalinovskij-Partisanen-Brigade verantwortlich für die Aktivitäten des Antifaschistischen Komitees, das im Stadtbereich von Białystok und im Umland arbeitete.

Der Bericht wurde für die Vertreter des Oberkommandos der Sowjetischen Partisanenbewegung geschrieben und wird hier in seiner ursprünglichen Form wiedergegeben.

Der Bericht besteht aus zwei Teilen:

1. Der Untergrund im Białystoker Ghetto und in der Stadt allgemein bis zur Niederschlagung des Aufstandes und der Liquidierung des Ghettos.

2. Die Partisanen-Periode nach der Liquidierung des Ghettos und das Antifaschistische Komitee.

Der erste Teil wurde von Liza Czapnik mit Hilfe von Riva Wojskowska geschrieben, einer Kommunistin, die mit den ersten jüdischen Partisanen in den Wald gegangen war, um als Kommissarin der Einheit zu dienen. Liza Czapnik nahm zu dieser Zeit an den Untergrundaktivitäten nicht teil. Von daher ist ihr Kommentar verständlich, daß der Bericht über diese Periode von Riva Wojskowska, M. Buch und Chaika Grossman erstellt werden würde. Ihr Bericht enthält nur Informationen über die Aktivität der kommunistischen Gruppe im Ghetto-Untergrund. Er enthält nicht den Reichtum an Material über den Untergrund als ganzen, mit seinen vielfältigen Nuancen, Bewegungen und Gruppierungen.

Der zweite Teil beinhaltet das meiste Material, obwohl auch er nicht erschöpfend ist und einige Ungenauigkeiten enthält:

Im Oktober 1941 wurde unter der Führung der Mitglieder der Gesamtsowjetischen Kommunistischen Partei Jakubowski Tadeusz[1],

1 Von den Nazis ermordet; vertrat den kommunistischen Untergrund auf der »arischen« Seite und unterhielt enge Verbindungen zu seinen kommunistischen Genossen im Ghetto. (Die Angaben über Personen stimmen zum Teil zum Zeitpunkt des Erscheinens der deutschen Übersetzung nicht mehr. Einige der Überlebenden sind inzwischen gestorben, andere leben nicht mehr in der UdSSR, sondern in Israel etc.)

Wojskowska Riva[1], Roszicka[2], Masza (Mazyla)[3] die NIURA gegründet, die »Organisation der Arbeiter und Bauern für den Krieg gegen die Invasoren«. Die Aktivitäten der oben erwähnten Organisation bestanden vor allem in folgendem:

1. Propagandaaktivitäten unter der Führung und Betreuung durch das Komitee in jeder Ghetto-Fabrik, in der Aktionszellen aufgestellt worden waren. Das Komitee druckte die Depeschen der sowjetischen Nachrichtenagentur und verteilte sie in den Fabriken und an die lokale Bevölkerung.

2. Mobilisierung von Leuten für den bewaffneten Kampf gegen die Invasoren und Organisierung der Ghetto-Selbstverteidigung. Die Waffen wurden auf verschiedenen Wegen beschafft. Einmal gelang es Mitgliedern der Organisation, 30 Gewehre aus den Gestapolagern zu entwenden. Handgranaten und Sprengstoff wurden im Ghetto unter der Leitung von Ingenieur Farber (einem Mitglied des Komitee) hergestellt.

80 Mitglieder der Organisation wurden in die Wälder geschickt (in die Wälder von Azovien und Supraśl). Zu diesen Partisanen wurden enge Verbindungen gehalten, um sie in ihrem Kampf zu lenken und sie materiell zu unterstützen. Von denen, die in den Wald geschickt worden waren, fielen einige im Kampf, der Rest wurde den Einheiten der K.-Kalinovskij-Brigade unter dem Kommando von Generalmajor Kapusta angeschlossen.[4]

1942 wurde der Genosse T. Jakubowski auf dem Weg nach Warschau getötet, wohin er gesandt worden war, um Verbindung zur Untergrundorganisation der PPR aufzunehmen, die bereits über Verbindungen nach Moskau verfügte. In seinem Besitz befanden sich gefälschte Dokumente (die in großer Menge im Ghetto herge-

1 Lebt heute in Polen, war aktiv in der Jüdischen Kampforganisation und Kommissarin der kommunistischen jüdischen Partisanengruppe »Vpierod«.

2 Lebt heute in Polen; Kurierin zwischen der Jüdischen Kampforganisation, dem Wald und der »arischen« Seite; Kommunistin.

3 Wurde von den Nazis ermordet; Kommunistin; auch sie vertrat den nichtjüdischen Untergrund.

4 Die oben erwähnte Brigade wurde erst im April 1944 um Białystok herum organisiert. Ihre Kommandos bestanden meist aus sowjetischen Fallschirmspringern. Ein guter Teil der jüdischen Partisanen, die in diesem Gebiet über ein Jahr lang operiert hatten, wurden in diese Brigade eingegliedert.

stellt wurden); er wurde auf dem Bahnhof von Małkinia von Gestapo-Agenten verhaftet. Ein anderes Mitglied des Komitees »NIURA«, das aufgrund einer Provokation Gestapoagenten in die Hände gefallen war, starb an der Folter.

Im Bewußtsein, daß der Tag der Liquidierung des Ghettos näher kam, intensivierten die Mitglieder des Komitees die Vorbereitung der jüdischen Bevölkerung auf den Widerstand und die Maßnahmen zur Unterstützung der Massen von Ghettobewohnern, die nicht in die Wälder gehen konnten.

Gemäß der in der Moskauer »Einigkeit« Nummer 24 enthaltenen Information führten die Selbstverteidigungsgruppen Gefechte gegen große SS-Einheiten wie auch gegen Panzer und töteten im Verlaufe eines Monats 1000 Deutsche.[1]

Die aktivste Sektion der Organisatoren der antifaschistischen Arbeit wurde mit gefälschten Papieren ausgestattet und zur Arbeit innerhalb der Ghettomauern geschickt.[2]

(Anmerkung: Detailliertes Material über die Aktivitäten von 1941 bis Juli 1943 wird getrennt vorgelegt werden von den Genossen R. Wojskowska, M. Roszicka, M. M. Buch[3], C. Grossman.)

Die oben erwähnte Gruppe bestand aus: 1. M. Roszicka, 2. Liza Jozipowna Czapnik, 3. Czaja Judilowna Bielicka[4], 4. Anna Agramowna Rud[5], 5. Chaika Grossman, 6. Bronia Winicka[6].

Białystoker Ghetto im Januar 1943. Diese Genossen überlebten. Andere, wie Riva Madeiska (Wilna), Hanka (Białystok)[7] und weitere wurden von Gestapo-Agenten entdeckt und nach Folter und Leiden getötet. Sie haben ihre Organisation nicht verraten. Die

1 Die in der »Einigkeit« veröffentlichte Zahl war übertrieben.

2 Auch dieses Detail ist nicht exakt; es stimmt bis zu einem gewissen Grad für die erste Phase der Untergrundorganisation.

3 Lebt heute in Polen; einer der Aktivisten des Ghetto-Untergrundes; Kommunist.

4 Lebt heute im Kibbuz Lehavot Habaschan. Ihr Name lautet Hasia Bielicka-Bornstein.

5 Lebt heute in Moskau.

6 Lebt heute in Jerusalem; arbeitete für die Jüdische Kampforganisation auf der »arischen« Seite, Mitglied von »Dror«.

7 Die jungen Frauen von Haschomer Hatzair wurden von der Gestapo gefoltert und ermordet. Sie starben als Heldinnen. Rivka Madeiska ist die Rivkele, die in diesem Buch erwähnt wird.

sechs Genossinnen organisierten das Antifaschistische Komitee unter der Leitung von M. Rószicka und weiteten ihre Aktivitäten aus. Die Bedingungen der Illegalität behinderten ihren Handlungsspielraum, aber trotz dieser Schwierigkeiten gelang es dem Komitee, Kontakt zu einer Gruppe sowjetischer Patrioten aufzunehmen: Buczinski[1], P. Lorek[2], V. Nieśmiałek[3], E. E. Orlov, M. Barburin.

Grundlegende Aktivitäten des Antifaschistischen Komitees
A. Mobilisierung von Mitgliedern für Antifaschistisches Komitee. Nach Treffen mit einer Reihe von einzelnen Genossen und Gruppen in geheimen Wohnungen wurde das Problem der Vergrößerung der Antifaschistischen Organisation en detail erörtert, in der Absicht, sie den Bedingungen des schweren faschistischen Angriffs adäquat zu gestalten. Die Struktur der Antifaschistischen Organisation bestand in Zellen aus jeweils zwei bis vier Mitgliedern. Eine Gruppe bestand aus drei bis vier Zellen. Die Leiter erhielten ihre Anweisungen vom Komitee, dem sie auch direkt Bericht erstatteten. Die Mitglieder der einzelnen Zellen kannten die Mitglieder der (anderen) Zellen und deren Leiter nicht. Im Mai 1942 wuchs die Antifaschistische Organisation auf 80 Mitglieder an.

Ende April 1944 traf das Hauptquartier der K.-Kalinovskij-Brigade unter dem Kommando von Oberst Voitsekovskij in der Region Białystok ein. Die Leiterin der antifaschistischen Untergrundorganisation in der Stadt Białystok, Genossin Liza Jozipowna Czapnik, wurde zu einem Treffen im Wald mit dem Kommandanten Voitsekovskij eingeladen. Auf dem ersten Treffen wurde die Zusammensetzung des Antifaschistischen Komitees offiziell ratifiziert: Vorsitzende L. J. Czapnik, Mitglieder des Komitees: A. A. Rud, M. Rószycka, C. Grossman, B. Winicka, C. Bielicka, B. Burdźynski.[4] Sie teilten die Aufgaben unter sich auf und entwarfen ein Aktionsprogramm für die bevorstehende Periode. Im Mai 1944 trat das Antifaschistische Komitee in Kontakt mit zwei weiteren antifaschistischen Gruppen:

1, 2, 3 Polen, die nach der Liquidierung des Ghettos im Untergrund aktiv waren.
4 Alle Mitglieder des Komitees mit Ausnahme des älteren Polen Burdźynski waren jüdische junge Frauen im Alter von 20 bis 24 Jahren.

1. Einer Gruppe von 30 Personen, angeführt von A. G. Loninkin, entsprechend den Anweisungen des Antifaschistischen Komitees in Volkovysk, und

2. einer zweiten Gruppe, bestehend aus 15 Mitgliedern, angeführt von Z. Peszkow, die unabhängig arbeitete. Ende Mai war die Antifaschistische Organisation in Białystok auf 125 Mitglieder angewachsen.

Die antifaschistischen Gruppen (Zellen) arbeiteten in folgenden Betrieben:

1. Dem Textilkombinat
2. Der Eisenbahn
3. Den Bäckereien
4. Dem Flughafen
5. Einer Gießerei
6. Einer Tabakfabrik
7. Als Dienstmädchen bei der Gestapo
8. In der Ruberg-Fabrik
9. In den Fink-Betrieben
10. Im Kriegsgefangenenlager
11. Im D.A.K. Nr. 14

B. Propaganda Aktivität

Die Propaganda richtete sich gegen die Maßnahmen der faschistischen Invasoren und drückte sich aus wie folgt:

a) Verteilung von Flugblättern und Zeitungen des Untergrundkomitees der Belorussischen Kommunistischen Partei, der Kommunistischen Jugendliga in Belorußland und des antifaschistischen Komitees;

b) Verbreitung von Nachrichten der sowjetischen Nachrichtenagentur;

c) Gespräche mit Individuen und kleinen Gruppen, in denen das wahre Gesicht der faschistischen Invasoren enthüllt und Hitlers Ziele in bezug auf die europäischen Völker beschrieben wurden. Einschließlich konkreter Informationen über die Vernichtung des russischen Volkes, der Juden, Polen, etc.

Das Material, ob gedruckt oder handschriftlich, kam von Genossinnen, die in den Wohnungen deutscher Mitglieder der Antifaschistischen Organisation Radio hörten (nachts). Die Genossinnen

Mina Kiselstein[1], Mitglied der sowjetischen kommunistischen Jugendorganisation, Chaika Grossman und Maryla Różycka transferierten Radiogeräte, die in speziellen Kellern versteckt waren, aus dem Ghetto über den Stacheldrahtzaun.

Vasibolod Demicotufca und mehrere andere Genossen brachten Partisanen-Literatur, die vom Untergrundkomitee der Belorussischen Kommunistischen Partei und der Belorussischen Kommunistischen Jugendliga veröffentlicht wurde, nachts aus der Druckerei. Die Genossen L. J. Czapnik, M. Różyicka, A. A. Rud, C. Bielicka, A. Loninkin, L. Posuk, E. Orlov brachten diese Materialien zu den Zellen und Gruppen, damit sie unter der Bevölkerung verbreitet wurden.

Durch ihre Propagandaarbeit gegen die Maßnahmen zur Verschleppung der Bevölkerung nach Deutschland gelang es ihnen, eine Reihe von Genossen aus den Händen der Deutschen zu retten, indem sie sie der Untergrundarbeit zuführten oder in die Wälder brachten.

1. Baruch Schatzmans Flucht vor der Gestapo wurde organisiert, er wurde an die »20 Jahre Oktober Revolution«-Partisanengruppe überstellt.

2. Personen, die aus den Todeslagern wie Treblinka und Majdanek geflohen waren, wie Felix Rosenblum, wurden zu den Matrosov-Partisanen-Einheiten gebracht.

Die Flucht von 25 Genossen, die von der Gestapo in das Königsberger Lager verlegt worden waren, wurde durch einen speziellen Kontakt organisiert, mit dem Ergebnis, daß zwölf mit ihren Waffen ankamen und in die Einheit aufgenommen wurden; 13 starben in Gefechten auf dem Weg.

C. Versorgung und Unterstützung der Partisanen

Die Stadt Białystok war unter den Mitgliedern der Antifaschistischen Organisation in eine Reihe von Ausspähungszielen aufgeteilt. Die Aufgabe dieser Personen bestand darin, wichtige operative wie strategische militärische Objekte der Deutschen zu beobachten, wie auch alles, was Konstruktion, Tarnung von Verteidigungseinrichtungen, Konzentrationen und Standorte von Flugzeugen, Bomben-

1 Lebt heute in Israel.

lagern, Brennstoff und Munition, Anzahl und Lage von militärischen Einheiten, der Gestapo, der SS, Polizei, Gendarmerie, die Lage der industriellen Anlagen, etc. betraf.

Die gesammelte Information wurde auf spezielle Karten eingetragen, die an das Hauptquartier der Kalinovskij-Brigade übergeben wurden, um über die Frontlinien gebracht zu werden.

Zusätzlich zu den Kundschaftern für die verschiedenen Regionen von Białystok arbeiteten auch mehrere Genossinnen und Genossen als Kundschafter: die Genossinnen und Genossen Bielicka, Rud, M. Różycka, E. M. Orlov, F. Lorek, V. Aksinowicz, V. Dawidowicz, A. Loninkin, Akimowa. Einige dieser Genossinnen erhielten ihre Informationen durch Verbindungen zu den Deutschen.

Mittels Diskussionen, in denen es scheinbar um andere Dinge ging, konnte die Genossin Bielicka die komplette Anzahl der numerischen Zusammensetzung der Luftabwehrgewehre erfahren, die aus Minsk und Brest eingetroffen waren, und ihre Standorte. Mittels eines »Ratschlages« vorgeblich rein künstlerischer Art entdeckten sie die Lage der Wohnung, in der Erich Koch, der deutsche Verantwortliche für Belorußland und Ostpreußen, wohnen sollte.

Als Teil ihrer Provokationen im Krieg gegen die Partisanen organisierte die Gestapo Razzien und sandte deutsche, ukrainische und belorussische Polizisten als Partisanen verkleidet in die Gebiete, in denen die Partisaneneinheiten operierten. Mittels der Gestapo-Dienstmädchen und technischer Mittel gelang es dem Komitee ihre Absichten, Anzahl und den Zeitpunkt ihrer Abreise aufzudecken. Diese Information wurde sofort an die Partisaneneinheiten weitergeleitet.

Die Gestapo schickte auch Provokateure in die Partisaneneinheiten. Durch unsere Agenten sammelten wir Informationen über die Aktivitäten dieser Personen und informierten sofort die Partisanen. So war Hauptmann Mazal, ein Gestapo-Arbeiter, zur A.-Matrasov-Einheit gekommen und durch das Antifaschistische Komitee entlarvt worden.

Auf dieselbe Art erfuhr das Komitee durch Nicolai Bakunowicz von bevorstehenden Massenverhaftungen in bestimmten Sektionen der Stadt. Zu der Zeit, als die Rote Armee sich Białystok näherte, kundschafteten die Mitglieder des Antifaschistischen Komitees aus, welche Häuser, Straßen, Landstraßen und anderen Objekte vermint waren. Die Information wurde dem Antifaschistischen Komitee übermittelt und von ihm an die K.-Kalinovskij-Partisanen-Brigade weitergeleitet.

So wurde zum Beispiel am 20. Juli 1944 ein Stadtplan, auf dem die verminten Orte und die Verteidigungsstellungen eingezeichnet waren, an die Partisanenbrigade übergeben und von ihr an den Kommandeur der Dritten Armee geschickt. Der Plan wurde von Armee-Aufklärern überprüft.

Besondere Energie, Initiative und Tapferkeit im Kundschaften bewiesen die Genossinnen und Genossen M. Różycka, A. J. Czapnik, A. A. Rud, C. Bielicka, C. Grossman, Winicka, R. Rasina, F. Lorek, V. Aksinowicz, V. Dawidowicz, A. Loninkin, R. Dobrowolska.

Den Partisanen wurde auch Hilfe geleistet durch die Beschaffung von und Versorgung mit Waffen, Munition, Medikamenten, Papier, Batterien, Radioröhren, topographischen Karten, Kompassen, Schmieröl, Handgranaten, Schwefelsäure, etc.

Einige sehr ärmlich ausgestattete Partisaneneinheiten wurden mit so lebensnotwendigen Dingen wie Seife, Wäsche, etc. ausgestattet, die aus der Stadt kamen.

All diese Materialien wurden besorgt oder gekauft mit dem Geld der Mitglieder des Antifaschistischen Komitees und durch Kuriere in den Wald gebracht. Besonders hervorragende Arbeit dabei leisteten die Genossinnen M. Różycka, A. J. Czapnik, A. Rud, C. Bielicka.

So gelang ihnen zum Beispiel, indem sie sich als Lebensmittelschmugglerinnen ausgaben, die von Grodno nach Białystok reisten, im September 1943 ein Maschinengewehr in einem großen Koffer zu transportieren. Nur dank der Geschicklichkeit, Genauigkeit und des Einfallsreichtums der Genossinnen B. Winicka und C. Grossman war es möglich, das Maschinengewehr heil der jüdischen Partisaneneinheit »Kadima« zu überbringen. Sie tarnten auch ein Gewehr und trugen es durch die Stadt zu einer Partisanen-Einheit. Der erfolgreiche Transport gelang nur aufgrund der Tarnung und vor allem der Gelassenheit und des schnellen Denkvermögens. Die Genossinnen M. Różycka und A. A. Rud trugen ein Maschinengewehr und Gewehre in Tücher gewickelt am hellichten Tag durch die Stadt.

Aufgrund dieser und anderer Fähigkeiten in ihrer antifaschistischen Tätigkeit wurden sie nicht von Gestapoagenten oder der Polizei gefangengenommen. Insgesamt wurden übermittelt:

20 Gewehre
4 Maschinengewehre
mehr als 22 Pistolen
30 Kompasse
mehr als 60 Handgranaten.

Zusätzlich besorgten sie eine große und ziemlich adaequate Menge von Medikamenten, chirurgischen Instrumenten, topographischen Karten der Operationsgebiete der Partisanen und anderes Material.

D. Aktivität unter den Deutschen

Mit Hilfe der Genossinnen aus der Antifaschistischen Organisation M. Kiselstein und C. Grossman, die in der Textilfabrik arbeiteten und fließend Deutsch sprachen, wurden vorsichtige Diskussionen mit dem deutschen Direktor der Fabrik, A. G. Schade abgehalten. Sie endeten mit der Entdeckung seiner antifaschistischen Ansichten und seiner Rekrutierung in die Reihen der aktiven Antifaschisten. Auf ähnliche Art wurde von Hasia Bielicka ein zweiter Deutscher, Wenturi[1], Maler von Beruf, rekrutiert. Während der Liquidierung des Ghettos versteckte der Deutsche Schade neun Juden aus der Textilfabrik in seiner Wohnung, gab dem Partisanen C. Paczinski (einem Mitglied der Kommunistischen Partei) eine Waffe (Pistole), erhielt von der Polizei ein Gewehr und gab es Berkner, einem Aufklärer aus dem Hauptquartier der K.-Kalinovskij-Brigade. Er besorgte vier Pistolen und eine große Menge Munition für diese Brigade. Die Vorsitzende des Antifaschistischen Komitees arrangierte zwei Treffen zwischen den Deutschen Schade und Wenturi und dem Hauptquartier der K.-Kalinovskij-Brigade und richtete entsprechend ihren Anweisungen eine deutsche antifaschistische Zelle ein, die Informationen von großem Wert (geheime Beschlüsse der Gestapo und der Hitler-Partei) an das Hauptquartier der K.-Kalinovskij-Brigade übermittelte. Unter großen Schwierigkeiten beschaffte sich Wenturi eine Fahrgenehmigung für ein kleines Auto.

1 *Gemeint ist Otto Busse*

Dieses Auto stellte er häufig dem Komitee zum Transport von Waffen, Medikamenten, Stadtplänen, etc. in den Wald zu den Partisanen-Einheiten zur Verfügung.

Häufig stellten sie Reisegenehmigungen für die Kurierinnen des Antifaschistischen Komitees her. Benischek gab damals der A.-Matrosov-Einheit ein Gewehr und sechs Handgranaten.

Beim Anmarsch der Roten Armee und während der deutschen Evakuierung Białystoks gelang es dem Komitee, einen der Deutschen, Schade, in voller Ausrüstung – ein automatisches Gewehr und eine Pistole – zur A.-Matrosov-Einheit zu bringen. Der Deutsche Bolle versteckte sich mit seiner Frau in einem Dorf und begrüßte dort den Einmarsch der Roten Armee. Die beiden anderen Deutschen waren auf Grund ihres schlechten Gesundheitszustandes gezwungen, nach Ostpreußen zu gehen. Bevor sie abreisten, erklärten sie: »Wir werden die Rote Armee in Preußen willkommen heißen.«

E. Aktivitäten gegen Informanten und Heimatverräter

Die Aktivität unter den Verrätern wurde ausgeführt von den Genossen N. Bakunowicz, I. Gaponin, Kurillo, A. Sawicki, E. E. Orlov, Toropaku. N. Bakunowicz leitete die Anstrengungen in der Belorussischen National Union (B.N.U.) und beschaffte systematische Informationen über die Hauptereignisse. B.N.O.K. und andere erhielten Adressenlisten, Informationen über Verhöre, und Photographien von Mitgliedern der Belorussischen National Union. Einige Mitglieder der B.N.U. wurden von ihnen rekrutiert und halfen ihnen bei ihren Aktivitäten.

M. Toropkin und A. Rud beschafften die Mitgliederkartei der Ukrainischen National Union und auch Informationen über die Zusammensetzung der ukrainischen Polizei. Dieses Material wurde Genossen Patrichenko, dem Leiter der Spezialabteilung der von Generalmajor Kapusta kommandierten Partisanenstreitkräfte übergeben. Kurillo, Sawicki und Gaponin führten die Aktivität unter den ukrainischen Polizisten, die das Beutelager an der Eisenbahnlinie bewachten, durch, und sechs von ihnen wurden mit ihren Waffen zur A.-Matrasov-Partisanen-Einheit gebracht.

F. Sabotageaktivitäten

Die Antifaschistische Gruppe stahl regelmäßig Maschinenteile aus der Ruberg-Fabrik, sodaß es zu fünf- bis zehntägigen Produktionsstops kam, da Ersatz aus Königsberg angefordert werden mußte. Gelegentlich zerbrachen sie absichtlich Bohrer und anderes Werkzeug, sodaß Produkte vier bis zehn Tage lang nicht fertiggestellt werden konnten. Am Fließband wurden Schrauben angefeilt und Drähte gelöst, sodaß sie nur mit Schwierigkeiten schlossen und so auf dem Transport eine Menge Schaden anrichteten. Sieben Mal innerhalb von drei Monaten wurden drei Bohrer funktionsunfähig gemacht und damit die Fertigstellung der Produktion fünfzehn Tage lang aufgehalten. Zwei Drehbänke wurden zerstört durch Schrauben, die in die Gänge geworfen worden waren.

Für diese Aktionen wurden mehrere Arbeiter, manchmal unschuldige, schwer bestraft, entweder von den Direktoren oder von der Polizei, die sie zu Tode folterte. Aber die deutsche Unterdrükkung hielt sie nicht auf. Genosse Loninkin initiierte zusammen mit dem Techniker des städtischen Elektrizitätswerkes großangelegte Saboteaktionen. Am 16. Juli 1944 sprengte er ein 15 000 Volt Stromkraftwerk, das die Eisenbahn und die Eisenbahnwerkstätten versorgte. Im Effekt waren folgende Einrichtungen lahmgelegt: Der Bahnhof von Białystok, der Bahnhof und die Werkstätten in der Stadt Łapy, der Bahnhof und die Werkstätten von Starosielce. Besonders ergebene und mutige Antifaschisten in der Arbeitergruppe der Ruberg-Fabrik waren die Genossen A. Loninkin, A. Akmalew, E. Ibvon. Aktivitäten zur Behinderung der Produktion wurden von vielen Antifaschisten als wichtige tägliche Verpflichtung betrachtet. »Je niedriger die Produktion und je geringer die Qualität – desto besser für uns.« Unsere Leute arbeiteten nur dann sorgfältig, wenn ein Deutscher mit der Peitsche in der Hand neben ihnen stand. Sobald er weg ging, arbeiteten sie entweder gar nicht mehr oder nahmen das, was sie gerade fabriziert hatten, beiseite, um die Teile zu beschädigen.

R. Rasina und Ada Malewska sprengten am 20. Juli 1944 mit Hilfe magnetischer Minen vier Lastwagen, die Brennstoff geladen hatten. Mit Hilfe einer Bekannten gelang es Ada Loskowska, in die SS-Küche einzudringen, Gift in den Topf zu tun und damit 50 Deutsche und acht Polen, die hier arbeiteten, zu töten.

Zina Salinniva nahm an dieser Vergiftungsaktion teil. Die Mitglieder des Antifaschistischen Komitees Czapnik, Rud, Bielicka und Dobrowolska versteckten Waffen und Kuriere der Partisaneneinheiten in ihren Zimmern. Zwei Partisanen von den Rokossowski-Aufklärern wurden mit einem Untergrund-Zimmer und Pässen versorgt. Ein Mitglied des Partisanengeheimdienstes, das in spezieller Mission nach Warschau reiste, wurde auf der Reise begleitet und gesichert. Wichtige Rollen im Verstecken von Waffen erfüllten die Genossinnen und Genossen Kurillo, Sawicki, Bielicka, Grossman und Dawidowicz, die ihre Zimmer dem Komitee der Antifaschistischen Organisation zur Verfügung stellten.

G. Aktivität unter den Polen

Im Auftrag des Brigadekommandanten Oberst Voitsekovskij gingen die Genossin Czapnik, Vorsitzende des Antifaschistischen Komitees und das Mitglied des antifaschistischen Komitee B. Winicka zur nationalen polnischen Organisation in Białystok. Diese Genossinnen führten Aktivitäten innerhalb dieser Organisation durch und sammelten illegale Literatur, die dem Hauptquartier der K.-Kalinovskij-Partisanenbrigade überbracht wurde.

In der Umgebung von Białystok operierten polnische Partisanen, die jedoch den sowjetischen Partisanen feindlich gesonnen waren. Brigade-Kommissar (sic) Genosse Voitsekovskij machte es sich zum Ziel, die Aktivitäten der polnischen Partisanen und seiner Brigade zum Nutzen der Einheit im Krieg gegen die faschistischen Invasoren zu koordinieren.

Nach gewaltigen Anstrengungen und der Überwindung vieler Schwierigkeiten und großen Mißtrauens arrangierten die Genossinnen Czapnik und B.Winicka ein Treffen zwischen dem Brigade-Kommissar (sic) Voitsekovskij und Repräsentanten der polnischen Partisanen. In der Folge wurden wir Zeugen des vereinten Kampfes von polnischen Partisanen und der K. Kalinovskij-Brigade in der Region Osowiec.

H. Empfang der Roten Armee

Mit dem Anmarsch der Roten Armee begannen die Deutschen, die Bevölkerung der Stadt zu evakuieren, und gewisse Mitglieder der Organisation wurden zu den Partisaneneinheiten überführt. Die

Vorsitzende des Komitees Czapnik und die Mitglieder des Komitees A. Rud, M. Różycka und B. Winicka blieben in der Stadt. Diese Genossinnen intensivierten die Suche nach Minen, und dank ihrer heroischen Anstrengungen wurden vier Häuser, eine Textilfabrik und ein Warenlager dieser Fabrik vor der Zerstörung gerettet. Im Wissen, um die große Furcht der Deutschen vor ansteckenden Krankheiten, hingen sie Schilder auf mit einem Totenkopf und der Aufschrift »Achtung! Seuchengefahr!«. Die deutschen Pioniere und Ingenieure hatten Angst, diese Gebäude zu betreten, und befahlen den Mietern der umliegenden Häuser, sie drei Wochen lang nicht zu betreten. Die Vorbereitungen für den Empfang der Roten Armee hatten im März begonnen, als sich der Feind noch in der Stadt befand. Auf A. Ruds Dachboden schrieben wir Parolen und machten Plakate. Alle Mitglieder des Antifaschistischen Komitees bereiteten Sträuße, Dekorationen, etc. vor. All diese Aktivitäten wurden von Kanonendonner begleitet. Am 26. Juli 1944 trafen wir auf die ersten Aufklärer der Roten Armee und bereiteten ihnen einen herzlichen Empfang.

Die Soldaten der Aufklärungseinheit und ihr Kommandant dankten uns herzlich für unser Willkommen. Am 27. des Monats begaben sich die Antifaschisten auf die Landstraße zwischen Volkovysk und Białystok, außerhalb der Stadt. Die Armee organisierte für uns ein Konzert und einen Vortrag über die internationale Situation.

Vor ihrer Reise nach Grodno wurden die Mitglieder des Antifaschistischen Komitees und der Organisation dem Nationalkomitee für die Befreiung Polens vorgestellt und mit verantwortungsvollen Aufgaben in der Stadt Białystok betraut.

Die Zeit des Nationalsozialismus

Eine Buchreihe
Herausgegeben von Walter H. Pehle

Götz Aly / Susanne Heim
Vordenker der Vernichtung
Auschwitz und die deutschen Pläne für eine neue europäische Ordnung
Band 11268

Ralph Angermund
Deutsche Richterschaft 1919–1945
Krisenerfahrung, Illusion, politische Rechtsprechung
Band 10238

Avraham Barkai
Vom Boykott zur »Entjudung«
Der wirtschaftliche Existenzkampf der Juden im Dritten Reich 1933–1943
Band 4368

Avraham Barkai
Das Wirtschaftssystem des Nationalsozialismus
Ideologie, Theorie, Politik 1933–1945
Band 4401

Władisław Bartoszewski
Das Warschauer Ghetto – wie es wirklich war
Zeugenbericht eines Christen
Band 3459

Ute Benz / Wolfgang Benz (Hg.)
Sozialisation und Traumatisierung
Kinder in der Zeit des Nationalismus
Band 11067

Wolfgang Benz (Hg.)
Herrschaft und Gesellschaft im nationalsozialistischen Staat
Studien zur Struktur- und Mentalitätsgeschichte. Band 4435

Dirk Blasius / Dan Diner (Hg.)
Zerbrochene Geschichte
Leben und Selbstverständnis der Juden in Deutschland
Vom Mittelalter bis zur Gegenwart
Band 10524

Horst Boog / Jürgen Förster / Joachim Hoffmann / Ernst Klink / Rolf-Dieter Müller / Gerd R. Ueberschär
Der Angriff auf die Sowjetunion
Band 11008

Fischer Taschenbuch Verlag

fi 1710 / 4 a

Die Zeit des Nationalsozialismus

Eine Buchreihe
Herausgegeben von Walter H. Pehle

Achim von Borries (Hg.)
Selbstzeugnisse des deutschen Judentums 1861–1945
Mit einem Geleitwort von Helmut Gollwitzer
Band 4357

Wilhelm Deist / Manfred Messerschmitt / Hans E. Volkmann / Wolfram Wette
Ursachen und Voraussetzungen des Zweiten Weltkrieges
Band 4432

Georg Denzler / Volker Fabricius
Die Kirchen im Dritten Reich
Christen und Nazis Hand in Hand?
Band 2: Dokumente
Band 4321

Lutz van Dick (Hg.)
Lehreropposition im NS-Staat
Biographische Berichte über den aufrechten Gang
Band 4442

Dan Diner (Hg.)
Ist der Nationalsozialismus Geschichte?
Zu Historisierung und Historikerstreit
Band 4391

Zivilisationsbruch
Denken nach Auschwitz
Band 4398

Hans Dollinger (Hg.)
Kain, wo ist dein Bruder?
Was der Mensch im Zweiten Weltkrieg erleiden mußte – dokumentiert in Tagebüchern und Briefen. Band 4374

Gustave M. Gilbert
Nürnberger Tagebuch
Band 1885

Albrecht Goes
Das Brandopfer
Erzählung
Band 1524

Fischer Taschenbuch Verlag

fi 1710 / 4 b

Die Zeit des Nationalsozialismus

Eine Buchreihe
Herausgegeben von Walter H. Pehle

Günter Grau (Hg.)
Homosexualität in der NS-Zeit
Dokumente einer Diskriminierung und Verfolgung
Band 11254

Sebastian Haffner
Anmerkungen zu Hitler. Band 3489

Jost Hermand
Als Pimpf in Polen
Erweiterte Kinderland-verschickung 1940–1945
Band 11321

Raul Hilberg
Die Vernichtung der europäischen Juden
Drei Bände in Kassette
Band 4417

Hilmar Hoffmann
»Und die Fahne führt uns in die Ewigkeit«
Propaganda im NS-Film
Band 4404

Eberhard Jäckel / Jürgen Rohwer (Hg.)
Der Mord an den Juden im Zweiten Weltkrieg
Entschlußbildung und Verwirklichung
Band 4380

Wieslaw Kielar
Anus Mundi
Fünf Jahre Auschwitz
Band 3469

Ernst Klee
»Euthanasie« im NS-Staat
Die »Vernichtung lebensunwerten Lebens«. Band 4326
Persilscheine und falsche Pässe
Wie die Kirchen den Nazis halfen
Band 10956

Ernst Klee
Was sie taten – Was sie wurden
Ärzte, Juristen und andere Beteiligte am Kranken- und Judenmord. Band 4364
»Die SA Jesu Christi«
Die Kirche im Banne Hitlers. Band 4409

Ernst Klee (Hg.)
Dokumente zur »Euthanasie« im NS-Staat. Band 4327

Eugen Kogon / Hermann Langbein / Adalbert Rückerl u.a.(Hg.)
Nationalsozialistische Massentötungen durch Giftgas
Eine Dokumentation
Band 4353

Helmut Krausnick
Hitlers Einsatzgruppen
Die Truppe des Weltanschauungs-krieges 1938–1942
Band 4344

Fischer Taschenbuch Verlag

fi 1710 / 4 c

Die Zeit des Nationalsozialismus

Eine Buchreihe
Herausgegeben von Walter H. Pehle

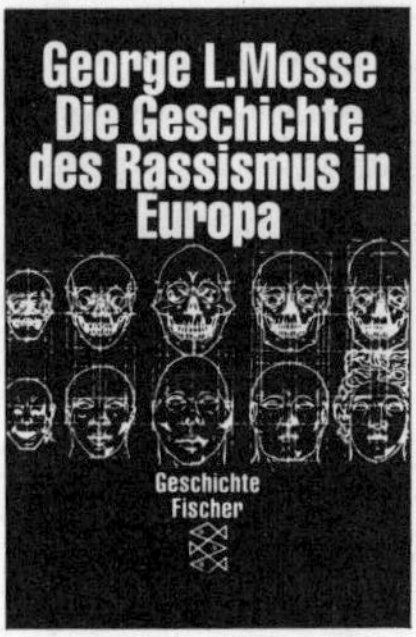

Hermann Langbein
... nicht wie die Schafe zur Schlachtbank
Widerstand in den nationalsozialistischen Konzentrationslagern 1938–1945
Band 3486

Georg Lilienthal
Der »Lebensborn e.V.«
Ein Instrument nationalsozialistischer Rassenpolitik
Band 11061

Karl Löwith
Mein Leben in Deutschland vor und nach 1933
Ein Bericht
Band 5677

Alexander Mitscherlich / Fred Mielke (Hg.)
Medizin ohne Menschlichkeit
Dokumente der Nürnberger Ärzteprozesse
Band 2003

George L. Mosse
Die Geschichte des Rassismus in Europa
Band 10237

Rolf-Dieter Müller
Hitlers Ostkrieg und die deutsche Siedlungspolitik
Band 10573

Hertha Nathorff
Das Tagebuch der Hertha Nathorff
Berlin – New York
Aufzeichnungen 1933–1945
Band 4392

Der Nationalsozialismus
Dokumente 1933–1945
Walther Hofer (Hg.)
Überarbeitete Neuausgabe. Band 6084

Franz Neumann
Behemoth
Struktur und Praxis des Nationalsozialismus 1933–1944. Band 4306

Erwin Oberländer (Hg.)
Hitler-Stalin-Pakt 1939
Das Ende Ostmitteleuropas?
Band 4434

Walter H. Pehle (Hg.)
Der historische Ort des Nationalsozialismus
Annäherungen
Band 4445

Der Judenpogrom 1938
Von der »Reichskristallnacht« zum Völkermord
Band 4386

Fred K. Prieberg
Musik im NS-Staat
Band 6901

Luise Rinser
Gefängnistagebuch
Band 1327

Fischer Taschenbuch Verlag

fi 1710 / 4 d